Gabriele Rolf/Markus Zwick/Gert G. Wagner (Hrsg.)

Fortschritte der informationellen Infrastruktur in Deutschland

Festschrift für Johann Hahlen zum 65. Geburtstag und Hans-Jürgen Krupp zum 75. Geburtstag

Nomos

Die Deutsche Nationalbibliothek verzeichnet diese Publikation in der Deutschen Nationalbibliografie; detaillierte bibliografische Daten sind im Internet über http://www.d-nb.de abrufbar.

ISBN 978-3-8329-3540-5

1. Auflage 2008

Johann Hahlen

Hans-Jürgen Krupp

Vorwort

Diese Festschrift ist Johann Hahlen und Hans-Jürgen Krupp gewidmet. Johann Hahlen hat am 13. Dezember 2007 sein 65. Lebensjahr vollendet; Hans-Jürgen Krupp hat am 15. April 2008 seinen 75. Geburtstag gefeiert. Mit dieser Festschrift verbinden wir unsere Glückwünsche und möchten den Geehrten unsere persönliche Wertschätzung und Dankbarkeit zum Ausdruck bringen.

Johann Hahlen und Hans-Jürgen Krupp haben sich in ganz besonderem Maße um den Aufbau der informationellen Infrastruktur in Deutschland verdient gemacht. Hieraus erklärt sich auch die auf den ersten Blick vielleicht etwas ungewöhnliche Idee, mit *einer* Festschrift *zwei* Personen zu ehren, deren Berufsleben insgesamt gesehen sehr unterschiedlich verlief. Der Titel der Festschrift »Fortschritte der informationellen Infrastruktur in Deutschland« beschreibt die Schnittpunkte dieser zwei Karrieren, auch wenn wir bei der Produktion der Festschrift feststellen mussten, dass diese Schnittpunkte in den von den Geehrten selbst verfassten bzw. im Internet auffindbaren CVs nicht so ohne weiteres zu entdecken sind. Das haben wir in dieser Festschrift – und an anderer Stelle – natürlich geändert.

Die Beiträge zu dieser Festschrift machen deutlich, wie viel Johann Hahlen und Hans-Jürgen Krupp im Bereich der informationellen Infrastruktur angestoßen und bewirkt haben und wie viel sich in den letzten zehn Jahren diesbezüglich in Deutschland – und teilweise auch in Europa – verändert hat. Die Beiträge befassen sich aber nicht nur mit der Geschichte und aktuellen Fragen, sondern auch mit den Anforderungen an die künftige Dateninfrastruktur, die mehr denn je internationalisiert sein wird. Insofern trifft es sich gut, dass mit Walter Radermacher der unmittelbare Nachfolger von Johann Hahlen im Amt des Präsidenten des Statistischen Bundesamtes (und im Rat für Sozial- und Wirtschaftsdaten) zum Direktor des Statistischen Amtes der Europäischen Gemeinschaft (EUROSTAT) berufen wurde. Im »letzten Moment« vor Drucklegung des vorliegenden Buches. Walter Radermacher zählt natürlich auch zu den Autoren dieser Festschrift. Sein perspektivischer Beitrag ist aufgrund der neuen Aufgabe, die er übernimmt, noch lesenswerter geworden.

Die vorliegende Festschrift wurde von vielen Wegbegleiterinnen und Wegbegleitern von Johann Hahlen und Hans-Jürgen Krupp geschrieben. Wir möchten uns bei allen Autorinnen und Autoren dafür bedanken, dass sie zum Gelingen dieser Festschrift beigetragen haben. Es macht wenig Sinn, die einzelnen Namen hier zu nennen. Für die Leserin und den Leser interessanter sind die kurzen Biographien der Autorinnen und Autoren am Ende dieser Festschrift. Aus ihnen gehen auch die gemeinsamen Etappen hervor, die die Geehrten zusammen mit den

Autorinnen und Autoren gegangen sind. Viele haben in ihren Beiträgen durch persönliche Bemerkungen ihre Verbundenheit mit Johann Hahlen und Hans-Jürgen Krupp und Dankbarkeit für ihr Wirken gezeigt.

Neben der Geschäftsstelle des Rates für Sozial- und Wirtschaftsdaten und der Büroleiterin von Gert G. Wagner, Christine Kurka, hat Mathias Zenke vom Forschungsdatenzentrum des Statistischen Bundesamtes einen entscheidenden Beitrag zum Gelingen dieser Festschrift geleistet. Wir danken ihm und seinen studentischen Mitarbeiterinnen und Mitarbeitern Christopher Gürke und Kristina Schmidtke für die Erstellung des Layouts der Festschrift. Ohne ihre tatkräftige Unterstützung wäre diese Festschrift nicht rechtzeitig fertig geworden. Darüber hinaus danken wir der Nomos Verlagsgesellschaft, die sich auf eine schubweise Lieferung der einzelnen Beiträge eingelassen und das Buch rasch fertig gestellt und es dadurch ermöglicht hat, den Geehrten die Festschrift im Rahmen der 4. Konferenz für Sozial- und Wirtschaftsdaten am 19. und 20. Juni 2008 zu übergeben.

Schließlich danken Gert G. Wagner und Markus Zwick ihrer Mitherausgeberin Gabriele Rolf ganz persönlich. Sie hat sich um die vorliegende Festschrift mit dem ihr eigenen ganz ungewöhnlichen Engagement gekümmert. Ohne sie wäre diese Festschrift niemals zustande gekommen – weder konzeptionell, inhaltlich noch technisch. Gabriele Rolf hat auch den gesamten KVI-Prozess und den Aufbau des Rates für Sozial- und Wirtschaftsdaten mit ebenso viel Sachverstand wie Energie vorangetrieben. Dafür danken ihr Gert G. Wagner und Markus Zwick, im Namen vieler Kolleginnen und Kollegen, ganz besonders.

Offenbach, Wiesbaden und Berlin,
im April 2008

Gabriele Rolf, Markus Zwick
und Gert G. Wagner

Inhaltsverzeichnis

Anhang

Fortschritte der informationellen Infrastruktur in Deutschland:

Ein Überblick über die Jahre 1998 bis 2008

Gabriele Rolf, Gert G. Wagner und Markus Zwick

Die mit dieser Festschrift Geehrten, Johann Hahlen und Hans-Jürgen Krupp, waren in ihrem Berufsleben in vielen verschiedenen Bereichen tätig und sie haben vor allem gestaltet.

Johann Hahlen war als junger Ministerialbeamter unter anderem für Wahl- und Parteienrecht sowie für die »Planung Leistungssport« zuständig und wurde am Ende seiner Karriere zum beamteten Staatssekretär im Bundesministerium des Innern (BMI) berufen. Als Präsident des Statistischen Bundesamtes hat er die amtliche Statistik in Deutschland ganz wesentlich umgestaltet und international viel bewegt.

Hans-Jürgen Krupp war Hochschullehrer, Universitätspräsident, Chef eines großen Wirtschaftsforschungsinstituts, Senator und Zweiter Bürgermeister der Freien und Hansestadt Hamburg und schließlich Präsident der Landeszentralbank in der Freien und Hansestadt Hamburg, in Mecklenburg-Vorpommern und Schleswig-Holstein.[1] Einen Tätigkeitsbereich teilen sich beide und dieser ist der Grund für diese Festschrift anlässlich des 65. Geburtstages von Johann Hahlen und des 75. Geburtstages von Hans-Jürgen Krupp: die Gestaltung und Verbesserung der »informationellen Infrastruktur« in der Bundesrepublik Deutschland.

Johann Hahlen hat sich um die Statistik in Deutschland als Präsident des Statistischen Bundesamtes (von 1995 bis 2006) und als zuständiger Staatssekretär im Bundesinnenministerium (2006 und 2007) verdient gemacht. Und dies ausdrücklich nicht nur um die amtliche Statistik, sondern auch für die akademisch getragene statistische Infrastruktur. Das sichtbarste Beispiel für diese Umgestaltung ist die erfolgreiche Etablierung des Forschungsdatenzentrums des Statistischen Bundesamtes (und der Statistischen Landesämter). International hat er als Vorsitzender der Partnerschaftsgruppe des Ausschusses für das Statistische Programm maßgebliche strategische Fragen des Europäischen Statistischen Systems beeinflusst. Hervorzuheben ist hier auch seine Mitarbeit in der UN Statistical Commission.

Hans-Jürgen Krupp hat bereits als junger Privatdozent – als echter Forschungs-Pionier – nicht nur amtliche Mikrodaten wissenschaftlich analysiert, sondern sich

1 Vgl. dazu, insbesondere zu seiner Forschungstätigkeit, die Festschrift zu seinem 65. Geburtstag (Galler, Wagner 1998, insbesondere S. 17-44).

auch vom Beginn seiner Karriere an für den freien Forschungszugang zu amtlichen Mikrodaten eingesetzt und im Rahmen des Sonderforschungsbereichs 3 »Mikroanalytische Grundlagen der Gesellschaftspolitik« (Sfb 3) die Erhebung von statistischen Daten durch die Wissenschaft selbst ganz wesentlich befruchtet und ermöglicht (vgl. Hauser et al. 1994). Mit der im Sfb 3 erfolgreichen Etablierung der multidisziplinären Längsschnitterhebung Sozio-oekonomisches Panel (SOEP) (vgl. Krupp 2007 sowie Hanefeld, Schupp in diesem Band) hat er die Sozial-, Wirtschafts- und Verhaltenswissenschaften weltweit bereichert und eine Vielzahl neuer Forschungsergebnisse ermöglicht (vgl. z. B. Wagner et al. 2007).[2]

Die seit der Jahrtausendwende stattgefundenen und noch stattfindenden – dramatischen – Fortschritte der informationellen Infrastruktur haben aus Sicht des Jahres 2008 eine etwa 40-jährige Geschichte. An dieser waren Hans-Jürgen Krupp von Beginn an und Johann Hahlen seit seiner Berufung zum Präsidenten des Statistischen Bundesamtes im Jahr 1995 unmittelbar beteiligt: in den Jahren 1999 bis 2001 gemeinsam als Vorsitzende der vom Bundesministerium für Bildung und Forschung (BMBF) eingesetzten Kommission zur Verbesserung der informationellen Infrastruktur zwischen Wissenschaft und Statistik (KVI) und von 2001 bis 2004 im Gründungsausschuss des Rates für Sozial- und Wirtschaftsdaten.[3]

1. Nachhaltige Versuche der Verbesserung des Datenzugangs

Im Jahr 2008 liegt es nahe, das vor zehn Jahren, also 1998 von Richard Hauser, Gert G. Wagner und Klaus F. Zimmermann veröffentlichte Memorandum zu »Erfolgsbedingungen empirischer Wirtschaftsforschung und empirisch gestützter wirtschafts- und sozialpolitischer Beratung« als »Startschuss« für die im Folgenden beschriebene Entwicklung zu sehen.[4] Doch diese eingängige Sichtweise wird der historischen Entwicklung nicht gerecht. Hauser et al. standen auf den »Schultern von Riesen«.

2 Da Hans-Jürgen Krupp weit über die Wissenschaft hinaus in seinem Berufsleben aktiv war, beschäftigt sich die Festschrift anlässlich seines 65. Geburtstages (vgl. Galler, Wagner 1998) mit einem breiten inhaltlichen Themenspektrum. Dieses reicht von Geld-, Arbeitsmarkt- und Bildungspolitik über Fragen der Einkommensverteilung bis zur Alterssicherung. Aber auch in der Politik – und erst Recht in der Bundesbank – kam es Hans-Jürgen Krupp immer auf die möglichst gute empirische Fundierung von Entscheidungen an (vgl. Galler, Wagner 1998, S. 18 ff. und S. 35).

3 Johann Hahlen war bis zu seinem Wechsel in das BMI auch Mitglied im Rat für Sozial- und Wirtschaftsdaten (RatSWD).

4 Vgl. Hauser et al. (1998) sowie den Wiederabdruck des Memorandums in diesem Band. An der Diskussion über das Memorandum hat sich unter anderem auch Johann Hahlen (1998) beteiligt.

Nach Vorarbeiten im SPES-Projekt durch Hans-Jürgen Krupp, Wolfgang Zapf und einige mehr (vgl. auch Krupp 1975) veröffentlichten z. B. Grohmann et al. (1980) Überlegungen und Forderungen zum Zugang zu anonymisierten Mikrodaten der amtlichen Statistik. Im Jahr 1987 wurde mit dem »Forschungs-Privileg« im Bundesstatistikgesetz, das grundsätzlich den Zugang zu Mikrodaten regelt, ein großer Durchbruch erzielt (§ 16 Abs. 6 BStatG). Gleichzeitig gewannen Mikrozensus und Volkszählung für die Wissenschaft an Bedeutung (vgl. Grohmann sowie Müller, Wirth in diesem Band). Doch der Zugang war umständlich und vor allem auch sehr teuer. Bedeutsam war ein Forschungsprojekt, das auch im Umfeld des Sfb 3 in Frankfurt am Main und Mannheim entstand, das zeigte, dass die faktische Anonymität von statistischen Mikrodaten weit besser gewährleistet ist, als das zuvor – aufgrund rein theoretischer Überlegungen – vermutet wurde (vgl. Müller et al. 1991). Ebenso wichtig war, dass – beginnend mit den Mikrozensen der Jahre 1995 und 1996 – das Bundesministerium für Forschung und Technologie (BMFT) die Anonymisierung von amtlichen Mikrodaten förderte und damit für die Wissenschaft finanzierbar machte (allerdings nur Einkommens- und Verbrauchsstichprobe und Mikrozensus und später erste Daten des IAB).[5,6]

Im Jahr 1996 unternahmen schließlich die Soziologen Walter Müller und Wolfgang Zapf[7] einen weiteren Versuch, den Zugang zu amtlichen Mikrodaten zu verbessern (Zapf et al. 1996). Eine Autorengruppe setzte sich für einen weitergehend vereinfachten Datenzugang beim Statistischen Bundesamt ein. Die Zeit war – wie wir aber erst im Nachhinein gelernt haben – noch nicht reif genug. Erst der Regierungswechsel 1998 brachte den Durchbruch. Zuvor hatte Gert G. Wagner mit seiner im Herbst 1997 gehaltenen Antrittsvorlesung an der Europa Universität Via-

5 Vgl. dazu Köhler (1999, S. 146).

6 Hansvolker Ziegler, der als Referatsleiter im BMFT (später BMBF) seit Juni 1991 bis zum Jahr 2002 für die Sozialwissenschaften zuständig war (vgl. z. B. Ziegler 2005), kann dafür gar nicht genug gedankt werden. Er war es auch, der nach dem Regierungswechsel 1998 – und seiner Berufung zum Unterabteilungsleiter – die zuständige Ministerin, Edelgard Bulmahn (BMBF), davon überzeugte, die Kommission zur Verbesserung der informationellen Infrastruktur zwischen Wissenschaft und Statistik (KVI) einzusetzen. Das für Sozial- und Geisteswissenschaften zuständige Referat im BMBF ist seither, zuerst unter der Leitung von Hubert Reile und Mitarbeit von Heinz Westkamp und seit der Jahrtausendwende unter der Leitung von Angelika Willms-Herget und Mitarbeit von Reinhold Friedrich, äußerst erfolgreich gestaltend aktiv (vgl. dazu Friedrich, Meyer-Krahmer in diesem Band).

7 Beiden, die inzwischen emeritiert sind, ist auch für ihren jahrzehntelangen Einsatz für eine bessere Dateninfrastruktur in den Sozialwissenschaften zu danken. Walter Müller war unter anderem auch Mitglied der KVI und des Gründungsausschusses des Rates für Sozial- und Wirtschaftsdaten. Wolfgang Zapf hat den Wohlfahrtssurvey geschaffen (vgl. Habich 2002) und als Präsident des Wissenschaftszentrums Berlin für Sozialforschung (WZB) die Forschungsinfrastruktur unmittelbar gestaltet.

drina in Frankfurt (Oder) auch die Perspektive erweitert.[8] Ihm ging es ausdrücklich nicht nur um einen verbesserten Zugang zu amtlichen Mikrodaten, sondern um eine Verbesserung des gesamten Produktionsprozesses amtlicher und nichtamtlicher (d. h. meist akademisch verfasster) statistischer Daten.[9]

2. *Die letzten zehn Jahre in der Entwicklung der informationellen Infrastruktur in Deutschland*

Richard Hauser, Gert G. Wagner und Klaus F. Zimmermann, Professoren für Volkswirtschaftslehre an den Universitäten in Frankfurt am Main, München (LMU) bzw. Bonn und Frankfurt (Oder) publizierten im Jahr 1998 im Allgemeinen Statistischen Archiv ein Memorandum zu »Erfolgsbedingungen empirischer Wirtschaftsforschung und empirisch gestützter wirtschafts- und sozialpolitischer Beratung«.[10] Dieses Memorandum thematisierte ausdrücklich nicht nur den Zugang zu amtlichen Mikrodaten, sondern es argumentierte vom Zweck vieler statistischer Erhebungen und Analysen her: der wissenschaftlichen Beratung der Politik. So beschäftigte sich das Memorandum mit der Festlegung von Erhebungsprogrammen, der Beherrschung von Datenschutzproblemen, dem Ausbau der Infrastruktur, der Finanzierung und Organisation und schließlich auch dem

8 Die Ideen zu einer »optimalen Produktion« des »öffentlichen Gutes«, das statistische Daten darstellen, gingen zurück auf Diskussionen mit Bochumer Studierenden im Hauptseminar über »Öffentliche Wirtschaft«, das Wagner von 1992 bis 1996 an der Ruhr-Universität – als Lehrstuhlinhaber für Sozialpolitik und Öffentliche Wirtschaft – anbot. Auch die Evaluation des Wissenschaftsrates der Institute der »Blauen Liste« und damit der Wirtschaftsforschungsinstitute (vgl. Tegelbekkers in diesem Band) war für diese Ideen wichtig. Für diesen Prozess hatte Wagner zusammen mit Lutz Hoffmann und Rolf-Dieter Postlep die Funktion angewandter Forschung und empirischer Erhebungen für das öffentliche Gut »Politikberatung« analysiert und systematisch herausgearbeitet (vgl. Hoffmann, Wagner 1998, Postlep, Wagner 1998).

9 Die Ideen von Wagner (1998a) und ihre Zuspitzung bei Wagner (1998b) stießen nicht nur in der amtlichen Statistik auf wenig Zustimmung. Die erste persönliche Begegnung von Johann Hahlen und Gert G. Wagner war auch von dieser Kontroverse geprägt. Johann Hahlen schaffte es allerdings, dass das Gespräch, das anlässlich einer Festveranstaltung des Instituts für Arbeitsmarkt- und Berufsforschung (IAB) informell bei einem Empfang im Schloss Bellevue stattfand, in guter Atmosphäre und äußerst konstruktiv verlief. Vgl. später auch z. B. Wagner (2000, 2002 und 2004) und – auf europäischer Ebene – Boeri et al. (2000).

10 Nachgedruckt auch im Jahrbuch für Wirtschaftsgeschichte (1998/2, S. 221-228) und in den ZUMA-Nachrichten (22. Jg., Nr. 43, 1998, S. 134-144). Für die Diskussion des Memorandums stellte das Allgemeine Statistische Archiv seine Seiten zur Verfügung. Vgl. von der Lippe (1998), Hahlen (1998), Oltmanns (1998), Frohn (1998), Metschke, Wellbrock (1999), Zwintz (1999) sowie die Replik von Hauser, Wagner, Zimmermann (1999) und den Kommentar von Schaber (1999).

Ausbau der empirischen Wirtschaftsforschung in den Universitäten. Und diese Argumente wurden – zur Überraschung der Initiatoren – von der Politik aufgegriffen. Inwieweit dabei die generelle Neigung der Regierung Schröder eine Rolle spielte, zu etlichen Fragen externen Rat zu holen und Ad-hoc-Kommissionen einzurichten, muss die Zeitgeschichte klären.[11] Die Autoren dieses Rückblicks haben an der systematischen Erklärung eher Zweifel und glauben, dass es personelle Zufälle waren, die wichtiger waren. Im BMBF gab es mit Hansvolker Ziegler einen Ministerialbeamten, der in diesem Feld seit Jahren strukturbildend tätig war, und an der Spitze des Statistischen Bundesamtes stand mit Johann Hahlen eine außergewöhnlich weitsichtige Persönlichkeit. Schließlich war Hans-Jürgen Krupp als Präsident der Landeszentralbank in der Freien und Hansestadt Hamburg, in Mecklenburg-Vorpommern und Schleswig-Holstein bereit, am Ende seiner beruflichen Karriere an deren Anfänge anzuknüpfen und sich nochmals intensiv mit Fragen der statistischen Infrastruktur zu beschäftigen. Wahrscheinlich nicht zuletzt von wissenschaftlich-empirischen Kontroversen getrieben, die er in der Geldpolitik mit der Bundesbankzentrale in Frankfurt ausfocht (vgl. z. B. Krupp 1996, Cabos, Krupp 1997, 2002 und 2003).

Entscheidend für den Erfolg des Memorandums war ohne Zweifel, dass das BMBF bereit war, ein Symposium zu dessen Thematik im Frühsommer 1999 zu finanzieren und dieses aktiv vorantrieb. Und Johann Hahlen war bereit, sein Haus und sich aktiv daran zu beteiligen (vgl. zur Dokumentation Statistisches Bundesamt 1999). Bei der abschließenden Paneldiskussion, an der auch noch Wolfgang Zapf teilnahm, der sich kurze Zeit später aus der Gestaltung der empirischen Infrastruktur zurückzog, haben dann alle Stakeholders (wie man heute sagen würde) sich gegenseitig und glaubhaft versichert, die Zusammenarbeit zwischen amtlicher Statistik und Wissenschaft weiter verbessern zu wollen (vgl. Paneldiskussion 1999). Eine operative Folgerung des Symposiums war die Idee, eine entsprechende Kommission einrichten zu lassen. Johann Hahlen erklärte ausdrücklich seine Bereitschaft, in einer derartigen Kommission aktiv mitzuarbeiten.

11 Vgl. z. B. Siefken (2007) für eine Analyse der Expertenkommissionen der Bundesregierungen 1998 bis 2005, in der unter anderem – freilich nur marginal – auch auf die KVI eingegangen wird. Der gesamte KVI-Prozess ist auch Gegenstand eines soziologischen Projektes in einem Sonderforschungsbereich in München
(siehe: http://www.unibw.de/soziologie/statistik2007; http://www.unibw.de/soziologie/forschung/wissen/statistik; http://www.unibw.de/soziologie/personen/wissenschaftliche-mitarbeiter/koehler).

3. Kommission zur Verbesserung der informationellen Infrastruktur zwischen Wissenschaft und Statistik (KVI)

Wenige Monate nach dem Wiesbadener Symposium setzte im Oktober 1999 die Bundesministerin für Bildung und Forschung, Edelgard Bulmahn, eine Kommission mit dem Auftrag ein, Vorschläge zur Verbesserung der informationellen Infrastruktur zu machen.[12] Dabei ging es ihr insbesondere um das Verhältnis zwischen Wissenschaft und Statistik. In dieser Kommission sollten Produzenten und Nutzer von Daten vertreten sein. Deswegen wurden Johann Hahlen, der Präsident des Statistischen Bundesamtes, und Hans-Jürgen Krupp, ein erfahrener Datennutzer – als Wissenschaftler wie als Praktiker – und zeitweise auch ein Datenproduzent zu Ko-Vorsitzenden der Kommission berufen.[13] Die Kommission begann ihre Arbeit mit der ersten Sitzung am 26. Oktober 1999 in der Universität Frankfurt am Main[14] und sie übergab ihr Gutachten bereits am 13. März 2001.[15] Mit ihrer raschen Arbeit sollte die Kommission es ermöglichen, dass Teile ihrer Empfehlungen noch in der laufenden Legislaturperiode bis Herbst 2002 umgesetzt wur-

12 Vgl. für das Folgende Krupp (2001). Warum das BMI, das für das Statistische Bundesamt zuständig war und ist, nicht dagegen intervenierte, ist eine interessante Frage der Zeitgeschichte. Wahrscheinlich spielte es eine Rolle, dass Johann Hahlen im BMI einen guten Ruf genoss.

13 Weitere Mitglieder der KVI waren Gerhard Arminger (Bergische Universität – GHS Wuppertal), Richard Hauser (Universität Frankfurt am Main), Eckart Hohmann (Hessisches Statistisches Landesamt), Karl Ulrich Mayer (Max-Planck-Institut für Bildungsforschung), Walter Müller (Universität Mannheim), Axel Reimann (Verband Deutscher Rentenversicherungsträger (VDR)), Willem F. M. de Vries (United Nations Statistics Division (UNSD)) und Gert G. Wagner (Europa Universität Viadrina Frankfurt (Oder) und Deutsches Institut für Wirtschaftsforschung (DIW Berlin)).

14 In den Räumen der »Professur für Sozialpolitik«, die Richard Hauser inne hatte und dessen Vorgänger Hans-Jürgen Krupp war. Getagt wurde bei der ersten und vielen weiteren Sitzungen im ehemaligen »Terminalraum«, der von Hans-Jürgen Krupp eingerichtet worden war, als es noch keine PCs gab, sondern »Terminals« einen elektronischen Zugang zum Großrechner ermöglichten.

15 Die Kommission hatte ihre Geschäftsstelle in der Universität Frankfurt am Main, wo mit Richard Hauser derjenige unter den Verfassern des Memorandums tätig war, der am wenigsten institutionelle Interessen hatte. Gert G. Wagner war (und ist) neben seiner Professorentätigkeit hauptsächlich am DIW Berlin tätig, das ein potenter Datenproduzent war und ist; Klaus F. Zimmermann hatte 1998 das von der Poststiftung geförderte IZA Bonn (Institut zur Zukunft der Arbeit) als Gründungsdirektor übernommen und war (und ist) am Aufbau von Serviceleistungen interessiert.
Gabriele Rolf, Frankfurt am Main und Offenbach, hat als Geschäftsführerin den gesamten KVI-Prozess wesentlich mitgestaltet. Sie war – aus dem Sfb 3 kommend – an der Johann Wolfgang Goethe-Universität in Frankfurt am Main Geschäftsführerin der KVI (1999 bis 2001) und des Gründungsausschusses des Rates für Sozial- und Wirtschaftsdaten (2001 bis 2004); seit 2005 arbeitet sie für die Geschäftsstelle des RatSWD, die in Berlin ansässig ist.

den. Das etwa 300 Seiten umfassende Gutachten enthielt zunächst auf knapp 100 Seiten eine sehr umfangreiche Bestandsaufnahme.[16] Für fünfzehn Informationsfelder, die im Wesentlichen den Wirtschafts- und Sozialwissenschaften zuzuordnen sind, wurde die Datensituation dargestellt, wobei insbesondere Defizite und die Situation bei Längsschnittdaten heraus gearbeitet wurden.

Zur Bestandsaufnahme gehörte aber auch eine umfangreiche Darstellung aller Produzenten und Anbieter statistischer Informationen, die sich nicht auf die amtliche Statistik beschränkte, sondern ein umfassendes Bild der akademischen Informationsanbieter in Deutschland gab.

Die Bestandsaufnahme machte deutlich, dass man nicht generell über einen Mangel an deskriptiven Querschnitts-Informationen klagen musste. Gravierend waren Transparenz- und Zugangsprobleme. Allerdings wurde auch deutlich, dass es auch empfindliche Lücken gab. In der Mehrzahl der Fälle hat sich die Kommission darauf beschränkt, diese Lücken zu benennen. Allerdings hat sie in einigen dringlichen Fällen die Schließung derartiger Lücken in ihre Empfehlungen aufgenommen.

Insgesamt hat die Kommission 35 konkrete Empfehlungen und eine pauschale Finanzierungsempfehlung vorgelegt, wie die Zusammenarbeit von Wissenschaft und Statistik aufbauend auf der bewährten Arbeitsteilung verbessert werden kann.[17] Man kann sich natürlich darüber streiten, wie viele davon bislang umgesetzt wurden. Es sind auf jeden Fall ungewöhnlich viele. Als zentrale Empfehlungen, die umgesetzt wurden, seien beispielhaft genannt:

- die Errichtung von Forschungsdaten- und Datenservicezentren,
- die Schaffung von echten »Public Use Files« (CAMPUS-Files), mit denen amtliche Mikrodaten für die Ausbildung zur Verfügung stehen,
- die weitgehende Erschließung der Wirtschaftsstatistiken,
- ein größeres Gewicht der Wissenschaft im Statistischen Beirat,
- die Berufung des Rates für Sozial- und Wirtschaftsdaten (RatSWD).

Auf einer vom BMBF finanzierten Konferenz im September 2001 in Berlin wurde das KVI-Gutachten in der Fachwelt zur Diskussion gestellt und sehr zustimmend mit positiven Anregungen aufgenommen.[18] Darauf hin fühlte sich das BMBF genügend gestärkt, um an die Umsetzung vieler Empfehlungen der KVI zu gehen.

Als ein zentrales Element der »Governance« der informationellen Infrastruktur hatte es die KVI für notwendig gehalten, dass Fachleute auf der Seite der Daten-

16 Die Kommission hatte für diesen Teil des Gutachtens eine große Zahl von Expertisen in Auftrag gegeben. Dem Gutachten-Buch liegt eine CD-ROM von ca. 80 MB bei, die mehr als 40 Expertisen und Spezialdarstellungen enthält und die es erlaubt, auf die ausführlichen Darstellungen für einzelne Sachgebiete zurückzugreifen.

17 Eine Zusammenfassung der Analysen und der Empfehlungen in englischer Sprache sind auch in Schmollers Jahrbuch abgedruckt und damit auf Dauer leicht zugänglich (Schmollers Jahrbuch, 121. Jg., Heft 3, S. 443-468).

18 Die Vorträge und die Diskussion sind in Bechtold (2001) dokumentiert.

nutzer wie der Datenproduzenten den Prozess des Aufbaus und die permanente Pflege einer modernen Infrastruktur begleiten. Die Aufgabe sollte – so die KVI – von einem Rat für Sozial- und Wirtschaftsdaten wahrgenommen werden. Ein derartiger Rat sollte nicht an die Stelle von oder in Konkurrenz zu bestehenden Beratungsgremien im Bereich der statistischen Infrastruktur treten bzw. stehen. Diese sind ja in der Regel auch auf bestimmte Datenproduzenten oder Nutzergruppen zugeschnitten. Stattdessen sollte er der Koordination innerhalb der Gruppe der Datenproduzenten, innerhalb der Gruppe der Datennutzer und zwischen beiden Gruppen dienen. An die Umsetzung dieser zentralen Empfehlung ging das BMBF, indem es einen »Gründungsauschuss« berief.

4. *Gründungsausschuss des Rates für Sozial- und Wirtschaftsdaten*

Im Herbst 2001 fand die konstituierende Sitzung des »Gründungsausschusses des Rates für Sozial- und Wirtschaftsdaten« statt.[19] Da es um die operative Gestaltung der Umsetzung von Einzelempfehlungen der KVI ging, wurde mit Karl Ulrich Mayer ein aktiver Wissenschaftler und erfahrener Wissenschaftsmanager, der zuvor unter anderem Mitglied im Wissenschaftsrat war, als Vorsitzender gewählt. Da Mayer bald darauf einen höchst ehrenvollen Ruf an die Yale University in den USA annahm, gab er im Januar 2003 den Vorsitz ab und Gert G. Wagner wurde zum Vorsitzenden des Gründungsausschusses gewählt. Auch er war nicht nur aktiver Wissenschaftler, sondern ebenfalls ein erfahrener Wissenschaftsmanager, der seit Februar 2002 auch Mitglied im Wissenschaftsrat war. Hans-Jürgen Krupp übte seine Funktion als gewählter stellvertretender Vorsitzender über die gesamte Laufzeit des Gründungsausschusses aus.

19 Mitglieder des Gründungsausschusses waren ursprünglich: Johann Hahlen (Statistisches Bundesamt), Richard Hauser (Universität Frankfurt am Main), Eckart Hohmann (Hessisches Statistisches Landesamt), Wolfgang Jagodzinski (Universität zu Köln und Gesellschaft Sozialwissenschaftlicher Infrastruktureinrichtungen (GESIS) und Zentralarchiv (ZA)), Gerhard Kleinhenz (Universität Passau, bis Herbst 2002 Institut für Arbeitsmarkt- und Berufsforschung der Bundesanstalt für Arbeit), Hans-Jürgen Krupp (Universität Frankfurt am Main), Karl Ulrich Mayer (Max-Planck-Institut für Bildungsforschung), Walter Müller (Universität Mannheim) und Gert G. Wagner (Technische Universität Berlin und Deutsches Institut für Wirtschaftsforschung (DIW Berlin)). Auf Vorschlag des Gründungsausschusses wurden im Frühjahr 2002 und im Herbst 2003 noch jeweils zwei weitere Mitglieder berufen: Uwe Rehfeld (Verband Deutscher Rentenversicherungsträger (VDR)), Joachim Wagner (Universität Lüneburg), Bernd Fitzenberger (Universität Mannheim, ab Frühjahr 2004 Universität Frankfurt am Main) und Hans Rattinger (Universität Bamberg). Ziel dieser Neuberufungen war es, im Gründungsausschuss auch die Bereiche Rentenversicherungsdaten, Unternehmensdaten, Arbeitsmarktforschung und empirische Politikwissenschaft abzudecken. Die Geschäftsstelle des Gründungsausschusses war – wie zuvor die der KVI – in der Universität Frankfurt am Main angesiedelt und wurde von Gabriele Rolf in bewährter Weise effektiv gemanagt.

Eine der wichtigsten Aufgaben des Gründungsausschusses war die Beratung des BMBF bei der Prioritätensetzung für Methodenprojekte. Hier sind insbesondere zu nennen die Entfristung des kostengünstigen Zugangs zu den Mikrozensen 1995 und 1996, der Einkommens- und Verbrauchsstichprobe 1993, der deutschen Stichprobe des Europäischen Haushaltspanels 1994 bis 1996 und der Zeitbudgeterhebung 1991/92 sowie die Ausweitung der kostengünstigen Bereitstellung auf die Mikrozensen 1998 bis 2004, die Einkommens- und Verbrauchsstichproben 1998 und 2003 und die Zeitbudgeterhebung 2001/02. Weitere empfohlene Projekte waren schließlich unter anderem die Aufbereitung und Bereitstellung des Mikrozensus als Panelstichprobe (in faktischer Zusammenarbeit mit der Deutschen Forschungsgemeinschaft (DFG)), die faktische Anonymisierung wirtschaftsstatistischer Einzeldaten und das Mikrodateninformationssystem MISSY.

Weitere zentrale Aufgaben des Gründungsausschusses waren die Prüfung und die Empfehlung der Einrichtung von – schließlich – vier Forschungsdatenzentren und zwei Datenservicezentren. Deren Entwicklung wird in den Beiträgen von Bender, Himmelreicher, Zühlke und Zwick, von Bauer sowie von Schneider und Wolf (in diesem Band) dokumentiert.

Zu den Hauptaufgaben des Gründungsausschusses gehörte die Implementierung des RatSWD. Zu diesem Zweck wurde insbesondere die 1. Konferenz für Sozial- und Wirtschaftsdaten (KSWD) organisiert, in deren Rahmen die Wahl der Berufungsvorschläge für die Vertreterinnen und Vertreter der Wissenschaft im RatSWD erfolgte.[20]

5. *Rat für Sozial- und Wirtschaftsdaten*

Mit Wirkung vom 1. November 2004 wurde der Rat für Sozial- und Wirtschaftsdaten (RatSWD) von Bundesministerin Edelgard Bulmahn berufen. Ihm gehören sechs von der Wissenschaft gewählte Vertreterinnen und Vertreter an sowie sechs Daten- und Serviceproduzenten.[21] Als Vorsitzende wurden Gert G. Wagner (Vertreter der Längsschnittstudie Sozio-oekonomisches Panel) und Heike Solga

20 Um dem »Bundesgremienbesetzungsgesetz« nicht nur formal, sondern auch materiell möglichst gut Genüge zu tun, wurde eine raffinierte Form der Wahl der Nominierungsvorschläge entwickelt: Es gibt jeweils eine Frauen- und Männerliste, von denen drei Personen gewählt werden; aber jede(r) Wahlberechtigte ist für beide Listen stimmberechtigt.

21 Gewählte Mitglieder in der ersten Berufungsperiode des RatSWD waren Steffen Kühnel (Universität Göttingen), Heiner Meulemann (Universität zu Köln), Regina T. Riphahn (Universität Erlangen-Nürnberg), Heike Solga (Universität Göttingen), Joachim Wagner (Universität Lüneburg) und Bettina Westle (Universität Marburg); als Vertreter von Datenproduzenten und Servicezentren wurden berufen Jutta Allmendinger (Institut für Arbeitsmarkt- und Berufsforschung (IAB) der Bundesagentur für Arbeit), Johann Hahlen (Statistisches Bundesamt und Bundeswahlleiter), Eckart Hohmann (Hessisches Statisti-

(gewählte Vertreterin auf Vorschlag der Deutschen Gesellschaft für Soziologie) gewählt.[22]

Zu den Aufgaben des RatSWD, die in dieser Festschrift in vielen Beiträgen dokumentiert werden, gehören unter anderem die Beratung von Bund und Ländern bei der Weiterentwicklung der Dateninfrastruktur, die Verbesserung des Datenzugangs durch Empfehlungen zur Einrichtung und Evaluation von Forschungsdaten- und Datenservicezentren, die Initiierung und Unterstützung von Projekten zur Verbesserung der Dateninfrastruktur, die Förderung der empirischen Methodenkenntnisse von Nachwuchswissenschaftlerinnen und -wissenschaftlern und die Verstärkung des Informationsaustauschs zwischen Wissenschaft und amtlicher Statistik.[23]

Zu den zentralen Tätigkeiten des Rates gehört die Sicherstellung der vom Gründungsausschuss empfohlenen Forschungsdaten- und Datenservicezentren. Zur Sicherung der Qualität hat der RatSWD einen Kriterienkatalog für Forschungsdatenzentren entwickelt[24] und Evaluationen der Forschungsdaten- und Datenservicezentren organisiert. Und es gilt die Finanzierung der Zentren sicherzustellen, denn diese sind sehr rasch zu einem wichtigen Bestandteil der informationellen Infrastruktur geworden. Dies zeigt sich nicht zuletzt in der positiven Entwicklung der Nutzerzahlen, die in dieser Festschrift in verschiedenen Beiträgen angeführt und illustriert werden. Hervorgehoben sei, dass durch die Einrich-

sches Landesamt), Peter Ph. Mohler (Gesellschaft Sozialwissenschaftlicher Infrastruktureinrichtungen (GESIS) und Zentrum für Umfragen, Methoden und Analysen (ZUMA)), Uwe G. Rehfeld (Deutsche Rentenversicherung Bund) und Gert G. Wagner (Längsschnittstudie Sozio-oekonomisches Panel (SOEP)). Im November 2006 wurde der RatSWD turnusgemäß neu berufen. Für Steffen Kühnel, Regina T. Riphahn und Joachim Wagner kamen in den Rat: Eckhard Klieme (Universität Frankfurt am Main und Deutsches Institut für Internationale Pädagogische Forschung (DIPF)), Ulrich Rendtel (Freie Universität Berlin) und Petra Stanat (Freie Universität Berlin und Zentralinstitut für Lehr-Lernforschung (ZILL) der Universität Erlangen-Nürnberg). Statt Johann Hahlen und Peter Ph. Mohler sitzen auf der Bank der Datenproduzenten: Walter Radermacher (Statistisches Bundesamt und Bundeswahlleiter) und Hilmar Schneider (Institut zur Zukunft der Arbeit (IZA)). Im Oktober 2007 wurde Joachim Möller (Institut für Arbeitsmarkt- und Berufsforschung (IAB)) als neues Mitglied des RatSWD benannt, nachdem Jutta Allmendinger als Mitglied des RatSWD ausgeschieden war und in einer Interimsperiode durch Ulrich Walwei vertreten wurde. Den Vorsitz des RatSWD haben seit Ende 2007 Heike Solga und Eckart Hohmann inne.

22 Die Geschäftsstelle des RatSWD ist – mit inzwischen mehreren Mitarbeiterinnen und Mitarbeitern – beim DIW Berlin angesiedelt, das sich in einer Ausschreibung durchsetzte. Erste Geschäftsführerin des Rates war Heike Trappe, die 2007 zur Professorin für Soziologie an der Universität Rostock berufen wurde. Seither ist Denis Huschka Geschäftsführer des RatSWD.

23 Zur Aufgabenbeschreibung des RatSWD vgl. http://www.ratswd.de/rat/aufgaben.php. Einen knappen Überblick über die Arbeit des RatSWD in seiner ersten Berufungsperiode findet man bei Solga und Wagner (2007a und 2007b).

24 http://www.ratswd.de/download/publikationen_rat/RatSWD_FDZKriterien.PDF.

tung von Forschungsdatenzentren alle davon betroffenen Anbieter auch wissenschaftlich profitiert haben (IAB, Deutsche Rentenversicherung, amtliche Statistik). Insbesondere die Statistischen Landesämter haben mit viel Energie einen Riesenschritt bei den Analysemöglichkeiten ihrer eigenen Daten gemacht (vgl. hierzu auch den Beitrag von Bauer in diesem Band). Im föderalen System der amtlichen Statistik mussten z. B. die Datenschutzbeauftragten des Bundes und der einzelnen Länder von den Möglichkeiten und Vorteilen einer zentralisierten Datenhaltung erst überzeugt werden.

Der Wissenschaftsrat hat die Idee der Forschungsdatenzentren zügig aufgegriffen und empfiehlt sie grundsätzlich für die Ressortforschung (vgl. Wissenschaftsrat 2007a). In einer Reihe konkreter Empfehlungen werden sie genannt: Beispielhaft sei hier die Empfehlung zum Deutschen Wetterdienst aufgeführt (vgl. Wissenschaftsrat 2006b). Und der Wissenschaftsrat lobt das Forschungsdatenzentrum der Bundesagentur für Arbeit im Institut für Arbeitsmarkt- und Berufsforschung ausdrücklich für seine Arbeit (vgl. Wissenschaftsrat 2007b). Hervorhebenswert ist auch, dass der Wissenschaftsrat nicht mehr von »Großgeräten« spricht (wie sie traditionell in den Naturwissenschaften eine Rolle spielen), sondern von »Forschungsinfrastruktur« (wozu auch die Erhebung repräsentativer Datensätze zählt) (vgl. Wissenschaftsrat 2006a, S. 40 ff.).

Neben den Empfehlungen zu den Forschungsdaten- und Datenservicezentren hat der RatSWD immer wieder auch Methodenprojekte dem BMBF zu Förderung vorgeschlagen. Zu nennen sind hier besonders

- das FAWE-Panel, das die Anonymisierung wirtschaftsstatistischer Paneldaten erfolgreich erprobt,
- das Projekt KombiFiD, mit dem auf völlig neuartige Weise aus verschiedenen Erhebungen kombinierte Firmendaten für Deutschland entwickelt werden, und schließlich
- die Scientific Use Files des HIS-Absolventenpanels.

Seit seiner Berufung hat für den RatSWD im Laufe weniger Jahre die Nachwuchsförderung rasch eine immer größere Bedeutung gewonnen. Zum »Capacity Building«, wie im internationalen Raum derartige Aktivitäten verortet werden, zählen vor allem Nachwuchsworkshops und Expertisenwettbewerbe.[25, 26]

25 Zu nennen sind hier die Expertisenwettbewerbe »Bildung im Erwerbsleben« und »Arts and Figures – GeisteswissenschaftlerInnen im Beruf« sowie die Expertisenausschreibung »›Weißer Fleck‹ Regionale Preisindizes – Wie kann die Wissenslücke geschlossen werden?«.

26 Im Zusammenhang mit dem »Capacitiy Building« sei auch auf die Übernahme der Herausgeberschaft der »Zeitschrift für Wirtschafts- und Sozialwissenschaften (ZWS)«, die von der deutschen Volkswirtevereinigung »Verein für Socialpolitik« aufgegeben wurde, durch Gert G. Wagner verwiesen, die es seit dem 120. Jahrgang (2000) ausdrücklich ermöglicht, empirisch orientierten wirtschafts- und sozialwissenschaftlichen Beiträgen ein

Ein forschungsstrategischer Erfolg ist auch ein weiterer Sitz für die Wissenschaft im Statistischen Beirat. Er wird ausdrücklich durch den RatSWD besetzt.[27] Die wachsende institutionelle Bedeutung des Rates wird auch durch die auf Wunsch des Bundesministers des Innern erfolgte Benennung der Mitglieder der »Zensuskommission« durch den RatSWD deutlich. Dieser rein wissenschaftliche Beirat berät die Bundesregierung und die amtliche Statistik bei der Vorbereitung, der Durchführung und der Analyse des für 2011 geplanten Zensus (registergestützte Volkszählung).

Wenig erfolgreich war bislang die Aktivierung der wissenschaftlichen Fachgesellschaften für die konkrete Planung und Evaluation der informationellen Infrastruktur. Darauf wird im nächsten Abschnitt ausführlicher eingegangen, in dem eine Bewertung der jüngeren Entwicklung vorgenommen und ein Blick in die Zukunft geworfen wird.

6. Bewertung der jüngeren Entwicklung und Ausblick in die (nahe) Zukunft

So erfolgreich die Forschungsdaten- und Datenservicezentren auch arbeiten: Die dauerhafte Etablierung der positiv evaluierten Zentren ist noch nicht überall nachhaltig gelöst. Dies gilt insbesondere für eine ausreichende finanzielle Ausstattung. Umso erfreulicher ist es, dass die Bundesagentur für Arbeit ihrem Forschungsdatenzentrum eine exponierte Stellung einräumt und es seit Dezember 2006 vollständig finanziert, das Forschungsdatenzentrum der Rentenversicherung, das sich zurzeit noch in der zweiten Förderphase befindet, in eine Dauereinrichtung überführt wurde und das Statistische Bundesamt sein Forschungsdatenzentrum auch ohne BMBF-Projektfinanzierung zurzeit weiter fördert. In den Bundesländern stehen die Weichen günstig – aber eine flächendeckende Lösung ist in einem föderalen Staat natürlich keine einfach zu bewältigende Aufgabe.

Forum zu geben. Zu diesem Zweck erhielt die ZWS wieder ihren alten Titel als Haupttitel: »Schmollers Jahrbuch«. Krupp (2006) macht die Bezüge moderner empirischer Analysen, die auf Mikrodaten beruhen, zu Gustav von Schmoller deutlich. Joachim Wagner (Universität Lüneburg und Mitglied des Gründungsausschusses sowie des RatSWD in dessen erster Berufungsperiode) hat von Anfang an eine neue Sektion im Jahrbuch betreut: »European Data Watch«. Diese Reihe stellt Mikrodatenbasen vor und trägt so zur Verbreitung empirischer Analysen bei. In Schmollers Jahrbuch wird auch die vom RatSWD organisierte Von-Schmoller-Vorlesung abgedruckt (für die erste dieser Reihe vgl. Hujer 2006).

27 Es wird sich weisen, ob im Wissenschaftsrat – wo es nur ungeschriebene Besetzungsregeln gibt – die empirische Sozial- und Wirtschaftsforschung weiterhin exponiert vertreten sein wird. Von 2002 bis 2008 war Gert G. Wagner einer der beiden Vertreter der Wirtschaftswissenschaft im Wissenschaftsrat; seine Nachfolgerin ist mit Regina T. Riphahn ein in seiner ersten Berufungsperiode gewähltes Mitglied des RatSWD. Seit 2006 ist mit Jutta Allmendinger, die die Sozialwissenschaften vertritt, ein weiteres Mitglied aus der ersten (und zweiten) Berufungsperiode des RatSWD Mitglied im Wissenschaftsrat.

Die Nachwuchsworkshops (bei denen der technische und methodische Umgang mit komplexen Datensätzen gelehrt wird) unter dem Dach des RatSWD sind ein Erfolg und werden sich zunehmend etablieren. Sie tragen auch zur »Entsäulung« der Dateninfrastruktur bei: Außeruniversitäre Einrichtungen und Universitäten arbeiten bei den Nachwuchsworkshops ausdrücklich zusammen. Mit den CAMPUS-Files stehen darüber hinaus mittlerweile speziell für die Lehre konzipierte voll anonymisierte amtliche Mikrodaten bereit. So können elementare empirische Fertigkeiten schon frühzeitig in der Ausbildung mittels »Echtdaten« vermittelt werden.

Der RatSWD wird auch immer wieder Methodenstudien anregen und mit Expertisenwettbewerben Forschungsfelder befruchten. Dabei geht es vor allem darum, die amtliche Statistik und die akademische Wissenschaft zusammen zu bringen; eine Aufgabe, die zuvor von den bestehenden Forschungseinrichtungen und Forschungsförderern meist nicht bewältigt wurde. Beispielhaft war die bereits oben genannte Methodenstudie zur Längsschnittanalyse des Mikrozensus. Hier gelang es, dass eine vom RatSWD unmittelbar koordinierte Projektförderung dafür sorgte, dass eine Förderung durch das BMBF und ein Projekt im DFG-Normalverfahren (das die normalen Begutachtungsprozesse durchlief) Hand in Hand gingen.

Ein besonders wichtiges Feld der Arbeit des RatSWD ist das Zusammenbringen unterschiedlicher Stakeholder in speziellen Bereichen der statistischen Infrastruktur. So ist z. B. die »Zensuskommission« der Bundesregierung ganz wesentlich mit aus einer Diskussionsveranstaltung des RatSWD entsprungen. Weitere Diskussionsforen sind absehbar oder bereits in der Planung, so z. B. zur Haushaltsstatistik und zu Fragen der adäquaten statistischen Erfassung von Waren und Dienstleistungen in einer globalisierten Welt. Ein besonders prominentes Beispiel sei genannt: Auf Wunsch vieler Wissenschaftler und Praktiker in diesem Feld hat der RatSWD eine Arbeitsgruppe zur umfassenden Optimierung der bestehenden kriminalstatistischen Systeme einberufen. Diese versucht ein spezifisches Feld der Statistik durch gezielte Empfehlungen – wie seinerzeit durch die KVI – weiterzuentwickeln. Der RatSWD dient hier als eine Diskussionsplattform, die es ganz wesentlich erleichtert, dass Vertreterinnen und Vertreter verschiedener (Interessen-)Gruppen konstruktiv zusammenfinden. In der zweiten Jahreshälfte 2008 sind die Ergebnisse zu erwarten. Und es zeichnet sich ab, dass dann – auf Basis eines DFG-Rundgesprächs – der Wunsch nach einer Arbeitsgruppe zu einem »Nationalen Mortalitätsregister« an den RatSWD herangetragen werden könnte.

Der RatSWD hat sich als Förderer spezifischer Veranstaltungen und Expertisenwettbewerbe und als Diskussionsforum der amtlichen und nicht-amtlichen Statistik erfolgreich etabliert, aber bislang mit projektbasierter Förderung des BMBF. Eine dauerhafte Lösung muss noch gefunden werden. Deswegen hat die Bundesregierung den Wissenschaftsrat gebeten, den RatSWD in den Jahren 2008/2009 zu evaluieren. Eingebettet ist dies in die Bitte der Bundesregierung an den

Wissenschaftsrat, die gesamte geistes-, sozial- und wirtschaftswissenschaftliche Forschungsinfrastruktur zu begutachten. Der Wissenschaftsrat hat diese Aufgaben im Januar 2008 angenommen, d. h. auch die Länder haben diesen Evaluationsvorhaben zugestimmt.

Hinter diesen Evaluationen durch den Wissenschaftsrat steht ein großes – und bislang weltweit grundsätzlich völlig ungelöstes – Problem, nämlich das einer sinnvollen Planung der Forschungsinfrastruktur in den nicht-naturwissenschaftlichen Disziplinen.[28] In allen Industrieländern, aber auch zunehmend in anderen Staaten, gibt es neben der amtlichen Statistik nicht-amtliche Erhebungen, insbesondere Erhebungen, die vom Wissenschaftssystem getragen werden. Es macht grundsätzlich Sinn, diese Erhebungen zu koordinieren, da man zum Ersten die Belastung von Befragten nicht beliebig steigern kann.[29] Zum Zweiten sollten überflüssige Doppelerhebungen auch aus finanziellen Gründen vermieden werden. Letzteres ist freilich viel leichter gesagt als getan, denn was im Hinblick auf unterschiedliche Fragestellungen eine überflüssige Doppelerhebung und was eine notwendige Spezial-Erhebung ist, ist meist schwer zu entscheiden.[30] Noch schwieriger wird die Beurteilung von Doppelerhebungen, wenn es als Alternative gelingen könnte, unterschiedliche Erhebungen miteinander – auf der Ebene einzelner Erhebungseinheiten oder durch Fusion – verknüpfbar zu machen.

Insgesamt gibt es also im Detail ständig Diskussions- und Koordinationsbedarf über das »optimale System« statistischer Erhebungen. Und zwar optimal im Hinblick auf die Mischung von amtlichen und nicht-amtlichen Erhebungen als auch im Hinblick auf die Struktur und Koordination wissenschaftsgetragener Erhebungen. Dabei gilt: Im Interesse von Innovationen und Wettbewerb sollte so viel Koordination wie nötig erfolgen, aber in erster Linie so viel Forschungs-Freiheit wie möglich gewährleistet werden (vgl. auch Wagner 1998a).

Mit der in 2005 durch die Regierungen der EU-Staaten erfolgten Etablierung des »European Strategy Forum for the Research Infrastructure« (ESFRI) wird das Planungsproblem deutlich und auf der Ebene der EU quasi institutionalisiert (vgl. Friedrich, Meyer-Krahmer in diesem Band). Die EU-Staaten wollen in erster Linie versuchen, exorbitant teure Forschungsinfrastruktur (wie dies bei der Kernforschungsanlage CERN seit Jahrzehnten der Fall ist) koordiniert gemeinsam zu finanzieren (z. B. Teilchenbeschleuniger, Forschungsschiffe, Teleskope). Damit

28 Für die Planung der naturwissenschaftlichen Infrastruktur gibt es zumindest vielfache Erfahrungen (z. B. im europäischen Rahmen). Diese Erfahrungen zeigen aber auch, dass die Prozesse, die am Ende zu milliardenschweren Investitionsentscheidungen führen, keineswegs durchgehend besonders transparent und effektiv gestaltet sind.

29 Insbesondere von spezifischen Unternehmen, die im Fokus unterschiedlichster Fragestellungen stehen und oft befragt werden, da sie entweder in einer viel beforschten Branche tätig oder so groß sind, dass mit Vollerhebungen oder hohen Auswahlsätzen bei Stichproben gearbeitet wird.

30 Die verschiedenen Facetten der Erwerbstätigkeit und Arbeitslosigkeit und entsprechend viele Erhebungen zum scheinbar selben Thema sind ein gutes Beispiel.

ist auch eine Möglichkeit – aber auch die Notwendigkeit – der koordinierten Finanzierung von Forschungsinfrastruktur jeder Art entstanden. Und dazu gehört auf jeden Fall, dass die einzelnen Mitgliedsstaaten der EU sich darüber im Klaren werden, wo ihre Prioritäten liegen. Und zwar innerhalb verschiedener Disziplinen und zwischen Disziplinen.

Eine der wichtigsten Entscheidungen wird immer wieder sein: Welche Erhebungsprojekte gehören zur Forschungs-Infrastruktur, die dauerhaft und koordiniert organisiert sein sollte, und welche Projekte sind Teil der »normalen« und auf spezifische Probleme bezogenen Ressortforschung (innerhalb der amtlichen Statistik) sowie der normalen Forschungsförderung (innerhalb der wissenschaftsgetragenen Erhebungen)?

Mit der Berufung des RatSWD ist Deutschland im Grundsatz auf diesen Prozess im Bereich der Sozial-, Verhaltens- und Wirtschaftswissenschaften gut aufgestellt. In Europa gibt es nur noch mit dem »UK Data Forum« ein vergleichbares Gremium (das allerdings bislang nur auf Ad-hoc-Basis tätig wurde). Auf Initiative des eng mit dem »UK Data Forum« verbundenen britischen Economic and Social Research Council (ESRC) wird versucht, ein dem Forum und dem RatSWD analoges Gremium weltweit zu etablieren: das International Data Forum (IDF).[31]

Neben den Governance-Problemen gibt es eine zweite große Herausforderung für die statistisch-informationelle (Forschungs-)Infrastruktur. In den letzten Jahren hat sich eine ebenso dynamische wie recht unübersichtliche Entwicklung neuerer Analyse- und Erhebungsverfahren ergeben, die zum großen Teil auf neuen technologischen Möglichkeiten beruhen (Computerpower, Kommunikationstechniken) und die für die Weiterentwicklung der statistisch-informationellen (Forschungs-)Infrastruktur aufregende Zeiten impliziert. Das wird sich auch in der Arbeit des RatSWD und der Arbeitsgruppe »Geistes- und sozialwissenschaftliche Infrastruktur« des Wissenschaftsrates niederschlagen. Im Folgenden seien einige Perspektiven kurz angerissen. Sie werden gegenwärtig bereits vom RatSWD in Form einer Vielzahl von Expertisen aufgearbeitet, die 2009 in Buchform erscheinen und die weitere Diskussion auf eine solide Grundlage stellen sollen.

Grundsätzlich gilt, dass die Bedeutung von nur deskriptiv auswertbaren Querschnitts-Daten zurückgeht, da auch die Sozial- und Wirtschaftswissenschaften und erst recht die politikgetriebene Evaluationsforschung an kausal interpretierbaren Erhebungen und Analysen ein zentrales Interesse entwickeln (vgl. auch Müller, Wirth in diesem Band, Abschnitt 3). Ein Blick auf die enorme Methoden-

31 Es ist bei Drucklegung dieser Festschrift noch zu früh, über diese Initiativen ausführlicher zu berichten. Es wäre im Zweifel auch irreführend, hier Links zu veröffentlichen, die rasch veralten würden. Wer Interesse am Fortgang dieser Initiativen hat, wird sie mit jeder Suchmaschine finden, sofern die Initiativen sich erfolgreich entwickeln werden. Auf der Homepage des RatSWD wird – im Erfolgsfall – auch darüber berichtet werden (http://www.ratswd.de).

vielfalt der in der Lehrbuchliteratur zu Recht als vorbildlich gerühmten sozialpsychologischen Studie der »Arbeitslosen von Marienthal« gibt einen guten Eindruck (auf Basis dessen, was technologisch Anfang der dreißiger Jahre an Erhebungen möglich war) von dem, was künftig an methodischen Ansprüchen an die Sozial- und Wirtschaftswissenschaften gestellt werden wird (vgl. Jahoda et al. 1933).

Beispielhaft, aber bewusst ohne den Versuch einer erschöpfenden Aufzählung, seien hier neue, allesamt laufende Entwicklungen genannt, die die KVI noch nicht systematisch im Auge haben konnte:

- Raumbezogene Daten (georeferenzierte »Spatial Data«)[32]
- Mikrodaten der Volkszählung(en)
- Firmen-Längsschnitt-Daten
- Interdisziplinäre Längschnitterhebungen von Lebensläufen (Sozialstruktur zusammen mit z. B. Persönlichkeitsentwicklung, kognitive Fähigkeiten und spezifische Kompetenzen, Gesundheit) unter besonderer Berücksichtigung von
  - genetisch sensitiven Stichprobendesigns
  - Biomarkern[33]
- Transaktions-Daten
  - Kommerzielle Transaktions-Daten, z. B. von Ebay, Mobilfunk-Providern und Sportschuh-Herstellern[34]
  - Kommerzielle Transaktions-Erhebungen, wie z. B. Testmarktdaten (in Deutschland: Hassloch/Pfalz), sowie Erhebungen, die als Joint-Industry-Initiativen Konsum- und Medienverhalten im Fokus haben
  - Experience Sampling (forschungsgetriebene Transaktionsdaten), z. B. Erhebung von Zeitbudgetdaten mit Hilfe von Mobiltelefonen
- Organisations-Daten (über administrative Daten hinaus)[35] und deren Verknüpfung mit Lebenslauf-Daten

32 Hier geht es um ganz unterschiedliche Datenquellen, die jeweils für einen geographischen Ort verfügbar sind bzw. verfügbar gemacht werden können: z. B. Satelliten-Fernerkundungs-Bilder, Klimadaten, Survey-Daten, Zensusdaten, konventionelle Fotographien). »Google Earth« gibt einen Eindruck dessen, was möglich ist und welche Datenschutzherausforderungen damit verbunden sind. Um wissenschaftlich anspruchsvolle und datenschutzrechtlich einwandfreie Spatial Data vorzuhalten, ist z. B. in Großbritannien ein »Nationales Datenzentrum für georeferenzierte Daten« im Gespräch.

33 Vom BMI (erfragten Body-Mass-Index) über Bestimmung von Körperfett-Anteil und Blutdruck (durch nicht-invasive Messungen) bis hin zu DNA-Samples (nicht-invasiv über Speichelproben bis hin zu invasiven Blutproben).

34 Künftig wird es derartige Daten auch in der Gesundheitsversorgung geben: von der Versicherungskarte bis zu telemetrischen Real-Time-Individualinformationen.

35 Relevante Organisationen sind z. B. vorschulische Betreuungseinrichtungen, Schulen, Hochschulen, Betriebe und Unternehmen.

- Gezielte Forschungsförderung der »Survey Methodik«, der Forschungsethik und des Datenschutzes[36]
- Diskussion der optimalen Governance von Forschungsinfrastruktur (insbesondere von Längsschnittstudien und der e-Science-Infrastruktur)

Das grundsätzliche Problem sei abschließend noch einmal benannt: Es besteht in der Governance der in allen Ländern heterogenen statistisch-empirischen Infrastruktur. Amtliche Statistik im engeren Sinne, Ressortforschung, wissenschaftsgetragene Erhebungen und private Datenproduzenten arbeiten nicht systematisch zusammen. Der RatSWD (wie auch das UK Data Forum und das IDF) sind Versuche, eine verbesserte Governance nach der Leitlinie zu erreichen »So viel zentrale Koordination wie nötig, so viel Freiheit und Wettbewerb wie möglich«.

7. *Zur Rolle von Persönlichkeiten*

Blickt man auf die letzten zehn Jahre zurück, so hat sich die informationelle-statistische Infrastruktur in Deutschland überraschend positiv entwickelt. Dies lag zum einen an den günstigen Zeitläufen: Die Politik ist mehr denn je an statistischen Analysen und Evaluationen interessiert. Die Evaluation der »Hartz-Reformen« ist ein Musterbeispiel für diese Entwicklung.[37] Zum Zweiten wurde die Entwicklung aber auch von Johann Hahlen und Hans-Jürgen Krupp ganz entscheidend vorangetrieben. Ohne diese beiden Persönlichkeiten wären wir nicht so weit gekommen.

Hans-Jürgen Krupp war als Ko-Vorsitzender der KVI meist in der Rolle des Moderators, da er kein direkter Interessenvertreter war. Er leitete die Diskussionen der KVI auf Basis eines langen Berufslebens sehr geschickt zu konstruktiven Empfehlungen hin. Und er war auch bei der Berufung und im Gründungsausschuss des Rates für Sozial- und Wirtschaftsdaten selbst aktiv an der Umsetzung beteiligt.

Johann Hahlen, der ein großes Amt in schwierigen, von wenig zielführenden »Entbürokratisierungs-Vorstellungen« geprägten Zeiten führen musste, hat in der KVI, dem Gründungsausschuss und dem RatSWD keine reinen Amts-Interessen vertreten, sondern einen immer schärferen Blick für die gesamte statistisch-informationelle (Forschungs-)Infrastruktur weiter entwickelt. Zugleich beförderte er die Entwicklung in seiner Funktion als Präsident des Statistischen Bundesamtes und später auch als Staatssekretär im BMI mit Augenmaß – und dadurch ungemein effektiv.

36 Z. B. zur Erforschung von neuen Erhebungsmethoden via Internet und insbesondere auch Web 2.0.

37 Vgl. z. B. Hujer (2006), Fertig et al. (2004).

Erfolge, wie sie der »KVI-Prozess« erbracht hat, führen freilich nicht dazu, dass es anschließend nichts mehr zu tun gibt. Sondern solche Erfolge generieren in der Regel mehr Aufgaben und Arbeit als zuvor. Johann Hahlen und Hans-Jürgen Krupp haben dafür gesorgt, dass die notwendigen Institutionen zur Verfügung stehen, die das Potenzial haben, die neuen Aufgaben erfolgreich zu bewältigen. Dafür danken ihnen die Herausgeber und die Autoren dieser Festschrift.

Literatur

Bauer, P. (2008), Das Forschungsdatenzentrum der Statistischen Landesämter. Ein Beitrag zur Verbesserung der informationellen Infrastruktur zwischen Wissenschaft und Statistik?. In: Rolf, G., Zwick, M., Wagner, G. G. (Hg.), Fortschritte der informationellen Infrastruktur in Deutschland – Festschrift für Johann Hahlen zum 65. Geburtstag und Hans-Jürgen Krupp zum 75. Geburtstag, Baden-Baden.

Bechtold, S. (2001), Wege zu einer besseren informationellen Infrastruktur. Bericht über die Konferenz zum Gutachten der Kommission zur Verbesserung der informationellen Infrastruktur zwischen Wissenschaft und Statistik am 20. und 21. September 2001 in Berlin. In: Wirtschaft und Statistik, Heft 12, S. 971-980.

Bender, S., Himmelreicher, R., Zühlke, S., Zwick, M. (2008), ForschungsDatenZentren. Eine informationelle Infrastruktur mit erFreulichem DatenZugang. In: Rolf, G., Zwick, M., Wagner, G. G. (Hg.), Fortschritte der informationellen Infrastruktur in Deutschland – Festschrift für Johann Hahlen zum 65. Geburtstag und Hans-Jürgen Krupp zum 75. Geburtstag, Baden-Baden.

Boeri, T., Boersch-Supan, A., Wagner, G. G. et al. (2000), An Appeal to President Prodi – The EC should make sure that European citizens are informed about the long-term sustainability of their pension systems, 22. Februar 2000, Brüssel.

Cabos, K., Krupp, H.-J. (1997), Zum Verhältnis von Geld- und Konjunkturpolitik. In: Helmstädter, E., Poser, G., Ramser, H.-J. (Hg.), Beiträge zur angewandten Wirtschaftsforschung – Festschrift für Karl-Heinrich Oppenländer, Berlin, S. 29-55.

Cabos, K., Krupp, H.-J. (2002), Measurement Problems and Uncertainty in Monetary Policy. In: Klein, I., Mittnik, S. (Hg.), Contributions to Modern Econometrics – From Data Analysis to Economic Policy. In Honour of Gerd Hansen, Boston, S. 9-22.

Cabos, K., Krupp, H.-J. (2003), Zu den Risiken einer Nullinflation als geldpolitisches Ziel. In: Köhler, C., Rohde, A. (Hg.), Geldpolitik ohne Grenzen. Veröffentlichungen des Instituts für Empirische Wirtschaftsforschung Nr. 39, S. 105-120.

Fertig, M., Kluve, J., Schmidt, C. M., Apel, H., Friedrich, W., Hägele, H. (2004), Die Hartz-Gesetze zur Arbeitsmarktpolitik – Ein umfassendes Evaluationskonzept. RWI Schriften Heft 74, Berlin.

Friedrich, R., Meyer-Krahmer, F. (2008), Informationelle Forschungsinfrastruktur in Deutschland und Europa. Zum ESFRI-Prozess in den Sozial- und Geisteswissenschaften. In: Rolf, G., Zwick, M., Wagner, G. G. (Hg.), Fortschritte der informationellen Infrastruktur in Deutschland – Festschrift für Johann Hahlen zum 65. Geburtstag und Hans-Jürgen Krupp zum 75. Geburtstag, Baden-Baden.

Frohn, J. (1998), Anmerkungen zum Memorandum. In: Allgemeines Statistisches Archiv, Bd. 82, S. 393-395.

Galler, H. P., Wagner, G. (Hg.) (1998), Empirische Forschung und wirtschaftspolitische Beratung – Festschrift für Hans-Jürgen Krupp zum 65. Geburtstag, Frankfurt/New York.

Grohmann, H. (2008), Zensus im Wandel. In: Rolf, G., Zwick, M., Wagner, G. G. (Hg.), Fortschritte der informationellen Infrastruktur in Deutschland – Festschrift für Johann Hahlen zum 65. Geburtstag und Hans-Jürgen Krupp zum 75. Geburtstag, Baden-Baden.

Grohmann, H. et al. (1980), Vielseitige Nutzung statistischer Einzelangaben. In: Allgemeines Statistisches Archiv, Bd. 63, S. 39-75.

Habich, R. (2002), Immer mehr für immer mehr – Anmerkungen zur Wohlfahrtsforschung in vergleichender Perspektive. In: Glatzer, W., Habich, R., Mayer, K. U. (Hg.), Sozialer Wandel und gesellschaftliche Dauerbeobachtung, Opladen, S. 199-227.

Hahlen, J. (1998), Amtliche Statistik als zentraler Teil der statistischen Infrastruktur. Anmerkungen zum Memorandum. In: Allgemeines Statistisches Archiv, Bd. 82, S. 387-390.

Hanefeld, U., Schupp, J. (2008), Vom Sozio-ökonomischen Panel zum SOEP. Das Panelprojekt in den Jahren 1983 bis 1989. In: Rolf, G., Zwick, M., Wagner, G. G. (Hg.), Fortschritte der informationellen Infrastruktur in Deutschland – Festschrift für Johann Hahlen zum 65. Geburtstag und Hans-Jürgen Krupp zum 75. Geburtstag, Baden-Baden.

Hauser, R., Ott, N., Wagner, G. (Hg.) (1994), Deutsche Forschungsgemeinschaft. Mikroanalytische Grundlagen der Gesellschaftspolitik Bd. 2: Erhebungsverfahren, Analysemethoden und Mikrosimulation, Berlin.

Hauser, R., Wagner, G. G., Zimmermann, K. F. (1998), Erfolgsbedingungen empirischer Wirtschaftsforschung und empirisch gestützter wirtschafts- und sozialpolitischer Beratung. Ein Memorandum. In: Allgemeines Statistisches Archiv, Bd. 82, S. 369-379.

Hauser, R., Wagner, G. G., Zimmermann, K. F. (1999), Replik: Statistische Infrastruktur im Spannungsfeld öffentlicher Finanzierung und dezentraler Analyse. In: Allgemeines Statistisches Archiv, Bd. 83, S. 161-169.

Hoffmann, L., Wagner, G. G. (1998), Die Rolle der empirischen Wirtschaftsforschung für die Politikberatung. In: Wirtschaftsdienst, 78. Jg., Heft 3, S. 185-192.

Hujer, R. (2006), Evaluation der aktiven Arbeitsmarktpolitik in Deutschland: Stand der empirischen Forschung. In: Schmollers Jahrbuch, 126. Jg., Heft 3, S. 343-357.

Jahoda, M., Lazarsfeld, P. F., Zeisel, H. (1933), Die Arbeitslosen von Marienthal – Ein soziographischer Versuch, Leipzig.

Köhler, S. (1999), Anonymisierung von Mikrodaten in der Bundesstatistik und ihre Nutzung – Ein Überblick. In: Statistisches Bundesamt (Hg.), Methoden zur Sicherung der statistischen Geheimhaltung. Schriftenreihe Forum der Bundesstatistik Bd. 31, Wiesbaden, S. 133-149.

Kommission zur Verbesserung der informationellen Infrastruktur zwischen Wissenschaft und Statistik (Hg.) (2001), Wege zu einer besseren informationellen Infrastruktur. Gutachten der vom Bundesministerium für Bildung und Forschung eingesetzten Kommission zur Verbesserung der informationellen Infrastruktur zwischen Wissenschaft und Statistik, Baden-Baden (mit CD-ROM mit 41 Expertisen und Beiträgen, die im Auftrag der Kommission bzw. im Zuge der Kommissionsarbeiten erstellt wurden).

Krupp, H.-J. (1975), Möglichkeiten der Verbesserung der Einkommens- und Vermögensstatistik. Schriften der Kommission für wirtschaftlichen und sozialen Wandel Bd. 50, Göttingen.

Krupp, H.-J. (1996), Wie zeitgemäß ist Keynes heute noch? Gleichgewicht bei Unterbeschäftigung – aktueller denn je. In: Wirtschaftsdienst, 76. Jg., Heft 5, S. 223-226.

Krupp, H.-J. (2001), Auszüge aus dem Statement von Prof. Dr. Hans-Jürgen Krupp zum Pressegespräch »Neue Wege der Kooperation zwischen Wissenschaft und Statistik« am 21. September 2001 in Berlin (http://www.ratswd.de/kvi/kvi.php).

Krupp, H.-J. (2004), Mikroanalysen und amtliche Statistik – gestern, heute, morgen. In: Merz, J., Zwick, M. u.a., MIKAS – Mikroanalysen und amtliche Statistik. Statistisches Bundesamt, Statistik und Wissenschaft Bd. 1, Wiesbaden, S. 27-35.

Krupp, H.-J. (2006), Einführung in die erste »Von-Schmoller-Vorlesung«. In: Schmollers Jahrbuch, 126. Jg., Heft 3, S. 339-341.

Krupp, H.-J. (2007), Das Sozio-oekonomische Panel – Wie es dazu kam. In: Schwarze, J., Räbinger, J., Thiede, R. (Hg.), Arbeitsmarkt- und Sozialpolitikforschung im Wandel, Hamburg.

Lippe, P. von der (1998), Mit Mikro-Daten einen Makro-Wirbel machen. Anmerkungen zum Memorandum. In: Allgemeines Statistisches Archiv, Bd. 82, S. 380-386.
Metschke, R., Wellbrock, R. (1999), Statistikgeheimnis und Datenschutz wider die empirische (Wirtschafts-)Forschung? Anmerkungen zum Memorandum. In: Allgemeines Statistisches Archiv, Bd. 83, S. 152-157.
Müller, W., Blien, U., Knoche, P., Wirth, H. et al. (1991), Die faktische Anonymität von Mikrodaten. Schriftenreihe Forum der Bundesstatistik Bd. 19, Stuttgart.
Müller, W., Wirth, H. (2008), Der Mikrozensus – Beobachtungen zur Entwicklung und seiner Nutzung in der Wissenschaft. In: Rolf, G., Zwick, M., Wagner, G. G. (Hg.), Fortschritte der informationellen Infrastruktur in Deutschland – Festschrift für Johann Hahlen zum 65. Geburtstag und Hans-Jürgen Krupp zum 75. Geburtstag, Baden-Baden.
Oltmanns, E. (1998), Erneuerung der statistischen Infrastruktur. Anmerkungen zum Memorandum. In: Allgemeines Statistisches Archiv, Bd. 82, S. 391-392.
Paneldiskussion (1999), Perspektiven der Kooperation von Wissenschaft und amtlicher Statistik in Deutschland. In: Statistisches Bundesamt (Hg.), Kooperation zwischen Wissenschaft und amtlicher Statistik – Praxis und Perspektiven –. Beiträge zum Symposium am 31. Mai/1. Juni 1999 in Wiesbaden. Schriftenreihe Forum der Bundesstatistik Bd. 34, Stuttgart, S. 216-235.
Postlep, R.-D., Wagner, G. G. (1998), Zur Ökonomik grundfinanzierter wirtschafts- und sozialwissenschaftlicher Forschung. In: Jahrbücher für Nationalökonomie und Statistik, Bd. 217, Heft 3, S. 345-358.
Schaber, G. (1999), Comment on »The Requirements for Empirical Economic Research and for Empirically Supported Economic and Social Policy Advice«. In: IZA Reprint Series A – 14/1999.
Schneider, H., Wolf, C. (2008), Die Datenservicezentren als Teil der informationellen Infrastruktur. In: Rolf, G., Zwick, M., Wagner, G. G. (Hg.), Fortschritte der informationellen Infrastruktur in Deutschland – Festschrift für Johann Hahlen zum 65. Geburtstag und Hans-Jürgen Krupp zum 75. Geburtstag, Baden-Baden.
Solga, H., Wagner, G. G. (2007a), Eine moderne Dateninfrastruktur für eine exzellente Forschung und Politikberatung. Working Paper No. 1 des Rates für Sozial- und Wirtschaftsdaten, Berlin (http://www.ratswd.de/download/workingpapers2007/01_07.pdf).
Solga, H., Wagner, G. G. (2007b), A Modern Statistical Infrastructure for Excellent Research and Policy Advice – Report on the German Council for Social and Economic Data during Its First Period in Office (2004 – 2006). In: Schmollers Jahrbuch, 127. Jg., Heft 2, S. 315-320.
Siefken, S. T. (2007), Regierten die Kommissionen? Eine Bilanz der rot-grünen Bundesregierungen 1998 bis 2005. In: Zeitschrift für Parlamentsfragen, S. 559-581.
Statistisches Bundesamt (Hg.) (1999), Kooperation zwischen Wissenschaft und amtlicher Statistik – Praxis und Perspektiven –. Beiträge zum Symposium am 31. Mai/1. Juni 1999 in Wiesbaden. Schriftenreihe Forum der Bundesstatistik Bd. 34, Stuttgart.
Tegelbekkers, F. (2008), Evaluation der Wirtschaftsforschung durch den Wissenschaftsrat. In: Rolf, G., Zwick, M., Wagner, G. G. (Hg.), Fortschritte der informationellen Infrastruktur in Deutschland – Festschrift für Johann Hahlen zum 65. Geburtstag und Hans-Jürgen Krupp zum 75. Geburtstag, Baden-Baden.
Wagner, G. G. (1998a), Amtliche Statistik oder Statistische Infrastruktur? – Überlegungen zu den empirischen Grundlagen der Wirtschaftspolitik. In: Weiler, H. N. (Hg.), Europa-Universität Viadrina Frankfurt (Oder). Universitätsschriften – Antrittsvorlesungen VI, Frankfurt (Oder), S. 47-70.
Wagner, G. G. (1998b), Eines der letzten unangefochtenen staatlichen Monopole ist die amtliche Statistik – Das Bruttoinlandsprodukt im Wettbewerb berechnen. In: Handelsblatt, Nr. 34 (18.2.1998), S. 39.
Wagner, G. G. (2000), Statistik ist weit mehr als Erbsenzählerei. In: Handelsblatt, Nr. 205 (24.10.2000), S. 53-54.
Wagner, G. G. (2002), Bessere Daten für die Politik – Mit einer Reform der Arbeitslosenstatistik ist es nicht getan. In: Financial Times Deutschland, 26. Februar 2002, S. 26.
Wagner, G. G. (2004), Spielwiese für Fälscher. In: Financial Times Deutschland, 24. September 2004, S. 30.

Wagner, G. G. (2008), Das Sozio-oekonomische Panel (SOEP) in der 25. Erhebungswelle. Die Jahre von der Wende zur Jahrtausendwende. In: Vierteljahrshefte zur Wirtschaftsforschung, Heft 3 (im Druck).

Wagner, G. G., Frick, J. R., Schupp, J. (2007), The German Socio-Economic Panel Study (SOEP) – Scope, Evolution and Enhancements. In: Schmollers Jahrbuch, 127. Jg., Heft 1, S. 139-169.

Wissenschaftsrat (2006a), Stellungnahme zu zwei Großgeräten der naturwissenschaftlichen Grundlagenforschung: Freie-Elektronen-Laser für weiche Röntgenstrahlung (BESSY FEL) und eisbrechendes Forschungsbohrschiff (AURORA BOREALIS). Drs. 7269-06, Nürnberg-Erlangen, Mai 2006 (http://www.wissenschaftsrat.de/texte/7269-06.pdf).

Wissenschaftsrat (2006b), Stellungnahme zum Deutschen Wetterdienst (DWD), Offenbach. Drs. 7260-06, Nürnberg-Erlangen, Mai 2006 (http://www.wissenschaftsrat.de/texte/7260-06.pdf).

Wissenschaftsrat (2007a), Empfehlungen zur Rolle und künftigen Entwicklung der Bundeseinrichtungen mit FuE-Aufgaben. Drs. 7702-07, Berlin, 26.01.2007 (http://www.wissenschaftsrat.de/texte/7702-07.pdf).

Wissenschaftsrat (2007b), Stellungnahme zum Institut für Arbeitsmarkt- und Berufsforschung (IAB), Nürnberg. Drs. 8175-07, Frankfurt am Main, 9.11.2007 (http://www.wissenschaftsrat.de/texte/8175-07.pdf).

Zapf, W. et al. (1996), Memorandum zur Verbesserung der Zugangsmöglichkeiten zu Mikrodaten der amtlichen Statistik. In: ZUMA-Nachrichten, 39, S. 172-175.

Ziegler, H. (2005), Sozialwissenschaften und Politik bei der deutschen Wissenschafts-Vereinigung – Der Fall der ›Kommission für die Erforschung des sozialen und politischen Wandels in den neuen Bundesländern‹ (KSPW). WZB Diskussions Papier P 2005-008, Berlin: mimeo.

Zwintz, R. (1999), Anmerkungen zum Memorandum. In: Allgemeines Statistisches Archiv, Bd. 83, S. 158-160.

Erfolgsbedingungen empirischer Wirtschaftsforschung und empirisch gestützter wirtschafts- und sozialpolitischer Beratung.

Ein Memorandum

Richard Hauser, Gert G. Wagner und Klaus F. Zimmermann[1]

In seinen »allgemeinen Gesichtspunkten« der Stellungnahme zu den Wirtschaftsforschungsinstituten der Blauen Liste in den alten Ländern hat der Wissenschaftsrat im Januar 1998 festgestellt, dass »im Zuge der Erarbeitung der vorliegenden Stellungnahmen [...] sich Hinweise darauf ergeben [haben], dass der Status der empirischen Wirtschaftsforschung in Deutschland – auch im internationalen Vergleich – Anlass zu einer Reihe von Fragen gibt und daher eine breit angelegte Untersuchung zur Struktur, Organisation und Leistungsfähigkeit der empirischen wirtschaftswissenschaftlichen Forschung in Deutschland notwendig und förderlich ist. Der Wissenschaftsrat empfiehlt nachdrücklich, diese Untersuchung möglichst bald durchzuführen und Fragen der theoretischen Wirtschaftsforschung mit einzubeziehen, soweit dies für den Untersuchungszweck angebracht ist. Im Anschluss daran sollte es zu weiteren Strukturempfehlungen kommen, die auch die Wirtschaftsforschungsinstitute der Blauen Liste einschließen«.

Die Verfasser des vorliegenden Memorandums halten es für erforderlich, dass diese Analyse und Diskussion komplementär auch öffentlich durchgeführt wird. Zu einem zentralen Teilaspekt, der Datenproblematik, sollen die folgenden Überlegungen beitragen.

1. Theoretische Überlegungen

Für die meisten wirtschafts- und sozialpolitischen sowie finanzwissenschaftlichen Fragestellungen reichen rein theoretische Modelle nicht aus, sondern politisch umsetzbare Ergebnisse bedürfen einer empirischen Fundierung. Umgekehrt

1 Das Memorandum ist 1998 im Allgemeinen Statistischen Archiv, Bd. 82, S. 369-379, erschienen. Die Herausgeber der Festschrift danken dem Verlag für die Möglichkeit des Wiederabdrucks.
Das Memorandum hat eine breite Diskussion ausgelöst, an der sich auch Johann Hahlen beteiligt hat. Vgl. Hahlen, J. (1998), Amtliche Statistik als zentraler Teil der statistischen Infrastruktur. Anmerkungen zum Memorandum. In: Allgemeines Statistisches Archiv, Bd. 82, S. 387-390.

sind empirische Messungen ohne ein theoretisches Gerüst im Allgemeinen sinnlos. Empirische Wirtschaftsforschung und Wirtschaftstheorie (einschließlich der Finanzwissenschaft) sollten deswegen im Zusammenhang analysiert und im Hinblick auf ihre organisatorischen Strukturen betrachtet werden.

Empirische Wirtschaftsforschung im engeren Sinne zielt darauf ab,

- die relevanten Aspekte der wirtschaftlichen Aktivitäten mit Hilfe von Statistiken zu beschreiben und soweit wie möglich in quantitativer Form zu messen (deskriptive Statistik),
- aus statistischen Daten Hypothesen über Regelmäßigkeiten [Gesetze] abzuleiten (induktive Methode),
- Verhaltenshypothesen, die auf der Basis von theoretischen Modellen abgeleitet wurden, mit Hilfe von (vor allem) ökonometrischen Verfahren zu testen (deduktive Methode),
- internationale Vergleiche zu allen genannten Aspekten in deskriptiver Form anzustellen,
- die Unterschiede zwischen den Vergleichsländern als das Ergebnis »natürlicher« Sozialexperimente zu betrachten und auf dieser Basis die unterschiedlichen Auswirkungen verschiedener institutioneller Ausgestaltungen der Wirtschafts- und Sozialordnung für das Verhalten von Wirtschaftssubjekten herauszuarbeiten,
- Parameterwerte für einzelne Verhaltenshypothesen numerisch zu schätzen und auf dieser Basis quantifizierte Prognosen zu erarbeiten,
- komplexe Modelle, die das wirtschaftliche Verhalten unterschiedlicher Akteurgruppen nachbilden und das Ergebnis des Zusammenwirkens dieser Gruppen nachzeichnen, zu erarbeiten,
- mit Hilfe dieser numerisch spezifizierten Modelle Prognosen zu erstellen und
- mit Hilfe von Modellen Simulationsstudien über die Auswirkungen alternativer wirtschafts-, finanz- und sozialpolitischer Maßnahmen zu erstellen und damit empirisch gestützte Aussagen über die positiven und negativen Konsequenzen im Hinblick auf explizit gemachte Ziele abzuleiten.

Es ist offensichtlich, dass die Voraussetzung für eine erfolgreiche empirische Wirtschaftsforschung das Vorhandensein und die leichte Zugänglichkeit von möglichst vielfältigen und möglichst weit in die Vergangenheit zurückreichenden statistischen Daten ist.

Ebenso wie in den Naturwissenschaften ist auch bei der empirischen Wirtschaftsforschung eine möglichst breite nationale und internationale Konkurrenz zwischen Wissenschaftlern erforderlich, durch die sich die verlässlicheren deskriptiven Ergebnisse und die besseren Hypothesen durch gegenseitige Prüfung und Kritik allmählich durchsetzen. Aus diesen Gründen ist eine gleichrangige und gleichzeitige Zugänglichkeit von Datenbeständen für möglichst alle mit der jeweiligen Thematik befassten Wissenschaftler erforderlich. Darüber hinaus sollten die Daten in einem engen Austauschprozess zwischen analysierenden Forschern und Daten»produzenten« erstellt werden, um sicherzustellen, dass zu relevanten Fragen die angemessenen Daten mit methodisch adäquaten Verfahren erhoben werden.

Es geht uns im Folgenden lediglich um die Erhebung und Verfügbarkeit der Daten für die wissenschaftliche Forschung und nicht-kommerzielle Nutzung.

2. *Organisatorische Ausgangslage*

In Deutschland liegt die Verantwortung für die Datengenerierung und -nutzung bei der amtlichen Statistik, Administrationen, wissenschaftlichen Einrichtungen und privaten Unternehmen (insbesondere Marktforschungsinstituten). Die amtliche Statistik ist den Innenministern bzw. Staatskanzleien nachgelagert bzw. sie ist Teil kommunaler und anderer Einrichtungen (z.B. Bundesbank, Bundesanstalt für Arbeit). Öffentlich finanzierte statistische Erhebungen gibt es außerhalb der amtlichen Statistik im Bereich der Ressort- und Auftragsforschung und als Teil der Wissenschaftsförderung.

Die Erhebungsprogramme (und die zur Datenerhebung benutzten Methoden) werden von den analysierenden Forschern je nach Datenproduzent sehr unterschiedlich beeinflusst.

- Für die Daten der amtlichen Statistik gibt es in der Praxis fast keinen Einfluss der Wissenschaft auf die Erhebungsprogramme; diese Aussage gilt verstärkt für die Teile der amtlichen Statistik, die nicht in Statistischen Ämtern, sondern Ministerien und anderen Einrichtungen geführt werden (z.B. Finanzministerium, Bundesanstalt für Arbeit, Bundesbank, Verband Deutscher Rentenversicherungsträger).
- Statistische Basisdaten, die mit öffentlichen Mitteln im Rahmen der Ressort- und Auftragsforschung erstellt werden (insbesondere auch in den Wirtschaftsforschungsinstituten), werden praktisch auch ohne Einfluss durch Wissenschaftler erstellt, die nicht an der Erhebung direkt beteiligt sind.
- Ein systematischer Einfluss der gesamten »Scientific Community« auf statistische Erhebungsprogramme gibt es nur dort, wo Daten durch wissenschaftliche Forschungsinstitutionen erhoben werden (z.B. DFG, VW Stiftung, teilweise auch BMBF).
- Auch auf die Erstellung vieler »abgeleiteter« Statistiken, wie insbesondere der Volkswirtschaftlichen Gesamtrechnung (VGR), gibt es keinen direkten Einfluss der Wissenschaft.
- Mangels professioneller Großerhebungen werden immer wieder Erhebungen von Studenten im Rahmen von »Lehrforschung« durchgeführt (wobei das dilettantische Verhalten von Studenten bei Interviews zur Gefährdung der Akzeptanz von statistischen Erhebungen bei Befragten beitragen kann).

Auch die Zugänglichkeit dieser Datenbestände für die nicht-kommerzielle, empirische Wirtschaftsforschung an Universitäten und gemeinnützigen Forschungsinstituten unterscheidet sich deutlich. Für diese Unterschiede sind maßgeblich: (1) die Art der Finanzierung, (2) Datenschutzbestimmungen, (3) Verhaltensweisen der Datenproduzenten und schließlich (4) die Verfahren der Datensammlung, Datenaufbereitung, Datendokumentation und Datenübermittlung, die angesichts der tiefgreifenden Änderungen bei den elektronischen Netzwerken und der Verfügbarkeit von bisher nicht vorhandenen Rechen- und Speicherkapazitäten am Arbeitsplatz des Wissenschaftlers einem tiefgreifenden Wandel unterliegen.

- Weitgehend ungeregelt ist der Zugang zu statistischen Daten, die vom Staat – außerhalb der eigentlichen amtlichen Statistik – in Ministerien und anderen Einrichtungen produziert werden.
- Der Zugang zu Daten der amtlichen Statistik ist weitgehend geregelt, allerdings gibt es zwei grundsätzliche Probleme: (1) Mikrodaten sind zum größten Teil nicht oder nur schwer zugänglich; dies gilt insbesondere für die nur schwer anonymisierbaren Betriebs- und Unternehmensdaten der Wirtschaftsstatistik. Mit den vom BMBF finanzierten »Scientific Use Files« für einige Stichproben der Bevölkerungsstatistik gibt es allerdings eine neue Entwicklung für den regelhaften Zugang zu anonymisierten Mikrodaten; (2) aggregierte Daten, z. B. der VGR, sind regelhaft zugänglich, insbesondere sind auch die Veröffentlichungszeitpunkte allgemein bekannt, jedoch ist für Außenstehende nicht klar, ob und wann Statistische Ämter vorläufige Daten und Sonderauswertungen zur Verfügung stellen. Manchmal führt dies dazu, dass Wissenschaftler den Eindruck gewinnen, dass Daten willkürlich herausgegeben oder zurückgehalten werden[2].
- Weitgehend ungeregelt ist auch der Zugang zu Daten, die mit öffentlichen Mitteln außerhalb der amtlichen Statistik erhoben werden. Zwar werden viele Erhebungen dem »Zentralarchiv für empirische Sozialforschung« in Köln übergeben, oder die Daten werden von den Produzenten direkt zugänglich gemacht, aber es ist oft zufällig, ob und wie dies geschieht. Nur wenige Wissenschaftsförderungsorganisationen knüpfen die Finanzierung einer Erhebung an die explizite Verpflichtung, diese rasch für Re-Analysen zugänglich zu machen. Vorbildlich ist hier beispielsweise die DFG.

Zu obigen Punkten nimmt das Memorandum im Folgenden Stellung, um die Verantwortlichen zu einer den neuen wissenschaftlichen Entwicklungen entsprechenden Gestaltung der statistischen Infrastruktur aufzurufen und damit die

2 Die Verfasser berichten hier über Äußerungen von anderer Seite. Auch wenn sie damit nicht den Vorwurf einer Willkür unterstützen wollen, so deutet dies doch darauf hin, dass die bisherigen Zugangsregeln zumindest undurchsichtig sind.

Erfolgsbedingungen für die empirische Wirtschaftsforschung und empirisch gestützte Politikberatung zu verbessern.

3. Datentypen und Datenschutz

Vorweg ist festzustellen, dass sich die empirische Wirtschafts- und Sozialforschung in dem oben beschriebenen Sinn nicht für identifizierbare Einzelfälle, sondern lediglich für anonyme Untersuchungseinheiten, für nach bestimmten Kriterien zusammengefasste Gruppen von Untersuchungseinheiten und für statistische Regelmäßigkeiten interessiert. Individualisierte Fallstudien liegen außerhalb ihres Untersuchungsbereichs; dementsprechend sind die Probleme des Datenschutzes und der Datenzugänglichkeit auch nur für diese begrenzte statistische Nutzung zu klären.

Aus der Sicht des Datenschutzes lassen sich die für die empirische Wirtschaftsforschung erforderlichen Daten in zwei Klassen einteilen:

1. In Tabellenform oder summarisch zusammengefasste Daten, wie sie etwa in der Volkswirtschaftlichen Gesamtrechnung, in Finanzstatistiken der Deutschen Bundesbank oder in Bevölkerungsstatistiken des Statistischen Bundesamtes vorliegen.
2. Einzeldaten von Personen, Haushalten, Unternehmen, Betrieben, Organisationen und staatlichen Organen.

Die erste Kategorie bietet keine datenschutzrechtlichen Probleme, sofern in den Tabellen eine genügende Anzahl von Untersuchungseinheiten zusammengefasst sind und nur Durchschnitte oder Summen ausgewiesen werden. Für diese Daten bestehen lediglich die Probleme

- einer nutzerfreundlichen Information über die verfügbaren aggregierten Daten und Zeitreihen,
- der Standardisierung der Konzepte, der korrekten Erfassung und der Vergleichbarkeit in der zeitlichen, regionalen und internationalen Dimension,
- der verlässlichen (regelgebundenen) und schnellen Zugänglichkeit am Arbeitsplatz des Wissenschaftlers (Dazu gehören auch Regeln, wie und wann vorläufige Daten herauszugeben sind; es stehen inzwischen auch Computeralgorithmen zur Verfügung [Statistical Disclosure Control], die das automatische, d. h. rasche Prüfen und ggf. eine geeignete Aggregation dünn besetzter Zellen vornehmen.).

Diese Punkte werden im Memorandum unten nochmals aufgegriffen.

Die zweite Kategorie der Einzeldaten ist in individualisierter Form (mit Identifikationsmerkmalen wie Name, Adresse, Telefonnummer) aus Datenschutzgründen grundsätzlich nicht zugänglich. Im Hinblick auf den Charakter der Information lassen sich folgende Typen von Datensätzen unterscheiden:

- Einmalige Querschnittserhebungen;
- Zeitreihen von Querschnittserhebungen, wobei im Prinzip jeweils unterschiedliche Untersuchungseinheiten die Informationen liefern;
- Wiederholungsbefragungen derselben Untersuchungseinheiten (Panels), die über einen kürzeren oder längeren Zeitraum fortgeführt werden.

Wenngleich Querschnittserhebungen und Zeitreihen von gleichartigen Querschnittserhebungen seit vielen Jahrzehnten eine unverzichtbare Basis für die empirische Wirtschaftsforschung darstellen, haben sich in den vergangenen beiden Dekaden doch Panelerhebungen von Mikrodaten als besonders fruchtbare Informationsquellen für viele Fragestellungen erwiesen, die mit Querschnittsdaten nicht geklärt werden konnten. Gerade auf diesem Gebiet vollzieht sich zur Zeit ein besonders schneller wissenschaftlicher Fortschritt, da hiermit die Reaktionen von Untersuchungseinheiten auf Änderungen der Einflussgrößen wesentlich besser analysiert werden können.

Auch mit Daten, die im Verwaltungsprozess anfallen und die überdies mit Umfragedaten kombiniert werden können, sind bereits vielversprechende Untersuchungen angestellt worden. Auf diesem Feld liegen ebenfalls große, bisher nicht ausgeschöpfte, Möglichkeiten für die empirische Wirtschaftsforschung.

Es sind in den vergangenen beiden Jahrzehnten verschiedene Verfahren entwickelt worden, jene Informationen, die die empirische Wirtschaftsforschung braucht, zur Verfügung zu stellen, ohne dass eine Identifizierung des Merkmalsträgers erfolgen kann. Diese Verfahren sind im Statistikgesetz abgesichert. Dabei handelt es sich um

- Verfahren der absoluten Anonymisierung und um
- Verfahren der faktischen Anonymisierung.

Auf dieser Basis konnten inzwischen große amtliche Stichproben von Personen und Haushalten (Einkommens- und Verbrauchsstichproben, Mikrozensus) an wissenschaftliche Nutzer weitergegeben werden. In diesem Zusammenhang bestehen aber noch die Probleme

- der Kontinuität der Weitergabe,
- der Beschleunigung des Weitergabeverfahrens,
- der Standardisierung der Datenweitergabe, um die Installationskosten der interessierten Wissenschaftler möglichst gering zu halten,
- der Kostenübernahme für die faktische Anonymisierung,

- einer verbesserten Dokumentation der Erhebungs- und Aufbereitungsarbeiten durch das Statistische Bundesamt,
- der Beratung bei Datenproblemen über die Dokumentation hinaus und einer Rückkoppelung zur Verbesserung der Erhebungsinstrumente und der Datenaufbereitung,
- der Kooperation zwischen Statistischem Bundesamt und der Wissenschaft bei der Datenprüfung und -bereinigung,
- der Regelung der Einflussnahme auf die Erhebungsprogramme durch die Wissenschaft, um die theoretisch relevanten Phänomene und Kausalfaktoren besser erfassen zu können, und schließlich
- der Ausdehnung der Weitergabeverfahren auf andere Träger von Datenerhebungen und Besitzer von mit öffentlichen Mitteln beschafften Einzeldatenbeständen.

Es gibt auch Einzeldatensätze für Untersuchungseinheiten, insbesondere Unternehmen, Organisationen und staatliche Stellen, die sich nicht faktisch anonymisieren lassen, weil die Anzahl der jeweiligen Merkmalsträger so gering ist, dass sie bereits mit wenigen Zusatzinformationen identifiziert werden können oder dass zumindest einige herausragende Merkmalsträger identifiziert werden können. Beispiele wären Arbeitsstättenzählungen, Betriebspanels, u.ä. Um diese Einzeldaten für die empirische Wirtschaftsforschung zugänglich zu machen, bedarf es anderer Verfahren, wie beispielsweise die sanktionsbewehrte Verpflichtung zur vertraulichen Behandlung von Einzeldaten durch den Forscher oder die temporäre Beschäftigung bei einem Datenbesitzer mit entsprechender Verpflichtung zur Wahrung der Vertraulichkeit.

4. Thesen zur Finanzierung und Organisation

1. Daten können mehrfach eingesetzt werden. Ihre Produktionskosten lohnen sich häufig nur, wenn sie in vollem Umfang genutzt werden. Ein freier Markt wird dieses Produkt nur in unzureichendem Umfang anbieten. Statistische Daten sind quasi »öffentliche Güter«, die öffentlich finanziert werden müssen – was einen regulierten Wettbewerb bei der Produktion dieser Daten freilich keineswegs ausschließt. Eigentümer ist die Gesellschaft, die die Daten nur aus organisatorischen Gründen in den Besitz unterschiedlicher Institutionen gibt.
2. Die Daten der amtlichen Statistik sind offensichtlich alle öffentliche Güter in diesem Sinne.
3. Die Daten der öffentlichen Verwaltung, die für die administrativen Vorgänge erhoben werden oder dabei anfallen (Steuerdaten, Daten im Bereich des Arbeitsmarktes und des sozialen Sicherungssystems), sind ebenfalls öffent-

liche Güter; diese Daten sollten unter Mitarbeit von unabhängigen Wissenschaftlern soweit wie dies wissenschaftlich sinnvoll und datenschutzrechtlich möglich ist, als anonymisierte Datensätze aufbereitet und ebenfalls soweit wie möglich in geeigneter Form der Wissenschaft zur Verfügung gestellt werden.

4. Sofern die Datenproduktion direkt oder indirekt über Forschungsförderungsinstitutionen mit öffentlichen Mitteln erfolgte, sollten die Daten allen Wissenschaftlern auf Anforderung gegen einen geringen Kostenbeitrag zur Verfügung gestellt werden.
5. Für internationale Datenbasen sind geeignete Finanzierungsformen zu finden.
6. In Deutschland ist zu prüfen, ob die Anbindung der amtlichen Statistik an die Innenministerien bzw. Staatskanzleien, sowie die »Auslagerung« von amtlicher Statistik in Ministerien, die Bundesbank, die Bundesanstalt für Arbeit und in einige Verbände optimal ist. Generell sind eine Trennung der Datenproduktion von politischen Bürokratien in unabhängige Institutionen mit wissenschaftlichen Beiräten und eine Dezentralisierung zweckmäßig.

5. Thesen zur Festlegung von Erhebungsprogrammen

1. Die Erhebungsprogramme für öffentlich relevante statistische Daten müssen von den Vertretern der Öffentlichkeit zusammen mit unabhängigen Fachwissenschaftlern (für Erhebungsmethoden und Analysen) entwickelt werden.
2. Es ist nicht nur für die Erhebungen der amtlichen Statistik im engeren Sinne notwendig, dass Erhebungsprogramme von der Öffentlichkeit und den Fachwissenschaften beeinflusst werden können, sondern auch für Prozessstatistiken und für Erhebungen, die im Rahmen der Ressortforschung, in öffentlich finanzierten Instituten und in Form von öffentlich finanzierten Aufträgen erhoben werden.
3. Fachbeiräte sind nützliche Instrumente, um die Mitwirkung der Öffentlichkeit und der Wissenschaft bei der Festlegung von Erhebungsprogrammen zu sichern.

6. Thesen zur Beherrschung von Datenschutzproblemen

1. Die Möglichkeiten der »faktischen Anonymisierung« von statistischen Mikrodaten müssen konsequent genutzt werden. Sub-Sampling (also die Weitergabe einer Unterstichprobe der ursprünglich erhobenen Daten) ist eine wirksame Strategie, um Datenschutz einzuhalten, ohne dass dadurch

Ergebnisse verzerrt werden. Hinzu kommen Möglichkeiten, Variablen verzerrungsfrei zu vergröbern, und die Möglichkeit, besonders sensitive Variablen nicht zugänglich zu machen (z.B. feinräumige Regionalinformationen). Letztgenannte Methoden verzerren zwar keine Ergebnisse, machen jedoch oft aussagekräftige Untersuchungen unmöglich.

2. Insoweit die faktische Anonymität von Mikrodaten nur herstellbar ist, indem wesentliche Variablen vergröbert oder nicht weitergegeben werden, müssen Datenproduzenten, die mit öffentlichen Mitteln arbeiten, verpflichtet werden, die Arbeit mit sensitiven Daten innerhalb ihrer Institutionen zu ermöglichen; dazu gehören ggf. auch »Filialen« dieser Einrichtungen, die in der Praxis den Zugang wesentlich erleichtern können. Insoweit aus Datenschutzgründen nur Mitarbeiter einer Einrichtung mit bestimmten Daten arbeiten dürfen, müssen entsprechende Anstellungsverträge auch für »One-Dollar-Persons« ermöglicht werden (Fellowship-Programme nach US-amerikanischem Muster).
3. Darüber hinaus ist zu prüfen, ob die Ökonometrie- und Statistik-Ausbildung in den Universitäten derart professionalisiert werden kann, dass für Wissenschaftler ein bindender Ethik-Code zur Wahrung des Datengeheimnisses etabliert werden kann (ähnlich wie für Ärzte, Rechtsanwälte usw.), der bei Nicht-Einhaltung zum Entzug der »Lizenz« für empirisches Arbeiten führt. Ein derartiger Wissenschaftler-Ethik-Code muss mit entsprechenden rechtlichen Rahmenbedingungen verbunden werden, die sicherstellen, dass für übergeordnete staatliche Zwecke das »Statistik-Geheimnis« nicht gebrochen werden kann. Bei einer derartigen Entwicklung muss beachtet werden, dass sie nicht zu einer Verknappung der entsprechend lizenzierten Wissenschaftler führt, indem Marktzutrittsbarrieren errichtet werden, um der Zunft allokativ ungerechtfertigte Einkommensvorteile zu sichern.

7. *Thesen zum Ausbau der Infrastruktur*

– *Thesen zur ersten Datenkategorie (aggregierte Daten)*

1. Sichergestellt werden muss eine regelgebundene Verfügbarkeit aggregierter Ergebnisse. Die Regelgebundenheit gilt auch für vorläufige Daten und Sonderauswertungen. Zumindest die endgültigen Daten sollten on-line zur Verfügung gestellt werden und zwar sowohl nationale Daten als auch die von internationalen Organisationen gesammelten und aufbereiteten Daten.
2. Gegebenenfalls ist die Einrichtung einer deutschen Clearingstelle notwendig, die alle Daten beschafft und den Bestand pflegt, sofern das Statistische Bundesamt diese Aufgabe nicht übernimmt.

3. Um Zugangshürden abzubauen (insb. für Universitätsinstitute, die nicht permanent mit bestimmten Daten arbeiten) ist für die Wissenschaft eine Standardisierung des Datenzugangs notwendig, verbunden mit geringen Gebühren oder Kostenbefreiung.

– Thesen zur zweiten Datenkategorie (Mikrodaten)

4. In Zusammenarbeit mit den Forschungsförderungseinrichtungen (insb. der DFG) sollten zügig Fellowship-Programme eingerichtet werden, die das Arbeiten mit nicht oder nur schwer anonymisierbaren Mikrodaten bei den datenerhebenden Einrichtungen erlauben, die die datenschutzrechtliche Verantwortung tragen.
5. Um Zugangshürden abzubauen (insb. für Universitätsinstitute, die nicht permanent mit bestimmten Daten arbeiten), ist für die Wissenschaft eine Standardisierung des Zugangs zu Mikrodaten (amtlicher und nichtamtlicher Art) mit geringen Kosten oder Kostenbefreiung notwendig.
6. Ein weiterer Schritt wäre die Einrichtung einer Clearingstelle, die in regelhafter Weise Informationen über sämtliche Einzeldatenbestände und die jeweiligen Dokumentationen bereithält und die on-line konsultiert werden kann; über die Weiterentwicklung dieser Clearingstelle zu einer Datenbeschaffungsagentur für die empirische Wirtschaftsforschung sollte nachgedacht werden.
7. Es muss geprüft werden, wie getrennt erstellte statistische Datenbasen in datenschutzrechtlich einwandfreier Weise zusammengeführt werden können (»Link«, z.B. von Firmen- und Bevölkerungsinformationen). Unter Umständen können Clearingstellen auch für diesen Zweck nützlich sein.
8. Geprüft werden sollte unter datenschutzrechtlichen Gesichtspunkten die Möglichkeit des »Fernrechnens« für nicht anonymisierbare Datenbestände mit entsprechenden Sicherungsmaßnahmen gegen die Identifizierung einzelner Merkmalsträger. »Fernrechnen« bedeutet hier Übermittlung von Auswertungsprogrammen on-line an den Datenbesitzer und Rückgabe von geschätzten Parameterwerten sowie tabellierten Ergebnissen (unter Berücksichtigung von datenschutzrechtlich gebotenen Mindestfallzahlen).

8. Thesen zum Ausbau der empirischen Wirtschaftsforschung an den Universitäten

1. Stärkung der empirischen Wirtschaftsforschung in den Fächern Wirtschafts- und Sozialpolitik/Finanzwissenschaft und Statistik/Ökonometrie.
2. Einbau von Datenanalyse, Datenkritik und Datenschutz in die mittlere Ausbildungsphase von Ökonomiestudenten.

3. Verbesserte Ausbildung an Statistikpaketen.
4. Arbeit mit echten Daten bereits im Studium, evtl. in Zusammenarbeit mit Datenproduzenten, mit Hilfe von kleinen, hochanonymisierten Substichproben; Verzicht auf dilettantische Primärerhebungen durch Studenten, die die Akzeptanz von Erhebungen bei Befragten gefährden.
5. Verbesserung des Datenservice an den Universitäten für die Studenten und ausreichende Verfügbarkeit der jeweiligen Statistikpakete und Computerkapazitäten.
6. Zugang zu Clearingstellen und »Fernrechenmöglichkeiten« für Studenten.

9. *Aufforderung zur Diskussion*

Dieses Memorandum soll zur Diskussion anregen. Die Verfasser sind auch für direkte Stellungnahmen dankbar. Ergebnisse dieser Diskussion könnten dann auch für die Arbeit der Gremien des Wissenschaftsrates Gestaltungshilfen liefern.

Empfehlungen zur Verbesserung der informationellen Infrastruktur

Kommission zur Verbesserung der informationellen Infrastruktur zwischen Wissenschaft und Statistik[1]

Die Kommission zur Verbesserung der informationellen Infrastruktur zwischen Wissenschaft und Statistik (KVI) hat in ihrem 2001 vorgelegten Gutachten die folgenden Empfehlungen ausgesprochen:[2]

Notwendigkeit einer besseren Kooperation von Wissenschaft und Statistik für Datennutzer und Datenproduzenten

1. Die Kommission empfiehlt, an der grundsätzlich bewährten Arbeitsteilung von amtlicher Statistik und wissenschaftsgetragener Datenproduktion festzuhalten, aber die Koordination zwischen Wissenschaft und Statistik durch institutionelle Regelungen zu verbessern.

Die Sozial- und Wirtschaftswissenschaften in der Bundesrepublik Deutschland haben in Kooperation mit der kommerziellen Markt- und Meinungsforschung im Verlauf der letzten zwanzig Jahre eine hochdifferenzierte, auf repräsentativen

1 Wiederabdruck der Kurzfassung der Empfehlungen der Kommission zur Verbesserung der informationellen Infrastruktur zwischen Wissenschaft und Statistik (KVI) mit freundlicher Genehmigung der Nomos Verlagsgesellschaft. Die Kurzfassung wurde entnommen: Kommission zur Verbesserung der informationellen Infrastruktur zwischen Wissenschaft und Statistik (Hrsg.) (2001), Wege zu einer besseren informationellen Infrastruktur. Gutachten der vom Bundesministerium für Bildung und Forschung eingesetzten Kommission zur Verbesserung der informationellen Infrastruktur zwischen Wissenschaft und Statistik. Baden-Baden: Nomos Verlagsgesellschaft, S. 25-35.
Der besseren Lesbarkeit wegen wurden Verweise auf andere Abschnitte des KVI-Gutachtens gestrichen und Abkürzungen im Text erläutert.
Die englischsprachige Zusammenfassung ist auf der dem Gutachten beigelegten CD-ROM verfügbar und wurde unter dem Titel »Towards an Improved Statistical Infrastructure – Summary Report of the Commission set up by the Federal Ministry of Education and Research (Germany) to Improve the Statistical Infrastructure in Cooperation with the Scientific Community and Official Statistics« in Schmollers Jahrbuch, 121. Jg., Heft 3, S. 443-468 wieder abgedruckt.
Die Zusammenfassung in deutscher und englischer Sprache kann auch unter http://www.ratswd.de/download/kvi_d.pdf und http://www.ratswd.de/download/kvi_e.pdf herunter geladen werden.

2 Die Kurzfassung enthält nicht alle Detailempfehlungen. Sie finden sich im ausführlichen Empfehlungskapitel des KVI-Gutachtens (S. 247ff.).

Stichproben basierte Mikrodateninfrastruktur aufgebaut. Diese Entwicklung war zum Teil motiviert durch den schwierigen Zugang zu Mikrodaten der amtlichen Statistik, überwiegend war sie aber auch motiviert durch die besonderen Chancen wissenschaftsbasierter Umfragedaten.

Für die wissenschaftliche Forschung muss es daher ein vordringliches Ziel sein, die Vorteile der Daten aus der bisherigen Umfrageforschung (Theoriebezug, Messsensibilität, Aktualität der Fragestellungen und des Datenzugangs, multivariate Mikrodatenanalyse, Längsschnitte) mit den Vorteilen der Daten der amtlichen Statistik (Vollerhebungen bzw. große Stichproben, Kohortenserien, regionale Gliederung, kleine Gruppen, zuverlässige historische Vergleiche, Kontextbezug zu Haushalten, Wohnbezirken, Wohngemeinden und Arbeitsstätten, Nutzbarkeit als Hochrechnungsrahmen) verknüpfen zu können.

Die Notwendigkeit, öffentliche Mittel so effizient wie möglich einsetzen zu müssen, erfordert eine wissenschaftliche und öffentliche Koordination sowohl der amtlichen als auch der wissenschaftsgetragenen Statistik. Ein Teil der Koordination könnte sich erübrigen, wenn alle öffentlich finanzierten statistischen Mikrodaten für Re-Analysen uneingeschränkt (bei Beachtung des Datenschutzes) der gesamten Scientific Community zur Verfügung gestellt werden.

2. *Die Kommission empfiehlt die Einrichtung eines Rates für Sozial- und Wirtschaftsdaten zur Weiterentwicklung und Bewertung der informationellen Infrastruktur.*

Die Kommission empfiehlt als bundesweites Steuerungs- und Initiativgremium die Einrichtung eines Rates für Sozial- und Wirtschaftsdaten, in welchem die wichtigsten Datenproduzenten und Datennutzer sowie Bund und Länder als Mittelgeber und Sitzländer vertreten sind.

Ein solcher Rat für Sozial- und Wirtschaftsdaten hätte die Aufgabe,

- die Dateninfrastruktur in Deutschland zu bewerten, weiterzuentwickeln sowie für Bund und Länder Empfehlungen zum Programm der wissenschaftsgetragenen Statistik und dessen Finanzierung zu erarbeiten,
- die Sozial- und Wirtschaftsberichterstattung sowie die gesellschaftliche Dauerbeobachtung zu fördern,
- die Einrichtung und Arbeit von Forschungsdaten- und Servicezentren (Empfehlungen 29 und 33) zu beraten, zu empfehlen und zu evaluieren, Projektmittel zu vergeben oder zur Vergabe vorzuschlagen.

Die Vollversammlung des Rates für Sozial- und Wirtschaftsdaten sollte einen Arbeitsausschuss bestellen, der von einem hauptamtlichen Stab unterstützt wird.

Mitwirkung der Wissenschaft bei der Aufstellung von Erhebungs- und Aufbereitungsprogrammen

3. Die Kommission empfiehlt dem Rat für Sozial- und Wirtschaftsdaten in Zusammenarbeit mit den einschlägigen Fachverbänden (insbesondere der Deutschen Gesellschaft für Soziologie, dem Verein für Socialpolitik, der Deutschen Gesellschaft für Bevölkerungswissenschaft, der Deutschen Statistischen Gesellschaft, der Deutschen Vereinigung für Politische Wissenschaft, der Schmalenbach Gesellschaft) und den übergreifenden Organisationen (insbesondere der Deutschen Forschungsgemeinschaft [DFG]), Max-Planck-Gesellschaft [MPG], Wissenschaftsgemeinschaft Gottfried Wilhelm Leibniz [WGL]) Gespräche mit dem Ziel, eine systematische Mitwirkung bei der Aufstellung von Erhebungs- und Aufbereitungsprogrammen der amtlichen Statistik und den einschlägigen Anhörungen der Parlamente (einschließlich der Datenschutzgesetzgebung) zu organisieren.

Im Hinblick auf die Festlegung der Erhebungs- und Aufbereitungsprogramme der amtlichen Statistik wird zu Recht beklagt, dass der Einfluss wissenschaftlicher Überlegungen zu gering ist. Freilich liegt das keineswegs nur daran, dass die amtliche Statistik nicht offen genug für Anregungen wäre. Zum einen sind die Erhebungs- und Aufbereitungsprogramme der amtlichen Statistik teilweise nur deswegen unflexibel, weil sie zu stark durch gesetzliche Details bestimmt werden. Darüber hinaus ist auch die innerwissenschaftliche Diskussion zur Aufstellung von Erhebungs- und Aufbereitungsprogrammen der amtlichen Statistik und über die optimale Bereitstellung wissenschaftsgetragener statistischer Daten verbesserungsbedürftig.

4. Die Kommission empfiehlt dem Gesetzgeber, die gesetzlichen Vorgaben in den einzelstatistischen Gesetzen auf den verfassungsrechtlich gebotenen Mindestumfang zu beschränken und Detailfestlegungen den statistischen Ämtern und ihren Beiräten zu überlassen.

Die statistischen Ämter können neue Problemstellungen und Anregungen aus der Wissenschaft nur in dem Maße berücksichtigen, wie ihnen bei der Ausgestaltung der Erhebungsprogramme auch entsprechender Spielraum verbleibt.

5. Die Kommission empfiehlt dem Gesetzgeber, die Aufgabendefinition für den Statistischen Beirat im Bundesstatistikgesetz (BStatG) in Richtung einer mittelfristig ausgerichteten Programmplanung zu erweitern und eine formelle Anhörungspflicht vor der Einführung, Abschaffung oder vor wesentlichen Änderungen amtlicher Statistiken vorzusehen. Die Zahl der Vertreter der Wissenschaft sollte erhöht und es sollte sichergestellt werden, dass Vertreter der empirischen Sozial- und Wirtschaftsforschung entsandt werden.

Mit einer solchen Regelung wäre zu gewährleisten, dass die Wissenschaft im Statistischen Beirat angemessen und sachkundig vertreten ist, rechtzeitig vor der Verabschiedung von Gesetzen über geplante Programmänderungen informiert ist und ihre Interessen, auch hinsichtlich des Datenschutzes, im Verlaufe des Gesetzgebungsprozesses artikulieren und vertreten kann.

6. Die Kommission empfiehlt dem Gesetzgeber, für Erhebungen der Ressorts und von nicht-statistischen Behörden bzw. Körperschaften und Institutionen wie der Bundesbank, der Bundesanstalt für Arbeit oder aus der Sozialversicherung regelhafte wissenschaftliche Beratungsmöglichkeit zu schaffen.

Prioritäten bei Fortführung und Ausbau wichtiger Statistiken

Die Kommission hat es als ihre Aufgabe angesehen, neben Verfahrensvorschlägen auch inhaltliche Aussagen zu Fortführung und Ausbau der informationellen Infrastruktur zu machen. Sie hält die folgenden Vorhaben für besonders dringlich.

Im Bereich der *amtlichen Statistik*:

7. Die Kommission empfiehlt die Durchführung einer Volkszählung, um neben den unmittelbar interessierenden Grunddaten eine Basis für verlässliche Differenzierung und Hochrechnungen aller Stichprobenerhebungen zu gewinnen.

8. Die Kommission empfiehlt die Weiterentwicklung des Mikrozensus (MZ). Hier geht es einmal um den Übergang auf ein Konzept der unterjährigen Erhebung, die eine Aufbereitung als rotierendes Panel erlauben sollte. Die Nutzbarkeit würde erheblich erhöht, wenn exakte Angaben über Bruttoerwerbseinkommen erfragt würden. Auf dieser Basis könnte ein Access-Panel für die Ziehung freiwilliger Haushaltsstichproben entwickelt werden. Ihren vollen Nutzen entfaltet diese Aktivität allerdings erst, wenn aufbauend auf dem Erfolg der Pilotprojekte die Weiterführung der Mikrozensus-Scientific Use Files realisiert wird.

9. Die Kommission empfiehlt eine Verbesserung der Einkommens- und Verbrauchsstichprobe (EVS) – methodisch durch Verringerung der Zeitabstände und Einführung eines rotierenden Stichprobenkonzepts, inhaltlich durch den Nachweis differenzierter Vermögensangaben, um Aussagen über die private Absicherung sozialer Risiken zu gewinnen.

10. Die Kommission empfiehlt die Schließung gravierender Lücken in der Statistik des Unternehmenssektors.

Von besonderer Dringlichkeit ist hier der weitere Ausbau der Dienstleistungsstatistik. Aber auch Veränderungsprozesse bei den Unternehmen wie Unternehmungsgründungen und Konzentrationsprozesse bedürfen einer besseren statistischen Erfassung.

Im Bereich der *wissenschaftsgetragenen Statistik*:

11. Die Kommission empfiehlt die dauerhafte Institutionalisierung des Soziooekonomischen Panels (SOEP) als breit angelegte wissenschaftsgetragene und ausreichend große Längsschnitt-Stichprobe.

Das SOEP ist wegen seines für die wissenschaftliche Forschung wie für die Politikberatung gleichermaßen reichen Informationsgehalts und wegen seiner breiten Nutzung für die informationelle Infrastruktur in Deutschland unverzichtbar. Dringlich ist die Umsetzung der Empfehlung des Wissenschaftsrates hinsichtlich einer dauerhaften Institutionalisierung und Finanzierung. Notwendig ist auch eine Vergrößerung der Stichprobe, da sie die Nutzbarkeit für Forschungen über kleinere Teilgruppen erheblich verbessern würde. Dabei wird auf die Einbindung und Nutzung des SOEP in die von der EU angestrebte Sozialberichterstattung auf europäischer Ebene zu achten sein.

12. Die Kommission empfiehlt die Fortführung von ALLBUS (Allgemeine Bevölkerungsumfrage der Sozialwissenschaften), ISSP (International Social Survey Programme) und Wohlfahrtssurveys, da sie in den Sozialwissenschaften wichtige Informationsquellen darstellen.

ALLBUS und ISSP sind die am häufigsten benutzten Umfragedaten in den Sozialwissenschaften und haben vor allem auch eine hohe Bedeutung für die Ausbildung an den Hochschulen. Mit den Wohlfahrtssurveys ist ein wichtiges Instrument der gesellschaftlichen Dauerbeobachtung entstanden, das in geeigneter Weise fortgeführt werden sollte.

13. Die Kommission empfiehlt die verstärkte Förderung von Kohortenstudien, wie z.B. eines »Entwicklungsbus«.

Prospektive und retrospektive Kohortenstudien sind als jahrgangs- und personenbezogene Längsschnittdaten in besonderer Weise geeignet, Prozesse der menschlichen Entwicklung und des Lebensverlaufs im Kontext des sozialen und wirtschaftlichen Wandels zu erfassen und zu analysieren. Aufgrund der damit verfügbaren, hoch differenzierten Individualdaten sind besondere Datenorganisationsarbeiten notwendig, um solche Studien für die breitere wissenschaftliche Forschung zugänglich zu machen. Förderungsbedürftig ist sowohl die Fortführung bestehender Kohortenstudien als auch die Generierung neuer Kohortenstudien, die frühe Kindheit, Adoleszenz und das frühe Erwachsenenalter umfassen.

Die Kommission möchte sich in ihren Empfehlungen auf diese wenigen, besonders dringlichen Vorhaben beschränken. Es gibt darüber hinaus eine große Anzahl von Bereichen, bei denen eine Verbesserung der informationellen Infrastruktur sinnvoll ist.[3] Hierüber sollte im Rahmen der von der Kommission vorgeschlagenen Verfahren entschieden werden.

Förderung der Forschung zur Datenerhebung, -aufbereitung und -archivierung

14. Die Kommission empfiehlt dem Bund, eine Kommission des Wissenschaftsrates zum Stand der Ausbildung und Forschung in Methoden der empirischen Sozial- und Wirtschaftsforschung zu beantragen bzw. diesen Bereich explizit zum Aufgabenbereich der Kommission zu machen, die gegenwärtig die Wirtschaftswissenschaft untersucht (Kommission »Empirische Wirtschaftsforschung«).

Wie der Vergleich mit dem Ausland zeigt, gibt es in Deutschland ein Defizit im Stand der Ausbildung und Forschung in Methoden der empirischen Sozial- und Wirtschaftsforschung. Die Kommission empfiehlt die Einrichtung von Lehrstühlen oder Zentren an Hochschulen, die in Forschung und Lehre in besonderer Weise auf methodische Probleme der Umfrageforschung und der amtlichen Statistik ausgerichtet sind.

15. Die Kommission empfiehlt, zur Förderung der Methodenforschung in der amtlichen Statistik die Wissenschaft stärker in die Weiterentwicklung des methodischen Instrumentariums einzubeziehen und die budgetären Voraussetzungen für eine nachhaltige Methodenforschung in der amtlichen Statistik zu schaffen.

Die statistischen Ämter sind nicht in erster Linie Verwaltungsbehörden, sondern zuallererst Wissenschaftsbetriebe. Diese Komponente ihrer Arbeit wird in ihrer Aufgabenstellung und in ihren Finanzhaushalten nicht sichtbar. Um den wissenschaftlichen Sachverstand für die amtliche Statistik zu nutzen und neue Anstöße für methodische Verbesserung zu geben, sollten in weit stärkerem Umfang als bisher gemeinsame Forschungsprojekte von Wissenschaft und amtlicher Statistik durchgeführt werden.

16. Die Kommission empfiehlt, den neu zu schaffenden Rat für Sozial- und Wirtschaftsdaten mit der Behandlung des Archivierungsproblems bei statistischen Daten zu beauftragen.

17. Die Kommission empfiehlt der DFG die Etablierung des Faches »Empirische Wirtschaftsforschung« (analog zur »Empirischen Sozialforschung« als Teildisziplin [bzw. als Erweiterung der Teildisziplin »Statistik«]).

3 Vgl. hierzu das KVI-Gutachten, S. 52ff.

Dies bedeutet die explizite Wahl von Fachgutachtern für »Empirische Wirtschaftsforschung«. Dies würde im DFG-Normalverfahren und darüber hinaus dazu beitragen, eine angemessene Repräsentanz der Empirischen Wirtschaftsforschung in den Selbstverwaltungsorganen der (deutschen) Wissenschaft zu erreichen und mittelfristig den Ausbau des Faches in den Universitäten zu fördern und zu sichern.

Aus- und Weiterbildung

18. Die Kommission empfiehlt den Universitäten und Fachbereichen, eine Verbesserung der Ausbildung der Studierenden im Grundstudium in Richtung Statistik, Ökonometrie und angewandte Informatik unter Verwendung realistischer Datensätze anzustreben. Im Hauptstudium ist eine Vertiefung der Ausbildungsmöglichkeiten in Statistik und Ökonometrie und in den Bereichen Datenerhebung, Aufbereitung der Daten, Datenschutz und Auswertung notwendig. Die Etablierung einer regulären Graduiertenausbildung nach amerikanischem Muster ist für wissenschaftliche Spitzenleistungen von zentraler Bedeutung, wobei für Wirtschafts- und Sozialwissenschaftler das Erlernen neuer empirischer Methoden und die Vertiefung in Statistik und Ökonometrie obligatorisch sein sollte.

Die Präsenz der amtlichen Statistik sollte im Lehrangebot der Hochschulen durch vermehrte Vergabe von Lehraufträgen zur Verbesserung der Kenntnis in spezifischen Methoden und Datenbanken der amtlichen Statistik verstärkt werden.

19. Die Kommission empfiehlt Universitäten und Wissenschaftsministerien die Rücknahme der Maßnahmen zur Verringerung der Zahl der Professuren in den Bereichen empirische Sozial- bzw. Wirtschaftsforschung, Statistik und Ökonometrie in den einschlägigen Fakultäten und die Hebung vieler der vorhandenen C3-Professuren auf C4-Professuren, um die Attraktivität von Arbeiten in diesem Bereich zu erhöhen.

20. Die Kommission empfiehlt die Einrichtung von Kontaktseminaren und Weiterbildungskursen in Zusammenarbeit von Universitäten und statistischen Behörden bis hin zu einem kontinuierlichen Aus- und Weiterbildungsprogramm oder Ergänzungsstudium für junge Wissenschaftlerinnen und Wissenschaftler, aber auch für Nachwuchskräfte der amtlichen Statistik. Dies könnte zu den spezifischen Aufgaben der außeruniversitären Institute gehören.

Zum Beispiel sollte die Gesellschaft sozialwissenschaftlicher Infrastruktureinrichtungen (GESIS) den expliziten Auftrag erhalten, ihr Fortbildungsangebot z.B. in der Form interdisziplinärer Summer Schools in Zusammenarbeit mit geeigneten Hochschullehrerinnen und Hochschullehrern auszuweiten mit Lehrangeboten für Stichprobenverfahren, Erhebungsmethoden sowie Datenanalyse für die Bereiche amtlicher und nichtamtlicher Mikrodaten.

Wirtschaftliche Gesichtspunkte des Datenzugangs

21. Die Kommission empfiehlt, aggregierte Daten der amtlichen Statistik via Internet zumindest für die Wissenschaft weitgehend kostenfrei oder gegen eine geringe Schutzgebühr zur Verfügung zu stellen.

Durch zusätzliche Abrufe von Internet-Informationen entstehen praktisch keine zusätzlichen Kosten. Zum Forschen gehört, dass man zunächst nicht weiß, welche Daten für eine bestimmte Aufgabe geeignet sind. Erst im Forschungsprozess stellt sich heraus, welche Daten wirklich benötigt werden. Wird aber jede einzelne Reihe mit einem Preis belegt, ergeben sich schnell erhebliche Summen.

22. Die Kommission empfiehlt, in Anlehnung und Weiterführung an die vom Bundesministerium für Bildung und Forschung (BMBF) geförderten Pilotprojekte den Datenproduzenten die Kosten für die Durchführung der Anonymisierung (einschließlich Dokumentation, also für die Erstellung von Public Use Files für die Wissenschaft und Scientific Use Files) pauschal über Mittel der Forschungsförderung zu erstatten. Von den einzelnen Forschern wäre dann noch ein Entgelt in Höhe der marginalen Kosten der Abwicklung der Datenlieferung zu zahlen.

Da für die weit überwiegende Mehrzahl der Wissenschaftler die auf den einzelnen Nachfrager umgelegten Bereitstellungskosten für Scientific und Public Use Files prohibitiv wirken würden, werden die fixen Kosten für alle Nutzer gemeinsam durch die Forschungsförderung übernommen. Ein solches Preismodell liegt auch im Interesse der Datenproduzenten, da es sicherstellt, dass ihnen die Fixkosten der Erstellung solcher Files erstattet werden.

Zugang zu aggregierten Daten

23. Die Kommission empfiehlt ein gemeinsames Datenbanksystem der amtlichen Statistik, auf das via Internet zugegriffen werden kann und das die Daten aller Bundesstatistiken in regionalisierter Form enthält.

Hinsichtlich des Zugangs zu den Datenbanken der statistischen Ämter besteht erheblicher Modernisierungsbedarf. Es ist wenig nutzerfreundlich, wenn die einzelnen statistischen Ämter über jeweils eigene Datenbanken mit unterschiedlichen Benutzeroberflächen verfügen und regional tief gegliedertes Material nicht an einer Stelle zugänglich ist.

Zugang zu Mikrodaten und Datenschutz

24. Die Kommission empfiehlt, je nach der Art der Daten unterschiedliche Zugangswege zu Mikrodaten zu verwenden.

Mikrodaten sind Daten einzelner Personen, Unternehmen und Organisationen. Die Daten werden im Vertrauen auf Anonymität und Geheimhaltung zur Verfügung gestellt und bedürfen deshalb effektiver Maßnahmen zu ihrem Schutz.

Konstitutiver Bestandteil der wissenschaftlichen Methodik ist das Prinzip der Überprüfbarkeit vorgelegter Ergebnisse. Konsequent kann dieses nur verfolgt werden, wenn die ursprünglichen Mikrodaten, aus denen Ergebnisse gewonnen werden, zum Zwecke der Re-Analyse verfügbar sind.

25. Die Kommission empfiehlt, Verfahren zur Klärung der Nutzungsberechtigung und der Voraussetzungen auf der Nutzerseite zu entwickeln. Wünschenswert ist die Entwicklung eines sanktionsbewehrten Verhaltenscodex (Code of Conduct).

Dem Datenschutz dienen technische und weitere Vorkehrungen bei den Datennutzern, durch die erreicht wird, dass die Daten nicht in unbefugte Hände geraten, dass keine Versuche unternommen und erfolgreich durchgeführt werden können, die Identität der Datengeber zu rekonstruieren. Erforderlich ist z.B. die periodische Revision des im Rahmen des deutschen Anonymisierungsprojektes entwickelten Kataloges von technischen Maßnahmen. Ein Ethikcodex, der inzwischen in vielen Disziplinen besteht, sollte im Einzelnen die Verpflichtungen der Wissenschaftler und Institutionen im Hinblick auf ein datenschutzgerechtes Verhalten bei der Nutzung von Mikrodaten beschreiben. Er sollte in Zusammenarbeit der betroffenen Disziplinen erarbeitet werden.

Zu klären ist auch, welche Nutzer in den Genuss des Wissenschaftsprivilegs kommen. Für Einrichtungen, bei denen die Zugehörigkeit nicht eindeutig institutionell abgegrenzt werden kann, ist das Instrument der Zertifizierung zu schaffen.

26. Die Kommission empfiehlt, die Entwicklung von Scientific Use Microdata Files als wichtigstes Instrument des Mikrodatenzugangs weiter voranzutreiben. Zur Ermöglichung von Analysen des sozialen Wandels wird empfohlen, für die Erhebungen, bei denen jetzt aktuelle Scientific Use Files geschaffen wurden, auch geeignete ältere Daten in dieser Weise zugänglich zu machen und weitere derartige Files wie z.B. Mikrozensus-Regionalfiles oder Mikrozensus-Panelfiles bereitzustellen.

Faktisch anonymisierte Mikrodaten, die in einer standardisierten Weise den wissenschaftlichen Einrichtungen für Forschungszwecke zur Verfügung gestellt werden, stellen ohne Zweifel die kosteneffizienteste Variante der Datenweitergabe dar. Zugleich ist sie in aller Regel auch die für den Forscher günstigste und flexibelste Lösung. Bisher sind Scientific Use Files vor allem für Personen- und Haushaltsdaten erstellt worden. Es gibt allerdings noch einen erheblichen Forschungsbedarf für Anonymisierungsuntersuchungen bei Organisations- und Unternehmensdaten.

27. Die Kommission empfiehlt die Durchführung eines gemeinsamen Forschungsprojekts von Wissenschaft und amtlicher Statistik zu Möglichkeiten der faktischen Anonymisierung von Unternehmens- und Betriebsdaten.

Das Projekt soll im Lichte der neueren methodischen und technischen Möglichkeiten prüfen, ob die häufig sehr pauschal geäußerte Auffassung, wirtschaftsstatistische Einzeldaten seien generell nicht für eine Anonymisierung geeignet, gerechtfertigt ist oder ob trotz der bekannten Schwierigkeiten Anonymisierungsstrategien entwickelt werden können, um auch Unternehmens- und Betriebsdaten an die Wissenschaft übermitteln zu können.

28. Die Kommission empfiehlt die Entwicklung von Public Use Microdata Files.

Public Use Files unterscheiden sich von Scientific Use Files im Wesentlichen nur durch eine weitergehende, sogenannte absolute Anonymisierung. Dafür ist ihre Weitergabe nicht an das Wissenschaftsprivileg gebunden. Sie könnten vorteilhaft in der Ausbildung von Studierenden eingesetzt werden; sie könnten einen wesentlichen Teil kommerzieller Nutzerinteressen abdecken und könnten zumindest teilweise einige Probleme auffangen, die mit dem bisherigen Ausschluss ausländischer Wissenschaftler von der Nutzung von Mikrodaten verbunden sind.

29. Die Kommission empfiehlt die Einrichtung von Forschungsdatenzentren mit der Möglichkeit der kontrollierten Ferndatenverarbeitung.

Die entscheidende Grenze für die Nützlichkeit von Scientific Use Files sind Datenfiles, bei denen schon die faktische Anonymisierung die Aussagekraft der Daten in hohem Maße einschränkt. Ähnliches gilt für Untersuchungen, die das Zusammenführen verschiedener Datensätze erfordern. Für solche Daten und Arbeiten wird der Aufbau von Forschungsdatenzentren mit besonderen Sicherungsmaßnahmen empfohlen, mit denen in den USA bereits gute Erfahrungen gemacht werden. Wissenschaftler können dort ihre Untersuchungen durchführen. Der Aufbau solcher Forschungsdatenzentren erscheint als einzig gangbarer Weg, um auch besonders sensible und kaum anonymisierbare Daten vor allem auf Betriebs- oder Unternehmensebene für Forschungszwecke zu öffnen.

Forschungsdatenzentren bieten im Grundsatz Daten unterschiedlicher Datenbesitzer und Datenproduzenten an. Insbesondere sind sie auch nicht ausschließlich auf Daten der amtlichen Statistik begrenzt. Sie sollten auch besonders zu schützende und nicht hinreichend anonymisierbare Daten aus der wissenschaftlichen Forschung zugänglich machen. Forschungsdatenzentren sollten bei den entsprechenden Datenbesitzern und unter geeigneter Kontrolle durch die Datenbesitzer auch in einzelnen wissenschaftlichen Einrichtungen eingerichtet werden. Dies darf aber nicht zu einer Aufsplitterung von Forschungsdatenzentren nach Datenbesitzern führen.

In Forschungsdatenzentren sollte die Möglichkeit kontrollierter Datenfernverarbeitung bestehen. Wissenschaftler können ihre Datenanalyseaufträge auf elektronischem Weg an ein Forschungsdatenzentrum übermitteln. Das Personal des Forschungsdatenzentrums bringt nach datenschutzbezogener Kontrolle den Analyseauftrag zur Ausführung und übermittelt das ebenfalls datenschutzbezogen kontrollierte Analyseergebnis an den Auftraggeber.

30. Die Kommission empfiehlt den Datenproduzenten, ein Gastwissenschaftler-Modell zu praktizieren.

Es ist absehbar, dass die Entwicklung bis zur vollen Funktionsfähigkeit von Forschungsdatenzentren erhebliche Zeit in Anspruch nehmen wird. Es ist sinnvoll, schon jetzt Möglichkeiten zu schaffen, in denen Forscher nach entsprechenden Datenschutzverpflichtungen Mitarbeiterinnen und Mitarbeitern von statistischen Ämtern oder anderen datenhaltenden Einrichtungen gleichgestellt werden und im Rahmen eines Aufenthaltes als Gastwissenschaftler Auswertungen von Mikrodaten vornehmen können. Bezüglich der Auswahl von Gästen empfiehlt die Kommission die Erarbeitung eines transparenten Verfahrens.

Nutzung internationaler Mikrodaten

31. Die Kommission empfiehlt, die Situation für die international ausgerichtete wirtschafts- und sozialwissenschaftliche Forschung zu verbessern. Hierzu sind zahlreiche Maßnahmen dringlich.

Insbesondere ist die Entwicklung und Weitergabe an die Wissenschaft der bei Eurostat vorhandenen und für die Mitgliedstaaten der EU harmonisierten Datenbasen einschließlich der nationalen Scientific Use Files in der Form von anonymisierten Scientific Use Files notwendig. Die Bundesregierung und die statistischen Ämter Deutschlands sollten entsprechende Schritte nachdrücklich fordern, unterstützen und durchsetzen.

Die Harmonisierung von Daten aus verschiedenen Ländern ist selbst ein dringliches Forschungsproblem.

32. Die Kommission empfiehlt der Bundesregierung, zur Förderung des Datenaustausches mit Forschungseinrichtungen in Nicht-EU-Staaten, insbeson-

dere USA, Kanada, Australien, Japan, Verhandlungen mit dem Ziel der Implementation eines Safe-Harbor-Mechanismus aufzunehmen.

Die Kommission sieht diese Vereinbarung zum angemessenen Datenschutz in Forschungseinrichtungen von Drittstaaten in Form der Selbstregulierung und Selbstzertifizierung der Scientific Community für dringlich und geeignet, den Datenaustausch und die Zusammenarbeit der empirischen Wirtschafts- und Sozialwissenschaften nachhaltig zu verbessern.

Bedarf an Serviceleistungen und Vermittlungsstelle für Mikrodaten

33. Die Kommission empfiehlt, in Deutschland auch in Zukunft Serviceeinrichtungen der Forschung als Teil der informationellen Infrastruktur vorzuhalten.

Die Effizienz der Nutzung von Mikrodaten in der Forschung kann erheblich gesteigert werden, wenn verschiedene Grundlagenarbeiten nicht von den einzelnen Forschern oder Forschergruppen jeweils ad hoc erledigt werden müssen, sondern diese kontinuierlich und systematisch für die gesamte Wissenschaftsgemeinschaft in zentralen Serviceeinrichtungen bearbeitet werden.

Es ist wichtig, dass die Organisation und Erledigung der Servicefunktionen wissenschaftsnah erfolgt, damit die Entwicklungen in der Wissenschaft rechtzeitig erkannt und die daraus sich ergebenden Daten- und Servicebedarfe daran ausgerichtet werden. Gleichzeitig ist eine Unabhängigkeit von den Datenproduzenten notwendig, um die Entwicklungen dort mit einer gewissen kritischen Distanz zu verfolgen, die Interessen der Wissenschaft zu bündeln und gegenüber den Datenproduzenten zu vertreten.

Die Kommission unterstützt den Ausbau dieser Dienste u.a. für bessere Datendokumentation, Entwicklung datenschutz- und nutzergerechter Anonymisierungskonzepte für neue Datenfiles, verstärkte Nutzerbetreuung und Kooperation mit den Datenbesitzern, Erstellung von Metadatenbanken, Mitwirkung bei der Fortentwicklung des Datenschutzes für Daten im Wissenschaftsbereich sowie in begrenztem Umfang auch Durchführung eigener Forschung.

Datenverknüpfung

34. Die Kommission empfiehlt, die Möglichkeit exakter Datenverknüpfungen – ohne ausdrückliche Zustimmung aller einzelnen Befragten – für rein statistische Zwecke gesetzlich zu regeln. Eine exakte Verknüpfung von Erhebungsdaten mit Registerdaten sollte grundsätzlich ebenso beurteilt und gesetzlich geregelt werden.

Um die Kosten der Datenbeschaffung sowie die Belastung der Befragten zu senken, sollten die Anbieter der statistischen Infrastruktur ihr Augenmerk in Zukunft noch stärker als bisher auf eine volle Ausschöpfung des Informationsgehalts von vorhandenem Zahlenmaterial durch statistische Mikrodatenverknüpfung richten.

Voraussetzung für eine datenschutzrechtlich unbedenkliche exakte Verknüpfung von Daten ist die Sicherstellung der Anonymität der statistischen Einheiten im Hinblick auf staatliches Handeln (im Verwaltungs- und Justizbereich) und kommerzielle Interessen. Eine Zusammenführung von Dateien sollte deswegen nur in einem explizit zu definierenden, abgeschotteten Forschungs- und Statistikbereich möglich sein.

Forschungsdatengeheimnis

35. Die Kommission empfiehlt dem Gesetzgeber, ein Forschungsdatengeheimnis einzuführen.

Problematische Abwägungen im Statistikrecht wie im allgemeinen Datenschutzrecht über die »Erforderlichkeit« der Verarbeitung bestimmter Daten zu Forschungszwecken durch staatliche Stellen werden durch ein Forschungsdatengeheimnis vermieden und prekäre Eingriffe in die Wissenschaftsfreiheit können entfallen. Ein Forschungsdatengeheimnis muss so ausgestaltet werden, dass sowohl das Zeugnisverweigerungsrecht des Wissenschaftlers im Hinblick auf Forschungsdaten als auch ein entsprechendes Beschlagnahmeverbot in der Regelung verankert werden. Ebenso ist das Forschungsdatengeheimnis und seine Verletzung in den strafrechtlichen Rechtsgüterschutz des § 203 Strafgesetzbuch (StGB) aufzunehmen.

Nach Auffassung der Kommission sollte das Forschungsdatengeheimnis in der zweiten Stufe der Anpassung der nationalen Datenschutzgesetzgebung sowie anderer Regelungen des bereichsspezifischen Datenschutzes an die Europäische Datenschutzrichtlinie realisiert werden.

Umsetzung und Finanzierung

36. Die Kommission empfiehlt den zuständigen Institutionen der Forschungs- und Wissenschaftspolitik, die nicht unbeträchtlichen finanziellen Mittel, die zur Verwirklichung dieser Empfehlungen benötigt werden, bereitzustellen.

Um möglichst schnell zu spürbaren Verbesserungen in der Kooperation zwischen Statistik und Wissenschaft zu kommen, empfiehlt die Kommission dringlich neben der Fortführung und dem Ausbau wichtiger Statistiken die Einsetzung des Rates für Sozial- und Wirtschaftsdaten (Empfehlung 2), die zügige Finanzierung von Scientific Use Files (Empfehlung 22), die Einrichtung von Forschungsdatenzentren (Empfehlung 29) bei den Datenproduzenten aus amtlicher Statistik und Wissenschaft und von Servicezentren (Empfehlung 33). Die Kommission empfiehlt, hierzu vorhandene Ansätze aufzugreifen. Die Kommission hält es für dringlich, die von ihr vorgeschlagenen legislativen Schritte bei der von der Bundesregierung bereits angekündigten weiteren Novellierung des Bundesdatenschutzgesetzes (BDSG) und anderer Regelungen des bereichsspezifischen Datenschutzes noch in dieser Legislaturperiode einzuleiten.

Amtliche Statistik und Wissenschaft im Informationszeitalter – Ein Brückenschlag zwischen Disziplinen

Jürgen Chlumsky und Markus Zwick

1. Einleitung

Statistik war und ist Wissenschaft. Mit der Zeit, so scheint es, hat sich die Statistik aber als Wissenschaft in mindestens zwei Disziplinen geteilt. Die Statistische Methodenlehre ist heute in starkem Maße mathematisiert, die Wirtschafts- und Sozialstatistik behandelt als angewandte Statistik substantielle Fragestellungen der Wirtschafts- und Sozialwissenschaften. Diese Zweiteilung der Statistik zeigt sich, in diesem Sinne konsequent, in der Aufspaltung des »Allgemeinen Statistischen Archivs« in zwei Zeitschriften, das Wirtschafts- und Sozialstatistische Archiv und – der methodenorientierte Zweig – Advances in Statistical Analysis.

Neben der genannten Zweiteilung der Statistik als Wissenschaft, findet sich die amtliche Statistik in Deutschland in einer Struktur wieder, in der üblicherweise Datenproduktion und Datenanalyse getrennt sind. Regelmäßig beschäftigt sich die amtliche Statistik mit der Frage, wie tief sie in die Analyse der von ihr produzierten Daten selbst einsteigen soll, ob sie selber forschen sollte oder sich besser auf eine neutrale Datenproduktion beschränkt und die oftmals annahmebezogenen Analysen der empirischen Wissenschaft überlässt. Allerdings sind in jedem Fall Wege zu finden, wie das Wissen der Datenproduktion adäquat an die Analysten außerhalb der amtlichen Statistik weitergegeben werden kann. Auf der anderen Seite müssen Mechanismen gefunden werden, die es ermöglichen, die Erfahrungen aus der Forschung mit amtlichen Daten wieder in die Datenproduktion einfließen zu lassen.

Das Statistische Bundesamt hat insbesondere in den letzten zehn Jahren und damit in der Zeit des Präsidenten Johann Hahlen, vielfältige Ansätze entwickelt, um gemeinsam mit der empirischen und der statistisch-methodischen Wissenschaft zum einen den Gedankenaustausch zu fördern, zum anderen gemeinsam eine sachgerechte informationelle Infrastruktur zu entwickeln. Hierzu gehören die regelmäßigen wissenschaftlichen Kolloquien, die gemeinsam mit der Deutschen Statistischen Gesellschaft durchgeführt werden, genauso wie die Auslobung des Gerhard-Fürst-Preises für den empirisch arbeitenden wissenschaftlichen Nachwuchs. Regelmäßige Sitzungen mit der Arbeitsgemeinschaft wirtschaftswissenschaftlicher Institute (ARGE) einerseits sowie mit dem Arbeitskreis Deutscher Markt- und Sozialforschungsinstitute (ADM) und der Arbeitsgemeinschaft Sozialwissenschaftlicher Institute (ASI) sind hier weitere Beispiele.

Die KVI-Initiative[1] sowie die aus dieser Aktivität resultierenden Forschungsdatenzentren der Statistischen Ämter (FDZ) verdeutlichen diese gemeinsame Bemühung von amtlicher Statistik und Wissenschaft.

Gegenwärtig erweitert das Statistische Bundesamt seine Aktivitäten im Bereich der Ausbildung junger Wissenschaftler. Aus der Erfahrung heraus, dass auch der eigene wissenschaftliche Nachwuchs oftmals nur über eine eher rudimentäre Ausbildung in Wirtschaftsstatistik verfügt, werden den Hochschulen im Rahmen von Ringvorlesungen vollständige Lehreinheiten angeboten. So halten mittlerweile Mitarbeiter des Statistischen Bundesamtes Vorlesungen an den Universitäten in Dortmund, Freiburg und Frankfurt. Zusammen mit den Universitäten FU Berlin, Bamberg und Trier wird hier auch an einen Masterstudiengang »Amtliche Statistik« gedacht. Darüber hinaus ist ein Angebot für Schulen in Vorbereitung.

Auch intern versucht das Statistische Bundesamt die wissenschaftliche Nachwuchsarbeit im Bereich der empirischen Sozial- und Wirtschaftsforschung zu fördern. So promovieren zurzeit fünf wissenschaftliche Mitarbeiter des Forschungsdatenzentrums mit Daten der amtlichen Statistik. Dies stärkt die Methodenkompetenz des Statistischen Bundesamtes, darüber hinaus lässt sich durch diese Arbeiten aber auch die Dienstleistung gegenüber der Wissenschaft verbessern, da eigene Erfahrungen in der Forschung gesammelt werden. Schlussendlich zeigt das Projekt »Lern- und Informationsplattform Statistik (LIPS)«, eine Form der Wissenssammlung im Rahmen der WEB 2.0 Initiative, den modernen Ansatz der amtlichen Statistik im Bereich Forschung und Entwicklung auf.

Der vorliegende Aufsatz verdeutlicht, wie unter der Leitung von Johann Hahlen das Statistische Bundesamt die Kooperation und den Austausch mit der Wissenschaft seit Mitte der neunziger Jahre konsequent gesucht und weiter ausgebaut hat.

2. *Zusammenarbeit der amtlichen Statistik mit der Wissenschaft*

Die Zusammenarbeit des Statistischen Bundesamtes sowohl mit der statistischen Methodenlehre als auch mit den empirischen Wirtschafts- und Sozialwissenschaften hat eine lange Tradition. Der Austausch mit den wissenschaftlichen Datennutzern hat seit jeher einen hohen Stellenwert für das Amt. Besonders eng kooperiert es seit vielen Jahren mit der Deutschen Statistischen Gesellschaft (DStatG). Die Kooperation mit der Wissenschaft hat auch regelmäßig Einfluss auf die Datenproduktion und die Darstellung der statistischen Ergebnisse. Um die Zusammenarbeit mit der Wissenschaft weiter zu verstetigen und zu intensivieren, wurde 1990 das heutige Institut für Forschung und Entwicklung in der Bundes-

1 Kommission zur Verbesserung der informationellen Infrastruktur zwischen Wissenschaft und Statistik.

statistik gegründet. Mit der Publikation »Methoden – Verfahren – Entwicklungen« hat das Statistische Bundesamt darüber hinaus einen »Methodenletter« aufgelegt, der seit 1993 wissenschaftliche Erkenntnisse aus dem Bereich der Datenproduktion einer interessierten Öffentlichkeit näher bringt. Ähnliche Zielsetzungen verfolgt das Statistische Bundesamt mit den beiden Schriftreihen »Forum der Bundesstatistik« (seit 1984) und – mehr aus der Sicht der Statistikwerkstatt – »Spektrum Bundesstatistik« (seit 1992). Die folgenden Ausführungen beleuchten die drei wichtigen Aspekte der Zusammenarbeit mit der Wissenschaft: Dialog, Datenproduktion und Publikation.

a) Dialog mit der Deutschen Statistischen Gesellschaft

Ein Podium des Austausches war und ist die Deutsche Statistische Gesellschaft (DStatG). Das Statistische Bundesamt ist korporatives Mitglied der 1911 gegründeten Gesellschaft. Von Anfang an war die Verbindung zwischen der DStatG und der amtlichen Statistik eng. Erster Vorsitzender der DStatG war Georg von Mayr, Leiter des Königlichen Bayerischen Statistischen Landesamtes und zugleich Ordinarius für Nationalökonomie, Finanzwissenschaft und Statistik an der Universität München. In der Folge waren immer wieder Leiter Statistischer Ämter auch Vorsitzende der DStatG, letztmalig Hildegard Bartels in der Zeit von 1972 bis 1979. Weiter waren immer wieder Mitarbeiter der Statistischen Ämter als Vorsitzende verschiedener Ausschüsse der DStatG tätig, so aktuell einer der beiden Autoren dieses Beitrags – Jürgen Chlumsky – als Vorsitzender des Ausschusses »Methodik Statistischer Erhebungen«. Eine nicht unerhebliche Anzahl von Mitarbeiterinnen und Mitarbeitern der Statistischen Ämter des Bundes und der Länder sind darüber hinaus persönliche Mitglieder der DStatG.

Augenscheinlich wird diese enge Zusammenarbeit regelmäßig auf der Statistischen Woche. Jedes Jahr in einer anderen Stadt, ist dieser wissenschaftliche Kongress quasi Fachtagung und Fachausstellung der deutschen Statistik. Hier begegnen sich methodisch ausgerichtete Statistiker und Praktiker aus den Statistischen Ämtern. Im Allgemeinen Statistischen Archiv (AStA), der referierten Zeitschrift der DStatG, spiegelt sich publizistisch dieser Gedankenaustausch wider.

Darüber hinaus ist das Statistische Bundesamt seit Jahren Gastgeber und Mitveranstalter von wissenschaftlichen Veranstaltungen, die regelmäßig ihren Niederschlag in der Literatur gefunden haben. Bis Ende der siebziger Jahre wurden solche Veranstaltungen regelmäßig in Sonderbänden des Allgemeinen Statistischen Archivs dokumentiert. Es wäre wünschenswert, wenn durch die Aufteilung des AStA in eine »blaue« Reihe mit dem Titel »Wirtschafts- und Sozialstatistisches Archiv« und die »grüne« Reihe »Advances in Statistical Analysis« diese Tradition im Rahmen der »blauen« Reihe fortgesetzt werden könnte.

Wichtige Plattform des gegenseitigen Austausches zwischen amtlicher Statistik und Wissenschaft war und ist das gemeinsam mit der DStatG regelmäßig jedes Jahr im November veranstaltete »Wissenschaftliche Kolloquium«. Das Kolloquium wird mit großem Erfolg seit 1992 durchgeführt und ist Forum für den Dialog zwischen amtlicher Statistik und ihren wichtigsten Nutzergruppen aus Wissenschaft, Wirtschaft, Politik, Verwaltung und Verbänden. In der Übersicht der Anlage 1 finden sich die bisherigen Kolloquien sowie die jeweiligen Tagungsbände, in denen die Beiträge der Veranstaltungen veröffentlicht wurden.

b) Wissenschaft der Datenproduktion

Die häufig vorzufindende sprachliche Trennung von Statistik und Wissenschaft wird beiden Disziplinen nicht gerecht. So wie Wissenschaft statistikgetragen sein kann, nutzt die praktische Statistik der Datenproduktion wissenschaftliche Erkenntnisse. An dieser Stelle ist Statistik Wissenschaft.

In der amtlichen Statistik ist zwischen zwei Formen der wissenschaftlichen Analyse zu unterscheiden. Zum einen geht es um die wissenschaftliche Auseinandersetzung mit den vorhandenen Daten. Hierzu hatte die amtliche Statistik, als damaliges Statistisches Reichsamt in der Weimarer Republik, ein eigenes Institut für Konjunkturforschung gegründet. Auch vor gut achtzig Jahre gab es die Diskussion, ob amtliche Statistik annahmebezogene empirische Forschung betreiben oder »nur« – von Annahmen losgelöst – neutral, unabhängig und wissenschaftlich Daten produzieren soll. Anfang der zwanziger Jahre wurde die Forschungsfrage mit dem Institut für Konjunkturforschung breit beantwortet. Aber schon 1925 kam es zur Ausgründung des Instituts, aus dem in der Folge dann das Deutsche Institut für Wirtschaftsforschung (DIW) wurde.

Zum anderen geht es um wissenschaftliche Erkenntnisse, die eine sachgerechte Datenproduktion erst ermöglichen. Im November 1990 gründete das Statistische Bundesamt ein Institut innerhalb der deutschen amtlichen Statistik. Das damalige »Institut für Forschung, Aus- und Fortbildungsaufgaben in der Bundesstatistik« und heutige »Institut für Forschung und Entwicklung in der Bundesstatistik« hatte von Beginn an einen Forschungsauftrag, der eng an die Datenproduktion gebunden war. Das Institut solle vorrangig folgende Aufgaben wahrnehmen:[2]

- Erforschung und Erprobung von neuen Methoden und Verfahren in der Bundesstatistik
- Intensivierung der Kontakte und Zusammenarbeit mit der Wissenschaft
- Beschreibung und Verbreitung der methodischen Arbeiten aus dem Bereich der Bundesstatistik

2 Siehe hierzu Chlumsky, Ehling (1991).

Die Gründung dieser Arbeitseinheit innerhalb des Statistischen Bundesamtes führte in der Folge zu vielfältigen Anstößen für die gesamte amtliche Statistik in Deutschland. Das Statistische Bundesamt entwickelte einen strukturierten Weiterbildungsplan für den eigenen wissenschaftlichen Nachwuchs. Vor allem aber führte die Arbeit des Instituts zu einer intensiven Auseinandersetzung auch in den Fachabteilungen des Amtes mit der Frage, an welchen Stellen der Datenproduktion Erkenntnisfortschritt notwendig ist. Die Strukturierung dieses »Sammelns« an Forschungsthemen führte zur Zusammenstellung eines »Forschungs- und Entwicklungsplans des Statistischen Bundesamtes«.

Die Intensivierung der Kontakte und die Zusammenarbeit mit der Wissenschaft begannen mit der oben schon benannten Etablierung des »Wissenschaftlichen Kolloquiums« im Jahre 1992. Erfolgreich gestaltete sich auch die Kooperation mit der ASI und dem ADM. Gemeinsam konnten hier erstmals demographische Standards für Deutschland entwickelt werden, die es ermöglichen, sozialstrukturelle Erhebungsmerkmale in Interviews und Befragungen zu vereinheitlichen.[3] In der Folge führten die gemeinsam mit ASI und ADM alle zwei Jahre ausgetragenen wissenschaftlichen Tagungen zu vielfältigen neuen Erkenntnissen in Fragen der Datenproduktion. In der Übersicht der Anlage 2 finden sich die bisherigen Tagungen sowie die jeweiligen Tagungsbände, in denen die Beiträge der Veranstaltungen veröffentlicht wurden.

Neben diesen regelmäßigen Veranstaltungen waren es insbesondere die Konferenzen zum Datenzugang, die den gemeinsamen Aufbau einer adäquaten informationellen Infrastruktur durch Wissenschaft und amtliche Statistik vorantrieben. Besonders hervorzuheben ist in diesem Zusammenhang das Symposium »Kooperation zwischen Wissenschaft und amtlicher Statistik – Praxis und Perspektiven« im Juni 1999.[4] Nachdem das Memorandum der Professoren Hauser, Wagner, Zimmermann[5] den aus der Sicht der Wissenschaft beschränkten Zugang zu den Einzeldaten der amtlichen Statistik deutlich artikulierte, sollte das Symposium, ganz im Sinne des Untertitels »Praxis und Perspektiven« einen Schritt in eine bessere informationelle Infrastruktur für die empirische Sozialforschung beschreiten. Dass dieses Symposium Auslöser für die gesamte KVI-Initiative sowie die daraus resultierenden nachhaltigen Verbesserungen im Datenzugang für die Wissenschaft war, hatten 1999 auch die drei Veranstalter Jürgen Chlumsky (Statistisches Bundesamt), Bernhard Schimpl-Neimanns (GESIS/ZUMA) und Gert G. Wagner (DIW) nicht erwartet. Johann Hahlen formulierte zum Abschluss seiner Begrüßung seinerzeit »Meine Damen und Herren, ich habe versucht deutlich zu machen: Trotz der zahlreichen positiven Beispiele für eine fruchtbare Zusammenarbeit zwischen der amtlichen Statistik und der Wissenschaft existiert

3 Siehe hierzu Statistisches Bundesamt (1995).

4 Statistisches Bundesamt (1999).

5 Hauser, Wagner, Zimmermann (1998). Siehe auch den Wiederabdruck des Memorandums in diesem Band.

unter den gegebenen Bedingungen noch ein erhebliches Entwicklungspotential.«[6] Die vorliegende Festschrift zeigt, dass dieses Entwicklungspotential nachhaltig in den nun neun Jahren seit dem Symposium in Ergebnisse umgesetzt werden konnte.

c) *Wissenschaftliche Publikationen des Statistischen Bundesamtes*

Zu Beginn der achtziger Jahre begann das Statistische Bundesamt, Tagungsbände in einer eigenen Reihe, der »Schriftenreihe Forum der Bundesstatistik«, zu publizieren. Band 1 »Bundesstatistik in Kontinuität und Wandel« wurde als Festschrift für Frau Präsidentin a.D. Hildegard Bartels zum 70. Geburtstag im Jahre 1984 veröffentlicht. Ab Band 2 wurden dann regelmäßig Tagungsbände im »Forum« veröffentlicht.[7] Damit war ein publizistisches Forum des Dialogs mit der Wissenschaft geschaffen.

Was fehlte, war eine Reihe, die die eigenen wissenschaftlichen Erkenntnisse aus dem Bereich der Datenproduktion abbildete. Die monatlichen Zeitschrift »Wirtschaft und Statistik (WiSta)« des Statistischen Bundesamtes war in zweifacher Hinsicht hierzu nur bedingt geeignet. WiSta stellt vorrangig Ergebnisse der verschiedenen amtlichen Statistiken dar. Es finden sich zwar auch methodische Beiträge, diese haben aber eher dokumentarischen Charakter. Forschungsergebnisse benötigen häufig einen deutlich breiteren Raum, als dies ein Zeitschriftenbeitrag ermöglichen könnte. Darüber hinaus sucht der Leser von WiSta üblicherweise statistische Ergebnisse und ist an methodischen Beiträgen in der Regel nur insoweit interessiert, wie diese ihm das Verständnis der Zahlen erleichtern oder ermöglichen. Mit dem »Spektrum Bundesstatistik« wurde 1993 eine eigene Methodenreihe geschaffen, die vorrangig der Darstellung eigener wissenschaftlicher Erkenntnisse vorbehalten war.

Im Jahr 2004 gingen dann beide Reihen, »Forum der Bundesstatistik« wie »Spektrum Bundesstatistik«, in der neuen Reihe »Statistik und Wissenschaft« auf. Mit der Zeit hatten sich die Grenzen der beiden Reihen immer mehr aufgelöst, so dass die Fortsetzung der Publikation von Dialog und wissenschaftlicher Erkenntnis in einer Reihe nur konsequent war. »Statistik und Wissenschaft« geht aber einen Schritt weiter. Diese Reihe ist auch offen für externe Wissenschaftler, die auf der Grundlage amtlicher Daten Forschungsergebnisse oder wissenschaftliche Erkenntnisse der Datenproduktion publizieren möchten. So steht die Reihe z.B. den Trägern des Gerhard-Fürst-Preises offen.

Mit der Reihe »FDZ-Arbeitspapiere« veröffentlicht das Statistische Bundesamt gemeinsam mit den Statistischen Ämtern der Länder seit 2005 auch eine

6 Statistisches Bundesamt (1999), S. 11.

7 Statistisches Bundesamt (1984a) und (1984b).

eigene »graue Reihe« als Onlinepublikation.[8] Diese dient vorrangig der Veröffentlichung von Forschungsergebnissen, die auf der Grundlage der Einzeldaten, die Wissenschaftler über das Forschungsdatenzentrum genutzt haben, entstanden sind. Weiter werden hier auch Ergebnisse der Forschungsarbeiten zur Anonymisierung von Mikrodaten, die in den Forschungsdatenzentren entstanden sind, veröffentlicht. Die Form der »grauen Reihe« ermöglicht es den Autoren, die jeweiligen Papiere als unveröffentlicht referierten Fachzeitschriften anzubieten.

3. Förderung des wissenschaftlichen Nachwuchses

Die wissenschaftliche Nachwuchsförderung ist ein fester Bestandteil im Service des Statistischen Bundesamtes. Seit 1999 vergibt das Statistische Bundesamt mit dem Gerhard-Fürst-Preis eine Auszeichnung für herausragende wissenschaftliche Abschlussarbeiten. Mit den CAMPUS-Files stehen mittlerweile auch speziell für die akademische Ausbildung konzipierte Mikrodaten verschiedener Erhebungen zur Verfügung. Das Statistische Bundesamt fördert seine wissenschaftlichen Mitarbeiterinnen und Mitarbeiter, aber auch wissenschaftlichen Nachwuchs außerhalb der Statistischen Ämter. So hat das Statistische Bundesamt an der Konzeption der Nachwuchsworkshops des Rates für Sozial- und Wirtschaftsdaten (RatSWD) maßgeblich mitgewirkt und ist selber auch Veranstalter in dieser Reihe. Im Folgenden werden einige der Fördermaßnahmen detaillierter dargestellt.

a) Der Gerhard-Fürst-Preis

Seit 1999 würdigt das Statistische Bundesamt herausragende wissenschaftliche Nachwuchsarbeiten mit dem Gerhard-Fürst-Preis. Namensgeber dieses Preises ist der erste Präsident des Statistischen Bundesamtes Gerhard Fürst, der die Ausrichtung der amtlichen Statistik in der Bundesrepublik Deutschland ganz wesentlich beeinflusst hat. Der Gerhard-Fürst-Preis wird jährlich in den Kategorien Dissertation und Diplom- bzw. Magisterarbeiten vergeben.[9] Ausgezeichnet werden herausragende Arbeiten, die entweder theoretische Themen mit einem engen Bezug zum Aufgabenspektrum der amtlichen Statistik behandeln oder die empirische Fragestellungen unter intensiver Nutzung von Daten der amtlichen Statistik untersuchen. Der Preis soll im Rahmen der Hochschulausbildung die Beschäftigung mit Fragen der amtlichen Statistik fördern und die Zusammenarbeit zwischen Wissenschaft und amtlicher Statistik weiter intensivieren.

8 http://www.forschungsdatenzentrum.de/publikationen/veroeffentlichungen/index.asp.

9 In Zukunft erweitert um Bachelor- und Masterarbeiten.

Ein sechsköpfiges unabhängiges Gutachtergremium, zusammengesetzt aus je zwei Wissenschaftlern der Fachrichtungen Statistik, Wirtschaftswissenschaften und Sozialwissenschaften, bewertet die eingereichten Arbeiten und schlägt dem Statistischen Bundesamt die Kandidaten für die Vergabe des Preises vor.[10]

Nicht in allen Jahren ist ein Gerhard-Fürst-Preis in allen Kategorien vergeben worden. In Fällen, in denen keiner der eingereichten Beiträge dem hohen Anspruch des Preises genügte, aber dennoch überdurchschnittliche Nachwuchsarbeiten vorlagen, wurden Förderpreise vergeben. In der Anlage 3 sind die Namen der bisherigen Preisträger aufgeführt sowie die jeweilige Ausgabe von »Wirtschaft und Statistik«, in der die jeweilige Kurzfassung der Arbeit veröffentlicht wurde.

b) Mikrodaten für die wissenschaftliche Ausbildung

Die Forschungsdatenzentren der Statistischen Ämter des Bundes und der Länder haben mit der Reihe CAMPUS-Files ein Datenmaterial entwickelt, mit dem das Arbeiten mit Einzeldaten schon frühzeitig in der Ausbildung der Wissenschaftlerinnen und Wissenschaftler vermittelt werden kann. CAMPUS-Files sind absolut anonymisierte Mikrodaten, anhand derer Studierende die Möglichkeit haben, sich Methodenkenntnisse anzueignen sowie sozial- und wirtschaftswissenschaftliche Fragestellungen zu analysieren. Somit kann ein wesentlicher Ausbildungsschritt von empirisch ausgerichteten Studentinnen und Studenten – das konkrete Arbeiten mit einer Vielzahl von Einzelangaben – in das Studium integriert werden.

Mittlerweile stehen unter www.forschungsdatenzentrum.de folgende CAMPUS-Files sowie umfangreiche Metadaten kostenfrei zur Verfügung:[11]

- Mikrozensus 1998 und 2002
- Europäische Erhebung zur beruflichen Weiterbildung (CVTS 2)
- Kostenstrukturerhebung in kleinen und mittleren Unternehmen (KSE-KMU)
- Lohn- und Einkommensteuerstatistik 1998
- Sozialhilfestatistik 1998
- Gehalt- und Lohnstrukturstatistik 2002

Das Interesse bei Lehrenden wie Lernenden ist groß. Aus diesem Grund ist die Fortsetzung dieser Reihe vorgesehen. Als nächstes Datenmaterial soll die Einkommens- und Verbrauchsstichprobe für die Lehre erschlossen werden. Darüber hinaus werden auch für die schon vorliegenden CAMPUS-Files aktuellere Wellen

10 An dieser Stelle sei allen gegenwärtigen und ausgeschiedenen Gutachtern des Gerhard-Fürst-Preises ausdrücklich für ihre ehrenamtliche Gutachtertätigkeit gedankt.

11 Zu den CAMPUS-Files siehe auch Zwick (2008).

erschlossen. Hochaktuelles Material ist hier aber nicht vorgesehen, da der Rückgriff auf ältere Daten auch eine Form der Anonymisierung von Daten darstellt.

c) *Wissenschaftliche Ausbildung durch das Statistische Bundesamt*

Im Statistischen Bundesamt haben rund 16% der Mitarbeiterinnen und Mitarbeiter eine wissenschaftliche Ausbildung. Neben Wirtschafts- und Sozialwissenschaftlern finden sich hier Mathematiker, Geographen, Juristen, aber auch Agrar- und Forstwissenschaftler sowie Ökotrophologen und Absolventen anderer kleinerer Fächer. Der wissenschaftliche Nachwuchs im Statistischen Bundesamt absolviert einen ganzen Zyklus einführender Fortbildungsveranstaltungen. Neben der Weiterbildung in statistischer Methodenlehre und der Praxis der amtlichen Statistik sind auch Seminare mit Führungs- und Managementthemen im Programm. Darüber hinaus dienen die Fortbildungsveranstaltungen stets auch der sozialen Netzwerkbildung.

Zurzeit wird das Fortbildungsprogramm inhaltlich überarbeitet, um der methodischen Ausbildung etwa in der Panelökonometrie oder im Bereich der Mikrosimulation ein noch höheres Gewicht zu geben.

Einen für das Statistische Bundesamt vollständig neuen Weg geht das Haus in seinem Forschungsdatenzentrum. Hier sind mittlerweile sechs Stellen als Promotionsstellen ausgewiesen. Die wissenschaftlichen Mitarbeiterinnen und Mitarbeiter arbeiten auf 2/3 Stellen und haben berufsbegleitend die Möglichkeit zur Promotion mit den Daten des Forschungsdatenzentrums. Spezielle Seminare sowie die Hilfe bei Publikationen und Vorträgen unterstützen die Promotionsvorhaben. Erste referierte Aufsätze sowie internationale Vorträge zeigen, dass dieser neue Weg erfolgreich ist – für den wissenschaftlichen Nachwuchs und für das Amt. Hinter dieser Initiative steht die Erkenntnis, dass eine adäquate wissenschaftliche Datendienstleistung nur dann erbracht werden kann, wenn eigene Erfahrungen mit empirischer Forschung vorliegen. Die Schaffung von Promotionsstellen trägt auch der Entwicklung Rechnung, dass mittlerweile über zeitlich befristete Projektarbeiten mehr wissenschaftliche Mitarbeiterinnen und Mitarbeiter eingestellt werden können als Dauerstellen zur Verfügung stehen. Die große Zahl an Zeitverträgen führt insbesondere in konjunkturell guten Zeiten dazu, dass das Amt im Wettbewerb um gute Nachwuchswissenschaftler als Arbeitgeber im Nachteil ist. Die Möglichkeit auf zeitlich befristeten Stellen mit Daten der amtlichen Statistik zu promovieren, ist in doppelter Hinsicht lukrativ. Die Mikrodaten stehen mit der gesamten Erfahrung eines Datenproduzenten für die eigene wissenschaftliche Arbeit zur Verfügung. Weiter können die Betroffenen neben ihrer wissenschaftlichen Qualifikation auch Berufserfahrung außerhalb des Hochschulsektors aufweisen.

Seit dem Wintersemester (WS) 07/08 beteiligt sich das Statistische Bundesamt aktiv an der Ausbildung angehender Wirtschaftswissenschaftler. Dies ist eine direkte Folge von Diskussionen während des wissenschaftlichen Kolloquiums im November 2006 »Ausbildung für die Praxis? – Statistikstudium in den Wirtschaftswissenschaften«.[12] Nicht neu ist, dass einzelne Mitarbeiterinnen und Mitarbeiter des Statistischen Bundesamtes eine Nebentätigkeit als Dozent an einer Hochschule ausüben. Im Jahre 2005 waren über 50 Beschäftigte an einer Universität bzw. Fachhochschule in der Lehre engagiert. Seit dem WS 07/08 besetzt nun das Amt das Thema in eigenem Namen. Da insbesondere Absolventen der Wirtschaftswissenschaften oftmals nur über ein sehr eingeschränktes Wissen über die Wirtschafts- und Sozialstatistik verfügen, diese künftigen Entscheidungsträger in Wirtschaft, Politik und Wissenschaft häufig zwar ausgeprägte Kenntnisse der Methodenlehre aufweisen, aber wenig über das Adäquationsproblem oder über den Hintergrund und die Notwendigkeit von Klassifikationen wissen, bietet das Statistische Bundesamt das Fach »Wirtschafts- und Sozialstatistik« nunmehr allen interessierten Hochschulen als Vorlesungspaket an. Zurzeit werden Vorlesungen mit abschließender Prüfung in Frankfurt, Freiburg und Dortmund angeboten. Mit den Universitäten in Hannover, Gießen und Bonn laufen vorbereitende Gespräche.

4. Ausblick

Die rasante Entwicklung im Informationszeitalter verwischt lange als fix angesehene Grenzen. Die Grenzlinie zwischen Datenproduktion und Datenanalyse wird undeutlich, Hochschul- und Institutsforschung sind nicht mehr klar voneinander zu trennen.[13] Auch die Trennung von Produzent und Nutzer ist heute nicht mehr klar gezogen. Zum einen nutzen die Datenproduzenten ihre eigenen Statistiken in der analytischen Weiterverarbeitung. Auf der anderen Seite bringen sich die bisher traditionellen Datennutzer in die Datenproduktion mit ein. Dass Datenproduzenten ihre Daten auch selbst nutzen, zeigt sich etwa an der Gesundheitsberichterstattung, der Umweltgesamtrechnung oder an den Beiträgen der amtlichen Statistik zum Armuts- und Reichtumsbericht der Bundesregierung. Ein herausragendes Modell ist das Institut für Arbeitmarkt- und Berufsforschung der Bundesagentur für Arbeit. Hier hat eine Institution, die umfangreiche prozessproduzierte Daten generiert, zur weiteren Nutzung ein Forschungsinstitut eingerichtet. Ähnliche Überlegungen für das Statistische Bundesamt liegen nahe.

Der Rat für Sozial- und Wirtschaftsdaten (RatSWD) ist ein gutes Beispiel dafür, dass die Nutzer statistischer Daten an der Konzeption der Statistiken aktiv mitwirken. Zwar gibt es im Bereich der amtlichen Statistik mit dem Statistischen

12 Siehe hierzu Statistisches Bundesamt (2006).

13 Siehe hierzu Schmidt (2006).

Beirat ein Gremium, welches den Datenproduzenten in regelmäßigem Turnus berät, aber der RatSWD geht hier weiter. Mit gezielten Veranstaltungen, so bisher zum Zensus, zu den Haushaltsstatistiken und zu Fragen der Statistik in einer globalisierten Welt, wird hier ein direkter Austausch zwischen statistischen Nutzern und Produzenten betrieben.

Zehn Jahre nach dem Memorandum zur Lage der empirischen Wirtschaftswissenschaften kann man mit Hahlen im Jahre 1999 sagen: »Trotz der zahlreichen positiven Beispiele für eine fruchtbare Zusammenarbeit zwischen der amtlichen Statistik und der Wissenschaft existiert unter den gegebenen Bedingungen noch ein erhebliches Entwicklungspotential«.[14] Oder man kann Sepp Herberger zitieren: »Nach dem Spiel ist vor dem Spiel«. Die (Weiter-)Entwicklung der informationellen Infrastruktur zwischen amtlicher Statistik und Wissenschaft ist eine Daueraufgabe. Dies merken wir in starkem Maße in den Forschungsdatenzentren. Die Aufgaben, die das KVI-Gutachten uns mitgegeben hat, können wir heute weitgehend als erbracht bezeichnen. Trotzdem sind unsere heutigen Nutzer nur bedingt zufriedener. Die Generation der Wissenschaftler, die auch maßgeblich die KVI-Initiative getragen haben, wie die Professoren Hans-Jürgen Krupp, Richard Hauser oder Walter Müller, blicken heute auf eine informationelle Infrastruktur, für die sie lange gearbeitet und gestritten haben, und sie schätzen das Erreichte, da ihnen die Bedingungen der achtziger und neunziger Jahre noch wohlbekannt sind. Die Generation der Wissenschaftler, die über die Forschungsdatenzentren den Erstkontakt zur amtlichen Statistik hat, urteilt hier ganz anders.

Unsere Aufgabe wird es sein, auch die kommende Wissenschaftlergeneration zeitgemäß zu bedienen. Als Schlagworte seien hier die Begriffe e-science und e-humanities genannt. Lösungsansätze finden sich zum Teil in unseren Kinderzimmern. Spontane Communities bilden sich bei Hausaufgaben themenbezogen und trennen sich nach »Projektende«. Man kommuniziert für alle Gruppenmitglieder offen, mit Dokumenten, die allen online zugänglich sind. Teile dieser Generation werden in wenigen Jahren, bei verkürztem Abitur und verschulten Bachelor- und Masterstudiengängen als kenntnisreiche und anspruchsvolle Nachwuchswissenschaftler eine informationelle Infrastruktur vorfinden wollen, wie wir sie uns heute noch gar nicht in allen Facetten vorstellen können.

Klar ist schon heute, dass wir bis dahin unser Datendienstleistungsangebot vollständig online verfügbar haben werden. Das heißt bei den Mikrodaten, dass Funktionalitäten zu entwickeln sind, die es dem vertraglich gebundenen Nutzer innerhalb seines Projekts erlauben, von seinem Arbeitsplatz online auf die Mikrodaten zuzugreifen. Automatisiert werden – soweit notwendig – die Ergebnisse auf Geheimhaltung überprüft und anschließend unmittelbar an den Nutzer übermittelt. Simultan erlaubt ein Metadatensystem den Zugriff auf alle relevanten Informationen zur Erhebung. Das Metadatensystem ist für die Nutzergruppe offen. Neue Erkenntnisse der Datennutzung, Unplausibilitäten sowie Erweiterungen

14 Siehe Fußnote 5.

werden der Community hierüber direkt mitgeteilt, die Datennutzer und Datenproduzenten gleichermaßen umfasst.

Um das zu erreichen, liegt noch viel Arbeit vor uns. Möglicherweise ist eine neue gemeinsame Initiative von amtlicher Statistik und Wissenschaft hierzu notwendig. Dieser Initiative wären dann Persönlichkeiten zu wünschen, die ebenso zielgerichtet und beharrlich agieren, wie es Johann Hahlen und Hans-Jürgen Krupp beim KVI-Prozess vorgemacht haben.

Anlage 1:
Gemeinsame wissenschaftliche Kolloquien des Statistischen Bundesamtes und der Deutschen Statistischen Gesellschaft und Quelle des Tagungsbandes

Qualität statistischer Daten, Forum der Bundesstatistik, Band 25, 1993
Volkswirtschaftliche Gesamtrechnungen: Bewährte Praxis – Neue Perspektiven, Forum der Bundesstatistik, Band 26, 1994
Indizes – Status quo und europäische Zukunft, Forum der Bundesstatistik, Band 28, 1995
Wohlfahrtsmessung – Aufgabe der Statistik im gesellschaftlichen Wandel, Forum der Bundesstatistik, Band 29, 1996
Statistische Informationen zum Arbeitsmarkt – Konzepte und Kritik, Anwendung und Auslegung, Forum der Bundesstatistik, Band 30, 1997
Einkommen und Vermögen in Deutschland – Messung und Analyse, Forum der Bundesstatistik, Band 32, 1998
50 Jahre Bundesrepublik Deutschland Amtliche Statistik – Ein konstitutives Element des demokratischen Staates, Tagungsband als gemeinschaftliche Veröffentlichung der Statistischen Ämter des Bundes und der Länder: (7.), 1999
Konjunkturforschung heute – Theorie, Messung, Empirie, Forum der Bundesstatistik, Band 35, 2000
Familien und Haushalte in Deutschland – Statistische Grundlagen, wissenschaftliche Erkenntnisse, Forum der Bundesstatistik, Band 38, 2001
Unternehmen in der Statistik – Konzepte, Strukturen, Dynamik, Forum der Bundesstatistik, Band 39, 2002
Sozialer Wandel – Daten, Analysen, Gesamtrechnungen, Forum der Bundesstatistik, Band 41, 2003
Ökonomische Leistungsfähigkeit Deutschlands – Bestandsaufnahme und statistische Messung im internationalen Vergleich, Forum der Bundesstatistik, Band 44, 2004
Ausbildung für die Praxis? – Statistikstudium in den Wirtschaftswissenschaften http://kolloq.destatis.de/2006/kolloq_2006.htm, 2006

Demographischer Wandel – Auswirkungen auf das Bildungssystem, Statistik und Wissenschaft, Band 6, 2006
Composite Indicators – Boon or bane? bzw. »Zusammengesetzte Indikatoren – Fluch oder Segen?«, http://kolloq.destatis.de/2007/kolloq_2007.htm, 2007
Neue Wege statistischer Berichterstattung – Mikro- und Makrodaten als Grundlage sozioökonomischer Modellierungen, Statistik und Wissenschaft, Band 10, 2007

Anlage 2: Gemeinsame wissenschaftliche Tagungen des Statistischen Bundesamtes, des Arbeitskreises Deutscher Markt- und Sozialforschungsinstitute (ADM) und der Arbeitsgemeinschaft Sozialwissenschaftlicher Institute (ASI) sowie Quelle des Tagungsbandes

Pretest und Weiterentwicklung von Fragebogen, Spektrum Bundesstatistik, Band 9, Statistisches Bundesamt, Wiesbaden 1996
Interviewereinsatz und -qualifikation, Spektrum Bundesstatistik, Band 11, Statistisches Bundesamt, Wiesbaden 1998
Neue Erhebungsinstrumente und Methodeneffekte, Spektrum Bundesstatistik, Band 15, Statistisches Bundesamt, Wiesbaden 2000
Aspekte internationaler und interkultureller Umfragen, Spektrum Bundesstatistik, Band 20, Statistisches Bundesamt, Wiesbaden 2002
Online-Erhebungen, Sozialwissenschaftliche Tagungsberichte, Band 7, Informationszentrum Sozialwissenschaften, Bonn 2003
Datenfusion und Datenintegration, Sozialwissenschaftliche Tagungsberichte, Band 10, Informationszentrum Sozialwissenschaften, Bonn 2005
Qualitätsmanagement und Qualitätssicherung, GESIS-Tagungsberichte, Band 1, GESIS Bonn 2007

Anlage 3:
*Bisherige Preisträger des Gerhard-Fürst-Preises sowie Förderpreisträger**

Dissertationen	
Bildung, Klassenlage und Partnerwahl. Eine empirische Analyse zum Wandel der bildungs- und klassenspezifischen Heiratsbeziehungen	Dr. Heike Wirth, 09/2000
Kernel and Locally Weighted Regression with Application to Time Series Decomposition	Dr. Yuanhua Feng, 10/2000
Theorie und Empirie der Geldnachfrage: Eine saisonale Kointegrationsanalyse liquiditätsorientierter Geldmengen	Dr. Klaus Eberl, 03/2001
Der Einfluss industrieller Forschung und Entwicklung auf die Produktivitätsentwicklung in der deutschen Industrie	Dr. Werner Bönte, 04/2001
Die geringere Entlohnung weiblicher Arbeitnehmer, Lohndifferenzierung oder Lohndiskriminierung?	Dr. Leontine von Kulmiz, 05/2001
Unemployment dynamics in the United States and West Germany: Economic restructuring, institutions, and labour market processes over the 1980s and 1990s	Dr. Markus Gangl, 02/2003
Strategic voting in mixed electoral systems	Thomas Gschwend, Ph.D., 03/2003
Beschäftigungsdynamik und Überstundennachfrage unter dem Einfluss von Anpassungskosten – Eine mikroökonomische Analyse der Arbeitsnachfrage mit deutschen Betriebsdatensätzen	Dr. Michael Gold, 02/2004
Die Ursachen von Betriebsschließungen und ihre Konsequenzen für die Marktdynamik – Eine mikroökonomische Analyse von Probezeiten und Todesschatten im Verarbeitenden Gewerbe	Dr. Michael Niese, 04/2004
Record Linkage – Zusammenführung von Daten auf Basis des Modells von Fellegi und Sunter	Dr. Josef Schürle, 04/2005
Das Aufkommen der Steuern vom Einkommen in Deutschland Anfang und Mitte der neunziger Jahre – Eine empirische Untersuchung der Gründe für die vom Volkseinkommen abweichende Entwicklung des Aufkommens der Steuern vom Einkommen	Dr. Heiko Müller, 06/2005
Ursachen und Kosten der Kriminalität in Deutschland – Drei empirische Untersuchungen	Dr. Hannes Spengler, 06/2006
Econometric Analysis of Innovation Activities	Dr. Dubravko Radic, 08/2006

* Die numerischen Angaben verweisen auf die Ausgaben der Zeitschrift »Wirtschaft und Statistik«, in denen Kurzfassungen der jeweiligen Arbeiten erschienen sind.

Auswirkungen datenverändernder Anonymisierungsverfahren auf die Analyse von Mikrodaten	Dr. Martin Rosemann, 04/2007
Hedonic Elementary Price Indices: Axiomatic Foundation and Estimation Techniques	Dr. Michael Beer
Estimation of a Linear Regression with Microaggregated Data	Dr. Mathias Schmid
Diplom- und Magisterarbeiten	
Potentiale der Nutzung von Ausgabedaten in der empirischen Armutsforschung – Bedarfsschätzung und Messung von Armut auf Basis der Einkommens- und Verbrauchsstichprobe (EVS 1993)	Henning Lohmann, 06/2001
Analyse der wirtschaftlichen Situation in kleinräumigen Regionen unter besonderer Berücksichtigung multivariater Verfahren – dargestellt für den Freistaat Sachsen	Christian Zischeck, 04/2002
Zinsprognose anhand der Zinsstruktur – Ergebnisse für Deutschland	Christian Pigorsch, 06/2003
Zum systematischen Fehler amtlich berechneter Sterbewahrscheinlichkeiten für Mecklenburg-Vorpommern 1986 bis 1996	Gunnar Hein, 08/2003
Kapitalkosten und Kapitalstrukturen ausgewählter deutscher Unternehmen – Eine empirische Untersuchung	Simon Krotter, 05/2004
Regionale Mortalitätsunterschiede in Baden-Württemberg	Hans-Martin von Gaudecker, 02/2005
Zeitliche und räumliche Analyse longitudinaler Infektionsdaten aus Nordrhein-Westfalen für 2001 und 2002	Christoph Schürmann, 03/2005
Verdienststrukturen in Baden-Württemberg: Eine empirische Untersuchung mit Hilfe von Quantilsregressionen	Stephan Bechtel, 03/2006
Binationale Ehen in Deutschland – Der Einfluss der strukturellen auf die soziale Integration	Julia H. Schroedter, 04/2006
Frauenerwerbstätigkeit im Haushaltskontext – Ergebnisvergleich der normalen, tatsächlichen und gewünschten Arbeitszeit mit Daten der Zeitbudgeterhebung 2001/2002 auf Basis des kollektiven Modells	Alexander Vogel, 03/2007
Individuelle Determinanten des Renteneintrittsalters: Eine empirische Analyse von Übergängen in den Ruhestand anhand des Scientific Use Files Versichertenrentenzugang 2004	Jonas Radl, 05/2007
Arbeitsmarkt und Migration – Eine empirische Analyse der Lohn- und Beschäftigungseffekte der Zuwanderung für Deutschland	Max Friedrich Steinhardt

Literatur

Chlumsky, J., Ehling, M. (1991), Institut für Forschung, Aus- und Fortbildungsaufgaben in der Bundesstatistik. In: Wirtschaft und Statistik 12, S. 773-779.

Hauser, R., Wagner, G. G., Zimmermann, K. F. (1998), Memorandum zur Lage der empirischen Wirtschaftswissenschaften in Deutschland. In: Allgemeines Statistisches Archiv 82, S. 369 ff.

Schmidt, C. M. (2006), Fokus, Fokus, Fokus? Zur zukünftigen Rolle der außeruniversitären Wirtschaftsforschungsinstitute. In: Allgemeines Statistisches Archiv 90, S. 619 ff.

Statistisches Bundesamt (1984a), Bundesstatistik in Kontinuität und Wandel, Festschrift für Frau Präsidentin a.D. Hildegard Bartels zum 70. Geburtstag. In: Forum zur Bundesstatistik, Band 1.

Statistisches Bundesamt (1984b), Darstellungskonzepte der Input-Output Rechnung, Beiträge zum 4. Starnberger Kolloquium zur Weiterentwicklung der Volkswirtschaftlichen Gesamtrechnung. In: Forum zur Bundesstatistik, Band 2.

Statistisches Bundesamt (1987), Nutzung von anonymisierten Einzelangaben aus Daten der amtlichen Statistik. In: Forum zur Bundesstatistik, Band 5.

Statistisches Bundesamt (1995), Demographische Standards. In: Methoden – Verfahren – Entwicklung, Materialien und Berichte.

Statistisches Bundesamt (1999), Kooperation zwischen Wissenschaft und amtlicher Statistik – Praxis und Perspektiven –, Beiträge zum Symposium am 31. Mai/1. Juni 1999 in Wiesbaden. In: Forum der Bundesstatistik, Band 34.

Statistisches Bundesamt (2006), Ausbildung für die Praxis? – Statistikstudium in den Wirtschaftswissenschaften, http://kolloq.destatis.de/2006/kolloq_2006.htm.

Zwick, M. (2008), CAMPUS-Files – Kostenfreie Public Use Files für die Lehre. In: AStA Wirtschafts- und Sozialstatistisches Archiv, im Erscheinen.

Zensus im Wandel

Heinz Grohmann

1. Einige persönliche Bemerkungen

Der Titel mag auf den ersten Blick an das Gutachten des Wissenschaftlichen Beirats für Mikrozensus und Volkszählung »Mikrozensus im Wandel«, an dem der Verfasser beteiligt war, erinnern. Doch das Ziel dieses Beitrags ist viel bescheidener. Es ist eine Hommage an die beiden mit dieser Festschrift zu Ehrenden. Mit Hans-Jürgen Krupp verbindet mich eine langjährige Zusammenarbeit im SPES-Projekt und im Sfb 3[1]. Ihm verdanke ich wesentliche Impulse für meine eigene wissenschaftliche Arbeit in den 70er und 80er Jahren. Johann Hahlen danke ich ganz persönlich dafür, dass ich noch lange nach meiner Emeritierung die Chance hatte, mit dem Statistischen Bundesamt in einer wechselseitig fruchtbaren Verbindung zu bleiben, und dies gerade in der Zeit, in der die Pläne für einen Paradigmenwechsel beim Zensus in Deutschland reiften.

Fragen des Zensus im Sinne einer Volkszählung haben mich seit Beginn meines Studiums bei Paul Flaskämper im Jahre 1953 begleitet. Während der Volkszählungen 1961 und 1970 stand ich in engem Kontakt mit Lothar Herberger, der an verantwortlicher Stelle die Planung und Durchführung im Statistischen Bundesamt gestaltet hat, und mit Rudolf Gunzert, später mit Karl Asemann, die mich mit den Problemen einer Volkszählung in einer Großstadt (Frankfurt am Main) vertraut gemacht haben. An den Auseinandersetzungen um die Volkszählung 1987 habe ich selbst regen Anteil genommen. In einer Anhörung im Innenausschuss des Deutschen Bundestages zu dem Volkszählungsgesetz, das 1987 in die Tat umgesetzt wurde, saß ich unter den geladenen Sachverständigen neben Hans-Jürgen Krupp, und wir haben beide heftig die Notwendigkeit und die damalige Alternativlosigkeit des Gesetzes begründet. Das habe ich auch danach noch oftmals getan, bis die Zählung durchgeführt war.

Aber auch den weiteren Entwicklungen habe ich mich nicht verschlossen. So war ich einer der Mitinitiatoren des 5. Wiesbadener Gesprächs mit dem Titel »Volkszählung 2000 – oder was sonst?« im Jahre 1991[2] und der ganztägigen Ver-

1 SPES: Sozialpolitisches Entscheidungs- und Indikatorensystem; Sfb 3: DFG-Sonderforschungsbereich 3 »Mikroanalytische Grundlagen der Gesellschaftspolitik«. Vgl. dazu Galler, Wagner (1998).

2 Statistisches Bundesamt (1992).

anstaltung »Volkszählung 2001« im Rahmen der Statistischen Woche 1998 in Lübeck[3]. Das Thema hat mich bis heute nicht losgelassen.

2. *Kurzer historischer Abriss* [4]

Volkszählungen (Zensen) sind ein uraltes und heute weit verbreitetes Instrument zur Gewinnung von Informationen über die Bevölkerung eines Landes. Sie zählen zu den frühesten Zeugnissen statistischer Aktivitäten überhaupt. Wir treffen auf sie in allen bedeutenden Großreichen des frühen Altertums, insbesondere in China und Ägypten. Am bekanntesten sind bis heute diejenigen im antiken Rom geblieben. Die meisten dieser Bevölkerungsbestandsfeststellungen waren freilich nur einmalige Unternehmungen und wenig systematisch angelegt. Oftmals haben konkrete Ziele, wie die Ermittlung von Besteuerungsgrundlagen oder die Feststellung der Zahl der wehrfähigen Männer den Anlass dazu gegeben.

Aus dem Mittelalter ist Vergleichbares vom Reich Karls des Großen, danach aber kaum etwas, allenfalls für einzelne Städte, überliefert. In der Zeit des aufgeklärten Absolutismus gab es zwar zahlreiche, doch – mit wenigen Ausnahmen in Österreich und Altbayern – recht rudimentäre Bevölkerungsbestandsermittlungen.

Erst im 19. Jahrhundert wandelte sich das Bild grundlegend. Quetelet führte 1846 die erste moderne Volkszählung in Belgien durch. In den USA erlangte sie sogar von Anfang an Verfassungsrang. Ziel war es, die Zahl der Kongressabgeordneten je Bundesstaat nach der Bevölkerungszahl festzulegen. Seit 1790 bis heute wird dort alle 10 Jahre ein Zensus durchgeführt. In Deutschland war es der 1834 gegründete Zollverein, der für die Verteilung der Einnahmen aus den gemeinschaftlichen Zoll- und Verbrauchssteuern die Einwohnerzahlen der beteiligten Einzelstaaten brauchte. Volkszählungen in dreijährigem Abstand lieferten sie.

Wiederum waren es also oftmals konkrete Einzelziele, die Anlass zu allgemeinen Bestandsaufnahmen gaben. Doch nahm gleichzeitig der Bedarf an vielen weiteren statistischen Daten zu. Im Laufe des 19. Jahrhunderts schufen sich immer mehr Staaten und Städte zur Deckung dieses Bedarfs ein statistisches Büro, und diese entfalteten nicht nur eine rege Erhebungstätigkeit auf vielen Gebieten des gesellschaftlichen Lebens, sondern entwickelten auch ein reiches Arsenal an wissenschaftlichen Begriffen und Methoden dafür.

In diesem Zusammenhang gewann auch die Volkszählung, die im Deutschen Reich im Jahr der Reichsgründung 1871 und dann ab 1875 bis zum ersten Weltkrieg regelmäßig alle 5 Jahre stattfand, grundlegende, nicht mehr nur einzelzweckgebundene Bedeutung. Ihre Ergebnisse boten in der Gliederung nach

3 Grohmann, Sahner, Wiegert (1999).

4 Siehe dazu auch Grohmann (2000).

Geschlecht, Alter, Familienstand, Nationalität, Stellung im Haushalt und weiteren Merkmalen ein reiches Datenmaterial für vielseitige Strukturanalysen sowie für Zeit- und Regionalvergleiche.

Bei den nächsten Volkszählungen in den Jahren 1925, 1933 und 1939 wurde die bis dahin getrennt durchgeführte Berufs- und Betriebszählung mit in die Volkszählung einbezogen. Nach dem zweiten Weltkrieg empfahlen die Vereinten Nationen allen Staaten der Erde, ab 1950 alle 10 Jahre Volkszählungen durchzuführen, und immer mehr Staaten halten sich daran. Ihre Ergebnisse bilden über den Nutzen hinaus, den sie für die einzelnen Staaten selbst haben, die Basis für die Ermittlung und Vorausschätzung der Weltbevölkerung. Die EU tut Ähnliches seit ihrer Entstehung, und zwar zugeschnitten auf die europäischen Verhältnisse und Bedürfnisse.

In der Bundesrepublik Deutschland wurde das bisherige Programm 1950 zu einer Volks-, Berufs-, Gebäude-, Wohnungs- und Arbeitsstättenzählung erweitert, aus der nur die Landwirtschaftszählung ausgeklammert blieb. Dabei blieb es auch 1961, 1970 (Gebäude- und Wohnungszählung allerdings 1968) und 1987. Bei der Volkszählung 1970 wurde allerdings ein Teil der Fragen auf eine 10-%ige Stichprobe gestützt.

Die Volkszählungen in Deutschland und in vielen anderen entwickelten Ländern wurden nach einem sehr einsichtigen Konzept durchgeführt. In Fragebögen (Haushaltslisten) waren die demographischen und die sozio-ökonomischen Grunddaten einzutragen, die dann in – oft schon vorher konzipierten – Tabellenprogrammen aufbereitet wurden. Verteilung und Einsammeln der Fragebögen erfolgten durch besonders verpflichtete »Zähler«. Eine große Rolle spielte die anzuwendende Technik der Auszählung und Aufbereitung, wobei stets der aktuellste Wissensstand genutzt wurde. Die Einführung der Lochkartentechnik durch den Deutschamerikaner Hollerith erfolgte erstmals für die Aufbereitung eines US-Zensus 1880. Sie kam in Deutschland noch bis zur Volkszählung 1970 zum Einsatz. Erst bei der Volkszählung 1987 war die elektronische Datenverarbeitung so weit entwickelt, dass sie für die Statistik nutzbar war und dafür geradezu ideale Bedingungen, verbreitet aber auch Ängste, schuf.

Volkszählungen lieferten damit nach imponierenden antiken Vorläufern und sporadischen Bestandsaufnahmen in Mittelalter und früher Neuzeit seit Mitte des 19. Jahrhunderts für eine wachsende Zahl von Staaten unentbehrliche Basisinformationen über die Bevölkerung, die Haushalte und Familien, die Bildungsabschlüsse und die Erwerbsbeteiligung. Bis über den zweiten Weltkrieg hinaus waren sie die wichtigste Informationsquelle nicht nur für nationale Strukturdaten, sondern auch für langfristige Zeitvergleiche. Mit dem danach aber rasch zunehmenden Entwicklungsstand wuchsen ihre Aufgaben immer mehr an, ebenso das Bedürfnis nach internationalen, methodisch gesicherten Vergleichen.

Dafür reichten traditionelle Volkszählungen nicht mehr aus. Zum einen lassen sie sich inhaltlich nicht beliebig ausweiten. Zum anderen ist der zeitliche Abstand von 10 Jahren zwischen zwei Volkszählungen angesichts des rasanten soziodemographischen Wandels viel zu groß. So entwickelte sich eine umfassende und tief differenzierte statistische Informationsinfrastruktur, für die die Volkszählung als Totalerhebung aber nach wie vor die unentbehrliche Grundlage blieb.

Bevor jedoch auf die aktuelle Entwicklung in Deutschland eingegangen werden kann, ist ein besonderer Abschnitt der Volkszählung von 1987 und ihren Begleitumständen zu widmen.

3. *Die Volkszählung von 1987 und ihre politischen und rechtlichen Begleitumstände*

Die nächste Volkszählung nach 1970 war für das Jahr 1981 vorgesehen. Das bereits vom Bundestag beschlossene Gesetz dafür scheiterte aber, weil sich Bund und Länder über die Kostenverteilung nicht einigen konnten. 1982 wurde daraufhin ein neues Volkszählungsgesetz verabschiedet, dem Bundestag und Bundesrat zustimmten. Stichtag sollte der 27. April 1983 sein. Gegen Ende das Jahres 1982 – politisch war es inzwischen durch ein Misstrauensvotum zu einem Regierungswechsel gekommen – geschah etwas Unerwartetes.[5]

Eine Gruppe von Nachrüstungsgegnern kam auf die Idee, einen Volkszählungsboykott als Aktionsmittel einzusetzen, und bald darauf wurde auch noch das Menetekel einer Totalerfassung der Daten des einzelnen Bürgers heraufbeschworen, verbunden mit den Schlagworten vom »gläsernen Bürger« und »Orwell 1984«.[6] Diese Visionen verfehlten ihre Wirkung nicht. Es kam zu einer weitgehenden Verunsicherung der Bürger und schließlich zu einer Klage vor dem Bundesverfassungsgericht. Hauptbegründungen waren zum einen, die gebotene Anonymität der Einzeldaten sei in Anbetracht der modernen Datenverarbeitungstechnik nicht gewährleistet, und zum anderen, die vorgesehene Erhebung sei in dieser Form nicht erforderlich. Weitere Einwendungen richteten sich gegen den vorgesehenen Melderegisterabgleich und die unzulänglich geregelte Weitergabe von Daten.

Durch eine einstweilige Verfügung des Bundesverfassungsgerichts wurde die Volkszählung 1983 zunächst ausgesetzt, und am 15.12.1983 erging das bekannte Volkszählungsurteil dieses Gerichts.[7] Für verfassungswidrig erklärt wurden nur der Melderegisterabgleich und zwei weitere Vorschriften über die Weiterleitung personenbezogener Daten ohne ausreichende Anonymisierung und/oder Zweckbindung. Im Übrigen wurden die Verfassungsbeschwerden zurückgewiesen.

Das Bundesverfassungsgericht nahm in seiner Urteilsbegründung aber nicht nur zu den von den Klägern vorgebrachten Argumenten Stellung, sondern zur

5 Siehe dazu Grohmann (1991), S. 15ff.

6 Siehe dazu Scheuch, Graf, Kühnel (1989) und Scheuch (1989), S. 37.

7 Bundesverfassungsgericht: Urteil vom 15. Dezember 1983, BVerfGE 65. Im Urteilstext finden sich auch die Begründungen für die Verfassungsklage.

gesamten Problematik der Volkszählung, ja zur amtlichen Statistik überhaupt. Abgeleitet aus dem Grundgesetz kreierte es ein »informationelles Selbstbestimmungsrecht«, demzufolge der Einzelne grundsätzlich selbst darüber entscheiden kann, wann und innerhalb welcher Grenzen er persönliche Lebensverhältnisse offenbart. Dieses Recht kann jedoch unter bestimmten Voraussetzungen im überwiegenden Allgemeininteresse eingeschränkt werden. Eine solche Einschränkung ist die Erfüllung statistischer Aufgaben, bei denen es auf die Individualität der Daten nicht ankommt. Dafür werden dann allerdings bestimmte Anforderungen an die Organisation der Datenerhebung und der Datenverarbeitung gestellt.

Die Notwendigkeit statistischer Erhebungen zur allgemeinen Daseinsvorsorge wird jedoch ausdrücklich hervorgehoben, und die Volkszählung als Totalerhebung mit Pflichtauskunft und dem damals vorgesehenen Erhebungsprogramm wurden grundsätzlich nicht als im Widerspruch zur Verfassung stehend angesehen. Sie seien »geeignet und erforderlich, um den angestrebten Zweck zu erreichen und für die Auskunftspflichtigen zumutbar.« Das Verfassungsgericht verlangte jedoch vom Gesetzgeber, sich vor künftigen Entscheidungen erneut mit dem dann erreichten Stand der Methodendiskussion auseinanderzusetzen.

Nach diesem Urteil begannen eingehende Beratungen über ein neues Volkszählungsgesetz, das dem Geist und den Buchstaben des Verfassungsgerichtsurteils so vollkommen wie möglich Rechnung tragen sollte. Fast zwei Jahre lang haben sich danach Ministerien, Datenschutzbeauftragte, Statistiker und Politiker mit den Zielen und Organisationsfragen einer Volkszählung beschäftigt und um perfekte Regelungen gerungen. Teil der Bemühungen war auch die erwähnte Sachverständigenanhörung im Innenausschuss des Deutschen Bundestages, in dem ich zusammen mit Hans-Jürgen Krupp die Ehre hatte, Inhalt und Methode dieser Volkszählung aus der Sicht der Wissenschaft darzulegen.

Heraus kam ein Gesetzentwurf, dessen Regelungen sehr viel konkreter in den Verfahrensablauf eingriffen, als das früher jemals der Fall gewesen war. Klar war auch, dass die Durchführung, besonders bei den Gemeinden, sehr viel kostenträchtiger werden musste als früher. Dabei gibt es keine statistische Erhebung, die so wenig an wirklich sensiblen Informationen enthält wie der Erhebungsbogen gerade dieser Volkszählung.

Am 8. November 1985 waren alle Hürden für das Gesetz über eine Volks-, Berufs-, Gebäude-, Wohnungs- und Arbeitsstättenzählung (Volkszählungsgesetz 1987)[8] genommen. Die Zustimmung kam aus allen Parteien außer der der GRÜNEN. Durchgeführt wurde die Volkszählung mit dem Stichtag 27.5.1987. Die bis dahin zum Teil heftig geführte öffentliche Diskussion brach nach der Zählung schlagartig ab. Alle datenschutzrechtlichen Befürchtungen erwiesen sich als haltlos. Aber eine latente Verunsicherung der Bevölkerung und eine skeptische

8 Gesetz über eine Volks-, Berufs-, Gebäude-, Wohnungs- und Arbeitsstättenzählung (Volkszählungsgesetz 1987) vom 8. November 1985 (BGBl I S. 2078).

Grundhaltung bei Politikern aus allen Parteien beim Stichwort »Volkszählung« blieben.

Dennoch darf man sagen: Die Zählung war notwendig. Gemessen an den neuen Zahlen hatte die Fortschreibung seit 1970 die deutsche Bevölkerung am Ende um fast 400.000 Personen unter- und die ausländische um rund 450.000 Personen überschätzt, und die Zahl der Wohnungen musste gar um eine Million nach unten korrigiert werden.[9] Unter den damaligen Bedingungen war die Volkszählung auch methodisch ohne Alternative. Was die Qualität ihrer Ergebnisse anbelangt, so stand sie der Volkszählung von 1970 zumindest nicht nach. Enttäuscht waren allerdings die Gemeinden, die die Hauptlast – insbesondere der gerade in diesem Gesetz enthaltenen Organisations- und Datenschutzregelungen – zu tragen gehabt hatten und danach nicht in dem gewünschten Ausmaß über ihre Daten verfügen konnten.[10] Die Kosten waren am Ende statt der ursprünglich für 1981 veranschlagten 430 Mill. DM auf rund eine Mrd. DM angestiegen.[11]

4. *Der Weg zum Paradigmenwechsel*

Schon bald danach begann die amtliche Statistik damit, Lehren aus alledem zu ziehen. Schon 1991 veranstaltete sie ein gemeinsames Symposium mit Vertretern der Wissenschaft und der Politik unter dem (vom Verfasser vorgeschlagenen) Thema »Volkszählung 2000 – oder was sonst?«[12]. Es zielte darauf ab, den Datenbedarf einer Volkszählung für die Zukunft abzuklären, alternative Wege aufzuspüren und ausländische Erfahrungen einzuholen. Ein erster Anstoß zu neuen Methodenüberlegungen war damit gegeben.

Bis 1995 erarbeitete sodann eine Arbeitsgruppe der amtlichen Statistik unter der Bezeichnung »Künftige Zensen« einen Bericht, in dem 12 verschiedene Verfahrensansätze einander gegenübergestellt wurden.[13] Dazu zählten mehrere Varianten traditioneller Volkszählungen mit alternativen Erhebungsweisen (mündlich, schriftlich, telefonisch und durch Postboten). Ihnen folgten verschiedene Stichprobenansätze, die allein aber nicht zielführend gewesen wären. Schließlich wurden Kombinationsmodelle vorgestellt, die ganz oder teilweise auch einen Rückgriff auf die Einwohnermelderegister als Datenquellen zum Inhalt hatten. Eines sah sogar ein permanent aufrechtzuerhaltendes Statistikregister vor.

9 Würzberger, Wedel (1988), S. 829ff.
10 Verband Deutscher Städtestatistiker (o.J.), S. 89ff.
11 Entwurf eines Gesetzes über eine Volks-, Berufs- und Arbeitsstättenzählung (Volkszählungsgesetz 1981), Bundestagsdrucksache 8/2516 vom 16.1.1979, S. 2 und Bartella (1999), S. 96.
12 Statistisches Bundesamt (1992).
13 Statistisches Bundesamt (1995), S. 3ff.

Das von den Beteiligten bevorzugte Konzept war eine Vollerhebung wie bisher, aber mit nur wenigen Personenmerkmalen, ergänzt durch eine 10%-Stichprobe mit erweitertem Merkmalskatalog. Dies entspricht in etwa der Methode, nach der der Zensus 2000 in den USA durchgeführt wurde, dort jedoch mit einem größeren Stichproben-Auswahlsatz.

Bevor es zu einer Entscheidung für ein bestimmtes Modell kam, legte das Statistische Amt der Europäischen Gemeinschaft (Eurostat) 1996 einen Verordnungsentwurf für einen gemeinschaftsweiten Zensus 2001 vor. Nicht zuletzt durch die Intervention des deutschen Bundeskanzlers wurden daraus jedoch nur unverbindliche Leitlinien[14], an die sich die anderen EU-Staaten zwar allesamt hielten, Deutschland jedoch nicht. Aus Kosten- und aus Akzeptanzgründen sollte es eine Volkszählung wie 1987 nicht geben. Die EU musste sich mit den unzulänglichen Daten aus Fortschreibung und Mikrozensus zufrieden geben. So stark wirkte die öffentliche Auseinandersetzung um die Volkszählung 1987 nach.

Da man sich dennoch der weltweiten Aktion eines neuen Zensus nicht auf Dauer verschließen wollte, sah man in einer Auswertung vorhandener Register einen Ausweg. In den nordischen Staaten und den Niederlanden wird dieser Weg bereits seit längerem erfolgreich beschritten, freilich unter ganz anderen Rahmenbedingungen (mehr, bessere und miteinander verknüpfte Register, weniger stark eingeschränkte Auswertungsbedingungen). So entschied sich die Konferenz der Innenminister und Innensenatoren für künftige Zensen gegen eine herkömmliche Volkszählung und forderte, Vorbereitungen zur Durchführung eines registergestützten Zensus zu treffen.[15] Eine von der Konferenz beauftragte Arbeitsgruppe mit der Bezeichnung »Gemeinschaftsweiter Zensus 2001« entwickelte daraufhin zwei Modelle für einen registergestützten Zensus: das Bundes- und das Ländermodell. Die Arbeitsgruppe legte ihren Bericht im August 1998 vor [16]. Die Leiter der Statistischen Ämter stellten darin einleitend fest: »Die amtliche Statistik stellt sich mit diesem Bericht den Herausforderungen und Risiken, die mit einem Paradigmenwechsel von der primärstatistischen Totalerhebung zu einem registergestützten System, vor allem unter dem Aspekt der Datenqualität, verbunden sind.«

Das von einigen Statistischen Landesämtern entwickelte Ländermodell bestand im Wesentlichen darin, die Einwohnerzahlen aus den gemeindlichen Melderegistern zu ermitteln, die Gebäude- und Wohnungsdaten durch schriftliche Befragung bei den Gebäudeeigentümern zu erheben, die erwerbsstatistisch relevanten Daten aus den Dateien der Bundesagentur für Arbeit und der öffentlichen Verwaltung zu gewinnen und alle diese Daten personenbezogen oder zumindest adressenbezogen zusammenzuführen. Klar war dabei, dass die Einwohnermelde-

14 Statistisches Amt der Europäischen Gemeinschaft (1997).
15 Siehe Eppmann (2004), S. 3ff.
16 Statistisches Bundesamt (1998).

register fehlerhaft und ohne vorherige »Ertüchtigung« für Volkszählungszwecke nicht geeignet sind.

Die Innenminister und -senatoren begrüßten auf ihrer Sitzung am 19. und 20.11.1998 den Methodenwechsel von einer primärstatistischen Erhebung zu einer hauptsächlich registergestützten Datengewinnung.

Dies alles geschah ohne Beteiligung der Öffentlichkeit und auch der Wissenschaft[17], selbst in Methodenfragen. In zwei wissenschaftlichen Gesellschaften regte sich dann aber doch ein starkes und durchaus skeptisches Interesse an dieser Entwicklung. Zuerst hielt die Arbeitsgemeinschaft sozialwissenschaftlicher Institute e.V. (ASI) auf dem Soziologentag 1998 in Freiburg eine halbtägige Veranstaltung zum Thema ab, um die interessierte Öffentlichkeit über die aus ihrer Sicht durchaus problematische Entwicklung zu informieren. Dann haben die Deutsche Statistische Gesellschaft und der Verband Deutscher Städtestatistiker einen vollen Tag der Statistischen Woche 1998 der Volkszählung gewidmet.[18] Darin wurden nicht nur Methodenfragen eingehend erörtert, sondern auch die Bedeutung der Volkszählung für die moderne Informationsgesellschaft sowie für die Bevölkerungswissenschaft, die empirische Sozialforschung und die Raumordnung, Landes- und Regionalplanung wurde exemplarisch artikuliert.

Bevor die insoweit ebenso konstruktiv wie kontrovers geführte Diskussion zu einem Ergebnis führte, kam es infolge der Bundestagswahl 1998 zu einem abermaligen Regierungswechsel. In einem ersten Gespräch, das die nunmehr zuständige Staatssekretärin im Bundesinnenministerium mit Vertretern der amtlichen Statistik führte, wurden die Weichen politisch für das weitere Vorgehen gestellt:

(1) Im Jahr 2001 gibt es in Deutschland keinen Zensus. Eurostat erhält ersatzweise Daten, vor allem aus der Bevölkerungsfortschreibung und dem Mikrozensus.
(2) Ein Methodenwechsel hin zu einem Registerzensus wird vollzogen. Es werden aber keine weiteren Modelle dafür entwickelt.
(3) Statt dessen wird ein Gesetz vorbereitet, aufgrund dessen Tests zur Klärung der für die Durchführung eines Registerzensus offenen Fragen durchgeführt werden können. Erst danach wird über das endgültige Zensusverfahren entschieden, das dann auf den Weg zu bringen ist.

Damit war zunächst einmal klargestellt, dass es auch unter der neuen Regierung keinen traditionellen Zensus mehr geben werde. Klar war aber auch, dass eine alternative Methode für einen Zensus 2001 nicht zur Verfügung stand. Eurostat mochte sich mit dem angebotenen Ersatz zufrieden geben, Bund und Länder viel-

17 Siehe Wiegert (1999), S. 9ff.

18 Die Vorträge beider Veranstaltungen wurden veröffentlicht in: Grohmann, Sahner, Wiegert (1999). Darin sind auch das Bundesmodell (Hans Gerd Siedt) und das Ländermodell (Reinhard Rost) dargestellt.

leicht auch noch. Für die Bevölkerungs-, Wirtschafts- und Sozialstatistik, für die Regionalforschung in Deutschland und vor allem für die Gemeinden bedeutete das Fehlen verlässlicher Einwohnerzahlen und vieler weiterer aktueller demographischer und sozioökonomischer Grunddaten über 2 Jahrzehnte hinweg jedoch einen unwiederbringlichen Informationsrückstand.

Für die weiteren Planungen war der Weg nunmehr für einen registergestützten Zensus politisch vorgegeben. Ins Auge gefasst wurde dafür ein Konzept, das im Wesentlichen auf dem Ländermodell beruhte. Politik und amtliche Statistik waren sich aber im Klaren darüber, dass ein solcher registergestützter Zensus in Deutschland im nächsten Jahrzehnt nicht ohne gründliche Vorprüfungen und Vorbereitungen zu brauchbaren und rechtlich haltbaren Ergebnissen führen würde. So erließ der Gesetzgeber am 27. Juli 2001 ein Zensusvorbereitungsgesetz, das eine Reihe von Qualitäts- und Verfahrenstests anordnete.[19]

5. *Die Testerhebungen zur Vorbereitung eines registergestützten Zensus*

Diese Tests waren nicht mehr ergebnisoffen; denn die Entscheidung für den registergestützten Zensus war politisch und im Einvernehmen mit der amtlichen Statistik gefällt worden. Es musste nun darauf ankommen, das Erhebungskonzept im Hinblick auf die Zielsetzung einer Volkszählung und die zu erwartenden Kosten unter den gegebenen Rahmenbedingungen zu optimieren.

Die Testerhebungen bestanden aus drei Komponenten: einer Mehrfachfallprüfung, einem Registertest und einem Verfahrenstest.[20]

Die *Mehrfachfallprüfung*[21] sollte Informationen darüber liefern, wie oft Personen mehrfach mit alleinigem oder Hauptwohnsitz oder nur mit einem Nebenwohnsitz in den Melderegistern vorhanden sind. Dazu wurden aus allen rund 14.500 Melderegistern für zwei Stichtage (5.12.2001 und 31.3.2002) bestimmte Datensätze aller Personen mit ausgewählten Geburtstagen (1. Januar, 15. Mai, 1.September oder unbekannt) zentral zusammengeführt und auf Mehrfachfälle überprüft. Das war keine leichte Aufgabe. Allein die technische Bewältigung der zweimal knapp eine Mill. Datensätze, die Klärung der stichtagsgerechten Zuordnung von Ab- und Anmeldungen sowie Sterbefällen zwischen den beiden Erhebungszeitpunkten, die Extrahierung und richtige Zuordnung von Dubletten und vieler weiterer echter oder scheinbarer Unstimmigkeiten verlangten nicht nur hohes technisches Wissen, sondern auch die Entwicklung problemadäquater Methoden, für die es zum Teil keine Vorbilder und keine Erfahrung gab. Man denke nur daran, dass zur Feststellung echter Personenidentitäten neben den

19 Gesetz zur Vorbereitung eines registergestützten Zensus (2001).

20 Statistisches Bundesamt (1999), ferner Statistische Ämter des Bundes und der Länder (2004), S. 813ff. und Heinzel (2006), S. 321ff.

21 Michel (2004), S. 979ff.

Erhebungs- eine beachtliche Zahl von Hilfsmerkmalen, wie Geburtsort, Wohnungsstatus, Datum der An- oder der Abmeldung bei der Meldebehörde, Zuzugsdatum, vorherige Wohnanschrift, und vieles andere, nötig sind. Wenn man dann noch bedenkt, dass z.B. Familien- und Gemeindenamen, besonders bei hohen Ausländeranteilen, oft in unterschiedlichen Schreibweisen vorkommen, lässt sich ahnen, wie kompliziert die Aufgabe war. Das alles aber ist nötig, solange ein bundeseinheitliches Personenkennzeichen für die Statistik als Teufelswerk gilt.

Der Mehrfachfalltest führte nach Bereinigung um »temporäre« Fälle (z.B. Zuzug vor dem Stichtag, Anmeldung danach) und dauerhafte Mehrfacheintragungen immer noch zu 1,8 Mill. Karteileichen (2,3% der Bevölkerung), und dies mit beträchtlichen regionalen Unterschieden.[22] Die Rate ließ sich zwar durch weitere Klärungen (auch unter Nutzung der weiteren Testaktivitäten) auf 1,8% reduzieren, doch auch das ist angesichts der Streuung um diesen Durchschnitt keineswegs vernachlässigbar.

Zur weiteren Klärung der Registerqualität wurde ein *Registertest*[23] auf Stichprobenbasis durchgeführt. In 555 ausgewählten Gemeinden wurden rund 38.000 Wohnadressen in einem geschichteten Stichprobenverfahren mit größenproportionaler Auswahl unter Anwendung des Kumulationsverfahrens nach zweckdienlicher Anordnung ausgewählt. Diese Vorgehensweise ist aus wissenschaftlicher Sicht optimal, setzt aber auch eine einschlägige praktische Erfahrung voraus. Für alle unter den ausgewählten Adressen im Melderegister verzeichneten Personen wurden bestimmte demographische Grunddaten sowie eine Reihe von Hilfsmerkmalen, die zur Identifikation einer Person sowie zur Stichtagsrelevanz ihrer Angaben nötig waren, aus den Melderegistern extrahiert. Auch hier wurde ein zweiter Registerauszug für den Stichtag 31.3.2002 zur genauen Stichtagszuordnung herangezogen. Die so für den ersten Stichtag ermittelten Merkmale wurden parallel dazu auch durch Erhebungsbeauftragte direkt bei den Bürgern der betroffenen Adressen erfragt. Damit wurden abermals Karteileichen und daneben diesmal auch Fehlbestände erkennbar.

Die Karteileichenrate lag bei diesem Registertest zuerst bei 4,1 %, konnte aber, wie gesagt, letztlich auf 1,8% reduziert werden. Die Fehlbetragsrate lag bei 1,7%.[24]

Das Kernstück des geplanten registergestützten Zensus ist die Gebäude- und Wohnungszählung (GWZ). Sie allein ist als primärstatistische Totalerhebung geplant. Als Verfahren ist eine postalische Befragung der Gebäude- und Wohnungseigentümer vorgesehen. Da man nicht weiß, ob auf diese Weise auch hinreichend verlässlich Daten über die Wohnungen und ihre Bewohner zu gewin-

22 ebda., S. 985.
23 Zu den im Rahmen der Tests erforderlichen Stichprobenverfahren siehe Bihler (2002).
24 Siehe Statistische Ämter des Bundes und der Länder (2004), S. 818.

nen sind, ist diesem Erhebungsteil ein eigener Test gewidmet: der *Verfahrenstest.*[25]

Er basiert auf einer Unterstichprobe des Registertests in 222 Gemeinden mit 16.000 Adressen. Das Stichprobenverfahren ist dem der Registertest-Stichprobe nachgebildet, an vielen Stellen aber wegen der kleineren Fallzahlen modifiziert worden.

Der erste Schritt war sodann die Ermittlung und Aktualisierung der Gebäude- bzw. Eigentümeradressen. Trotz Auskunftspflicht bedurfte es eines mehrstufigen Mahnverfahrens und weiterer administrativer Aktivitäten, um eine nahezu vollständige aktuelle Liste derjenigen Eigentümer oder Verwalter zustande zu bringen, die die geforderten Auskünfte zu geben in der Lage waren. Auch das brachte lehrreiche Erfahrungen für den Zensus 2011 mit sich.

Der Test bestand nun darin, die in einem Zensus zu erhebenden Merkmale einerseits – wie im »Ernstfall« vorgesehen – bei den Gebäude- bzw. Wohnungseigentümern postalisch zu erheben und andererseits bei den unter den betreffenden Adressen laut Melderegister wohnenden Haushalten durch Interviewer zu erfragen.

Die mit Auskunftspflicht verbundene postalische Befragung der Eigentümer – auch nach den Merkmalen »Name und Einzugsdatum des Wohnungsinhabers« und »Zahl der Personen in der Wohnung« – hatte nach Abschluss des Mahnverfahrens (in schwierigen Fällen mit Zwangsgeldandrohung) eine fast 100%-ige Rücklaufquote. Dann folgten eine weitgehend maschinelle Plausibilisierung der Daten und ggf. Ersatzvornahmen.

Die Zahl der Gebäude war in beiden Erhebungen fast identisch, die der Wohnungen überstieg in der GWZ die in der Haushaltebefragung um 1,4%.[26] Bei der Frage nach der Zahl der Räume einer Wohnung stimmten die Angaben nur in rund 85% der Fälle überein. Etwa das gleiche Ergebnis erhielt man bei der Frage nach der Wohnfläche, wenn man Abweichungen um bis zu 5 qm tolerierte. Bei stärkeren Divergenzen (z.B. bei Mieten und Nebenkosten) darf angenommen werden, dass die Angaben der Eigentümer auf präzisere Unterlagen gestützt und damit verlässlicher sind als die der Wohnungsinhaber.

Deshalb ist die gezogene Schlussfolgerung vielleicht noch etwas gewagt, aber wohl auch nicht ganz unberechtigt, dass eine gut geplante und gut vorbereitete Gebäude- und Wohnungszählung mit postalischer Befragung der Gebäude- bzw. Wohnungseigentümer in Verbindung mit geeigneten maschinellen Kontrollen und Korrekturen zu Ergebnissen zu führen verspricht, wie sie von einem Zensus erwartet werden.

Mit einer Melderegisterauswertung und einer GWZ allein ist aber noch kein hinreichender Ersatz für die traditionelle Volkszählung erreicht. Es fehlt vor allem noch an jeglicher Art von Familien- und Haushaltsinformationen. In den

25 Siehe Ginter (2004), S. 1256.
26 ebda., S. 1259.

Melderegistern sind lediglich Verzeigerungen zwischen Ehegatten und ihren Kindern enthalten, die sich auswerten lassen. Es ist deshalb für den nächsten Zensus ein Haushaltegenerierungsverfahren[27] auf der Basis von Vorarbeiten der Städtestatistiker[28] entwickelt worden. Auch das war im Rahmen des Verfahrenstests zu prüfen.

Es besteht im Wesentlichen darin, die Daten der unter einer Adresse im (bereinigten) Melderegister enthaltenen Personen den unter dieser Adresse in der GWZ ermittelten Wohnungen zuzuordnen und dann jede einer Wohnung zugeordnete Personengesamtheit als Haushalt zu definieren. Das alles geschieht in einer Abfolge von Einzelschritten. Zuerst werden mit Hilfe der Verzeigerungen in den Melderegisterdaten sog. Kernhaushalte gebildet, die damit nur aus Ehepaaren und/oder Alleinstehenden mit ihren Kindern bestehen. Sie ließen sich auch als Kernfamilien begreifen. Da in der GWZ für jede Wohnung auch die Namen des ersten und zweiten Wohnungsinhabers ermittelt werden, lassen sich zumindest deren Daten den einzelnen Wohnungen zuordnen, bei Kernhaushalten auch die der anderen zugehörigen Personen. Auch hier traten natürlich wieder Probleme aufgrund unterschiedlicher Namensschreibweisen auf, die maschinell gelöst werden mussten. Damit ließen sich bereits 85% der Bevölkerung den Wohnungen zuordnen. Unter Verwendung der GWZ-Angaben zum zweiten Wohnungsinhaber konnten weitere 2,5% den einzelnen Wohnungen zugeordnet werden. In zahlreichen Folgeschritten wurden Merkmale, wie Namensgleichheiten, Altersdifferenzen, übereinstimmende Familienstandsänderungs- sowie Einzugstermine und anderes mehr, zur Zuordnung der verbleibenden Personen zu den Wohnungen herangezogen. So waren am Ende 93% der Bevölkerung am Ort der alleinigen oder Hauptwohnung den Wohnungen laut GWZ zugeordnet. Für die Zuordnung der übrigen Personen sind noch weitere Forschungen notwendig. Am Ende der Haushaltegenerierung wurde noch eine Typisierung der Haushalte vorgenommen. Ein Nebeneffekt der Hauhaltegenerierung war die Entdeckung weiterer Karteileichen und Fehlbestände.

Der Vergleich der Haushaltegenerierung mit den Ergebnissen der Befragung der Haushalte durch Interviewer[29] ergab, wenn zuvor Fehler infolge von Karteileichen und Fehlbeständen eliminiert wurden, bei beiden fast die gleiche Zahl der Haushalte und eine nur wenig divergierende Zusammensetzung nach der Haushaltsgröße. Größere Divergenzen gab es bei der Gliederung nach deutschen, ausländischen und Mischhaushalten, wobei vor allem der Anteil der letztgenannten durch die Haushaltegenerierung deutlich überschätzt wurde. Gleiches gilt für die nichtehelichen Lebensgemeinschaften. Fehler können hier freilich in beiden Quellen vermutet werden. Wenn bis zum Zensus selbst keine Verbesserungen im Hauhaltegenerierungsverfahren mehr gefunden werden können, bleiben die

27 Vorndran (2004), S. 1245ff.

28 Siehe dazu Klitzing, Osenberg (1995), S. 13ff.

29 Vorndran (2004), S. 1250ff.

Ergebnisse über diesen Haushaltstyp jedenfalls fragwürdig. Generell kann man sagen, dass die Haushaltegenerierung umso besser gelingt, je zuverlässiger die Angaben in den Melderegistern sind.

Der letzte Teil eines registergestützten Zensus ist die Gewinnung von Daten zur Erwerbstätigkeit der Bevölkerung. Dafür sollen zum einen die Dateien der Bundesagentur für Arbeit (Sozialversicherungspflichtige Beschäftigte, Arbeitslose, Teilnehmer an Weiterbildungsmaßnahmen) und zum anderen solche der Gebietskörperschaften und anderer öffentlicher Einrichtungen (Beamte, Ruhegehaltsempfänger usw.) genutzt werden. In der Testphase sind jedoch nur die Dateien der Bundesagentur für Arbeit einbezogen worden.[30] Die Daten der hierin zum Stichtag verzeichneten Personen waren mit einer Reihe vorhandener erwerbsstatistischer Merkmale mit den entsprechenden Daten aus den Melderegistern zusammenzuführen, und die Ergebnisse waren mit denen der mündlichen Befragung beim Verfahrenstest zu vergleichen. So jedenfalls lautete das Prinzip. Die Schwierigkeiten begannen jedoch schon mit der Stichtagsrelevanz der Daten der Bundesagentur für Arbeit. Diese liegen, da sie weitgehend auf Meldungen der Arbeitgeber beruhen, oft bis zu 9 Monate zurück. Eine entsprechende Zeitplanung beim Registerzensus ist also nötig. Des Weiteren divergieren die Wohnadressen in den beiden Registern oftmals und aus mancherlei Gründen. Infolgedessen fanden sich in den Melderegistern nur knapp 90% der in den Dateien der Bundesagentur geführten Personen (Deckungsgrad). Bei den Arbeitslosen und den Teilnehmern an Weiterbildungsmaßnahmen war der Deckungsgrad deutlich höher. Größere Divergenzen bei erwerbsstatistischen Merkmalen lassen aber noch viel Untersuchungs- und Klärungsbedarf bis zum Zensusstichtag nötig erscheinen.

Die amtliche Statistik zieht aus alledem insoweit ein positives *Fazit*, als sie einen registergestützten Zensus, bestehend aus den in den Testerhebungen geprüften Bausteinen, ergänzt durch zwei primärstatistische Erhebungen empfiehlt.[31] Doch lässt sich dieses Pauschalurteil im Hinblick auf die Vielzahl von Aufgaben eines Zensus durchaus hinterfragen. Richtig ist aber auch, dass die amtliche Statistik (hier: Statistische Ämter des Bundes und der Länder) die Zensustests mit großer Ernsthaftigkeit, mit viel Sachverstand und Kreativität und mit dem Ziel durchgeführt hat, unter den politischen Vorgaben und den rechtlichen Rahmenbedingungen die Voraussetzungen für einen tragfähigen Zensus nicht nur zu prüfen, sondern nach Möglichkeit auch zu schaffen.

30 Statistische Ämter des Bundes und der Länder (2004), S. 821ff.

31 ebda., S. 832ff.

6. Die absehbare Struktur des Zensus 2011

Am 29.8.2006 fasste die Bundesregierung einen Beschluss, in dem es heißt: »Deutschland beteiligt sich an der 2010/2011 anstehenden nächsten EU-weiten Zensusrunde mit einem registergestützten Verfahren. Dabei sollen die Vorgaben der EU zur Vermeidung unverhältnismäßiger Belastungen und Kosten möglichst 1:1 umgesetzt werden.«[32]

Im nachfolgenden Statement des damaligen Präsidenten des Statistischen Bundesamtes, Johann Hahlen[33], das im Wesentlichen an die Öffentlichkeit gerichtet ist, werden zunächst die Dringlichkeit des neuen Zensus dargetan, dessen Kosten gerechtfertigt und die Erhebungsmethode kurz umrissen.
Nach dem derzeitigen Informationsstand[34] wird der Zensus 2011 folgende Grundelemente umfassen:

- Abfrage und Verarbeitung von Daten der *Melderegister* aller Gemeinden an zwei Stichtagen, maschinelle Mehrfachfallprüfung und Aufklärung von Zweifelsfällen durch Befragung,
- postalische *Gebäude- und Wohnungszählung* durch Befragung bei Gebäude- und Wohnungseigentümern,
- *Haushaltegenerierung* nach Zusammenführung der Melderegister- mit den Gebäude- und Wohnungsdaten,
- Abfrage und Verarbeitung von Daten der *erwerbsstatistischen Register* der Bundesagentur für Arbeit und der öffentlichen Verwaltung,
- *primärstatistische Erhebung* der in *Sondergebäuden* wohnenden Personen (z.B. durch Befragung der Verwalter in Anstalten oder der Bewohner in Studentenwohnheimen),
- *Zusammenführung* aller auf diese Weise gewonnenen Daten *zu je einem Zensusdatensatz für jede Person* in ihrem Haushaltsverbund und in ihrer Wohnung.
- *Stichprobenerhebung* in jeder Gemeinde mit 10.000 oder mehr Einwohnern mit Befragung der dort Wohnenden durch Erhebungsbeauftragte.

Die Erhebung in Sondergebäuden wird notwendig, weil sich die Melderegisterdaten in diesen Fällen als besonders fehleranfällig oder wegen besonderer Meldevorschriften als ungeeignet für eine direkte Übernahme erwiesen haben

Mit der Stichprobenerhebung werden zwei Ziele verfolgt. Das erste ist, die tatsächliche Karteileichen- und Fehlbestandsrate jeder Gemeinde zu ermitteln und zur Korrektur der Einwohnerzahl zu verwenden. Das zweite ist die Erhebung von

32 Bundesministerium des Innern (2006).

33 Statistisches Bundesamt (2006).

34 Statistische Ämter des Bundes und der Länder (2004), S. 824ff. und S. 832. Siehe dazu auch Eppmann (2004), S. 6ff.

familien-, bildungs- und erwerbsbezogenen Merkmalen, die in Registern nicht enthalten sind.

Die Kosten dieses Modells werden mit 450 Mill. € veranschlagt. Befragt werden sollen dabei 17,5 Mill. Gebäude- bzw. Wohnungseigentümer, 7,2 Mill. Personen im Rahmen der Stichprobe und eine geringere Anzahl von Personen zur Klärung von Zweifelsfragen.

7. *Inwieweit erfüllt dieser Zensus die an ihn zu stellenden Anforderungen?*

Ausgangspunkt zur Beantwortung dieser Frage sind die *Aufgaben* eines Zensus. Die im Folgenden versuchten Antworten beziehen sich zunächst nur auf den Zensus in Deutschland im Jahre 2011. Später wird aber auch die Frage zu stellen sein, welche Rolle diesem Zensus in der Entwicklung der Volkszählungen und überhaupt der statistischen Infrastruktur in Deutschland »im Wandel der Zeiten« zukommt?

In seinem Statement äußerte Präsident Hahlen zur Frage »Wozu braucht Deutschland einen Zensus?«[35]: »So ganz genau weiß derzeit niemand, wie viele Menschen in Deutschland leben. Verlässliche Bevölkerungszahlen sind jedoch wichtig, da diese eine wichtige Grundlage für eine Vielzahl von politischen und wirtschaftlichen Planungen und Entscheidungen sind. Wie viele Kindergartenplätze und Schulen braucht eine Stadt? Wo sind neue Altenheime notwendig? Wie sollen die sozialen Sicherungssysteme angesichts des demographischen Wandels, also der Alterung und Schrumpfung der Bevölkerung zukunftsfest gemacht werden? ... Der Finanzausgleich zwischen den Bundesländern wird ebenso wie die Einteilung der Wahlkreise auf der Grundlage der Einwohnerzahlen festgelegt. ... Die durchgeführten Testerhebungen ... haben gezeigt, dass die Bevölkerungszahlen in Deutschland dringend einer Revision bedürfen.«

Systematisch zusammengefasst hat ein Zensus die folgenden Aufgaben:

(1) Feststellung der Einwohnerzahl,
(2) Feststellung der Zahl der Haushalte und Familien, der Erwerbspersonen, der Gebäude und der Wohnungen,
(3) Ermittlung von Strukturdaten für die genannten Gesamtheiten, jeweils nach wenigen, aber fundamentalen Merkmalen,
(4) Gewinnung von Basis- und Rahmendaten für Fortschreibung, Stichproben, Adjustierungen und Qualitätsprüfungen bei anderen Statistiken.

35 Statistisches Bundesamt (2006), S. 1.

Entscheidend für eine umfassende Nutzbarkeit der Zensusdaten sind darüber hinaus die beiden folgenden Postulate:

(1) Alle erhobenen sachlichen Merkmale sollten miteinander kombinierbar sein.
(2) Alle Informationen sollten in sehr kleinräumiger Gliederung auswertbar sein.

Frühere Volkszählungen in Deutschland schlossen über die genannten Aufgaben hinaus die Gewinnung von Informationen über Pendlerbewegungen ein und waren zudem mit einer Arbeitsstättenzählung verbunden. Beides wird von der EU nicht gefordert und ist im Rahmen des registergestützten Zensus 2011 auch kaum realisierbar. Hier bleiben zwei sehr zu bedauernde Lücken.

Im Folgenden sollen die genannten Anforderungen im Einzelnen diskutiert und begründet werden, verbunden mit der Frage, inwieweit der geplante Zensus 2011 die Aufgaben erfüllt.

Natürlich ist noch immer das erste Ziel einer Volkszählung die Feststellung der *Einwohnerzahlen* für Bund, Länder und Gemeinden. Sie hat gegenüber allen anderen eine herausgehobene Bedeutung, weil die Einwohnerzahl in vielen Gesetzen unmittelbare Rechtsfolgen nach sich zieht. Während alle anderen Zensusergebnisse erst durch interpretierende Analysen forschungs-, planungs- oder handlungsrelevant werden, gehen von den festgestellten Einwohnerzahlen unmittelbar Rechtsfolgen aus. Deshalb sind die Anforderungen an deren Genauigkeit und Zuverlässigkeit besonders hoch, und sie müssen zwischen den Gemeinden vergleichbar sein.

Einwohnerzahlen dienen aber auch vielen anderen Zwecken. Sie sind die wichtigste Basis für alle personenbezogenen Strukturdaten und darüber hinaus Bezugsgröße für viele globale bevölkerungs-, wirtschafts- und sozialstatistische Indikatoren – von der Geburten- und Sterbeziffer über Bevölkerungs-, Kraftfahrzeug- und Telefondichte, Erwerbs- und Ausländerquote bis hin zu Maßzahlen für Lärmbelastung und Kriminalität.

Anlage und Auswertung der Testerhebungen sowie alle weiteren bisherigen Planungen sind mit großer Energie darauf ausgerichtet gewesen, möglichst genaue Einwohnerzahlen für alle Gebietskörperschaften zu erhalten. Ob das gelungen ist, könnte man angesichts der regionalen Streuung der bei den Testerhebungen auch nach den Korrekturen noch verbliebenen Karteileichen- und Fehlbestandsraten in Zweifel ziehen. Doch verbessert sich bis zum Zählungsstichtag sicher die Qualität der Melderegister durch deren fortschreitende programmtechnische Vereinheitlichung und Zentralisierung, durch die Nutzung der Vergabe von Personenkennziffern durch die Finanzbehörden und vielleicht auch noch durch weitere gezielte Maßnahmen. Mindestens für die Gemeinden mit 10.000 und mehr Einwohnern, für die die Stichprobe zudem Korrekturraten liefern wird, dürfte eine Genauigkeit der Einwohnerzahlen erreicht werden, die derjenigen früherer Zählungen nicht nachsteht. Die mit der Beschränkung der »Korrektur«-Stichprobe auf die Gemeinden mit 10.000 und mehr Einwohnern in Kauf zu nehmenden Fehler in den kleineren Gemeinden scheinen hinnehmbar, obwohl sie für einzelne Gemeinden schmerzlich sein können.

Kritischer ist zu sehen, dass die stichprobengestützten Fehler in den größeren Gemeinden nicht auf die Ebene von – wie auch immer gebildeten – Gemeindeteilen heruntergebrochen werden können. Die Korrekturen auf Gemeindeebene sollen durch Doppeln oder Streichen von (im Typ ähnlichen) Einzelpersonen erfolgen, wobei aber die adressenscharfe Zuordnung nicht berücksichtigt wird. Die Einwohnerzahlen für Gemeindeteile bleiben damit fehlerbehaftet.

Die danach genannten *weiteren Absolutzahlen* sind heute wesentliche Bestandteile eines modernen Zensus; denn sie lassen sich wie die Einwohnerzahlen zuverlässig nur durch Vollerhebungen gewinnen. Sie sind die Grundlage für globale Zeit- und Regionalvergleiche. Zugleich sind sie Bezugsgrößen für viele weitere Indikatoren, wie durchschnittliche Familien- oder Haushaltsgröße, Wohnungsdichte, Erwerbsquote, gesamtwirtschaftliche Produktivität u.a.m. Vor allem aber bilden sie den Ausgangspunkt für eine Vielzahl von Strukturanalysen.

Der Zensus 2011 wird neben den Einwohnerzahlen auch eine Angabe über die Zahl der Haushalte bereitstellen. Dass die Haushaltedefinition dabei an die Wohnung gebunden ist und zudem die Ermittlung im Wege der Hauhaltegenerierung nicht ganz ohne Fehler bleiben kann, lässt sich beklagen. Die Abweichung vom idealtypischen Haushaltsbegriff ist sicherlich größer als bei einer traditionellen Volkszählung. Dass es aber überhaupt zur Bildung von Haushalten ohne vorhandene Wohnungsregister und ohne Haushaltsbezug in den Melderegistern bei diesem Zensus kommt, ist dennoch eine beachtenswerte Leistung der daran beteiligten Statistiker, und sie dürfte sich noch verbessern, wenn die Qualität der Melderegister vor der Zählung weiter erhöht wird. Ohne die – auf die Zusammenführung von Melderegister- und GWZ-Daten gestützte – Haushaltegenerierung wäre dieser Zensus nicht akzeptabel gewesen.

Das Fehlen von Daten über die Familien und andere Lebensformen ist sicher eine Schwäche dieses Zensus. Gerade in einer Zeit, in der fortgesetzt über die unterschiedlichsten Formen der Familienunterstützung politisch gerungen wird, wären solche Daten von großer Bedeutung. Umso wichtiger werden für diese Fragen die Stichprobenergebnisse sein. Allerdings taugen sie nicht für die ebenfalls dringend notwendigen innergemeindlichen Analysen.

Die Zahl der Gebäude und Wohnungen wiederum fußt bei dem bevorstehenden Zensus auf einer Vollerhebung und ist – wenn sich die Erfahrungen im Verfahrenstest bestätigen – ein taugliches konstitutives Element des Zensus 2011.

Was der Zensus nicht ohne Stichprobeneinsatz liefern kann, ist eine Gesamtzahl der Erwerbspersonen; denn dazu zählen auch die Selbständigen und mithelfenden Familienangehörigen, die in keinem Register stehen. Damit muss man sich abfinden.

Absolutzahlen sind, wie gesagt, nur der Ausgangspunkt für die Gewinnung politik- und forschungsrelevanter *Strukturdaten*. Ihre Möglichkeiten und Chancen werden determiniert durch die in den Zensus aufgenommenen Erhebungsmerkmale. Dafür gibt es heute einen Grundkanon demographischer sowie haushalts-, gebäude-, wohnungs-, bildungs- und erwerbsbezogener Merkmale. Die EU-Verordnung über den Zensus 2010/2011 wird einen solchen Katalog enthalten. Der nach derzeitigem Informationsstand EU-weit als verbindlich anzusehende Katalog ist schon recht reichhaltig.[36] Das sollte dennoch nicht ausschließen, weitere Merkmale zur Deckung eines spezifischen dringenden Informationsbedarfs, der wegen der erforderlichen sachlichen und regionalen Gliederungstiefe nur im Rahmen eines Zensus befriedigt werden kann, mit in das Erhebungsprogramm aufzunehmen. Ein Beispiel bieten weitere persönliche Merkmale zum Migrationshintergrund in tiefer regionaler Differenzierung als Voraussetzung erfolgreicher Migrations- und Integrationspolitik. Die Sinnhaftigkeit eines ausufernden Merkmalskatalogs hat jedoch auch ihre Grenzen. Beim heutigen Entwicklungsstand der Statistik ist und bleibt der Zensus zwar ein tragendes Element einer modernen statistischen Infrastruktur. Aber er muss nicht alles selbst leisten. Für viele Bedarfe reicht das heute weit verzweigte und zum Teil fest etablierte System amtlicher und nichtamtlicher Stichproben in Verbindung mit der Fortschreibung einiger weniger Basisdaten. Diese allerdings bedürfen der Fundierung durch einen Zensus.

Wichtig bei der Entscheidung über Zensusmerkmale ist jedoch nicht allein deren jeweils für sich genommene Bedeutung, sondern ihr Zusammenspiel mit allen anderen Merkmalen. Es ist geradezu ein Wesenselement eines jeden Zensus, dass er prinzipiell eine beliebige Kombinierbarkeit aller Merkmale zulässt und damit insbesondere solche Kombinationen, die bei Stichprobenerhebungen wegen zu geringer Fallzahlen nicht auswertbar sind.

Besondere Brisanz erhält dieser Aspekt für die Kommunen. Große Gemeinden mit eigenen statistischen Ämtern sind geradezu darauf angewiesen, aus einem Zensus innerstädtisch tief gegliederte Strukturdaten zu gewinnen. Die frühere Präsidentin des Statistischen Bundesamtes, Hildegard Bartels, hat mir einmal gesagt, eine Volkszählung sei eigentlich eine koordinierte Gemeindezählung.

Was wird nun der registergestützte Zensus 2011 in Bezug auf die Erhebungsmerkmale und deren Auswertbarkeit leisten? Grundsätzlich ist an dem in der EU-Verordnung zu erwartenden Merkmalskatalog wenig zu beklagen. Dennoch bleibt zu wünschen, dass die endgültige Auswahl und Definition der Zensusmerkmale sich daneben auch auf eine sachkundige Diskussion mit den potentiellen Nutzern der künftigen Zensusdaten, insbesondere in Wissenschaft und Kommunalpolitik, stützt.

Problematisch ist ein anderes: Echten Zensuscharakter haben beim registergestützten Zensus 2011 nur die Daten, die in den genutzten Registern stehen, bei

36 Statistisches Bundesamt (2006), Anhang.

der Gebäude- und Wohnungszählung postalisch erhoben oder im Zuge der Haushaltegenerierung erzeugt werden. Für alle anderen Merkmale bleibt nur die Stichprobe. Man darf wohl annehmen, dass damit Bundes- und Länderinteressen hinreichend befriedigt werden. Das gilt jedoch nicht für die Gemeinden, insbesondere nicht die großen Städte. Sie stehen vor eminenten Herausforderungen in der Verkehrs-, Wohnungs-, Sozial-, Wasserwirtschafts-, Energiepolitik und anderem mehr. Sie nutzen dazu die moderne Datenverarbeitung und die verfügbaren Statistiken permanent zu unmittelbar wirksamen Planungen und Entscheidungen. Da sie heute über ein leistungsfähiges adressbezogenes Informationssystem verfügen, das beliebige problemorientierte Stadtgliederungen erlaubt, könnten sie mehr als alle anderen Nutzen aus den Zensusdaten ziehen.

Ob dies am Ende der Fall sein wird, hängt auch von künftigen Entscheidungen noch ab. Zwei Forderungen sind dafür schon vorgebracht worden. Die eine ist die Einbeziehung weiterer Merkmale aus den Registern der Bundesagentur für Arbeit, wie Stellung im Betrieb, Beruf und höchster Bildungsabschluss sowie die Miethöhe im Rahmen der Gebäude- und Wohnungszählung. Die andere ist die nach der freien Verfügung über die adressenscharfen Individualdaten durch die großen kommunalstatistischen Ämter, die über eine abgeschottete Statistikstelle verfügen.[37]

Nutzen aus der einmaligen Kombinierbakeit aller Merkmale, der Totalerhebung wie der Stichprobe, könnte auch die Wissenschaft ziehen, soweit sie das Bundesdatenschutzgesetz dazu befugt. Dass dies überhaupt in Betracht gezogen werden kann, ist vor allem Hans-Jürgen Krupp zu verdanken. Er hat schon frühzeitig im SPES-Projekt, später im Sfb 3 und im Rahmen seiner umfassenden Beratungstätigkeiten alles dafür getan, dass die Wissenschaft einen rechtmäßigen Zugang zu Individualdaten der amtlichen Statistik bekommt. Die darauf folgende vielfältige Nutzung dieser Daten (Mikrozensus, EVS, Einkommensteuerdaten u.v.a.) haben sowohl die Sinnhaftigkeit als auch die datenschutzrechtliche Zulässigkeit eindrucksvoll bestätigt.

Die letzte, aber keineswegs unwichtige Aufgabe eines Zensus ist die Bereitstellung von *Basis- und Rahmendaten* für eine Vielzahl von amtlichen und nichtamtlichen Statistiken. Vor allem die beiden zentralen Erhebungen der amtlichen Statistik für die Zeit zwischen zwei Volkszählungen, die Fortschreibung der amtlichen Einwohnerzahlen und der – früher jährliche, jetzt monatliche Mikrozensus – stützen sich maßgeblich auf die Daten des jeweils letzten Zensus. Für die von den Statistischen Landesämtern vorgenommene Fortschreibung der amtlichen Einwohnerzahlen nach Geschlecht, Alter und Nationalität (deutsch/nichtdeutsch) ist der Zensus die Ausgangsbasis. Für den Mikrozensus bietet er allein die adäquate Auswahlgrundlage. Nicht zuletzt dienen die Daten in Verbindung mit Fortschreibung und Mikrozensus der Adjustierung oder Qualitätsprüfung vieler anderer Statistiken. Das Fehlen einer Volkszählung seit nunmehr 20 Jahren hat nicht

37 Deutscher Städtetag (2007).

nur die Einwohnerzahlen von Bund, Ländern und Gemeinden vielfach obsolet, sondern auch weite Teile der amtlichen, zum Teil auch der nichtamtlichen Bevölkerungs- und Erwerbsstatik für Zweifel anfällig gemacht.

Wird der Zensus 2011 nun neue adäquate Basis- und Rahmendaten schaffen? Da in der Planung und Vorbereitung des registergestützten Zensus 2011 beachtliche Anstrengungen zur Gewinnung belastbarer Einwohnerzahlen unternommen wurden, könnte man erwarten, dass er auch für Fortschreibung und Mikrozensus eine tragfähige Basis bietet. Doch das ist leider nur mit einer Einschränkung der Fall. Zwar wird für die Fortschreibung eine neu fundierte Ausgangsbasis geschaffen; da jedoch Fehler in den Melderegistern, die im Zuge der statistischen Registerauswertungen entdeckt werden, nicht in den Melderegistern korrigiert werden dürfen, wirken sich diese Fehler in der weiteren Fortschreibung aus. Von den wenigen Bestimmungen im Volkszählungsgesetz 1983, die das Bundesverfassungsgericht für verfassungswidrig erklärt hat, hatte allein dieses Verbot des Melderegisterabgleichs nachhaltige Folgen. Im Volkszählungsgesetz von 1970 war dieser noch explizit zugelassen, und der verantwortliche Bundesinnenminister, der das Gesetz (neben Bundespräsident und Bundeskanzler) 1969 unterschrieben hat, war 1983 Präsident des Senats des Bundesverfassungsgerichts, der das Volkszählungsurteil vom 15.12.1983 erlassen hat. Die rasante Entwicklung der Datenverarbeitungstechnik und die Befürchtungen, die damit im Hinblick auf den Umgang staatlicher Stellen mit diesen Daten in der Bevölkerung aufkamen, waren der Anlass für eine so weitgehend veränderte Beurteilung des Melderegisterabgleichs. Dieser liegt nunmehr freilich nicht mehr im Verantwortungsbereich der Statistik, sondern in dem des Meldewesens. Es wird deswegen besonders von den Städtestatistikern auf Maßnahmen gedrängt, die Melderegister bereits vor der statistischen Registerauswertung zu bereinigen.

Die am Zensusstichtag verbleibenden Melderegisterfehler beeinträchtigen die Verwendung der Zensusergebnisse als Auswahlgrundlage für den Mikrozensus hingegen allenfalls marginal. Wenn das Auswahlverfahren ähnlich ausfallen wird wie das bisherige, ist das Verfügen über eine neue Basis jedenfalls ein Gewinn, der über marginale Verzerrungen bei den einzelnen Vorratsstichproben leicht hinwegsehen lässt.

8. *Zusammenfassende Bewertung*

Um zu einem abgewogenen Urteil über den registergestützten Zensus 2011 (aus heutiger und aus persönlicher Sicht) zu kommen, sind vorweg die äußeren Bedingungen zu bedenken, unter denen er geplant und bisher vorbereitet wurde. Die Volkszählungsdiskussion der 80er Jahre hat deutliche Spuren hinterlassen. Die Sensibilisierung und Verunsicherung der Politiker, der Medien und der Bevölkerung gegenüber einer Volkszählung schuf ein Klima, das zu neuem Nachdenken

Anlass gab. Das Bundesverfassungsgericht hatte dazu nachhaltig wirkende rechtliche Grenzen abgesteckt und vor jeder neuen Erhebung dieser Art eine Methodendiskussion gefordert. Nicht vergessen werden darf aber auch, dass jede Erhebung der amtlichen Statistik einer gesetzlichen Grundlage bedarf, der Gesetzgeber also, nicht der Statistiker, die letzte Entscheidung trifft und auch die Kosten zu verantworten hat. Gerade die Kosten haben bei der politischen Entscheidung für den Paradigmenwechsel eine große Rolle gespielt. Nicht zu übersehen ist schließlich, dass es die Statistik schon immer schwer hatte, trotz der nahezu unbeschränkten öffentlichen Nutzung ihrer Daten eine positive öffentliche Resonanz für ihre Erhebungen zu erhalten. So kam es – aus Kosten- und Akzeptanzgründen – schon frühzeitig zu dem Beschluss der Bundes- und Länderinnenminister, den nächsten Zensus als registergestützten durchzuführen.

In diesem Rahmen hat die amtliche Statistik in Deutschland, insbesondere das Statistische Bundesamt und mit ihm einige Statistische Landesämter, eine bewundernswerte Leistung vollbracht. Es wurde nicht nur frühzeitig ein tragfähiges Konzept (Ländermodell) entwickelt, es wurden auch mit viel Kreativität beachtliche Anstrengungen unternommen, um zumindest die zentralen Aufgaben eines Zensus befriedigend zu lösen, womit auch die Anforderungen der EU erfüllt werden können. Schon bei den vielfältigen Planungen ab Mitte der 90er Jahre und später bei der Durchführung der Testerhebungen ist ebenso einfallsreich wie kritisch immer wieder nach optimalen Lösungen geforscht worden. Auch die Zeit bis zum Zensus wird für vielfältige Untersuchungen noch genutzt werden, um erkannte Mängel zu minimieren. Am Kerngerüst wird sich freilich nichts mehr ändern.

Was die Aufgabenerfüllung im Einzelnen anbelangt, so wird man zu einem abgestuften Urteil kommen müssen. Die zentralen Aufgaben – Bereitstellung rechtlich und sachlich vertretbarer Einwohnerzahlen sowie hinreichend verlässlicher Basis- und Rahmendaten für die gesamte statistische Infrastruktur – werden weitgehend erfüllt werden. Darin wird der Zensus 2011 früheren Volkszählungen nicht nachstehen. Dass die daran anknüpfende Fortschreibung wegen der in den Melderegistern verbleibenden Fehler nicht befriedigen kann, ist ein rechtlicher und, wenn man so will, politischer Mangel, kein statistischer.
Einwohner-, Haushalte-, Gebäude- und Wohnungszahlen werden bis auf die Gemeindeebene hinreichend verlässlich ermittelt werden können. Sie waren auch bei traditionellen Volkszählungen ja nicht fehlerfrei. Dass es Haushaltezahlen überhaupt gibt, war freilich eine Vorbedingung dafür, dass dieser Zensus diesen Namen überhaupt verdient.

Dass es keine familien- und lebensformenbezogenen Zensusdaten und auch keine über die Gesamtheit der Erwerbspersonen gibt, bleibt zu bedauern, aber wohl angesichts der Vorgaben unabänderlich. Da es bei diesen Gesamtheiten ohnehin mehr auf die Strukturen als auf die absoluten Zahlen ankommt, wird mehr auf die ersteren zu achten sein.

Die volkszählungstypischen Strukturdaten für alle diese Globalgrößen werden Zensusqualität nur insoweit aufweisen, als sie aus Registern entnommen oder daraus abgeleitet sind. Darüber hinaus werden sie nur für Regionen in der Größenordnung mindestens von Landkreisen für politische Entscheidungen oder wissenschaftliche Analysen verlässlich genug sein.

EU, Bund und Länder werden damit zufrieden sein können. Für die Gemeinden bleibt die Erhebung vieler wichtiger Merkmale, besonders der bildungs- und erwerbsbezogenen, nur durch eine Stichprobe bitter. Diese Schwäche werden vor allem die großen Gemeinden, die einen besonders hohen differenzierten und durch Stichproben nicht erfüllbaren Informationsbedarf haben, beklagen. Rationale Entscheidungen über Schulen und Altersheime, Verkehrswege und Wohnungsbau lassen sich nun einmal nur auf der Grundlage sehr kleinräumiger Informationen treffen. Der Verband Deutscher Städtestatistiker hat deswegen eine eigene Stellungnahme zum geplanten Zensus auf einem eigens dafür veranstalteten Workshop entwickelt[38] und der Deutsche Städtetag hat, darauf aufbauend, die Anforderungen an den Zensus aus kommunaler Sicht dokumentiert.[39] Da sie sehr sachkundig, durchaus mit Rücksicht auf die noch vorhandenen Möglichkeiten der Ausgestaltung des Zensus und damit keineswegs unbescheiden sind, sollten sie unbedingt erfüllt werden. Das betrifft vor allem die im Verwaltungsvollzug vor dem Zensusstichtag zu bereinigenden Melderegister, das Verfügbarmachen der sie betreffenden adressbezogenen Einzeldaten, sofern abgeschottete Statistikstellen die Datensicherheit gewährleisten, und einige Merkmalsergänzungen, besonders solche, die noch aus den Registern oder im Rahmen der GWZ zu gewinnen sind. Nur die bereitwillige Zusammenarbeit aller drei Ebenen der Statistik in Deutschland, Bundes-, Landes- und Städtestatistik, wird auch die Kosten des Zensus rechtfertigen.

Der registergestützte Zensus 2011 wird, so darf man erwarten, wegen seiner Kosten- und Belastungsbegrenzungen Akzeptanz bei Politikern, in den Medien und in der Öffentlichkeit finden. Er wird auch die dringendsten statistischen Bedürfnisse, die nur von einem Zensus befriedigt werden können, befriedigen – zumindest für EU, Bund und Länder. Dass damit nicht alles erreicht wird, was andere entwickelte Staaten mit ihrem Zensus erreichen können, ist den besonderen rechtlichen und politischen Rahmenbedingungen in Deutschland geschuldet, nicht der amtlichen Statistik. Dass aber die Gemeinden die stärksten Informationseinschränkungen werden hinnehmen müssen, ist deswegen besonders schmerzlich, weil sie in Deutschland mehr als in vielen anderen Ländern Eigenverantwortung für die Gestaltung ihrer Lebensverhältnisse tragen.

38 Verband Deutscher Städtestatistiker (2007), siehe dazu auch die auf dieser Basis formulierten »Handlungsempfehlungen für die Städtestatistik im Hinblick auf den Zensus 2011«, erarbeitet von Friedrich von Klitzing, unveröffentlicht.

39 Deutscher Städtetag (2007).

9. *Ausblick auf die Zukunft*

Volkszählungen haben im Laufe ihrer Geschichte trotz einer zeitlosen allgemeinen Zielsetzung permanent Veränderungen in inhaltlicher und technischer Hinsicht erfahren. Auch in der jüngeren Geschichte, in der sich ein fester Kanon von Aufgaben herausgebildet hat, war jede Volkszählung in ihrem jeweiligen gesellschaftlichen Umfeld auch ein Unikat. Ihr Aufgabenbereich wurde seit Mitte des 19. Jahrhunderts über viele Jahrzehnte hinweg immer weiter ausgedehnt. Doch gab es auch Einschränkungen. So gab es 1970 keine Gebäude- und Wohnungszählung (sie war 1968 vorweggenommen worden) und neben einer inhaltlich eingeschränkten Vollerhebung eine 10%-ige Stichprobe. Die Volkszählung von 1987 war wegen der politischen Turbulenzen in ihrem Umfeld ohnehin ein Ausnahmefall, dessen Nachwirkungen zu einem völligen Verzicht auf eine Totalerhebung um das Jahr 2000 geführt haben. Hauptcharakteristikum der nun bevorstehenden Zählung ist der Paradigmenwechsel zum Registerzensus. Schon der nun ausschließlich verwendete Begriff »Zensus«, der den der »Volkszählung« ablöst, ist kennzeichnend für diesen Wandel.

Der Übergang zum Registerzensus liegt durchaus im europäischen Trend. Die nordischen Staaten haben ihn längst vollzogen, die Niederlande, die Schweiz und Österreich sind inzwischen dazu übergegangen oder gerade im Begriff dazu. Allerdings haben diese Länder wesentlich bessere Voraussetzungen dafür, nämlich durchgängige Personenkennziffern, weniger restriktive rechtliche Regelungen (bei voller Wahrung des Datenschutzes) und zum Teil weitere nutzbare und miteinander vernetzbare Register.

Der deutsche Registerzensus 2011 kann und wird die Ansprüche, die man früher an eine Volkszählung stellte, nicht in ihrem ganzen Umfang erfüllen. Aber er brachte auch beachtliche methodische Innovationen und technische, inhaltliche und organisatorische Erfahrungen. Dieser Prozess ist noch nicht abgeschlossen. Weitere Forschungsprojekte sind im Gange oder vergeben. Ein wissenschaftlicher Beirat, der die weitere Entwicklung begleiten und unterstützen soll, ist berufen.[40] Die statistischen Ämter von Bund, Ländern und Gemeinden, der Verband Deutscher Städtestatistiker und die Wissenschaft bleiben herausgefordert, die Qualität weiter zu verbessern und die Nutzungsmöglichkeiten der Ergebnisse zu erweitern.

Es wäre jedoch höchst bedauerlich, wenn sich alle Anstrengungen in der Durchführung von diesem einen Zensus erschöpften. Die letztendliche Zustimmung zum Paradigmenwechsel auch in der Wissenschaft hatte nicht zuletzt ihren Grund in der Erwartung, dass daraus Chancen für eine Erweiterung und Vertiefung der gesamten statistischen Infrastruktur erwachsen mögen.[41]

40 Bundesministerium des Innern (2007).

41 Grohmann (1999), S. 165f.

Das sollte vorrangig mit verstärkten Bemühungen im Meldewesen beginnen. Die zunehmende Vereinheitlichung der IT-Programme und die Zentralisierung der Melderegister sind bereits im Gange. Dies gilt auch für die Umsetzung der (eindeutigen) Steueridentifikationsnummer für jede natürliche Person, die vom Bundeszentralamt für Steuern vergeben und in den Melderegistern mitgeführt wird. Die Aktualität und Genauigkeit der Melderegister könnte dann schon rein verfahrenstechnisch gegenüber dem derzeitig noch nicht befriedigenden Zustand deutlich verbessert werden. Am Ende könnte ein zentral geregeltes Meldewesen stehen, zu dessen Aufgaben auch explizit die Statistiktauglichkeit gehört. Zensus und Fortschreibung würden dann stimmig zueinander passen.

Einen weiteren Fortschritt in der informationellen Infrastruktur könnte die im Zensus 2011 enthaltene Gebäude- und Wohnungszählung eröffnen. Ihre Ergebnisse rufen geradezu nach einer Fortschreibung. Vielleicht beginnen zunächst einzelne Städte damit. Manche haben ja bereits ein Gebäuderegister, das mit dem Zensus überprüft und aktualisiert werden könnte. Die demographischen, gesellschaftlichen und wirtschaftlichen Veränderungen unserer Zeit verlangen einfach danach, stets über aktuellere Daten verfügen und damit auch den Wandel selbst fortwährend beobachten und gestalten zu können.

Ein offensichtlicher Mangel des Zensus 2011 gegenüber den früheren deutschen Zensen der Nachkriegszeit ist das Fehlen einer Arbeitsstättenzählung. Das in der Entwicklung begriffene Unternehmensregister, das derzeit noch zu viele Schwachstellen hat, könnte in Zukunft zu einem weiteren fundamentalen Baustein im Zensusgefüge werden. Auch da läge dann eine Fortschreibung oder fortwährende Aktualisierung in der Natur der Sache.

Der größte Gewinn aber könnte aus dem Paradigmenwechsel erwachsen, wenn auf der Basis von (zunehmend verbesserten) Registern in Zukunft Zensusdaten häufiger als alle 10 Jahre ohne allzu großen Aufwand erzeugt werden könnten. Die derzeit noch vorhandenen psychologischen und rechtlichen Hemmnisse gegenüber einem permanenten Statistik-Register-System könnten angesichts der zunehmenden Gewöhnung von Öffentlichkeit und Politik an die Datenverarbeitung, Datensammlung und Datennutzung die Wege dafür öffnen. Dann hätten sich die einmalig jetzt angestellten Anstrengungen für den registergestützten Zensus 2011 auch auf Dauer gelohnt.

Literatur

Bartella, R. (1999), Position des Deutschen Städtetages zum Zensus 1987 und zum Zensus 2002. In: Grohmann, H., Sahner, H., Wiegert, R. (Hrsg.) (1999), Volkszählung 2001 – Von der traditionellen Volkszählung zum Registerzensus. In: Sonderheft 33 zum Allgemeinen Statistischen Archiv, Göttingen, S. 89ff.

Bihler, W. (2002), Das Stichprobenverfahren der Testerhebungen für einen registergestützten Zensus. In: Statistisches Bundesamt. In: Methodenberichte, Heft 2, Wiesbaden.

Bundesministerium des Innern (2006), Beschlussvorschlag, Anlage 1 zur Kabinettvorlage G I 3 – 142 262 – Bundesministerium des Innern: Pressemitteilung vom 29.8.2006.

Bundesministerium des Innern (2007), »Zensuskommission« der Bundesregierung ins Leben gerufen, Pressemitteilung vom 14.9.2007.

Bundesverfassungsgericht (2004), Urteil vom 15. Dezember 1983, BVerfGE 65.

Deutscher Städtetag (2007), Schreiben an das Bundesministerium des Innern vom 30.5.2007.

Entwurf eines Gesetzes über eine Volks-, Berufs- und Arbeitsstättenzählung (Volksszählungsgesetz 1981), Bundestagsdrucksache 8/2516 vom 16.1.1979.

Eppmann, H. (2004), Von der Volkszählung 1987 zum registergestützten Zensus 2010? In: Statistische Analysen und Studien NRW. Band 17.

Galler, H. P., Wagner, G. G. (1998), Empirische Forschung und wirtschaftspolitische Beratung. In: Galler, H. P., Wagner, G. G. (Hg.) (1998), Empirische Forschung und wirtschaftspolitische Beratung. Festschrift für Hans-Jürgen Krupp zum 65. Geburtstag, Frankfurt/New York, S. 17-44.

Gesetz über eine Volks-, Berufs- und Arbeitsstättenzählung (Volkszählungsgesetz 1970) vom 14. 4.1969 (BGBl I 1969 S. 292).

Gesetz über eine Volks-, Berufs-, Gebäude-, Wohnungs- und Arbeitsstättenzählung (Volkszählungsgesetz 1987) vom 8. November 1985 (BGBl I 1985 S. 2078).

Gesetz zur Vorbereitung eines registergestützten Zensus (Zensusvorbereitungsgesetz) vom 27. Juli 2001 (BGBl. I 2001 S. 1882).

Ginter, D. (2004), Zensustest – Ergebnisse der Gebäude- und Wohnungszählung. In: Wirtschaft und Statistik, Heft 11, S. 1256.

Grohmann, H. (1991), Volkszählung und Mikrozensus – Fundamente oder Ladenhüter der Demographie? In: VALET ..., Ansprachen und Vorträge anlässlich des 80. Geburtstages der emeritierten Universitäts-Professorin Dr. Dr. h.c. Esenwein-Rothe am Johannistag 1991, S. 15ff.

Grohmann, H. (1992), Einführung und Leitung der Podiumsdiskussion. In: Statistisches Bundesamt (Hrsg.), Volkszählung 2000 – oder was sonst?, Forum der Bundesstatistik. Band 21, Stuttgart, S. 7ff. und S. 225ff.

Grohmann, H. (1999), Beiträge »Zur Planung eines Zensus in Deutschland« und »Perspektiven einer weiterführenden Diskussion über einen Zensus in Deutschland« In: Grohmann, H., Sahner, H., Wiegert, R. (Hrsg.) (1999), S. 25ff.

Grohmann, H. (2000), Die Volkszählung im Wandel der Zeiten – Hat sie in Deutschland noch eine Zukunft? Dr. Karl Asemann zum 80. Geburtstag gewidmet. In: frankfurter statistische berichte 2/3´2000, hrsg. vom Bürgeramt, Statistik und Wahlen, Frankfurt am Main.

Grohmann, H., Sahner, H., Wiegert, R. (Hrsg.) (1999), Volkszählung 2001 – Von der traditionellen Volkszählung zum Registerzensus, Sonderheft 33 zum Allgemeinen Statistischen Archiv, Göttingen.

Heinzel, A. (2006), Volkszählung 2011: Deutschland bereitet sich auf einen registergestützten Zensus vor. In: Berliner Statistik 7/06, S. 321ff.

Klitzing, F. von, Osenberg, H. (1995), Haushaltsdaten aus dem Melderegister. In: Stadtforschung und Statistik, Heft 1, S. 13ff.

Michel, B. (2004), Ergebnisse der Mehrfachfallprüfung im Rahmen des Zensustests. In: Wirtschaft und Statistik, Heft 9, S. 979ff.

Scheuch, E. K. (1989), Argumentationsfeld Volkszählung '87 – Pro und Contra im Kontext soziologischer Aspekte. In: Statistisches Bundesamt (Hrsg.) (1989), Wie spricht der Staat mit seinen Bürgern?, Stuttgart, S. 37.

Scheuch, E. K., Graf, L., Kühnel, S. (1989), Volkszählung, Volkszählungsprotest und Bürgerverhalten – Ergebnisse der Begleituntersuchung zur Volkszählung 1987, Forum der Bundesstatistik, Band 12, Stuttgart.

Statistische Ämter des Bundes und der Länder (2004), Ergebnisse des Zensustests. In: Wirtschaft und Statistik, Heft 8, S. 813ff.

Statistisches Amt der Europäischen Gemeinschaft (1997), Leitlinien für die Volks- und Wohnungszählung 2001, verabschiedet durch den Ausschuss für das Statistische Programm auf der Sitzung am 26. und 27.11.1997 in Luxemburg.

Statistisches Bundesamt (Hrsg.) (1992), Volkszählung 2000 – oder was sonst?, Forum der Bundesstatistik. Band 21, Stuttgart.

Statistisches Bundesamt (1995), Künftige Zensen in Deutschland, Ergebnisse der Untersuchungen der Arbeitsgruppe »Künftige Zensen« zu Inhalt und Methode, Wiesbaden.

Statistisches Bundesamt (1998), Bericht der Arbeitsgruppe »Gemeinschaftsweiter Zensus 2001«, Wiesbaden.

Statistisches Bundesamt (1999), Bericht der Arbeitsgruppe »Testerhebungen zur Vorbereitung eines Zensus«, Wiesbaden.

Statistisches Bundesamt (2006), Hintergrundgespräch »Zensus 2010/2011« am 31.8.2006, Statement von Präsident Hahlen.

Verband Deutscher Städtestatistiker (o.J.), Die Volks-, Berufs-, Gebäude-, Wohnungs- und Arbeitsstättenzählung 1987 – Erfahrungsbericht der Städte, hrsg. im Auftrag des Deutschen Städtetages, München.

Verband Deutscher Städtestatistiker (2007), Stadtforschung und Statistik, Sonderausgabe »Wie viel Zensus braucht die Stadt?«, Zensus-Workshop der Städtestatistik am 22./23. Februar 2007 in Bonn.

Vorndran, I. (2004), Zensustest – Verfahren und Ergebnisse der Haushaltegenerierung. In: Wirtschaft und Statistik, Heft 11, S. 1245ff.

Wiegert, R. (1999), Einführung in die Diskussion um einen Zensus 2001 in Deutschland. In: Grohmann, H., Sahner, H., Wiegert, R. (Hrsg.) (1999), S. 9ff.

Würzberger, P., Wedel, E. (1988), Erste Ergebnisse der Volkszählung 1987. In: Wirtschaft und Statistik, Heft 12, S. 829ff.

Zahlreiche Beiträge zum registergestützten Zensus finden sich im Internet unter www.statistikportal.de/Statistik-Portal/Zensus/.

Der Mikrozensus – Beobachtungen zur Entwicklung und seiner Nutzung in der Wissenschaft

Walter Müller und Heike Wirth

Seit gut einem halben Jahrhundert wird in Deutschland Jahr für Jahr der Mikrozensus durchgeführt. Es gibt keine Datenbasis vergleichbaren Umfangs und Inhalts, die einen ähnlich langen historischen Zeitraum in der Geschichte der Bundesrepublik abdeckt. Mit seiner ersten Erhebung im Jahre 1957 erfolgten in der deutschen amtlichen Statistik wegweisende Schritte zu einer auf Stichproben basierenden kontinuierlichen Beobachtung und Berichterstattung über das Erwerbsleben und zahlreiche weitere Aspekte gesellschaftlicher Lebensbedingungen. Bei seiner Einführung hat wahrscheinlich niemand seine zukünftige Erfolgsgeschichte vorhergesehen. Von Anfang an wurde der Mikrozensus zu einem zentralen Kern der Bevölkerungs-, Sozial- und Erwerbsstatistik. Je mehr sich die Sozialstruktur in der Bevölkerungszusammensetzung, in den Erwerbsverhältnissen und in den Haushalts- und Familienstrukturen differenzierte und je schneller der soziale Wandel sich vollzog, umso unverzichtbarer wurde die in kurzen Abständen laufende Beobachtung der sozialen und ökonomischen Grundstrukturen des Landes. Für zahlreiche weitere amtliche und nichtamtliche Erhebungen erfüllt der Mikrozensus zudem sowohl als Auswahlgrundlage wie auch als Referenzgröße für Hochrechnungen, Stichprobengewichtungen und Stichprobenkontrollen wichtige Funktionen und er liefert Rahmeninformationen für Erhebungen, die sich nur auf Teile der Bevölkerung beziehen. Der Mikrozensus ist damit »in einem sehr allgemeinen Sinne eine multifunktionale Basiserhebung der amtlichen Statistik, nicht nur mit einem eigenständigen inhaltlichen Beitrag, sondern auch als Teil des gesamten sozio-ökonomischen Informationssystems« (Esser et al. 1989, S. 54). Diese im Gutachten »Mikrozensus im Wandel« vorgenommene Charakterisierung trifft nach wie vor zu.

In diesem Beitrag[1] beschreiben wir zunächst einige wichtige Etappen in der Entwicklung des Mikrozensus für die amtliche Statistik. Als Schwerpunkt des Beitrages diskutieren wir dann seine Nutzung in der sozial- und wirtschaftswissenschaftlichen Forschung und illustrieren anhand einiger neuerer Forschungsbeiträge sein besonderes Leistungsvermögen. Mit einigen Überlegungen zu seiner zukünftigen Weiterentwicklung werden wir den Beitrag beenden.

1 Einige Abschnitte des Textes wiederholen Formulierungen aus Wirth, Müller (2004).

1. Die Entwicklung des Mikrozensus innerhalb der amtlichen Statistik

Eingeführt wurde der Mikrozensus in Deutschland teilweise nach dem Vorbild ähnlicher Erhebungen in anderen Ländern und in der Folge einer Anregung der OEEC aus dem Jahre 1949. Sie hatte zur Erfüllung des Bedarfs nach vergleichbaren Informationen über Arbeitskräftepotenzial und Arbeitskräfteeinsatz ihren Mitgliedstaaten empfohlen, entsprechende Stichprobenerhebungen nach einheitlichen Definitionen und Standards durchzuführen. Für die deutsche Statistik war dies die erste groß angelegte, auf dem Prinzip der Zufallsstichprobe basierende Bevölkerungserhebung. Die Ausgestaltung und die darauf folgende frühe Entwicklung des Mikrozensus sind zusammengefasst in Esser et al. (1989) und Emmerling, Riede (1997) beschrieben. Wir möchten an dieser Stelle nur auf einige im Rückblick interessante Visionen eingehen, die die Erfinder des Mikrozensus hatten, und einige zentrale Entwicklungsschritte gerade auch aus der jüngsten Geschichte des Mikrozensus beschreiben. Sie illustrieren Kontinuität und Wandel des bislang wahrscheinlich größten Projektes bevölkerungs-, wirtschafts- und sozialwissenschaftlicher Datengenerierung in Deutschland.

In dem Beitrag »Der Mikrozensus als neues Instrument zur Erfassung sozialökonomischer Tatbestände«, mit dem der damalige Mikrozensusreferent Lothar Herberger den Mikrozensus in *Wirtschaft und Statistik* vorstellt, werden neben der bereits erwähnten Motivierung durch die OEEC und ILO unter anderem folgende Zwecke der neuen Erhebung genannt:

> »Die Schaffung eines laufenden deutschen Berichtswesens, in dem in regelmäßigen Abständen *schnell, billig und zuverlässig* (kursiv WM/HW) die wichtigsten Veränderungen der bevölkerungs- und erwerbsstatistischen Daten [...] ermittelt werden, soll die vieljährige Lücke zwischen jeweils zwei Volks- und Berufszählungen überbrücken und die Ergebnisse auf dem neuesten Stand halten. Außerdem kann im Hinblick auf den Mikrozensus zu einem 10jährigen Volkszählungsturnus übergegangen werden. Schon im Jahre 1955 wurde deshalb auf die Durchführung einer Volkszählung verzichtet.
>
> [...] Mit Hilfe der Mikrozensusorganisation kann ferner die Rationalisierung anderer Repräsentativbefragungen durchgeführt werden. Das kann entweder dadurch erreicht werden, dass diese Erhebungen auf dem Stichprobenplan und dem Adressenmaterial des Mikrozensus aufbauen oder dass sie nur die Erhebungsorganisation des Mikrozensus benutzen, wenn die Erhebungen nach einem anderen Stichprobenplan durchgeführt werden.
>
> [...] Ein im Rahmen des Mikrozensus einmal erfasster Haushalt wird in einem bestimmten Turnus mehrfach befragt werden. Dadurch gewinnt man nicht nur Daten über die Verteilung statistischer Merkmale in der Bevölkerung an einem bestimmten Stichtag, wie sie für einmalige Erhebungen, z.B. Volks- und Berufszählungen charakteristisch sind, sondern es können auch über einen gewissen Zeitraum hinweg Veränderungen bei einer Person oder einem Haushalt statistisch erfasst werden, z.B. Berufswechsel, Wohnsitzwechsel und so weiter.« (Herberger 1957, S. 209)

Interessant an diesen Textstellen ist die Hervorhebung des Mikrozensus als Komplement und teilweiser Ersatz von Volkszählungen, die in der unmittelbaren Nachkriegszeit offensichtlich noch als Erhebungen in einem Fünfjahreszyklus anvisiert waren. Dass nach 1950 bis heute tatsächlich insgesamt nur drei Volkszählungen (1961, 1970, 1987) durchgeführt wurden, ist wahrscheinlich unter anderem den umfassenden Daten des Mikrozensus zu danken. An mehreren Stellen verweist Herberger auch auf die Qualitätsverbesserungen, die im Mikrozensus im Vergleich zur Volkszählung durch Einsatz eines geschulten Interviewerstabes erzielt werden können. Von Anfang an wurde offensichtlich auch die instrumentelle Funktion des Mikrozensus im Gesamtgefüge des statistischen Systems richtig erkannt, methodisch als Basis für weitere Stichproben, aber auch organisatorisch im Sinne des Aufbaus einer flexibel einsetzbaren Erhebungsinfrastruktur. Schließlich ist auch der Verweis auf den Panelcharakter des Mikrozensus und das an mehreren Stellen betonte Potenzial dieser Eigenschaft bemerkenswert. Neben den oben angeführten Untersuchungsfragen wird darauf hingewiesen, die mehrmalige Befragung des gleichen Haushaltes ermögliche zum Beispiel auch Untersuchungen von »Problemen des Arbeitsplatzwechsels und Fragen der Aufnahme bzw. Aufgabe einer Erwerbstätigkeit in Abhängigkeit von bestimmten Merkmalen, die Sterblichkeit nach Berufen, die Mobilität in Abhängigkeit von erwerbsstatistischen Daten, fruchtbarkeitsstatistische Untersuchungen usw., [...] ohne dafür zusätzliche Fragen stellen zu müssen« (Herberger 1957, S. 210). Für Wissenschaftler und die Kooperation zwischen Wissenschaft und Statistik viel versprechend wird auch der im Prinzip richtige Hinweis gegeben, der Mikrozensus sei besser geeignet als andere damals verfügbare Daten,

> »den Rahmen (bench-marks) für soziologische Einzeluntersuchungen abzustecken. Gewicht und Bedeutung von Einzelergebnissen derartiger soziologischer Untersuchungen oder Enqueten für die heutige gesellschaftliche Wirklichkeit lassen sich auf dem Hintergrund einer so umfassenden Repräsentativstatistik [...] genauer abschätzen. In manchen Fällen werden sich auch die Ergebnisse von Einzeluntersuchungen durch diejenigen des Mikrozensus ergänzen und quantitativ fundieren lassen. Auf der anderen Seite könnten nun aber in einer interessanten Wechselwirkung soziologische Untersuchungen eine wertvolle qualitative Ergänzung der Mikrozensusergebnisse bringen. [...] Wenn man den soziologischen Einzeluntersuchungen dieselbe Adressenauswahl wie beim Mikrozensus oder eine Unterauswahl davon zugrunde legen könnte, dann ist die quantitative Fundierung optimal möglich. [...] Eine weitere Möglichkeit für die soziologische Forschung besteht darin, eine über den Rahmen der amtlichen Statistik hinausgehende Analyse des im Mikrozensus anfallenden, soziologisch relevanten Materials vorzunehmen, wobei allerdings dem Gesichtspunkt der Geheimhaltung Rechung getragen werden muß.« (Herberger 1957, S. 211-212)

»Wie wahr!«, mag man bei all dem und weiteren in diese Richtung gehenden Erörterungen nur beipflichten.

Von den eher bescheidenen Anfängen beim Datenkranz der ersten Erhebung ist der Mikrozensus im Laufe der Zeit zwar zu einem zunehmend mächtigeren

Instrument geworden. Er hat aber auch einzelne Rückschläge hinnehmen müssen. Zu den wichtigen Etappen in dieser Entwicklung gehören die schrittweise Erweiterung des Erhebungsprogramms über die erwerbs- und bevölkerungsstatistischen Basisvariablen hinaus hin zu einem mehrere wichtige Bereiche der Sozialstatistik bedienenden Datenkorpus. In den Jahren bis 1974 geschah dies vor allem durch fallweise Ergänzungen des Grundprogramms in Form von Zusatzerhebungen. Diese gaben dem Mikrozensus die Flexibilität, sozial relevante Sachverhalte (wie z.B. Einkommenslage, Angaben zur Aus- und Weiterbildung oder zu spezifischen Tätigkeitsmerkmalen) zunächst testweise zu erfassen, um sie später ins Grundprogramm aufzunehmen, aber auch um jeweils aktuelle Fragestellungen ergänzend zu untersuchen oder zu vertiefen. Beispiele von Themen in den rund 40 Zusatzbefragungen, die zugleich eine ausgesprochen progressive Ausrichtung des frühen Mikrozensus widerspiegeln, sind vertiefende Erhebungen zur Betreuungssituation von Kindern erwerbstätiger Mütter (1962) bzw. von erwerbs- und nichterwerbstätigen Mütter (1969), zum Erwerbsverhalten und zur beruflichen Mobilität von Frauen im Lebensverlauf (1966; 1974) oder den Ausbildungsabsichten der Eltern für ihre Kinder (1972). Eine herausgehobene Stellung nimmt die Zusatzbefragung zur beruflichen und sozialen Umschichtung der Bevölkerung von 1971 ein. Hier wurden durch Retrospektivfragen zum Verlauf insbesondere der beruflichen Lebenswege einmalig für die deutsche Statistik besonders reichhaltige Daten zur Entwicklung von sozialer Schichtung und Mobilität erhoben. Die Daten dieser Zusatzerhebung haben zu zahlreichen Publikationen in Statistik[2] und Wissenschaft geführt und werden selbst heute nicht selten erneut analysiert, wenn es um die Rekonstruktion der Sozialgeschichte der jungen Bundesrepublik geht (z.B. Handl, Herrmann 1994; Schimpl-Neimanns 2000).

In dieser frühen Phase des Mikrozensus wurden neben der 1%-Haupterhebung, die in der Regel stichtagsbezogen im Frühjahr stattfand, in den übrigen Quartalen eine 0,1% Vierteljahreserhebung durchgeführt, um Veränderungen in der Beschäftigungslage und deren saisonale Schwankungen zeitnaher zu erfassen. Nach der Einführung und Konsolidierung der Statistik der sozialversicherungspflichtig Beschäftigten wurde auf diese Vierteljahreserhebungen verzichtet. In der Zeit nach 1974 ist auch die Praxis von Zusatzerhebungen weitgehend ausgelaufen. Einzelkomponenten früherer Zusatzerhebungen wurden in das Grundprogramm des Mikrozensus aufgenommen, in der Regel jedoch nur in mehrjähriger Periodizität erhoben.

Einen gewissen Einschnitt auch in die Entwicklung des Mikrozensus haben vor allem in methodischer Hinsicht die Auseinandersetzung mit der Volkszählung 1984 bzw. 1987 und das in diesem Zusammenhang ergangene Urteil des Bundesverfassungsgerichts gebracht. Der Mikrozensus wurde in dieser Auseinanderset-

2 U.a. ist eine Serie von Aufsätzen von den die Untersuchung betreuenden Mitarbeitern in verschiedenen Ausgaben der Zeitschrift für Bevölkerungswissenschaft erschienen, vgl. u.a. Steiger, Tegtmeyer (1975) und Tegtmeyer (1976).

zung nicht nur für zwei Jahre ausgesetzt, er hat auch eine sehr intensive Diskussion seines Inhaltes und seiner Methoden erfahren. Vor allem wurde debattiert, ob die Beteiligung an der Erhebung für die Bürger weiterhin wie von Anfang an gesetzlich verordnete Pflicht bleiben oder freiwillig werden soll. Schließlich erhielt auf der Grundlage umfangreicher Untersuchungen und eines Gutachtens durch den Wissenschaftlichen Beirat für Mikrozensus und Volkszählung (Esser et al. 1989) ein Kompromiss Bestand. Danach besteht eine grundsätzliche Auskunftspflicht, der auch die Beantwortung der meisten Fragen unterliegt. Für eine Reihe von Fragen ist die Beteiligung aber freiwillig. Das Recht auf informationelle Selbstbestimmung ist gewiss ein hohes Gut. Dementsprechend ist bei der Datenerhebung der Grundsatz der Verhältnismäßigkeit zu wahren, insbesondere bei sensiblen Informationen. Vergleichende Mikrozensus-Analysen zeigen aber, dass der Umstieg von Auskunftspflicht auf Freiwilligkeit mit einer sinkenden Datenqualität einhergeht (Emmerling, Riede 1994; Riede, Emmerling 1994): Ein bei freiwilliger Auskunft deutlich erhöhter Item-Nonresponse führt zu Informationsverlust. Vor allem aber variieren die Ausfallquoten nach Befragungsart (mündlich versus schriftlich) sowie nach soziodemographischen und sozioökonomischen wie auch räumlichen Merkmalen, was mit oft nicht korrigierbaren systematischen Fehlern verbunden ist. Diese Befunde untermauern auf nachdrückliche Weise die früheren Ergebnisse des wissenschaftlichen Beirats. Nachdem Anfang der 1990er Jahre zunächst eine ganze Reihe von Fragen von Auskunftspflicht ausgenommen wurde, hatten diese Erkenntnisse zur Folge, dass zumindest die Fragen zur Aus- und Weiterbildung sukzessive wieder auskunftspflichtig geworden sind. Auch die Beantwortung anderer für die informationelle Grundstruktur wichtiger Fragen, wie z.B. das Einreisejahr von Ausländern oder Aussiedlern, wurde mit starker zeitlicher Verzögerung wieder von der Freiwilligkeit ausgenommen.

Neben der Freiwilligkeit wurden im Rahmen der Arbeiten des wissenschaftlichen Beirates für Mikrozensus und Volkszählung gemeinsam mit der amtlichen Statistik und teilweise unter Einbezug von Erfahrungen aus der kommerziellen Umfrageforschung praktisch über alle wichtigen Aspekte des methodischen Instrumentariums des Mikrozensus geforscht und nach Lösungen gesucht, die dem neuesten Stand der Methodenentwicklung und den Bedürfnissen der amtlichen Statistik gerecht wurden. Eine Reihe der dabei gewonnenen Erkenntnisse haben im Laufe der Zeit durch weitere Arbeiten der Statistischen Ämter zu Reformen des Mikrozensus geführt. Die Stichprobe des Mikrozensus wurde im Hinblick auf eine bessere Regionalisierbarkeit ihrer Ergebnisse optimiert. Der Erhebungsbogen des Mikrozensus, der in seinen Anfängen den Charakter eines amtlichen Datenerfassungsblatts hatte, wurde zu einem professionellen Fragebogen entwickelt. Beim Erhebungsmodus, der bis weit in die 1980er Jahre durch das persönliche Interview mit Papierfragebogen dominiert war, ist eine Hinwendung zu einem modernen Multi-Methodenmix-Ansatz zu beobachten: Mit Methodenexperimenten wurde der Übergang zu computerunterstützten Befragungsmodalitäten (CAPI) vorbereitet. Bei persönlichen Interviews ist der flächendeckende Einsatz von Laptops inzwischen die Regel, aber etwa ein Viertel der Haushalte beantwortet den Fragebogen gegenwärtig schriftlich, und den Befragten wird zum Teil auch die Möglichkeit des computergestützten Telefoninterviews geboten. Einen Meilenstein auf dem Weg zu einer modernen Datenverarbeitung stellt der Umstieg der Familiengenerierung dar – weg von einem manuellen und dementsprechend durchaus fehleranfälligen und sehr aufwändigen Verfahren hin zu einer automatischen und über alle Bundesländer hinweg standardisierten Familiensignierung – (Nöthen 2005). Auch wird inzwischen die Möglichkeit genutzt, Klartextangaben zu Beruf, Wirtschaftszweig und Hauptfachrichtung direkt bei Eingabe computergestützt mit einer Signiernummer zu versehen.

Diese in Hinblick auf die Datenqualität des Mikrozensus ganz erheblichen technischen Fortschritte bei der Datenerhebung und Datenaufbereitung sind von einer weit reichenden Zäsur im Erhebungsdesign begleitet. Im Jahre 2005 erfolgte der Übergang vom Konzept der festen Berichtswoche hin zur kontinuierlichen unterjährigen Erhebung. Die jährliche Momentaufnahme mit der Abhängigkeit der Ergebnisse von möglichen Sonderbedingungen der gewählten Berichtswoche wird durch Jahresdurchschnitte ersetzt. Mit der laufenden Erhebung kann die Unterschiedlichkeit der Bedingungen im Jahresverlauf in Grenzen in ihrem zeitlichen Verlauf über das Jahr analytisch dargestellt werden. Auch die Publikation von Ergebnissen kann zeitnaher erfolgen, nicht zuletzt durch die Publikation von Quartalsergebnissen. Bislang wurden im Mikrozensus Zusatzprogramme und Ergänzungsprogramme mit einem reduzierten Auswahlsatz (z.B. bei 45% der 1% Stichprobe) erhoben. Davon betroffen waren auch Merkmale der EU-Arbeitskräfteerhebung. Der intertemporale Vergleich zweier aufeinander folgender Quartale, deren Beobachtungseinheiten nicht überlappen, ist aber bei den pro Quartal befragten Stichprobengrößen mit einem vergleichsweise hohen Stichprobenfehler verbunden. Um den hohen Präzisionsanforderungen auch bei einer quartalsweisen Betrachtung gerecht zu werden, werden deshalb zwischenzeitlich, von wenigen Ausnahmen (z.B. ad-hoc Module) abgesehen, alle Merkmale des Mikrozensus mit einem Auswahlsatz von 1% erhoben.

Mit der Einführung des unterjährigen Erhebungsdesigns und der damit einhergehenden zeitlichen Entzerrung der Datenerhebung konnte auch der Interviewerstab verkleinert, kontinuierlicher beschäftigt und gleichzeitig stärker professionalisiert werden. Auch damit dürften positive Auswirkungen für die Datenqualität verbunden sein (Lotze, Breiholz 2000a, 2000b).

Weit in die Vergangenheit zurück reicht das Anliegen, das Potenzial des Mikrozensus für Längsschnittanalysen zu nutzen. Dieser in den Anfangszeiten des Mikrozensus von Herberger (1957) ursprünglich noch als Vision formulierte Gedanke und das später von verschiedenen Seiten wiederholt vorgetragene Begehren, wäre mit der Einführung der partiellen Rotation bereits Anfang der 1960er Jahre realisierbar gewesen. Allerdings blieb diese Chance zunächst weitgehend ungenutzt und wurde – als Folge der Volkszählungsdiskussion – zwischen den 1980er bis Mitte der 1990er Jahren sogar gesetzlich unterbunden. Erst der anhaltende Erfolg des von Hans-Jürgen Krupp 1984 ins Leben gerufenen sozioökonomischen Panel (SOEP) hat in jüngster Zeit zu einer konstruktiven Wendung geführt. Als Resultat eines umfangreichen, gemeinsam von Wissenschaft und amtlicher Statistik durchgeführten Forschungsprojekts (Statistisches Bundesamt 2006) kann die Paneleigenschaft des Mikrozensus seit kurzem genutzt werden. Dies schlägt sich bereits in entsprechenden wissenschaftlichen Publikationen nieder (z.B. Schimpl-Neimanns 2007; Kreyenfeld, Zühlke, Konold 2007). Schon jetzt zeichnet sich jedoch ab, dass das Prinzip der Flächenstichprobe beim Mikrozensus die Aussagekraft von vielen Analysen bemerkbar einschränkt. Deshalb werden Überlegungen zur Weiterverfolgung räumlich mobiler Haushalte und damit zur Umgestaltung des Mikrozensus in eine methodisch einwandfreie Panelerhebung in den nächsten Jahren sicherlich verstärkt in den Vordergrund rücken.

Auch in der inhaltlichen Ausgestaltung des Mikrozensus-Frageprogramms sind in jüngster Zeit qualitative Fortschritte zu verzeichnen. Ab dem Erhebungsjahr 2005 erfolgte eine weitere Harmonisierung mit den Konventionen der EU-Arbeitskräftestichprobe. Dieses wird europaweite Vergleiche erheblich erleichtern. Damit und mit der unterjährigen Erhebung können seit Anfang 2007 die Mikrozensusdaten auch als Quelle der monatlichen ILO-Arbeitsmarktstatistik zur Erwerbslosigkeit herangezogen werden. Eine ganz wesentliche Bereicherung für das familiensoziologische und -demografische Analysepotenzial der Daten stellt die veränderte Erfassung des Beziehungsgefüges innerhalb der Haushalte dar. Während bis vor kurzem nur die Beziehung der einzelnen Haushaltsmitglieder zu einer so genannten Haushaltsbezugsperson abgebildet wurde, werden zwischenzeitlich auch die ehelichen und nichtehelichen Paarbeziehungen wie auch die Eltern-Kind-Beziehungen innerhalb eines Haushalts explizit erfragt. Auch für die Migrationsforschung haben sich die Analysemöglichkeiten qualitativ deutlich verbessert, da im Zeitverlauf sukzessive ganz zentrale Informationen zum Migrationshintergrund, wie etwa doppelte Staatsbürgerschaft, ehemalige Staatsangehörigkeit, Zuzugs- und Einbürgersjahr in das Mikrozensusfrageprogramm neu aufgenommen oder – falls schon integriert – mit Auskunftspflicht belegt wurden. Leider wurden im Gegenzug andere, für die Analyse des Migrationshintergrunds scheinbar weniger interessante Informationen, wie z.B. das Eheschließungsjahr aus dem Frageprogramm herausgenommen. Damit ist nun jedoch z.B. die Analyse von Heiratsmigration nicht mehr möglich (Schroedter, Kalter 2008).

War schon die Initialzündung für den Mikrozensus teilweise mit dem Anliegen international vergleichbarer Daten verbunden, so hat diese Funktion im Laufe der Zeit zunehmend größere Bedeutung gewonnen. War anfänglich die Verwendung internationaler Konzepte auf wenige Variablen der Erwerbsstatistik begrenzt, so ist die internationale Standardisierung vor allem durch die Verbindung des Mikrozensus mit der zunehmend vielfältigere Dimensionen umfassenden EU-Arbeitskräftestatistik gewachsen. Die Tragweite der internationalen Vergleichbarkeit hat natürlich auch durch die sukzessive Erweiterung und Vertiefung des

EU-Prozesses enorm gewonnen. Bezog sich der europäische Vergleich anfänglich auf die ersten sechs Mitgliedsländer, so werden über die in den Mikrozensus integrierte EU-Arbeitskräfteerhebung heute die deutschen Daten in einem statistischen Verbund von 26 EU-Mitgliedstaaten und einigen weiteren Ländern harmonisiert, die in ihrer Statistik den Absprachen dieses Verbundes folgen. Wenn auch die Qualität der Datenharmonisierung und die vergleichende Interpretation von Befunden noch in mancher Hinsicht steigerungsfähig sind,[3] so sind hier für die international vergleichende Statistik und Sozialforschung die Grundlagen für einen Quantensprung geschaffen worden.

2. *Nutzung in der sozial- und wirtschaftswissenschaftlichen Forschung Etappen und Typen*

In den Sozial- und Wirtschaftswissenschaften begann die Nutzung des Mikrozensus schon kurz nach der ersten Erhebung im Jahre 1957. In der Soziologie flossen erste Ergebnisse aus dem Mikrozensus in die damaligen Darstellungen und Lehrbücher zur Sozialstruktur der Bundesrepublik ein (Bolte, Aschenbrenner 1964; Bolte, Kappe 1964; Claessens, Klönne, Tschoepe 1965). Sie betrafen allerdings nur wenige Grunddaten zur Bevölkerungs- und Erwerbsstruktur, die aus entsprechenden Tabellen in den Statistischen Jahrbüchern und einzelnen Beiträgen in »Wirtschaft und Statistik« mehr oder weniger unbearbeitet übernommen wurden. Ab den 70er Jahren haben dann vor allem die Soziale Indikatoren-Bewegung und die Interessen einer wissenschaftsbasierten Sozialberichterstattung den großen Nutzen der regelmäßig erhobenen Großstichproben der amtlichen Statistik erkennen lassen. Die relative Robustheit dieser Daten, ihr jährlicher Erhebungszyklus und die langfristige Verfügbarkeit machten sie zu einer sehr wertvollen Datengrundlage für die in der kontinuierlichen Sozialberichterstattung angestrebte Beobachtung des sozialen Wandels. Mikrozensusergebnisse wurden wichtige Bestandteile in den systematisch aufgebauten und aufeinander abgestimmten Konzeptionen von sozialen Indikatoren zur Messung der unterschiedlichen Dimensionen von Lebensbedingungen (vgl. dazu Zapf 1977; Noll 1997). Diese Indikatoren konnten teilweise aus den von den Statistischen Ämtern veröffentlichten Tabellen berechnet werden, teilweise basierten sie auf entsprechenden Sonderauswertungen durch die Statistischen Ämter. Neu an dieser Nutzung war die Integration in umfassend angelegte Konzepte der Gesellschaftsbeobachtung und ihre kontinuierliche Fortschreibung in langen Reihen, die seit einiger Zeit

3 Ein kleiner Schritt in diese Richtung, von welchem sowohl die amtliche Statistik wie auch die Nutzer dieser Daten erheblich profitieren könnten, würde etwa darin bestehen, nicht nur die bereits harmonisierten EU-Merkmale verfügbar zu machen, sondern auch die relevanten Metadaten allgemein zugänglich zu machen, etwa die der Harmonisierung zugrundeliegenden Variablen mit dem jeweiligen Fragetext.

auch computerlesbar zur weiteren Verarbeitung zur Verfügung stehen (Noll 1995).

Mit der Verbreitung multivariater Analyseverfahren in der empirischen Sozialforschung wie auch mit den stetigen Verbesserungen der technischen Möglichkeiten nahm seit den 1970er Jahren der Bedarf zu, amtliche Daten für tiefer gehende wissenschaftliche Analysen sozialer oder ökonomischer Sachverhalte zu nutzen. In den Sozial- und Wirtschaftswissenschaften wuchs das Interesse, diese Daten vergleichbar zu den in wissenschaftlichen Institutionen generierten Daten als Mikrodaten mit Bezug zu gebräuchlichen theoretischen Konzepten dieser Disziplinen zu analysieren oder zur Prüfung von entsprechenden Theorien zu nutzen. In der empirisch orientierten Wirtschafts- und Sozialpolitikforschung fiel dies auch mit dem Bestreben zusammen, über Mikrodatensimulationen ökonomische und soziale Auswirkungen von politischen Entscheidungen transparenter zu machen, um so diese Entscheidungsprozesse auf eine rationalere Grundlage zu stellen (Krupp 1968, 2002). Ein bedeutender Akteur in dieser Phase der Erschließung amtlicher Mikrodaten für die Forschung war die sozialpolitische Forschergruppe Frankfurt/Mannheim (Krupp, Zapf 1977). Ökonomen und Soziologen entwickelten gemeinsam auf Basis von Daten des Mikrozensus und der Einkommens- und Verbrauchsstichprobe ein Sozialpolitisches Indikatoren- und Entscheidungssystem (SPES) für die Untersuchung des sozialstrukturellen Wandels in Deutschland (Brennecke 1975; Galler, Steger 1978; Kortmann 1978; Klanberg 1978; Helberger 1982). Eine andere Projektgruppe konzentrierte sich auf die Analyse der Mikrozensus-Zusatzbefragung von 1971, die mit ihrem detaillierten Erhebungsprogramm zur sozialen Herkunft und zum beruflichen Werdegang der Befragten einzigartige Möglichkeiten für die Analyse der »berufliche[n] und soziale[n] Umschichtung der Bevölkerung« in Folge des zweiten Weltkrieges und in den Nachkriegsjahrzehnten bot (Handl et al. 1977). Eine Vielzahl von Publikationen dokumentiert die Fruchtbarkeit dieser Daten für die wissenschaftliche Analyse des sozialstrukturellen Wandels (vgl. z.B. Mayer 1977, 1978; Blossfeld 1983; Handl 1977, 1988; Müller, Willms, Handl 1983). Diese Innovationsphase war dadurch gekennzeichnet, dass die für die Forschung benötigten Mikrodaten von der amtlichen Statistik nahezu kostenfrei in einer für die wissenschaftliche Nutzung geeigneten Weise zur Verfügung gestellt wurden.

Schon die Anschlussprojekte – der Sonderforschungsbereich 3 »Mikroanalytische Grundlagen der Gesellschaftspolitik« (1979-1990) und das VASMA-Projekt (Vergleichende Analysen der Sozialstruktur mit Massendaten, 1979-1984) – fanden hinsichtlich des Datenzugangs erheblich ungünstigere Randbedingungen vor. Infolge der Ende der 1970er Jahre einsetzenden Datenschutzdiskussion sah sich der Gesetzgeber veranlasst, den Zugang zu amtlichen Mikrodaten stärker zu reglementieren. Das Bundesstatistikgesetz von 1980 erlaubte die Weitergabe von Einzelangaben nur noch unter der Bedingung, dass die Möglichkeit einer Reidentifikation absolut ausgeschlossen war. In der Folge wurden die weitergegebenen Daten teilweise bis zur Unbrauchbarkeit anonymisiert, und die 1980er Jahre führten zu einem erheblichen Rückschritt hinter bereits Erreichtes. In mehreren Konferenzen und Beiträgen war der defizitäre Datenzugang Thema kontroverser Diskussionen zwischen Wissenschaftlern und Vertretern der amtlichen Statistik (Kaase et al. 1980; Müller, Hauser 1987; Statistisches Bundesamt 1985; Statistisches Bundesamt 1987). Mit der Novellierung des Bundesstatistikgesetzes 1987 wurde dann das bei der Übermittlung von Mikrodaten generell geltende Prinzip der »absoluten Anonymität« für den Fall der wissenschaftlichen Nutzung durch das Prinzip der »faktischen Anonymität« ergänzt. In einem vom Bundesministerium für Bildung und Forschung finanzierten Projekt wurden empirisch fundierte Empfehlungen für die Umsetzung der faktischen Anonymisierung und Anonymisierungsmaßnahmen erarbeitet, die spezifischen Risikokonstellationen bei möglichst schonendem Eingriff in das Analysepotenzial der Daten gezielt entgegenwirken (Müller et al. 1991). Das Bundesministerium für Bildung und Forschung hat in der Folge die Datenbereitstellungskosten für mehrere Scientific Use Files des Mikrozensus zentral finanziert und damit die Grundlage geschaffen, diese Daten der Wissenschaft zu einem erschwinglichen Unkostenbeitrag zur Verfügung zu stellen. Mit den Arbeiten der »Kommission zur Verbesserung der informationellen Infrastruktur zwischen Wissenschaft und Statistik« (KVI) und mit der Umsetzung ihrer Empfehlungen wurden diese langen Bemühungen auf ein stabiles Fundament gestellt. Der Erfolg zeigt sich in der sprunghaft angestiegenen Nutzung von Scientific Use Files durch die empirische Sozial- und Wirtschaftsforschung. Allein mit dem Scientific Use File des Mikrozensus arbeiten gegenwärtig rund 170 Institute (Lüttinger et al. 2007). Durch die Etablierung von Forschungsdatenzentren wurde der Datenzugang weiter verbessert. Unter den speziellen Schutzvorkehrungen dieser Zentren können Wissenschaftler auch weniger weitgehend anonymisierte Daten nutzen.

Schwächen und Stärken

Die Nutzung von amtlichen Mikrodaten durch die empirische Sozialforschung ist ein typisches Beispiel für Sekundäranalysen. Sekundäranalysen leiden generell darunter, dass die Daten den Anforderungen der jeweiligen Fragestellung nicht immer optimal entsprechen. Öfter werden in solchen Analysen Daten mit unbefriedigenden Proxylösungen auch für Untersuchungsvorhaben genutzt, die von den Primärerhebern nicht oder nur am Rande angedacht waren (Hyman 1972; Hakim 2000; Kiecolt, Nathan 1985; Diekmann 1998). Solche generellen mit Sekundäranalysen verbundenen Einschränkungen gelten natürlich auch für den Mikrozensus. Bei ihm kommt wie bei anderen amtlichen Daten hinzu, dass die Abbildung der sozialen Realität teilweise durch die Ordnungsperspektive administrativ und legal definierter Sachverhalte geprägt ist (was für bestimmte Fragestellungen allerdings auch von besonderem Interesse sein kann). Praktisch zwangsläufig unterliegen deshalb wissenschaftliche Analysen auch von Daten des Mikrozensus engeren inhaltlichen Grenzen als Analysen von Daten, die Wissenschaftler selbst gezielt für spezifische Forschungsfragen primär erheben. Stärken von Sekundäranalysen sind nicht nur ihre ökonomische Effizienz – sie sparen Erhebungskosten und schonen die Befragten. Sekundäranalysen gerade auch amtlicher Daten sind ein Kernelement für die Erfüllung der zentralen wissenschaftlichen Norm der Kritikoffenheit und der intersubjektiven Nachprüfbarkeit von Aussagen. Oft kann nur durch die Reanalyse von Daten die Robustheit von Befunden überprüft oder zwischen unterschiedlichen Interpretationen entschieden werden.[4]

Abgesehen davon, vereint der Mikrozensus mehrere Vorzüge der amtlichen Statistik, die ihn auch für die sozial- und wirtschaftswissenschaftliche Forschung in besonderer Weise nützlich machen. Er hat *erstens* einen sehr großen Stichprobenumfang, der den sozialwissenschaftlicher Daten typischerweise um ein Vielfaches übersteigt. Damit weisen seine Daten einen geringen Stichprobenfehler auf, was in mehrfacher Hinsicht vorteilhaft ist. Auch für spezielle Bevölkerungsgruppen wie Migranten, Alleinerziehende, nichteheliche Lebensgemeinschaften, Geringqualifizierte, geringfügig Beschäftigte, Selbstständige oder einzelne Berufsgruppen werden relativ präzise Anteilsschätzungen erzielt. Dies ist vor allem dann von Bedeutung, wenn das Forschungsinteresse auf praxisorientierte Fragestellungen gerichtet ist, wie etwa die Abschätzung der Kosten einer auf eine bestimmte Gruppe abzielenden sozialpolitischen Maßnahme.[5] Ein niedriger Stichprobenfehler ist auch für die Analyse von Veränderungen im Zeitverlauf wichtig. Die Identifizierung von Trends setzt voraus, dass der Stichprobenfehler kleiner ist als die Veränderung selbst. Insbesondere wenn Veränderungen über kurze Zeitintervalle interessieren (wie etwa die Entwicklung der Arbeitslosigkeit), stößt man bei sozialwissenschaftlichen Erhebungen nicht selten an Grenzen, da die Stichprobenschwankungen die erwartbaren realen Veränderungen häufig um ein Vielfaches übertreffen. Auch für die Beobachtung von sich eher langsam entwickelnden Trends des sozialstrukturellen Wandels und vor allem, wenn solche bei kleinen Bevölkerungsgruppen erkannt werden sollen, sind die regelmäßig erhobenen Daten des Mikrozensus unverzichtbar.

Die großen Fallzahlen sind auch bei Untersuchungen hilfreich, bei denen *Hypothesen* zu spezifische Teilpopulationen *überprüft* werden sollen. Es muss weniger stark aggregiert werden als bei sozialwissenschaftlichen Daten. Analysen können differenziert etwa zur sozialen Selektivität im Weiterbildungsverhal-

4 Da amtliche Daten primär für politisch-administrative Zwecke erhoben werden, dabei eine wesentliche Informationsgrundlage für politische Entscheidungen bilden und einzelnen Befunden eine weit reichende gesellschaftliche Bedeutung zukommen kann, ist es bei ihnen besonders wichtig, sie mit verschiedenen Methoden und unter verschiedenen theoretischen Perspektiven zu reanalysieren und konkurrierenden Ansätzen auszusetzen (Wagner 2000).

5 Ein Beispiel hierfür wäre die Frage, welche Folgen die Einführung der Pflegeversicherung Mitte der 1990er Jahre auf die quantitative Entwicklung der Pflegeberufe hatte (Voges 2002).

ten von Erwerbstätigen (Hubert, Wolf 2007) oder zum Bildungs- und Erwerbsverhalten unterschiedlicher ethnischer Gruppen erfolgen (Alba et al. 1994; Baumann 1999; Granato, Kalter 2001). Gruppenspezifisch differenzierte Analysen sind vor allem wiederum dann sehr wichtig, wenn sie auf gesellschaftspolitisches Handeln ausgerichtet sind. So haben etwa Fitzenberger und Speckesser (2000) darauf hingewiesen, dass man bei der Evaluation arbeitsmarktpolitischer Maßnahmen an großen (amtlichen) Datenbasen nicht umhin kommt, weil sonst wegen geringer Fallzahlen heterogene Maßnahmen aggregiert betrachtet und nicht hinreichend spezifisch beurteilt werden können.

Die gesetzliche Teilnahmepflicht hält *zweitens* die Nichtbeteiligungsquoten niedrig. Wenngleich kein deterministischer Zusammenhang zwischen der Höhe der Ausschöpfungsquote und dem Ausmaß der systematischen Stichprobenverzerrungen besteht, nimmt das Risiko eines systematischen Bias mit sinkenden Ausschöpfungsquoten zu (Esser et al. 1989; Goyder 1987; Schnell 1997). Der Mikrozensus mit seinen nach wie vor hohen Ausschöpfungsquoten wird deshalb häufig als Referenzstatistik herangezogen, um die Qualität der sozialwissenschaftlichen Stichprobenerhebungen zu überprüfen, deren Ausschöpfungsquoten inzwischen auf ein Niveau zwischen 50 und 60 Prozent gesunken sind. Auf Basis von vergleichbar verfügbaren soziodemografischen Grundmerkmalen wie Alter, Geschlecht, Bildungsabschluss, Erwerbsstatus und Familienstand lässt sich überprüfen, ob und welche Bevölkerungsgruppen in den Stichproben in systematischer Weise unter- oder überrepräsentiert sind (Hartmann, Schimpl-Neimanns 1992; Koch 1997, 1998). So nutzen die Allgemeine Bevölkerungsumfrage für die Sozialwissenschaften (ALLBUS) oder das Sozio-Ökonomische Panel (SOEP) routinemäßig den Mikrozensus für solche Verteilungs-Überprüfungen. Inwieweit sich eine systematische Unterrepräsentation spezifischer Gruppen bspw. von Geringqualifizierten oder Singles auf die Schätzung von *Zusammenhängen* auswirkt, ist bislang leider kaum untersucht.

Der Mikrozensus bildet *drittens* zumindest in Teilen den sozialen Kontext der individuellen Akteure ab, da jeweils Daten für alle im Haushalt lebenden Personen erhoben werden. Durch die Klumpeneigenschaft der Mikrozensusstichprobe sind zudem äquivalente Daten über das nahräumliche nachbarschaftliche Umfeld verfügbar, da alle Haushalte, die in einem räumlich definierten Auswahlbezirk leben, in die Erhebung einbezogen werden. Diese Eigenschaft wird z.B. in einer neueren Studie von Janßen und Schroedter (2007) genutzt, um das Ausmaß von ethnischer und sozialer Segregation auf Ebene von Nachbarschaften zu untersuchen.

Die Mikrozensus-Erhebungen weisen *viertens* eine hohe Kontinuität auf. Erst die regelmäßige Periodizität des Mikrozensus mit einem weitgehend identischen oder allenfalls geringfügig veränderten Frageprogramm macht Untersuchungen des sozialen und wirtschaftlichen Wandels möglich. Seine Daten sind eine der wenigen Quellen, um zentrale sozialstrukturelle Trends wie etwa den Wandel in den Berufs-, Wirtschafts- und Arbeitsmarktstrukturen, die Integration von Frauen in die Arbeitswelt oder die Veränderungen in den Haushalts- und Familienstrukturen für sehr lange Zeitreihen zu analysieren (vgl. z.B. Haller, Müller 1983; Müller et al. 1983; Willms-Herget 1985; Stockmann 1986; Handl 1988). Ein aktuelles Beispiel hierfür ist die Untersuchung von Lengerer und Klein (2007) zum strukturellen Wandel von partnerschaftlichen Lebensformen, in welcher eine Zeitspanne von über 40 Jahren betrachtet wird.

Und schließlich beruhen *fünftens*, wie schon betont, eine Reihe der im Mikrozensus genutzten Konzepte auf internationalen Standards (Hahlen 2002). Wenngleich hierdurch auch nicht alle Probleme der komparativen Forschung gelöst sind, verbessern diese Standards doch in mancher Hinsicht die Chancen sinnvoller Vergleiche (Hoffmeyer-Zlotnik, Wolf 2003).

Deshalb kommt dem Mikrozensus auch für die international vergleichende Forschung eine nicht zu unterschätzende Bedeutung zu, da in der empirischen Sozialforschung bislang Datenbasen fehlen, die mit ähnlicher Periodizität, Vergleichbarkeit und ähnlichem Stichprobenumfang einen umfangreichen Kanon an sozialstrukturellen Merkmalen in einer Vielzahl von Ländern erheben. So verwenden etwa Machin und Puhani (2003) die Arbeitskräfteerhebungen von Großbritannien und Deutschland, um geschlechtsspezifische Einkommensunterschiede von Akademikern in Abhängigkeit vom Studienfach zu untersuchen. Ein wesentlicher Befund dieser Studie ist, dass in beiden Ländern der relative Einkommensvorsprung von Männern vorwiegend durch ihre erheblich stärkere Konzentration auf naturwissenschaftliche oder technisch orientierte Studienabschlüsse bedingt ist, wobei dieser Effekt in England stärker ausgeprägt ist als in Deutschland. Andere international vergleichende Studien, die Daten der europäischen Arbeitskräfteerhebung nutzen, untersuchen z.B. den Zusammenhang zwischen Bildungsqualifikation und Erwerbsposition bzw. Arbeitsmarktlage oder wie und warum die Integration von Ausbildungsabsolventen in das Erwerbssystem zwischen den verschiedenen Ländern Europas variiert (DiPrete et al. 1997; Marry et al. 1998; Brauns et al. 1999; Müller et al. 2002; Brauns et al. 2003; Müller, Gangl 2003; Schettkat 2003; Kogan, Müller 2003).

Einige Beispiele aus der Vielfalt der Mikrozensus-Forschung

Welche dieser Stärken des Mikrozensus werden in der sozial- und wirtschaftswissenschaftlichen Forschung besonders genutzt, seit der Mikrozensus als Scientific Use File zur Verfügung steht? Nach einer Durchsicht der bislang auf Basis von Mikrozensen durchgeführten Studien (Schimpl-Neimanns 1998, 2002) wird der Mikrozensus vor allem für die Untersuchung von Fragestellungen herangezogen, bei welchen ein großer Stichprobenumfang hilfreich ist. Die Daten werden vorwiegend für Untersuchungen kleiner Bevölkerungspopulationen genutzt, die bei sozialwissenschaftlichen Daten oftmals an zu geringen Fallzahlen scheitern, ob es sich nun um atypische Beschäftigungsformen (Groß 2001), Selbstständige (Jungbauer-Gans 1999; Pfeiffer 1999b), Migranten (Baumann 1999; Granato

2003; Kalter et al. 2007), differenzierte Bildungsgruppen (Schimpl-Neimanns 2000), nichteheliche Geburten (Konietzka, Kreyenfeld 2001) oder spezifische Berufsgruppen (Voges 2002) handelt.

In beispielhafter Weise belegt eine neue Arbeit von Kalter, Granato und Kristen (2007) den Gewinn, den man aus der großen Stichprobe des Mikrozensus und seiner regelmäßigen Replikation zum Verständnis wichtiger sozialer und gesellschaftspolitischer Probleme ziehen kann. Die Studie untersucht die Grundmechanismen der andauernden ethnischen Ungleichheit auf dem deutschen Arbeitsmarkt und prüft zugleich, ob sich einzelne Wirkungsgrößen im Verlauf der letzten 20 Jahre in Richtung einer strukturellen Assimilation der Zuwanderer verändert haben. Strukturelle Assimilation meint eine allmähliche Annäherung der Struktur der Erwerbspositionen von Migranten an die Positionsstruktur der einheimischen Bevölkerung. Ausgangspunkt ist der bekannte Sachverhalt, dass einzelne Zuwanderergruppen zu weit überproportionalen Anteilen die ökonomisch am wenigsten günstigen und am weitaus stärksten von Arbeitslosigkeitsrisiken betroffenen Positionen von ungelernten Arbeitern einnehmen. Zentrale Faktoren für diese ungünstige Stellung waren bei den Migranten der ersten Generation die selektive Anwerbung und Zuwanderung von gering qualifizierten Arbeitskräften für entsprechende Positionen auf dem Arbeitsmarkt, für die es eine große Nachfrage gab. Hinzu kam eine mit der Migration oft verbundene partielle Entwertung von im Herkunftsland erworbenem Humankapital, das auf dem deutschen Arbeitsmarkt nicht vollständig zur Geltung kommen konnte. Diese Bedingungen treffen für die zweite Generation der (entweder in Deutschland geborenen oder vor dem siebten Lebensjahr nach Deutschland zugezogenen) Migranten nicht mehr zu. Die für den Arbeitsmarkt relevanten schulischen und beruflichen Qualifikationen wurden in Deutschland erworben. Der Bedarf an niedrig qualifizierten Arbeitskräften ist rapide zurückgegangen.

Die Forschungsfrage betrifft nun die spezifischen Gründe für die auch bei der zweiten Generation bestehenden ungünstigen Arbeitsmarktpositionen, wie sie in Schaubild 1 für den Nachwuchs von Migranten aus 6 Herkunftsländern (Griechenland, Italien, Ex-Jugoslawien, Portugal und Spanien (Iberien) sowie der Türkei) zum Ausdruck kommen. Dieses Schaubild zeigt nach dem Mikrozensus der einzelnen Jahre, um wie viel niedriger für die einzelnen Zuwanderergruppen im Vergleich zu einheimischen deutschen Arbeitskräften die Chancen sind, eine Angestelltenposition innezuhaben und nicht Arbeiter zu sein. Im Jahre 1989 waren diese Chancen einer Angestelltenposition bei der zweiten Generation von Zuwanderern aus der Türkei nur 0,18-mal so groß wie die entsprechenden Chancen der Deutschen, die in jedem Jahr die mit dem Wert 1,0 standardisierte Referenzpopulation bilden. Oder anders formuliert: Die zweite Generation von Zuwanderern aus der Türkei hatte eine 5,5-mal geringere Chance einen Angestelltenberuf zu haben als alters- und geschlechtsgleiche Einheimische. Bis zum Jahre 2004 hat sich dieser Rückstand auf das ca. 3,5 (odds-ratio-Werte von etwas unter 0,3) verringert. Das ist noch ein massiver Unterschied, aber selbst für die

Nachkommen der früheren Zuwanderer aus der Türkei, die mit Abstand die ungünstigsten Positionen einnahmen und nach wie vor einnehmen, vollzieht sich langsam strukturelle Assimilation an die deutsche Bevölkerung. Für die übrigen Zuwanderergruppen war die ungünstige Lage auf dem Arbeitsmarkt etwas weniger ausgeprägt (mit der anfänglichen Ausnahme bei den Griechen), und die strukturelle Assimilation vollzieht sich etwas schneller. Der teilweise sprunghafte Verlauf der einzelnen Kurven ist höchst wahrscheinlich der selbst beim Mikrozensus begrenzten Fallzahlen für die einzelnen Zuwanderergruppen geschuldet und wird dadurch verschärft, dass die Scientific Use Files nur 70% der Fälle der Mikrozensusstichprobe enthalten. Die jährliche Zeitreihe der Daten erlaubt aber die Berechnung systematischer Trends, die von Stichproben- und anderen Messfehlern bereinigt sind, und diese Trends zeigen klare Entwicklungen in Richtung struktureller Assimilation.

Schaubild 1:
Trends struktureller Assimilation in der zweiten Generation von Zuwanderern: Chancenverhältnis (odds ratio) im Zugang zu Angestelltenpositionen bei Zuwanderern im Vergleich zu Einheimischen

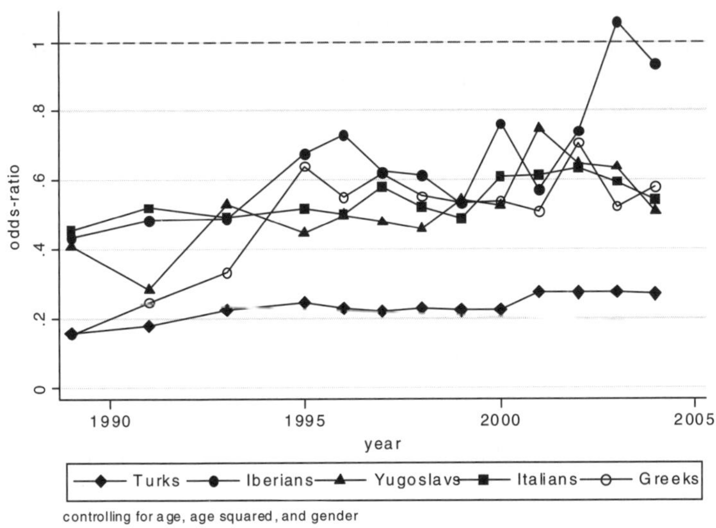

Quelle: Kalter, Granato, Kristen (2007, S. 219)

Die Befunde in Schaubild 1 zeigen die tatsächlich existierenden Disparitäten zwischen Einheimischen und einzelnen Zuwanderergruppen von lohnabhängig Beschäftigten gleichen Alters und Geschlechts in der Verteilung auf Positionen von Arbeitern und Angestellten. Aber wie kommen diese Unterschiede zustande und welches sind die Triebfedern der Assimilation? Auch hierzu ermöglichen die Analysen des Mikrozensus von Kalter, Granato und Kristen (2007) in der Jahr-für-Jahr-Entwicklung differenzierte Antworten, die hier nur noch summarisch wiedergegeben werden können. Zunächst ist natürlich zu erwarten, dass der ungleiche Erwerb von Bildung der wichtigste Faktor für die resultierenden Disparitäten auf dem Arbeitsmarkt ist. Tatsächlich verschieben sich die Kurven in Schaubild 1 weit an die Referenzlinie der Deutschen (beim Wert 1) heran, wenn man für Bildung kontrolliert. Für die jüngsten Jahre sind dann mit Ausnahme der Türken keine signifikanten Unterschiede zwischen Deutschen und der zweiten Generation von Zuwanderern mehr zu beobachten. Mit Ausnahme der türkischen zweiten Generation ist also das Meiste eine Frage ungleicher Bildung. Darüber hinaus sind praktisch keine Unterschiede beobachtbar, die auf »Diskriminierung« schließen ließen. Und dies zeigt, wie essentiell Bildung für die Integration ist. Aber auch für die türkische zweite Generation verschiebt sich die Kurve bei Kontrolle von Bildung auf das Niveau von ca. 0,6. Für diese Gruppe – und nur für diese – bleiben also auch bei gleicher Bildung Disparitäten, die auf andere Mechanismen zurückzuführen sind.

Eine Übersicht der komplexen Struktur der Zusammenhänge und deren Entwicklung in der Zeit gibt Schaubild 2. Die Stärke der Pfeile zwischen den einzelnen Messgrößen verdeutlicht die Stärke der Zusammenhänge, wie sie aus multivariaten Analysen der Mikrozensusdaten resultieren. Die kleinen nach oben oder unten weisenden Pfeile zeigen, ob im Zeitverlauf die entsprechenden Abhängigkeiten zu- oder abgenommen haben. Die zentralen Vermittlungsmechanismen für Kinder von Einheimischen und Zuwanderer sind die gleichen: Für beide hängt das erreichte Ausbildungsniveau (*E*ducation) zentral von den sozio-ökonomischen Bedingungen im Elternhaus (*O*rigin) ab, und die Bildung prägt dann im Wesentlichen die erreichbare berufliche Position. Die ungleichen Positionen der zweiten Generation auf dem Arbeitsmarkt sind weitgehend eine Folge der niedrigeren sozio-ökonomischen Position der zugewanderten Elterngeneration (durch den MO-Doppelpfeil symbolisiert[6]). Diese führt zu einem niedrigeren Bildungsniveau der Zuwanderernachkommen und den entsprechenden Folgen auf dem Arbeitsmarkt. Der gestrichelte ME-Pfeil deutet den auch in vielen anderen Ländern belegten Sachverhalt an, dass in der zweiten Generation Kinder von Zuwan-

6 Der Pfeil weist in beide Richtungen, da in der ersten Generation durch Anwerbung oder aus anderen Gründen selektiv Personen mit niedrigen sozio-ökonomischen Ressourcen zuwandern. Aus der Sicht des Herkunftslandes beeinflussen niedrige sozio-ökonomische Ressourcen die Abwanderung, während aus Sicht des Ziellandes Zuwanderung mit einer niedrigen sozio-ökonomischen Position im Zielland verbunden ist.

derern im Bildungssystem im Wesentlichen nur wegen der geringeren sozio-ökonomischen Ressourcen ihrer Eltern schlechter abschneiden; darüber hinaus gibt es aber in der Regel praktisch keine ethnischen Nachteile (vgl. verschiedene Länderstudien dazu in Heath, Brinbaum 2007). Bei Kontrolle der ökonomischen Bedingungen im Elternhaus ist der Zusammenhang zwischen Migrationshintergrund und erreichtem Bildungsniveau allenfalls schwach. Das Gleiche gilt für die gestrichen dargestellte MD-Beziehung: Bei Kontrolle der geringeren sozio-ökonomischen Ressourcen und der Bildung haben Zuwanderer in der zweiten Generation weitgehend gleiche Zugangschancen zu Arbeiter- und Angestelltenpositionen wie die Einheimischen.

Schaubild 2:
Übersicht zu Mechanismen und Trends der strukturellen Assimilation

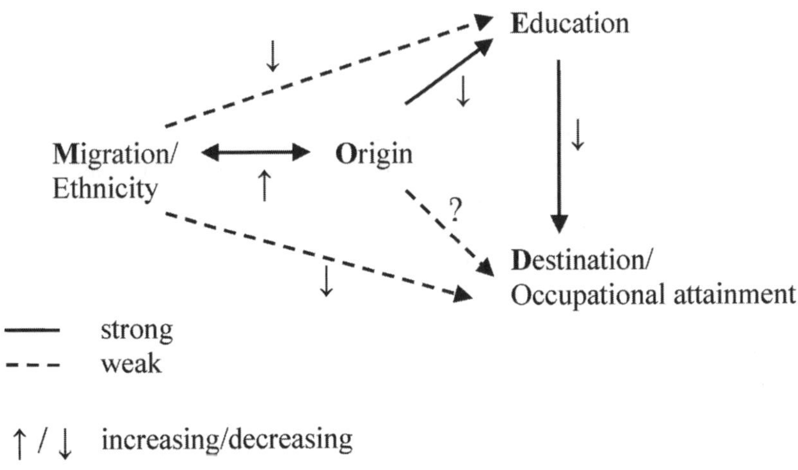

Quelle: Kalter, Granato, Kristen (2007, S. 237)

Im Hinblick auf die strukturelle Assimilation sind nun die kleinen senkrechten Pfeile von besonderem Interesse. Sie deuten an, wie sich die Wirkmechanismen im Beobachtungszeitraum sowohl für die Einheimischen wie die Zuwanderer verändert haben. Mit einer Ausnahme sind alle Zusammenhänge schwächer geworden. Die erreichte Bildung hängt in jüngster Zeit generell etwas weniger von den sozio-ökonomischen Herkunftsressourcen ab (vgl. dazu auch weiter unten); auch der Zusammenhang zwischen erreichter Bildung und späterer Erwerbsposition hat sich etwas gelockert. Damit wirken sich nachteilige Herkunftsressourcen auch etwas weniger nachteilig auf die spätere Positionierung im Erwerbssystem aus. Das kommt auch Personen mit Migrationshintergrund zugute. Auch die sogenannten direkten Effekte des Migrationshintergrundes (die mit gestrichelten ME- und MD-Pfeilen symbolisierten Effekte nach Kontrolle von Herkunftsressourcen und Bildung) haben in ihrer Bedeutung abgenommen. Während für die Nachkommen der frühen Zuwanderer solche nicht durch Ressourcen und Bildung vermittelten Nachwirkungen des Migrationshintergrundes (in meist geringer Stärke) noch bestanden, sind sie mit Ausnahme der Türken bei den in dieser Studie gemessenen Indikatoren in jüngster Zeit nicht mehr statistisch signifikant beobachtbar. Auch bei der zweiten Generation der Zuwanderer aus der Türkei sind sie geringer geworden.[7] Alle diese Veränderungen stärken den Prozess struktureller Assimilation. Allerdings wird dieser Prozess an einer Stelle teilweise konterkariert: Die Unterschiede in den sozialen Herkunftsressourcen zwischen den Einheimischen und Zuwanderern haben sich im Zeitverlauf leicht vergrößert (symbolisiert durch den nach oben gerichteten kleinen Pfeil zwischen M und O). Dies ist im wesentlichen Folge der Bildungsexpansion bei der einheimischen Bevölkerung. Die einheimische Bevölkerung hat seit den ersten Jahren nach dem zweiten Weltkrieg zunehmend mehr Bildung erworben. Das Bildungsniveau der zuwandernden Bevölkerungsgruppen ist diesem Trend nicht in gleicher Weise gefolgt. Das durchschnittliche Bildungsniveau der zugewanderten Eltern der zweiten Generation von Migranten liegt dadurch im Zeitverlauf zunehmend mehr hinter dem Bildungsniveau von altersgleichen Einheimischen zurück. Im Vergleich zu den Einheimischen verfügen Kinder von Zuwanderern im Zeitverlauf über relativ geringere Herkunftsressourcen, weil die Einheimischen ein zunehmend relativ höheres Bildungsniveau erworben hatten als die altersgleichen Zuwanderer. Durch die damit zunehmende Auseinanderentwicklung in den Herkunftsressourcen wird die strukturelle Assimilation gebremst, wenngleich die Entwicklung in den anderen Mechanismen sie fördert.

Wie die verschiedenen Entwicklungen theoretisch zu begründen und zu deuten sind, kann hier nicht erörtert werden. Dafür und für die statistischen Belege im Einzelnen sei auf die sehr aufschlussreiche Darstellung von Kalter, Granato und Kristen (2007) verwiesen. Hier sollte nur an einem Beispiel aus der jüngsten Forschung die Fähigkeit des Mikrozensus illustriert werden, zentrale Spannungen und langfristige Prozesse in der Sozialstruktur Deutschlands zu beschreiben und besser zu verstehen. Der große Stichprobenumfang ermöglicht es, die besonderen Bedingungen kleiner Bevölkerungsgruppen wie einzelnen Zuwanderergruppen

7 Der Befund einer relativ günstigen Entwicklung hin in Richtung struktureller Assimilation mag teilweise durch den diesbezüglich analysierten Indikator (das Verhältnis von Angestellten- zur Arbeiterpositionen unter den Erwerbstätigen) bedingt sein. Die Erwerbstätigen können eine positive Selektion darstellen. Der Befund könnte sich bei Berücksichtigung unterschiedlicher Arbeitslosigkeitsrisiken ungünstiger darstellen.

mit ihren spezifischen Charakteristiken im Vergleich zu anderen Teilen der Bevölkerung zu situieren. Die regelmäßige Replikation erlaubt es, die Stabilität von Grundmechanismen bzw. deren in der Regel langsame Veränderung zeitnah zu erfassen oder wie hier im Beispiel der Migration, die Charakteristiken der ersten Generation von Migranten in den langfristigen Folgen bei den nachfolgenden Generationen sichtbar zu machen.

Während im beschriebenen Beispiel Stichprobenumfang und Replikation im Vordergrund stehen, nutzen weitere Arbeiten die Stärke des Mikrozensus, die sich aus der Anlage als Haushaltsstichprobe ergibt. Befragt werden alle in einem Haushalt bzw. in einer Familie lebenden Personen, was dann ermöglicht, Haushalts- und Familienkontexte abzubilden. Diese Informationen lassen sich in vielfältiger Weise für familiensoziologische Studien nutzen (Dathe 1999; Roloff 1999; Wirth 2000; Huinink 2002; Kreyenfeld 2004, Kreyenfeld et al. 2007; Wirth 2007). Man muss sich allerdings der Einschränkungen bewusst sein, die aus der Art und Weise folgen, wie Haushalte und Familienbeziehungen im Mikrozensus erfasst werden. Der Haushalt wird über das Kriterium des gemeinsamen Wohnens und Wirtschaftens von Personen definiert. Der Familienbegriff beinhaltet Ehepaare mit und ohne Kinder, sowie – unabhängig vom Familienstand – alleinerziehende Personen mit ihren im Haushalt lebenden ledigen Kindern. Seit 1996 werden auch nichteheliche Lebensgemeinschaften direkt erfasst, die zuvor nur indirekt abgebildet werden konnten. Gewisse Beschränkungen ergaben sich bis 2004 vor allem durch die Art der Erfassung des Beziehungsgefüges der in einem Haushalt lebenden Personen. Erfragt wurde nur das jeweilige Verwandtschaftsverhältnis zu der so genannten Bezugsperson im Haushalt und seit 1996 – sofern vorhanden – auch zu dem Lebenspartner bzw. der Lebenspartnerin dieser Bezugsperson. Sofern mehrere Familien in einem Haushalt leben, ließ sich daher nicht erschließen, ob und in welchen Verwandtschaftsbeziehungen die einzelnen Personen zueinander stehen. Mit der expliziten Erfassung von Eltern-Kind-Beziehungen sowie Paarbeziehungen im Haushalt hat sich dieses Problem verringert. Bei einer Betrachtung von langen Zeitreihen bleibt die unscharfe Abgrenzung für die davor liegenden Erhebungsjahre natürlich weiterhin bestehen. Ein weiterer wesentlicher Fortschritt insbesondere hinsichtlich sozial- und familienpolitischen Planungsperspektiven ist darin zu sehen, dass nach einer langjährigen gesellschaftspolitischen Diskussion ab dem Mikrozensus 2008 und danach alle vier Jahre, Frauen nach der Zahl der von ihnen geborenen Kinder gefragt werden.[8] Nach wie vor werden jedoch Stief-, Adoptiv- oder Pflegekinder der Kategorie leibliche Kinder zugeordnet, was in der Konsequenz dazu führt, dass die in der Tendenz zunehmenden Patchwork-Familien und deren spezifische Problemlagen mit dem Mikrozensus nicht untersucht werden können. Durch die Beschränkung

8 Historisch gesehen, wird hierbei durchaus kein Neuland betreten. Vielmehr war diese Frage – in Variationen – bereits Bestandteil einzelner Zusatzprogramme der frühen Mikrozensen wie auch der Volkszählung 1970.

auf die im Haushalt lebenden Personen (Koresidenzprinzip) stehen darüber hinaus keine Informationen über außerhalb des Haushalts lebende Kinder oder Partner zur Verfügung. Die wachsende Zahl der »living-apart-together«-Beziehungen, d.h. Paare mit getrennter Haushaltsführung und ihre spezifischen Arbeits- und Lebensbedingungen können daher mit dem Mikrozensus weiterhin nicht untersucht werden. Der Versuch, diese modernen Partnerschaftsformen zukünftig im Mikrozensus zu erfassen, fand auf Seiten des Bundesrats keine Zustimmung (Bundesrat Drucksache 195/04, S. 1).

Ungeachtet der erwähnten Einschränkungen eröffnet aber die Einbeziehung aller Haushaltsmitglieder in die Befragung vielfältige Forschungsmöglichkeiten, die bspw. auch von der Bildungsforschung genutzt werden. Hier bietet sich die Möglichkeit, Merkmale von Jugendlichen in schulischer oder beruflicher Ausbildung (solange sie noch mit ihren Eltern im gleichen Haushalt zusammenleben) mit Informationen zur sozioökonomischen Lage der Familie zu verknüpfen. Diese Möglichkeit haben auch Kalter et al. (2007) für den Teil ihrer oben beschriebenen Untersuchung genutzt, die den Einfluss der sozio-ökonomischen Herkunftsbedingungen auf den Bildungserwerb betrifft. Als weiteres Beispiel hierfür sei eine methodisch und inhaltlich sehr differenzierte Untersuchung von Schimpl-Neimanns (2000) genannt. Diese geht der Frage nach, inwieweit der Ausbau des Bildungswesens seit den 1950er Jahren mit einem Abbau der herkunftsspezifischen Bildungsungleichheiten einhergegangen ist. Betrachtet wird die Bildungsbeteiligung (Schulbesuch oder erreichter Bildungsabschluss) 14- bis 18-jähriger deutscher Jugendlicher über einen Zeitraum von fast 40 Jahren (1950-1989) in Abhängigkeit des Bildungsniveaus des Elternhauses sowie der beruflichen Stellung des Familienvorstands. Ein wesentliches Ergebnis dieser Studie ist, dass sich im betrachteten Zeitraum der Zusammenhang zwischen sozialer Herkunft und Bildungsbeteiligung verändert hat. Der Einfluss der beruflichen Stellung des Familienvorstands auf den Schulbesuch der Kinder hat sich abgeschwächt. Am deutlichsten zeigt sich dies in den Chancen von Kindern unterschiedlicher sozialer Stellung der Familie, eine weiterführende Schule oder die Hauptschule zu besuchen. Der Chancenvorsprung von Kindern aus höheren elterlichen Berufsschichten gegenüber Kindern aus weniger vorteilhafter Herkunft im Besuch von Realschule und Gymnasium ist geringer geworden. Hier ist eine deutliche Reduzierung der sozialen Selektivität im Zeitverlauf erkennbar. Wenn auch insgesamt die Ungleichheiten der Bildungschancen noch stark ausgeprägt sind, so sind sie in neuerer Zeit doch niedriger als noch in den fünfziger Jahren des letzten Jahrhunderts. Die begrenzte Reduktion von Chancenungleichheit ist in der nuancenreichen Analyse von Schimpl-Neimanns auch darin zu erkennen, dass die sozialen Unterschiede im Besuch des Gymnasiums im Vergleich zur Realschule nicht geringer geworden sind und dass sich der Einfluss des Bildungsniveaus der Eltern weniger verringert hat als der Einfluss der beruflichen Stellung des Familienvorstandes. Für die 80er Jahre zeigten sich in einzelnen Aspekten sogar Tendenzen wiederum verstärkter Ungleichheit.

In Verbindung mit den Retrospektivfragen der oben bereits erwähnten Mikrozensus Zusatzbefragung zur beruflichen und sozialen Umschichtung der Bevölkerung von 1971 und der Volkszählung von 1970 ermöglichen die Mikrozensen aufschlussreiche Untersuchungen für die Zeit praktisch seit Gründung der Bundesrepublik. Sie gestatten im Prinzip, Ergebnisse wie die der aktuellen Schulleistungsuntersuchungen (z.B. PISA oder IGLU) in einen größeren historischen Kontext zu stellen. Deshalb wären eine Aktualisierung der oben beschriebenen Untersuchung und eine Fortsetzung der langen Zeitreihe mit neueren Daten sicherlich von hohem Interesse. Allerdings ist dies nur noch sehr eingeschränkt möglich, da das Merkmal Schulbesuch im Mikrozensus seit 1991 nach der Internationalen Standardklassifikation für das Bildungswesen (ISCED), d.h. im Wesentlichen nach Klassenstufen erhoben wird und nicht mehr wie früher nach den für Deutschland nach wie vor so zentralen Differenzierung nach den Bildungsgängen des dreigliedrigen Bildungssystems. Dies mag zwar für die OECD- oder EU-Statistiker internationale Vergleiche technisch weniger aufwändig aber auch weniger aussagefähig machen, aber es wird den Besonderheiten des dreigliedrigen Bildungssystems in Deutschland keinesfalls gerecht.

Auch zu weiteren thematischen Feldern, die Gegenstand der Zusatzprogramme sind, finden sich eine Reihe von Studien. So beschäftigen sich verschiedene Untersuchungen mit den sozialen Determinanten des Rauchverhaltens (Helmert et al. 2001; Berger 2003; Warschburger 2002), andere nutzen die Mikrozensusdaten, um die berufliche Integration von behinderten Menschen zu untersuchen (Mühling 2000; Rauch 2005), oder analysieren, wie sich soziodemografische und sozioökonomische Faktoren auf die individuelle Altersvorsorge auswirken. Bulmahn (1999) zeigt auf Basis von Mikrozensusdaten, dass die private Altersvorsorge (in Form einer Lebensversicherung) stark von der Höhe des Einkommens und der beruflichen Position beeinflusst ist. Eine Herausforderung für die Sozialpolitik ist der (wenn auch wenig überraschende) Befund, dass Gruppen, deren gesetzliche Rentenansprüche schon gering ausfallen werden und die auch seltener auf eine betriebliche Altersvorsorge zurückgreifen können, auch weniger als andere soziale Gruppen privat für ihr Alter vorsorgen (können). Obgleich die Einkommensinformationen im Mikrozensus nur rudimentär und die Aussagekraft der Daten für arbeitsmarktökonomische Fragestellungen deshalb begrenzt ist, werden seine Daten mit interessanten Befunden auch zur Schätzung von Einkommensfunktionen genutzt (Pfeiffer, Brade 1995; Jungbauer-Gans 1999; Pfeiffer 1999a; Freeman, Schettkat 2000; Groß 2001; Butz 2001; Machin, Puhani 2003).

Neben den bereits erwähnten Studien dokumentiert sich das Analysepotenzial des Mikrozensus in einer Vielzahl weiterer Publikationen. Einzelne dieser Analysen unterlagen zwar bisher gewissen Einschränkungen, da der Mikrozensus bis vor kurzem nur ab dem Erhebungsjahr 1989 in Form von Scientific Use Files zur Verfügung stand. Für den Zeitraum bis 1989 musste sich die Forschung daher mit Aggregatdaten behelfen. Dennoch liegen inzwischen eine Reihe von Längsschnittstudien zu verschiedenen thematischen Fragestellungen vor, bspw. zum

Wandel des Zusammenhangs zwischen Bildungsniveau und Berufsstatus (Handl 1996), zur Entwicklung der Einkommensungleichheit (Steiner, Wagner 1998), zu der geschlechtsspezifischen Erwerbstätigkeit nach Bildung (Fitzenberger et al. 2004), zu Veränderungen der Arbeitszeitstruktur (Wolf 1999) oder der beruflichen Selbständigkeit (Luber 2003). Nachdem der Mikrozensus seit kurzem auch für die 1970er (1973, 1976, 1978) und die frühen 1980er Jahre (1980, 1982) als Scientific Use Files nutzbar ist und über ein aktuell laufendes Forschungsprojekt zum sozialen und sozioökonomischen Wandel in (West-)Deutschland für die Forschung in naher Zukunft so genannte »Tools« für die Harmonisierung der Mikrozensusdaten von 1962 bis 2004 verfügbar sein werden (Lengerer et al. 2007), wird er zukünftig vermutlich verstärkt für langfristige Trendanalysen genutzt werden.

Die inhaltliche Breite und der Reichtum all dieser Arbeiten belegen den großen Gewinn, der mit der verbesserten Kooperation zwischen Statistik und Wissenschaft nicht nur für deren Entwicklung, sondern auch zum Vorteil von Gesellschaft und Politik erzielt wurde.

3. Zukünftige Weiterentwicklung des Mikrozensus

Ein Instrument wie der Mikrozensus steht unweigerlich in dem ständigen Spannungsfeld zwischen Anpassung an die sich verändernde gesellschaftliche und wirtschaftliche Wirklichkeit und der Wahrung von Kontinuität zur Sicherung langfristig vergleichbarer Datenreihen. Messung und Analyse des Wandels sind ohne hinreichend vergleichbare Daten nicht möglich. Instrumente, die nicht von Zeit zu Zeit im Hinblick auf die adäquate Abbildung neuer Entwicklungen geschärft und revidiert werden, verlieren jedoch Aussagekraft und werden obsolet. Es ist hier nicht der Raum zu prüfen, wie der Mikrozensus diesen schwierigen Balanceakt im Verlauf seiner 50-jährigen Geschichte bewältigt hat. Dieses wäre eine eigene interessante Untersuchung wert, zumal im Falle des Mikrozensus (wie bei anderen amtlichen Statistikinstrumenten) die Entwicklung faktisch nicht nur und vielleicht nicht einmal primär durch Gesichtspunkte eines möglichst guten und unabhängigen Erkenntnisgewinns geprägt ist, sondern durch politische Interessen und Einflussnahmen überlagert wird. Allgemein wird man festhalten können, dass es in der Vergangenheit oft lange gedauert hat, bis erkannte Bedarfe der Verbesserung umgesetzt wurden. Umso erfreulicher ist es, dass der Mikrozensus in jüngster Zeit eine Reihe bedeutsamer Maßnahmen zu seiner Modernisierung erfahren hat. Das Instrument wurde in mehrerer Hinsicht in Richtung verbesserter Datengrundlagen und größerer Leistungsfähigkeit revidiert. Die in den letzten Jahren erleichterte Datenbereitstellung für wissenschaftliche Analysen hat zu einer intensiveren und sehr fruchtbaren Nutzung seiner Daten geführt und trägt dazu bei, die Erkenntnisgrundlagen in vielen gesellschaftspolitisch wichtigen Problembereichen zu verbessern. Dieser Erneuerungsbedarf ist nie zu Ende.

Deshalb fügen wir zum Schluss einige Überlegungen zu Optionen in der zukünftigen Entwicklung an.

Eine der grundlegendsten Entwicklungen in den letzten 20 Jahren – im theoretischen Denken, in der statistischen Methodologie und auch in der Bedeutung für die Praxis – ist die Ausrichtung an längsschnittlichen Daten- und Analysestrukturen. Zunehmend setzt sich die Erkenntnis durch, dass Ursache-Wirkungsbeziehungen nur über experimentelle Designs oder Längsschnittmessungen methodisch adäquat analysiert werden können. Die *statistische* Methodologie hat große Fortschritte gemacht, um Ketten von Ereignissen oder die Wechselwirkungen zwischen parallel verlaufenden Prozessen adäquat zu untersuchen. Auch im Hinblick auf die *Praxis* gibt es zahllose Beispiele für die Überlegenheit von Längsschnittdaten. Da die Forschung zunehmend auf Längsschnittdaten setzt, werden Daten, die diesem Bedarf nicht Rechnung tragen, sukzessive an Bedeutung verlieren. Die Aufbereitung des Mikrozensus zur Nutzung der Paneleigenschaft seiner Daten ist ein Schritt in die richtige Richtung. Aber wie erste Untersuchungen zeigen (Schimpl-Neimanns 2007), sind Analysen mit dem derzeitigen Mikrozensus-Panel wegen der unbekannten Selektivität der Fälle, die in das Panel eingehen, begrenzt und oft unsicher. Um den Mikrozensus in eine methodisch einwandfreie Panelerhebung von Haushalten und Personen umzugestalten und um den Längsschnittcharakter des Mikrozensus methodisch sauber auszuschöpfen, müsste er als Stichprobe konstruiert sein, bei der in den Folgeerhebungen dieselben Haushalte / Personen erneut befragt werden (und nicht die Bewohner derselben Wohnungen). Letztlich ist nur die Haushalts-/Personenidentität zukunftsfähig. Dies bedeutet eine erhebliche Revision oder Aufgabe des gegenwärtigen Flächenprinzips der Stichprobe, die sorgfältige Abklärungen und Vorbereitungen erfordert. In einem versprechenden Zwischenschritt auf dem Weg dahin, könnten in einer Teilstichprobe Haushalte, die zwischen zwei Erhebungszeitpunkten umziehen, nicht aus der Befragung entlassen, sondern auch in der Folgeerhebung befragt werden. Als weitere (jedoch weniger zu empfehlende) Alternative käme eine Retrospektivbefragung der neu in die Stichprobe zuziehenden Haushalte in Betracht. Beide Alternativen würden die Möglichkeiten der längsschnittlichen Auswertungen des nach dem gegenwärtigen Stichprobenplan durchgeführten Mikrozensus verbessern, da sie empirische Grundlagen für die Korrektur von Selektivitäten im gegenwärtigen Design des Mikrozensus-Panels liefern würden. Zugleich könnten vor allem mit der ersten Alternative Erfahrungen mit dem Aufbau eines echten Personen- oder Haushalts-basierten Mikrozensus-Panel gewonnen werden.

In der Vergangenheit hat der Mikrozensus auch durch Verbesserungen und Aktualisierungen seines Frageprogramms gewonnen. Dies bedeutet nicht notwendigerweise eine Erhöhung des Fragenumfangs. Besonders gewinnbringend ist es, wenn Verbesserungen ohne Erhöhung von Kosten oder Belastung der Befragten durch Optimierung der Qualität der Fragen erzielt werden. Hier seien als Musterbeispiel nur die Fragen zur Bildung erwähnt, deren Aussagekraft beim

Umstieg auf das Prinzip der Erfassung von Bildungsstufen erheblich verringert wurde (siehe oben). Eine Minimalmaßnahme wäre, die frühere Praxis aufzugreifen und systematisch wiederum den besuchten Bildungsgang mitzuerheben.[9] Bei der gegenwärtigen Umgestaltung des Tertiärbereiches des Bildungssystems wird es kurzfristig auch dringlich, in den Antwortvorgaben zu den Bildungsfragen die neuen Differenzierungen in den Hochschulabschlüssen zu integrieren. Die Liste solcher Variablenverbesserungen oder -ergänzungen wird nach Nutzerinteressen variieren. Eine sorgfältige Prüfung und explizite Forschung zur Fragenqualität kann aber ein Instrument nachhaltig verbessern.

Im Hinblick auf die Kooperation mit der Wissenschaft hat die amtliche Statistik wiederholt das Anliegen ihrer vermehrten Präsenz in der universitären Lehre geäußert (vgl. dazu auch entsprechende Anregungen im Gutachten der KVI). In dieser Beziehung gibt es zweifelsohne Nachholbedarf in den Curricula der wirtschafts- und sozialwissenschaftlichen Studiengänge. Anreize zur vermehrten Nutzung amtlicher Daten in der universitären Lehre können aber auch durch die amtliche Statistik selbst gegeben werden. Die Bereitstellung einer Campus-Version des Mikrozensus für die Lehre ist ein gutes Beispiel dafür. Die Attraktivität seiner Nutzung ist umso größer, je zeitnäher und inhaltlich reichhaltiger die entsprechenden Daten sind.

Mit der Europäischen Einigung und der zunehmenden Öffnung der Grenzen weltweit wird die Analyse von wirtschaftlichen und gesellschaftlichen Bedingungen und Trends in einem Land im Vergleich mit anderen Ländern wichtiger. Auch die Forschung wird zunehmend internationaler. Wenngleich einzelne komparative Untersuchungen vorliegen und beim Mikrozensus, wie oben ausgeführt, im Prinzip gute Voraussetzungen vorliegen, wurde er in der international vergleichenden Forschung bisher vergleichsweise wenig genutzt. Gründe dafür liegen wohl in der besonderen Schwierigkeit und im Aufwand solcher Vergleiche sowie in der bisher noch ausgeprägten Ausrichtung der deutschen Forschung am nationalen Kontext. Hindernisse resultieren aber auch aus den bisher restriktiven Möglichkeiten der Nutzung deutscher amtlicher Mikrodaten durch internationale Forscher. Mit dem seit kurzem verfügbaren Scientific Use File der EU-Arbeitskräfteerhebung von 1983-2005 und anderer Mikrodaten der EU-Statistik haben sich zwar generell die Möglichkeiten für die Länder vergleichende Forschung verbessert. Für Deutschland ist dies jedoch gegenwärtig nur begrenzt der Fall, da die im Rahmen des Mikrozensus erhobenen Daten für Deutschland erst ab dem Erhebungsjahr 2002 in dieses Scientific Use File integriert sind. Der Einbezug Deutschlands in der internationalen Forschung ist auch deshalb erschwert, weil wegen der Gesetzeslage Scientific Use Files von der deutschen amtlichen Statistik selbst nicht an ausländische Forschungseinrichtungen weitergegeben werden. Hier sind dringend Wege zu finden, die Berücksichtigung Deutschlands in der internationalen Forschung zu fördern. Ein Anfang könnte damit gemacht werden,

9 Zu starken Forderungen in dieser Richtung vgl. auch Weißhuhn (2001).

zumindest den Grundbestand an soziodemografischen und sozioökonomischen Merkmalen für die früheren Erhebungsjahre des Mikrozensus und auch anderer Daten über die europäischen Scientific Use File verfügbar zu machen. Auch eine nutzerfreundliche Infrastruktur für einen netzbasierten Datenzugang für internationale Forscher würde helfen.

Die ständig wachsende Literatur zu zentralen wissenschaftlichen und gesellschaftspolitischen Fragen, die Daten des Mikrozensus zu ihrer Beantwortung nutzt, konnte in diesem Beitrag nur selektiv und in einzelnen Facetten beleuchtet werden. In der Nutzung kristallisiert sich aber am klarsten heraus, an welchen Stellen mit Erneuerung der größte Gewinn erzielt werden kann. Deshalb können sich aus der gründlichen Auseinandersetzung mit dieser Literatur und dem aufgeschlossenen Gespräch mit Nutzern, in deren Arbeit Stärken und Schwächen der Daten greifbar werden, besonders wertvolle Hinweise für tragfähige Weiterentwicklungen des Instruments ergeben. Werden entsprechende Anregungen aufgegriffen und verstetigt sich die beiderseitige intensive Kooperation, die in der Kommission zur Verbesserung der informationellen Infrastruktur zwischen Wissenschaft und Statistik und den damit verbundenen Entwicklungen Fahrt gewonnen hat, kann auch die zukünftige Leistungsfähigkeit des Mikrozensus nur gewinnen.

Literatur

Alba, R., Handl, J., Müller, W. (1994), Ethnische Ungleichheit im deutschen Bildungssystem. In: Kölner Zeitschrift für Soziologie und Sozialpsychologie 46, S. 209-237.

Baumann, C. (1999), Self-employment as an indicator of assimilation? Evidence from foreign entrepreneurs in Germany. In: Lüttinger, P. (Hg.), Sozialstrukturanalyse mit dem Mikrozensus. ZUMA-Nachrichten Spezial Band 6. Mannheim: ZUMA, S. 235-270.

Berger, R. (2003), Gewohnheit, Sucht und Tradition. Leipziger Soziologische Studien, Band 3.

Blossfeld, H.-P. (1983), Höherqualifizierung und Verdrängung – Konsequenzen der Bildungsexpansion in den Siebziger Jahren. In: Haller, M., Müller, W. (Hg.), Beschäftigungssystem im gesellschaftlichen Wandel. Frankfurt: Campus, S. 184-240.

Bolte, K. M., Aschenbrenner, K. (1964), Die gesellschaftliche Situation der Gegenwart: ausgewiesene Eigenarten der heutigen Gesellschaftsstruktur und der Stellung des Menschen in der Gesellschaft. Beiträge zur Wirtschafts- und Sozialkunde. Reihe B. Band 1. Opladen: Leske.

Bolte, K. M., Kappe, D. (1964), Struktur und Entwicklung der Bevölkerung. Beiträge zur Wirtschafts- und Sozialkunde. Reihe B. Band 2. Opladen: Leske.

Brauns, H., Gangl, M., Scherer, S. (2003), Education and Unemployment Risks among Market Entrants: A Comparison of France, the United Kingdom and West Germany. In: Hoffmeyer-Zlotnik, J. H. P., Wolf, C. (Hg.), Advances in Cross-National Comparison. An European Working Book for Demographic and Socio-Economic Variables. New York, S. 328-345.

Brauns, H., Steinmann, S., Kieffer, A., Marry, C. (1999), Does Education Matter? France and Germany in Comparative Perspective. In: European Sociological Review, 15, Heft 1, S. 61-89.

Brennecke, R. (1975), Die Konstruktion von sozioökonomischen Großsystemen. Verknüpfung von Modellen zur Analyse wirtschaftspolitischer Prozesse. Frankfurt: Campus.

Bulmahn, T. (1999), Altersvorsorge im Wandel. In: Lüttinger, P. (Hg.), Sozialstrukturanalyse mit dem Mikrozensus. ZUMA-Nachrichten Spezial Band 6. Mannheim: ZUMA, S. 300-322.

Butz, M. (2001), Lohnt sich Bildung noch? Ein Vergleich der bildungsspezifischen Nettoeinkommen 1982 und 1995. In: Berger, P. A., Konietzka, D. (Hg.), Die Erwerbsgesellschaft. Neue Ungleichheiten und Unsicherheiten. Opladen: Leske + Budrich, S. 95-117.

Claessens, D., Klönne, A., Tschoepe, A. (1965), Sozialkunde der Bundesrepublik Deutschland. Düsseldorf: Diederichs.

Dathe, D. (1999), Familienlebenszyklus und Erwerbsbeteiligung der Ehepartner in Ehen mit Kindern in West- und Ostdeutschland. In: Lüttinger, P. (Hg.), Sozialstrukturanalyse mit dem Mikrozensus. ZUMA-Nachrichten Spezial Band 6. Mannheim: ZUMA, S. 149-170.

Diekmann, A. (1998), Die Bedeutung der Sekundäranalyse zur Kontrolle von Forschungsergebnissen. In: Haug, W. u.a. (Hg.), Statistik im Dienste der Öffentlichkeit. Bern: Bundesamt für Statistik, S. 131-138.

DiPrete, T. A., de Graaf, P. M., Luijkx, R., Tahlin, M., Blossfeld, H.-P. (1997), Collectivist Versus Individualist Mobility R egimes? Structural Change and Job Mobility in Four Countries. In: The American Journal of Sociology, Vol. 103, No. 2. (Sept.), pp. 318-358.

Emmerling, D., Riede, T. (1994), Zur Freiwilligkeit in der Auskunftserteilung im Mikrozensus. In: Wirtschaft und Statistik (6), S. 435-449.

Emmerling, D., Riede, T. (1997), 40 Jahre Mikrozensus. Wirtschaft und Statistik (3), S. 160-174.

Esser, H., Grohmann, H., Müller, W., Schäffer, K.-A. (1989), Mikrozensus im Wandel. Untersuchungen und Empfehlungen zur inhaltlichen und methodischen Gestaltung. Forum der Bundesstatistik 11. Stuttgart: Metzler-Poeschel.

Fitzenberger, B., Schnabel, R., Wunderlich, G. (2004), The Gender Gap in Labor Market Participation and Employment: A Cohort Analysis for West Germany. In: Journal of Population Economics (17), S. 83-116.

Fitzenberger, B., Speckesser, S. (2000), Zur wissenschaftlichen Evaluation der Aktiven Arbeitsmarktpolitik in Deutschland: Ein Überblick. In: Mitteilungen aus der Arbeitsmarkt- und Berufsforschung 33, S. 357-371.

Freeman, R., Schettkat, R. (2000), Skill Compression, Wage Differentials and Employment: Germany vs. the US. NBER Working Paper No. 7610.

Galler, H. P., Steger, A. (1978), Mikroanalytische Bevölkerungssimulation als Grundlage sozialpolitischer Entscheidungen. In: Krupp, H.-J., Glatzer, W. (Hg.), Umverteilung im Sozialstaat. Empirische Einkommensanalysen für die Bundesrepublik. Frankfurt: Campus, S. 237- 275.

Goyder, J. (1987), The Silent Minority. Nonrespondents on Sample Surveys. Cambridge: Polity Press.

Granato, N. (2003), Ethnische Ungleichheit auf dem deutschen Arbeitsmarkt. Schriftenreihe des Bundesinstituts für Bevölkerungsforschung, Band 33. Opladen: Leske + Budrich.

Granato, N., Kalter, F. (2001), Die Persistenz ethnischer Ungleichheit auf dem deutschen Arbeitsmarkt. Diskriminierung oder Unterinvestition in Humankapital? In: Kölner Zeitschrift für Soziologie und Sozialpsychologie 53, S. 497-520.

Groß, M. (2001), Auswirkungen des Wandels der Erwerbsgesellschaft auf soziale Ungleichheit. Effekte befristeter Beschäftigung auf Einkommensungleichheit. In: Berger, P. A., Konietzka, D. (Hg.), Die Erwerbsgesellschaft. Neue Ungleichheiten und Unsicherheiten. Opladen: Leske + Budrich, S. 119-155.

Hahlen, J. (2002), Die internationale Vergleichbarkeit von Statistiken – Allgemeine Aspekte und Beispiele aus dem Bereich der Haushaltsstichproben. In: Glatzer, W., Habich, R.. Mayer, K. U. (Hg.), Sozialer Wandel und gesellschaftliche Dauerbeobachtung. Opladen: Leske+Budrich, S. 353-373.

Hakim, C. (2000), Research Design: Successful Designs for Social and Economic Research. Routledge.

Haller, M., Müller, W. (1983), Beschäftigungssystem im gesellschaftlichen Wandel. Historische Entwicklungen und internationale Strukturdifferenzen. Frankfurt a. M./New York: Campus.

Handl, J. (1977), Ausmaß und Determinanten der Erwerbsbeteiligung von Frauen. In: Beiträge zur Arbeitsmarkt- und Berufsforschung 31. Nürnberg, S. 189-256.

Handl, J. (1988), Berufschancen und Heiratsmuster von Frauen. Empirische Untersuchungen zu Prozessen sozialer Mobilität. Frankfurt: Campus.

Handl, J. (1996), Hat sich die berufliche Wertigkeit der Bildungsabschlüsse in den achtziger Jahren verringert? In: Kölner Zeitschrift für Soziologie und Sozialpsychologie 48 (2), S. 249-273.
Handl, J., Herrmann, C. (1994), Soziale und berufliche Umschichtung der Bevölkerung in Bayern nach 1945: Eine Sekundäranalyse der Mikrozensus-Zusatzerhebung von 1971. München: Iudicium.
Handl, J., Mayer, K. U., Müller, W. (1977), Klassenlagen und Sozialstruktur. Empirische Untersuchungen für die Bundesrepublik Deutschland. Frankfurt: Campus.
Hartmann, P. H., Schimpl-Neimanns, B. (1992), Sind Sozialstrukturanalysen mit Umfragedaten möglich? Analysen zur Repräsentativität einer Sozialforschungsumfrage. In: Kölner Zeitschrift für Soziologie und Sozialpsychologie 44, S. 315-340.
Heath, A., Brinbaum, Y. (Hrsg.) (2007), Ethnic inequalities in educational attainment: The role of socioeconomic background. Ethnicities 7,3 (Special Issue).
Helberger, C. (1982), Auswirkungen öffentlicher Bildungsausgaben in der Bundesrepublik Deutschland auf die Einkommensverteilung der Ausbildungsgeneration. Stuttgart: Kohlhammer.
Helmert, U., Borgers, D., Bamman, K. (2001), Soziale Determinanten des Raucherverhaltens in Deutschland: Ergebnisse des Mikrozensus 1995. In: Sozial- und Präventivmedizin / Social and Preventive Medicine. Volume 46, Number 3, S. 141-215.
Herberger, L. (1957), Der Mikrozensus als neues Instrument zur Erfassung sozial-ökonomischer Tatbestände. In: Wirtschaft und Statistik (4), S. 209-212.
Hoffmeyer-Zlotnik, J., Wolf, C. (2003), Advances in Cross-National Comparison. A European Working Book for Demographic and Socio-Economic Variables. Kluwer Academic/Plenum Publisher: New York.
Hubert, T., Wolf, C. (2007), Determinanten der beruflichen Weiterbildung Erwerbstätiger. Empirische Analysen auf der Basis des Mikrozensus 2003. In: Zeitschrift für Soziologie 36 (6), S. 473-493.
Huinink, J. (2002), Polarisierung der Familienentwicklung in europäischen Ländern im Vergleich. In: Zeitschrift für Familienforschung Sonderheft 2, S. 49-74.
Hyman, H. H. (1972), Secondary Analysis with Sample Surveys: Principles, Procedures and Potentialities. New York: Wiley.
Janßen, A., Schroedter, J. (2007), Kleinräumliche Segregation der ausländischen Bevölkerung in Deutschland: Eine Analyse auf Basis des Mikrozensus. In: Zeitschrift für Soziologie 36 (6), S. 435-455.
Jungbauer-Gans, M. (1999), Der Lohnunterschied zwischen Frauen und Männern in selbständiger und abhängiger Beschäftigung. In: Kölner Zeitschrift für Soziologie und Sozialpsychologie 51, S. 364-390.
Kaase, M., Krupp, H.-J., Pflanz, M., Scheuch, E., Simitis, S. (Hg.) (1980), Datenzugang und Datenschutz. Königstein/Ts.: Athenäum.
Kalter, F., Granato, N., Kristen, C. (2007), Disentangling recent trends of the second generation's structural assimilation in Germany. In: Scherer, S., Pollak, R., Otte, G., Gangl, M. (Hg.), From origin to destination. Trends and mechanisms in social stratification research, Frankfurt am Main u.a.: Campus Verlag, S. 214-245.
Kiecolt, K. J., Nathan, L. E. (1985), Secondary Analysis of Survey Data. Beverly Hills: Sage.
Klanberg, F. (1978), Armut und ökonomische Ungleichheit in der Bundesrepublik Deutschland. Frankfurt: Campus.
Koch, A. (1997), Teilnahmeverhalten beim ALLBUS 1994. In: Kölner Zeitschrift für Soziologie und Sozialpsychologie 49, S. 98-122.
Koch, A. (1998), Wenn 'mehr' nicht gleichbedeutend mit 'besser' ist. Ausschöpfungsquoten und Stichprobenverzerrungen in allgemeinen Bevölkerungsumfragen. ZUMA-Nachrichten 49, S. 98-122.
Kogan, I., Müller, W. (Hrsg.) (2003), School-to-Work Transitions in Europe: Analyses of the EU LFS 2000 Ad Hoc Module. Mannheim: MZES.
Konietzka, D., Kreyenfeld, M. (2001), Non-Marital Births in East-Germany after Unification. Working Paper 2001-027. Rostock: Max-Planck-Institut für demografische Forschung.
Kortmann, K. (1978), Die Generierung einer geschlossenen Mikrodatenbasis für die Bundesrepublik Deutschland. In: Krupp, H.-J., Glatzer, W. (Hg.), Umverteilung im Sozialstaat. Empirische Einkommensanalysen für die Bundesrepublik. Frankfurt: Campus, S. 193-235.
Kreyenfeld, M. (2004), Sozialstruktur und Kinderbetreuung. MPIDR Working Paper 2004-009.

Kreyenfeld, M., Zühlke, S., Konold, M. (2007), Ökonomische Basis der Familiengründung in Deutschland – Analysen mit den Daten des Mikrozensus-Panels. Vortrag auf der fünften Mikrozensus-Nutzerkonferenz am 16. November 2007, Mannheim.

Krupp, H.-J. (1968), Theorie der personellen Einkommensverteilung: allgemeine Grundzüge und verteilungspolitische Simulationen. Volkswirtschaftliche Schriften 127. Berlin: Duncker & Humblot.

Krupp, H.-J. (2002), Sozialberichterstattung und informationelle Infrastruktur. In: Glatzer, W., Habich, R., Mayer, K. U. (Hg.), Sozialer Wandel und gesellschaftliche Dauerbeobachtung. Opladen: Leske+Budrich, S. 391-403.

Krupp, H.-J., Zapf, W. (1977), Sozialpolitik und Sozialberichterstattung. Frankfurt: Campus.

Lampert, T., Ziese, T., Saß, A. C., Häflinger, M. (2005), Armut, soziale Ungleichheit und Gesundheit: Expertise des Robert-Koch-Instituts zum 2. Armuts- und Reichtumsbericht der Bundesrepublik.

Lengerer, A., Klein, T. (2007), Der langfristige Wandel partnerschaftlicher Lebensformen im Spiegel des Mikrozensus. In: Wirtschaft und Statistik (4), S. 433-447.

Lengerer, A., Schroedter, J., Hubert, T., Wolf, C. (2007), Harmonisierung der Mikrozensen 1962-2004. ZUMA-Methodenbericht 2007/06.

Lotze, S., Breiholz, H. (2002a), Zum neuen Erhebungsdesign des Mikrozensus. Teil 1. In: Wirtschaft und Statistik (5), S. 359-366.

Lotze, S., Breiholz, H. (2002b), Zum neuen Erhebungsdesign des Mikrozensus. Teil 2. In: Wirtschaft und Statistik (6), S. 454-459.

Luber, S. (2003), Berufliche Selbständigkeit im Wandel. Ein empirischer Vergleich der sozialen und wirtschaftlichen Struktur Selbständiger in Deutschland und Großbritannien. Frankfurt: Peter Lang.

Lüttinger, P., Köhne-Finster, S., Urban, J. (2007), Ergebnisse der dritten Befragung von Nutzern der Mikrozensus Scientific Use Files. Gesis-Methodenbericht 1/2007.

Machin, S., Puhani, P. (2003), Subject of degree and the gender wage differential: evidence from the UK and Germany. In: Economic Letters 79, S. 393-400.

Marry, C., Kieffer, A., Brauns, H., Steinmann, S. (1998), France-Allemagne: Inégales avancées des femmes. In: Revue Française de Sociologie, 39, Heft 2, S. 353-389.

Mayer, K. U. (1977), Ungleiche Chancen und Klassenbildung. In: Soziale Welt 28, S. 466-493.

Mayer, K. U. (1978), Wandel im Beschäftigungssystem, soziale Mobilität und berufliche Flexibilität. In: Mertens, D., Kaiser, M. (Eds.), Berufliche Flexibilitätsforschung in der Diskussion (Vol. BeitrAB 30 (2)). Nürnberg: Institut für Arbeitsmarkt- und Berufsforschung der Bundesanstalt für Arbeit, S. 235-267.

Mühling, T. (2000), Die berufliche Integration von Schwerbehinderten. Ein integratives Erklärungsmodell und empirische Befunde. Würzburg: Deutscher Wissenschaftsverlag.

Müller, W., Gangl, M. (Hg.) (2003), Transitions from Education to Work in Europe: the Integration of Youth on EU Labour Markets. Oxford.

Müller, W., Hauser, R. (1987), Der Bedarf der Wissenschaft an anonymisierten Daten. In: Statistisches Bundesamt (Hg.), Nutzung von anonymisierten Einzelangaben aus Daten der amtlichen Statistik. Bedingungen und Möglichkeiten. Wiesbaden: W. Kohlhammer, S. 61-78.

Müller, W., Brauns, H., Steinmann, S. (2002), Expansion und Erträge tertiärer Bildung in Deutschland, Frankreich und im Vereinigten Königreich. In: Berliner Journal für Soziologie, 12 (1), S. 37-62.

Müller, W., Willms-Herget, A., Handl, J. (1983), Strukturwandel der Frauenarbeit 1880-1980. Frankfurt: Campus.

Müller, W., Blien, U., Knoche, P., Wirth, H. et al. (1991), Die faktische Anonymität von Mikrodaten. Forum der Bundesstatistik 19. Stuttgart: Metzler-Poeschel.

Noll, H.-H. (1995), The Digital Information System Social Indicators: A New Form of Presentation of the German System of Social Indicators. In: Statistical Journal of the United Nations ECE 12, S. 369-378.

Noll, H.-H. (Hg.) (1997), Sozialberichterstattung in Deutschland – Konzepte, Methoden und Ergebnisse für Lebensbereiche und Bevölkerungsgruppen. Juventa Verlag: Weinheim.

Nöthen, M. (2005), Von der "traditionellen Familie" zu "neuen Lebensformen". Neuerungen in der Familienberichterstattung des Mikrozensus. In: Wirtschaft und Statistik (1), S. 25-40.

Pfeiffer, F. (1999a), Tätigkeitsspektrum und Verdienst von Ingenieuren und Naturwissenschaftlern. In: Lüttinger, P. (Hg.), Sozialstrukturanalyse mit dem Mikrozensus. ZUMA-Nachrichten Spezial Band 6. Mannheim: ZUMA, S. 74-92.

Pfeiffer, F. (1999b), Existenzgründerpotenziale unter Arbeitssuchenden: Empirische Evidenz auf der Basis des Mikrozensus, Mitteilungen aus der Arbeitsmarkt- und Berufsforschung 32 (3), S. 300-314.

Pfeiffer, F., Brade, J. (1995), Weiterbildung, Arbeitszeit und Lohneinkommen. In: Steiner, V., Bellmann, L. (Hg.), Mikroökonomik des Arbeitsmarktes. Beiträge zur Arbeitsmarkt- und Berufsforschung 192. Nürnberg: IAB, S. 289-326.

Rauch, A. (2005), Behinderte Menschen auf dem Arbeitsmarkt. In: Bieker, R. (Hg.), Teilhabe am Arbeitsleben: Wege der beruflichen Integration von Menschen mit Behinderung. Stuttgart: Kohlhammer, S. 25-43.

Riede, T., Emmerling, D. (1994), Analysen zur Freiwilligkeit der Auskunftserteilung im Mikrozensus. In: Wirtschaft und Statistik (9), S. 733-742.

Roloff, J. (1999), Die Einkommenslage deutscher und ausländischer Ehen mit Kindern in Westdeutschland 1997. In: Zeitschrift für Bevölkerungswissenschaft 24, S. 281-300.

Schettkatt, R. (2003), Differences in US-German Time-Allocation. Why do Americans work longer hours than Germans? Discussion Papers FS I 02-212. Wissenschaftszentrum Berlin.

Schimpl-Neimanns, B. (1998), Analysemöglichkeiten des Mikrozensus, ZUMA-Nachrichten Nr. 42, S. 91-119.

Schimpl-Neimanns, B. (2000), Soziale Herkunft und Bildungsbeteiligung. In: Kölner Zeitschrift für Soziologie und Sozialpsychologie 52, S. 636-669.

Schimpl-Neimanns, B. (2007), Bildungsverläufe und Stichprobenselektivität. Analysen zur Stichprobenselektivität des Mikrozensuspanels 1996-1999 am Beispiel bildungsstatistischer Fragestellungen. Dissertation. Justus-Liebig-Universität Gießen.

Schnell, R. (1997), Nonresponse in Bevölkerungsumfragen. Ausmaß, Entwicklung und Ursachen. Opladen: Leske+Budrich.

Schroedter, J., Kalter, F. (2008), Binationale Ehen in Westdeutschland. Trends und Mechanismen der sozialen Assimilation. Sonderheft 48 der Kölner Zeitschrift für Soziologie und Sozialpsychologie. Im Erscheinen.

Statistisches Bundesamt (Hg.) (1985), Datennotstand und Datenschutz. Die amtliche Statistik nach dem Volkszählungsurteil. Wiesbaden: W. Kohlhammer.

Statistisches Bundesamt (Hg.) (1987), Nutzung von anonymisierten Einzelangaben aus Daten der amtlichen Statistik. Bedingungen und Möglichkeiten. Wiesbaden: W. Kohlhammer.

Statistisches Bundesamt (Hg.) (2006), Handbuch Mikrozensus-Panel 1996-1999. Methodenverbund Aufbereitung und Bereitstellung des Mikrozensus als Panelstichprobe. Version 0.2 – Juli 2006. Bonn: Statistisches Bundesamt, Gruppe VIII C (Mikrozensus).

Steiger, H., Tegtmeyer, H. (1975), Sozialstruktur im Wandel. In: Zeitschrift für Bevölkerungswissenschaft 1, S. 14-38.

Steiner, V., Wagner, K. (1998), Has Earnings Inequality in Germany Changed in the 1980's? In: Zeitschrift für Wirtschafts- und Sozialwissenschaften 118, S. 29-60.

Stockmann, R. (1986), Gesellschaftliche Modernisierung und Betriebsstruktur. Frankfurt: Campus.

Tegtmeyer, H. (1976), Berufliche und soziale Umschichtung der Bevölkerung. Methodische Anmerkungen zur Planung, Durchführung und Aufbereitung der Befragung. In: Zeitschrift für Bevölkerungswissenschaft, S. 4-39.

Voges, W. (2002), Pflege alter Menschen als Beruf. Wiesbaden: Westdeutscher Verlag.

Wagner, G. (2000), Selbstorganisation des Wissenschaftssystems würde Datenschutz vereinfachen und Re-Analysen befördern. ZUMA-Nachrichten 47, S. 75-88.

Warschburger, S. (2002), Rauchen und Alterssicherung. Eine empirische Untersuchung der Auswirkungen des Rauchens auf die Ausgaben der gesetzlichen Rentenversicherung in Deutschland. Europäische Hochschulschriften: Reihe 5. Volks- und Betriebswirtschaft. Frankfurt/Main: Europäischer Verlag der Wissenschaften.

Weißhuhn, G. (2001), Gutachten zur Bildung in Deutschland, Bonn: Bundesministerium für Bildung und Forschung (BMBF). http://www.bmbf.de/pub/gutachten_zur_bildung_in_deutschland.pdf.

Willms-Herget, A. (1985), Frauenarbeit. Zur Integration der Frauen in den Arbeitsmarkt. Frankfurt: Campus.

Wirth, H. (2000), Bildung, Klassenlage und Partnerwahl. Eine empirische Analyse zum Wandel der bildungs- und klassenspezifischen Heiratsbeziehungen. Opladen: Leske + Budrich.

Wirth, H. (2007), Kinderlosigkeit im Paarkontext von hochqualifizierten Frauen und Männern – Eine Folge von Bildungshomogamie? In: Konietzka, D., Kreyenfeld, M. (Hg.), Ein Leben ohne Kinder? Kinderlosigkeit in Deutschland. VS-Verlag, S. 167-199.

Wirth, H., Müller, W. (2004), Mikrodaten der amtlichen Statistik – Ihr Potenzial in der empirischen Sozialforschung. In: Diekmann, A. (Hg.), Methoden der Sozialforschung. Sonderheft 44/2004 der Kölner Zeitschrift für Soziologie und Sozialpsychologie, S. 93-127.

Wolf, E. (1999), Dynamik der Arbeitszeitstruktur. Welche Rolle spielt der Strukturwandel? In: Lüttinger, P. (Hg.), Sozialstrukturanalysen mit dem Mikrozensus. ZUMA-Nachrichten Spezial Nr. 6. Mannheim: ZUMA, S. 119-148.

Zapf, W. (1977), Lebensbedingungen in der Bundesrepublik. Campus: Frankfurt.

Der Dritte im Bunde – die Rolle der Umfrageinstitute in der sozialwissenschaftlichen Dateninfrastruktur

Bernhard von Rosenbladt

Fortschritte der informationellen Infrastruktur in Deutschland – was hat der Titel der Festschrift für Johann Hahlen und Hans-Jürgen Krupp mit den Umfrageinstituten zu tun? Ich möchte dazu eine persönliche Betrachtung beisteuern, geschrieben am Ende einer 35jährigen Berufspraxis in der empirischen Sozialforschung. Mein Erfahrungshintergrund ist die langjährige Leitung eines Instituts, das außerhalb der akademischen Wissenschaft angesiedelt ist, mit dieser aber intensiv kooperiert. Ich schreibe damit auch als Vertreter einer gewerblichen Branche, nämlich der privatwirtschaftlich arbeitenden Umfrageinstitute.[1]

Zweifellos sind diese Institute Bestandteil der auf die Wirtschaft, die Gesellschaft und die Politik bezogenen Dateninfrastruktur in Deutschland. Im Verhältnis zwischen Wissenschaft und Statistik sind sie der Dritte im Bunde. Auffallend ist aber, wie wenig ihre ordnungspolitische Rolle, ihre Arbeitsvoraussetzungen und ihre Leistung kritisch reflektiert und gewürdigt werden.

Zu den Wissenschaftlern, die die Bedeutung der Umfrageinstitute als Bestandteil der sozialwissenschaftlichen Infrastruktur in Deutschland immer unterstrichen haben, gehört Max Kaase. Ich hatte das Vergnügen, Mitglied der von ihm geleiteten DFG-Kommission zu »Qualitätskriterien der Umfrageforschung« zu sein, die in den Jahren 1997-98 eine Denkschrift zu diesem Thema erarbeitete[2]. In der zusammenfassenden Analyse heißt es:

> »Die Durchführung repräsentativer Umfragen benötigt neben dem methodischen Wissen erhebliche finanzielle und organisatorische Ressourcen. Anbieter dieser professionellen Dienstleistung sind in Deutschland im Wesentlichen privatwirtschaftlich verfasste Forschungsinstitute … Die Zusammenarbeit mit privatwirtschaftlich verfassten Umfragein-

1 Der Autor war von 1984-2007 Geschäftsführer der Infratest Sozialforschung GmbH, München. Der heutige Institutsname ist TNS Infratest Sozialforschung. Zur Erläuterung: Bei der Muttergesellschaft Infratest gab es im Zuge der Internationalisierung der Marktforschung eine Reihe von Eigentümer- und Namensänderungen. Das Institut firmierte zeitweise unter dem Namen Infratest Burke, dann NFO Infratest. Nach dem Erwerb der NFO-Gruppe (US-amerikanisch) durch TNS (britisch, **T**aylor **N**elson **S**ofres) ist der Name des deutschen Unternehmensteils TNS Infratest.
Unter diesem Dach agieren rechtlich eigenständige Tochtergesellschaften wie die TNS Infratest Sozialforschung, München, die TNS Emnid Medien- und Sozialforschung, Bielefeld, und Infratest dimap, Berlin.

2 Kaase (1999).

stituten hat der akademisch-sozialwissenschaftlichen Forschung den Verzicht auf den Aufbau einer eigenen leistungsfähigen, kostenträchtigen Infrastruktur ermöglicht.« (S. 112)

1. Wie sieht es mit der Infrastruktur für Datenerhebungen aus?

Für kleinere oder spezifische empirische Forschungsprojekte können die Universitäten oder andere Forschungseinrichtungen Datenerhebungen selbst organisieren. Studenten führen im Rahmen ihrer Methodenausbildung qualitative oder standardisierte persönliche Interviews durch. Einzelne Universitäten haben Telefonstudios für die Durchführung von CATI-Befragungen eingerichtet. Schriftliche Befragungen von Zielgruppen lassen sich relativ leicht durchführen, sofern ein geeigneter Adressenbestand verfügbar oder ein institutioneller Zugang möglich ist (z. B. Klassenzimmerbefragungen in Schulen). Das Internet hat mit der Möglichkeit der Websurveys (Online-Befragungen) die Spielräume erweitert, ist aber auch an die Voraussetzung eines geeigneten Adressenzugangs gebunden.

Auf der anderen Seite gibt es die großen Datenbestände der Amtlichen Statistik, die zunehmend für Forschungszwecke zur Verfügung stehen. Entscheidend hierfür war die Schaffung von Regelungen und Institutionen, die den wissenschaftlichen Nutzern einen direkten Datenzugang ermöglichen. Dies ist die Entwicklung, die unter der Überschrift »Fortschritte der informationellen Infrastruktur in Deutschland« im Mittelpunkt dieser Festschrift steht.

Zwischen den zwei genannten Polen gibt es in Deutschland mittlerweile große sozialwissenschaftliche Datenbestände, die im Rahmen projektbezogener Aufträge von Umfrageinstituten produziert wurden. Die für diese Datenerhebungen erforderliche Infrastruktur wird nicht von staatlicher Seite bereitgestellt, sondern von privatwirtschaftlichen Anbietern.

Die Struktur der Auftraggeber und damit der Finanzierung ist keineswegs einheitlich. Ich nenne im Folgenden wichtige Beispiele, wobei ich mich auf Projekte aus meinem eigenen Verantwortungsbereich beschränke, also Projekte, die TNS Infratest als größter Anbieter auf diesem Markt durchgeführt hat bzw. durchführt.

Da sind zum Ersten diejenigen Projekte, die im engeren Sinne als »wissenschaftsgetragene Datenproduktion« angesehen werden können, insofern als sie die Antragswege der Wissenschaftsförderung über die DFG, das BMBF u.a. durchlaufen. Als wichtige Beispiele sind zu nennen:

- das *Sozio-oekonomische Panel (SOEP),*
  Auftraggeber DIW Berlin, Längsschnittdaten mit jährlichen Erhebungen seit 1984, mündlich-persönliche Befragung (*mixed mode*) bei – seit dem Jahr 2000 – über 10.0000 Haushalten mit über 20.000 Befragungspersonen

- der *ALLBUS* in Kombination mit ISSP,[3]
  Auftraggeber ZUMA, Erhebungen im 2-Jahres-Rhythmus, mündlich-persönliche Befragung (CAPI) bei rd. 3.500 Personen.

Zum Zweiten gibt es große Projekte von wissenschaftsnahen Fachinstituten im Verantwortungsbereich von Regierungsressorts, die überwiegend auch über Ressortmittel finanziert werden. Wichtige Beispiele sind:

- das *IAB-Betriebspanel*,
  Auftraggeber IAB, ergänzend Länderministerien; Längsschnittdaten mit jährlichen Erhebungen seit 1993, mündlich-persönliche Befragung von rd. 16.000 Betrieben
- das *IAB-Haushaltspanel* (SGB II-Evaluierung),
  Auftraggeber IAB, Längsschnittdaten 2006-2008, jährliche Befragung von rd. 12.000 Haushalten mit teils telefonischen, teils mündlich-persönlichen Interviews möglichst aller Haushaltsmitglieder
- der *Familiensurvey*,
  Auftraggeber Deutsches Jugendinstitut (DJI), seit 1988 insgesamt drei wiederholte Querschnittserhebungen im mehrjährigen Abstand, mit Teilstichproben im Längsschnitt, rd. 10.000 mündlich-persönliche Interviews
- *Generation and Gender Survey (GGS)*, 2006-2007,
  Auftraggeber Bundesinstitut für Bevölkerungsforschung (BIB), 10.000 mündlich-persönliche Interviews mit Personen deutscher Staatsangehörigkeit, 4.000 mündlich-persönliche Interviews mit Personen türkischer Staatsangehörigkeit
- *BIBB/BAuA-Erhebung zu Qualifikation und Berufsverlauf der Erwerbstätigen*,[4]
  Auftraggeber Bundesinstitut für Berufsbildung (BIBB) und Bundesanstalt für Arbeitsschutz und Arbeitsmedizin (BAuA), wiederholte Querschnittserhebungen im mehrjährigen Abstand, zuletzt 2005, telefonische Befragung mit rd. 20.000 Interviews.

Die dritte Art der institutionellen Verankerung sind Ressortforschungsprojekte, die von Ministerien als einzelne Forschungsvorhaben ausgeschrieben werden. Von Bedeutung sind insbesondere solche Vorhaben, die eine themen- oder politikfeldbezogene Sozialberichterstattung darstellen. Teilweise liegen daraus bereits Zeitreihen über mehr als zwei Jahrzehnte vor. Auch hier ist es mittlerweile Standard, dass die Daten nach Abschluss des Projektauftrags über ein Datenarchiv oder andere Wege wissenschaftlichen Nutzern für eigene Analysen zugäng-

3 International Social Survey Programme.

4 Anschließend an die Serie früherer Erhebungen seit Ende der 70er Jahre, die als »BIBB/IAB-Erhebungen« bekannt waren.

lich gemacht werden. Für die Umfrageinstitute sind diese Projekte besonders bedeutsam, weil hier ihre eigene Forschungskompetenz mit inhaltlicher Berichtsverantwortung gefordert ist. Wichtige Beispiele sind:

- das *Berichtssystem Weiterbildung* (BSW),[5]
  Auftraggeber Bundesministerium für Bildung und Forschung (BMBF), seit 1979 im dreijährigen Turnus, mündlich-persönliche Befragung von rd. 7.000 Personen, zuletzt 2007 mit neuer, europäischer Berichtskonzeption als *Adult Education Survey (AES)*
- der *Freiwilligen-Survey* 1999 und 2004,[6]
  Auftraggeber Bundesministerium für Familie, Senioren, Frauen und Jugend (BMFSFJ), jeweils rd. 15.000 telefonische Interviews
- das *Niedrigeinkommenspanel (NIEP)*,[7]
  Auftraggeber Bundesministerium für Gesundheit und soziale Sicherung (BMGS), 1998-2002, Längsschnittdaten zu Haushalten im Niedrigeinkommensbereich, telefonische Befragung in Halbjahresabständen, in der letzten Welle mit noch rd. 1.200 Panelteilnehmern
- Erhebungen zur *Alterssicherung (ASID) und Altersvorsorge (AVID)*,[8]
  Auftraggeber Bundesministerium für Arbeit und Soziales (BMAS) und Deutsche Rentenversicherung (DRV), Erhebungen seit Anfang der 80er Jahre in mehrjährigen Abständen, zuletzt ASID 2007 für Bevölkerung ab 55 Jahren mit rd. 35.000 Befragten und AVID 2005 für Bevölkerung von 40 bis unter 60 Jahren mit rd. 12.000 Befragten, Befragungsmethode teils schriftlich und teils persönlich-mündlich, AVID-Daten mit Prognosen der individuellen Alterseinkommen auf Basis eines Mikrosimulationsmodells.

Ein vierter Projekttyp sind Erhebungen, die das Statistische Bundesamt an ein Umfrageinstitut vergibt. Dies geschieht eher im Ausnahmefall und vorwiegend in Entwicklungsprojekten, für die in der Struktur der Statistischen Ämter die Kapazitäten fehlen und nicht eigens aufgebaut werden sollen. Wichtigstes Beispiel aus der letzten Zeit:

- *ILO-Erhebung zum Erwerbsstatus* (Pilotstudie 2003-2004),[9]
  Telefonische Befragung von monatlich jeweils 10.000 Personen, rotierendes Panel mit sechsmaliger Befragung der Stichprobenpersonen, Gesamtdatenbestand mit Längsschnittdaten für rd. 48.000 Personen (in der Pilotstudie).

5 Vgl. zuletzt Rosenbladt, Bilger (2008).
6 Gensicke, Picot, Geiss (2006).
7 Kortmann et al. (2003).
8 Kortmann, Haghiri, Pupeter (2005), Heien, Kortmann, Schatz (2007).
9 Die Hauptstudie wurde 2005-2006 mit erhöhtem Stichprobenumfang nach dem Modell der Pilotstudie von einem anderen Umfrageinstitut durchgeführt. Zur Pilotstudie vgl. Fritz, Hartmann, Sacher (2004), S. 649-662.

Eine letzte Auftraggebergruppe sind, fünftens, Unternehmen als Sponsoren von sozialwissenschaftlich relevanten Forschungsprojekten. Erwähnt seien als wichtige Beispiele:

- die *Shell-Jugendstudie*,[10]
  mit einer durchgehenden Beobachtungsreihe von mittlerweile 15 Erhebungen und jeweils breit publizierten Berichten, zuletzt 2006.
- die McKinsey-Studie »*Perspektive Deutschland*«, 2001-2005,[11]
  Online-Befragung zu gesellschaftspolitischen Themen in fünf aufeinander folgenden jährlichen Erhebungen, anfangs mit rd. 150.000, zuletzt rd. 600.000 Befragungsteilnehmern, jeweils ergänzt um eine repräsentative CAPI-Befragung von 2.400 Personen zur Ableitung von Gewichtungsfaktoren.

Die Datenbestände der genannten Forschungsprojekte sind heute – mit wenigen Ausnahmen – der allgemeinen sozialwissenschaftlichen Datennutzung zugänglich. Dies war noch vor 10 Jahren keineswegs in diesem Maße der Fall. Gewandelt hat sich dabei weniger die Praxis der Umfrageinstitute, die in diesem Auftragssegment seit jeher gewohnt waren, die anonymisierten Mikro-Originaldaten als Produkt ihrer Arbeit an den Auftraggeber zu liefern. Gewandelt hat sich die Praxis der Auftraggeber, die die neuen Standards eines offeneren Datenzugangs heute weitgehend akzeptieren. Auch auf diesem Feld sind also »Fortschritte der informationellen Infrastruktur« festzustellen.

Der Überblick über die ausgewählten Projekte und Datenbestände – der nur einen Ausschnitt aus dem Gesamtbild zeigt – macht zwei Punkte deutlich:

(1) Ganz wesentliche Teile der Datengrundlagen, über die die empirisch ausgerichteten Wirtschafts- und Sozialwissenschaften in Deutschland heute verfügen können, sind über die Infrastruktur privatwirtschaftlicher Umfrageinstitute erhoben worden. Wenn deutsche Forschergruppen auf diesem Feld heute international gut positioniert sind, dann nicht zuletzt wegen der Kooperation von Forschungseinrichtungen und Umfrageinstituten.

(2) Datenbestände diesen Umfangs und dieser Qualität bereitzustellen, erfordert neben der notwendigen Finanzierung erhebliche Ressourcen der »Datenproduktion« – Ressourcen im quantitativen Sinne ausreichender Kapazitäten ebenso wie im qualitativen Sinne professioneller methodischer Verfahren und kompetenten Forschungspersonals.

Es wäre reizvoll, die Infrastruktur der Datenproduktion genauer zu untersuchen. Dies müsste über einen vergleichenden Ansatz erfolgen – vergleichend zwischen

10 Hurrelmann, Albert, TNS Infratest Sozialforschung (2006).

11 Fassbender, Kluge (2006).

verschiedenen Instituten, zwischen der staatlich bereitgestellten Infrastruktur der Amtlichen Statistik und der der privatwirtschaftlichen Umfragebranche, vor allem aber auch vergleichend zwischen verschiedenen Ländern. Mir persönlich hat erst die Einbindung des eigenen Instituts in ein international agierendes Marktforschungsunternehmen wie TNS – dem weltweit größten Unternehmen dieser Art mit Instituten in über 70 Ländern – den Blick dafür geschärft, wie unterschiedlich die Produktionsressourcen der Institute in verschiedenen Ländern sein können – bedingt auch durch die jeweilige Rolle, die ein privates Umfrageinstitut im institutionellen Arrangement der Politik- und Sozialforschung spielen kann. Die deutsche Situation ist hier eine durchaus besondere, mit einer starken Stellung der privatwirtschaftlichen Umfrageinstitute als Anbieter für Datenerhebungen im wirtschafts- und sozialwissenschaftlichen Bereich. Dies ist ordnungspolitisch auch sinnvoll, da es auf diese Weise Konkurrenz geben kann, die stetige Verbesserungen befördert.

Die Produktionsressourcen für Datenerhebungen unterliegen heute einem starken, technologisch bedingten Wandel. Die Nutzung elektronischer Informations- und Kommunikationstechnologien macht die Durchführung von Befragungen schneller, oft auch kostengünstiger, bei richtiger Anwendung auch fehlerfreier und leistungsfähiger als die klassischen Verfahren mit auf dem Postweg transportierten Papierfragebogen. *»Umfrageforschung wird damit auf eine neue Basis gestellt. Sie wandelt sich ... von einer Low-Tech- zu einer High-Tech-Branche.«*[12] Diese Entwicklung, konstatiert in der DFG-Denkschrift Ende der 90er Jahre, hat sich seither beschleunigt und erweitert.

Dabei ändert der Technologie-Einsatz die Interviewsituation als solche in der Regel nur wenig. Ob der Interviewer in einem mündlich-persönlichen Interview die Antworten der Befragungsperson in einen Papierfragebogen einträgt oder in eine Bildschirmmaske im Laptop, macht für den Befragten keinen großen Unterschied. Ob in einem telefonischen Interview die Antworten in einen Bildschirm eingegeben oder anders festgehalten werden, wird die Befragungsperson oft nicht einmal merken. Bei einer Online-Befragung muss die Befragungsperson zwar selbst vor dem Bildschirm sitzen, aber im Grunde hat sie einen schlichten schriftlichen Fragebogen auszufüllen. Es gibt neuere Techniken, bei denen der Interviewer zwar eine Art Papierfragebogen ausfüllt, aber die Daten werden über den benutzten Stift unmittelbar per Internet an den Institutsserver übertragen.

Was sich also ändert, sind vorwiegend die Verarbeitung und der Transport der Daten und die Einbindung der Befragungssituation in vor- und nachgelagerte Arbeitsprozesse. Diese bilden in Verbindung mit der jeweils genutzten Technologie hocheffektiv organisierte »Systeme« der Datengenerierung.

Aufbau und Weiterentwicklung dieser Systeme sind mit Investitionsentscheidungen verbunden. Manche Institute verringern ihren Investitionsbedarf und ihr Investitionsrisiko dadurch, dass sie nur einzelne Produktionswege für die Durch-

12 Kaase (1999), S. 98.

führung von Befragungen anbieten. So gibt es Institute, die ausschließlich telefonische Umfragen durchführen. Es gibt Feldorganisationen, die ausschließlich Feldarbeit für mündlich-persönliche Interviews anbieten (ohne »full service« und in der Regel für Quotenstichproben). Und es tummeln sich auf dem Markt eine Vielzahl von Anbietern für Online-Befragungen bei den verschiedensten Zielgruppen im Internet. Nur wenige Institute sind in der Lage, die ganze Bandbreite der heute eingesetzten Umfragemethoden anzubieten und damit für jedes Projekt das optimale Erhebungsdesign, einschließlich *multi-mode*-Erhebungen, zu ermöglichen. Denn dies erfordert, die entsprechenden unterschiedlichen Produktionsressourcen vorzuhalten und ständig auf einem technischen Stand zu halten, der Qualität und Wettbewerbsfähigkeit sichert.

Um eine Vorstellung von den Anforderungen zu geben, nenne ich einige Stichworte zu den Produktionsressourcen von TNS Infratest als dem größten Anbieter von Datenerhebungskapazität in Deutschland. Die verfügbare Infrastruktur für Umfragen umfasst folgende Ressourcen mit der jeweils dazugehörigen DV-technischen und organisatorischen Basis:

1. für *mündlich-persönliche Befragungen*: geschulter, permanenter Interviewerstab von etwa 2.000 Interviewern, darunter rd. 1.200 ausgerüstet mit leistungsfähigen Laptops für CAPI
2. für *telefonische Befragungen*: rd. 1.000 CATI-Stationen in einem technisch integrierten System mehrerer Telefonstudios an verschiedenen Standorten, mit etwa 4.000 geschulten Interviewern für den Einsatz an diesen Plätzen
3. für *schriftlich-postalische Befragungen*: Access-Panel mit rd. 88.000 teilnehmenden Haushalten, in denen etwa 180.000 befragungsbereite Haushaltsmitglieder leben[13]
4. für *Online-Befragungen*: Access-Panels mit rd. 95.000 Teilnehmern, die zu mehr als der Hälfte offline rekrutiert sind.

Dies sind die Ressourcen, die bei TNS Infratest für Umfragen in Deutschland bereitstehen. Für internationale Umfragen kann auf das Netzwerk der TNS Institute in den anderen Ländern zurückgegriffen werden. Auf dieser Basis wird für die EU-Kommission etwa das »Eurobarometer« durchgeführt, mit bis zu acht Umfragen pro Jahr auf Basis mündlich-persönlicher Interviews in bis zu 33 Ländern. Oder – für andere europäische Einrichtungen – repräsentative Betriebsbefragungen zum Thema Arbeitsbedingungen mit Telefoninterviews in 25-30 Ländern.

13 Die effektive Basis für Stichprobenziehungen ist abhängig von den Schichtungsmerkmalen, die für die Zufallsziehung der Bruttostichprobe vorgegeben werden. Sie liegt damit deutlich unter den genannten Gesamtzahlen. Die Teilnahmequoten liegen je nach Thema und Umfang der Befragung im Bereich von 60-80%.

Organisatorisch stellen die verschiedenen Interviewmethoden »Produktionsschienen« dar. Methodisch unterscheiden sie sich nicht nur durch die Befragungsform (*mode*), sondern auch durch unterschiedliche Möglichkeiten und Verfahren für Stichprobenbildungen und den unterschiedlichen Zugang zu den Befragungspersonen. Die konkrete Ausgestaltung der Arbeitsabläufe muss danach optimiert werden, welche Prioritäten der jeweilige Auftraggeber hat. Dabei geht es um Dinge wie: die erwartete Schnelligkeit der Ergebnislieferung, das erwartete Preisniveau des Auftrags oder die erwartete Beachtung bestimmter methodischer Standards – also Zeit vs. Kosten vs. Qualität.

Es liegt auf der Hand, dass diese drei Kriterien zu unterschiedlichen Lösungen führen können. Es gibt daher nicht »die« Umfrage, sondern eine Bandbreite von Verfahrensmodellen: von der schnellen, »schlanken«, kostengünstigen Standardumfrage bis zur zeit- und kostenaufwändigen Befragung etwa nach dem ALLBUS-Modell. Es ist nicht leicht für die Institute, diese gesamte Bandbreite unterschiedlicher Anforderungen zu beherrschen. Und es ist nicht leicht für die Auftraggeber, Verfahrensunterschiede zu erkennen und in Hinblick auf ihre Qualitäts- und Kostenrelevanz einzuschätzen.

Die DFG-Denkschrift von 1998 hat auf die »Pluralisierung der Verfahrensmodelle« hingewiesen, die sich aus den technologischen Entwicklungen einerseits und den unterschiedlichen Anforderungen verschiedener Kundengruppen andererseits ergibt:

> »Die akademisch-sozialwissenschaftliche Forschung tritt auf dem Markt der Umfrageforschung als eine von mehreren Nachfragegruppen auf – neben den Unternehmen (Marktforschung), dem Staat (Ressortforschung) und den Medien (Meinungsforschung, Wahlberichterstattung usw.). Sie hat dabei teilweise andere, häufig höhere Qualitätsstandards in methodischer und statistischer Hinsicht als andere Nachfragegruppen… Die hohe Wettbewerbsintensität auf dem Markt der Umfrageforschung stellt die Anbieter dabei unter Kostendruck und zwingt zur Nutzung technologischer Innovationen. Inwieweit dies mit Qualitätsstandards der akademisch-sozialwissenschaftlichen Forschung auch künftig vereinbar ist, bedarf der ständigen Beobachtung und Bewertung.«[14]

Der Arbeitskreis Deutscher Markt- und Sozialforschungsinstitute (ADM) veranstaltet jedes Jahr eine Branchenumfrage bei seinen Mitgliedsinstituten. Darin wird auch gefragt, wie hoch der Anteil verschiedener Auftraggebergruppen (»Branchen«) am gesamten Auftragsvolumen ist. Für »Öffentliche Auftraggeber« wird in den letzten Jahren ein Anteil von 2% ausgewiesen.[15] Die Gesamtdynamik der Branche wird also von anderen Nachfragegruppen bestimmt. Umso wichtiger ist eine Profilbildung einzelner Institute mit Blick auf die öffentlichen Auftraggeber und deren spezifische Anforderungen.

14 Kaase (1999), S. 99 und 112.

15 Hier zitiert nach Context 09/2006, S. 10, für das Jahr 2005. Der Gesamtumsatz der ADM-Mitgliedsinstitute im Jahr 2005 wird mit 1.419 Mio EUR ausgewiesen.

Die öffentlichen Auftraggeber – darunter die Wissenschaft – sind mit der bestehenden privatwirtschaftlichen Angebotsstruktur für Umfragen in Deutschland bisher nicht schlecht gefahren.[16] Diese Struktur ist dadurch gekennzeichnet, dass die Datenerhebungen von Forschungsunternehmen durchgeführt werden, die zum großen Teil oder in erster Linie Marktforschung betreiben und in diesem Rahmen auch Unternehmenseinheiten für Politik- und Sozialforschung haben. Eine solche institutionelle Struktur mag Schwächen und Risiken haben, aber sie hat auch ihre Stärken.

Durch die Einbindung in die Marktforschung erhält die Sozialforschung Zugang zu gut ausgebauten Produktionsressourcen, die allein mit öffentlichen Aufträgen nicht finanzierbar wären – die großen sozialwissenschaftlichen Projekte mit 10.000 oder 20.000 Befragten könnten anders kaum realisiert werden. Der Wettbewerbsdruck, der in der Branche besteht, erzwingt eine ständige Orientierung auf hohe Produktivität – was auch den akademischen Auftraggebern in Form relativ niedriger Umfragekosten in Deutschland zugute kommt. Die technologischen Innovationen sind nicht nur eine Bedrohung für hergebrachte methodische Standards – vielmehr eröffnen sie auch der sozialwissenschaftlichen Forschung neue Möglichkeiten.

Richtig ist, dass die Produktion von »High-Quality«-Daten im Sinne der methodischen Standards der Sozialwissenschaften ein relativ schmales Segment innerhalb des gesamten Umfragegeschäfts ist. Die meisten Institute sind daran weder interessiert noch sind sie in der Lage, die geforderten Leistungen zu erbringen. Es sind einzelne wenige Institute, die in diesem Segment tätig sind. Sie brauchen auf jeden Fall eine eigene Unternehmenseinheit für die öffentlichen Auftraggeber, denn die Projekte erfordern nicht nur leistungsfähige Produktionsressourcen, sondern auch kompetente Projektleiter, die die wissenschaftlichen Anforderungen der Auftraggeber verstehen und in der Praxis umsetzen können. Idealerweise entwickeln die Projektleiter selbst Ideen für wissenschaftliche Innovationen.[17]

Derzeit beobachten wir bei den öffentlichen Auftraggebern – und hier insbesondere bei denen aus dem akademisch-sozialwissenschaftlichen Bereich – eine

16 Die DFG-Denkschrift spricht davon, dass sich diese Struktur »insgesamt bisher ... bestens bewährt« habe. Kaase (1999), S. 112.

17 Gemeinsame Publikationen von Auftraggebern und Instituten, die Innovationen gemeinsam realisierten, sind eher selten, da die Rollenerwartungen im Rahmen des Auftraggeber-Auftragnehmer-Verhältnisses dem eher entgegenstehen. Es gibt aber positive Beispiele, etwa aus dem Sozio-oekonomischen Panel, in dem eine Vielzahl innovativer Verfahren gemeinsam von den beteiligten Wissenschaftlern und dem Erhebungsinstitut entwickelt wurden. Siehe etwa Fehr, Fischbacher, Rosenbladt, Schupp, Wagner (2002), Solga, Stern, Rosenbladt, Schupp, Wagner (2005), Schupp, Gramlich, Pischner, Wagner, Rosenbladt (2005), Lang, Weiss, Stocker, Rosenbladt (2007).

Entwicklung hin zu steigenden Anforderungen an die Leistungen des Erhebungsinstituts. Dies zeigt sich in verschiedenen Formen:

- steigende Stichprobengrößen
- komplexe Designs mit *mixed-mode*-Ansätzen
- eine wachsende Zahl von Längsschnittbefragungen (Panels)
- Verbindung der Umfragemethodik mit Instrumenten aus anderen wissenschaftlichen Kontexten, etwa Verhaltensexperimenten, kognitiven Tests oder Conjoint-Modellen.

Dies ist Teil einer Entwicklung, in der Ad-hoc-Umfragen mit Standardmethodik in der Wissenschaft an Bedeutung verlieren und demgegenüber mehr »große Tanker« gebaut werden – größere und/oder langlaufende umfragebasierte Forschungsprojekte, die Bestandteil der sozialwissenschaftlichen Dateninfrastruktur werden. Damit stellt sich die Frage: Kann die Leistungsfähigkeit der Umfrageinstitute mit den steigenden Anforderungen Schritt halten?

Die Antwort ist: Grundsätzlich ja. Allerdings sollte bei allen Beteiligten das Bewusstsein dafür vorhanden sein, dass die Verfügbarkeit von immer leistungsfähigeren Erhebungskapazitäten nicht einfach vorausgesetzt werden kann. Solche Kapazitäten müssen aufgebaut, finanziert, gesichert und gepflegt werden. Die Blickrichtung auf »Fortschritte der informationellen Infrastruktur« sollte vielleicht auch diesen Aspekt der Infrastrukturentwicklung umfassen.

Der Weg dorthin kann – da es sich nicht um staatliche Institutionen, sondern um privatwirtschaftliche Organisationen handelt – nur über die Mechanismen von Angebot und Nachfrage führen. Kurz gesagt: die Anbieter müssen ein bestimmtes Produkt anbieten, und die Nachfrager müssen es nachfragen. Die Risiken dieses Prozesses können vermindert und die Erfolgschancen verbessert werden, wenn im Verhältnis zwischen akademischen Forschungseinrichtungen (als Auftraggebern) und Datenerhebungsinstituten (als Auftragnehmern) zwei Punkte gegeben sind: eine gewisse Kontinuität der Zusammenarbeit und eine frühzeitige und offene Kommunikation über die Anforderungen.

Kontinuität ist aus zwei Gründen wichtig:

- Die Erwartung einer regelmäßigen oder längerfristigen Zusammenarbeit erhöht die Bereitschaft auf Seiten des Instituts, in der erforderlichen Weise in Produktionsressourcen und qualifiziertes Personal zu investieren.
- Kontinuität ist aber auch deshalb wichtig, weil die Bewältigung besonderer Anforderungen, die über das Routinegeschäft hinausgehen, »gelernt« werden muss. Bei komplexen Prozessen, wie sie mit der Datenerhebung verbunden sind, kann Qualität nicht auf Knopfdruck entstehen. Arbeitsabläufe, Problemlösungen und Kontrollverfahren müssen definiert und eingeübt werden. Wenn Projekte ähnlicher Art regelmäßig zu bearbeiten sind, kann eine »Qua-

litätskultur« entstehen. In diesen Lernprozess sind auch die Mitarbeiter auf Seiten der sozialwissenschaftlichen Auftraggeber einbezogen.

Ähnlich verhält es sich mit der offenen und frühzeitigen *Kommunikation*:

- Größere sozialwissenschaftliche Umfrageprojekte sind für die Institute nicht einfach »mit links« zu bewältigen. Oft benötigen sie Produktions- und Personalressourcen, für deren Bereitstellung eine Planungs- und Vorlaufzeit erforderlich ist. Bei Angebotsaufforderungen sind oft schwierige konzeptionelle und produktionstechnische Fragen zu klären, für deren Bearbeitung die nötige Zeit vorhanden sein sollte. Bei größeren Projekten, bei denen vielfach auch Neuland betreten wird, empfiehlt sich eine Pilot- oder Pretest-Phase, um Verfahren und Instrumente zu testen und gemeinsam mit dem Auftraggeber Schlussfolgerungen zu ziehen. Dafür sind ausreichende Zeit und auch finanzielle Mittel erforderlich.
- Sozialwissenschaftliche Projektplaner sind gut beraten, wenn sie komplexe Projektdesigns nicht »am grünen Tisch« entwerfen, sondern frühzeitig das Gespräch mit Vertretern der Umfragepraxis suchen. Möglichkeiten und Grenzen der praktischen Realisierung eines Befragungsvorhabens abzuschätzen ist von außen nicht immer einfach. Es gibt die erwähnte »Pluralisierung der Verfahrensmodelle«. Auftraggeber wollen natürlich ein Höchstmaß an Qualität, aber sie unterschätzen häufig die »Qualitätskosten«. Erhebungsinstrumente können mehr oder weniger praxisgerecht konzipiert sein. Und nicht zuletzt gibt es immer knappe Ressourcen, manchmal auch Kapazitätsgrenzen. All diese Aspekte sind zu berücksichtigen, und Umfrageinstitute haben hier eine wichtige Beratungsaufgabe und -kompetenz.

Die Kooperation, wie sie hier beschrieben wird, muss im Einklang mit den Regeln des Wettbewerbsrechts erfolgen. Eine Sozialforschungsumfrage wird ja meist in der Form eines Auftrags durchgeführt, den eine öffentliche Einrichtung – Verwaltung oder Wissenschaft – an ein privatwirtschaftliches Institut erteilt. Aufträge dieser Art müssen nach wettbewerblichen Verfahren vergeben werden, d.h. eine Mehrzahl von Anbietern muss die faire Chance haben, ein Angebot abzugeben und den Auftrag zu erhalten.

Dies ist gut und richtig so, es kann aber auch negative Effekte haben. Wenn es so verstanden wird, dass ein Auftraggeber vorab mit potentiellen Anbietern nicht reden darf, weil sonst mögliche andere Anbieter benachteiligt sein könnten, dann behindert es den Aufbau der wünschenswerten frühzeitigen Kommunikation. Wenn es so verstanden wird, dass – etwa bei Längsschnittuntersuchungen – die Feldarbeit in kurzen Fristen neu ausgeschrieben werden muss, dann steht es der wünschenswerten Kontinuität der Zusammenarbeit im Wege. Wenn der Preiswettbewerb bestimmender wird als der Qualitätswettbewerb, kann dies für die gewünschte Entwicklung kontraproduktiv sein. Hier müssen vernünftige Vorgehensweisen gesucht werden, die den Aufbau von Ressourcen, Kompetenz und Vertrauen nicht behindern.

Die DFG-Denkschrift zu Qualitätskriterien der Umfrageforschung widmet der *»Zusammenarbeit zwischen privatwirtschaftlich und akademisch verfasster Sozialforschung«* ein eigenes Kapitel.[18] Sie plädiert dafür, *»noch stärker als bisher eine systematische Zusammenarbeit«* anzustreben. Hintergrund ist die Sorge, die empirische Sozialforschung in den Hochschulen sei *»in Gefahr zurückzufallen«*, weil die beschriebenen technologischen Entwicklungen der Umfragepraxis es immer schwerer machen würden, *»mit neuen Entwicklungen Schritt zu halten. Dennoch ist auch künftig davon auszugehen, dass eine verstärkte Zusammenarbeit in beiderseitigem Interesse liegt ...«*

Ich würde dem nicht nur zustimmen, sondern einen Schritt weiter gehen. Beide Seiten sollten erkennen, dass sie in einem Boot sitzen – in einem Boot auf bewegter See. Eine hochwertige Infrastruktur für anspruchsvolle umfragebasierte Sozialforschung ist teuer. Dass sie erhalten und weiter entwickelt wird, ist für die empirische wirtschafts- und sozialwissenschaftliche Forschung in Deutschland eine Existenzfrage.

Die Sozialforscher in den gewerblichen Instituten haben dieses Interesse ohnehin, aber sie können nicht zaubern. Man kann sich vorstellen, dass sie in ihrem Unternehmen nicht unbedingt einen leichten Stand haben, wenn sie für ihre Projekte den Erhalt oder Ausbau kostenträchtiger Produktionsressourcen fordern und auf methodischen Verfahren mit hohem Qualitätsniveau (Kostenniveau) bestehen.

Ein konkretes Beispiel ist die Entwicklung der Interviewerstäbe für Face-to-Face-Befragungen. Jahrelang gingen die strategischen Planungen der Unternehmen davon aus, dass man in diese Ressourcen nicht mehr investieren müsse und dass sie in nicht ferner Zukunft von kostengünstigeren Befragungsmedien wie Telefon und Internet abgelöst sein würden. Für weite Bereiche der Marktforschung und für die schnellen Standardumfragen trifft das auch weitgehend zu.

Die sozialwissenschaftlichen Projekte erfordern vielfach jedoch weiterhin gut geschulte Interviewerstäbe für Face-to-Face-Befragungen – und ganz gegen den Trend zeichnet sich hier sogar ein steigender Bedarf ab. Etwas ungläubig stehen die strategischen Planer vor diesem Phänomen. Sie werden die benötigten Ressourcen aber schaffen, wenn »der Markt« sie verlangt, also die Nachfrage vorhanden ist.

18 Kaase (1999), S. 89-92 und Zusammenfassung, S. 115.

2. *Ein Fazit für Wissenschaft und Praxis*

Es gibt eine Koalition der Interessen auf Seiten der Anbieter und der Nachfrager von hochwertiger Infrastruktur für Survey-basierte Forschung. Dies sollte allen Beteiligten bewusst sein. Wirksam werden kann diese Interessenkoalition nicht über institutionelle Regelungen, sondern nur über marktkonforme Mechanismen von Angebot und Nachfrage. Hilfreich könnten aber Gesprächsforen sein, in denen Vorstellungen über Ziele und Voraussetzungen der Infrastrukturentwicklung in der Umfrageforschung ausgetauscht werden.

Hilfreich wäre auch eine Rückenstärkung für die Sozialforscher in den Umfrageinstituten durch ein wenig mehr Anerkennung ihres Beitrags zur informationellen Infrastruktur. Dazu kann die akademisch-sozialwissenschaftliche Profession beitragen. Ich nenne – als eine Art Postskriptum – drei Punkte, die an anderer Stelle, so auch im Rat für Sozial- und Wirtschaftsdaten, näher diskutiert werden könnten.

- In der Wissenschaft wird korrektes Zitieren von Quellen sehr ernst genommen. Nicht so der korrekte Hinweis auf das durchführende Umfrageinstitut bei der Vorstellung umfragebasierter Forschungsprojekte. Oft wird das Umfrageinstitut nicht erwähnt, oft nur in einer Fußnote. Vielmehr stellt die Forschungseinrichtung die Sache so dar, als hätte sie die Erhebung durchgeführt. Dies fördert nicht gerade das allgemeine Bewusstsein von der Bedeutung der Umfrageinstitute für die informationelle Infrastruktur. (Natürlich gibt es auch viele Fälle korrekter Darstellungen der Kooperation. Es wäre schön, wenn dies der Standard würde.)
- Im Bundesstatistikgesetz ist die Möglichkeit des Datenzugangs für die Wissenschaft in dem Sinne geregelt, dass eine Übermittlung nur an *»Hochschulen oder sonstige Einrichtungen mit der Aufgabe unabhängiger wissenschaftlicher Forschung«* erfolgen kann. Nach gängiger Interpretation werden privatwirtschaftlich verfasste Umfrageinstitute nicht zu diesem Kreis gerechnet. Die Folge ist, dass jeder Student Zugang zum Scientific-Use-File des Mikrozensus hat, nicht aber ein renommiertes Umfrageinstitut, auch wenn es beispielsweise an einem Forschungsauftrag für die Bundesregierung arbeitet. Aber wieso ist ein privatwirtschaftlich verfasstes Forschungsinstitut eigentlich weniger unabhängig als eine staatlich finanzierte Einrichtung? Diese Praxis sollte überdacht werden.
- Der Rat für Sozial- und Wirtschaftsdaten (RatSWD) ist ein *»unabhängiges Gremium von empirisch arbeitenden Wissenschaftlerinnen und Wissenschaftlern ... sowie von Vertreterinnen und Vertretern wichtiger Datenproduzenten«*. Nachdem die Stoßrichtung des Rates der bessere Zugang zu den Daten der Amtlichen Statistik und anderer öffentlicher Einrichtungen war, war es nahe liegend, dass als *wichtige Datenproduzenten* zunächst diese öffentlich-rechtlichen Datenproduzenten beteiligt wurden. Möglicherweise ist es jetzt

an der Zeit, diese Beschränkung zu überprüfen. Der Rat könnte einen Beitrag dazu leisten, die Bedeutung der privatwirtschaftlich bereitgestellten Infrastruktur für Datenerhebungen in den Wirtschafts- und Sozialwissenschaften ins Bewusstsein zu heben.

Literatur

Fassbender, H., Kluge, J. (2006), Perspektive Deutschland. Was die Deutschen wirklich wollen. Berlin: Econ Verlag.

Fehr, E., Fischbacher, U., Rosenbladt, B. von, Schupp, J., Wagner, G. G. (2002), A Nation-Wide Laboratory. In: Schmollers Jahrbuch, 122. Jg., Heft 4, Berlin: Duncker & Humblot.

Fritz, J., Hartmann, J., Sacher, M. (2004), Arbeitsmarkt in Deutschland – Analysen zu Ausfallprozessen in der Piloterhebung zum ILO-Erwerbsstatus. In: Wirtschaft und Statistik, Heft 6, S. 649-662.

Gensicke, T., Picot, S., Geiss, S. (2006), Freiwilliges Engagement in Deutschland 1999-2004. Ergebnisse der repräsentativen Trenderhebung zu Ehrenamt, Freiwilligenarbeit und bürgerschaftlichem Engagement. Wiesbaden: VS-Verlag.

Heien, T., Kortmann, K., Schatz, C. (2007), Altersvorsorge in Deutschland (AVID) 2005: Alterseinkommen und Biografie. DRV-Schriften Band 75, Berlin.

Hurrelmann, K., Albert, M., TNS Infratest Sozialforschung (2006), 15. Shell Jugendstudie. Jugend 2006. Eine pragmatische Generation unter Druck. Frankfurt am Main: Fischer Verlag.

Kaase, M. (Hrsg.) (1999), Qualitätskriterien der Umfrageforschung. Denkschrift der Deutschen Forschungsgemeinschaft. Berlin: Akademie Verlag.

Kortmann, K. et al. (2003), Soziale Lage und Einkommensdynamik im unteren Einkommensbereich. Zusammenfassender Bericht zum Niedrigeinkommens-Panel (NIEP). Forschungsbericht Nr. 300-Z des Bundesministeriums für Gesundheit und Soziale Sicherung. Bonn.

Kortmann, K., Haghiri, P., Pupeter, M., TNS Infratest Sozialforschung (2005), Alterssicherung in Deutschland 2003 (ASID '03) – Zusammenfassung wichtiger Untersuchungsergebnisse. Forschungsbericht Nr. 346/Z des Bundesministeriums für Arbeit und Soziales. Bonn.

Lang, F., Weiss, D., Stocker, A., Rosenbladt, B. von (2007), Assessing Cognitive Capacities in Computer-Assisted Survey Research: Two Ultra-Short Tests of Intellectual Ability in the German Socio-Economic Panel (SOEP). In: Wagner, G. et al. (Hrsg.), Schmollers Jahrbuch, 127. Jg., Heft 1, Proceedings of the 7th International Socio-Economic Panel User Conference (SOEP 2006), Berlin: Duncker & Humblot.

Rosenbladt, B. von, Bilger, F. (2008), Weiterbildungsbeteiligung in Deutschland – Eckdaten zum BSW-AES 2007. BMBF. Berlin.

Schupp, J., Gramlich, T., Pischner, R., Wagner, G. G., Rosenbladt, B. von (2005), Repräsentative Analyse der Lebenslagen einkommensstarker Haushalte. Forschungsprojekt des Bundesministeriums für Gesundheit und Soziale Sicherung. Berlin.

Solga, H., Stern, E., Rosenbladt, B. von, Schupp, J., Wagner, G. G. (2005), Measurement and Importance of General Reasoning Potential in Schools and Labour Markets. Pretest Report, DIW Berlin, Research Notes 7/2005.

Wagner, G. et al. (Hrsg.) (2007), Schmollers Jahrbuch, 127. Jg., Heft 1, Proceedings of the 7th International Socio-Economic Panel User Conference (SOEP 2006), Berlin: Duncker & Humblot.

ForschungsDatenZentren
Eine informationelle Infrastruktur mit erFreulichem DatenZugang

Stefan Bender, Ralf Himmelreicher, Sylvia Zühlke und Markus Zwick

1. Einleitung

Die vier öffentlich geförderten Forschungsdatenzentren (FDZ), das sind das Forschungsdatenzentrum der Bundesagentur für Arbeit im Institut für Arbeitsmarkt- und Berufsforschung, das Forschungsdatenzentrum der Rentenversicherung in der Deutschen Rentenversicherung Bund sowie das Forschungsdatenzentrum der Statistischen Ämter der Länder und das Forschungsdatenzentrum des Statistischen Bundesamtes, haben in den vergangenen Jahren das Daten- und Dienstleistungsangebot für die Wissenschaft deutlich verbessert.[1] Auf Empfehlung der Kommission zur Verbesserung der informationellen Infrastruktur zwischen Wissenschaft und Statistik (KVI)[2] gegründet und durch das Bundesministerium für Bildung und Forschung (BMBF) in den Projektphasen gefördert, haben sich die Zentren heute in einer Form entwickelt, die anfänglich so nicht erwartet wurde. Die Angebote werden breit wahrgenommen, empirische Ergebnisse führen zu referierten Publikationen und der Forschungsstand bei der Anonymisierung von Mikrodaten hat sich deutlich weiterentwickelt. Viele politische Entscheidungen werden heute auf Grundlage von aus den Forschungsdatenzentren stammenden Daten geplant und evaluiert. Von einem europäischen Schlusslicht im Hinblick auf die Nutzung der mit öffentlichen Mitteln produzierten Einzeldaten durch die empirische Wissenschaft hat sich Deutschland zu einem innovativen Ideengeber, so z. B. beim Zugang zu Einzeldaten im Rahmen der Lehre und bei Linked-Employer-Employee-Datensätzen, entwickelt.

Gemeinsam mit dem Rat für Sozial- und Wirtschaftsdaten (RatSWD) haben die Forschungsdatenzentren im Jahre 2007 Kriterien zur konkreten Ausgestaltung von Forschungsdatenzentren in Deutschland erarbeitet.[3] Diese Kriterien bauen auf den Erfahrungen der vier Forschungsdatenzentren auf, die mittlerweile alle nach den Regeln der Leibniz-Gemeinschaft mit einem positiven Ergebnis evalu-

1 Anzumerken ist, dass im Zuge dieser Entwicklung zwei Datenservicezentren – das German Microdata Lab (GML) bei ZUMA und das Internationale Datenzentrum beim IZA (IdZA) – eingerichtet wurden, die ebenfalls auf eine erfolgreiche Arbeit blicken können. Siehe hierzu den Beitrag von Schneider und Wolf in diesem Band.

2 Kommission zur Verbesserung der informationellen Infrastruktur zwischen Wissenschaft und Statistik (2001).

3 http://www.ratswd.de/download/publikationen_rat/RatSWD_FDZKriterien.PDF.

iert wurden. Der Kriterienkatalog ist als Leitfaden für weitere Datenproduzenten gedacht, die planen, ein Forschungsdatenzentrum einzurichten.

In Kapitel 2 werden zunächst die wesentlichen Kriterien vorgestellt, die eine gemeinsame Arbeitsgrundlage der Forschungsdatenzentren darstellen. In den Ausführungen des Kapitels 3 stellen sich die vier Forschungsdatenzentren in ihrer jetzigen Ausgestaltung dar. Neben den jeweiligen Datenangeboten werden auch weitere Dienstleistungen sowie die Nutzungsintensität benannt. Der Beitrag schließt mit einem Ausblick auf die zukünftigen Entwicklungen ab.

2. *Kriterien des Rates für Sozial- und Wirtschaftsdaten für Forschungsdatenzentren*

Forschungsdatenzentren sind Institutionen, deren wesentliche Aufgabe in der Bereitstellung eines einfachen, transparenten und qualitativ hochwertigen Zugangs zu statistisch auswertbaren Mikrodaten unter Einhaltung des Datenschutzes und der Datensicherheit liegt. Darüber hinaus sollen die Forschungsdatenzentren zu einer Verbesserung der Kooperation zwischen den Datennutzern aus der Wissenschaft und den jeweiligen Datenproduzenten beitragen. Die Forschungsdatenzentren sind somit Schnittstelle zwischen dem Datenangebot der Datenproduzenten und der Nachfrage nach diesen Daten seitens der Wissenschaft. In dieser Funktion ermöglichen sie unter Berücksichtigung der datenschutzrechtlichen Regelungen folgenden Einzeldatenzugang:

- anonymisierte Mikrodatenfiles
- kontrollierte Datenfernverarbeitung
- Gastwissenschaftler-Arbeitsplätze in den Forschungsdatenzentren

Um diese zentralen Aufgaben leisten zu können, haben die vier öffentlich geförderten Forschungsdatenzentren gemeinsam mit dem RatSWD folgende grundlegende Charakteristika als Kriterien erarbeitet:

1. Es werden Daten für die Wissenschaft zur Verfügung gestellt, die für statistische Zwecke im Rahmen des Verwaltungsvollzugs oder im Rahmen von Forschung bzw. Evaluation entstehen sowie mit öffentlichen Mitteln produziert werden.
2. Der Nutzungszugang unterliegt den bereichsspezifischen rechtlichen Grundlagen des Datenschutzes und der Datensicherheit. Aufgabe der Forschungsdatenzentren ist es, den Zugang durch spezifische Regelungen zu erleichtern.
3. Der Zugang zu Mikrodaten unterliegt dabei rechtlichen Regelungen, die die Gleichbehandlung der Datennutzer gewährleisten. Entsprechend sorgen die

Forschungsdatenzentren für transparente und standardisierte Zugangsregelungen. Dies beinhaltet auch, dass kein Nutzungsantrag aus inhaltlichen Gründen bevorzugt bearbeitet oder zurückgehalten wird. Die Forschungsdatenzentren nehmen keine inhaltliche Bewertung der eingehenden Forschungsanliegen vor, sondern prüfen im Hinblick auf datenschutzrechtliche oder vertragliche Zulässigkeit. Wenn es vertragliche oder rechtliche Einschränkungen bei der Analyse der Daten gibt, sind diese zeitgleich mit der Bereitstellung der Daten zu veröffentlichen. Auswertungen, die datenschutzrechtlich unbedenklich d.h. vertraglich zulässig sind, können von den Nutzern unabhängig und eigenständig publiziert werden.

4. Neben der Bereitstellung von Zugangsmöglichkeiten erstellen die Forschungsdatenzentren analysefreundliche Datenprodukte sowie umfassende Datendokumentationen. Darüber hinaus erfolgt die Vermittlung von Informationen über die angebotenen Daten und über die Forschungsdatenzentren in standardisierter Form durch Internetpräsenz, Daten- und Methodenreporte sowie individuelle Beratung. Zu den Aufgaben der Forschungsdatenzentren gehören auch die Organisation von und Teilnahme an wissenschaftlichen Veranstaltungen, um das zur Verfügung stehende Datenmaterial vorzustellen, und die Präsentation des Datenangebots und -zugangs bei potenziellen Interessenten (insbesondere außeruniversitären Forschungsinstituten, Fachhochschulen und Universitäten). Die Forschungsdatenzentren beteiligen sich aktiv an der wissenschaftlichen Diskussion zum Analysepotenzial vorhandener Daten sowie am Austausch über Nutzungs- und Entwicklungsmöglichkeiten der Dateninfrastruktur für wissenschaftliche Zwecke.
5. In den Forschungsdatenzentren muss zu einem spezifischen Anteil geforscht werden. Nur wer selbst forscht, kennt die Daten und die aktuellen methodischen sowie inhaltlichen Diskussionen und kann somit Nutzer adäquat betreuen. Die Tätigkeit im Forschungsdatenzentrum darf nicht auf Serviceaufgaben verkürzt sein, da dies letztendlich einem Ausstieg aus der Wissenschaft gleich käme. Das wissenschaftliche Arbeiten in den Forschungsdatenzentren ermöglicht den Zugang zu Weiterqualifikation sowie die Teilnahme an wissenschaftlichen Veranstaltungen und schließlich die Publikation der eigenen Arbeiten in Fachzeitschriften.
6. Das Forschen in den Forschungsdatenzentren ist nicht mit einem Exklusivzugang der Datenproduzenten verbunden. Mit Vorliegen der anonymisierten Mikrodaten stehen diese, zumindest über die kontrollierte Datenfernverarbeitung oder an Gastwissenschaftler-Arbeitsplätzen, zeitgleich allen Forscherinnen und Forschern zur Verfügung.

3. Die vier öffentlich geförderten Forschungsdatenzentren

Die Kommission zur Verbesserung der informationellen Infrastruktur zwischen Wissenschaft und Statistik hat in den Jahren 1999 bis 2001 im Auftrag des BMBF Vorschläge zur Verbesserung der Dateninfrastruktur zwischen Wissenschaft und Statistik erarbeitet. Eine der zentralen Empfehlungen dieser Kommission bestand in der Einrichtung von Forschungsdatenzentren. Aktuell existieren in Deutschland vier vom RatSWD empfohlene Forschungsdatenzentren, die im Folgenden näher beschrieben werden.

a) Forschungsdatenzentrum des Statistischen Bundesamtes

Das Forschungsdatenzentrum des Statistischen Bundesamtes wurde als erstes Forschungsdatenzentrum auf Empfehlung der KVI im Jahr 2001 gegründet und im Sommer 2004 positiv evaluiert. Das Kerngeschäft des Forschungsdatenzentrums des Statistischen Bundesamtes, die Bearbeitung von Nutzeranfragen, wird mittlerweile vollständig über originäre Haushaltsmittel getragen. Innerhalb von wissenschaftlichen Projekten, z. B. bei der Anonymisierung von wirtschaftsstatistischen Paneldaten, erhält das Forschungsdatenzentrum Fördermittel des BMBF.

In den Forschungsdatenzentren der Statistischen Ämter des Bundes und der Länder stehen inzwischen, als gemeinsames Dienstleistungsangebot, die wichtigsten amtlichen Statistiken als Mikrodaten zur Verfügung. Der Zugang zu den Daten, deren Angebot stetig wächst, ist über vier verschiedene Formen möglich, die sich hinsichtlich ihrer Form der Anonymisierung und der Art der Datenbereitstellung unterscheiden. Außerhalb der Statistischen Ämter können absolut anonymisierte Public Use Files (PUFs) und faktisch anonymisierte Scientific Use Files (SUFs) genutzt werden (Off-Site-Nutzung). Weniger stark im Anonymisierungsprozess informationsreduzierte Daten werden an Gastwissenschaftler-Arbeitsplätzen in den Räumen der amtlichen Statistik bereitgestellt. Des Weiteren besteht die Möglichkeit, mittels selbst entwickelter Syntax über die kontrollierte Datenfernverarbeitung mit formal anonymisierten Einzeldaten zu arbeiten (On-Site-Nutzung). Einzelheiten zu Daten und Zugangsformen finden sich unter www.forschungsdatenzentrum.de.

Intensivste Nutzungsform sind die SUFs. Über das Forschungsdatenzentrum des Statistischen Bundesamtes wurden seit dem Jahr 2004 knapp 690 standardisierte SUFs für gut 320 unterschiedliche Projekte vertrieben. Der am stärksten frequentierte Datenbestand ist hierbei der Mikrozensus. Insgesamt stagniert jedoch die Nachfrage nach standardisierten SUFs, während die Nachfrage nach individuellen Datensätzen am Gastwissenschaftler-Arbeitsplatz sowie über die kontrollierte Datenfernverarbeitung im Forschungsdatenzentrum des Statistischen Bundesamtes zunimmt. Seit 2004 besuchten 30 Wissenschaftler/innen das Forschungsdatenzentrum des Statistischen Bundesamtes, die kontrollierte Datenfernverarbeitung wurde in 55 Projekten genutzt. Aktuell werden 16 weitere Projekte dieser beiden Nutzungsformen betreut.

Um die breite Nutzung der amtlichen Mikrodaten zu präsentieren, wurde die graue Reihe »FDZ-Arbeitspapiere« initiiert. Zum gegenwärtigen Zeitpunkt wurden bereits mehr als zwanzig Arbeitspapiere in dieser Reihe publiziert, welche auf der Homepage zu finden sind. Darüber hinaus finden sich in der Buchreihe ›Statistik und Wissenschaft‹ des Statistischen Bundesamtes verschiedene Sammelbände, die den Dialog zwischen dem Forschungsdatenzentrum und der Wissenschaft wiedergeben.

Speziell für die Lehre an Hochschulen wurde durch das Forschungsdatenzentrum des Statistischen Bundesamtes die Reihe der CAMPUS-Files konzeptionell entwickelt. Dabei handelt es sich um absolut anonymisierte Mikrodaten, anhand derer Studierende die Möglichkeit haben, sich Methodenkenntnisse anzueignen sowie sozial- und wirtschaftswissenschaftliche Fragestellungen zu analysieren. Diese Daten stehen kostenfrei über das Internetangebot der Forschungsdatenzentren der Statistischen Ämter des Bundes und der Länder zur Verfügung.

Inhaltlich liegen die Schwerpunkte der Arbeit des Forschungsdatenzentrums in der Weiterentwicklung der Zugangswege und der Anonymisierungsmethodik sowie in der konzeptionellen Entwicklung. Um die wissenschaftliche Verankerung weiter auszubauen, zeigt das Forschungsdatenzentrum eine starke Präsenz auf einschlägigen Fachtagungen (z. B. Statistische Woche, Jahrestagung des Vereins für Socialpolitik, Kongress der DGS). Darüber hinaus bietet es seinen wissenschaftlichen Mitarbeitern und Mitarbeiterinnen mit Hilfe eines 2/3-Vertrages die Möglichkeit, unter Rückgriff auf die Ressourcen des Forschungsdatenzentrums, zu promovieren.

b) Forschungsdatenzentrum der Statistischen Ämter der Länder

Das Forschungsdatenzentrum der Statistischen Landesämter hat am 1. April 2002 seine Arbeit aufgenommen. In den Jahren 2002 und 2003 stand zunächst die Klärung grundsätzlicher Fragen der Finanzierung, des Datenzugangs und der Nutzungsbedingungen im Vordergrund. Seit Anfang des Jahres 2004 wird das Forschungsdatenzentrum vom BMBF gefördert. Kernaufgabe des Forschungsdatenzentrums ist es, den Zugang zu den Einzelangaben der Statistischen Landesämter für die wissenschaftliche Forschung zu erleichtern. Um diese Aufgabe zu realisieren, wurde eine regionale Infrastruktur aufgebaut, die einen flächendeckenden Zugang zu amtlichen Mikrodaten für die Wissenschaft in 16 regionalen Standorten ermöglicht. Des Weiteren wurde eine so genannte fachlich zentralisierte

Datenhaltung eingerichtet, die die länderübergreifende Nutzung der Mikrodaten der Statistischen Landesämter erleichtert.

Das Forschungsdatenzentrum der Statistischen Landesämter wurde im Oktober 2006 evaluiert. Die Gutachter haben das Dienstleistungsangebot positiv beurteilt und die Verlängerung der Projektförderung sowie die dauerhafte Etablierung des Forschungsdatenzentrums der Statistischen Landesämter empfohlen. Auf dieser Basis wurde die Laufzeit des Projektes auf der Grundlage eines neuen Förderantrages bis Ende 2009 verlängert. Inhaltliche Schwerpunkte der zweiten Projektphase sind die Integration wirtschafts- und umweltstatistischer Daten, die Wissensvermittlung an Hochschulen und die Verbesserung der Erreichbarkeit der regionalen Standorte durch den Aufbau von Außenstellen in Hochschulen oder wissenschaftlichen Einrichtungen. Außerdem wird sich das Forschungsdatenzentrum der Statistischen Landesämter um eine dauerhafte Etablierung des Dienstleistungsangebotes bemühen.

Die Aktivitäten des Forschungsdatenzentrums der Statistischen Landesämter haben zu einem fachlich breiten Angebot an Mikrodaten für die Wissenschaft geführt: Ingesamt können zurzeit über 60 Statistiken aus den Bereichen Soziales, Wirtschaft, Agrikultur, Umwelt, Rechtspflege und Steuern für wissenschaftliche Forschungsprojekte genutzt werden. Das Datenangebot wird kontinuierlich unter Berücksichtigung des Bedarfs der Wissenschaft weiterentwickelt. Besonders dynamisch hat sich der Datenbedarf im Bereich der wirtschafts- und umweltstatistischen Daten entwickelt. Besondere Anforderungen ergeben sich hier aus dem Bedarf an integrierten Datenbeständen, die sich auf verschiedene Statistiken und Erhebungsjahre beziehen. Für die Nutzung stehen unterschiedliche Zugangswege zur Verfügung. Einzelheiten zu dem Daten- und Dienstleistungsangebot sind unter www.forschungsdatenzentrum.de zu finden.

Die Nutzung des Forschungsdatenzentrums der Statistischen Landesämter hat seit 2004 kontinuierlich zugenommen: Von 2004 auf 2006 hat sich die Anzahl der eingegangenen Nutzungsanträge von 31 auf 90 fast verdreifacht. Im ersten Halbjahr 2007 sind allein 88 Anträge eingegangen, so dass zu erwarten ist, dass sich die Anzahl der Nutzungsanträge von 2006 auf 2007 noch einmal verdoppelt. Im Durchschnitt werden pro Nutzungsantrag sechs verschiedene Datenbestände beantragt, so dass über das Forschungsdatenzentrum der Statistischen Landesämter bereits mehr als 1 800 Datenbestände für die wissenschaftliche Forschung bereitgestellt wurden. Aufgrund der dezentralen Infrastruktur handelt es sich vorrangig um Datennutzungen, die an den Gastwissenschaftler-Arbeitsplätzen oder über die kontrollierte Datenfernverarbeitung durchgeführt werden und somit für das Forschungsdatenzentrum besonders arbeitsintensiv sind.

Die bisherige Arbeit des Forschungsdatenzentrums der Statistischen Landesämter hat gezeigt, dass die Mikrodaten der amtlichen Statistik eine wichtige Grundlage für innovative wissenschaftliche Analysen bilden und die Nutzer sehr zufrieden mit diesem neuen Dienstleistungsangebot sind. Das Forschungsdatenzentrum der Statistischen Landesämter wird daher alles daran setzen, um eine dauerhafte Etablierung des Dienstleistungsangebotes zu ermöglichen.

c) Forschungsdatenzentrum der Bundesagentur für Arbeit im Institut für Arbeitsmarkt- und Berufsforschung

Um den Zugang zu den Daten der Bundesagentur für Arbeit und des Instituts für Arbeitsmarkt- und Berufsforschung für externe Wissenschaftlerinnen und Wissenschaftler zu öffnen und auszubauen, wurde im April 2004 das Forschungsdatenzentrum der Bundesagentur für Arbeit im Institut für Arbeitsmarkt- und Berufsforschung mit finanzieller Hilfe durch das BMBF eingerichtet. Zu den zentralen Aufgaben des Projekts gehörten: die Entwicklung transparenter und standardisierter Zugangsregelungen unter Einhaltung der geltenden Datenschutzbestimmungen, die Durchführung von Datenaufbereitungen, -aktualisierungen und -prüfungen, die genaue und umfassende Dokumentation der bereitgestellten Daten unter Berücksichtigung datensicherheitsrechtlicher Aspekte, die individuelle Beratung über Datenzugang, Datenhandling und Analysemöglichkeiten sowie die Beratung zu Reichweite und Gültigkeit der Daten. Voraussetzung für den Zugang zu den Daten des Forschungsdatenzentrums ist, dass es sich einerseits um Forschungsfragen aus dem Bereich der Sozialversicherung bzw. der Arbeitsmarkt- und Berufsforschung und andererseits um ein nicht-kommerzielles Projekt handelt.

Für die einzelnen Datensätze werden – nach Datenschutzkriterien – unterschiedliche Datenzugangswege angeboten (vgl. Tabelle 1). Grundsätzlich gilt allerdings, dass alle Datensätze in schwach anonymisierter Form an Gastwissenschaftler-Arbeitsplätzen verfügbar sind.

Tabelle 1:
Datensätze und Zugangswege im Forschungsdatenzentrum der Bundesagentur für Arbeit im Institut für Arbeitsmarkt- und Berufsforschung

Datenzugangsweg	*Scientific Use File*	*Daten-fernverarbeitung*	*Gastaufenthalt*
Anonymisierungsgrad	*(faktisch anonymisierte Stichprobe)*	*(schwach anonymisierte Originalstichprobe)*	*(schwach anonymisierte Originalstichprobe)*
Daten im FDZ			
IAB-Betriebspanel	*	X	X
BA-Beschäftigtenpanel	X	X	X
IAB-Beschäftigtenstichproben (Basisfile/Regionalfile)	X		X
Linked-Employer-Employee-Daten des IAB	*	X	X
Stichprobe der Integrierten Erwerbsbiografien IEBS	X		X
Betriebs-Historik-Panel		X	X

* Mit einem Projekt zur Anonymisierung des IAB-Betriebspanels/LIABs wurde am 1.4.2006 begonnen.

Der Zugang zu den Daten des Forschungsdatenzentrums erfolgt formell über § 75 SGB X mit Abschluss eines Nutzervertrages. In seiner Laufzeit hat das Forschungsdatenzentrum bis Ende 2006 229 Verträge mit den Nutzern unterzeichnet. Als Erstes wurden die Linked-Employer-Employee-Daten zur Auswertung an Gastwissenschaftler-Arbeitsplätzen zur Verfügung gestellt. Danach wurden sukzessive alle weiteren Datensätze in schwach anonymisierter Form zugänglich gemacht. Insgesamt hat das Forschungsdatenzentrum zwischen April 2004 und Ende 2006 1 206 Auswertungsprogramme von Wissenschaftlern bearbeitet. Im Jahr 2004 konnte über die Hälfte aller Anfragen innerhalb eines Arbeitstages beantwortet werden. 2005 trifft dies auf über 80% aller Anfragen zu. Im Durchschnitt benötigt eine Anfrage – je nach Datensatz – zwischen 1 bis 3 Tagen.

Seit März 2005 sind im Forschungsdatenzentrum vier Arbeitsplätze für Gastwissenschaftler betriebsbereit. 2005 besuchten 14 Forscherinnen und Forscher das Forschungsdatenzentrum, manche davon mehrfach. In 2006 erhöhte sich die Zahl auf 33 Gäste mit 71 Aufenthalten. Im Durchschnitt bleibt ein Gast 3 Tage im Forschungsdatenzentrum.

Das Forschungsdatenzentrum etablierte auch Dokumentationen und Arbeitshilfen, die die Verarbeitung der Daten erleichtern. So wurden im Jahr 2005 u.a. die Online-Publikationsreihen »FDZ-Datenreport« und »FDZ-Methodenreport« ins Leben gerufen, die beide als kostenlose Downloads im Internet zur Verfügung stehen (http://fdz.iab.de). Mittlerweile sind 18 FDZ-Datenreporte und 17 FDZ-Methodenreporte erschienen. Die Internetpräsentation wurde ins Englische übersetzt. Mit Hilfe eines Stipendienprogramms für Gastaufenthalte im Ausland lebender Wissenschaftler konnte bereits eine beachtliche Zahl von Gästen aus dem Ausland gewonnen werden.

Die Nutzer von Daten der Bundesagentur für Arbeit und des Instituts für Arbeitsmarkt- und Berufsforschung trafen sich in den vergangenen beiden Jahren zu einer Reihe von Veranstaltungen, auf denen ausgewählte Forschungsarbeiten präsentiert wurden oder auf denen in das Arbeiten mit spezifischen Datenbeständen eingeführt wurde. Daneben informierten die Mitarbeiterinnen und Mitarbeiter des Forschungsdatenzentrums in zahlreichen Vorträgen und in Publikationen die interessierte Öffentlichkeit über das Datenangebot. In einer international hochrangig besetzten Konferenz wurden neue Forschungsentwicklungen von Firmen und Beschäftigten diskutiert (CAFE 2006), ein internationaler Workshop (WDA 2007) diente zum Austausch mit Forschungsdatenzentren anderer Länder.

Die Dienstleistungen des Forschungsdatenzentrums wurden/werden wie folgt finanziert: Das Forschungsdatenzentrum wurde am 1. April 2004 gegründet, zunächst als befristetes vom BMBF teilfinanziertes Projekt bis zum 30. November 2006. Nach der erfolgreichen Evaluation durch den RatSWD wird das Forschungsdatenzentrum seit 1. Dezember 2006 vollständig von der Bundesagentur für Arbeit finanziert. Dies ist ein weiterer messbarer Erfolg im Sinne der institutionellen Verstetigung der bestehenden Dateninfrastruktur für die Sozial- und Wirtschaftsforschung. Die Ergebnisse der Evaluation des Forschungsdatenzentrums durch den Wissenschaftsrat im Zuge der Evaluation des gesamten Instituts für Arbeitsmarkt- und Berufsforschung stehen noch aus.

d) Forschungsdatenzentrum der Rentenversicherung

Das Forschungsdatenzentrum der Rentenversicherung wurde im Januar 2004 mit seinen beiden Standorten in Berlin und Würzburg gegründet. Im Rahmen einer ersten Aufbauphase wurde das FDZ-RV vom BMBF von Januar 2004 bis Dezember 2006 gefördert. Die zweite Förderphase umschließt die Jahre 2007 und 2008.

Kernaufgabe des FDZ-RV ist, die Datenschätze der Rentenversicherung zu heben. Neben der Bereitstellung von Mikrodaten sollen methodische Hinweise und Kommentierungen helfen, Analysen mit Daten der Deutschen Rentenversicherung zu vereinfachen. Aktuelle Informationen zum Datenangebot, den

Zugangswegen, Workshops und Publikationen stehen über das Internetportal www.fdz-rv.de zur Verfügung.

Bis Juli 2007 konnte das FDZ-RV die in den Vorjahren begonnenen Maßnahmen umsetzen und damit die gegenüber dem Zuwendungsgeber (BMBF) zugesagten Vorhaben verwirklichen. Dies betrifft zum einen die Etablierung der Infrastruktur im Forschungsdatenzentrum und zum anderen die Weiterentwicklung des Datenangebotes sowie der Nutzungsmöglichkeiten im Forschungsdatenzentrum der Rentenversicherung. Das FDZ-RV konnte im Rahmen der ersten Förderphase von einem Pilotprojekt in eine Dauereinrichtung überführt werden. An beiden Standorten werden in Kooperation mit den jeweiligen Fachabteilungen und den Datennutzern die Mikrodatensätze der Rentenversicherung aufbereitet, um sie für externe Wissenschaftlerinnen und Wissenschaftler insbesondere als nutzerfreundliche Scientific Use Files zur Verfügung stellen zu können.

Einen Überblick über das Datenangebot der Rentenversicherung im Hinblick auf für die Wissenschaft relevante Mikrodaten in Zusammenhang mit den aktuell über das Forschungsdatenzentrum als Scientific Use Files (SUFs) verfügbaren Datensätzen zeigt Tabelle 2. In den Spalten werden die Schwerpunkte der Statistiken dargestellt, die Zeilen differenzieren danach, ob die jeweiligen Mikrodatensätze im Quer- und/oder Längsschnitt zur Verfügung stehen.

Tabelle 2:
Prozessproduzierte Mikrodaten der gesetzlichen Rentenversicherung in thematischer und methodischer Gliederung und deren Verfügbarkeit im FDZ-RV

Rentenzugangsstatistik	*Rentenbestandsstatistik*	*Rentenzahlbestandsstatistik*	*Versichertenstatistik*	*Rehabilitations-Statistik*
		Querschnittsdatensätze		
Rentenzugang Rentenwegfall und Rentenänderung	Rentenzahlungen aus den Trägerkonten	Mehrfachbezug von Rentenzahlungen	Statistik der aktiv Versicherten	RSD-Jahreserhebung abgeschlossener Reha-Leistungen
		Längsschnittdatensätze		
Vollendete Versichertenleben			Versicherungskontenstichprobe	RSD-Verlaufserhebung
■	= verfügbar als SUF im FDZ-RV bzw. in schwach anonymisierter Form auf Gastwissenschaftler-Arbeitsplätzen für die Berichtsjahre 2003, 2004, 2005, 2006 (Stand: Oktober 2007).			

Im Rahmen des Datenangebotes des FDZ-RV sind die Querschnittsdatensätze der Rentenzugangs- und Rentenbestandsstatistik sowie die Versichertenstatistik, zum Teil für mehrere Berichtsjahre, als SUF aufbereitet. Seit September 2006 konnte es um den Längsschnittdatensatz »Vollendete Versichertenleben 2004 (VVL 2004)« erweitert werden. Dabei ist anzumerken, dass der Weg zur Erschließung des Längsschnittdatensatzes VVL 2004 als SUF besonders aufwändig war, weil die Anonymisierung von Längsschnittinformationen umfangreiche Modifikationen der Daten erforderlich macht. Um diese Modifikationen vornehmen zu können, ohne das Analysepotenzial der Daten zu sehr einzuschränken, wurden einem interdisziplinär zusammengesetzten Expertenteam Strukturdatensätze mit geringer Fallzahl zum Testen übergeben. Auf dem VVL-Experten-Workshop im April 2006 konnten Erfahrungen ausgetauscht und konkrete Umsetzungsmodalitäten festgemacht werden. Seit September 2006 kann der SUF VVL 2004 von der Wissenschaft bezogen werden.

Das erweiterte und kostenfreie Datenangebot des FDZ-RV, das nun auch Längsschnittdaten enthält, verbessert die Nutzungsmöglichkeiten für die Wissenschaft erheblich. Da die FDZ-RV-Daten mittlerweile in zahlreichen wissenschaftlichen Disziplinen von mehr als einhundert Wissenschaftlerinnen und Wissenschaftlern genutzt und zunehmend mehr Vorträge und Publikationen auf Basis dieser Daten erstellt werden, erhöht sich der Bekanntheitsgrad des Forschungsdatenzentrums zusehends. Durch die Bewilligung einer zweiten Förderphase (bis Ende 2008) durch das BMBF konnten zusätzlich vier befristete Stellen für wissenschaftliche Mitarbeiterinnen zur Promotion besetzt werden. Insofern erscheint es realistisch, dass die Versicherungskontenstichprobe wie die Daten der Rehabilitationsstatistik im Jahre 2008 das Datenangebot des FDZ-RV bereichern werden.

Die Leistungen des FDZ-RV und seine Planungen für die Zukunft zeigen deutlich, dass die großen Datenschätze der Deutschen Rentenversicherung durch das Forschungsdatenzentrum gehoben werden können; die neu geschaffene Institution ist damit auf dem richtigen Weg. Einerseits wurden die Analysemöglichkeiten der Wissenschaft erheblich erweitert und andererseits die empirisch begründeten Kenntnisse über den großen Bereich der Alterssicherung sowie insbesondere Forschungsarbeiten im Bereich der Demographie und vor allem Erwerbsbiografie vertieft.

4. Ausblick

Am Ende der durch das BMBF geförderten Phasen stehen die Forschungsdatenzentren vor neuen Herausforderungen. Das Forschungsdatenzentrum der Bundesagentur für Arbeit im Institut für Arbeitsmarkt- und Berufsforschung ist organisatorisch zwischenzeitlich mit allen Kapazitäten aus der Förderphase in die

Bundesagentur für Arbeit integriert worden und betreibt seine Arbeit als Organisationseinheit der Bundesagentur für Arbeit im Institut für Arbeitsmarkt- und Berufsforschung. Das Forschungsdatenzentrum der Rentenversicherung konnte im Rahmen der Deutschen Rentenversicherung Bund als Dauereinrichtung etabliert werden, ausgestattet mit einer Grundfinanzierung zur Erfüllung der wesentlichen Infrastrukturmaßnahmen. Für Forschungsvorhaben sind zusätzliche Drittmittel einzuwerben. Für die beiden Forschungsdatenzentren der Statistischen Ämter des Bundes und der Länder werden die Möglichkeiten für eine dauerhafte Etablierung zurzeit noch diskutiert.

Die Forschungsdatenzentren stimmen sich in grundsätzlichen Fragen des Datenzugangs für die Wissenschaft ab und arbeiten in verschiedenen Projekten eng zusammen, um das Datenangebot und die Zugangswege weiterzuentwickeln. Bei der Weiterentwicklung des Datenangebotes steht in der nächsten Zeit die Integration von Statistiken im Vordergrund. Die Projekte »Amtliche Firmendaten für Deutschland (AFiD)« und »Kombinierte Firmendaten für Deutschland (KombiFiD)« werden das Datenangebot in zwei Richtungen erweitern: Innerhalb von AFiD werden Wirtschafts- und Umweltdaten der Statistischen Ämter mittels des Unternehmensregisters (URS) auf der Mikrodatenebene zusammengeführt. KombiFiD geht noch einen Schritt weiter. Hier sollen Unternehmensdaten über die Grenzen der einzelnen Datenproduzenten im Rahmen einer Machbarkeitsstudie zu einem gemeinsamen Datensatz zusammengespielt werden. Ferner werden Verfahren des statistischen Matchings von Befragungs- und prozessproduzierten Daten erprobt, z. B. zwischen Längsschnittdaten des Forschungsdatenzentrums der Rentenversicherung und dem SOEP des DIW. Des Weiteren gibt es ausgearbeitete Pläne, die Datenbestände der Rentenversicherung und der Bundesagentur für Arbeit zusammenzuführen.

Im Bereich des Datenzugangs befassen sich die Forschungsdatenzentren mit dem so genannten »Echten Fernrechnen« – auch Remote Data Access genannt. Dieser Zugangsweg wurde bereits in anderen europäischen Ländern erfolgreich implementiert. Die Wissenschaftlerinnen und Wissenschaftler erhalten hier an einem speziell eingerichteten Arbeitsplatz in ihrer Einrichtung über eine sichere Internetverbindung direkten Zugriff auf die Mikrodaten. Die Forschungsdatenzentren beschäftigen sich zurzeit mit der Frage, unter welchen Voraussetzungen dieser Zugangsweg in Deutschland eingerichtet werden kann.

Im Rückblick sind die Jahre 1998 bis 2008 geprägt von einer immensen Dynamik in der Erweiterung der informationellen Infrastruktur. Herr Staatssekretär a. D. Johann Hahlen und Herr Prof. em. Hans-Jürgen Krupp sind dabei herausragende Persönlichkeiten, die zu einem besseren Dialog zwischen Datenproduzenten und wissenschaftlichen Datennutzern beigetragen haben. Ohne ihre unermüdliche Bereitschaft auch in schwieriger Ausgangslage die Dinge weiter voranzutreiben, könnten wir nicht von diesem er**F**reulichen **D**aten**Z**ugang berichten.

Das Forschungsdatenzentrum der Statistischen Landesämter

Ein Beitrag zur Verbesserung der informationellen Infrastruktur zwischen Wissenschaft und Statistik*

Peter Bauer

1. Ausgangssituation

Die amtliche Statistik hat seit jeher die Aufgabe, die quantitativen Aspekte der gesellschaftlichen Realität möglichst genau und aktuell wiederzugeben. Dies ist nicht Selbstzweck, sondern dient der Information unterschiedlichster Gruppen unserer Gesellschaft. Insbesondere sollen die dabei bereitgestellten Daten die Basis für Entscheidungen der Politik bilden.

Der Informationsgehalt, der diesen statistischen Daten innewohnt, erschließt sich in vielen Fällen aber nicht unmittelbar. Vielmehr bedarf es der unterschiedlichsten wissenschaftlichen Methoden, um aus der Menge des vorhandenen Datenmaterials die Informationen zu gewinnen, die bei der Beantwortung von Fragen der Politik, Wirtschaft und Wissenschaft erforderlich sind.

Standen noch in den sechziger und siebziger Jahren die Analysen von Makro- oder aggregierten Daten im Mittelpunkt des Interesses, so fanden sich danach mit den fortschreitenden Möglichkeiten der elektronischen Datenverarbeitung immer mehr Forscher, deren wissenschaftliche Untersuchungen auf der Verwendung von Mikrodaten fußten.

Dieser Paradigmenwechsel hatte auch für die Statistischen Ämter einschneidende Folgen. Zwar bereitete die Zurverfügungstellung von aggregierten Daten in Form von Tabellen auch Probleme, insbesondere bei der Produktion nicht im Tabellenprogramm vorgesehener Auswertungen (Sonderauswertung) und bei der Gewährleistung der Geheimhaltung. Die Bereitstellung von Mikrodaten erwies sich aber in der Praxis wegen der Datenschutzproblematik als noch schwieriger. Es musste zunächst durch die Einfügung des § 16 Abs. 6 des BStatG die rechtliche Möglichkeit geschaffen werden, der Wissenschaft überhaupt Mikrodaten mit ausreichendem Analysepotential zur Verfügung stellen zu können. Nachdem diese Hürde genommen war, stellten sich andere Hindernisse in den Weg. Die Statisti-

* Der Autor dankt Frau Diplom-Kauffrau Nadine Bartke, die seit 2004 als wissenschaftliche Mitarbeiterin im regionalen Standort München des Forschungsdatenzentrums der Statistischen Landesämter tätig ist, für ihre wertvolle Zuarbeit bei der Erstellung dieses Beitrags.

schen Ämter mussten bei jeder Anfrage aus der Wissenschaft in der Regel in einem langwierigen Prozess zunächst jeweils in den Ämtern die Daten »zusammentragen«, d.h. in einem in allen Ämtern zu bildenden Datensatz mit einheitlichem Aufbau speichern, die notwendige faktische Anonymisierung durchführen und dann an das Amt liefern, das den Antrag aus der Wissenschaft erhalten hatte. Dieser unbefriedigende Zustand war Ausgangspunkt für die Bundesministerin für Bildung und Forschung Edelgard Bulmahn, im Jahr 1999 die »Kommission zur Verbesserung der informationellen Infrastruktur zwischen Wissenschaft und Statistik« (KVI) unter der Leitung von Professor Dr. Hans-Jürgen Krupp und des Präsidenten des Statistischen Bundesamtes (StBA) Johann Hahlen einzusetzen. Sie hatte den Auftrag, die bestehende informationelle Infrastruktur zu untersuchen und Lösungsvorschläge zur Optimierung der Kooperation zwischen Wissenschaft und Datenproduzenten zu erarbeiten. Der Auftrag schloss dabei das breit angelegte Konglomerat verschiedener deutscher Datenproduzenten und Datenquellen ein. Darüber hinaus sollten bereits implementierte, internationale Konzepte für eine verbesserte Kooperation zwischen Wissenschaft und Statistik sowie daraus resultierende Erfahrungen im Hinblick auf eine Adaption und Etablierung geprüft werden.[1]

2. *Aufbau des Forschungsdatenzentrums der Statistischen Landesämter*

Im Jahr 2001 legte die KVI ihr Gutachten vor. Neben einer Reihe von Empfehlungen – z. B. der Installation von Servicezentren – schlug die Kommission darin vor allem die Einrichtung von so genannten Forschungsdatenzentren (FDZ) bei den wichtigsten Datenproduzenten vor, um so die Dateninfrastruktur, die zunächst für andere Zwecke im Rahmen des staatlichen Handelns entstanden ist, so effizient wie möglich auch für wissenschaftliche Analysen nutzen zu können. Präsident Hahlen hat für das StBA diese Empfehlung bereits im Herbst 2001 umgesetzt und ein FDZ in seinem Amt als eigenständige Organisationseinheit etabliert. Damit begann eine bedeutende Phase in der Zusammenarbeit zwischen Wissenschaft und amtlicher Statistik. Standen am Anfang vor allem organisatorische Aufbauleistungen und die finanzielle Absicherung des Vorhabens im Vordergrund – das FDZ des StBA wurde bereits ab 2002 finanziell durch das BMBF gefördert –, so wurden nach kurzer Anlaufzeit auch erste gemeinsame Projekte mit der Wissenschaft in Angriff genommen.

Die Statistischen Landesämter (StLÄ), die nach wie vor die weit überwiegende Anzahl der amtlichen Mikrodaten erheben, aufbereiten und speichern, haben ebenfalls sehr früh die Bedeutung der Einrichtung eines FDZ erkannt und

1 Kommission zur Verbesserung der informationellen Infrastruktur zwischen Wissenschaft und Statistik (2001), S. 195ff.

beschlossen, ein solches der StLÄ neben dem des Bundes zu gründen. Es wurde zum 1. April 2002 aufgrund einer Vereinbarung zwischen den StLÄ[2] eingerichtet.

a) Aufgaben des Forschungsdatenzentrums der Statistischen Landesämter und grundlegendes Konzept

Dieses FDZ der StLÄ sollte folgende Aufgaben wahrnehmen:

(a) Einrichtung und Betrieb einer organisatorischen, technischen und fachlichen Infrastruktur für die Nutzung der Mikrodaten durch die Wissenschaft, hierzu zählen insbesondere
  - der Aufbau und der Betrieb eines Servernetzes für eine fachlich zentralisierte Datenbereitstellung,
  - die Entwicklung und Pflege eines dazugehörigen Metadateninformationssystems,
  - die Einrichtung und der Betrieb von Arbeitsplätzen für Gastaufenthalte in den StLÄ,
  - die Einrichtung und der Betrieb der kontrollierten Datenfernverarbeitung sowie
  - die Gewährleistung der Betreuung und Beratung der Wissenschaftlerinnen und Wissenschaftler,

(b) Durchführung von Forschungsprojekten zur Erstellung von Scientific Use Files und Public Use Files,

(c) Durchführung von Projekten zur methodisch-inhaltlichen Weiterentwicklung der angewandten amtlichen Statistik,

(d) Zusammenarbeit mit anderen Forschungsdatenzentren und wissenschaftlichen Einrichtungen.

Aufgrund dieser Aufgabenstellung galt es zunächst ein grundlegendes Konzept zu entwickeln, das bereits während der ersten Förderphase[3] umgesetzt werden sollte.

Zwei Grundprinzipien sind Eckpfeiler dieses Konzepts:

- räumliche Präsenz und
- fachliche Zentralisierung.

2 Dem Niedersächsischen Landesamt für Statistik (NLS) wurde jedoch Anfang 2004 durch seine Dienstaufsichtsbehörde eine Beteiligung für den Zeitraum der ersten Förderphase untersagt. In der zweiten Förderphase, die Mitte 2007 begann, wird sich das NLS wie die anderen regionalen Standorte am Aufbau der informationellen Infrastruktur beteiligen.

3 Die finanzielle Förderung durch das BMBF begann insbesondere wegen der damaligen Haushaltssituation des Bundes erst 2004 für das FDZ der StLÄ.

Die räumliche Präsenz bedeutet dabei, dass in jedem Standort eines Statistischen Landesamts (StLA) die Möglichkeit des Zugangs der Nutzer aus der Wissenschaft gewährleistet sein muss. Das führte dazu, dass für die meisten Nutzer der Zugang zu den amtlichen Mikrodaten in der Nähe des eigenen Arbeitsplatzes möglich ist. Das zweite wichtige Grundprinzip beschreibt die fachliche Zentralisierung, d. h. an jedem Standort existiert ein fachlicher Schwerpunkt,[4] an dem besonders tiefgehende Kenntnisse für einen Bereich der Statistik vorhanden sind (z. B. in Bayern für die Hochschulstatistik). An diesem Standort werden dann auch die zu diesem Bereich gehörenden Mikrodaten aller Bundesländer gespeichert und betreut einschließlich der Erstellung und Aktualisierung der zugehörenden Metadaten.

Ausgehend von diesen beiden Prinzipien waren im ersten Jahr – also 2002 – grundsätzliche Fragen des Datenzugangs, insbesondere des Datenschutzes und der statistischen Geheimhaltung, der technischen (IT-)Infrastruktur hier vor allem des Aufbaus der zentralen Server an den Standorten und der Datensicherheit, der Finanzierung, der Organisation, der Erarbeitung von Metadaten sowie des Datenbedarfs der künftigen Nutzer aus der Wissenschaft zu klären.

b) Probleme

Viele dieser Fragen führten rasch zu bis dahin noch nicht gelösten Problemen. So waren vor allem die Datenschützer davon zu überzeugen, dass z. B. das Prinzip der fachlichen Zentralisierung mit einer Speicherung von Landesdaten in einem anderen Bundesland nicht gegen bestehende Gesetze verstößt. Die Datenschutzbeauftragten des Bundes und der Länder haben der geplanten Zusammenarbeit zwischen den StLÄ nur unter der Maßgabe zugestimmt, dass eine eindeutige rechtliche Grundlage zum Aufbau und Betrieb einer zentralisierten Datenhaltung geschaffen wird. Durch Änderungen des Bundesstatistikgesetzes (Einführung des § 3a und Ergänzung des § 16 Abs. 2) wurden 2005 diese Rechtsfragen abschließend geregelt. Hierzu heißt es in der Gesetzesbegründung: »§ 3a Abs. 2 BStatG stellt klar, dass die statistischen Ämter auch bei der Bereitstellung von Daten für die Wissenschaft zusammenarbeiten können; .... Eine solche Bereitstellung umfasst neben der Veröffentlichung von aggregierten Daten als klassischer Form der Verbreitung von statistischen Ergebnissen auch die Nutzbarmachung statistischer Daten z. B. in Forschungsdatenzentren....«. »Die Ergänzung« zu § 16 Abs. 2 BStatG »stellt klar, dass im Rahmen einer Zusammenarbeit der statistischen Ämter nach § 3a BStatG auch die Übermittlung von Einzeldaten zwischen statistischen Ämtern sowie deren Verarbeitung und Nutzung in einem oder mehreren

4 In der ersten Förderphase haben die Statistischen Ämter der Länder Bremen, Mecklenburg-Vorpommern und Niedersachsen keine fachliche Zuständigkeit übernommen. In der zweiten Förderphase wird sich dies in Bremen und Niedersachsen ändern.

Ämtern für andere Ämter zulässig ist. Damit wird auch die Zulässigkeit des Betriebs der Forschungsdatenzentren der statistischen Ämter des Bundes und der Länder rechtlich klargestellt«[5]. Ein weiteres wichtiges Thema in der Diskussion mit dem Datenschutz waren die unterschiedlichen Zugangsarten der Nutzer aus der Wissenschaft zu den Mikrodaten. Der von den StLÄ neben den im Folgenden beschriebenen Zugangsmöglichkeiten gewünschte Zugang als »One-$-Man«, d.h. die formelle Anstellung eines Nutzers in einem StLA für einen »symbolischen Dollar« wurde von den Datenschützern abgelehnt und daher nicht verwirklicht.

Eine weitere schwierige Hürde war bei der Frage der Finanzierung zu lösen. Wegen der prekären Haushaltslage in allen Bundesländern wurden zusätzliche Mittel für die Einrichtung und den Betrieb des FDZ der StLÄ in keinem Fall von den Landesregierungen bewilligt. Auch die Rechnungshöfe einiger Bundesländer standen – und stehen zum Teil heute noch – dem ganzen Projekt sehr kritisch bis ablehnend gegenüber. Auch hier galt es Vorbehalte auszuräumen.

Schließlich bereitete das Erreichen der Teilnahme *aller* StLÄ am Projekt anfangs ein großes Problem. Zwar durfte sich Niedersachsen nicht aktiv am Aufbau und Betrieb des FDZ der StLÄ beteiligen, es konnte jedoch erreicht werden, dass wenigstens die Daten dieses Bundeslandes an die fachlich zuständigen Standorte geliefert werden konnten, um so wenigstens die unabdingbare Vollständigkeit der Mikrodaten zu erreichen.

c) *Organisation*

Das FDZ der StLÄ ist keine eigene Rechtspersönlichkeit, sondern wird in Form einer Arbeitsgemeinschaft der StLÄ geführt, wobei jedes StLA einen regionalen Standort des FDZ bildet. Um die Aufgaben festzulegen und die anstehenden Arbeiten zu koordinieren bzw. zu erledigen, wurde von den Amtsleitern ein Lenkungsausschuss bestellt sowie eine Geschäftsstelle und eine Länderarbeitsgruppe eingerichtet.[6]

- Lenkungsausschuss
  Der Lenkungsausschuss setzt sich aus Vertretern von fünf Statistischen Landesämtern zusammen. Er hat vor allem die Aufgaben, das Arbeitsprogramm des FDZ zu beschließen und die Prioritäten unter Berücksichtigung der vor-

5 Aus: Begründung des Entwurfs für das Gesetz zur Änderung des Statistikregistergesetzes und sonstiger Statistikgesetze vom 9. Juni 2005 (BR-Drucks. Nr. 878/04 vom 5. November 2004) (BT-Drucks. Nr. 15/4955 vom 23. Februar 2005) zu Artikel 2 Nummer 1 und Nummer 6.

6 Vereinbarung zwischen den Statistischen Landesämtern zum Aufbau und Betrieb eines Forschungsdatenzentrums der Statistischen Landesämter (2002), S. 2f.

handenen Kapazitäten und der Interessen der Länder festzulegen. Erster Vorsitzender dieses Lenkungsausschusses war von 2002 bis 2006 der Verfasser dieses Beitrags. Der Präsident des Landesamts für Datenverarbeitung und Statistik Nordrhein-Westfalen Jochen Kehlenbach leitet seither dieses Gremium.

- Geschäftsstelle
  Die Geschäftsstelle des FDZ der StLÄ ist seit dessen Gründung im Landesamt für Datenverarbeitung und Statistik Nordrhein-Westfalen angesiedelt. Sie koordiniert, verwaltet und dokumentiert die Arbeiten der Standorte und nimmt in Fragen von nicht grundsätzlicher Bedeutung die Außenvertretung des FDZ der StLÄ wahr. Des Weiteren erstellt sie den jährlichen Rechenschaftsbericht und übernimmt die Abwicklung der Fördermittelverwaltung sowie die Berichtspflichten gegenüber den Zuwendungsgebern. Die erste Leiterin der Geschäftsstelle Frau Dr. Sylvia Zühlke hat seit 2002 ununterbrochen zusammen mit ihren Mitarbeiterinnen und Mitarbeitern eine hervorragende Aufbauarbeit für das FDZ der StLÄ geleistet, wofür ihr der Verfasser dieses Beitrags an dieser Stelle nochmals aufrichtig danken möchte.

- Länderarbeitsgruppe
  In der Länderarbeitsgruppe »FDZ« wirken alle StLÄ mit. Sie entwickelt Konzepte für die Organisation, technische Infrastruktur, Arbeitsplanung und Finanzierung des FDZ und bereitet die Entscheidungen des Lenkungsausschusses vor. Zur Bearbeitung von Teilbereichen wurden insgesamt fünf Unterarbeitsgruppen eingerichtet. Diese sind zuständig für Rechtsfragen, Datenserver und Netze, Metadaten und Datenstruktur, Zusammenarbeit mit der Wissenschaft sowie für ein Leistungs- und Entgeltverzeichnis.

Aber nicht nur dem inneren Aufbau des FDZ der StLÄ galt der Einsatz bei der Einführung der Organisation, vielmehr musste auch ein Gremium geschaffen werden, in dem die Abstimmung mit dem FDZ des StBA erfolgen konnte. In der »Kooperationsvereinbarung zwischen dem FDZ des StBA und dem FDZ der StLÄ«, die von Präsident Hahlen und dem Verfasser dieses Beitrags Anfang Februar 2003 unterzeichnet worden war, wurden die gemeinsamen Aufgaben und die Formen der Zusammenarbeit in diesen Bereichen festgelegt.[7] Dabei wird u.a. auf eine arbeitsteilige Vorgehensweise und umfassende gegenseitige Information großer Wert gelegt.

7 Kooperationsvereinbarung zwischen dem Forschungsdatenzentrum des Statistischen Bundesamtes und dem Forschungsdatenzentrum der Statistischen Landesämter (2003).

- Bund-Länder-Arbeitsgruppe
  Für die Koordinierung dieser Zusammenarbeit sowie zur Weiterentwicklung der beiden FDZ wurde eine Bund-Länder-Arbeitsgruppe eingerichtet. Der Vorsitz dieser Arbeitsgruppe liegt jährlich wechselnd einmal beim FDZ der StLÄ und im darauf folgenden Jahr beim FDZ des StBA.

Die Kooperationsvereinbarung zeigt, dass die Statistischen Ämter von Bund und Ländern bereits sehr frühzeitig bestrebt waren, Doppelarbeiten zu vermeiden, Synergieeffekte zu nutzen und in enger Kooperation der Wissenschaft ein gemeinsam abgestimmtes, einheitliches Dienstleistungsspektrum anzubieten.

d) Förderung durch das Bundesministerium für Bildung und Forschung (BMBF)

Wie bereits erwähnt bereitete die Finanzierung des Aufbaus des FDZ der StLÄ einige Probleme, da aus den Länderhaushalten keine zusätzlichen Mittel zu erwarten waren. Daher bemühten sich die Geschäftsstelle und der Verfasser dieses Beitrags von Anfang an um Fördermittel durch das BMBF. Nachdem für die ersten Jahre des Aufbaus aufgrund des vorgelegten Konzepts Gesamtkosten für Personal, Sach-, Investitions- und sonstige Mittel in Höhe von rd. 4,5 Mio € ermittelt wurden, einigte man sich auf eine 80:20-Aufteilung der Kosten auf BMBF und FDZ der StLÄ. Die StLÄ haben ihren Anteil durch Personalkapazitäten erbracht, die bereits bisher für die Bearbeitung von Anfragen aus der Wissenschaft zur Verfügung standen. Nach Auslauf der ersten Förderphase Mitte 2007 begann am 1. Juli 2007 eine zweite Förderphase, die am 31. Dezember 2009 endet. Während dieser Phase wird mit Gesamtkosten in Höhe von 3,7 Mio € gerechnet, die wiederum im Verhältnis von 80:20 zwischen BMBF und den StLÄ aufgeteilt werden.

3. Umsetzung der Konzepte und Ergebnisse

Sowohl der physische als auch der logische Zugang zu den Mikrodaten der StLÄ war aufgrund der erstellten Konzepte zu verwirklichen. Hierzu wurden in der Länderarbeitsgruppe Entscheidungen der Amtsleiterinnen und Amtsleiter vorbereitet, die überwiegend auf den Ergebnissen der fünf Unterarbeitsgruppen (UAG) beruhten.

a) Technische Lösungen

Es musste zunächst geklärt werden, auf welcher Plattform die Prozesse ablaufen, welche Maschinen (Server) betrieben und über welches Netz der Datentransfer erfolgen sollte. Weiter war der Aufbau der zu übertragenden Datensätze, die Sicherheit der Übertragung und vieles andere mehr zu klären.

- Technikausstattung
  Die wesentlichen Bestandteile der technischen Infrastruktur zur fachlich zentralisierten Datenhaltung und zum Gastwissenschaftlerarbeitsplatz wurden durch die UAG Datenserver und Netze vorgegeben. Zum Betrieb der Server und zur Anbindung der Gastwissenschaftlerarbeitsplätze wurde ein Sicherheitskonzept entwickelt, das Bestandteil des »Vertrages zur Verarbeitung statistischer Einzelangaben im Auftrag« wurde. Die Sicherheitskonzepte wurden gemäß den Vorgaben aus dem IT-Grundschutzhandbuch erstellt.

  Der Gastwissenschaftlerarbeitsplatz umfasst einen Analyse- und einen Kommunikation-PC. Der Analyse-PC dient dem eigentlichen Auftrag des Gastwissenschaftlers, indem er die Auswertung und Analyse des zur Verfügung gestellten Datenbestandes ermöglicht. Dazu können bereits vorinstallierte Analyseprogramme (SAS, SPSS und STATA) bzw. zusätzliche Standardsoftware verwendet werden. Die Kommunikation findet dabei ausschließlich mit dem auf dem FDZ-Server bereitgestellten Datenbestand statt. Kommunikationsbeziehungen zu anderen Rechnern finden nicht statt. Der Gastwissenschaftler soll mit dem Kommunikation-PC die Möglichkeit haben, sich über das Internet mit Informationen zu versorgen und mittels E-Mail Kontakte zu pflegen. Für diesen Zweck wird ihm ein PC bereitgestellt, der über die erforderliche Internetanbindung und Kommunikationssoftware verfügt.

- Datenaustausch
  Die Mikrodaten zum Aufbau der fachlich zentralisierten Datenhaltung werden gemäß den zugrundeliegenden bundeseinheitlichen Datensatzbeschreibungen dem fachlich zuständigen Standort zur Verfügung gestellt. Der Austausch der Daten erfolgt entweder über das TESTA-Netz oder per Datenträger.

b) Fachliches Angebot

Wegen der begrenzt zur Verfügung stehenden Mittel und wegen der relativ kurzen Dauer der ersten Förderphase mussten die Ressourcen so nachfrageorientiert wie möglich eingesetzt werden. Das führte dazu, dass vor der Erstellung eines fachlichen Angebots eine Bedarfsabfrage durchgeführt wurde. Dabei wurden 695 Wissenschaftlerinnen und Wissenschaftler befragt, welche Daten aus welchen Statistikbereichen bevorzugt in den kommenden Jahren benötigt werden.

Diese in Zusammenarbeit mit dem FDZ des StBA im Jahr 2002 durchgeführte »Umfrage zum Datenbedarf der Wissenschaft« und die Empfehlungen des Gründungsausschusses des »Rates für Sozial- und Wirtschaftsdaten (RatSWD)« waren Grundlage für die Zielsetzung, für 26 Statistiken bzw. Statistikbereiche so rasch wie möglich die zentralisierte Datenhaltung aufzubauen[8]. Die StLÄ, die sich ursprünglich zum Ausbau der fachlichen Kompetenz und zur Betreuung eines oder mehrerer Bereiche bereit erklärt hatten, gehen aus der nachstehenden Tabelle 1 hervor.[9]

Tabelle 1:
Zuordnung von Statistiken bzw. Statistikbereichen zu Statistischen Landesämtern

Statistiken bzw. Statistikbereiche	*Bundesland*
Umwelt, Baugewerbe	Baden-Württemberg
Bildung, Kultur	Bayern
Wahlen, Handel, Dienstleistungen, Gastgewerbe, Tourismus, Lohn- und Einkommensteuer, öffentliche Finanzen, Informations- und Kommunikationstechnologie	Berlin / Brandenburg
Erwerbstätigkeit, Preise, Löhne und Gehälter, Umsatz-, Gewerbe- und Körperschaftssteuer, Europäische Erhebung über berufliche Weiterbildung in Unternehmen	Hessen
Mikrozensus, Unternehmen und Arbeitsstätten	Nordrhein-Westfalen
Bevölkerung, Zensus, Erbschafts- und Schenkungssteuer	Rheinland-Pfalz
Rechtspflege, öffentliche Sicherheit	Saarland
Gesundheitswesen, Sozialleistungen	Sachsen
Verkehr, Produzierendes Gewerbe	Sachsen-Anhalt
Land- und Forstwirtschaft	Schleswig-Holstein / Hamburg
Bautätigkeit, Wohnungswesen	Thüringen

8 Weitere Informationen bei Zühlke, Hetke (2003), S. 321-334.

9 Im Rahmen der zweiten Förderphase nehmen außerdem die Statistischen Ämter der Länder Bremen und Niedersachsen fachliche Aufgaben wahr.

Diese dezentralisierte Zuständigkeit war notwendig, weil ein einziges Amt die Aufgabenfülle, die mit der Zentralisierung der Datenbestände verbunden war, nicht hätte leisten können. Außerdem stand von Anfang an fest, dass jedes StLA bei einer Nachfrage aus der Wissenschaft die benötigten Datenbestände vom zuständigen regionalen Standort i. d. R. über das Testa-Netz erhalten kann.

Im Rahmen der ersten Förderphase des FDZ der StLÄ hat sich gezeigt, dass das sukzessiv wachsende Datenangebot von der Wissenschaft sehr gut angenommen wurde. Da sich während dieser Förderphase eine zunehmende Nachfrage nach weiteren Statistiken entwickelt hat, wurde das Datenangebot diesem Informationsbedarf kontinuierlich angepasst. Mit 65 verschiedenen Statistiken wurde das geplante Datenangebot noch während der ersten Förderphase mehr als verdoppelt. Da die Erweiterung des Angebotes an Statistiken auch immer mit einer Aufbereitung der dazugehörenden Erhebungsjahre einhergeht, stehen diesen 65 Statistiken zum heutigen Zeitpunkt bereits 490 verfügbare Datenbestände gegenüber.[10]

Neben den eigentlichen Datenbeständen galt es die zugehörenden Metadaten aufzubauen. Hierzu wurde in einem großen Teilprojekt der ersten Förderphase vom Bayerischen Landesamt für Statistik und Datenverarbeitung in Zusammenarbeit mit dem Landesamt für Datenverarbeitung und Statistik Nordrhein-Westfalen, dem Statistischen Bundesamt und anderen Statistischen Landesämtern ein Metadateninformationssystem aufgebaut und im Dezember 2005 freigeschaltet.[11]

Dieses internetbasierte Informationssystem wurde parallel zum Aufbau der zentralen Datenhaltung von den fachlich zuständigen Standorten des FDZ arbeitsteilig mit den entsprechenden Informationen befüllt. Aktuell stellt das Online-System derzeit Metadaten zu 30 verschiedenen Statistiken bereit. Verfügbar sind dabei u.a. Informationen über die statistikspezifischen Erhebungsziele, den jeweiligen Berichtskreis, Methoden der Stichprobenziehung oder erhebungsbezogene Informationen wie z. B. zur Definition oder Qualität der verschiedenen Merkmale und Ausprägungen. Darüber hinaus bietet das Informationssystem die Funktionalität eines »interaktiven Fragebogens« an. Mit diesem wird die Möglichkeit geboten, sich von einem Erhebungsmerkmal ausgehend direkt in den dazugehörenden Fragebogen zu verlinken. Der Nutzer erhält so einen unmittelbaren Einblick über die ursprüngliche Fragestellung bzw. -technik und die dazugehörenden Antwortvorgaben.

10 Das aktuelle Datenangebot kann über die gemeinsame Internetseite der Forschungsdatenzentren der amtlichen Statistik unter www.forschungsdatenzentrum.de eingesehen werden.

11 Das Metadateninformationssystem ist über den gemeinsamen Internetauftritt der beiden Forschungsdatenzentren der amtlichen Statistik unter www.forschungsdatenzentrum.de unentgeltlich zugänglich.

c) Zugangswege zu den Daten

Nach der Diskussion mit den Datenschutzbeauftragten aus Bund und Ländern ergaben sich vier verschiedene Arten des Zugangs zu den Mikrodaten der StLÄ, von denen jeweils zwei der Offsite- und zwei der Onsite-Nutzung zuzurechnen sind. Nachstehende Abbildung 1 gibt einen zusammenfassenden Überblick über die Hauptcharakteristika der vier Zugangswege. Sie sind angeordnet nach der Stärke des Informationspotentials (von + bis ++++).

Abbildung 1

Off-Site-Nutzung	Public Use File (PUF)	
	• Art der Anonymisierung	: absolut
	• Nutzer	: breite Öffentlichkeit
	• Datenmaterial	: standardisiert
	• Informationspotential	: +
	• Bereitstellung	: CD/DVD
	• Sonderform	: Campus-File[12]
	Scientific Use File	
	• Art der Anonymisierung	: faktisch
	• Nutzer	: *nur* Wissenschaft
	• Datenmaterial	: standardisiert
	• Informationsmaterial	: ++
	• Bereitstellung	: CD/DVD
On-Site-Nutzung	Gastwissenschaftlerarbeitsplatz	
	• Art der Anonymisierung	: faktisch
	• Nutzer	: *nur* Wissenschaft
	• Datenmaterial	: projektorientiert
	• Informationspotential	: +++
	• Bereitstellung	: PC in einem StLA
	Datenverarbeitung	
	• Art der Anonymisierung	: formal
	• Nutzer	: breite Öffentlichkeit
	• Datenmaterial	: projektorientiert
	• Informationsmaterial	: ++++
	• Bereitstellung	: Ergebnisübermittlung

Bevor im Einzelnen auf die jeweiligen Zugangswege eingegangen wird, soll noch einmal die grundsätzliche Rechtslage hierfür dargestellt werden. Der Zugang zu den Mikrodaten der amtlichen Statistik kann für die Nutzer nur unter der Einhaltung der geltenden gesetzlichen Regelungen erfolgen, welche im Bundesstatistikgesetz, den jeweiligen Ländergesetzen und den Datenschutzgesetzen festgelegt sind. Grundsätzlich gesehen, stellt die amtliche Statistik gemäß dem Bundesstatistikgesetz (§ 16 Abs. 1 Nr. 4 BStatG) Einzelangaben allen interessierten Nutzern zur Verfügung, wenn die absolute Anonymität der Auskunftsgebenden sichergestellt ist. Der Wissenschaft wurde bereits im Jahr 1987 mit der Einführung des § 16 Abs. 6 in das BStatG eine gesetzliche Ausnahmeregelung eingeräumt. Demzufolge kann die Wissenschaft für ein zeitlich befristetes Forschungsvorhaben einen Zugang zu den amtlichen Mikrodaten erhalten, wenn diese Einzelangaben den Auskunftsgebenden nur mit einem unverhältnismäßig hohen Aufwand an Zeit, Kosten und Arbeitskraft zugeordnet werden können. Aus diesem »Wissenschaftsprivileg« leitet sich der Zugang zu den so genannten faktisch anonymisierten Mikrodaten ab. Vor diesem Hintergrund berücksichtigen die FDZ verschiedene Dimensionen des Datenzugangs, welche sich im Wesentlichen im Grad der Anonymisierung und dem damit verbundenen Nutzerkreis unterscheiden.

aa) Off-Site-Nutzung

Von einer Off-Site-Nutzung wird gesprochen, wenn die aufbereiteten Mikrodaten vor Ort in den wissenschaftlichen Einrichtungen genutzt werden. Unterschieden wird dabei zwischen einer Nutzung von Public Use Files und Scientific Use Files. In jedem Fall handelt es sich bei diesem Zugangsweg um einen standardisiert aufbereiteten Datenbestand, welchen die Nutzer in Form einer CD oder DVD erhalten. Der gesetzlichen Grundlage folgend, handelt es sich bei den Public Use Files um absolut anonymisierte Mikrodaten, welche der breiten Öffentlichkeit ohne Einschränkung im Nutzerkreis zur Verfügung stehen. Mit dem Scientific Use File werden dagegen faktisch anonymisierte Mikrodaten bereitgestellt, welche gemäß dem § 16 Abs. 6 BStatG ausschließlich der Wissenschaft zugänglich gemacht werden dürfen. Die besondere Zielsetzung bei der Off-Site-Nutzung ist zudem

12 Zusätzlich zu den Public Use Files bietet das FDZ so genannte Campus-Files an. Dabei handelt es sich ebenfalls um absolut anonymisierte Mikrodaten. Die Aufbereitung der amtlichen Einzeldaten ist auf den Einsatz der Campus-Files in Lehrveranstaltungen fokussiert. Angeboten werden Campus-Files bspw. zum Mikrozensus, zur Sozialhilfestatistik, zur Lohn- und Einkommensteuerstatistik und der CVTS, um den Studierenden der Wirtschafts- und Sozialwissenschaften bereits während ihres Studiums Gelegenheit zu geben, Datenbestände der amtlichen Statistik kennenzulernen und an Hand dieser Mikrodaten sich in deren Auswertung zu üben.

darin zu sehen, dass das enthaltene Informationspotential in den Daten bereits einer Vielzahl von Forschungsvorhaben genügen soll.

bb) On-Site-Nutzung

Erfolgt die Nutzung der Mikrodaten in den Räumlichkeiten der amtlichen Statistik handelt es sich dagegen um eine On-Site-Nutzung.[13] Hierzu zählen die Zugangswege Gastwissenschaftlerarbeitsplatz und die kontrollierte Datenfernverarbeitung. Die grundsätzliche Besonderheit in diesen beiden Zugangswegen ist zunächst darin zu sehen, dass die Mikrodaten auf das jeweilige Forschungsprojekt – insbesondere auf den notwendigen Informationsbedarf – individuell zugeschnitten werden. Im Rahmen der flächendeckend eingerichteten Gastwissenschaftlerarbeitsplätze erfolgt – ähnlich wie bei den Scientific Use Files – der Zugang zu faktisch anonymisierten Mikrodaten. Damit ist der Nutzerkreis auch hier wiederum auf den Bereich der Wissenschaft beschränkt. Obwohl es sich beim Gastwissenschaftlerarbeitsplatz[14] ebenfalls um die Nutzung von faktisch anonymisierten Mikrodaten handelt, ist das Informationspotential aufgrund des kontrollierten und vertraglich geregelten Zugangs in den Räumlichkeiten der amtlichen Statistik höher als bei einer Bereitstellung eines entsprechenden Scientific Use Files. Für eine adäquate Nutzung der Mikrodaten werden den Wissenschaftlern die gängigen Auswertungsprogramme (z. B. SAS, SPSS, STATA) an diesen Arbeitsplätzen bereitgestellt. Die erzeugten Ergebnisse erhalten die Nutzer nach der Prüfung der Geheimhaltung durch die Mitarbeiter des FDZ.

Im Rahmen der kontrollierten Datenfernverarbeitung werden formal anonymisierte Mikrodaten[15] zugänglich gemacht. Der Datennutzer erstellt sein Auswertungsprogramm unter Verwendung der gängigen Analysesoftware und übermittelt die erstellte Syntax zur weiteren Bearbeitung dem Mitarbeiter des betreuen-

13 Seit Oktober 2007 verfügt das Amt für Statistik Berlin-Brandenburg auch über Räume im Gebäude des Deutschen Instituts für Wirtschaftsforschung (DIW Berlin), in denen eine Außenstelle des FDZ der StLÄ eingerichtet wurde. Hier können die Wissenschaftlerinnen und Wissenschaftler die Daten der amtlichen Statistik zu den gleichen On-Site-Konditionen wie am Hauptstandort des StLA nutzen.

14 Dem Wissenschaftler werden die projektspezifisch aufbereiteten Mikrodaten an einem abgeschotteten Rechner zugänglich gemacht. Es wird sichergestellt, dass an diesen Arbeitsplätzen kein unkontrollierter Transfer der Daten vom oder zum Arbeitsplatz oder durch mögliches Zusatzwissen eine Deanonymisierung erfolgen kann.

15 Mit der kontrollierten Datenfernverarbeitung kann das vollständige Informationspotential einer Statistik genutzt werden. Die formale Anonymisierung beschränkt sich lediglich auf die Entfernung direkter Identifikatoren, wie z. B. Namen, Adressen, Matrikel- oder Steuernummern. Sofern derartige Informationen z. B. für eine Panelauswertung notwendig sind, ist es erforderlich derartige Identifikatoren durch entsprechende systemfreie, längsschnittkompatible Ordnungsnummern zu ersetzen.

den Standortes. Zur zielgerichteten Erstellung des Auswertungsprogramms erhält der Nutzer im Vorfeld ein fiktives Datenmaterial, welches in seiner Struktur den Originaldaten entspricht. Der Mitarbeiter des FDZ führt die erstellte Analyseroutine an den formal anonymisierten Mikrodaten aus und stellt die erzeugten Ergebnisse nach der Prüfung der statistischen Geheimhaltung dem Nutzer wiederum zur Verfügung. Da der Zugang zu den Mikrodaten im Gegensatz zum Gastwissenschaftlerarbeitsplatz lediglich indirekt erfolgt, beschränkt sich dieser Nutzungsweg nicht nur auf den Bereich der Wissenschaft und Forschung. Hervorzuheben ist an dieser Stelle zudem, dass der Nutzer mit der kontrollierten Datenfernverarbeitung und der Bereitstellung lediglich formal anonymisierter Mikrodaten das vollständige Informationspotential der Datenbasis für sein Forschungsvorhaben nutzen kann.

cc) Beratung und Betreuung

Vervollständigt wird das Dienstleistungsangebot der FDZ letztlich durch Mitarbeiter in den regionalen Standorten, durch welche die gezielte Beratung und Betreuung der wissenschaftlichen Anfragen erfolgt. Zu diesen Aufgaben zählen dabei u.a. die Bereitstellung von Informationen zum Daten- und Dienstleistungsangebot, die Erstellung von Anonymisierungskonzepten, die projektspezifische Aufbereitung der Mikrodaten für die On-Site-Nutzung sowie die Prüfung der erzeugten Ergebnisse auf die statistische Geheimhaltung. Darüber hinaus werden die Arbeiten zum Aufbau der zentralen Datenhaltung und damit verbunden auch die Erarbeitung der Metadaten übernommen.

dd) Zusammenarbeit mit dem Statistischen Bundesamt

Das FDZ des StBA und das FDZ der StLÄ kooperieren hinsichtlich der inhaltlichen Ausgestaltung des Dienstleistungsangebotes für die wissenschaftliche Forschung sehr eng miteinander. So wurde im Rahmen einer Arbeitsteilung z.B. vereinbart, dass das FDZ der StLÄ die länderübergreifende Aufbereitung der dezentral erhobenen Statistiken übernimmt und das FDZ des StBA den Fokus auf den Bereich der zentral erhobenen Statistiken legt. Durch diese Vereinbarung wurde schon frühzeitig sichergestellt, dass sich die Arbeiten der beiden FDZ gegenseitig zu einem abgestimmten und einheitlichen Dienstleistungsangebot ergänzen bzw. Doppelarbeiten vermieden werden. Weitere Kooperationen bestehen u.a. bei der Entwicklung neuer Datenbestände für die Off-Site-Nutzung, wie z.B. zum Scientific Use File der Gehalts- und Lohnstrukturerhebung oder zum Campus-File der Europäischen Erhebung zur beruflichen Weiterentwicklung (CVTS). Auch im Bereich der Öffentlichkeitsarbeit besteht eine enge Zusammenarbeit zwischen den beiden FDZ, wie z. B. bei der Erstellung eines gemeinsamen deutsch- bzw. englischsprachigen Internetangebotes, der Bereitstellung gemeinsamer Informationsmaterialien oder der Ausrichtung gemeinsamer Informationsveranstaltungen für die Wissenschaft.

4. *Nutzung der Daten*

Bereits vor der endgültigen Einrichtung der Infrastruktur des FDZ der StLÄ und erheblich vor der Verfügbarkeit der zugesagten zentral geführten Datenbestände gingen die ersten Nutzungsanträge ein. Über deren Entwicklung und deren Aufteilung auf Zugangswege und Statistikbereiche wird im Folgenden kurz berichtet.

a) *Entwicklung der Nutzungsanträge*

Die Nachfrage nach aufbereiteten Mikrodaten ist – wie der Abbildung 2 zu entnehmen – von Jahr zu Jahr angestiegen.

Abbildung 2:
Anzahl der eingegangenen Nutzungsanträge [Stand: 31. August 2007]

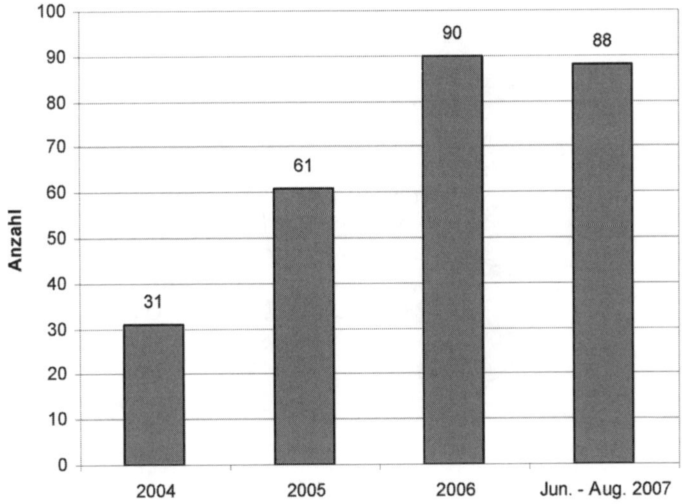

Zwischen den Jahren 2004 und 2007 sind im FDZ der StLÄ insgesamt 270 Anträge zur Nutzung amtlicher Mikrodaten eingegangen. Ähnlich wie in den vergangenen Jahren wird auch für das Jahr 2007 ein über dem Vorjahr liegendes Ergebnis an wissenschaftlichen Anfragen erwartet.

b) Verteilung der Anträge auf die verschiedenen Zugangswege

Mit den eingerichteten Zugangswegen zur On-Site- und zur Off-Site-Nutzung steht den Wissenschaftlern die Möglichkeit offen, diese separat oder in Kombination zu einander in Anspruch zu nehmen. Dies hat zur Folge, dass die Auszählung der 299 beantragten Zugangswege über denen der 270 eingegangenen Nutzungsanträge liegt. Der Abbildung 3 ist zu entnehmen, wie sich die Nutzungsanträge auf die On-Site- und die Off-Site-Nutzung verteilen. Es wird deutlich, dass sich zwei Drittel der Datenauswertungen auf die On-Site-Nutzung und rund ein Drittel auf die Off-Site-Nutzung verteilen. Dieses Ergebnis ist ein gutes Beispiel dafür, dass die eingerichteten Zugangswege zur On-Site-Nutzung sehr gut von den Datennutzern des FDZ der StLÄ angenommen werden.

Abbildung 3:
Verteilung der Nutzungswege [Stand: August 2007]

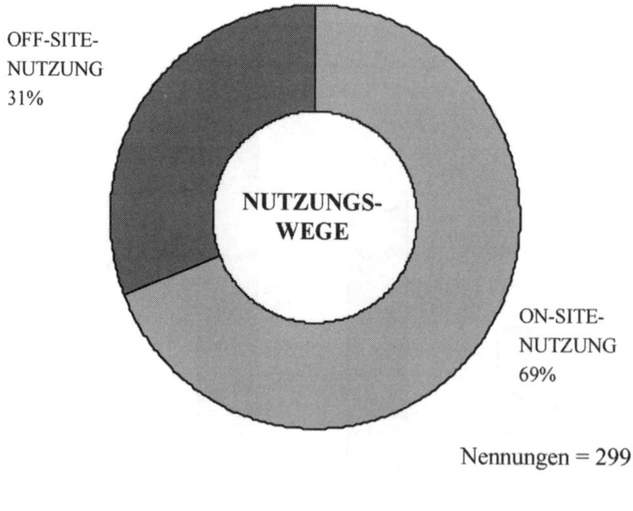

c) Nachfrage nach den angebotenen Statistikbereichen

Inwieweit die gewählte fachliche Breite des Datenangebotes des FDZ der StLÄ in Anspruch genommen wird, geht aus der nachfolgenden Abbildung 4 hervor. Die im Verlauf der dreijährigen ersten Förderphase des FDZ der StLÄ gestellten 270 Nutzungsanträge enthielten insgesamt 390 Anfragen nach Statistiken aus den angebotenen Statistikbereichen. Der Bereich der Bevölkerungsstatistik resp. des Mikrozensus machte ca. 30 % der Nachfrage aus. Wird das Segment der Wirtschaftsstatistiken sowie der Agrar- und Umweltstatistiken hinzugenommen, entfallen über zwei Drittel aller Anfragen auf diese drei Statistikbereiche. Des Weiteren kann aus der Abbildung 4 abgeleitet werden, dass die Anfragen fachlich gesehen sehr breit streuen. Damit bedient das FDZ der StLÄ nicht eine bestimmte Forschungsnische, sondern wird – wie die Ergebnisse zeigen – von der »scientific community« in seiner fachlich heterogenen Ausrichtung sehr gut in Anspruch genommen.

Abbildung 4:
Verteilung der Datennachfrage nach Statistikbereichen [Stand: August 2007, inkl. Mehrfachnennungen]

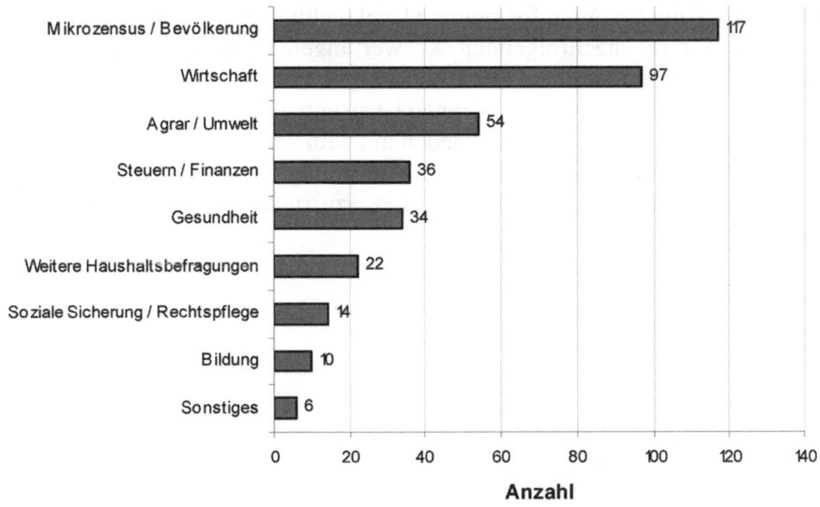

Im Verlauf der ersten Förderphase sind nicht nur die Anfragen nach amtlichen Mikrodaten kontinuierlich gestiegen, sondern es wurden auch neue inhaltliche Anforderungen an die Datennutzung gestellt. Eine zunehmende Anzahl an Anfragen bezieht sich auf die Nutzung von Längsschnittdaten, zielt auf eine Zusammenführung verschiedener amtlicher Statistiken oder auch auf die Verknüpfung von amtlichen Mikrodaten mit externen Datenquellen ab.[16] Im Rahmen der ersten Förderphase wurden die notwendigen Datenbestände projektspezifisch aufbereitet. Im Hinblick auf die zweite Förderphase des FDZ der StLÄ soll dieser neue Informationsbedarf gezielt angegangen und damit fester Bestandteil des zukünftigen Datenangebots werden.

d) Zufriedenheit mit dem Dienstleistungsangebot

Im Hinblick auf die nutzergerechte Weiterentwicklung des Dienstleistungsangebotes spielt der vorliegende aktuelle Datenbedarf der Wissenschaft eine entscheidende Rolle. Vor diesem Hintergrund erhebt das FDZ der StLÄ seit Mitte 2005 kontinuierlich die Zufriedenheit seiner Datennutzer bezüglich verschiedener Dienstleistungsaspekte, wie z. B. zur Betreuung und Beratung durch den FDZ-Mitarbeiter oder zum Potential der ausgewerteten Mikrodaten. In die Erhebung wurden bislang 162 Forschungsprojekte einbezogen. Die Rücklaufquote liegt mit 128 Rückmeldungen bei 79 %. Aufgrund gemeinschaftlicher Forschungsprojekte liegen dem FDZ der StLÄ häufig mehrere Rückmeldungen zu einer Datennutzung vor, so dass für die nachfolgenden Auswertungen insgesamt 171 Antworten berücksichtigt werden konnten.

Dem Ergebnis zur Gesamtzufriedenheit ist zu entnehmen, dass die Datennutzer des FDZ insgesamt gesehen sehr zufrieden mit dem aufgebauten Dienstleistungsangebot sind. Gemäß der nachfolgenden Abbildung 5 sind 48 % der Befragten »voll und ganz zufrieden« und weitere 51 % »zufrieden« mit dem Angebot des FDZ der StLÄ.

16 Die Zusammenführung von amtlichen Wirtschafts- und Umweltstatistiken bzw. die Verknüpfungen von solchen Statistiken mit externen Datenquellen ist im § 13a BStatG geregelt.

Abbildung 5:
Grad der Zufriedenheit

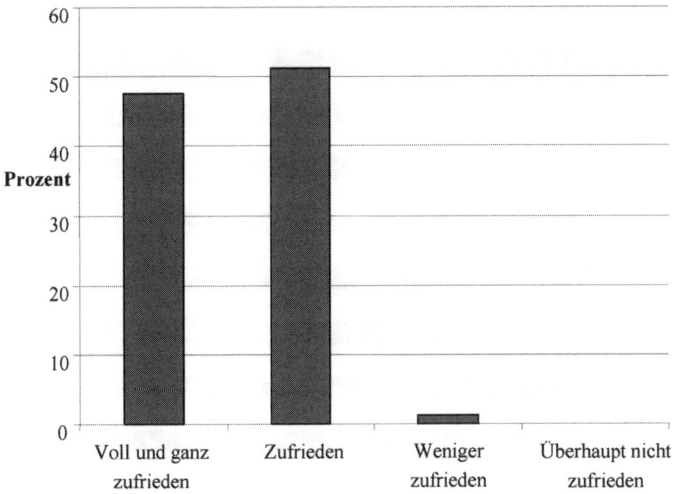

Neben der Gesamtzufriedenheit werden auch einzelnen Dienstleistungsaspekte des FDZ der StLÄ (z. B. Bearbeitungszeiten, Termintreue, Beurteilung der fachlichen und regionalen Tiefe der ausgewerteten Mikrodaten) durch die Datennutzer beurteilt. Die Bewertung der jeweiligen Merkmale erfolgt dabei über eine Skalierung von »voll und ganz zutreffend«, »eher zutreffend«, »eher nicht zutreffend« bis »überhaupt nicht zutreffend«. Für eine anschauliche Präsentation der Ergebnisse wurden die jeweiligen Bewertungen der einzelnen Leistungsmerkmale den Kategorien »eher positiv« oder »eher negativ« zugeordnet.

Abbildung 6:
Beurteilung einzelner Aspekte des Dienstleistungsangebots

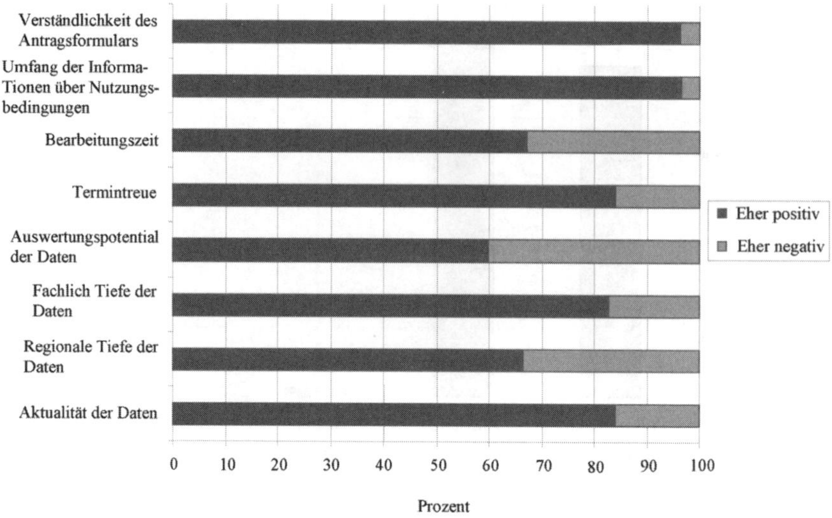

Aus der Abbildung 6 geht hervor, dass die Merkmale zur »Verständlichkeit des Antragsformulars« und zum »Umfang der Information über Nutzungsbedingungen« von den Befragten eher positiv beurteilt wurden. Die Beurteilung der »Bearbeitungszeit« ist dagegen genauer zu betrachten. Den Antworten ist zu entnehmen, dass bei 33 % der Befragten die Bearbeitungszeit eine zeitliche Verzögerung der Forschungsprojekte zur Folge hatte. Wobei nach der Bewertung des nachfolgenden Merkmals, dies nicht unmittelbar auf eine fehlende Termintreue zurückzuführen ist. Dieses Merkmals haben die Befragten zu 84 % positiv beurteilt. Der Beurteilung der Mikrodatenbestände ist zu entnehmen, dass für 40 % der Nutzer das Auswertungspotential nicht vollständig zufrieden stellend war. Übertragen auf die nachfolgenden Merkmale lässt sich schlussfolgern, dass der regionalen Gliederungstiefe der bereitgestellten Mikrodaten dabei eine größere Bedeutung zukommt als der fachlichen Gliederungstiefe der Datenbestände. Die Aktualität der Daten wird von 84 % der Befragten als überaus positiv bewertet.

Weitere Untersuchungen – insbesondere zur Beurteilung des direkten Kontaktes zwischen Wissenschaftlern und FDZ-Mitarbeitern - machen deutlich, dass die beurteilten Dienstleistungsaspekte wie zur »Bearbeitungszeit in Bezug auf bestehende Fragen«, zur »Beratung zum geeigneten Nutzungsweg«, zur »Erreichbarkeit« und zur »Qualität der Beratung« ebenfalls sehr positiv von den Datennutzern wahrgenommen wurden.

Abbildung 7:
Beurteilung einzelner Aspekte der Beratung durch den regionalen Ansprechpartner

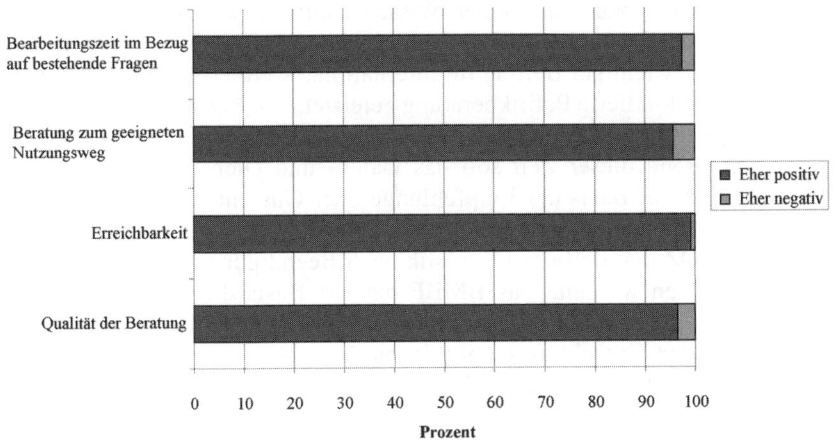

Insgesamt gesehen, weisen die Befragungsergebnisse eine hohe Zufriedenheit der Datennutzer mit dem Dienstleistungsangebot des FDZ der StLÄ auf. Verbesserungspotential zeigt sich aufgrund der Ergebnisse insbesondere bei den Bearbeitungszeiten und bei der regionalen Gliederungstiefe der bereitgestellten Mikrodaten.

5. *Evaluation, zweite Förderphase und Ausblick*

a) *Evaluation des Forschungsdatenzentrums der Statistischen Landesämter*

Das FDZ der StLÄ wurde im Oktober 2006 durch ein international besetztes Gutachterkomitee unter der Leitung von Prof. Dr. Joachim Wagner (Universität Lüneburg) evaluiert.[17] Wie bei den bereits evaluierten anderen Forschungsdatenzentren der öffentlichen Datenproduzenten, wurden auch bei der Evaluierung des FDZ

17 Weitere Mitglieder des Evaluationsgremiums: PD Dr. Lutz Bellmann (Institut für Arbeitsmarkt- und Berufsforschung der Bundesagentur für Arbeit), Prof. Dr. Ulrich Kaiser (Universität Odense/ Dänemark), Dr. Ulrich Schasse (Niedersächsisches Institut für Wissenschaftsforschung), Prof. Dr. Andreas Stephan (Universität Frankfurt/ Oder), und Dr. Gabriele Rolf-Engel (RatSWD).

der StLÄ die von der Wissenschaftsgemeinschaft Gottfried Wilhelm Leibniz verwendeten Begutachtungskriterien zugrunde gelegt. In seiner Bewertung des FDZ der StLÄ kommt die Gutachtergruppe neben der Anerkennung des günstigen Zugangs für die Wissenschaftler/innen und der vorbildlichen Dokumentation der Daten zu folgendem Urteil: »Das FDZ« (der StLÄ) »bildet heute einen zentralen und für die Arbeit von zahlreichen Wissenschaftlerinnen und Wissenschaftlern unverzichtbaren Bestandteil der informationellen Infrastruktur in Deutschland. Damit wird ein wichtiger Beitrag für international wettbewerbsfähige empirische Forschung und fundierte Politikberatung geleistet, ...«[18] Daher empfiehlt die Gutachtergruppe die Fortführung der Arbeiten als ein durch das BMBF gefördertes Projekt. Während dieser Zeit soll das Daten- und Dienstleistungsangebot des FDZ der StLÄ auf Basis der Empfehlungen der Gutachter nutzerorientiert weiterentwickelt und zudem wesentliche Voraussetzungen für eine dauerhafte Etablierung der FDZ der amtlichen Statistik nach Beendigung einer zweiten Förderphase geschaffen werden. Das BMBF hat auf Basis dieser überaus positiven Begutachtung einer weiteren Förderung um zweieinhalb Jahre zugestimmt, so dass die von den Gutachtern empfohlenen Arbeiten zur Weiterentwicklung der informationellen Infrastruktur realisiert werden können.

b) Wichtige Vorhaben in der zweiten Förderphase

Die zweite Förderphase für das FDZ der StLÄ begann am 1. Juli 2007. Sie dauert bis zum Jahresende 2009. In dieser Zeit stellt der kontinuierliche Ausbau des Dienstleistungsangebots eine der wichtigen Aufgaben des FDZ der StLÄ dar. Hierzu zählen insbesondere die *Ausweitung der fachlich zentralisierten Datenhaltung und die Optimierung bestehender Arbeitsprozesse*. Darüber hinaus wird eine zunehmende *Internationalisierung des Daten- und Dienstleistungsangebotes* angestrebt, so dass neben der deutschen auch die ausländische Wissenschaft einen verbesserten Zugang zu den amtlichen Mikrodaten im FDZ der StLÄ erhält.

Im Rahmen der Ausweitung der Leistungen spielt die *Integration von amtlichen Wirtschafts- und Umweltstatistiken* eine wichtige Rolle. Aufgrund der Novellierung des Bundesstatistikgesetzes im Jahr 2005, bei der u.a. der § 13a eingefügt wurde, können die Daten zu verschiedenen Wirtschafts- und Umweltstatistiken, die aus unterschiedlichen Quellen (Statistikregister, Daten nach dem Verwaltungsdatenverwendungsgesetz und aus allgemein zugänglichen Quellen) stammen, in einem vereinfachten Verfahren kombiniert und über diverse Erhebungszeitpunkte hinweg zusammengeführt werden. Diese Möglichkeit der Datenauswertung ist für die Wissenschaft deswegen von besonderem Interesse,

18 Ergebnisse der Evaluierung des FDZ der Statistischen Ämter der Länder (2006), S. 7.

da durch die Integration verschiedener Statistiken das Analysepotential der amtlichen Mikrodaten deutlich verbessert werden kann.

Unter Berücksichtigung des § 13a BStatG bietet sich neben der Integration verschiedener Wirtschafts- und Umweltstatistiken im Querschnitt, auch die Generierung von zusammengeführten Mikrodatenbeständen in Form von *Längsschnittdaten* an. In der Wissenschaft ist der Bedarf nach Längsschnittdaten sehr hoch, da mit diesen Daten kausale Beziehungen wesentlich besser abgebildet werden können.[19] Auch bezüglich dieser Längsschnittdaten soll das Angebot des FDZ der StLÄ ausgeweitet werden.

In einem weiteren Teilprojekt der zweiten Förderphase wird das Ziel verfolgt, die *regionale Infrastruktur weiter auszubauen*. Internationalen Vorbildern folgend sollen in wissenschaftlichen Einrichtungen regionale Standorte des FDZ implementiert und dort insbesondere Gastwissenschaftlerarbeitsplätze aufgebaut werden. In Form eines Pilotvorhabens wurde im Oktober 2007 – also bereits in der zweiten Förderphase – eine Außenstelle des regionalen Standorts des FDZ der StLÄ in Berlin im Deutschen Institut für Wirtschaftsforschung (DIW Berlin) eröffnet und so mit der Ausweitung der regionalen Infrastruktur begonnen. Eine weitere Außenstelle des FDZ der StLÄ an der Technischen Universität Dresden soll folgen.

Die Mitarbeiter der regionalen Standorte haben bereits in der ersten Förderphase zahlreiche Kontakte zur ortsansässigen Wissenschaft aufgebaut und das Dienstleistungsangebot an Hochschulen im Rahmen von Lehrveranstaltungen, Doktorandenkolloquien, Workshops etc. vorgestellt. Eine besondere Aufgabe im Rahmen der Verbesserung des Dienstleistungsangebots während der zweiten Förderphase wird es sein, die bestehenden Kontakte zu nutzen, um sich im Bereich der *Wissensvermittlung* an Hochschulen zu engagieren. Zur Wahrnehmung dieser Aufgabe werden die Mitarbeiter des FDZ der StLÄ gemeinschaftliche Konzepte für Lehrinhalte erarbeiten und den Bestand an Campus-Files – die der praxisorientierten Ausbildung des wissenschaftlichen Nachwuchses im Umgang mit amtlichen Mikrodaten dienen – sukzessive erweitern. Die konkrete Umsetzung soll in Form der Beteiligung an bzw. der eigenständigen Durchführung von Lehrveranstaltungen, Übungen und Seminaren der Mitarbeiter des FDZ der StLÄ an Hochschulen erfolgen.

c) Ausblick

Wie die Evaluation und die Umfrage zur Zufriedenheit der Nutzer des FDZ der StLÄ gezeigt haben, wurden die Ziele erreicht, die mit seiner Einrichtung verfolgt

19 Haushalts- und personenbezogene Längsschnittdaten sind nur erlaubt, wenn diese Verknüpfung in der statistikspezifischen Gesetzesgrundlage (z. B. Mikrozensus) explizit vorgesehen ist.

worden waren, und die Erwartungen der Wissenschaft erfüllt. Die Genehmigung einer zweiten Förderphase, die vor allem auch der Konsolidierung des Erreichten dienen soll, zeigt deutlich, dass von der »scientific community« Fortbestand und Ausweitung des FDZ der StLÄ gewünscht und erwartet wird. Auch die Statistischen Landesämter sehen die Notwendigkeit einer Weiterführung des bisher Erreichten.

Um den gewünschten Fortbestand und Ausbau des FDZ der StLÄ gewährleisten zu können, bedarf es einer auf Dauer angelegten soliden Finanzierung dieser Einrichtung. Verschiedene Möglichkeiten bieten sich hierbei an. Sie reichen von einer dauerhaften Finanzierung durch die Forschungsförderung (von Bund und Ländern), über eine Mittelbereitstellung durch die jeweils zuständigen Ressorts in den einzelnen Bundesländern, bis hin zur Tragung der tatsächlichen Kosten durch die jeweiligen Nutzer. Es wird Aufgabe der Landesämter sein, in den Jahren 2008 und 2009 eine langfristige Lösung des Finanzierungsproblems zu finden, um den Fortbestand und Ausbau des FDZ der StLÄ zu sichern.

Die Existenz von zwei FDZ der amtlichen Statistik wurde und wird von einigen kritisch gesehen. Zum einen wird bei dieser Art der Organisation vermeidbare Doppelarbeit und überflüssiger Koordinationsaufwand vermutet, zum anderen wird in einer Zusammenlegung eine Verbesserung des Angebots gesehen. Zu diesen Argumenten ist zu sagen, dass wegen der deutlich unterschiedlichen Schwerpunktsetzungen in den FDZ des Bundes und der Länder Doppelarbeiten weitgehend vermieden werden. Der Koordinierungsaufwand wurde durch organisatorische Regelungen minimiert. Die Kundenzufriedenheit mit Art und Umfang des Angebots sowie die Befriedigung der Nachfrage und Kundenwünsche zeigen deutlich, dass der Wettbewerb »das Geschäft nicht nur belebt hat«, sondern in hohem Maße effektiv und effizient war. Die gewählte Organisationsform der FDZ der amtlichen Statistik ist daher geradezu ein Musterbeispiel dafür, wie in einem föderal gegliederten Gemeinwesen unter den gegebenen gesetzlichen Rahmenbedingungen ohne *zusätzliche neue* gesetzliche[20] – oder gar grundgesetzlich geregelte – Vorgaben, das Ziel der »Verbesserung der informationellen Infrastruktur zwischen Wissenschaft und Statistik« erreicht werden konnte!

20 Mit Ausnahme der Einführung des § 3a in das BStatG und der Ergänzung des § 16 Abs. 2 BStatG, die lediglich einer rechtlichen Klarstellung dienten (s. auch Punkt II.2).

Literatur

Ergebnisse der Evaluierung des Forschungsdatenzentrums der Statistischen Ämter der Länder (2006), Bericht der Gutachtergruppe mit Empfehlungen, Lüneburg.

Kommission zur Verbesserung der informationellen Infrastruktur zwischen Wissenschaft und Statistik (Hrsg.) (2001), Wege zu einer besseren informationellen Infrastruktur. 1. Auflage, Baden-Baden: Nomos Verlag, S. 195ff.

Kooperationsvereinbarung zwischen dem Forschungsdatenzentrum des Statistischen Bundesamtes und dem Forschungsdatenzentrum der Statistischen Landesämter (2003), Wiesbaden.

Vereinbarung zwischen den Statistischen Landesämtern zum Aufbau und Betrieb eines Forschungsdatenzentrums der Statistischen Landesämter (2002), Hannover.

Zühlke, S., Hetke, U. (2003), Datenbedarf und Datenzugang: Ergebnisse der ersten Nutzerbefragung des FDZ der Statistischen Landesämter. In: Allgemeines Statistisches Archiv 87, S. 321-334.

Das alte Institut und das Datenmeer – Grundsätze der Datengenerierung im IAB[1]

Stefan Bender, Joachim Möller und Joachim Wolff

1. Einführung

Es ist ein Gemeinplatz, dass quantitative Analysen des Verhaltens von Akteuren am Arbeitsmarkt das Vorhandensein von hochwertigen Mikrodaten voraussetzen. Untersuchungen von arbeitsmarktpolitisch hoch relevanten Fragen – z. B. der nach den Eingliederungswirkungen der Teilnahme an arbeitsmarktpolitischen Maßnahmen oder der nach den Beschäftigungswirkungen der Einführung von Mindestlöhnen für spezifische Gruppen am Arbeitsmarkt – erfordern zudem hohe Fallzahlen.

Um entsprechende Datensätze zu erhalten, können grundsätzlich zwei – sich nicht ausschließende – Strategien verfolgt werden:

- die Durchführung von Befragungen der speziell interessierenden Untersuchungseinheiten wie z. B. Personen, Haushalte, Betriebe (Befragungsdaten) oder
- die Nutzung von Daten, die im Zuge von Verwaltungsprozessen, etwa im Sozialversicherungssystem, laufend anfallen (Prozessdaten).

Das Institut für Arbeitsmarkt- und Berufsforschung (IAB) hat sich die Generierung von Paneldatensätzen aus den Prozessdaten der Bundesagentur für Arbeit (BA) zu einer wichtigen Aufgabe gemacht. Derzeit ist am IAB bereits eine Reihe von Prozessdaten für Forschungszwecke verfügbar. Dazu gehört die Beschäftigtenstatistik, die auf Angaben zur Beschäftigung aus den Meldeverfahren zur Sozi-

1 Die Autoren bedanken sich bei den Kolleginnen und Kollegen im IAB – insbesondere bei Steffen Kaimer, Hans Kiesl, Helmut Rudolph, Elfriede Sonntag und Mark Trappmann – sowie bei Jutta Allmendinger für zahlreiche Kommentare zu einer Konzeptsammlung im Rahmen der Evaluation des IAB durch den Wissenschaftsrat.
Zur besseren Lesbarkeit des Beitrags wird hier auf Zitationen weitgehend verzichtet. Allerdings sei auf Kruppe und Oertel (2003) verwiesen, in dem die Autoren detailliert die Transformation von Verwaltungsdaten zu Forschungsdaten für ein IAB-Projekt beschreiben [Kruppe, T., Oertel, M. (2003), Von Verwaltungsdaten zu Forschungsdaten – die Individualdaten für die Evaluation des ESF-BA-Programms 2000 bis 2006. IAB-Werkstattbericht, 10/2003, Nürnberg. Verfügbar unter http://doku.iab.de/werkber/2003/wb1003.pdf].

alversicherung beruht. Weitere Datensätze werten eine Vielzahl von Informationen zu Zeiten der Arbeitslosenunterstützung, Arbeitsuche und Teilnahme an Maßnahmen der aktiven Arbeitsmarktpolitik aus den Geschäftsprozessen der Bundesagentur für Arbeit und den Trägern der Grundsicherung für Arbeitsuchende. Die Daten liegen in der Regel als Zeitspannen (spells) der Einzelpersonen vor. Bei bedürftigen Arbeitslosengeld II-Beziehern sind auch Informationen über den Arbeitslosengeld II-Haushalt (d.h. die Bedarfsgemeinschaft) vorhanden.

Nachfolgend sollen zunächst die Vor- und Nachteile von Prozessdaten gegenüber Befragungsdaten kurz dargestellt werden. Danach soll dann über die Transformation von Geschäftsdaten in Forschungsdaten berichtet werden, die für die damit befassten Institutionen wie dem IAB mit erheblichem Aufwand verbunden ist. Ein Ausblick beschließt den Beitrag.

2. *Prozessdaten: Vor- und Nachteile*

Prozessdaten besitzen eine Reihe von Vorzügen gegenüber Befragungsdaten, sind jedoch den letzteren keineswegs in jeder Hinsicht überlegen. Ein Königsweg für die Datenbereitstellung existiert demnach nicht.

a) Vorteile

Daten aus Verwaltungsprozessen haben eine Reihe von attraktiven Eigenschaften. Sie erfassen üblicherweise die gesamte Population, die von dem jeweiligen Prozess betroffen ist. Durch die anfallenden hohen Fallzahlen wird die Untersuchung wichtiger Fragestellungen zum Teil überhaupt erst möglich. Dies betrifft beispielsweise die Analyse der Wirkungen aktiver Arbeitsmarktpolitik, wenn der Teilnehmerkreis nur einen kleinen Anteil an der Bevölkerung stellt. Derartige Fragen können mit Daten aus Haushalts- und Personenbefragungen in der Regel nicht untersucht werden, da deren Umfang zu gering ist. Beispielsweise reicht das Sozio-ökonomische Panel mit ca. 12.000 Haushalten bzw. 22.000 befragten Personen in der Welle des Jahres 2006 dafür nicht aus.[2]

Ein weiterer Vorteil mancher Prozessdatensätze liegt in der Länge des Beobachtungszeitraums. So gibt es z. B. auswertbare Daten mit tagesgenauen Zeitangaben über sozialversicherungspflichtige Beschäftigungsverhältnisse in Westdeutschland seit 1975. Ferner liefern Prozessdaten eine Vielzahl von hochqualitativen Informationen etwa zu Zeiten der Beschäftigung, dem Bezug von Arbeits-

2 Prozessdatensätze mit großen Fallzahlen werden auch in den durch das Forschungsdatenzentrum der Bundesagentur für Arbeit im IAB (FDZ der BA im IAB) für die Forschung bereitgestellten Datensätzen weitergegeben.

losenunterstützung oder der Arbeitslosigkeit sowie der Teilnahme an Maßnahmen der aktiven Arbeitsmarktpolitik. Solche Information müssen in Befragungen retrospektiv erfasst werden, was mit erheblichen Antwortfehlern verbunden sein kann, da die Befragten Schwierigkeiten haben, sich an weit zurückliegende Ereignisse zu erinnern, insbesondere dann, wenn sie erhebungsrelevanten Ereignissen wie z. B. einer sehr kurzen Arbeitslosigkeitsperiode von ein bis zwei Monaten wenig Bedeutung beigemessen haben. Ein weiterer Punkt ist, dass Prozessdaten nicht durch selektive Antwortausfälle bei den Betroffenen verzerrt sind. Auch Panelmortalität stellt kein Problem dar.

b) Nachteile

Der große Nachteil von Prozessdaten ist, dass ihr primärer Erhebungszweck die adäquate Informationsgrundlage für die Verwaltung und nicht für die Forschung ist. Daraus ergibt sich eine Reihe von Folgen für die Forschung. Prozessdaten sind zunächst nicht repräsentativ für die Bevölkerung, sondern nur für die durch den jeweiligen Prozess erfasste Bevölkerungsgruppe, beispielsweise alle Personen, die zu einem bestimmten Zeitpunkt als arbeitslos registriert sind. Wer sich mit Fragen wie dem Übergang vom Studium in den Arbeitsmarkt auseinandersetzen will, wird dies nicht mit Prozessdaten untersuchen, da keine Angaben über Studienzeiten vorliegen. Zudem erfassen Verwaltungsprozesse in der Regel nur Informationen zur Person und nicht allen Personen, die in einem Haushalt leben. Wichtige Forschungsfragen, wie z. B. zu den Determinanten des Arbeitsangebots von Paarhaushalten oder zur Einkommensverteilung, können daher mit dieser Datengrundlage nicht beantwortet werden. Allerdings gibt es neuerdings auch eine Ausnahme: Für Arbeitslosengeld II-Bezieherhaushalte werden alle zur Bedarfsgemeinschaft gehörenden Personen gemeinsam erfasst.

Forschung mit Prozessdaten ist in den meisten Fällen Sekundärdatenforschung. Somit haben Wissenschaftler nahezu keinen Einfluss auf die erhobenen Merkmale und die Art der Erfassung dieser Merkmale. Merkmalsdefinitionen in der Verwaltung und die für die Forschung adäquaten Definitionen stimmen oftmals nicht überein, so dass hier für die Forschung »Transferleistungen« bei der Überführung der Definitionen notwendig sind. Eng verbunden ist damit das Problem, dass die Wissenschaft nur einen begrenzten bis keinen Einfluss auf die Generierung der Prozessdaten besitzt (etwa auf die Definition der Merkmale oder auch deren Umfang), auch wenn mittelfristig z. B. bei Gesetzesänderungen Einflussmöglichkeiten bestehen. Ein Beispiel dafür ist die Vorgabe von Merkmalen durch das SGB II.

Ein weiterer Nachteil von Prozessdaten ist die beschränkte Anzahl von Merkmalen, da gewöhnlich nur die für die Verwaltungsprozesse relevanten Informationen erhoben werden. Daher fehlen u. U. viele für eine umfassende Erforschung eines Sachverhalts notwendige Merkmale, z. B. Charakteristika des Partners und anderer Haushaltsmitglieder, Informationen zum Elternhaus, zur Zeitverwendung oder persönliche Einstellungen und Zufriedenheit mit verschiedenen Lebensbereichen.

Mit jeder Veränderung der Datengenerierung im Verwaltungsprozess kann es zu Brüchen in der inhaltlichen Bedeutung von Merkmalen über die Zeit kommen. Dabei geht es oftmals nicht nur um Faktoren, die durch Änderungen in den Verwaltungsabläufen verursacht werden, sondern z. B. auch um Brüche, die durch die Einführung neuer arbeitsmarktpolitischer Instrumente, durch Gesetzesänderungen oder EU-Richtlinien verursacht werden. Sie mögen aber auch mit der Einführung neuer oder einem Wechsel in der verwendeten Datenerfassungssoftware zusammenhängen. Solche Veränderungen determinieren u. U. auch den Zeitpunkt, ab dem Prozesse zuverlässig erfasst werden. Ein Beispiel ist die zu Beginn des Jahres 2005 eingeführte Software A2LL zur Erfassung von Leistungsdaten von Arbeitslosengeld II-Bezieherhaushalten und damit auch zu Leistungskürzungen bzw. Sanktionen. Erst seit November 2005 können Sanktionen damit in einer für die Statistik der Bundesagentur für Arbeit auswertbaren Form gespeichert werden und erst seit April 2006 bescheinigt die Statistik der Bundesagentur für Arbeit eine über alle Kreise weitestgehend korrekte Erfassung der Sanktionen durch A2LL (Statistik der Bundesagentur für Arbeit, 2007[3]).

Ein letzter zu nennender Nachteil von Prozessdaten ist, dass die Information nicht direkt von der betroffenen Person erhoben wird, sondern auf den Antworten von Dritten beruht. So stammen die Angaben zur Sozialversicherung von den Arbeitgebern und viele Angaben in den Prozessdaten der Bundesagentur für Arbeit von den zuständigen Sachbearbeitern. Hier sind beispielsweise inkonsistente Eingaben bzw. systematische oder unsystematische Fehleingaben der Sachbearbeiter vor Ort nicht auszuschließen.

Zusammenfassend lässt sich sagen, dass sowohl Befragungsdaten als auch Prozessdaten einem Datengenerierungsprozess unterworfen sind, der in beiden Fällen zu gravierenden Verzerrungen führen kann. Welcher der beiden Prozesse für welche Merkmale der bessere Weg ist, lässt sich generell nicht sagen. Zukunftsweisend sind daher Verknüpfungen von Prozessdaten verschiedener Datenproduzenten oder die Verknüpfung von Befragungs- mit Prozessdaten (vgl. auch Ausblick).

3 Statistik der Bundesagentur für Arbeit (2007), Grundsicherung für Arbeitsuchende – Sanktionen gegenüber erwerbsfähigen Hilfebedürftigen. Sonderbericht 2007/04 der Statistik der Bundesagentur für Arbeit, Nürnberg.

3. Die Transformation von Prozessdaten in Forschungsdaten im IAB

Grundsätzlich könnte jeder Forscher die für seine Fragestellung notwendigen Prozessdaten selbst dokumentieren und aufbereiten. Diese Transformation von Prozessdaten in Forschungsdaten wäre jedoch allein auf der Grundlage der ursprünglichen Prozessdaten (Rohdaten) aus unterschiedlichen Verwaltungsanwendungen für den jeweiligen Forscher sehr aufwändig. Daher hat das IAB einen anderen Weg gewählt, wie Prozessdaten zu Forschungsdaten werden.

Die Bereitstellung der Prozessdaten für die Forschung und Fachöffentlichkeit in einer standardisierten und gut dokumentierten Form wird in einem zentralen Bereich des IAB durchgeführt. Der Servicebereich »IT und Informationsmanagement« (ITM) im IAB ist mit der Generierung von Forschungsdaten aus Prozessdaten betraut. Hier gilt der Grundsatz, dass möglichst viele wissenschaftliche Fragestellungen rasch mit den vorhandenen Daten bearbeitet werden können. Um dies zu ermöglichen, werden – unter Wahrung des Datenschutzes – folgende Grundsätze bei der Bereitstellung von IAB-Forschungsfragen eingehalten:

1. *Forschungsdaten sollten vollständige und aktuelle Informationen enthalten.* Dies ist nur möglich, wenn diese nach Möglichkeit:
   - Grundgesamtheiten abbilden,
   - alle inhaltlich sinnvollen und bestimmte Qualitätskriterien erfüllende Merkmale enthalten,
   - alle inhaltlich sinnvollen Meldungen vorhanden sind und
   - die Daten regelmäßig zeitlich fortgeschrieben werden (Updates).

2. *Die Datenerstellung sollte das maximal mögliche Analysepotential ausschöpfen.* Dies beinhaltet noch zusätzlich folgende Punkte:
   - Unterschiedlichen Datenquellen sollten – wenn möglich – in gemeinsame Datenbasen integriert werden,
   - die zeitliche Dimension sollte erhalten bleiben (meist liegen tagesgenaue Informationen vor) und
   - die Verknüpfung mit Befragungsdaten sollte im Prinzip möglich sein (z. B. Linked-Employer-Employee-Daten) und – nach der Einwilligung der Befragten – erfolgen.

3. *Die Forschungsdaten sollten nutzerfreundlich sein*: Dieser Punkt wird nur dann gewährleistet, wenn
   - die potentiellen Nutzer bei der Entwicklung der Forschungsdaten einbezogen werden,
   - das Angebot sowohl komplexere integrierte Datensätze als auch einfachere spezifische Datensätze beinhaltet,

- umfassende Dokumentationen der Daten (Metadaten) und Informationsmöglichkeiten über die Daten vorhanden sind und
- regelmäßig Feedbacks über die Datenangebote bei den Forschern (z. B. durch Nutzerbefragungen) eingeholt werden.

4. *Es sollte ein gesicherter Datenzugang zu den Forschungsdaten des IAB für die Scientific Community bestehen.* Hier gibt es – wenn das Angebot des Datenzentrums der BA-Statistik für die jeweilige Fragestellung nicht ausreicht –
   - den kostenlosen Zugang zu standardisierten Datensätzen (Stichproben) über das FDZ oder den
   - kostenpflichtigen Zugang (über § 75 SGB X) für weitergehende Forschungsdaten aus den Prozessdaten der Bundesagentur für Arbeit.

4. *Der Aufwand für die Erschließung und Bereitstellung der Forschungsdaten im IAB*

Die Datenerstellung und -bereitstellung erfolgt im IAB in dem Servicebereich ITM. Das FDZ bietet zentrale Datensätze aus dem Datenangebot des IAB für die wissenschaftliche Forschung an. Das IAB betreibt bewusst einen erheblichen personellen und finanziellen Aufwand, um die Prozessdaten (aber auch Befragungsdaten) in Forschungsdaten für die Scientific Community zu transformieren. Nachfolgend sollen einige zentrale Aufgabengebiete kurz angerissen werden:

- In Prozessdaten können Inkonsistenzen über die Zeit und in den jeweiligen Merkmalen auftreten. Um solche Inkonsistenzen auszuräumen, ist es ratsam, Bereinigungsregeln zu entwickeln und zu testen.
- Ein generelles Problem von Prozessdaten ist das Vorhandensein von doppelten Meldungen oder Doppelungen in berichteten Zeiträumen. Diese Meldungen oder Zeiträume müssen identifiziert und konsolidiert werden. Bei sich zeitlich überschneidenden Meldungen wird ein sogenanntes Episodensplitting durchgeführt. Ziel ist es, dass danach nur noch sich zeitlich vollständig überlappende oder sich vollständig zeitlich ausschließende Meldungen ergeben. Episodensplitting führt somit immer zu einem Anwachsen der Anzahl der Meldungen in dem Analysedatensatz, da – zur Erfüllung der Regeln – zusätzliche Meldungen mit identischem Inhalt, aber veränderten Datumsangaben generiert werden. Darüber hinaus werden Hilfsmerkmale zur Verfügung gestellt, die u.a. es ermöglichen auch wieder den Originalzustand herzustellen.
- Zugrundeliegende Handlungsempfehlungen, Gesetze, Richtlinien oder Sachverhalte der Prozessdaten können sich über die Zeit ändern. Damit kann es

in Merkmalen zu Änderungen der Merkmalsschlüssel kommen (z. B. die Änderung des Wirtschaftszweigs aufgrund von EU-Änderungen). Hier sollten Schlüsseländerungen durchgeführt werden, um die Konsistenz im Längsschnitt zu erhalten. Oftmals müssen aber Umschätzungen durchgeführt werden, wie z. B. bei der Gebietsstandbereinigung aufgrund von Gemeinden- bzw. Kreisreformen oder auch beim Wirtschaftszweig, wenn keine Umschlüsselungstabelle vorhanden ist.

- Da das IAB anstrebt, verschiedene Prozessdaten als integrierten Datensatz zur Verfügung zu stellen, müssen die oben benannten Arbeiten auch nach jeder Zusammenführung von verschiedenen Datenquellen durchgeführt werden. Es ist nachvollziehbar, dass sich dabei der Arbeitsaufwand wesentlich erhöht, da meist Datenbestände zusammengeführt werden, die zuvor nicht aufeinander bezogen erhoben wurden.
- Bei dem Zusammenführen von verschiedenen Datenbeständen müssen Integrationsregeln entwickelt werden und ein integrierbarer Satzaufbau erstellt werden. So müssen beispielsweise für die zeitlichen Überschneidungen von Meldungen aus verschiedenen Datenbeständen Dominanzregeln entwickelt werden.
- Selbstverständlich müssen regelmäßige Qualitätsprüfungen an allen Datenbeständen durchgeführt werden.
- Ein wichtiger, aber auch zeitintensiver Teil der Datenarbeiten im IAB ist die Dokumentation der Daten (z. B. Erstellung von Handbüchern, methodischen Kommentaren oder der Aufbau von Metadatenbanken) und die Durchführung von Informationsveranstaltungen, Workshops und Datenschulungen.

In der Bundesagentur für Arbeit selbst verändern sich verwaltungstechnische Erhebungsverfahren oder es werden neue Erhebungsverfahren eingeführt. Hier muss das IAB ständig seine Datensätze anpassen bzw. neue entwickeln. Bestes Beispiel hierfür sind Daten, die im Rechtskreis des SGB II entstanden sind und deshalb auch Bedarfsgemeinschaften über die Zeit abbilden müssen. Daher sind ständige Rückkopplungen zu Nutzern der Daten im IAB und außerhalb des IAB, zu dem Ressort und der Bundesagentur für Arbeit notwendig, um deren Bedarfe an Forschungsfragen und somit Forschungsdatenbeständen zu ermitteln. So wurden z. B. Arbeitsgruppen mit den Nutzern am IAB zur Weiter- und Neuentwicklung von Datensätzen eingerichtet.

Für die Erschließung und Bereitstellung der Daten ist es zentral, offene Fragen mit der Statistik der Bundesagentur für Arbeit als Zwischenlieferant und unter Umständen auch mit Arbeitsagenturen und Trägern der Grundsicherung für Arbeitsuchende als Ursprungslieferanten der Daten klären zu können. Hier ist es von erheblichem Vorteil, den »kleinen Dienstweg« einschlagen zu können.

5. *Schlussfolgerungen*

Abschließend lässt sich Folgendes feststellen: Der finanzielle und personelle Aufwand des IAB ist sehr hoch, um diese Leitlinien einzuhalten und die Prozessdaten zu Forschungsdaten zu transferieren. Gibt es hierzu eine Alternative? Wohl kaum. Denn die mögliche Alternative wäre eine Vielzahl von Spezialbefragungen in Auftrag zu geben, die kostspieliger und oftmals, wenn für Forschungsfragen besonders hohe Fallzahlen benötigt werden, auch nicht durchführbar sind. Durch die Erhebung von Prozessdaten entstehen hingegen keine zusätzlichen Kosten. »Nur« die Aufbereitung und Bereitstellung der Daten für Forschungszwecke kostet Zeit und Geld. Oftmals wird von der Wissenschaft bedauert, dass Prozessdaten einen (zu großen) »Time-lag« haben, um aktuelle Forschung zu ermöglichen. Allerdings lässt sich hier entgegnen, dass auch Befragungsdaten für z. B. neue Fragestellungen diesen »Time-lag« hätten (vielleicht sogar einen größeren), bis die Daten verfügbar wären. Somit gibt es keine echte Alternative zu der jetzigen Datenproduktion im IAB.

Das IAB sieht es als eine Selbstverständlichkeit an, dass alle im IAB erstellten und verfügbaren Daten der Wissenschaft zur Verfügung gestellt werden. Darüber hinaus soll der Zugang zu den Daten des IAB ständig verbessert werden. Dies geschieht

- durch die Verbesserungen in den Datendokumentationen und Analysehilfen. So ist beispielsweise eine solche Hilfe mit dem RWI in Essen für das IAB-Betriebspanel erarbeitet worden (PanelWhiz),
- durch Verbesserungen des Datenangebots (s. den Ausblick und den Beitrag der Forschungsdatenzentren in diesem Band) und
- durch die Verbesserungen im Datenzugang. So beteiligt sich das FDZ im Rahmen des 7. EU-Schwerpunktprogramms an einem Projekt, was u.a. Datenzugangswege in Europa erleichtern soll.

6. *Perspektiven »Neue Daten«*

Perspektiven für die Datenlandschaft des IAB und somit für die empirische Forschung in den nächsten Jahren ergeben sich durch:

a) *Entwicklungen in den Prozessdaten*

Eine der Hauptarbeiten in den nächsten Jahren ist die Erschließung, Aufbereitung und der vollständige Einbau der Prozessdaten des SGB II in die Integrierte Individualdatenbasis des IAB. Eine Herausforderung stellt die Erweiterung der Daten vom bisherigen reinen Personenbezug auf die Ebene der Bedarfsgemeinschaft dar. So sollen beispielsweise Geldflüsse wie Einkommen, Sanktionen und Wohnungskosten analysefähig in den Daten vorhanden sein. Diese Datenquelle ist einmalig in Deutschland und wird für spezifische Forschungsstränge (z. B. die dynamische Armutsforschung) neue Möglichkeiten eröffnen.

b) »Große« Erhebungen im IAB

Generell versucht das IAB – soweit dies datenschutzrechtlich erlaubt ist – Befragungen mit den Prozessdaten des IAB zu verknüpfen. Somit können detaillierte Erwerbs-, Maßnahmen- und Arbeitslosigkeitshistorien aus den Prozessdaten mit den Sachverhalten der jeweiligen Befragung kombiniert werden. Dies führt zu Datensätzen mit sehr hohen Analysepotentialen. Ein international einmaliger Datensatz ist hier der Linked-Employer-Employee-Datensatz des IAB (LIAB), der bereits durch das FDZ angeboten wird.

Das 2006 gestartete Haushaltspanel »Arbeitsmarkt und soziale Sicherung« (IAB-PASS) soll in den kommenden Jahren Mikrodaten für die Arbeitsmarkt- und Armutsforschung sowie für die Evaluation sozialpolitischer Maßnahmen liefern. Jährlich werden hier Fragen zur Erwerbstätigkeit, Arbeitssuche, Bezug von SGB II-Leistungen, Kontakte zu den Trägern, Lebensstandard und Einkommen gestellt. Hinzu kommen in den nächsten Jahren Schwerpunkte zu Gesundheit und sozialen Netzwerken. Die für 2008 vorgesehene Verknüpfung mit Prozessdaten der Bundesagentur für Arbeit ermöglicht zum einen die Validierung der erhobenen Daten, zum anderen die Weiterverfolgung ausgeschiedener Haushalte in den Prozessdaten.

In dem Projekt »Qualifikationen, Kompetenzen und Erwerbsverläufe« führte das IAB in 2007 eine umfangreiche Retrospektiverhebung zur differenzierten Abbildung der Bildungs- und Erwerbsbiographien der 18- bis 50-jährigen Bevölkerung in Deutschland, kombiniert mit einer anschließenden Erfassung kognitiver Grundkompetenzen mittels Lese- und Mathematiktests durch. Eine zweite Panelwelle ist nach vier Jahren geplant, bei der detaillierte Angaben zu Bildungsaktivitäten erhoben, die Erwerbsverläufe fortgeschrieben sowie erneut Leistungstests durchgeführt werden. Das Paneldesign ermöglicht, die Ergebnisse einer wiederholten Kompetenzmessung mit dem individuellen Bildungs- und Erwerbsverlauf zu verknüpfen, und stellt somit eine in Deutschland bislang einzigartige Datengrundlage zur Analyse der Wechselwirkungen zwischen Erwerbssituation, Bildungsbeteiligung und der Veränderung von Grundkompetenzen bereit.

c) Verknüpfungen mit Datenquellen anderer Datenproduzenten

Bei den Statistischen Ämtern des Bundes und der Länder und in der Bundesagentur für Arbeit (BA) / dem Institut für Arbeitsmarkt- und Berufsforschung (IAB) werden eine Reihe von Unternehmens- bzw. Betriebsdaten gesammelt und aufbereitet. Durch das neu geschaffene Unternehmensregister bei den Statistischen Ämtern ist eine »Masterdatei« entstanden, die u.a. Identifikatoren für das Zusammenspielen diverser Datenquellen enthält. Dieses Register wird nun genutzt, um Daten der einzelnen Datenproduzenten zusammenzuführen und diese in einem Forschungsprojekt der Wissenschaft zur Verfügung zu stellen. Das Projekt wird durch das Bundesministerium für Bildung und Forschung finanziell unterstützt und mit dem FDZ des Statistischen Bundesamtes und dem Lehrstuhl für »Empirische Wirtschaftsforschung« an der Universität Lüneburg (Joachim Wagner) durchgeführt.

Somit ist in den letzten Jahren im IAB, mit dem IAB und auch außerhalb des IAB ein einzigartiges Datenangebot in Deutschland entstanden, was vor 10 Jahren auch nicht einmal der kühnste Visionär geglaubt hätte. Das Datenangebot und auch der Zugang zu diesen Daten sind im internationalen Vergleich vorbildlich.

Der Wandel des empirisch arbeiten wollenden aber keinen (Daten-)zugang findenden Saulus zum nun international beachteten Paulus wäre ohne die Arbeiten von Johann Hahlen und Hans-Jürgen Krupp nicht möglich gewesen. Die Autoren hoffen mit diesem Beitrag und den Fortführungen der beschriebenen Arbeiten in der nahen Zukunft gezeigt zu haben, dass auch entscheidende Impulse zur effizienten Nutzung des Datenmeers von »Älteren« kommen; sei es durch ein über 40-jähriges Institut oder durch scheinbare »Ruheständler«.

Daten und Fakten für die Rentenpolitik – von Geschäftsstatistiken zum Forschungsdatenzentrum der Rentenversicherung

Uwe Rehfeld

1. Zum vielfältigen Informationsbedarf

Der Alterssicherung kommt in modernen Gesellschaften eine hohe Bedeutung zu. In Deutschland hat dabei die gesetzliche Alterssicherung seit Bismarck eine herausragende Bedeutung. Mehr als 90 Prozent der Bevölkerung über 65 Jahre beziehen Leistungen aus der gesetzlichen Rentenversicherung. Weiterhin erhalten 24 Prozent der heutigen Rentner eine betriebliche Altersrente und rund 3 Prozent beziehen Leistungen aus einer zusätzlichen Alterssicherung im Rahmen der Eigenvorsorge[1]. Aufgrund der komplexen Verflechtung der verschiedenen Ebenen der Alterssicherung in den drei Säulen und darüber hinaus zwischen Generationen und besonderen Personengruppen bedarf es angemessener empirischer Beschreibungen und Analysen, um die kontinuierliche Evaluierung der sozialen Sicherung durch das System auf politischer Ebene sowie in der Öffentlichkeit leisten zu können. Die statistischen Daten der Rentenversicherung spielen schon traditionell in der öffentlichen Diskussion zur sozialen Sicherheit eine wichtige Rolle[2]. Die Bedeutung hat sogar zugenommen, denn gesellschaftliche, ökonomische und demographische Veränderungsprozesse gaben Anlass zu dem gegenwärtig bedeutsamen Umbau des Alterssicherungssystems in Deutschland, der mit dem Ziel stattfindet, die Alterssicherung auch in Zukunft akzeptabel, sozialstaatsgerecht und finanzierbar zu gestalten. Der Bedarf an Informationen über Situationen, Vergangenheitstrends, Strukturveränderungen und über zukünftige Entwicklungen ist weiterhin hoch zu veranschlagen. Neben langfristigen Trends wirken auch kurzfristige Einflüsse seitens Gesellschaft und Wirtschaft auf die sozialen Sicherungssysteme, beeinflussen diese und erfordern Entscheidungen. Die früher vom Verband Deutscher Rentenversicherungsträger aufgebaute Datenstruktur wird in Form eines umfangreichen statistischen Berichtswesens seit Oktober 2005 von der Deutschen Rentenversicherung Bund fortgeführt. Die Deutsche Rentenversicherung Bund hat die Grundsatz- und Querschnittsaufgaben – wozu Statistik und Forschung gehören – für die Rentenversicherung über-

1 Alterssicherungsbericht der Bundesregierung (2005), Tabelle B.3, Tabelle C.17.1.

2 U. a. wird seit der Rentenreform von 1957 jährlich ein Rentenversicherungsbericht vorgelegt, vgl. § 154 SGB IV.

nommen[3]. Fast alle Daten, die z. B. im Rentenversicherungsbericht, in den Veröffentlichungen des zuständigen Ministeriums für Arbeit und Soziales sowie in der amtlichen Statistik über die gesetzliche Rentenversicherung publiziert werden, stammen aus diesem Berichtssystem[4]. Der Bedarf an empirischen Fakten und Informationen ist auch gestiegen, weil Veränderungen von diversen Akteuren angestoßen wurden. Bei der Alterssicherung waren dies insbesondere die Politik, der Sozialbeirat, der Sachverständigenrat und die Wissenschaft, aber auch die Entwicklungen auf der Ebene der Europäischen Union[5]. Anders als die Politik in der Vergangenheit wichtige Veränderungen mehrfach mit dem Begriff »Jahrhundert-Reform« als seltenes Ereignis apostrophierte, ist davon auszugehen, dass es wie bisher auch zukünftig in Schritten Anpassungen und Reformen in allen Bereichen der sozialen Sicherung geben wird. Für das statistische Berichtswesen sind damit jeweils sowohl im Vorfeld von Gesetzesvorhaben als auch bei der Evaluation vielfältige Aufgaben verbunden, die damit in einem permanenten Veränderungs- und Fortentwicklungsprozess stehen.

2. *Gesetzliche Regelungen, Prinzipien und Organisation der Statistik*

Die Rentenversicherung ist seit Anbeginn eine wichtige staatliche Aufgabe, über die zuverlässige statistische Informationen vorliegen sollten. Bei der Gründung hat deshalb der Gesetzgeber sofort Regelungen zur Rechnungslegung und Statistik über wichtige Quantitäten (Fallzahlen und Finanzen) getroffen[6]. Während in der Vergangenheit, bis zur Einführung der Datenverarbeitung, ganze Stäbe manuelle Statistikarbeit und Abrechnungen geleistet haben, sind seitdem die technischen Fortschritte in diesem Bereich kontinuierlich genutzt worden. Die Rentenversicherung hat frühzeitig Hollerithmaschinen eingesetzt und später durch die Einführung einer eindeutigen Versicherungsnummer (1964) ein Personenkennzeichen geschaffen, das die Führung individueller Konten ermöglicht[7]. Zeitgleich ist auch die Statistik auf maschinelle Verfahren umgestellt worden und hat an allen technischen Fortschritten teilgenommen. Das statistische Berichtswesen der Rentenversicherung hat sich dabei – nicht unähnlich der amtlichen Statistik, und daher auch oft als »quasi amtliche Statistik« bezeichnet – auf der Grundlage von Gesetzen und Regelungen ausgestaltet, die in der konkreten Umsetzung der Vorgaben zwischen den beteiligten Rentenversicherungsträgern abzusprechen waren. Während inhaltliche Änderungen der Statistik häufig durch Novellierungen der

3 Vgl. § 138 Abs. 1 Ziff. 3 sowie 14 und 15 SGB IV.
4 Rehfeld (2001), CD im Anhang sowie Rehfeld (1991).
5 Vgl. Rische (2005a) sowie Ruland (2007).
6 Vgl. Köhler (1990), insbes. S. 59 sowie Rehfeld (1990).
7 Vgl. Klässer (1990), insbes. Abschn. II (Versicherungsnummer), III (Versicherungskonto), S. 1069.

Leistungsgesetze erforderlich sind, kann bei den Prinzipien, organisatorischen Strukturen und Grundsätzen des Berichtssystems von einer kontinuierlichen Entwicklung gesprochen werden. Hervorzuheben ist diese relative Konstanz aus Sicht von Qualitätsstandards deshalb, weil auf diesem Wege langfristige Vergleiche der Daten gewährleistet werden.

Schaubild 1

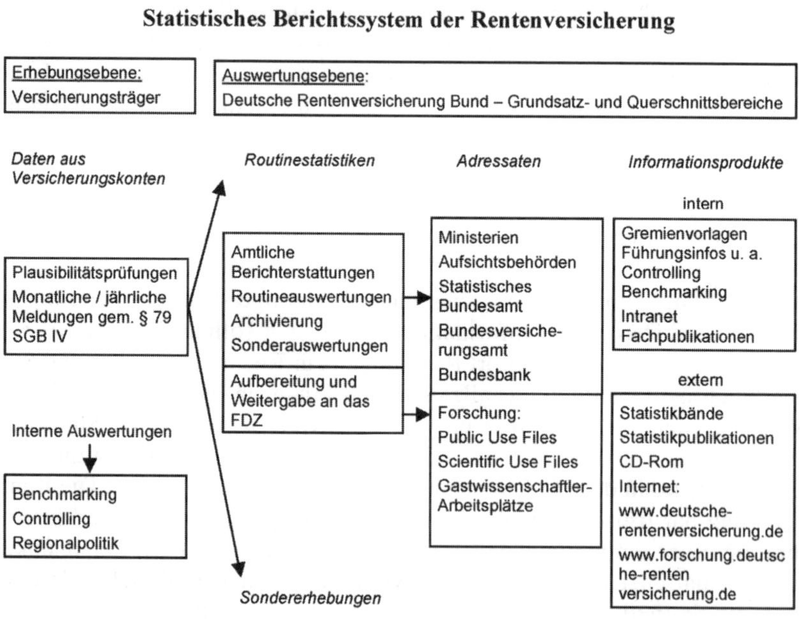

Schaubild 1 gibt einen Überblick auf Erhebungsebene, Berichtswege und Informationsprodukte des Berichtssystems. Neben den gesetzlichen Forderungen stehen immer auch rentenversicherungsinterne, aus Organisations- und Managementbedarf begründete Anforderungen an die Statistiken. Hierzu – sowie grundsätzlich zu allen notwendigen Regelungen des Berichtssystems – erfolgen Absprachen zwischen den Trägern, teilweise auch im Einvernehmen mit dem Gesetzgeber bzw. der Aufsicht. Diese Absprachen wurden früher auf der Ebene des Verbandes Deutscher Rentenversicherungsträger erreicht. Sie erfolgen seit der Organisationsreform, indem die Deutsche Rentenversicherung Bund entsprechende Regelungsvorschläge in die neuen Beratungs- und Entscheidungsgremien einbringt[8].

Ein wichtiger weiterer Aspekt ist hervorzuheben: Fast alle Daten der gesetzlichen Rentenversicherung sind prozessproduziert. Dies bedeutet, dass die aus den Verwaltungsvorgängen der Statistik zugeführten Merkmale hohe Qualität und Aktualität besitzen. Damit verbunden ist jedoch auch eine Beschränkung, denn aus wissenschaftlich-inhaltlicher Sicht wünschenswerte zusätzliche Informationen sind nur begrenzt, teilweise nur im Rahmen von explizit definierten Zusatzerhebungen möglich[9]. Von hoher Bedeutung ist zudem der Datenschutz. Zunächst sind sämtliche personenbezogenen Daten im Bereich der Rentenversicherung als Sozialdaten besonders geschützt[10]. Datenerhebung und Berichtsstruktur sind in der Rentenversicherung dezentral – multi sources – angelegt. Früher waren 27 Versicherungsträger, heute sind 16 einbezogen. Neben wenigen summarischen Meldungen (Tabellen, Summensätze) werden für alle bedeutenden Berichterstattungen Statistik-Einzelsätze aufgebaut. Dies erfolgt durch detaillierte Verfahrensvorschriften, um Extrakte aus den Daten der Versicherungskonten zu bilden. Diese gelangen im ersten Schritt ohne Namen und Adressen in das geschlossene Berichtswesen. Soweit – z. B. im Rahmen des aufgebauten Forschungsdatenzentrums – externe Nutzer an die Daten herangeführt werden, sind zusätzliche Vorkehrungen zu treffen: Für die wissenschaftliche Forschung werden durch entsprechende Verfahren faktisch anonymisierte Daten in Form von Scientific Use Files und für die Fachöffentlichkeit sowie für die Lehre absolut anonymisierte Public Use Files aufbereitet[11].

Die Tatsache, dass Berichterstattungen über zum Teil komplexe versicherungs- und rentenrechtliche Tatbestände von vielen Versicherungsträgern zu leisten sind, erfordert transparente Regularien und Vereinbarungen[12]. Die in Schaubild 2 zusammengestellten Prinzipien haben daher erhebliche praktische Relevanz.

8 Vgl. Standfest (2004) sowie Rische (2005b).

9 Ein aktuelles Beispiel hierzu sind die Erhebungen zur Altersvorsorge, vgl. hierzu unter 3.h sowie Roth, Semrau (1997).

10 Vgl. Klässer (1994) sowie Heese (2004).

11 Vgl. Stegmann, Luckert, Mika (2005).

12 Zur Einführung standardisierter Statistikhandbücher vgl. Rehfeld (1984), Teil 1 und Teil 2.

Schaubild 2

Statistisches Berichtssystem der Rentenversicherung
Prinzipien und Grundsätze

- Dezentrale prozessproduzierte Datenerhebung
- Permanente Qualitätssicherung
- Feste Berichtswege und besondere Beachtung des Sozialdatenschutzes
- Zentrale Prüfung, Archivierung, Auswertung
- Kontinuierliche umfassende Datenpräsentation: Statistikbände, Internet
- Dokumentation für Experten und Außenstehende: Fachdokumentation, Metadaten

So fordern diese ausführlichen und umfassenden Dokumentationen in Handbüchern Datensatzbeschreibungen sowie Erläuterungen in Form von Glossaren und Methodikdokumentationen. Aktuell sind hier durch die Erweiterung der Nutzung auf Wissenschaftler im Rahmen von Forschungsnetzwerk Alterssicherung (FNA) und durch das Forschungsdatenzentrum (FDZ-RV) neue Wege beschritten worden[13]. Ziel ist dabei, auch denjenigen Nutzern, die keine Detailkenntnisse des Rechts und der Datenstrukturen haben, Daten sinnvoll und fehlerfrei auswertbar anzubieten. Im Schaubild sind auch fixe Berichtswege und kontinuierliche Datenpräsentationen als wichtige Prinzipien im Berichtsprozess genannt, weil auf diese Weise allen Nutzern, aber zunächst den Datenlieferanten (die selbst Nutzer wichtiger Ergebnisse sind) schnelle, dabei auch prüfende Blicke auf die Daten ermöglicht werden. Damit wird gleichzeitig auch eine hohe Transparenz für Wissenschaft und Forschung möglich, die durch den Vergleich mit den Routineergebnissen in den Statistikbänden eine Referenzmöglichkeit haben[14].

13 Vgl. Himmelreicher, Rehfeld (2005).

14 In allen Statistikbänden sind methodische Erläuterungen, Glossare und Datensatzdokumentationen enthalten; diese Dokumentationen stehen auch auf der Statistik-CD sowie im Internet zur Verfügung – www.forschung.deutsche-rentenversicherung.de sowie www.deutsche-rentenversicherung.de sowie Statistik der Deutschen Rentenversicherung, DRV Bund (Hrsg.), laufende Bände.

3. Highlights der inhaltlichen, methodischen und datentechnischen Entwicklung

Das statistische Berichtssystem der Rentenversicherung hat sich permanent fortentwickelt, wobei im Grundsatz zwei Push-Faktoren zu unterscheiden sind. Zunächst wurden permanent und konsequent die EDV-technischen Fortschritte bei Datenspeicherung, Datenübertragung und Auswertung genutzt. Der weitere sehr maßgebliche Einflussfaktor ist die stetige Zunahme der Informationsbedürfnisse, insbesondere für Zwecke der Politikberatung. Bei Rechtsänderungen wird das Berichtssystem in drei Phasen bedeutsam: Zunächst bei der Planung, wenn auf der Grundlage empirischer Fakten Reformen konzipiert werden. Bei der Umsetzung der Reformen sind die Statistiken dann an neue Modalitäten des Leistungsrechts anzupassen. Bei diesen Änderungen des Berichtswesens werden zugleich Vorüberlegungen für die spätere empirische Evaluation der Gesetzesvorhaben – der dritten Phase – berücksichtigt. Vor dem Hintergrund dieser Entwicklungen, die außerdem durch kontinuierliche systematische Qualitätsprüfungen ergänzt werden, werden nachstehend einige wichtige Innovationen in den vergangenen Jahrzehnten als wichtige Entwicklungsstadien bzw. Highlights der Fortentwicklung hervorgehoben.

Schaubild 3

Statistik der Rentenversicherung
Wichtige inhaltliche, methodische und datentechnische Entwicklungen

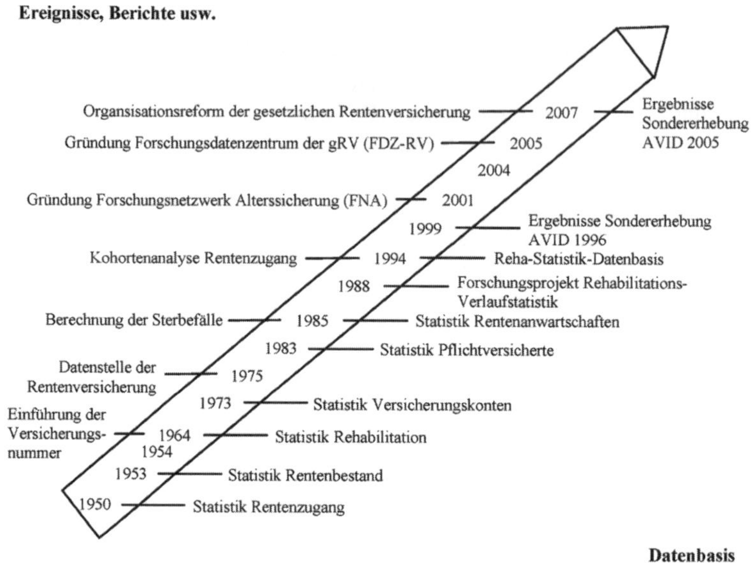

a) *Einführung von Einzeldatensätzen*

Mit der Einführung der modernen Datenverarbeitung wurden die bis dahin manuell erstellten Statistiken für die Leistungstatbestände – Rentenzugang, Rentenzahlung und Rehabilitation – abgelöst. Datengrundlage waren nunmehr die EDV-gestützten Verwaltungsvorgänge. Die Daten wurden je Fall auf einer Lochkarte (daher die anfängliche Merkmalsbegrenzung auf 80 Stellen) gespeichert und von den Versicherungsträgern und der Statistik des VDR für Auswertungen zur Verfügung gestellt. Die ersten Statistikbände nach dem Zweiten Weltkrieg wurden auf diesem Wege produziert und lösten das frühere Berichtsverfahren des Statistischen Reichsamtes ab[15].

15 Vgl. VDR (Hrsg.), Statistik der deutschen Rentenversicherung, Band 1 Rentenzugang, Rentenwegfall 1950 bis 1952, Band 7 Rentenbestand 1954 bis 1957, Band 8 Rehabilitationsleistungen 1954 bis 1957.

b) *Einführung der Versicherungsnummer als Basis für Versichertenstatistiken*

Die eindeutige personenbezogene Versicherungsnummer war die Voraussetzung zur Einführung eines individuellen Versicherungskontos. Die eindeutige Zuordnung wurde anhand einer Referenzdatei in der Datenstelle der Deutschen Rentenversicherung geschaffen[16]. Damit wurden die jährlich in Versicherungskonten verbuchten Beitragszahlungen individuell auswertbar und konnten die produzierte Datenbasis für Versichertenstatistiken bilden. Bis zu diesem Zeitpunkt waren die Daten des Mikrozensus die einzige Quelle zur Quantifizierung der Versicherten[17].

c) *Biographiedaten aus den Versicherungskonten*

Die kontinuierliche Einspeicherung und Dokumentation von Beiträgen und anderen rentenversicherungsrechtlichen Tatbeständen in den Versicherungskonten (zum Teil automatisch, z. B. von der Krankenversicherung und Arbeitsverwaltung, teilweise auf dem Wege der Kontenklärung vom Versicherten) führt zur – oft lückenlosen – Dokumentation von Versicherungsbiographien. Diese Daten für statistische Zwecke zu nutzen, insbesondere die Höhe der Anwartschaften daraus zu bestimmen, lag den Statistikern nahe. Da – anders als bei den übrigen prozessproduzierten Leistungsstatistiken – eine Vollerhebung und Rentenberechnung für jeden einzelnen Fall ausschied, wurde ein Stichprobenkonzept entwickelt. Eine spezielle Anforderung war dabei, dass für noch relativ eng gefasste Personengruppen (z. B. Arbeiterinnen im Alter 55 bis unter 60 Jahre) statistisch verlässliche Aussagen möglich sein sollten. Ergebnis war eine Großstichprobe, deren Verfahrensweise so erfolgreich gestaltet wurde, dass das Konzept mit Modifikationen noch heute Anwendung findet[18]. Eine wichtige Modifikation war dabei, dass eine Reihe von Daten – insbesondere Kindererziehungszeiten – nur über Kontenklärung, also Auskunft der Versicherten – in die Erhebung einbezogen werden konnten. Um die Kontenklärung nicht jährlich zu wiederholen, wurde die Statistik als Panel-Erhebung durchgeführt.

16 Zu Aufgabe und Zweck dieser Datei vgl. Eidenmüller (1985).

17 Zur Entwicklung der Versichertenstatistiken vgl. Luckert (1991).

18 Vgl. VDR Statistikband 76, Rentenanwartschaften zum 31.12.1985 (erstmals) sowie aktuell Statistik der Deutschen Rentenversicherung, Band 161, Rentenanwartschaften zum 31.12.2005.

d) *Datennutzung für Mikrosimulationen*

Die insbesondere im Rahmen der Versicherungskontenstichprobe und der Rentenstatistiken geschaffenen Datengrundlagen wurden für Rentensimulationen erfolgreich genutzt.[19] Ein gemeinsames Rentenmodell von VDR, BfA und Bundesministerium wurde geschaffen und wird als gemeinsames Modell vom so genannten Schätzerkreis kontinuierlich fortentwickelt[20].

Die Verzahnung der Routinestatistikdaten, von (nachstehend beschriebenen) Datenkombinationen und die Implementierung in entsprechende Modelle versetzt die Modellbetreiber in die Lage, Reformen sowohl in ihrer Mikro- wie auch Makro-Wirkung zu prüfen[21].

e) *Kombinationen von Datensätzen*

Die verschiedenen Berichterstattungen werden aus dem jeweiligen Zusammenhang abgeleitet und beziehen sich auf klar definierte Gesamtheiten wie z. B. Versicherte am Stichtag, Renten am Stichtag oder Rentenzugänge eines Berichtsjahres. Wie bereits erläutert sind insbesondere die Informationen aus den Versicherungskonten über die Anwartschaften in ihrer inhaltlichen Qualität auch abhängig von der Mitwirkung der Versicherten im Rahmen der Kontenklärung. Insbesondere bei den Modellrechnungen zur Finanzierung der Rentenversicherung bot es sich an, bei den jeweils kontoführenden Versicherungsträgern über die Versicherungsnummer individuell zum Zeitpunkt des Rentenzuganges die bis zu diesem Zeitpunkt zurückgelegte Versichertenbiographie mit den Daten des aktuellen Rentenzuganges zu kombinieren. Die Datensätze – als »Stichprobe vollendete Versichertenleben (VVL)« bezeichnet – bilden heute noch regelmäßig für den wichtigen Zeitpunkt des Übergangs der Versicherten von der aktiven Beitragszahlung in den Leistungsbezug die geeignete Auswahlgrundlage[22]. Die Technik, aus den Prozessdatenträgern bei den Versicherungsträgern weitere sekundärstatistische Erhebungen zu ziehen, wurde fortentwickelt. Z. B. werden für die Reha-Renten-Verlaufsstatistik Daten aus verschiedenen Bereichen personenbezogen zusammengeführt. Diese Statistik umfasst in einem retrospektiven Zeitfenster von 8 Jahren Anträge, Rehabilitationsleistungen und Beitragszahlungen, so dass insbesondere der Nutzen und der Erfolg von Rehabilitationsleistungen quantifiziert werden konnten[23].

19 Zur Bedeutung der Versicherungskontenstichprobe für die Mikrosimulation siehe Röder (2006).

20 Vgl. Genzke (2007) sowie Weprek, Genzke, Jess (1999).

21 Vgl. Brall, Bruno-Latocha, Lohmann (2003a, 2003b).

22 Stegmann (2006).

23 Klosterhuis (2000) sowie Schliehe (1989).

f) Rentenversicherungsinterne Datennutzung

Die ursprünglich für die RV-interne Planung und ministerielle (Aufsichts-)Zwecke geschaffenen Antragsstatistiken für die Bereiche Rente und Rehabilitation wurden zu einem wichtigen internen Informationsinstrument, um Bearbeitungsdauern und Bearbeitungsquantitäten seitens Management und Controlling zu nutzen. Hier sind auch intensive Bemühungen zu nennen, die die Prozesse im Bereich der Rehabilitationseinrichtungen durch Einführung einer empirisch gestützten Qualitätssicherung gestaltet haben[24]. Für all diese Arbeiten gilt der Grundsatz, dass – soweit möglich – die Daten aus den Verfahren abzuleiten sind, um bei hoher Qualität und minimalem Aufwand möglichst schnell Informationen bereitstellen zu können und dass Erhebungsstellen durch Rückkoppelung der Ergebnisse verantwortlich in den Prozess einbezogen werden.

g) Themenspezifische Auswertungen

Die inhaltlich an den Zielen von Rentenpolitik und Management orientierten Konzeptionen von Erhebungen, deren qualitativ hochwertige Durchführung und zeitnahe Bereitstellung von Ergebnissen wurde in der Vergangenheit und auch gegenwärtig regelmäßig ergänzt durch additiv durchgeführte Analysen. Die Themen waren dabei zumeist im Rahmen von Reformdiskussionen von Bedeutung, aber auch als Erweiterungen zu den Berichterstattungen, z. B. in Form von Beiträgen der Rentenversicherung für den Rentenversicherungsbericht, den Alterssicherungsbericht, den Sozialbericht usw.[25]. Als weitere spezifische Themen sind Erwerbsminderung[26], Kohortenanalyse[27], Lebenserwartung[28] und die Thematik versicherungsfremde Leistungen[29] in der Rentenversicherung hervorzuheben. Durch umfassende und systematische Bearbeitung auf der Basis zuverlässiger Zahlen boten die Beiträge versachlichende Grundlagen für die sozialpolitische Diskussion. Trotz dieser wichtigen Fakten, zeigte sich jedoch, dass sehr häufig die Alterssicherung bzw. soziale Sicherung ohne Einbeziehung weiterer Tatbestände nicht hinreichend genau zu beschreiben ist.

24 Vgl. Rehfeld, Korsukéwitz (2007).

25 Alterssicherungsbericht 2005 (BT-Drucksache 16/906), Sozialbericht 2005, Armuts-/Reichtumsbericht Nationaler Strategiebericht 2005 (BT-Drucksache 15/5571).

26 Müller-Fahrnow, Klosterhuis (1994) sowie Rehfeld (1994a).

27 Rehfeld (1994b) sowie Kruse (2001).

28 Rehfeld, Scheitl (1991) sowie Kruse (2000).

29 Rehfeld, Luckert (1989).

h) Kombination von Prozessdaten und Survey-Daten

Sowohl bei der Diskussion der faktischen Alterssicherung der älteren als auch bei Fragen der Altersvorsorge der jüngeren Generation sind zwei Sachverhalte zu berücksichtigen, die in den Daten der Rentenversicherung in der Regel nicht dargestellt werden können. Es handelt sich einerseits um den Familienkontext und darüber hinaus um die Frage, ob und in welchem Ausmaß Alterssicherung allein durch die gesetzliche Rentenversicherung oder – wie seit 2001 im Geflecht der veränderten sozialpolitischen Zielsetzung – in allen drei Säulen der Alterssicherung erfolgt. Um diese beiden Informationslücken zu schließen, sind zusätzliche Erhebungen auf Haushaltsebene erforderlich. Die Erhebung »Altersvorsorge in Deutschland 96« wurde mit diesem Ziel auf Basis einer Versichertenstichprobe gestartet. Sie kann als Innovation methodischer Art gelten: Aus der Versichertenkontenstichprobe der Rentenversicherung wurde eine Unterstichprobe gezogen. Die ausgewählten Personen wurden im Einzelnen angeschrieben und die Einwilligung zum Interview, die Mitwirkung bei der Kontenklärung und die Zustimmung zum Zusammenspielen der Daten erbeten[30]. Die Prozessdaten aus den geklärten Versichertenkonten wurden dann individuell mit den Interviewdaten verbunden. Der Gehalt und die Bedeutung der Informationen lassen sich aus zahlreichen Auswertungen der Stichprobe ersehen[31]. Es war darüber hinaus evident, nach der Rentenreform 2001 eine Folgeerhebung durchzuführen. Erste Ergebnisse der Folgeerhebung Altersvorsorge in Deutschland 2005 wurden auf der Vertreterversammlung der Deutschen Rentenversicherung Bund im Juni 2007 vorgestellt[32]. Wichtig war bei dieser Erhebung der Einbezug jüngerer Kohorten zur Ermittlung aktueller Trends. Besonders ist außerdem auf die Weiterentwicklung des Erhebungskonzeptes hinzuweisen. Neben der rechtlichen Aktualisierung wurde die Erhebungsbasis den aktuellen Fragestellungen angepasst und erweitert. Statt allein auf die Versicherten der RV abzustellen, wurde die bevölkerungsrepräsentative Stichprobe aus einem Access-Panel[33] gezogen und umfasst auch den aktuellen Trend der privaten Altersvorsorge (»Riesterrente«). Die Informationen aus dieser ca. 7.900 Haushalte umfassenden Erhebung werden für einige Zeit eine wichtige Grundlage für viele Analysen zur Altersvorsorge sein[34].

30 Roth, Semrau (1997).

31 Z. B.: Fommert, Heien (2006), Hauschild (2003) sowie Stegmann (2001) und Roth (2000).

32 Pressemitteilung vom 27.06.2007 zur Vertreterversammlung der Deutschen Rentenversicherung, zur Publikation der Studie siehe auch Internet: www.deutsche-rentenversicherung-bund.de.

33 Heien (2004).

34 Es ist vorgesehen, die Daten in geeigneter Weise im Forschungsdatenzentrum der Rentenversicherung der Wissenschaft zur Verfügung zu stellen. Weitere Informationen und eine laufend aktualisierte Literaturliste finden sich im Internet unter: www.altersvorsorge-in-deutschland.de.

Die Bedeutung und die Qualität dieser Datenbasis lassen erwarten, dass mittelfristig eine weitere Erhebung zur Fortführung und Aktualisierung der Datenstrukturen erforderlich sein dürfte. Damit könnte das Gesamtverfahren zur Routine werden.

i) Datennutzung durch Wissenschaft: Aufbau des »Forschungsdatenzentrum RV (FDZ)«

Einhergehend mit einem Wandel des Denkens in Institutionen sind insbesondere von der Kommission zur Verbesserung der informationellen Infrastruktur in Deutschland und nachfolgend vom Rat für Sozial- und Wirtschaftsdaten Wege gefunden worden, auch die besonders geschützten Daten der Sozialversicherung der Wissenschaft zur Verfügung zu stellen[35]. Aufgebaut wurden die Forschungsdatenzentren mit Unterstützung des Bundesministeriums für Bildung und Forschung, um die Daten durch neue Verfahren entweder anonymisiert oder faktisch anonymisiert für die Wissenschaft weitergabefähig zu machen. Auch die Rentenversicherung hat ein entsprechendes Forschungsdatenzentrum aufgebaut, welches mit großem Erfolg die verschiedenen Daten aufbereitet, dokumentiert und den Forschern zur Verfügung stellt. Darüber hinaus erfolgt durch intensive Betreuung, Workshops und Korrespondenz eine Qualitätssicherung der Forschung der Rentenversicherung[36]. Zuvor hatte die Rentenversicherung bereits 2001 das Forschungsnetzwerk Alterssicherung eingerichtet und fördert damit interdisziplinär Forschung zur Alterssicherung und zur Rentenversicherung. Das Zusammenwirken von Forschungsförderung und Bereitstellung von anonymisierten Daten zur Forschung lässt vielfältige Erkenntnisfortschritte erwarten. Hier kann bereits auf mehrfach durchgeführte Tagungen, Workshops und erste Publikationen verwiesen werden[37].

4. Zusammenfassung und Ausblick

Die beschriebenen Entwicklungen im Bereich des statistischen Berichtswesens der Rentenversicherung haben zu einem außerordentlich hohen und guten Informationspotential für Entscheidungsträger und nicht zuletzt für die Wissenschaft geführt. Die Datenlage zur Alterssicherung kann im Vergleich zu anderen Berei-

35 Vgl. Kommission zur Verbesserung der informationellen Infrastruktur zwischen Wissenschaft und Statistik (2001) sowie zu den Aufgaben und Tätigkeitsfeldern des Rats für Sozial- und Wirtschaftsdaten: www.ratswd.de.

36 Vgl. Rehfeld (2006a) sowie Himmelreicher, Radl (2006).

37 Ruland (2006) sowie Rehfeld (2006b).

chen als beispielhaft angesehen werden[38]. Die Bereitstellung von anonymisierten Mikrodaten[39] für die wissenschaftliche Forschung hat sich bereits jetzt als erfolgreiche Strategie erwiesen[40].

Es ist zu erwarten, dass sich der technische Fortschritt vor allem im Bereich von Soft- und Hardwareentwicklungen sowie die Forschungsinnovationen aus wissenschaftlichen Arbeiten zur Statistik bei Erhebungen, Auswertungen und Analysen zur Rentenversicherung und zur Alterssicherung erfolgreich einsetzen lassen. Ein Indikator dafür können die derzeit im Test befindlichen Matchingverfahren sein, die es ermöglichen sollen, prozessproduzierte Daten der Rentenversicherung mit Befragungsdaten nach einem statistischen Verfahren zu verbinden[41]. Ferner können im Bereich der Wissensverwaltung und Wissensrecherche integrierte Metadatenkonzepte die Suche nach relevanter Information vereinfachen und verkürzen[42].

Die exemplarisch beschriebenen Entwicklungsschritte zeigen einen Trend auf, der keinen Stillstand kennt. Sie bedeuten Abschnitte der wissenschaftlichen und EDV-technischen Fortentwicklungen, zu denen auch die beiden Jubiliare in besonderem Maße beigetragen haben[43].

Literatur

Brall, N., Bruno-Latocha, G., Lohmann, A. (2003a), Abschlussbericht der Besteuerungskommission – Kritik und Lösungsvorschlag, DRV, S. 465ff.

Brall, N., Bruno-Latocha, G., Lohmann, A. (2003b), Steuerliche Behandlung der Altersvorsorge nach dem Entwurf des Alterseinkünftegesetzes, DRV, S. 673ff.

Dippold, C. (2006), Wissensverwaltung und Wissensrecherche durch Integration eines Metadatenkonzepts im FDZ-RV, DRV, S. 622ff.

Eidenmüller, K. (1985), 10 Jahre Datenstelle der deutschen Rentenversicherung, DRV, S. 449ff.

Frommert, D., Heien, T. (2006), Kontinuität oder Wandel? Die Bedeutung der drei Säulen der Alterssicherung im Zeitvergleich, DRV, S. 132ff.

Genzke, J. (2007), Die aktuelle Finanzlage der gesetzlichen Rentenversicherung und weitere Aussichten, RVaktuell, S. 254ff.

Hahlen, J. (1999), Eröffnung Symposium Kooperation zwischen Wissenschaft und amtlicher Statistik. In: Statistisches Bundesamt (Hrsg.), Schriftenreihe Forum der Bundesstatistik, Band 34, S. 7ff.

38 Vgl. Kommission zur Verbesserung der informationellen Infrastruktur zwischen Wissenschaft und Statistik (2001).

39 Zum Datenangebot des FDZ-RV siehe www.fdz-rv.de.

40 Rehfeld, Mai, Himmelreicher (2006).

41 Rasner, Himmelreicher, Grabka u.a. (2007).

42 Dippold (2006).

43 Vgl. Krupp u.a. (1981), Krupp, Glatzer (1978), Hahlen (1999) und Hahlen (2004).

Hahlen, J. (2004), Konferenzeröffnung. In: Merz, J., Zwick, M. (Hrsg.), Statistik und Wissenschaft, Band 1 zu Mikroanalysen und amtliche Statistik, Wiesbaden, S. 17ff.

Hauschild, C. (2003), Verknüpfte Erwerbsverläufe – eine empirische Typisierung von Haushaltsbiographien, DRV, S. 351.

Heese, C. (2004), Aspekte des Datenschutzes in Forschungsdatenzentren der Rentenversicherung. In: Das Forschungsdatenzentrum der gesetzlichen Rentenversicherung im Aufbau, Bericht vom ersten Workshop des FDZ-RV am 28. und 29. Juni 2004 in Würzburg, DRV-Schriften Band 55, S. 41ff.

Heien, T. (2004), Erste Erfahrungen der Wissenschaft mit Daten der RV: Die Studie »Altersvorsorge in Deutschland« (AVID). In: Das Forschungsdatenzentrum der gesetzlichen Rentenversicherung im Aufbau, Bericht vom ersten Workshop des FDZ-RV am 28. und 29. Juni 2004 in Würzburg, DRV-Schriften Band 55, S. 90ff.

Himmelreicher, R., Radl, J. (2006), Zusammenfassung und Ausblick auf die weitere Entwicklung des FDZ-RV. In: Forschungsrelevante Daten der Rentenversicherung, Bericht vom zweiten Workshop des Forschungsdatenzentrums der Rentenversicherung (FDZ-RV) vom 27. bis 29. Juni 2005 in Würzburg, DRV-Schriften Band 55/2005, S. 281ff.

Himmelreicher, R., Rehfeld, U. (2005), Sozioökonomische Analysen auf Datenbasis der Rentenstatistik 2005. In: Swart, E., Ihle, P. (Hrsg.), Routinedaten im Gesundheitswesen. Handbuch Sekundärdatenanalyse: Grundlage, Methoden und Perspektiven, Bern, S. 319ff.

Klässer, W. (1990), Datenverarbeitung, Datensicherung und Datenschutz in der Rentenversicherung. In: VDR/Ruland (Hrsg.), Handbuch der gesetzlichen Rentenversicherung, Neuwied, S. 1069ff.

Klässer, W. (1994), Sozialgeheimnis – neu gefasst, DRV, S. 413ff.

Klosterhuis, H. (2000), Analysemöglichkeiten mit Routinedaten der Sozialversicherung. In: Bengel, J., Koch, U. (Hrsg.), Grundlagen der Rehabilitationswissenschaft – Themen, Strategien und Methoden der Rehabilitationsforschung, Berlin, Heidelberg, New York, S. 451ff.

Köhler, P. (1990), Entwicklungslinien der Hundertjährigen Geschichte der gesetzlichen Rentenversicherung: Die Zeit von 1891 bis 1957. In: VDR/Ruland (Hrsg.), Handbuch der gesetzlichen Rentenversicherung, S. 51ff.

Kommission zur Verbesserung der informationellen Infrastruktur zwischen Wissenschaft und Statistik (Hrsg.) (2001), Wege zu einer besseren informationellen Infrastruktur. Gutachten der vom Bundesministerium für Bildung und Forschung eingesetzten Kommission zur Verbesserung der informationellen Infrastruktur zwischen Wissenschaft und Statistik. Baden-Baden.

Krupp, H.-J. u. a. (Hrsg.) (1981), Alternativen der Rentenreform '84, Frankfurt/Main, New York.

Krupp, H.-J., Glatzer, W. (1978), Umverteilung im Sozialstaat, Frankfurt/Main.

Kruse, E. (2000), Sterblichkeit und fernere Lebenserwartung von versicherten Rentnern der gesetzlichen Rentenversicherung – aktuelle Ergebnisse einer Sterbetafelberechnung für 1986/1988, DRV, S. 121ff.

Kruse, E. (2001), Rentenrechtliche Änderungen und Rentenzugangsentscheidung. In: Barkhold, C. (Hrsg.), Prekärer Übergang in den Ruhestand, Wiesbaden, S. 13ff.

Luckert, H. (1991), Versichertenstatistiken der Rentenversicherung – Überblick und ausgewählte Ergebnisse, DRV, S. 640ff.

Müller-Fahrnow, W., Klosterhuis, H. (1994), Beendigung des Erwerbslebens bei pflichtversicherten Angestellten – neue sozialepidemiologische Ergebnisse aus der Reha-Verlaufsstatistik. In: Behrend, C. (Hrsg.), Frühinvalidität – ein Ventil des Arbeitsmarkts? Berufs- und Erwerbsunfähigkeitsrenten in der sozialpolitischen Diskussion, Berlin, DZA, S. 49ff.

Rasner, A., Himmelreicher, R., Grabka, M. u.a. (2007), Best of Both Worlds: Preparatory Steps in Matching Survey Data with Administrative Pension Records – The Case of the German Socio-Economic Panel and the Scientific Use File Completed Insurance Biographies 2004. SOEP Data Documentation. Deutsches Institut für Wirtschaftsforschung, Berlin.

Rehfeld, U. (1984), Zur Datenlage in der deutschen gesetzlichen Rentenversicherung, Teil 1, S. 441ff., Teil 2, S. 526ff.

Rehfeld, U. (1990), 100 Jahre Rentenversicherung im Spiegel der Statistik. In: VDR/Ruland (Hrsg.), Handbuch der gesetzlichen Rentenversicherung, S. 1111ff.

Rehfeld, U. (1991), Die Statistiken der deutschen gesetzlichen Rentenversicherung – Eine methodische und inhaltliche Übersicht, DRV, S. 618ff.

Rehfeld, U. (1994a), Zur quantitativen Entwicklung des Frühberentungsgeschehens in der Bundesrepublik Deutschland. In: Behrend, C. (Hrsg.), Frühinvalidität – ein Ventil des Arbeitsmarkts? Berufs- und Erwerbsunfähigkeitsrenten in der sozialpolitischen Diskussion, Berlin, DZA, S. 19ff.

Rehfeld, U. (1994b), Verrentungsprozess und versicherungsbiographische Fakten für Geburtsjahrgangskohorten, DRV, S. 471ff.

Rehfeld, U. (2001), Expertise Alterssicherung. In: Kommission zur Verbesserung der informationellen Infrastruktur zwischen Wissenschaft und Statistik (Hrsg.), Gutachten: Wege zu einer besseren informationellen Infrastruktur, Baden-Baden, CD im Anhang.

Rehfeld, U. (2006a), Zum Aufbau des FDZ-RV. In: Forschungsrelevante Daten der Rentenversicherung, Bericht vom zweiten Workshop des Forschungsdatenzentrums der Rentenversicherung (FDZ-RV) vom 27. bis 29. Juni 2005 in Würzburg, DRV-Schriften Band 55/2005, S. 15ff.

Rehfeld, U. (2006b), Entwicklungslinien des Forschungsnetzwerkes Alterssicherung – Reflexionen zu den Umsetzungsstrategien. In: Zukunft gestalten – Fünf Jahre Forschungsnetzwerk Alterssicherung (FNA), DRV-Schriften Band 67, S. 25ff.

Rehfeld, U., Korsukéwitz, C. (2007), Aktueller Stand und Perspektive der medizinischen und beruflichen Rehabilitation der Rentenversicherung, RVaktuell, S. 379ff.

Rehfeld, U., Luckert, H. (1989), Die versicherungsfremden Leistungen der Rentenversicherung – Einschätzung von Häufigkeit und Volumen, DRV, S. 42ff.

Rehfeld, U., Scheitl, O. (1991), Sterblichkeit und fernere Lebenserwartung von Rentnern der gesetzlichen Rentenversicherung – aktuelle Ergebnisse für 1986/1988 und Bilanz zum bisherigen Forschungsstand, DRV, S. 289ff.

Rehfeld, U., Mai, D., Himmelreicher, R. (2006), Das Forschungsdatenzentrum der Deutschen Rentenversicherung erfüllt bereits im Aufbau seine Aufgaben, DRV, S. 529ff.

Rische, H. (2005a), Neue Wege für die deutsche Rentenversicherung, DAngVers, S. 1ff.

Rische, H. (2005b), Die Deutsche Rentenversicherung mit neuen Strukturen, RVaktuell, S. 454ff.

Röder, F. (2006), Die Bedeutung des Scientific Use Files FDZ-Biografiedaten-VVL2004 (SUFVVL2004) aus der Sicht der Mikrosimulation, DRV, S. 609ff.

Roth, M. (2000), Zentrale Ergebnisse zur Altersvorsorge der Rentenversicherten der Geburtsjahrgänge 1936 – 1955. In: Soziale Sicherung der Frau, DRV-Schriften Band 23, S. 12ff.

Roth, M., Semrau, P. (1997), Die Sondererhebung Altersvorsorge in Deutschland 1996, DRV, S. 719ff.

Ruland, F. (2006), Forschung und gesetzliche Rentenversicherung. In: Zukunft gestalten – Fünf Jahre Forschungsnetzwerk Alterssicherung (FNA), DRV-Schriften Band 67, S. 9ff.

Ruland, F. (2007), Die gesetzliche Rentenversicherung im Wandel der Herausforderungen – Zentrale Rentenreformen nach 1957 bis 2007. In: Die gesetzliche Rente in Deutschland – 50 Jahre Sicherheit durch Anpassungen, Jahrestagung 2007 des Forschungsnetzwerks Alterssicherung (FNA) am 25. und 26. Januar 2007 in Berlin (Erkner), DRV-Schriften Band 73, S. 29ff.

Schliehe, F. (1989), Prozessdaten und Wirkungsanalysen in der Rentenversicherung – ein Beitrag zur Diskussion um die Gesundheitsberichterstattung, DRV, S. 530ff.

Standfest, E. (2004), Die Organisationsreform in der gesetzlichen Rentenversicherung, DRV, S. 459ff.

Stegmann, M. (2001), Die Bedeutung von Kindererziehung und anderer sozio-demographischer Merkmale auf die Anwartschaften aus Erwerbstätigkeit der Frauen. Ergebnisse aus der Studie Altersvorsorge in Deutschland 1996 (AVID '96), DRV, S. 137ff.

Stegmann, M. (2006), Aufbereitung der Sondererhebung »Vollendete Versichertenleben 2004« als Scientific Use File für das FDZ-RV, DRV, S. 537ff.

Stegmann, M., Luckert, H., Mika, T. (2005), Die Bereitstellung prozessproduzierter Daten der GRV im Forschungsdatenzentrum der Rentenversicherung, DRV, S. 203ff.

Weprek, A., Genzke, J., Jess, H. (1999), Aufstellung versicherungsmathematischer Modelle als Instrument zur Vorausberechnung der Rentenversicherung, Drittes Seminar für Versicherungsmathematiker und Statistiker der sozialen Sicherheit, Berlin.

Vom Sozio-ökonomischen Panel zum SOEP

Das Panelprojekt in den Jahren 1983 bis 1989

Ute Hanefeld und Jürgen Schupp

1. Einleitung

Heute ist das SOEP eine national und international hoch anerkannte Längsschnittstudie, die von zahlreichen Wissenschaftlern im In- und Ausland intensiv genutzt wird und die in Kürze ihr 25-jähriges Jubiläum feiern kann. Sehr viele wissenschaftliche Publikationen in Fachzeitschriften, Monografien, Gutachten für die Politikberatung und Beiträge in Medien beruhen auf den Daten des SOEP.

Ursprünglich trug das SOEP im wissenschaftlichen Bereich den Namen »Das Sozio-ökonomische Panel«. In der Kurzform sprachen fast alle aber nur vom »Panelprojekt« bzw. vom »Panel«, Begriffe, die in den 80er Jahren zumindest in Deutschland noch eindeutig waren, weil es damals nur vergleichbare Längsschnittstudien in den USA und erste Ansätze im europäischen Ausland gab. Die Autoren verwenden noch heute gerne diese Kurzform, so auch in diesem Beitrag.

Der Gründungsvater des Panelprojekts, Hans-Jürgen Krupp, hat in seinem jüngst erschienenen Aufsatz (Krupp 2007) bereits beschrieben, wie es zu der Idee kam, eine solche Längsschnittstudie für die Bundesrepublik Deutschland aufzubauen, wie und in welchem Kreis von Wissenschaftlern und Institutionen das Projekt vorbereitet wurde und welche Schwierigkeiten dabei zu bewältigen waren. Krupps Beitrag endet mit der erfolgreichen Gründung des Projekts sowie dem Bewilligungsbescheid von 1982 für die Forschungsphase 1983 bis 1985, in der die ersten beiden Befragungswellen durchgeführt wurden.

Mit diesem Beitrag soll daran anschließend der Projektverlauf in den Jahren 1983 bis 1989 beschrieben werden (für die Jahre danach vgl. Wagner 2008 sowie Schupp, Wagner 2008), ein Zeitraum, in dem die praktischen Erfahrungen mit den ersten 6 Panelwellen gesammelt wurden und wo es ständig um das Überleben und die Weiterfinanzierung dieses Großprojekts ging. In der Rückschau betrachtet wurden in dieser Zeit eine Reihe von Grundlagen erarbeitet und/oder praktiziert, die heute noch Vorbildcharakter haben können, wenn es z. B. um so moderne Schlagworte wie »Governance«, Teamfähigkeit, Serviceeinrichtung, Datenqualität und Datenweitergabe geht. Dass Hans-Jürgen Krupp in diesem Beitrag eine große Rolle spielt, ist wenig überraschend. Aber auch die zweite mit dieser Festschrift geehrte Person, Johann Hahlen, spielt qua Amt eine überraschende Rolle.

Dieser Beitrag endet mit dem Jahr 1989, dem Jahr, in dem keiner der Beteiligten anfangs erwartet oder gar vermutet hatte, dass es zu einer Wiedervereinigung von West- und Ostdeutschland kommen würde und sich damit die Grundgesamtheit für Stichproben, so auch die des Sozio-ökonomischen Panels, von heute auf morgen total verändern würde. Gleichzeitig war das Jahr 1989 das Jahr, in dem Gert G. Wagner[1] nach einer Interimsphase die Projektleitung von Hans-Jürgen Krupp übernahm, der 1988 von der Wissenschaft in die Hamburger Politik gewechselt war.

Gegenüber dem Beitrag von Krupp (2007) erfolgt hier ein Perspektivwechsel der Schilderung des Projekts. Nunmehr handelt es sich eher um die Perspektive der »operativen Stellvertreter«[2]. Dies mag manchmal von Nachteil sein, wenn es um die Rekonstruktion der Motive für Entscheidungen sowie der tatsächlich handlungsleitenden Strategien geht, mitunter vielleicht aber auch von Vorteil, wenn es um die Bewertung von tatsächlichen Arbeitsabläufen und Umsetzungen von Entscheidungen geht. Gleichwohl werden die in diesem Beitrag aufgestellten Behauptungen durch eine gute Protokollierung der vielfältigen Gremiensitzungen (Projektrat, Panel-Ausschuss, Panel-Beirat) sowie der entsprechenden Anträge und Bewilligungsbescheide vermutlich auch einer historischen quellenkritischen Überprüfung standhalten.

Der Beitrag versucht weiterhin aufzuzeigen, dass während der Anfangsjahre des gemeinsamen Aufbaus zusammen mit dem Sonderforschungsbereich 3 »Mikroanalytische Grundlagen der Gesellschaftspolitik« (im Folgenden Sfb 3) der Universitäten Frankfurt und Mannheim das Panel am Deutschen Institut für Wirtschaftsforschung (DIW) in Berlin sowohl zunehmend enger mit den außeruniversitären sozialwissenschaftlichen Forschungsinstitutionen wie auch mit den beiden Westberliner Universitäten kooperierte. Dieses feste institutionelle Fundament in Berlin zusammen mit dem wachsenden guten Ruf als Serviceeinrichtung für die gesamten mikroanalytisch ausgerichteten Sozial- wie Wirtschaftswissenschaften sind vermutlich die wesentlichen Gründe für die vertrauensvolle Weiterförderung des Panelprojekts auch nach Ausscheiden des Gründers Hans-Jürgen Krupp aus dem DIW sowie nach Auslaufen des Gründungspaten Sfb 3. Heute zählt das SOEP zu den Leuchttürmen erfolgreicher außeruniversitärer sozial- und wirtschaftswissenschaftlicher Forschungsstätten in Deutschland.

1 Letztmals tauchte 1989 im Antrag auch das *ö* im Namen des Projekts auf. Gert Wagner (bei dem dann auch immer öfter das US-amerikanische G. (für Georg) als »middle name« in seinem Namen erschien) sorgte sehr rasch und nachhaltig für eine Umwandlung des Namens »Sozio-ökonomisches Panel« in das englisch wie deutsch gleichermaßen akzeptierte Projektkürzel ‚SOEP' aus Socio-Economic Panel bzw. Sozio-oekonomisches Panel.

2 Im DIW bestand zu der Zeit, über die hier berichtet wird, die Verabredung zwischen der »Leitung des Hauses« und den dort tätigen Wissenschaftlern, dass es zwar »drei Säulen« im Institut gebe (Präsident, Kollegium der Abteilungsleiter sowie Mitarbeiter), aber jede förmliche Hierarchisierung – jenseits der differenzierten tariflichen Entlohnung – stieß damals auf strikte Ablehnung.

2. *Die wissenschaftliche und institutionelle Einbindung des Panelprojekts*

Als Start des Sozio-ökonomischen Panels gelten die konkreten Vorbereitungen der Studie seit 1981 im Rahmen des Sfb 3. Im Winter 1982 beschloss der Bewilligungsausschuss der Deutschen Forschungsgemeinschaft (DFG), das von da an eigenständige Teilprojekt B-5 »Das Sozio-ökonomische Panel« zunächst für den Zeitraum von 1983 bis 1985 zu fördern. Anfang 1983 folgte das Projekt seinem Projektleiter nach Berlin an das DIW; Hans-Jürgen Krupp war bereits im April 1979 – bis dahin Präsident der Johann Wolfgang Goethe-Universität Frankfurt am Main – zum Präsidenten des DIW berufen worden. Weitere wissenschaftliche Mitarbeiter wurden in Berlin eingestellt bzw. arbeiteten im Rahmen der Grundausstattung des DIW am Panelprojekt mit (vgl. Anhang 1).

Die DFG hatte ursprünglich ein Problem darin gesehen, einen Sonderforschungsbereich an zwei Standorten, nämlich an den Universitäten Frankfurt und Mannheim, zu fördern; man befürchtete, dass die räumliche Distanz zu Problemen bei der interdisziplinären Zusammenarbeit führen könnte. Der Umzug des Panelprojekts nach Berlin und damit die Eröffnung eines dritten Standortes wurden dementsprechend äußerst skeptisch beurteilt. Im Nachhinein betrachtet hat die räumliche Distanz keine große Rolle gespielt, das Sozio-ökonomische Panel wie auch alle Beteiligten haben aber ungeheuer von der interdisziplinären Einbindung in den Sfb 3 profitiert. Mikro- und Makroökonomen, Soziologen, Politologen, Ökonometriker, Statistiker und Informatiker waren gezwungen, sich mit anderen Ansichten und Ansätzen auseinander zu setzen und dabei jeweils die bestmögliche Lösung für die Panelerhebung zu finden. Die stundenlangen Diskussionen und die Reisezeiten haben sicherlich einige gestört[3], herausgekommen ist aber eine Datengrundlage, die seit fast 25 Jahren ein breites Themenspektrum für Längsschnittanalysen sehr qualifiziert abbildet. Alle Beteiligten werden sicherlich zustimmen, dass sie viel Fachliches, aber auch vieles im Hinblick auf Teamarbeit, interdisziplinäre Zusammenarbeit und die Generierung eines »öffentlichen Gutes« in dieser Zeit gelernt haben. Auch wenn es untereinander bei diesen Diskussionen nicht immer mit Samthandschuhen zuging, bestand doch bei allen der unausgesprochene Konsens »Wir wollen das Panel gemeinsam aufbauen«. Kurioserweise brachte der Zeitverlauf dann noch eine ganz andere Entwicklung: Immer mehr Projektleiter aus Frankfurt und Mannheim wechselten an die Universitäten und außeruniversitären Forschungsinstitutionen nach Berlin, so dass sich das Panelprojekt sehr bald auch wieder in der räumlichen Nähe zu vielen Kollegen befand. In der vierten und letzten Forschungsphase des Sfb 3 von 1988

3 Ganz im Gegenteil zur damaligen Fluggesellschaft PAN AM, die als Monopolist die Strecke Berlin – Frankfurt/M. bediente und sich sicherlich über die häufigen Reisen der Sfb 3-Mitglieder freute. Eine Zugreise Berlin-Frankfurt/M. dauerte damals immerhin rund sieben Stunden Fahrzeit.

– 1990 waren nur noch drei Sfb 3-Projekte in Mannheim angesiedelt, in Frankfurt waren es noch fünf[4] und in Berlin immerhin vier.

Die Integration des Panelprojekts in das DIW war nicht ganz leicht. Das DIW war damals fast ausschließlich makroökonomisch orientiert und viele Mitarbeiter betrachteten dieses mikroökonomische Projekt, das zudem auch noch soziologische Komponenten aufwies, mit Skepsis bis sehr deutlicher Ablehnung. Hans-Jürgen Krupp wird sich sicherlich an einige turbulente Betriebsversammlungen mit Schmunzeln erinnern.

Das Panelprojekt wurde organisatorisch bei dem Abteilungsleiter Horst Seidler angebunden. Obwohl Horst Seidler als Makroökonom und Spezialist der Volkswirtschaftlichen Gesamtrechnungen die Welt von Stichprobenerhebungen, der Probleme von Surveyforschung oder mikroanalytischer Modellierung fremd bis suspekt erschienen, war er stets ein neugierig interessierter Zuhörer und insbesondere ausgesprochen aufmerksamer Lektor schriftlich dargelegter Sachverhalte[5].

Für die Durchführung und Weiterentwicklung des Panelprojekts wurde 1983 ein Kooperationsvertrag zwischen dem DIW sowie den Universitäten Frankfurt und Mannheim abgeschlossen, in dem die gemeinsame Verantwortung für das Projekt betont wurde (vgl. Anhang 3). Das entsprechende Entscheidungsgremium für Instrumentenentwicklung und methodische Fragen war der Panel-Ausschuss, in dem neben einem Vertreter des DIW und dem Projektleiter Hans-Jürgen Krupp soziologisch wie ökonomisch ausgerichtete Teilprojekte des Sfb 3 um eine Einigung bemüht waren (vgl. Anhang 2). Ein Blick in den Kooperationsvertrag dokumentiert, dass Entscheidungen gegen den erklärten Willen des DIW zwar im Prinzip möglich gewesen wären, aber nur mit Hilfe einer ¾-Mehrheit im Projektrat des Sfb 3 hätten durchgesetzt werden können. Zu einer solchen Eskalation an Meinungsunterschieden kam es zwar niemals, jedoch führte allein die Inaussichtstellung eines solchen Drohpunktes bei den Beschlüssen im Panel-Ausschuss vermutlich auch zur Zügelung mancher Partikularinteressen in diversen Teilprojekten. Die allseits im Sfb 3 respektierte Autorität sowie das besondere Verhandlungsgeschick von Hans-Jürgen Krupp sorgten zudem dafür, dass letztlich stets

4 Das frühere Frankfurter Teilprojekt von Heinz Peter Galler (Mikrosimulation) war mittlerweile in Bielefeld beheimatet.

5 Dr. Horst Seidler ist im August 2007 im Alter von 81 Jahren verstorben. Den Autoren werden seine mit großer Ernsthaftigkeit vorgenommenen, aber stets mit trockenem Humor begleiteten »Einberufungen in sein Arbeitszimmer« in ewiger Erinnerung bleiben. Sie dienten der persönlichen Entgegennahme seiner Kommentierungen von Paneltexten (Fragebögen, Protokollentwürfe, Berichte, Anträge oder Veröffentlichungen). Nie mehr werden wir vergessen, dass es das Wort »beinhalten« für Horst Seidler nicht gab, weil es »bein-halten« gelesen würde. Gerade für die Zeit nach dem Weggang von Hans-Jürgen Krupp aus dem DIW war die von Horst Seidler nochmals gesteigerte Fürsorge und Verantwortung für das Panelprojekt und seine Mitarbeiterinnen und Mitarbeiter alles andere als selbstverständlich.

einmütige Kompromisse gefunden werden konnten. Umgekehrt zügelte sich der DIW-Vertreter, im Panel-Ausschuss etwaige »Hausinteressen des DIW« in die Studie einzubringen, denn alle Mitglieder teilten gleichermaßen die Überzeugung, dass die Panel-spezifischen Kosten zu hoch seien, um das Panelprojekt als eine Art Mehr-Themen-Befragung zu missbrauchen. Als Leitlinie, deren Einhaltung auch der Panel-Beirat (siehe unten) stets einklagte, entwickelte sich rasch die Position, dass letztlich jede einzelne Frage und insbesondere jeder Befragungsschwerpunkt einer spezifischen Begründung ihres/seines längsschnittlichen »added value« bedürfe[6].

Hinsichtlich der interdisziplinären Ausgewogenheit ökonomischer und soziologischer Interessen ist einerseits anzumerken, dass eine solche Ausgewogenheit durchaus sowohl in der Zusammensetzung des Panel-Ausschusses ihren Niederschlag fand als auch in der Aufstellung wichtiger avisierter und geplanter Arbeiten der übrigen Teilprojekte des Sfb 3 (vgl. Sfb 3 1985, S. 145-147). Jedoch geriet diese Ausgewogenheit mit dem Bewilligungsbescheid der DFG vom 3.12.1984 und der vorzeitigen Beendigung der beiden soziologischen Teilprojekte A-5 »Prozesse der beruflichen Platzierung und individueller Wohlfahrt« und A-6 »Haushaltsproduktion und Familienbeziehungen« zum Jahresende 1985 in eine nur schwer korrigierbare Schieflage.

Diese vergleichsweise frühe Schwächung[7] primär sozialwissenschaftlicher Interessen – was die künftige Ausgestaltung des Panels betraf – konnte zu diesem Zeitpunkt zwar durch die soziologischen Fachkollegen im Beirat, dem sog. Panel-Beirat[8], teilweise ausgeglichen werden. Insbesondere der im Jahr 1983 erfolgte

6 Wenn es darum ging, neue Frageinhalte für das Panel gemäß dieser Maxime zu rechtfertigen, verstand es Hans-Jürgen Krupp ganz meisterlich im Projekt ausgearbeitete Vorschläge zu verteidigen: »Herr Krupp erklärt dazu, dass viele Fragen, die auf den ersten Blick reinen Querschnittcharakter haben, als Hintergrundvariable zur Analyse dynamischer Prozesse benötigt werden.« (Protokoll der Sfb-Projektratsitzung vom 21.1.1985).

7 Auf einer am 26. und 27.1.1985 in Berlin stattgefundenen Klausurtagung des Sfb 3, deren Ergebnisse gut dokumentiert sind, diskutierte man über Konsequenzen und geeignete Maßnahmen, die sich aus dem Bewilligungsbescheid ergaben, und stellte auch die künftigen Arbeitsschwerpunkte des Sfb 3 nochmals zur Diskussion. Berichtenswert an dieser Stelle ist u. E. eine durchaus sachlich richtige Aussage eines Briefentwurfs an die DFG von Wolfgang Zapf, die jedoch am Ende – vermutlich aus taktisch-strategischen Gründen – im an die DFG abgeschickten Brief nicht mehr enthalten war. »Die beiden (vorzeitig beendeten) Projekte hatten außerdem wichtige Auswertungsaufgaben im Rahmen des Sozio-ökonomischen Panels übernommen, deren Erledigung jetzt zunächst offen bleiben muss«. Der folgende Satz wurde hingegen Herrn Dr. Dieter Funk als DFG-Vertreter zur Kenntnis gebracht: »Damit ist eine ausgewogene und ertragreiche Kooperation zwischen Wohlfahrtsforschung und ökonomischer Analyse gefährdet«. Ein weiteres Ergebnis der Klausurtagung war die Verabredung einer grundsätzlichen Schwerpunktsetzung des Sfb 3 auf das Thema »Soziale Sicherung im gesellschaftlichen Wandel« sowie die Vereinbarung, die vierte Befragungswelle des Panels auf diesen Schwerpunkt auszurichten, um eine gemeinsame aktuelle Datenbasis auch für politikberatende Zwecke zu schaffen.

Wechsel des ehemals Mannheimer Teilprojekts A-4 »Lebensverläufe und Wohlfahrtsentwicklung« an das Berliner Max-Planck-Institut für Bildungsforschung, dessen neuer Direktor der Sfb 3-Projektleiter Karl Ulrich Mayer wurde, brachte aber soziologische Fachkompetenz in die räumliche Nähe des DIW. Im September 1987 kam dann Wolfgang Zapf ebenfalls nach Berlin[9]; er nahm die Berufung als Präsident des Wissenschaftszentrums Berlin für Sozialforschung (WZB) an.

Das Panelprojekt bildete zunehmend die gemeinsame Schnittstelle des Sfb 3 bspw. bei Publikationsprojekten wie dem »Analyse-« oder »Datenband« (Krupp, Hanefeld 1987 und Krupp, Schupp 1988). Bei der Etablierung der Buchreihe »Sozio-ökonomische Daten und Analysen für die Bundesrepublik Deutschland« mit dem ursprünglichen Anspruch je Erhebungswelle die zwei Bände »Lebenslagen im Wandel: Daten 19..« sowie »Lebenslagen im Wandel: Analysen 19..« zu erstellen zeigte sich allerdings, dass dieser hohe Anspruch nicht einzulösen war. Zudem ging die internationale Publikationslandschaft und entsprechend die Publikationsempfehlung der DFG sehr bald in eine andere Richtung. So erfolgte bereits seit dem DFG-Bewilligungsbescheid vom 5. Juni 1985 die Anpassung der Publikationspraxis gemäß den »üblichen Standards«, d. h. von einer Veröffentlichung ausschließlich in einem bestimmen Verlag abzugehen und in erster Linie in renommierten wissenschaftlichen Fachzeitschriften (mit Reviewer-System) zu publizieren. Erstmals wurde im Datenreport 1987, der vom Statistischen Bundesamt unter maßgeblicher Beteiligung von damaligen Sfb 3-Autoren herausgegeben wurde, auch eine Reihe an Panel-basierten Beiträgen erstellt. Seitdem haben Paneldaten im Datenreport einen festen Platz erhalten, auch in der demnächst erscheinenden Ausgabe 2008. Die Zentralität des Projekts wird zudem erkennbar, wenn man die einzelnen Beiträge der beiden Sfb 3-Abschlussbände betrachtet (Hauser u. a.1994).

8 Neben dem damaligen Vorsitzenden Bernhard Schäfers verstand es insbesondere auch der stellvertretende Vorsitzende des Panel-Beirates, Hartmut Esser, eindringlich auf die Bedeutung des Projekts für die sozialwissenschaftliche Forschungsinfrastruktur hinzuweisen. Der leider früh verstorbene sozialwissenschaftlich ausgerichtete Ökonom Burkhart Strümpel schlug bei der 7. Beiratssitzung im Dezember 1986 vor, künftig auf die Zufriedenheitsskala im Panel zu verzichten. Diesem Antrag stimmte damals auch Bernhard von Rosenbladt (Infratest Sozialforschung) zu, der meinte, die Frage sei lange genug im Fragenprogramm gewesen und daher verzichtbar. Laut persönlicher Erinnerung wie Protokoll der Sitzung gelang es jedoch den »Herren Wagner und Schupp gerade unter Verweis auf die bereits analysierbare lange Laufzeit der Frage« die Mehrheit des Beirates von der Sinnhaftigkeit einer Beibehaltung dieses mittlerweile für »happiness-Forschung« zentralen Indikators zu überzeugen (vgl. Wagner 2007). Laut Protokoll war Wolfgang Zapf bei dieser Sitzung verhindert und der einzige soziologische Sfb 3-Vertreter war Walter Müller, Leiter des Mannheimer Projekts »Soziale Dienstleistungen als Beruf«.

9 Das Sfb 3 Projekt A-1 »Öffentliche und private Wohlfahrtsproduktion« blieb zwar offiziell in Mannheim, mit Roland Habich begleitete ihn jedoch ein erfahrener soziologischer Kenner des Panelprojekts.

Zum Erfolg des Panelprojekts hat in entscheidendem Maße aber auch die Zusammenarbeit mit dem Umfrageinstitut Infratest Sozialforschung, München, beigetragen. Ganz besonders ist dabei die seit 27 Jahren andauernde stets kollegiale und engagierte Mitarbeit von Bernhard von Rosenbladt hervorzuheben. 1981 waren 9 Umfrageinstitute um ein Angebot gebeten und viele von ihnen besucht worden. Sehr schnell stellte sich aber heraus, dass sich nur Bernhard von Rosenbladt mit seinen Mitarbeitern[10] für das komplexe Projekt wirklich begeistern konnte. Sie zeigten ein außergewöhnliches Engagement, waren ständig mit neuen Ideen an der konzeptionellen Entwicklung beteiligt und – was für ein Panel besonders wichtig ist – der Prozess der Datenerhebung war und ist noch heute nicht die übliche Blackbox, sondern die zuständigen Mitarbeiter des Panelprojekts wurden stets in die Lösung aller auftretenden Probleme frühzeitig einbezogen und es wurden einvernehmliche Lösungswege erarbeitet. Nur so war es möglich, die Datenqualität und das in der praktischen Feldarbeit Machbare stets korrekt einschätzen zu können. Im Sommer 1983 wurde mit Infratest Sozialforschung der erste Vertrag zur Durchführung der Datenerhebung abgeschlossen.

Es ist im Rahmen dieser gemeinsamen Festschrift sicherlich ein erwähnenswertes Detail, dass dieser erste Vertrag zwischen dem DIW und Infratest (vgl. Sfb 3 1985, S. 267ff.) in § 12 festlegt: »Bei Streitigkeiten über die Wirksamkeit und Auslegung dieses Vertrages, einzelner Vertragsbestimmungen oder etwaiger Nachträge entscheidet ein Sachverständiger für beide Parteien bindend. Können sich die Parteien auf einen Sachverständigen nicht einigen, so kann die Benennung eines Sachverständigen beim Präsidenten des Statistischen Bundesamtes beantragt werden. Der von diesem benannte Sachverständige gilt als von beiden Parteien bestellt.« Zwar eskalierte bislang keine Meinungsverschiedenheit zwischen DIW und Infratest so weit, dass sich ein Präsident des Statistischen Bundesamtes mit Vertragsangelegenheiten des Panelprojekts befassen musste; gleichwohl dokumentiert die Passage die hohe Wertschätzung der Amtlichen Statistik durch beide Institute. Der Paragraph gilt noch immer; es ist aber zu vermuten, dass Johann Hahlen in seiner Zeit als Präsident des Statistischen Bundesamtes nicht wusste, dass ihm diese Aufgabe einmal drohen konnte.

Auch das Engagement der DFG für das Panelprojekt ist hier in ganz besonderer Weise hervorzuheben, es ging weit über das zu erwartende Maß hinaus. Insbesondere Dr. Dieter Funk, der Referent für Sonderforschungsbereiche, setzte sich vor und hinter den Kulissen immer wieder für das Projekt ein. Er kümmerte sich nicht nur um die organisatorischen Fragen, die mit der Projektförderung zusammenhingen, sondern war auch mit den Inhalten gut vertraut und als Jurist stellte er sogar sein Fachwissen bei den komplexen Vertragsverhandlungen mit Infratest zur Verfügung.

10 Bernhard von Rosenbladt und seinem Team gilt unser ganz besonderer Dank für die jahrelange vertrauensvolle Zusammenarbeit.

Der Panel-Beirat spielte für die Entwicklung des Panelprojekts ebenfalls eine sehr wichtige Rolle. Ihm gehörten primär einschlägige Wissenschaftler aus dem In- und Ausland, aber auch Vertreter von Ministerien und wichtigen Institutionen sowie die Vertreter der DFG an. Die mindestens einmal im Jahr stattfindenden Beiratssitzungen hatten den Charakter von Zwischenbegutachtungen. Sie machten einerseits Mühe, weil jeweils die neuesten konzeptionellen Entwicklungen und Forschungsergebnisse zur Diskussion gestellt werden mussten. Andererseits stellten sie auch eine große Bereicherung für das Projekt dar, weil die Beiratsmitglieder sehr viele gute Ideen und Anregungen beisteuerten und gleichzeitig eine Art Multiplikatorfunktion im Hinblick auf die Einbettung des Panelprojekts in die wissenschaftliche Community übernahmen.

Hinsichtlich der Integration externer Forscher in die Nutzung der Paneldaten sei daran erinnert, dass – nachdem die datenschutzrechtlichen Fragen im Laufe des Jahres 1985 gelöst worden waren – anschließend auch die ersten[11] Anträge auf Datenweitergabe im Projektrat positiv beschieden wurden und somit auch externe FachkollegInnen im Inland, einige Zeit später auch im Ausland[12] die Paneldaten nutzten. Mithilfe eines »Panel-Panels« (später durch den Panel-Newsletter ersetzt) wurde ein regelmäßiger Informationsaustausch mit den internen und externen Datennutzern eingerichtet, wobei auch explizit nach Veröffentlichungen auf Basis der Paneldaten gefragt wurde, um den gegenseitigen Erfahrungsaustausch zu unterstützen.

3. Das Erhebungsprogramm, die Rolle der Soziologie sowie ausgewählte Erfahrungen mit der Feldarbeit

Im Juni 1983 erfolgte zunächst die Durchführung eines kleinen Fragebogentests, dessen Ergebnisse zur Anpassung der Erhebungsinstrumente eines – bereits längsschnittlich angelegten – Pretests bei 200 Haushalten im Herbst 1983 dienten[13]. Dem insgesamt zufriedenstellenden Pretest folgte dann ab Ende Februar 1984 die Feldarbeit für die erste Haupterhebung.

Mit der Durchführung einer ersten Welle sind bei einer Panelstudie bereits die zentralen Punkte einer Längsschnittstudie auf Dauer festgelegt und es folgt, wie manche irrtümlich meinen, »nur noch stupid replication«. Die Erfahrungen des

11 Bei den ersten drei externen Datennutzern handelte es sich vor allem um methodisch interessierte Ökonomen: 1. Prof. Dr. Heinz König, Sfb 5, Universität Mannheim, 2. Prof. Dr. Knut Gerlach und Prof. Dr. Olaf Hübler, Institut für quantitative Wirtschaftsforschung, Universität Hannover, sowie 3. Prof. Dr. Gerhard Arminger, FB Wirtschaftswissenschaften, Gesamthochschule Wuppertal.

12 Prof. Dr. Tim Smeeding und Prof. Dr. Gaston Schaber (CEPS, Luxemburg) wurden im Laufe des Jahres 1988 die Paneldaten in einem speziellen Scientific Use File für NutzerInnen an Forschungsinstitutionen außerhalb Deutschlands zur Verfügung gestellt.

als Haushaltspanel angelegten Projekts und die im Folgenden aufgelisteten Arbeitsschritte der ersten Jahre belegen gleichwohl, dass der Aufbau, die Etablierung sowie Weiterentwicklung einer solchen Studie, die zugleich die Messung und Analyse sozialen Wandels und die Analyse der Wohlfahrtsentwicklung anhand von Längsschnittinformationen zu ihren Zielen zählt, alles andere als trivial zu bezeichnen sind.

Die Erhebung des Panels wurde seit Beginn primär von wissenschaftlichen Fragen des Theorietestens und der Grundlagen der Gesellschaftspolitik bestimmt und nicht so sehr von amtlichen oder politischen Fragestellungen. Zudem steht die Erhebung in der Tradition der wissenschaftlichen Sozialberichterstattung, deren Ziel die Dauerbeobachtung des sozialen Wandels und der Wohlfahrtsproduktion ist (vgl. Schupp et al. 1996).

Die im Antrag des Panelprojekts 1985 dargelegten Forschungsfragen und deren Operationalisierung (vgl. Sfb 3 1985, S. 49 – 76 und Hanefeld 1987) zeigen eine enge Überlappung mit dem Gliederungsschema des »Systems sozialer Indikatoren« (vgl. Zapf 1977). Demnach kann man folgende Themengebiete unterscheiden, die zum Bestandteil des Standarderhebungsprogramms des Sozio-ökonomischen Panels zu zählen sind und die zugleich die vielfältigen Forschungsinteressen der ökonomisch wie soziologisch ausgerichteten Teilprojekte des Sfb 3 spiegeln:

- *Haushaltszusammensetzung:* Geschlecht, Altersstruktur, Geburten, Tod, Zu- und Abwanderung, Familienstand sowie -struktur, Stellung innerhalb des Haushalts, Nationalität.
- *Sozio-ökonomische Gliederung:* nach Erwerbsstatus und beruflicher Stellung sowie nach Prestigeskalen.
- *Arbeitsmarkt- und Beschäftigungsbedingungen:* Arbeitslosigkeit, Erwerbsbeteiligung, berufliche Mobilität, Merkmale des Betriebes und Qualität der Beschäftigungsbedingungen, berufliche Qualifikation.
- *Bildungsmerkmale:* höchste erworbene formale schulische wie berufliche Qualifikation, aktuelle Bildungsbeteiligung und -abschluss, Weiterbildung sowie Bildung der Eltern.
- *Einkommensarten und -höhe, Haushaltstransfers, Soziale Sicherung* (Renten- und Krankenversicherung, *Steuern* sowie *Vermögen* (nur rudimentär in den laufenden Erhebungen sowie im Schwerpunkt 1988, später auch 2002 und 2007).

13 Von April 1983 bis Ende 1984 war Christoph F. Büchtemann im Projekt für die Fragebogenentwicklung der Pretests, der ersten Haupterhebung sowie die Vorbereitung der zweiten Erhebungswelle verantwortlich. Er brachte als früherer Projektleiter bei Infratest Sozialforschung sowohl ein hohes Maß an Fachkompetenz der Surveymethodologie als auch zu inhaltlichen Fragen des Arbeitsmarktes mit ein, was bis heute Spuren im Standardfragebogen des Panels hinterlassen hat. Leider verstarb er im Dezember 2001 viel zu früh im Alter von 48 Jahren.

- *Einkommensverwendung, Ausgaben, Konsum:* auf Wohnkosten, Sparen sowie Haushaltsausstattung mit langlebigen Konsumgütern reduziert.
- *Zeit- und Aktivitätsbudgets sowie Eigenarbeit privater Haushalte:* mittels grober durchschnittlicher Zeitverwendungsindikatoren.
- *Wohnen:* Wohnstatus und -qualität, Wohnkosten, räumliche Mobilität, Wohnumfeld und -ausstattung.
- *Gesundheit:* selbst berichtete Indikatoren zum Gesundheitszustand.
- *Verkehr:* nur grobe Indikatoren zur Verkehrsmittelwahl sowie zum Pendeln von Arbeitnehmern (jedoch erst seit 1998 sowie 2003 Schwerpunktfragen zur Verkehrsmittelwahl).
- *(Politische) Partizipation und Netzwerke:* nur grobe Indikatoren; Netzwerke werden erst seit 1991 im mehrjährigen Abstand erhoben.

Zu ergänzen als ganz eigenständiger inhaltlicher Bereich ist die Analyse der Integrationsprozesse ausländischer Haushalte; heute würde man dies allgemeiner ausdrücken als Haushalte mit Migrationshintergrund.

Aus dieser Zusammenstellung wird deutlich, dass insbesondere der Bereich Einkommensverwendung/Konsum im Panelprojekt nur rudimentär mit der laufenden Beobachtung der Wohnkosten und des Sparens erhoben wird. Diese notwendige Beschränkung – die sich in allen späteren Haushaltspanels international findet – wurde auch im Panel-Beirat mit dem Verweis auf die Restriktion der Befragungsdauer und dem Verweis auf das entsprechende Datenangebot der Amtlichen Statistik (Einkommens- und Verbrauchsstichprobe) gerechtfertigt.

Neben der Erhebung objektiver Indikatoren werden mit dem Panel auch eine Reihe subjektiver Informationen erhoben. Diese subjektiven Informationen beziehen sich einerseits auf zeitpunktbezogene bereichsspezifische Befindlichkeiten, aber auch auf »prospektive« Einschätzungen und Erwartungen. Die wiederholte Erhebung prospektiver Indikatoren ermöglicht bei einem Paneldesign die Bestimmung der »Realisierungswahrscheinlichkeiten« von Erwartungen[14]; eine Analyseperspektive, die erst vergleichsweise spät in den Paneldaten »entdeckt« wurde.

Im SOEP vervielfacht sich die Liste objektiver Informationen bei Analysen all jener Individuen, die in Mehrpersonenhaushalten leben, durch die Befragung aller Haushaltsmitglieder ab 16 Jahre. Mit jeder weiteren Befragungswelle stehen zudem sämtliche Informationen der Vorperiode(n) als erklärende Variablen zur Verfügung.

Neben dem Standarderhebungsprogramm wird im Panelfragebogen etwa ein Sechstel der Gesamtbefragungsdauer Schwerpunktfragen gewidmet, deren Festlegung durch Diskussionen innerhalb der Gremien des Panelprojekts erfolgt. Diese Befragungsschwerpunkte wechseln jährlich und werden in größeren Zeitabständen wiederholt.

14 Vgl. zu einer systematischen Diskussion hierzu Holst et al. (1994) sowie Schramm (1992).

Übersicht: Befragungsschwerpunkte des Sozio-ökonomischen Panels	
Jahr	*Thema*
1984	Erwerbsbiographie in Jahresschritten, beginnend mit dem Alter von 15 Jahren
1985	Familienstandsbiographie, Fragen zur Kindheit und zum Auszug aus dem Elternhaus, für Frauen[a] Angaben über die von ihnen geborenen Kinder
1986	Wohnumfeld, Soziale Herkunft, Kindheit und Einstieg in den Beruf
1987	Soziale Sicherung, Übergang in den Ruhestand
1988	Vermögensbilanz
1989	Weiterbildung und Qualifizierung

a. Mitte der 80er Jahre mutete man diese Frage nach der Geburt eigener Kinder »nur« Frauen zu. Erst im Biographiefragebogen der neuen SOEP-Stichprobe F im Jahr 2001 wurde dieser wichtige biographische Indikator entsprechend auch bei Männern erfragt.

Das im Panelprojekt angelegte Erhebungsprogramm war zudem geeignet, auch ein neues Paradigma der Sozialstrukturanalyse empirisch im Quer- wie Längsschnitt zu fundieren (vgl. hierzu ausführlich Schupp 1995). So bestimmte in den 80er Jahren die Individualisierung als »zentraler Trend in modernen Gesellschaften« (Zapf 1992, S. 190) die wissenschaftliche Debatte. Konzeptionell führt sie zu einer Erhöhung der Wahlmöglichkeiten des Einzelnen, die insbesondere durch neue Formen der wohlfahrtsstaatlichen Sicherheit ermöglicht wurde. Woran es jedoch mangelte, waren entsprechende empirische Studien zu diesem Konzept, die systematisch zu erforschen suchten, ob »der Differenzierung des Lebenslaufs im Längsschnitt im Querschnitt die ›Pluralisierung der Lebensstile‹« tatsächlich entspricht (Zapf 1992, S. 191).

Die beiden – seinerzeit Bamberger – Soziologen Berger und Sopp fassten dieses neue sozialwissenschaftliche Paradigma in einem empirisch auf Paneldaten[15] basierenden Beitrag über die Differenzierung von Erwerbsverlaufsmustern mit folgenden Sätzen zusammen: »Instabile oder diskontinuierliche Erwerbskarrieren, soweit sie nicht durch Arbeitslosigkeit erzwungen sind, erscheinen dann nicht nur als »Verstöße« gegen Normalitätsstandards oder Kontinuitätsunterstel-

15 Es handelte sich um Analysen, die im Rahmen des von Prof. Dr. Ulrich Beck (damals Bamberg) geleiteten DFG-Projekts »Verzeitlichung sozialer Ungleichheit« erstellt wurden. Hierzu wurde 1988 mit Prof. Beck der 26. Panel-Datenweitergabevertrag abgeschlossen.

lungen. Vielmehr können sie unter den Voraussetzungen einer sozialpolitisch stabilisierten Wohlstandsgesellschaft neben arbeitsmarktbedingten Unsicherheiten auch Lern- und ›Selbstverwirklichungschancen‹ repräsentieren, die bewusst gesucht und für die Zukunft offengehalten werden« (Berger, Sopp 1992, S. 181).

In den ersten Jahren des Panelprojekts blieb freilich ein zweiter soziologischer Ansatz der Längsschnittbetrachtung von sozialer Ungleichheit sowie von Wohlfahrtsprozessen, der ebenfalls prominent im Sfb 3 vertreten war, der Panelnutzung eher fern. Es handelt sich um den von Karl Ulrich Mayer geprägten Lebensverlaufsansatz und die Anfang der 80er Jahre erhobenen westdeutschen Kohortenstudien, die auf einmalig erhobenen retrospektiven Längsschnittdaten basierten, statt auf mit viel Geduld erfordernden prospektiven Paneldaten. Auch in seinem Paradigma setzte sich zunehmend eine Längsschnittbetrachtung der sozialen Prägung des Lebenslaufs in der Abfolge der Generationen durch. »Sozialstruktur wird nicht mehr als Querschnittsverteilung statistischer Aggregate oder als statisches Positionsgefüge konzeptualisiert, sondern als Ergebnis des Handelns von sozial definierten Gruppen von Akteuren unter angebbaren, sich verändernden gesellschaftlichen Rahmenbedingungen« (Mayer 1990, S. 10). Dies geschah einerseits dadurch, dass das Alter als Quelle der Ungleichheit und sozialer Konflikte wieder stärker in den wissenschaftlichen Blickpunkt geriet, andererseits durch eine nähere Untersuchung sozialstruktureller Bezüge sowie deren Konstituierung aus der biographischen Perspektive. Insbesondere dieses Spannungsfeld zwischen Makro- und Mikrobezügen bestimmte seitdem das Programm der Lebensverlaufs-Forschung. »Lebensverläufe sind das Ergebnis einer Vielzahl von Einflüssen: ökonomisch und politisch bestimmte Gelegenheitsstrukturen, kulturell geprägte Vorstellungen, gesetzliche Altersnormen, institutionalisierte Positionssequenzen und Übergänge, individuelle Entscheidungen, Sozialisationsprozesse und Selektionsmechanismen« (Mayer 1990, S. 9).

Ihren Beginn hatte die Mayer'sche Lebensverlaufsanalyse bereits viele Jahre zuvor, nämlich im Teilprojekt A-4 »Lebensverläufe und Wohlfahrtsentwicklung« des Sfb 3 mit folgendem Ziel: »Forschungsgegenstand ist der gesamte, gesellschaftlich geprägte Lebensverlauf von der Geburt bis ins mittlere Erwachsenenalter ... Die Ausgangsthese ist, dass individuelle Handlungsressourcen und gesellschaftliche Gelegenheitsstrukturen nicht je punktuell miteinander verflochten sind, sondern weiter zurückliegende Ausgangsbedingungen über verzögerte Langzeitwirkungen und echte Alterseffekte den Lebensverlauf zu einem endogenen, nicht beliebig aufteilbaren Kausalzusammenhang machen« (Sfb 3 1981, S. 142).

Eine derartige, den gesamten Lebensverlauf (»von der Wiege bis zur Bahre«) umfassende Analyseperspektive der Paneldaten sowie die Einbeziehung der Informationen von Eltern und Großeltern bilden mit dem Vorliegen von bald 25 Panelwellen sowie der steigenden Zahl von Mehrgenerationenhaushalten zunehmend die konzeptionellen Potentiale des Panels (vgl. Wagner u. a. 2007).

Blickt man auf die Survey-Methodologie, so war das Panel erhebungsmethodisch sehr gründlich zusammen mit Infratest Sozialforschung vorbereitet worden. Trotzdem traten einige Probleme auf, mit denen niemand gerechnet hatte. Im Nachhinein kann man über die folgenden, ausgewählten Beispiele schmunzeln, in der damaligen Situation führten sie zumeist – nach einer ersten Verblüffung – zu erheblicher Mehrarbeit.

- Normalerweise geht man in der Umfrageforschung davon aus, dass das Geschlecht ein zeitinvariantes Merkmal ist und dementsprechend auch in Plausibilitätsprüfungen behandelt wird. Es dauerte nur 3 oder 4 Wellen, bis die erste Geschlechtsumwandlung in den Daten des Sozio-ökonomischen Panels auftrat. Die telefonische Nachfrage nach solchen »möglichen Datenfehlern« wurde in Zukunft noch sehr viel vorsichtiger formuliert.
- Für das Sozio-ökonomische Panel war ein recht kompliziertes Weiterverfolgungskonzept entwickelt worden, d. h. es war von vornherein festgelegt worden, welche Haushaltsmitglieder bei einem Umzug weiter befragt werden. Dazu passend war ein System von Haushalts- und Personennummern erarbeitet worden, mit dem jederzeit nachvollziehbar sein sollte, aus welchem ursprünglichen Panelhaushalt eine Person stammte. Keiner hatte aber damit gerechnet, dass – schon in den ersten Erhebungswellen – eine Person eines Panelhaushalts eine Person eines anderen Panelhaushalts heiratete und mit der einen neuen Haushalt gründete. Das ursprünglich vorgesehene Haushalts- und Personennummernsystem musste überarbeitet werden, was in den 80er Jahren insbesondere EDV-technisch noch einen ziemlichen Kraftakt erforderte.
- Auch die Haushaltsgröße ist absolut kein eindeutiges Merkmal, wie man meinen könnte. Sie hängt sehr davon ab, wen man im Haushalt befragt und wann man fragt. Gerade bei (fast) erwachsenen Kindern im Haushalt sind die Meinungen oft sehr unterschiedlich. Die Jugendlichen, die in einer anderen Stadt studieren und nur am Wochenende zu Hause sind, sind häufig der Meinung, sie seien zu Hause ausgezogen und hätten einen eigenen Haushalt gegründet. Oft die Mutter, manchmal auch der Vater, gehen aber davon aus, dass das Kind noch überwiegend im elterlichen Haushalt lebt. Im darauf folgenden Jahr hängen die jeweiligen Einschätzungen dann häufig davon ab, ob der »Auszug« des Jugendlichen nur vorübergehend war oder tatsächlich den Beginn einer Selbständigkeit markierte. Im Querschnitt ist dieses Problem schon nicht leicht zu lösen, in einem Panel ist es aber noch viel gravierender, wenn man »echte« von »fehlerhafter« Haushaltsmobilität unterscheiden will.

Diese wenigen ausgewählten und andere Beispiele haben bei den am Projekt Beteiligten zu der wichtigen Erfahrung geführt: »Die reale beobachtete Welt ist noch sehr viel bunter als das, was sich eine Gruppe von Forschern am Schreibtisch auszudenken vermag«.

Von besonderer Bedeutung sind auch die Erfahrungen mit den sog. Ausländerstichproben. Anfang der 80er Jahre war es sehr ungewöhnlich, dass diese Population überproportional in die repräsentative Haushaltsstichprobe einbezogen werden sollte. Da die Ausländerstichproben mit den übersetzten und rückübersetzten Fragebögen und den speziellen Verfahren bei der Feldarbeit (z. B. Einsatz von Begleitpersonen, vgl. Hanefeld 1987) besonders viele Mittel erforderten, waren ganz erhebliche Anstrengungen notwendig, die damaligen Gutachter der DFG vom Nutzen dieser Zusatzstichproben zu überzeugen. Heute sind diese Ausländerstichproben, die Mitte der 90er Jahre um eine Stichprobe von Zuwanderern ergänzt wurden, ein großer Vorteil des Sozio-ökonomischen Panels (vgl. Frick, Söhn 2005). Unverständlich ist, dass sich nach 25 Jahren der explizite Einbezug von Ausländern in deutschen Bevölkerungsumfragen immer noch nicht – von einigen wenigen Ausnahmen abgesehen – durchgesetzt hat, auch nicht in der Amtlichen Statistik, und das, obwohl das unterschiedliche Verhalten von Personen mit und ohne Migrationshintergrund seit einigen Jahren in aller Munde ist.

Auch auf anderen Gebieten wurden mit dem Panelprojekt Erfahrungen gesammelt, die heute noch Vorbildcharakter haben können. Eine der vielleicht wichtigsten Rahmenbedingungen des Projekts war, dass von vornherein allen Beteiligten klar war, dass dieses für die Verhältnisse in den Sozial- und Wirtschaftswissenschaften extrem teure Projekt nur eine Chance auf Förderung haben würde, wenn die Daten allen interessierten Wissenschaftlern schnell und in hoher Qualität zur Verfügung stehen. Diese Rahmenbedingung führte dazu, dass alle Panelmitarbeiter zugleich auch in einer Serviceeinrichtung tätig waren. Wenn der Service nicht gut genug gewesen wäre und die Datennutzer unzufrieden gewesen wären, wäre das Projekt als Infrastrukturprojekt für die Sozial- und Wirtschaftswissenschaften gefährdet gewesen. In der Konsequenz wurde von vornherein darauf geachtet, dass die Feldarbeit gut dokumentiert wird und dies auch jedem zugänglich ist. Die Datenqualität wurde und wird noch heute intensiv im Längs- und im Querschnitt geprüft, dokumentiert und publiziert (vgl. z.B. Frick, Grabka 2007). Für alle Datennutzer wurde ein Benutzerhandbuch als Loseblatt-Sammlung konzipiert und jährlich aktualisiert, seit einigen Jahren wird das Benutzerhandbuch online zur Verfügung gestellt und weiterhin gepflegt.

Zu erwähnen ist zudem, dass das Panelprojekt im Hinblick auf den Datenschutz neue Wege beschreiten musste. Es ging dabei zum einen um den Datenschutz bei der Datenerhebung, wie die Befragten zu informieren waren und wie sichergestellt werden konnte, dass sowohl Infratest als auch – wenn nötig – ausgewählte Mitarbeiter der Panelgruppe Zugang zu den Originaldaten hatten. Zum anderen war zu klären, welche Vorkehrungen zu treffen waren, um die Daten an externe Nutzer im In- und Ausland weitergeben zu können. 1983, als die Diskussionen mit den Datenschutzbeauftragten auch auf der Ebene von Bundesländern begann, war dies ein besonders brisantes Thema, weil gerade die für 1983 geplante Volkszählung nach einer großen Datenschutzdiskussion abgesetzt worden war. Besondere Anstrengungen bereitete die Panel-Erhebung im Jahr 1987, sie musste parallel zur Debatte um die Volkszählung 1987 durchgeführt werden.

Zu den weiteren vom Panelprojekt angestoßenen bzw. gemeinsam mit dem Sfb 3 entwickelten Innovationen gehören folgende nur stichwortartig aufgezählte Punkte:

- Fortschreitende Differenzierung des Methoden-Mix bei der Panelerhebung.
- Differenzierung der Erhebungsinstrumente (Haushalts- und Personenfragebogen) für Erstbefragte und Mehrfachbefragte.
- Nacherhebung der Schwerpunktinformationen der ersten drei Erhebungswellen bei Erstbefragten.
- Entwicklung eines »Lücken-Fragebogens« für Personen ohne Interview in t-1.
- Weiterentwicklung des Datenweitergabekonzepts der Paneldaten um die Anreicherung regionaler Zusatzindikatoren als zweistufiges Verfahren, das zunächst ausschließlich in Teilprojekten in Berlin und Frankfurt am Main zugänglich gemacht wurde, anschließend jedoch auch mit vertraglichen Zusatzvereinbarungen externen DatennutzerInnen – bei Vorliegen entsprechender Datensicherungsmaßnahmen – zur Verfügung gestellt wurde.
- Seit 1986 erste Bemühungen um ein international komparatives Paneldatenfile im Rahmen des sog. PACK-Projekts bei CEPS/INSTEAD in Luxemburg (Sfb 3 1988, S. 93). In einem ersten Schritt wurden die existierenden Studien der USA und in Europa auf ihre Vergleichbarkeit und mögliche Integration in eine gemeinsame Datenbank überprüft.
- Integration der Daten des Panelprojekts in die Luxemburg Income Study (LIS).
- Etablierung einer zukunftsfähigen Datenbankstruktur am DIW, die sowohl für die vielfältigen Editions- und Prüfarbeiten der jährlich komplexer werdenden Paneldaten effektiv war als auch für die Datenanalyse sowie -weitergabe über nutzerfreundliche Schnittstellen in die damals gängigen Statistiksoftwarepakete verfügte. Die damals gewählte Datenbank SIR befindet sich

auch nach 25 Jahren noch im Einsatz[16] und es ist gegenwärtig nicht daran gedacht, auf eine andere Plattform umzusteigen.

- Das im Sfb 3 konzipierte Gewichtungskonzept für Haushalte und Personen im Längs- und im Querschnitt (Galler 1987) wurde im Panelprojekt angewendet und weiterentwickelt. So mussten Entscheidungen getroffen werden, wie bei Haushaltsabspaltungen mit der Gewichtung verfahren wird und wie temporäre Ausfälle zu behandeln sind, um nur zwei Beispiele zu nennen.

4. *Hans-Jürgen Krupp verlässt das DIW*

Der letzte, unter der Projektleitung von Hans-Jürgen Krupp auf den Weg gebrachte Antrag auf Förderung des Sozio-ökonomischen Panels bezog sich nur auf das Jahr 1989 und wurde im Mai 1988 vorgelegt, also kurz vor dem Wechsel von Hans-Jürgen Krupp im Juni in die Politik der Freien und Hansestadt Hamburg, wo er Finanzsenator wurde (vgl. dazu Galler, Wagner 1998). Der Antrag, der innerhalb des noch laufenden Sfb 3 erneut an die DFG[17] gerichtet wurde, war zwingend erforderlich geworden, um neben der Sicherstellung der Finanzierung der Personalstellen vor allem mit dem Umfrageinstitut eine weitere Vertragsergänzung zur Vorbereitung und Durchführung der sechsten Erhebungswelle rechtsverbindlich abschließen zu können. Die Begutachtung am 7. und 8. Juli

16 SIR wird vom britischen Panel BHPS (gestartet 1991) und dem australischen Panel HILDA (gestartet 2001) ebenfalls noch genutzt. Die Technologie der Datenlieferung hat sich beim deutschen Panel mittlerweile allerdings mehrfach verändert. Daten, die zunächst »nur« mittels Magnetdatenbändern zwischen Großrechneranlagen in München und Berlin sowie den Universitäten in Frankfurt und Mannheim ausgetauscht wurden, fanden Schritt für Schritt – nicht nur auszugsweise – Platz auf immer speicherplatzintensiveren PCs. Mittlerweile erfolgt der jährliche Transfer des Scientific Use Files des SOEP an die über 500 Forschergruppen mittels DVD.

17 Noch im Dezember 1985 bat der für das Panelprojekt zuständige DFG-Vertreter Dr. Dieter Funk um eine Protokolländerung der 6. Sitzung des Panel-Beirats, um unmissverständlich klar zu machen, dass die DFG-Förderung des Panelprojekts nach fünf Wellen beendet sein werde. Auf der 7. Sitzung des Panel-Beirats am 5. Dezember 1986 bekräftigte Dr. Funk zwar erneut diese Aussage, sagte aber »die Unterstützung bei der Suche nach Mitteln zu.« Ein Jahr später führte Herr Funk im Protokoll der 8. Sitzung des Panel-Beirats vom 30. November 1987 aus: »In Anbetracht der sich für die Weiterführung abzeichnenden Lösung hat die DFG nun grundsätzlich beschlossen, die Anfangsfinanzierung für die 6. Befragungswelle zu bewilligen, sie stellt dem Sfb 3 außerdem anheim, einen entsprechenden Antrag für das Jahr 1989 zu stellen. Allerdings soll bei der Datenerhebung nach Einsparmöglichkeiten gesucht werden.«

1988 verlief sehr erfolgreich[18]. So wurden die Umfragemittel ohne Kürzungen befürwortet. Zwar wurden beantragte Mittel auf Höhergruppierung nicht bewilligt, jedoch wurde auf Empfehlung des damaligen fachfremden Gutachters Stefan Hüfner entschieden, dem Panelprojekt – analog zu vergleichbaren Großgeräten in den Naturwissenschaften – Gastwissenschaftler-Mittel bereitzustellen. So verfügte das Projekt dann seit 1989 über Mittel, um insbesondere Gastforscher aus dem Ausland für einige Zeit zu Forschungsaufenthalten an das DIW nach Berlin einladen zu können. Letztlich wurde diese Idee auch bei der Etablierung der Forschungsdatenzentren, die seit 2001 in Deutschland eingerichtet wurden, aufgegriffen.

Die »Schulung« von Gästen vergrößerte zugleich die Anreize für Sozial- und WirtschaftswissenschaftlerInnen außerhalb des Sfb 3, die Paneldaten für eigene Forschungszwecke zu nutzen, und forderte zugleich von den Panel-Mitarbeitern ein hohes Maß an Kollegialität und (inter-)disziplinärer Zusammenarbeit; ein Servicemodell, das viele Jahre später für die Einrichtung der Forschungsdatenzentren in Deutschland als Pate und Vorbild diente.

Der entsprechende Bewilligungsbescheid des Panelprojekts lag erst am 2. Dezember 1988 schriftlich vor, was implizierte, dass auch die entsprechende Vertragsergänzung mit Infratest Sozialforschung erst nach diesem Termin[19] rechtsverbindlich vom DIW unterzeichnet wurde. In diesem definitiv letzten Antrag des Panelprojekts an die DFG unter dem Dach des 1990 auslaufenden Sfb 3 wurde bereits der sich schwieriger gestaltenden Finanzsituation Rechnung getragen. So kam nach Verhandlungen mit dem Umfrageinstitut und der Suche nach finanziel-

18 Am Rande der Begutachtung fand zudem auf Anregung von Dr. Dr. Uhl, dem mittlerweile für das Panelprojekt beim Bundesministerium für Forschung und Technologie (BMFT) zuständigen Ministerialbeamten, eine Besprechung mit Vertretern des Sfb 3 sowie des DIW statt, um die Zukunftsperspektiven des Projekts im Rahmen einer Bund-Länder-Finanzierung auszuloten. In einer solchen Konstellation sei das BMFT in Abstimmung mit dem Bundesministerium für Finanzen (BMF) und dem Bundesministerium für Bildung und Wissenschaft (BMBW) bereit, für die Bundesseite die Verantwortung zu tragen. Dem damaligen Sprecher des Sfb 3, Richard Hauser – dem wir an dieser Stelle genauso wie seinem damaligen Stellvertreter, Reinhard Hujer, persönlich danken möchten – ist zuzuschreiben, dass auch die hessische Landesregierung in die Sondierungsgespräche am Rande der Begutachtung eingebunden werden konnte, was für die Chancen einer später von Berlin betriebenen Bund-Länder-Lösung sicher förderlich war, obwohl die ursprüngliche Intention des hessischen Engagements, nämlich nach Auslaufen des Sfb 3 eine privilegierte Behandlung für das Land Hessen zu erzielen, bald wieder vom Tisch war, um die Kofinanzierung der übrigen Bundesländer nicht zu gefährden.

19 Die Arbeitsabläufe zur Durchführung der Wiederholungsbefragung rund 12 Monate nach der letzten Befragung machten es erforderlich, dass Infratest auf eigenes unternehmerisches Risiko mit dem Druck der Erhebungsinstrumente beginnen musste, bevor ein rechtsverbindlicher Auftrag vorlag. Die an anderer Stelle ausführlicher zu berichtenden Erfahrungen mit der Ersterhebung des SOEP in der damaligen DDR belegen, dass dieses Risiko nicht nur einmal notwendig war (Wagner 2008).

len Entlastungen ein Angebot von Infratest (vgl. Sfb 3 1988, S. 216ff.), das im Finanzvolumen trotz Teuerung niedriger lag als in den Wellen zuvor.

Bereits in der 7. Sitzung des Panel-Beirats am 5. Dezember 1986 wurde erstmals von Hans-Jürgen Krupp sehr eindringlich auf die Notwendigkeit einer Anschlussfinanzierung für das Panelprojekt nach 1988 hingewiesen. Folgende Möglichkeiten standen damals als alternative Szenarien im Raum:

- Versuch, das Projekt in den Institutshaushalt des DIW zu integrieren, was jedoch zu Lasten der soziologischen Komponente des Panels geschehen und zu erheblichen Abstrichen beim Umfang des Frageprogramms führen könnte.
- Einbindung des Panelprojekts in GESIS, wobei jedoch abgewartet werden musste, bis sich GESIS konstituiert hatte.
- Direkte Finanzierung durch das BMFT (Bundesministerium für Forschung und Technologie).

Der stellvertretende Beiratsvorsitzende und damalige Direktor von ZUMA, Hartmut Esser, gab damals seine persönliche Einschätzung zu Protokoll, dass es durchaus die Möglichkeit der Einbindung des Sozio-ökonomischen Panels in GESIS gebe, jedoch riet er Geduld zu wahren[20], bis sich GESIS[21] fest konstituiert habe. Auch der damalige BMFT-Abteilungsleiter MR Dr. Leitersdorf sah noch viele offene Fragen hinsichtlich eines stärkeren Engagements des BMFT.

Während für die Verfolgung der erstgenannten Variante auch innerhalb des DIW selbst wenig ernsthaft zu nennende Bemühungen erkennbar waren, erfolgten im Anschluss an die Institutionalisierung von GESIS sowohl auf der Sitzung des GESIS-Kuratoriums vom 14. Dezember 1987 als auch auf der vom 6. Mai 1988 ernsthafte Absichtserklärungen über eine Aufnahme des Panelprojekts[22] (dokumentiert in Sfb 3 1988, S. 215). Gleichwohl erklärten die Vertreter des BMFT im GESIS-Kuratorium, dass sie eine sehr kurzfristige Entscheidung über die geplante institutionelle Förderung nicht für möglich halten und daher zunächst eine bilaterale Projektförderung durch den Bund und das Land Berlin mit einer Refinanzierungsmöglichkeit des Landes Berlin bei den anderen Bundesländern als Erfolg versprechender ansehen. So müsse in naher Zukunft zunächst eine angemessene Bereitstellung von Mitteln angestrebt werden und erst

20 Ein Jahr später wurde Hartmut Esser als mittlerweile gewählter Vorsitzender des Panel-Beirats aktiv, indem er in dieser neuen Funktion am 3.12.1987 einen Brief an den damaligen Bundesminister für Forschung und Technologie, Herrn Dr. Heinz Riesenhuber, schickte, in dem er die Bemühungen, das Panelprojekt dauerhaft in GESIS zu institutionalisieren stellvertretend für den gesamten Panel-Beirat unterstützte.

21 Auch Max Kaase sondierte auf informellen Wegen Möglichkeiten einer Integration des Panelprojekts in GESIS (Protokoll der Sitzung des Projektrates vom 27.4.1987).

22 Hierzu zählten bspw. auch Überlegungen innerhalb von GESIS, um wie viele Stellen das Zentralarchiv in der Grundförderung aufgestockt werden müsse, um die Datenweitergabe der Paneldaten angemessen abwickeln zu können.

in einem zweiten Schritt solle über eine organisatorische Anbindung des Projekts entschieden werden.

Das Land Berlin machte seinerseits im Januar 1988 in einem Schreiben des damaligen Senators für Wissenschaft und Forschung, Prof. Turner, an den parlamentarischen Staatssekretär im BMFT, Dr. Probst, deutlich, dass das Land die wissenschaftliche und politische Bedeutung des Panelprojekts sehr hoch ansetze und sich an der langfristigen Weiterführung des Projekts beteiligen wolle[23], ohne sich freilich bereits in der Höhe festzulegen. Der in diesen Monaten entwickelte Gedanke, dass das Land Berlin den Ausschuss für Forschungsförderung der Bund-Länder-Kommission für Bildungsplanung und Forschungsförderung (BLK) nutzen könne, um eine grundsätzliche Klärung zu suchen, inwieweit die anderen Bundesländer mit einer Refinanzierung einverstanden wären, kann als Durchbruch bei der Suche nach einer künftigen Lösung angesehen werden.

Bei der BLK, die in Folge der Föderalismusreform der Großen Koalition zum 31.12.2007 aufgelöst wurde, um zum 1. Januar 2008 als Nachfolgegremium »Gemeinsame Wissenschaftskonferenz« neu gegründet zu werden, handelte es sich um ein 1970 gegründetes Gremium, in dem auch so wesentliche Entscheidungen wie Finanzentscheidungen zur Förderung von Großforschungsinstitutionen getroffen wurden. Die BLK hatte deshalb besonderes Gewicht, weil ihr die Wissenschaftsminister des Bundes und aller Bundesländer angehörten. Die Aufgabe der BLK bestand also im föderalen deutschen System darin, Entscheidungen der Ministerpräsidenten vorzubereiten und vor allem auch deren Finanzierbarkeit – gemäß bestimmter Finanzierungsschlüssel zwischen Bund sowie allen beteiligten Bundesländern – zu prüfen[24] sowie die verabredeten und verabschiedeten Vorschläge anschließend in finanzierte Politik umzusetzen.

23 Der spätere Projekleiter, Gert Wagner, hat Jahre später beim Freizeit-Fußballspielen mit einem Berliner Senatsbeamten erfahren, dass sogar der damalige Regierende Bürgermeister, Eberhard Diepgen, über »das Panel« informiert war und sich gelegentlich danach erkundigte.

24 Im Februar 1989 stand das Panelprojekt in der vorbereitenden Sitzung des Ausschusses Forschungsförderung der BLK zur Verabschiedung auf der Tagesordnung, um in eine mittelfristige BLK-Förderung (mit einem Gesamtbudget von rd. 2,5 Mio. DM pro Jahr) überführt zu werden. Just zu diesem Zeitpunkt war eine zuvor am DIW tätige Mitarbeiterin des Finanzsenators der Freien und Hansestadt Hamburg als Ländervertreterin für die sachliche Prüfung der finanziellen Konsequenzen in der BLK zuständig. Dies ist sicherlich ein historischer Zufall; für das Panelprojekt war es jedenfalls ein Glücksfall und ein Wink, dass der Gründer Hans-Jürgen Krupp auch in Zukunft das Projekt aus der Ferne nicht nur beobachtet.

5. *Das Panel unter kommissarischer Leitung von Wolfgang Zapf*

Nach dem Wechsel von Hans-Jürgen Krupp in die politische Verantwortung als Finanzsenator der Freien und Hansestadt Hamburg stellte sich von Mitte 1988 bis zum 30.6.1989 kollegial und verantwortungsbewusst der mittlerweile als Präsident des Wissenschaftszentrums für Sozialforschung von Mannheim nach Berlin gewechselte Soziologe Wolfgang Zapf als kommissarischer wissenschaftlicher Leiter in den Dienst des Panelprojekts. Er zählte zu den aktiven Unterstützern des Panelprojekts, war Mitglied im Panel-Ausschuss und war zugleich als Leiter des Teilprojekts A-1 »Wohlfahrtsproduktion« nach wie vor sowohl Mitglied des Sfb 3-Projektrates, als auch im Panel-Beirat eine langjährig bekannte und respektierte Forscherpersönlichkeit. Außerdem war er mit dem Gründungsprozess von GESIS bestens vertraut und kannte die Berliner Zuwendungsgeber in der Senatsverwaltung für Wissenschaft.

Für das operative Binnenverhältnis im DIW übernahm hingegen der damals im Kollegium aller Abteilungsleiter »zuständige« Abteilungsleiter für das Panelprojekt, Dr. Horst Seidler, die Rolle des kommissarischen Leiters. Man kann im Nachhinein sagen, dass er praktisch alle wichtigen angenehmen wie unangenehmen Personal- und Sachentscheidungen, die bis zur Aufnahme des neuen wissenschaftlichen Leiters im Juli 1989 getroffen werden mussten, im Konsens mit den beiden Autoren dieses Beitrages – wenn nötig noch im Einvernehmen mit Wolfgang Zapf – abstimmte und dann entschlossen im DIW sowie dessen Entscheidungsgremien[25] durchsetzte. Wolfgang Zapf verstand es auf seine Weise, die sich abzeichnende mittelfristige Finanzierung des Panelprojekts am DIW ohne eigene Vorteilnahme[26] konstruktiv zu begleiten. Einen seiner regelmäßigen Besuche bei der Projektgruppe im DIW nutzte Wolfgang Zapf dann auch für »vertrauensbildende« Maßnahmen bei der neuen Leitung des DIW. So versäumte er es nicht, seinen Antrittsbesuch beim Anfang 1989 neu gewählten DIW-Präsidenten, Lutz Hoffmann, zu nutzen, um diesen für eine Mitgliedschaft im WZB-Kuratorium zu gewinnen.

Der kommissarische wissenschaftliche Leiter sprach – wenn er über das Panelprojekt öffentlich mit Dritten redete – gerne von dem »am meisten evaluierten

25 Hierzu zählte auch die Etablierung eines Sonderstatus für den neu zu bestimmenden SOEP-Leiter, der künftig dem Gremium der Abteilungsleiter permanent als Gast angehören sollte mit generellem Rederecht und vollem Stimmrecht bei Entscheidungen, die Belange des Panelprojekts betrafen.

26 Es wäre sicher sachlich nicht falsch und nicht ohne Erfolgsaussichten gewesen, in dieser Stunde des Umbruchs des Panelprojekts am DIW die Gunst der Stunde zu nutzen, um entweder das Panelprojekt »beim Präsidenten« des Wissenschaftszentrums anzusiedeln oder eine eigenständige Abteilung mit einem vom WZB ernannten Leiter des Projekts anzustreben. Obgleich im Herbst 1988 eine solche »Lösung« historisch einmalig in der Luft lag, zügelte Wolfgang Zapf solch mögliche Ambitionen zugunsten der dauerhaften Stabilisierung des Projekts als Forschungs- und Servicegruppe am DIW.

Projekt der Sozial- und Wirtschaftswissenschaften« und erfand in einer Arbeitssitzung im DIW Ende 1988 oder Anfang 1989 den Begriff des »publizierenden Servicewissenschaftlers«, der im Panelprojekt tätig sei. Diese Charakterisierung brachte den sich seit Jahren herausgebildeten Typus an Forschern präzise auf den Punkt, nämlich dass alle für das Längsschnittprojekt arbeitenden Wissenschaftler einerseits wissenschaftlich tätig sind, zu Fachexperten reifen und ihre Ergebnisse auch in Form von Veröffentlichungen allgemein zugänglich machen. Andererseits ist da aber auch die Rolle des Produzenten eines Kollektivgutes. Der von Wolfgang Zapf geprägte Begriff »publizierender Servicewissenschaftler« legt zudem nahe, das ambivalente Verhältnis von 50% Forschung und 50% Service oder Dienstleistung bei einem wissenschaftlichen Mitarbeiter gerade als konstruktive individuelle Mischung zu erachten, um sowohl verlässlichen als auch innovativen Service bei gleichzeitigem Verständnis der Forscherperspektive in den produzierten Längsschnittdaten zu gewährleisten[27].

Horst Seidler und Wolfgang Zapf sorgten gemeinsam dafür, dass die Dauer ihrer kommissarischen Leitung des Panelprojekts mit der Übergabe der Leitung an Gert G. Wagner am 1.7.1989 nicht länger als ein Jahr dauerte.

6. *Neuantrag an die DFG im Juli 1989 und »die Wende«*

Im Juli 1989 ging schließlich erneut ein Antrag an die DFG, denn laut Beschluss der BLK für Bildungsplanung und Forschungsförderung vom 20. April 1989 sollte die fachliche, organisatorische und finanzielle Betreuung des Projekts auch künftig – bis zum Ende des Jahres 1995 – bei der DFG verbleiben. Die DFG stimmte dem zu und führte seitdem im Rahmen des DFG-Normalverfahrens[28] im zweijährigen Turnus Begutachtungen des Panelprojekts durch. Der Antrag vom Juli 1989 war dementsprechend im Rahmen des Normalverfahrens ein Neuantrag, der für die Haushaltsjahre 1990/91 galt. Vorbehaltlich erfolgreicher Begutachtungen (die allesamt auch erfolgreich verliefen) verblieb die Durchführung des Projekts in der organisatorischen Zuständigkeit des DIW, wobei für das DIW das

27 Bei der einige Jahre später erfolgten Evaluierung des Panelprojekts durch den Wissenschaftsrat wurde diese Mischung von Forschung und Service beim Gespräch mit den wissenschaftlichen MitarbeiterInnen des Panels explizit gewürdigt und für konstruktiv erachtet.

28 Damit wechselte auch die personelle Zuständigkeit für das Panelprojekt. Seitdem lag die Verantwortung allein in den Händen von Helga Hoppe, die das Projekt als Referentin für Geisteswissenschaften von Anfang an unterstützt hatte (vgl. Krupp 2007). Sie hatte bis 1989 die Gespräche und Begutachtungen begleitet, die von Dr. Dieter Funk geleitet wurden.

Sozio-ökonomische Panel immer ein Drittmittelprojekt[29] darstellte, das die institutionelle Förderung innerhalb der Blauen Liste nicht veränderte und den Grundhaushalt des DIW nicht zusätzlich[30] belastete.

Ohne im Folgenden die Details des Antrags bezüglich einer verstärkten Einbeziehung von externen KollegInnen in das Panelprojekt zu diskutieren oder auf inhaltliche wie methodische Weiterentwicklungen einzugehen, sei aus der Retrospektive das Eingeständnis unserer damaligen zeithistorischen Naivität sowie gesellschaftspolitischen Blindheit erlaubt, die darin zum Ausdruck kommt, dass die nur wenige Monate später beginnende Öffnung der Berliner Mauer sowie die exakt zwölf Monate später bereits vollzogene Wirtschafts-, Währungs- und Sozialunion mit der ehemaligen DDR noch nicht einmal in einem Halbsatz[31] des Forschungsantrags für die Phase 1990 – 1991 durchblitzte. Dass gleichwohl das ausgesprochen komplexe Panelprojekt es als erste repräsentative gesamtdeutsche Studie überhaupt schaffte, noch im Juni 1990 in der damaligen DDR eine erste Welle zu beginnen (vgl. Schupp, Wagner 1990 sowie Wagner 2008), belegt, dass der Gründungsvater der Studie es geschafft hat, den Nukleus für ein innovatives, flexibles und höchst erfolgreiches Längsschnittprojekt in Deutschland zu legen.

Die Autoren sind stolz darauf, dass sie unter der Leitung von Hans-Jürgen Krupp am Aufbau und an der Weiterentwicklung dieses bedeutenden Forschungsprojekts mitarbeiten durften. Sicherlich war Hans-Jürgen Krupp nie ein einfacher oder gar bequemer Vorgesetzter, aber die Autoren konnten ungeheuer viel von ihm lernen. Herr Krupp hatte auch nie (genug) Zeit. Im Nachhinein betrachtet war aus unserer Sicht eine seiner vielleicht bedeutendsten Eigenschaften als Vorgesetzter jedoch seine Offenheit und Ehrlichkeit. Dies war nicht immer angenehm, aber letztendlich hatten wir immer das wichtige Gefühl, dass wir uns auf ihn verlassen – sprich ihm vertrauen können. Wir danken Hans-Jürgen Krupp für diese zwar anstrengenden, aber sehr schönen Jahre.

29 Im Dezember 2003 fand schließlich diese Projektförderung ein Ende, da beim Bundesrechnungshof der Eindruck nicht mehr ausgeräumt werden konnte, dass Mittel, die eigentlich für Projektförderungen bestimmt waren, für institutionelle Forschungsförderung verwendet wurden. Damit gelang nach 20 Jahren erfolgreicher Arbeit als Panelprojekt die Überführung in eine institutionelle Förderung für das SOEP.

30 Diese Formulierung macht zugleich deutlich, dass das im Kooperationsvertrag mit dem Sfb 3 festgelegte commitment zur weiteren Bereitstellung einer Grundausstattung in den DFG-Anträgen im Normalverfahren verstetigt wurde. Antragsteller des DFG-Antrages war der Präsident des DIW, Prof. Lutz Hoffmann.

31 Eine spitzfindige Auslegung der im Antrag angestellten Überlegungen für eine weitere »Zuwanderer-Stichprobe« als konzeptionelle Vorstufe zur besseren Erfassung der seit Sommer 1989 massenhaft einsetzenden Wanderungsbewegung von Ost nach West (»Übersiedler«) wäre ein schwacher – und unehrlicher – Trost.

Literatur

Berger, P. A., Sopp, P. (1992), Bewegte Zeiten? Zur Differenzierung von Erwerbsverlaufsmustern in Westdeutschland. In: Zeitschrift für Soziologie 21 (3), S. 166-185.

Deutsches Institut für Wirtschaftsforschung (1989), Das Sozio-ökonomische Panel, Antrag auf Förderung der Forschungsphase 1990 und 1991, Berlin.

Frick, J. R., Grabka, M. M. (2007), Item Non-Response and Imputation of Annual Labor Income in Panel Surveys from a Cross-National Perspective, IZA Discussion Paper No. 3043, September 2007, Bonn.

Frick, J. R., Söhn, J. (2005), Das Sozio-oekonomische Panel als Grundlage für Analysen zur Bildungslage von Personen mit Migrationshintergrund. In: Bundesministerium für Bildung und Forschung (Hg.), Migrationshintergrund von Kindern und Jugendlichen: Wege zur Weiterentwicklung der Amtlichen Statistik, Bonn, Berlin, S. 81-90.

Galler, H. P. (1987), Zur Längsschnittgewichtung des Sozio-ökonomischen Panels. In: Krupp, H.-J., Hanefeld, U. (Hrsg.), Lebenslagen im Wandel: Analysen 1987. Sozio-ökonomische Daten und Analysen für die Bundesrepublik Deutschland, Band 2, Frankfurt/M., New York, S. 295-317.

Galler, H. P., Wagner, G. G. (1998), Empirische Forschung und wirtschaftspolitische Beratung. In: Galler, H. P., Wagner, G. G. (Hrsg.), Empirische Forschung und wirtschaftspolitische Beratung. Festschrift für Hans-Jürgen Krupp zum 65. Geburtstag, Frankfurt, New York, S. 17-44.

Hanefeld, U. (1987), Das Sozio-ökonomische Panel: Grundlagen und Konzeption. Sozio-ökonomische Daten und Analysen für die Bundesrepublik Deutschland, Band 1, Frankfurt/M., New York.

Hauser, R. (1994), Die Arbeiten des Sonderforschungsbereichs 3 – Ein Überblick. In: Hauser, R., Hochmuth, U., Schwarze, J. (Hrsg.), Mikroanalytische Grundlagen der Gesellschaftspolitik, Band 1, Ausgewählte Probleme und Lösungsansätze, Berlin, S. 1-36.

Holst, E., Rinderspacher, J., Schupp, J. (Hrsg.) (1994), Erwartungen an die Zukunft, Frankfurt/M., New York.

Krupp, H.-J. (2007), Das Sozio-oekonomische Panel – Wie es dazu kam. In: Schwarze, J., Räbinger, J., Thiede, R. (Hrsg.), Arbeitsmarkt- und Sozialpolitikforschung im Wandel, Hamburg, S. 15-39.

Krupp, H.-J., Hanefeld, U. (Hrsg.) (1987), Lebenslagen im Wandel: Analysen 1987. Sozio-ökonomische Daten und Analysen für die Bundesrepublik Deutschland, Band 2, Frankfurt/M., New York.

Krupp, H.-J., Schupp, J. (Hrsg.) (1988), Lebenslagen im Wandel: Daten 1987. Sozio-ökonomische Daten und Analysen für die Bundesrepublik Deutschland, Band 3, Frankfurt/M., New York.

Mayer, K. U. (1990), Lebensverläufe und sozialer Wandel. Anmerkungen zu einem Forschungsprogramm. In: Mayer, K. U. (Hrsg.), Lebensverläufe und sozialer Wandel. Sonderheft 31 der Kölner Zeitschrift für Soziologie und Sozialpsychologie, Opladen, S. 7-21.

Schramm, F. (1992), Beschäftigungsunsicherheit. Wie sich die Risiken des Arbeitsmarkts auf die Beschäftigten auswirken. Empirische Analysen in Ost und West, Berlin.

Schupp, J. (1995), Stabilität, Wandel und »Optionalität«. Vom Nutzen der Panelmethode für dynamische Sozialstrukturanalysen. In: Berger, P. A., Sopp, P. (Hrsg.), Sozialstruktur und Lebenslauf, Opladen, S. 107-130.

Schupp, J., Wagner, G. G. (1990), Die DDR-Stichprobe des Sozio-ökonomischen Panels – Konzept und Durchführung der »Basiserhebung 1990« in der DDR. In: Vierteljahrshefte zur Wirtschaftsforschung, Heft 2/3, S. 152-159.

Schupp, J., Wagner, G. G. (2008), Ein Vierteljahrhundert Sozio-oekonomisches Panel (SOEP): Die Bedeutung der Verhaltenswissenschaften für eine sozial- und wirtschaftswissenschaftliche Längsschnittstudie, mimeo.

Schupp, J., Habich, R., Zapf, W. (1996), Sozialberichterstattung im Längsschnitt. Auf dem Weg zu einer dynamischen Sicht der Wohlfahrtsproduktion. In: Zapf, W., Schupp, J., Habich, R. (Hrsg.), Lebenslagen im Wandel: Sozialberichterstattung im Längsschnitt, Frankfurt/M., New York, S. 11-45.

Sonderforschungsbereich 3 (1981), Antrag an die Deutsche Forschungsgemeinschaft auf Förderung für die zweite Forschungsphase 1982 – 1984, Frankfurt am Main, Mannheim.

Sonderforschungsbereich 3, Teilprojekt B-5 »Das Sozio-ökonomische Panel« (1985), Bericht über die Forschungstätigkeit 1983 – 1985 und Antrag auf Förderung der Forschungsphase 1986 – 1988, Frankfurt am Main, Mannheim, Berlin.

Sonderforschungsbereich 3, Teilprojekt B-5 »Das Sozio-ökonomische Panel« (1988), Bericht über die Forschungstätigkeit 1985 – 1988 und Antrag auf Förderung der Forschungsphase 1989, Frankfurt am Main, Mannheim, Berlin.

Wagner, G. G. (2007), Wie die 11er-Skala in das SOEP kam – Ein Beitrag zu den Problemen und Möglichkeiten multidisziplinärer Forschung und zugleich eine Fußnote zum Design der SOEP-Stichprobe. In: Schwarze, J., Räbinger, J., Thiede, R. (Hrsg.), Arbeitsmarkt- und Sozialpolitikforschung im Wandel. Festschrift für Christof Helberger zum 65. Geburtstag, Hamburg, S. 40-62.

Wagner, G. G. (2008), Die Längschnittstudie Sozio-oekonomisches Panel (SOEP) – Die Jahre von der Wende zur Jahrtausendwende. In: Vierteljahrshefte zur Wirtschaftsforschung, Heft 3 (im Druck).

Wagner, G. G., Frick, J. R., Schupp, J. (2007), The German Socio-Economic Panel Study (SOEP) – Scope, Evolution and Enhancements. In: Schmollers Jahrbuch 127 (1), S. 139-169.

Wagner, G., Schupp, J., Rendtel, U. (1994), Das Sozio-oekonomische Panel (SOEP) – Methoden der Datenproduktion und -aufbereitung im Längsschnitt. In: Hauser, R., Ott, N., Wagner, G. G. (Hrsg.), Mikroanalytische Grundlagen der Gesellschaftspolitik, Band 2, Erhebungsverfahren, Analysemethoden und Mikrosimulation, Berlin, S. 70-112.

Zapf, W. (1977), Lebensbedingungen in der Bundesrepublik Deutschland. Sozialer Wandel und Wohlfahrtsentwicklung, Frankfurt am Main, New York.

Zapf, W. (1992), Entwicklung und Sozialstruktur moderner Gesellschaften. In: Korte, H., Schäfers, B. (Hrsg.), Einführung in Hauptbegriffe der Soziologie, S. 181-193.

Anhang 1:

Wissenschaftliche MitarbeiterInnen, die im Zeitraum 1983 bis 1989 zum Panelprojekt gehörten:

- Dr. Christoph F. Büchtemann (18.4.1983 – 31.12.1984)
- Dipl.-Soz., Dipl. Vw. Bernhard Engel (1.10. – 30.11.1984)
- Dipl.-Vw. Joachim Frick (seit 1.1.1989)
- Dr. Klaus Peter Gaulke (1.2. – 31.7.1983)
- Dipl.-Vw. Kornelia Hagen (1.2.1983 – 31.1.1984)
- Dr. Ute Hanefeld (1.1.1981 – 15.5.1989)
- Dipl.-Vw. Elke Holst (seit 1.6.1989)
- Dipl.-Pol. Stefan Jäkel (1.1.1986 – 31.12.1988)
- Dipl.-Soz. Peter Krause (seit 1.3.1989)
- Dipl.-Soz. Jutta Kloas (1.2.1983 – 31.12.1983)
- Dipl.-Vw. Herbert Lahmann (1.2.1983 – 31.12.1992)
- Dipl.-Soz. Ingo Pfeiffer (1.2.1983 – 31.5.1988)
- Dr. Brigitte Preißl (1.10.1984 – 31.5.1986)
- Dr. Rainer Pischner (seit 1.2.1983)
- Dipl.-Kaufm. Christiane Recke (1.1.1986 – 31.12.1989)
- Dr. Ulrich Rendtel (1.1.1986 – 30.8.1995)
- Dipl.-Soz. Jürgen Schupp (seit 1.12.1984)
- James Witte, MPA (15.8.1986 – 31.12.1988)
- Seit 1985 ist zudem Christine Kurka als Projektassistentin im Panelprojekt tätig.

Anhang 2:

Besetzung des Panel-Ausschusses im Februar 1985 (Sfb 3 1985, S. 256f.)

- Prof. Dr. Heinz P. Galler (Sfb 3 – Ökonomie/Ökonometrie – Frankfurt/M.)
- Prof. Dr. Wolfgang Glatzer (Sfb 3 – Soziologie – Mannheim)
- Prof. Dr. Christof Helberger (Sfb 3 – Ökonomie – Berlin)
- Prof. Dr. Reinhard Hujer (Sfb 3 – Ökonomie/Ökonometrie – Frankfurt/M.)
- Prof. Dr. Hans-Jürgen Krupp (Sfb 3/DIW – Ökonomie – Berlin)
- Prof. Dr. Karl Ulrich Mayer (Sfb 3 – Soziologie – Mannheim/Berlin)
- Dr. Heinz-Herbert Noll (Sfb 3 – Soziologie – Mannheim)
- Dr. Horst Seidler (DIW – Ökonomie – Berlin)

Stellvertretende Mitglieder:

- Prof. Dr. Ralph Brennecke (Sfb 3 – Ökonomie – Berlin)
- Dipl.-Vw. Ute Hanefeld (DIW/Sfb 3 – Ökonomie – Berlin)
- Prof. Dr. Richard Hauser (Sfb 3 – Ökonomie – Frankfurt/M.)
- Prof. Dr. Max Kaase (Sfb 3 – Politikwissenschaften – Mannheim)
- Prof. Dr. Gerriet Müller (Sfb 3 – Ökonomie/Ökonometrie – Frankfurt/M.)
- Dr. Gert Wagner (Sfb 3 – Ökonomie – Frankfurt/M.)

Anhang 3:

Auszug aus dem »Kooperationsvertrag zwischen den Universitäten Frankfurt am Main und Mannheim sowie dem Deutschen Institut für Wirtschaftsforschung« bezüglich der gemeinsamen Durchführung des Projekts »Das Sozio-ökonomische Panel« im Rahmen des Sonderforschungsbereichs 3 (Sfb 3 1985, S. 258ff.)

§ 1 (1) Das Projekt »Sozio-ökonomisches Panel« (im folgenden Panel-Projekt genannt) wird in Zusammenarbeit und in der gemeinsamen Trägerschaft der Universitäten Frankfurt und Mannheim sowie des Deutschen Instituts für Wirtschaftsforschung Berlin als Projekt B-5 »Das Sozio-ökonomische Panel« des Sonderforschungsbereichs »Mikroanalytische Grundlagen der Gesellschaftspolitik« durchgeführt, solange die Deutsche Forschungsgemeinschaft den Sonderforschungsbereich 3 und das Panel-Projekt fördert.

§ 1 (2) Die Zusammenarbeit der Universitäten und des Deutschen Instituts für Wirtschaftsforschung erstreckt sich auf die gesamte Durchführung des Projekts, von der Planung über die Datenerhebung und -aufbereitung bis zur Datenanalyse und Publikation der wichtigsten wissenschaftlichen Ergebnisse.

§ 1 (3) Die Vertragspartner verpflichten sich zu einer gedeihlichen Zusammenarbeit in allen wissenschaftlichen, organisatorischen und finanziellen Fragen mit dem Ziel, das Panel-Projekt zu fördern und so auszugestalten, dass es einen wesentlichen Beitrag zur wissenschaftlichen Entwicklung leistet.

§ 1 (4) Der Datenbestand des »Sozio-ökonomischen Panels« steht dem Sonderforschungsbereich 3 und dem Deutschen Institut für Wirtschaftsforschung gleichermaßen zur Verfügung. Die Vertragspartner verpflichten sich sicherzustellen, dass die Panel-Daten möglichst rasch, das heißt nach Abschluss der Datenprüfungen und Publikation der ersten Ergebnisse, allen einschlägig arbeitenden Wissenschaftlern zur Verfügung stehen. Die mit der Panel-Studie anfallenden Erfahrungen sind von Anfang an zu dokumentieren, so dass Dritte, vor allem nicht zum Sonderforschungsbereich gehörende Wissenschaftler, ohne besondere Schwierigkeiten mit den Panel-Daten arbeiten können.

§ 1 (5) Verantwortlich für die Datenerhebung und Datenspeicherung im Sinne des Bundesdatenschutzgesetzes sind das Deutsche Institut für Wirtschaftsforschung und das zu beauftragende Umfrageinstitut. Von Beginn der Arbeiten an sind klare Regelungen aller den Datenschutz betreffenden Fragen im Benehmen mit den zuständigen Aufsichtsinstanzen für den Datenschutz zu treffen, die die Notwendigkeit berücksichtigen, die Panel-Daten anderen einschlägig arbeitenden Wissenschaftlern rasch zur Verfügung zu stellen. Für den Fall, dass die Vertragspartner die Zusammenarbeit vor Beendigung des Gesamtprojekts einstellen und die Universitäten Frankfurt und Mannheim im Rahmen des Sonderforschungsbereichs 3 das Sozio-ökonomische Panel allein fortführen, verpflichtet sich das Deutsche Institut für Wirtschaftsforschung, die Panelteilnehmer um die Zustimmung der Weitergabe ihrer Adresse an den Sonderforschungsbereich 3 und um die weitere Mitarbeit am Panel zu bitten.

§ 1 (6) Das Deutsche Institut für Wirtschaftsforschung wird – vorbehaltlich einer Finanzierung – das Panel-Projekt mindestens für einen Zeitraum von zehn Jahren, gerechnet ab Projektbeginn 1983, bearbeiten und in alleiniger Trägerschaft übernehmen, wenn die Deutsche Forschungsgemeinschaft die Förderung des Sonderforschungsbereichs 3 insgesamt oder des Teilprojekts B-5 beendet. In diesem Fall wird sich das Deutsche Institut für Wirtschaftsforschung um eine anderweitige Finanzierung als Voraussetzung für die Weiterführung des Panel-Projekts bemühen.

§ 1 (7) Das Deutsche Institut für Wirtschaftsforschung verpflichtet sich, für die zu beantragenden Stellen der Ergänzungsausstattung Grundausstattungsstellen in der Relation zur Verfügung zu stellen, die dem jeweiligen Antrag des Sonderforschungsbereichs 3 zugrunde liegt. Des Weiteren stellt das Deutsche Institut für Wirtschaftsforschung Räumlichkeiten und sächliche Verwaltungsmittel im notwendigen Umfang zur Verfügung.

...

§ 2 (2) Der Projektrat des Sonderforschungsbereichs 3 setzt einen Panel-Ausschuss ein, dem im Rahmen der Ordnung des Sonderforschungsbereichs 3 Entscheidungskompetenzen für das Panel-Projekt übertragen werden. Dieses Gremium kooptiert ein vom Deutschen Institut für Wirtschaftsforschung entsandtes entscheidungsbefugtes Mitglied.

§ 2 (3) Entscheidungen von grundsätzlicher Bedeutung, insbesondere Fragen, die zukünftige Finanzierungsanträge, die Ausgestaltung der Fragebögen und das Panel-Design betreffen, erfordern eine Entscheidung im Panel-Ausschuss. Ferner bedarf der Werkvertrag, den das Deutsche Institut für Wirtschaftsforschung mit dem zu beauftragenden Umfrageinstitut abschließt, die Kündigung, Änderungen und Ergänzungen dieses Vertrages sowie die Abnahme der Gesamtleistung aus diesem Vertrag der Zustimmung des Panel-Ausschusses.

§ 2 (4) Entscheidungen von grundsätzlicher Bedeutung, die gegen die Stimmen des Vertreters des Deutschen Instituts für Wirtschaftsforschung im Panel-Ausschuss und/oder des Projektleiters B-5 erfolgen, sollen – soweit diese dieses wünschen – noch einmal in einer weiteren Sitzung des Panel-Ausschusses mit dem Ziel einer einvernehmlichen Entscheidung überprüft werden. Kommt es nicht zu einer Einigung, hat der Vertreter des Deutschen Instituts für Wirtschaftsforschung das Recht, Einspruch gegen die Entscheidung beim Projektrat einzulegen. Zu diesem Gegenstand werden dem Vertreter des Deutschen Instituts für Wirtschaftsforschung im Projektrat Rede- und Antragsrecht eingeräumt. Der Einspruch kann vom Projektrat des Sonderforschungsbereichs 3 mit einer ¾-Mehrheit zurückgewiesen werden. In diesem Fall hat das Deutsche Institut für Wirtschaftsforschung das Recht, zum Jahresende mit einer Kündigungsfrist von einem Jahr von diesem Vertrag zurückzutreten.

...

§ 3 (1) Im Rahmen des Panel-Projekts wird ein Panel-Beirat eingerichtet, durch den die Verbindung zu Wissenschaftlern außerhalb des Sonderforschungsbereichs, aber auch zu den Instanzen hergestellt wird, die sozialpolitisch wichtige Entscheidungen vorbereiten oder durchführen. Die Zusammensetzung des Beirats sollte sich prinzipiell jedoch an den Interessen des Sonderforschungsbereichs, nicht an denen potentieller Nutzer der Panel-Daten orientieren.

...

Die Datenservicezentren als Teil der informationellen Infrastruktur

Hilmar Schneider und Christof Wolf

Die Einrichtung von Servicezentren für (amtliche) Mikrodaten als Teil der informationellen Infrastruktur der Bundesrepublik Deutschland geht auf Empfehlungen der Kommission zur Verbesserung der informationellen Infrastruktur zwischen Wissenschaft und Statistik (KVI) zurück, auch wenn das erste Servicezentrum auf Empfehlung des Wissenschaftsrates bereits seit 1987 besteht (Lüttinger et al. 2003). Die KVI stellte in ihrem Abschlussgutachten einen »Bedarf an Serviceleistungen und Vermittlungsstelle[n] für Mikrodaten« fest und empfahl der Bundesregierung in ihrem Abschlussgutachten »in Deutschland auch in Zukunft Serviceeinrichtungen der Forschung als Teil der informationellen Infrastruktur vorzuhalten« (KVI 2001, S. 33). Der Begriff »Servicezentren« wird von der KVI für Einrichtungen der Forschung geprägt, die forschungsbasierte wissenschaftliche Dienstleistungen zu amtlichen Daten, insbesondere zu Mikrodaten anbieten.

Zu den Aufgaben der Servicezentren zählen nach Auffassung der KVI unter anderem die Bereitstellung von Datennachweisen und Metadaten, die Wissensvermittlung, Beratung und Nutzerbetreuung, die Erweiterungen des Analysepotentials von Datensätzen sowie die Forschung, insbesondere die methodische Forschung zu Mikrodaten.

Entsprechend dieser Empfehlungen richtete der Gründungsausschuss des Rates für Sozial- und Wirtschaftsdaten im Jahr 2003 zwei Servicezentren für amtliche Mikrodaten ein. Eines bei der GESIS und eines beim Institut zur Zukunft der Arbeit (IZA). Beide Einrichtungen verfügen über spezifische Kompetenz in der Aufbereitung und im Umgang mit amtlichen Daten. Zudem waren sie aufgrund ihrer disziplinären Verankerung in den Sozialwissenschaften einerseits bzw. Wirtschaftswissenschaften andererseits prädestiniert, die spezifische Nachfrage nach Serviceleistungen zu amtlichen Mikrodaten durch Vertreter dieser Disziplinen zu erfüllen.

1. Die Datenservicezentren

Das Angebot der Servicezentren zu Mikrodaten steigert die Effizienz der Nutzung der Daten, insbesondere amtlicher Daten, da die Grundlagen der Datenerschließung, Dokumentation etc. nicht mehr durch jeden einzelnen Forscher ad hoc erledigt werden muss, sondern kontinuierlich erfolgt und als öffentliches Gut bereitgestellt wird. Da dieser Service durch entsprechend ausgebildetes und erfahrenes

Personal erstellt wird und die Leistungen der Servicezentren regelmäßig evaluiert werden, ist die Qualität der entsprechenden Arbeiten gesichert. Gleichzeitig gewährleistet die Anbindung der Servicezentren an Einrichtungen der Forschung, dass die Bedürfnisse der Forschung hier gebündelt und den Datenproduzenten im Rahmen der laufenden Zusammenarbeit übermittelt werden. Die Servicezentren sind somit die zentrale Vermittlungsstelle zwischen Forschung und Datenproduzenten.

a) Das German Microdata Lab: Servicezentrum für amtliche Mikrodaten der GESIS

Erste Analysen amtlicher Mikrodaten in den Sozialwissenschaften erfolgten in Deutschland – im Unterschied etwa zu den USA erst zu Beginn der 1970er Jahre. Das Pionierprojekt war das DFG-geförderte Projekt »Sozialpolitisches Entscheidungs- und Indikatorensystem« (SPES, 1972 – 1978).[1] Diesem Projekt folgten der Sonderforschungsbereich 3 mit dem Titel »Mikroanalytische Grundlagen der Gesellschaftspolitik« (1979 – 1990) und die Projekte »Vergleichende Analysen der Sozialstruktur mit Massendaten« (VASMA, 1979 – 1984) und »Comparative Analysis of Social Mobility in Industrial Nations« (CASMIN, 1983 – 1988)[2]. In allen Projekten bildeten amtliche Mikrodaten eine wichtige Grundlage für die empirischen Arbeiten. Die Erfahrungen, die man in den Projekten beim Zugang zu amtlichen Mikrodaten machte, insbesondere aber der im Jahr 1980 verschärfte Datenschutz führte dazu, dass man bereits im Rahmen des VASMA-Projektes die Einrichtung einer Institution zu fördern versuchte. Diese sollte den Zugang zu Daten der amtlichen Statistik in einer für die Forschung adäquaten Weise gewährleisten. Dieses Ziel wurde schließlich 1987 erreicht, als am Zentrum für Umfragen, Methoden und Analysen der GESIS auf Empfehlung des Wissenschaftsrates die Abteilung Mikrodaten eingerichtet und hier die Arbeiten zur Erschließung amtlicher Daten des VASMA-Projekts fortgesetzt wurden (Müller 1999).[3]

Als Bestandteil der GESIS gehörte die Mikrodatengruppe zur Infrastruktur der Sozialwissenschaften und hatte die Aufgabe, amtliche Daten für die Forschung zugänglich zu machen. Dies geschah zunächst durch die Sicherung und Aufbereitung der von der Forschung in den genannten Vorgängerprojekten akquirierten amtlichen Daten; insbesondere den Mikrozensen 1962 – 1969, der Mikrozensus-Zusatzerhebung von 1971 und der Volkszählung von 1970. Diese Daten wurden in den letzten 20 Jahren regelmäßig auf die Erfordernisse neuer Hard- und Soft-

1 Die allerersten Mikro-Analysen amtlicher Daten wurden von Hans-Jürgen Krupp an der TH Darmstadt durchgeführt.

2 Siehe http://www.sowi.uni-mannheim.de/lehrstuehle/lesas/forschung/casmin/casmin.html.

3 Siehe http://www.sowi.uni-mannheim.de/lehrstuehle/lesas/forschung/vasma/vasma.html.

ware angepasst und stehen der Forschung nach wie vor im Rahmen eines Gastaufenthalts bei GESIS-ZUMA zur Verfügung. Wie wichtig diese kontinuierliche Pflege der Daten war, zeigt sich darin, dass die genannten Daten bei den Statistischen Ämtern nach dem Ablauf bestimmter Fristen gelöscht wurden und nicht mehr vorlagen. Ohne die Arbeit der Vorgängerprojekte (SPES, VASMA, Sfb 3) und der Mikrodatengruppe wären diese Daten unwiderruflich verloren.[4]

Darüber hinaus war es jedoch die zentrale Aufgabe der Abteilung Mikrodaten, der Forschung weitere amtliche Einzeldaten zugänglich zu machen. Die Grundlage dazu wurde mit der Novellierung des Bundesstatistikgesetzes (BStatG) im Jahre 1987 geschaffen, das den rechtlichen Rahmen für eine verbesserte Datenweitergabe schuf und erlaubte, dass für die Durchführung wissenschaftlicher Vorhaben von den Statistischen Ämtern Einzelangaben an Forschungseinrichtungen übermittelt werden, wenn die Auskünfte den Auskunftsgebenden oder Betroffenen nur mit einem unverhältnismäßig großen Aufwand an Zeit, Kosten und Arbeitskraft zugeordnet werden können. Dieses Konzept der »faktischen Anonymisierung« musste jedoch erst noch umgesetzt werden, was unter der Leitung von Walter Müller im so genannten Anonymisierungsprojekt, einer Kooperation zwischen der Universität Mannheim, den Statistischen Ämtern und der Abteilung Mikrodaten erfolgte. Mit dem Erfolg des Anonymisierungsprojektes waren die Voraussetzungen für die Bereitstellung von Scientific Use Files (SUF) des Mikrozensus und anderer Daten geschaffen.[5]

Bis Mitte der 1990er Jahre verlangten die Statistischen Ämter für die Bereitstellung eines SUFs des Mikrozensus noch mehrere 10.000 DM. Diese Kosten stellten für die allermeisten Forscher ein großes Hindernis dar. Daher setzte sich die GESIS 1996 beim Statistischen Bundesamt für einen vereinfachten Datenzugang ein, was in dem Memorandum von Wolfgang Zapf, dem damaligen Vorsitzenden des Kuratoriums der GESIS, und Walter Müller mündete, und an dem sich zahlreiche Fachverbände, größere sozial- und wirtschaftswissenschaftliche Forschungsinstitute sowie einzelne Wissenschaftlerinnen und Wissenschaftler beteiligten (Zapf et al. 1996). Diese Initiative führte schließlich dazu, dass – zunächst nur auf einige Mikrozensen beschränkt – mittlerweile alle SUFs dank der finanziellen Unterstützung durch das Bundesministerium für Bildung und Forschung (BMBF) für 90 Euro (früher 130 DM bzw. 65 Euro) bereitgestellt werden.[6] Auch aus den Wirtschaftswissenschaften kamen zu dieser Zeit neue Anstöße zur Öffnung amtlicher Mikrodaten (Hauser, Wagner, Zimmermann 1998).

4 Die Daten der Volkszählung von 1970 wurden vom GML den Statistischen Ämtern in aufbereiteter Form übermittelt.

5 Siehe http://www.sowi.uni-mannheim.de/lehrstuehle/lesas/forschung/anonym/anonym.html. Eine Zusammenfassung des Projektes findet sich in Wirth (1992).

6 An dieser Stelle ist Hansvolker Ziegler, dem damals in BMBF zuständigen Referatsleiter, besonders zu danken.

Ein weiterer Meilenstein in der Entwicklung der Dateninfrastruktur in der Bundesrepublik Deutschland markiert Ende der 1990er Jahre die Arbeit der KVI sowie die von ihr in Auftrag gegebenen Expertisen.[7] Die KVI stellte eine Reihe von gravierenden Defiziten fest und empfahl der Politik ein ganzes Bündel von Maßnahmen, darunter neben der Einrichtung von Forschungsdatenzentren auch die bereits zitierte Einrichtung von Servicezentren. Diese Empfehlung hat die GESIS aufgegriffen und mit Förderung des BMBF im Jahr 2003 ein Servicezentrum für Mikrodaten unter der Bezeichnung German Microdata Lab eingerichtet, kurz: GML. In das GML wurden die beiden ehemaligen Abteilungen Mikrodaten und Einkommen und Verbrauch integriert und um weitere Mittel verstärkt, um den Service, die Beratung, die Wissensvermittlung und die Forschung im Sinne der KVI-Empfehlungen qualitativ und quantitativ zu verbessern.[8]

Das GML ist als Einrichtung der Sozialforschung unabhängig von den Statistischen Ämtern und anderen Datenproduzenten und ist somit in der Lage, als Vermittlungsstelle zwischen empirischer Sozialforschung und amtlicher Statistik die Interessen der Forschung gezielt zu vertreten. Die Aufgaben des GML als Servicezentrum für Mikrodaten lassen sich im Sinne der KVI wie folgt charakterisieren:

1. Öffnung und kontinuierliche Verbesserung des Zugangs zu amtlichen Mikrodaten,
2. Bereitstellung einer Service- und Forschungsinfrastruktur zu amtlichen Mikrodaten,
3. Vermittlungsstelle zwischen empirischer Sozialforschung und amtlicher Statistik,
4. Eigenständige exemplarische Forschung.

Die Öffnung und kontinuierliche Verbesserung des Zugangs zu amtlichen Mikrodaten ist die zentrale Aufgabe des GML. Ein besonderes Anliegen des GML ist dafür zu werben, dass weitere für die Forschung wichtige amtliche Daten als SUFs bereitgestellt werden. SUFs sind Dateien, die faktisch anonymisierte Einzeldaten enthalten, die den Vorschriften des Datenschutzes genügen, indem sie eine Reidentifikation von Einzelpersonen wenn überhaupt nur unter unverhältnismäßig hohen Kosten erlauben, gleichzeitig jedoch ein hohes Analysepotential enthalten (Wirth 1992). Die Aktivitäten des GML zur Verbesserung des Zugangs der Forschung zu amtlichen Mikrodaten betreffen nicht nur aktuelle Daten, also beispielsweise die jährlich neuen Mikrozensen oder die jeweils aktuelle Einkom-

7 Unter den Expertisen, die die Kommission einholte, sind zwei von der Abteilung Mikrodaten verfasste bzw. unter maßgeblicher Beteiligung der Abteilung verfasste Beiträge (Granato, Schimpl-Neimanns, Schmidt 2001, Schimpl-Neimanns, Kraus 2001).

8 Der Abschlussbericht der ersten Förderphase kann bei Bohr et al. (2007) nachgelesen werden.

mens- und Verbrauchsstichprobe (EVS), sondern seit einigen Jahren auch die Rückerschließung älterer Erhebungen des Mikrozensus und der EVS. Eine Expertise des GML hat wesentlich dazu beigetragen, dass die Statistischen Ämter ihre bis dato vertretene Rechtsposition, welche für die älteren Daten vor 1987 die Weitergabe nur in absolut anonymisierter Form als Public Use File (PUF) mit starker Einschränkung des Analysepotentials als rechtlich möglich betrachtete, revidierte und die Weitergabe älterer Mikrozensen als SUF heute unterstützen (Lüttinger, Wirth 2004). Darüber hinaus war das GML maßgeblich an der Initiative zu dem vom BMBF und der DFG geförderten Projekt Mikrozensuspanel beteiligt, in dem in Zusammenarbeit zwischen amtlicher Statistik und Forschung die Erstellung und Methodenforschung zum ersten Panelfile des Mikrozensus durchgeführt wurden[9], und ebenso Mitglied in der Arbeitsgruppe zur Erstellung eines Mikrozensus-Regionalfiles.

Das GML engagiert sich zudem regelmäßig in Projekten zur faktischen Anonymisierung weiterer amtlicher und öffentlicher Daten – z.B. der Lohn- und Einkommensteuerstatistik, Lohn- und Gehaltsstrukturerhebung, wirtschaftsstatistische Einzeldaten, dem HIS-Absolventenpanel und anderen. Durch Mitwirkung an Anonymisierungsprojekten, Verhandlungen mit Datenproduzenten und Vertretung von Interessen der Nutzergemeinschaft setzt sich das GML für die Öffnung und kontinuierliche Verbesserung des Zugangs der Wissenschaft zu amtlichen Mikrodaten ein.

Das Interesse der Forschung richtet sich seit einiger Zeit nicht mehr ausschließlich auf Daten aus Deutschland, sondern zunehmend auf Daten aus Europa. Insbesondere der European Labour Force Survey (EU-LFS), dessen deutscher Teil in den Mikrozensus integriert ist, sowie die Erhebung zu Einkommen und Leben in Europa (EU-SILC) sind bzw. werden mit Sicherheit wichtige Datenquellen für die Forschung und Sozialberichterstattung über Europa. Das GML hat daher im Jahr 2007 mit dem Aufbau eines neuen Arbeitsschwerpunkts zu amtlichen Daten Europas begonnen.

Erhebungen der amtlichen Statistik sind potenziell eine wertvolle Datenbasis für viele sozialwissenschaftliche Forschungsfragen. Diese Daten werden jedoch nicht primär zum Ziel sozialwissenschaftlicher Forschung erhoben und sind zum einen aufgrund gesetzlicher Restriktionen nicht ohne weiteres der wissenschaftlichen Nutzung zugänglich. Zum anderen und jenseits gesetzlicher Restriktionen werden amtliche Erhebungen nicht nach den gängigen Standards für sozialwissenschaftliche Daten aufbereitet, überprüft und dokumentiert und sind daher ohne weitere Aufbereitung für die wissenschaftliche Nutzung nur bedingt geeignet. Das GML stellt daher eine Service- und Forschungsinfrastruktur zu

9 http://www.gesis.org/Dauerbeobachtung/GML/F+E/Projekte/forschung_panel.htm. http://www.destatis.de/jetspeed/portal/cms/Sites/destatis/Internet/DE/Content/Wissenschaftsforum/MethodenVerfahren/Mikrozensus/Einfuehrung,templateId=renderPrint.psml.

amtlichen Mikrodaten bereit, die in den letzten Jahren erheblich ausgeweitet wurde.

Ein im GML entwickeltes Informationssystem für Mikrodaten (MISSY) ist zentraler Bestandteil dieser wissenschaftlichen Dienstleistung. Unterstützt durch Mittel des BMBF wird MISSY zurzeit zu einem umfassenden Informationssystem der SUFs des MZ ausgebaut. Darüber hinaus bietet das GML für alle SUFs des Mikrozensus und für die meisten SUFs der EVS SPSS-, SAS- und Stata-Setups zum Einlesen der Daten sowie Werkzeuge zur Erstellung sozialwissenschaftlicher Skalen und Klassifikationen mit diesen Daten. Gebündelt werden alle diese Angebote auf den Webseiten des GML. Das Webangebot bietet vielfältige, strukturierte Informationen und Dokumentationen für den Mikrozensus, die EVS sowie weiterer amtlicher Daten. Neben dem Online Service zu Metadaten bietet das GML im Rahmen der durch das BStatG gegebenen rechtlichen Möglichkeiten Gastwissenschaftlerarbeitsplätze, an denen mit den im GML verfügbaren Daten der amtlichen Statistik gearbeitet werden kann.

Durch das kontinuierliche Feedback der Forschungserfahrungen mit den SUFs des Mikrozensus und anderen amtlichen Daten an die Datenproduzenten werden die Grundlagen zur Verbesserung des Datenangebots und der Datenqualität sowie ein Verständnis für Bedürfnisse der Forschung geschaffen. Dies geschieht insbesondere auf Nutzerkonferenzen und Workshops, die großteils gemeinsam mit dem Statistischen Bundesamt bzw. den Forschungsdatenzentren des Bundes und der Länder veranstaltet werden. Darüber hinaus bietet die Mitarbeit des GML in Arbeitsgruppen der amtlichen Statistik sowie die Vielzahl von Kontakten zwischen GML und Statistischen Ämtern viele Gelegenheiten, die Belange der Forschung in die Ämter hineinzutragen. Umgekehrt vermitteln die Nutzerkonferenzen und Workshops auch Wissen über die amtliche Statistik in die Forschung. Besonders deutlich wird diese Transferleistung z. B. an den beiden Expertisen, die das GML bzw. die Abteilung Mikrodaten zum Zugang zu amtlichen Mikrodaten in ausgewählten europäischen Ländern für die KVI erstellt hat.

Eine kompetente wissenschaftliche Dienstleistung sowie eine kompetente Wissensvermittlung und Beratung der Forschung setzen eigene Forschung voraus. Die Entwicklung der beschriebenen wissenschaftlichen Dienstleistungen des GML erfolgt daher sämtlich forschungsbasiert; d. h. auf der Basis eigener Forschung mit den Daten der amtlichen Statistik. Analytisch kann dabei zwischen methodischer und inhaltlicher Forschung unterschieden werden. Arbeiten zu den methodischen Aspekten amtlicher Daten umfassen beispielsweise Beiträge zum Stichprobenfehler im Mikrozensus (Rendtel, Schimpl-Neimanns 2001) oder zur Harmonisierung der verfügbaren SUFs des Mikrozensus (Lengerer et al. 2007). Einen Schwerpunkt der methodischen Forschung bildete in den vergangenen Jahren die Überprüfung der Stichprobenselektivität des Mikrozensus-Panels, die am Beispiel bildungsstatistischer Fragestellungen untersucht wurde (Schimpl-Neimanns 2007). Aktuell werden Analysen zu den im Mikrozensus erlaubten Proxy-Interviews durchgeführt, also Angaben, die von Dritten gemacht werden. Die

Verbreitung solcher Angaben und ihr Einfluss auf die Genauigkeit und Zuverlässigkeit der Daten werden in einem Forschungsprojekt untersucht (Lüttinger, Schimpl-Neimanns, Wolf 2008).

Die Schwerpunkte der inhaltlichen Forschung sind die Sozialstrukturanalyse sowie Analysen zum Wandel von Haushalten und Familien. Unter den Forschungsprojekten, die im GML durchgeführt werden, seien exemplarisch die folgenden genannt, die das breite Spektrum der Arbeiten wiedergeben:[10]

(a) *Sozialstruktureller Wandel in (West-)Deutschland seit 1960*: In diesem Projekt, das seit Juli 2006 von der Wissenschaftsgemeinschaft Leibniz gefördert wird, untersucht das GML gemeinsam mit Kooperationspartnern aus mehreren Hochschulen ausgewählte Aspekte des demographischen und sozialstrukturellen Wandels in Deutschland. Als Datengrundlage dient der Mikrozensus, dessen Daten bis zurück ins Jahr 1962 verfügbar sind. In einem ersten Schritt wurden die vorhandenen Mikrozensuserhebungen vom GML harmonisiert und kumuliert. Die in diesem Zusammenhang entwickelten Instrumente bzw. Mikrodaten-Tools sind in einem ausführlichen Bericht dokumentiert (Lengerer et al. 2007) und werden zurzeit für eine Online-Datenbank aufbereitet.

(b) *Kinderlosigkeit im Paarkontext von hochqualifizierten Frauen und Männern* (Wirth 2007) und weitere Aufsätze greifen ein aktuell diskutiertes gesellschaftliches Problem auf, zeigen Defizite des Mikrozensus bei der Bearbeitung dieser Frage, machen praxisrelevante Auswertungs- bzw. Abgrenzungsvorschläge und sind Bestandteil einer Entwicklung, die inzwischen zur Modifikation des MZ-Gesetzes in Form der Erhebung von lebendgeborenen Kindern (2008 und 2012) geführt hat.

(c) *Wandel partnerschaftlicher Lebensformen*: In diesem Projekt wird der langfristige Wandel partnerschaftlicher Lebensformen über Geburtskohorten hinweg untersucht und nach den Determinanten der partnerschaftlichen Bindung bzw. Beziehungslosigkeit gefragt (Lengerer, Klein 2007).

(d) *Heiratsmuster von Migranten und Ausländern in Deutschland*: In diesem Projekt werden die Heiratsmuster der Zuwanderergruppen aus den ehemaligen Anwerbeländern untersucht. Dabei sollen Unterschiede der Nationalitätengruppen hinsichtlich ihrer Einheirat in die deutsche Bevölkerung herausgestellt und Erklärungsansätze für die resultierenden Heiratsmuster aufgezeigt werden (Schroedter, Kalter 2008).

(e) *Berufliche Weiterbildung*: Im Rahmen eines vom Rat für Sozial- und Wirtschaftsdaten ausgeschriebenen Wettbewerbs hat das GML eine Expertise zur »Beruflichen Weiterbildung« erstellt. Gegenstand der Expertise ist die Untersuchung eines breiten Spektrums an Einflussgrößen auf die Beteiligung an beruflicher Weiterbildung (Hubert, Wolf 2007).

10 Über abgeschlossene Projekte bzw. Projektteile informieren Lüttinger und Wolf (2007).

(f) *Betreuungs- und Erwerbspotentiale von Paaren mit Kindern*: In diesem Projekt wird untersucht, was Eltern daran hindert, einen Wunsch in Richtung einer gleichmäßigeren Verteilung von bezahlter und unbezahlter Arbeit zu realisieren. Neben partnerbezogenen und familialen Determinanten wird der Fokus dabei auf den von Eltern wahrgenommenen infrastrukturellen, betrieblichen und sozialpolitischen Rahmenbedingungen sowie den Differenzen zwischen West- und Ostdeutschland liegen.[11]

Eine wichtige Voraussetzung für die Forschung mit amtlichen Daten ist der Erwerb detaillierter Kenntnisse der Daten. Dies schließt vor allem ein Wissen um die Probleme der Daten ein, speziell Probleme aus Sicht der sozialwissenschaftlichen Forschung. Ein Teil dieser Probleme besteht darin, dass Merkmale, die für eine sozialwissenschaftliche Analyse wichtig sind, im Datensatz nicht bzw. nicht in geeigneter Form enthalten sind. Durch die Entwicklung von so genannten Mikrodaten-Tools, also Programmroutinen zur Konvertierung amtlicher Klassifikationen oder anderer Angaben im Datensatz in sozialwissenschaftlich relevante Merkmale trägt das GML zur Erhöhung des Analysepotentials der Daten, aber auch zur Qualitätssicherung der weiteren Forschung bei, in dem dieser geprüfte Instrumente an die Hand gegeben werden. Die Mikrodaten-Tools stehen allen Interessierten uneingeschränkt über das Internet zur Verfügung.[12]

b) Das Internationale Datenservicezentrum für arbeitsmarktrelevante Daten (IdZA) am Forschungsinstitut zur Zukunft der Arbeit (IZA) in Bonn

Das Internationale Datenservicezentrum für arbeitsmarktrelevante Daten nahm Ende 2003 seine Arbeit auf. Seine Aufgabe besteht darin, eine internationale Nutzergemeinde von Arbeitsmarktforschern bei der Information über vorhandene Daten und beim Zugang zu diesen Daten zu unterstützen. Die Wahrnehmung eines entsprechenden Bedarfs entstand vor dem Hintergrund eines wachsenden weltweiten Netzwerks von Arbeitsmarktforschern, das vom IZA organisiert wird. Inzwischen gehören diesem Netzwerk etwa 700 renommierte Arbeitsökonomen als so genannte Research Fellows und etwa 100 Nachwuchswissenschaftler als so genannte Research Affiliates an. Insbesondere für international vergleichend arbeitende Arbeitsmarktforscher stellen fehlendes Wissen über vorhandene Datenquellen und fehlende Datenzugangsmöglichkeiten eine ernstzunehmende Forschungshürde dar.

Um hier Abhilfe schaffen zu können, bietet das IdZA mit metadata.iza.org inzwischen sowohl ein Metainformationsportal über vorhandene Daten als auch

11 Dieses von der DFG unter dem Zeichen WO 739/8-1 geförderte Projekt wird von Jeanette Bohr bearbeitet.

12 http://www.gesis.org/ Dauerbeobachtung/GML/Service/Mikrodaten-Tools/index.htm.

vielfältige Formen der Unterstützung beim Datenzugang an. Letzteres beginnt bei der Herstellung von Kontakten zu Datenproduzenten und führt bei Bedarf bis hin zur Schaffung eines Datenzugangs über kontrolliertes Fernrechnen, für das ein eigenes Web-basiertes Tool namens JoSuA (Job Submission Application) entwickelt wurde. In diesem Sinne versteht sich das IdZA ganz im Sinne der Erfinder der Datenservicezentren als Makler für die Nutzung des Angebots der Datenproduzenten. Die angebotenen Dienstleistungen sind dabei nicht auf die Mitglieder des IZA-Netzwerks beschränkt, sondern stehen selbstverständlich allen interessierten Forschern zur Verfügung.

Im Metainformationsportal metadata.iza.org sind derzeit umfassende Informationen über die knapp 30 wichtigsten Datensätze der internationalen Arbeitsmarktforschung gespeichert. Um die Auswahl dieser Datensätze bestimmen zu können, wurde zu Beginn der Arbeit eine entsprechende Online-Befragung unter den Mitgliedern des Netzwerks durchgeführt. Das Ergebnis dieser Befragung diente zur Priorisierung der nachfolgenden Arbeitsschritte. Die Dokumentationssprache ist Englisch. Die Informationen umfassen neben einer allgemeinen Beschreibung von Erhebungsgesichtspunkten, wie etwa dem Stichprobendesign, eine exakte Beschreibung der enthaltenen Variablen bis hinunter zu den einzelnen Merkmalsausprägungen. Die Dokumentation basiert auf dem so genannten DDI-Standard und ist damit grundsätzlich offen für den Austausch mit vergleichbaren Informationsangeboten bei anderen Institutionen, was insbesondere für den weiteren Ausbau des Informationsangebots von hoher Relevanz ist.

Um Forscher bei der Datenrecherche in dem Metainformationsportal zu unterstützen, werden umfangreiche Suchmöglichkeiten angeboten. So wurde unter anderem eine Thesaurus-basierte Suchfunktion implementiert, die gewährleistet, dass bei Eingabe eines Suchbegriffs auch verwandte oder synonyme Begriffe gefunden werden können. Dies stellt beispielsweise sicher, dass bei einer Merkmalssuche nach dem Begriff unemployment support auch die Begriffe unemployment benefit und unemployment compensation gefunden werden. Darüber hinaus erlaubt das Informationssystem die Erstellung von Variablenkorrespondenzlisten bei Längsschnitterhebungen.

Neben dem Metainformationsportal ist die Unterstützung von Forschern beim Datenzugang von großer Bedeutung. Intern bietet das IdZA dazu eine Reihe von technisch abgeschirmten Gastwissenschaftlerarbeitsplätzen an. Für Forscher, die im Rahmen eines Kooperationsvertrags mit Mitarbeitern des IdZA als externe Datennutzer Zugang zu besonders geschützten Daten am IdZA benötigen, gibt es die Möglichkeit des kontrollierten Fernrechnens mittels JoSuA. Der Nutzer übermittelt hierbei eine Auswertungsanfrage über ein Web-Interface oder per Email an das IdZA. Nach einer manuellen Prüfung auf datenschutzrechtliche Unbedenklichkeit durch das IdZA wird die Anfrage ausgeführt. Dabei ist gewährleistet, dass der eigentliche Datenzugriff ausschließlich vom IdZA aus erfolgt. Das Ergebnis der durchgeführten Berechnungen wird wiederum durch das IdZA einer manuellen Prüfung auf Konformität mit den datenschutzrechtlichen Bestimmungen unterzogen, bevor es an den Forscher übermittelt wird. In Abstimmung mit den Forschungsdatenzentren der Statistischen Ämter kommt das skizzierte Verfahren bislang für mehrere Kooperationsprojekte des IZA mit Wissenschaftlern aus dem Ausland erfolgreich zur Anwendung. Der Zugriff erfolgt dabei jeweils auf die SUFs des Mikrozensus.

Mit JoSuA wurde ein Prototyp für das Datenfernrechnen geschaffen, der höchsten Ansprüchen an den Datenschutz genügt. Dabei kann das System flexibel an unterschiedliche Anforderungsstufen angepasst werden. So sieht JoSuA beispielsweise eine exakte Protokollierung der durchgeführten Rechenschritte vor und erlaubt dem Nutzer, jederzeit den Status seiner Anfrage abzurufen. Grundsätzlich eignet sich JoSuA damit auch für Datenfernzugriffe »in Echtzeit« und ohne manuelle Intervention, sofern dem keine rechtlichen Bedenken gegenüber stehen. Mit Hilfe der Protokollierung der Datenzugriffe lassen sich Datenschutzkonzepte verwirklichen, die auf einer stichprobenartigen Überprüfung der Einhaltung der Anforderungen beruhen.

Mit metadata.iza.org und JoSuA wurde ein solider Grundstock für den weiteren Ausbau des Serviceangebots gelegt. Mit zunehmender Nutzung zeigt sich dabei, dass ein besonderer Bedarf bei der Erschließung deutscher Mikrodaten für eine internationale Forschergemeinde besteht. Diese Daten sind häufig nur in deutscher Sprache dokumentiert und daher nur in Ausnahmefällen von ausländischen Wissenschaftlern nutzbar, wenn sie überhaupt wahrgenommen werden. Es ist daher auch wenig verwunderlich, dass Deutschland trotz seiner gewaltigen Probleme am Arbeitsmarkt als Gegenstand der internationalen Arbeitsmarktforschung bislang nur eine untergeordnete Rolle spielt. Arbeitsmarktforschung über Deutschland ist noch immer eine vorwiegend nationale Angelegenheit. Das Analyse- und Erkenntnispotential einer internationalen Forschergemeinschaft zur Entwicklung von Lösungsansätzen bleibt damit weitgehend ungenutzt. Hinzu kommt, dass der Zugang zu amtlichen deutschen Mikrodaten vom Ausland aus aufgrund von datenschutzrechtlichen Aspekten erheblich erschwert ist. Der Grund dafür besteht vor allem darin, dass Verstöße gegen deutsches Datenschutzrecht im Ausland nur in Deutschland geahndet werden können, was de facto bedeutet, dass sie ungeahndet bleiben. Aus diesem Grund sind die amtlichen deutschen Datenproduzenten bei der Datenweitergabe ins Ausland bzw. dem Zugriff auf deutsche Daten aus dem Ausland bislang sehr zurückhaltend.

Um dem Informationsdefizit entgegen zu wirken, konzentriert sich das IdZA derzeit darauf, Metainformationen über deutsche Mikrodaten der amtlichen Statistik aufzubereiten, um deren Wahrnehmung und Nutzung zu verbessern. Zu diesem Zweck wurden Kooperationsvereinbarungen mit mehreren Datenproduzenten getroffen, die einen arbeitsteiligen Austausch von Metainformationen nach dem DDI-Standard vorsehen und sicherstellen, dass sich die bereit gestellten Informationen jederzeit auf einem einheitlichen Stand befinden. Konkret bedeutet dies, dass gemeinsame Informationsdatenbanken betrieben werden, auf die alle beteiligten Partner gleichberechtigten Zugriff haben und die als Ausgangsbasis für das nach außen sichtbare partnerspezifische Informationsangebot genutzt werden. Die arbeitsteilige Vorgehensweise bedeutet eine erhebliche Beschleunigung beim weiteren Ausbau von metadata.iza.org und dürfte in absehbarer Zeit zu einer spürbaren Erhöhung der Nutzung deutscher Mikrodaten durch ausländische Wissenschaftler führen.

2. *Ausblick*

Es wird auch in Zukunft die zentrale Aufgabe der Servicezentren sein, die Interessen der Forschung gegenüber den Datenproduzenten zu vertreten und sich für die Erschließung weiterer amtlicher Daten einzusetzen. Von den Datenproduzenten unabhängige Servicezentren, die die sich wandelnden Anforderungen der Forschung an die Datenproduzenten kommunizieren und sich für die Umsetzung entsprechender Produkte einsetzen, haben sich bewährt (Lüttinger et al. 2007, Hagen et al. 2007). Bei der Entwicklung neuer Ideen und entsprechender Konzepte spielen die Servicezentren eine zentrale Rolle. Exemplarisch sei auf die Konzeption und Umsetzung des Mikrozensus-Panelfiles oder des Mikrozensus-Regionalfiles hingewiesen, die beide in enger Kooperation zwischen amtlicher Statistik und GML erfolgten. Im Übrigen setzen auch Länder, in denen es im Bereich der amtlichen Statistik eine starke Forschungstradition gibt, wie etwa im Vereinigten Königreich, in Frankreich oder Kanada, auf unabhängige Einrichtungen der Forschung (vgl. KVI 2001, S. 195ff.). Diese sind zur Rückmeldung der Forscherinteressen und zur Prüfung der Datenqualität unerlässlich.

Für die Zukunft zeichnen sich verschiedene Datenbedarfe ab. Seit einiger Zeit verweist die Forschung auf die Notwendigkeit neuer Public Use Files, also von Daten, die absolut anonymisiert sind und z. B. in Lehre, aber auch im Ausland genutzt werden können. PUFs sind eine wichtige Voraussetzung zur Beseitigung des von der KVI konstatierten Defizits bei der Ausbildung in empirischer Wirtschafts- und Sozialforschung in Deutschland (KVI 2001, S. 146ff.). Die erste seit 2004 verfügbare Version des Campus-Files für den Mikrozensus 1998 war für diesen Zweck nicht besonders gut geeignet (siehe Wirth, Schimpl-Neimanns 2004). Im angekündigten Campus-File zum Mikrozensus 2002 sollen viele der aufgezeigten Schwächen beseitigt sein. Wünschenswert wäre jedoch, wenn es zu jedem SUF standardmäßig einen PUF geben würde. Insbesondere aber für den Mikrozensus-Panelfile und den Mikrozensus-Regionalfile sollten die geplanten PUFs bald bereitgestellt werden, um die Analysemöglichkeiten, die diese Daten bieten, möglichst auch in der Lehre vermitteln zu können.

Aus Sicht der Forschung wäre es zudem wünschenswert, wenn vorhandene Mikrodaten nach Ablauf einer zu spezifizierenden Zeit als lediglich schwach anonymisierte Einzeldaten zur Verfügung gestellt werden. Die ältesten noch verfügbaren Mikrodaten in den Statistischen Ämtern sind die Daten der EVS 1962/3 sowie der Volkszählung 1970. In weiteren 10 Jahren werden es noch deutlich mehr »ältere« Mikrodaten sein, und ihre Anzahl wird rasch wachsen. Für die historische Sozialforschung wäre es ein großer Gewinn, wenn die Originaldaten dieser Erhebungen der Forschung z. B. nach spätestens 30 Jahren in schwach anonymisierter Form zur Verfügung stehen würden (vgl. bspw. Bundesarchivgesetz § 13 Abs. 2). Nach einem so langen Zeitraum wird etwa die Hälfte aller Befragten Personen verstorben, sehr viele verzogen sein. Zudem dürften auch keine Risiken aufgrund von Teilnahmekenntnis bestehen. Aus Sicht des Datenschutzes sollte die Bereitstellung schwach anonymisierter Daten, die 30 Jahre alt sind, somit kein Problem darstellen.

Ein weiterer Punkt zur Frage der Datenverfügbarkeit wird in Zukunft den Zugang zu Register- bzw. Verwaltungsdaten betreffen. In dem Maße, in dem die amtliche Statistik Deutschlands in Zukunft stärker auf Daten aus Registern zurückgreift, wird es darum gehen, diese Daten in geeigneter Form auch der Forschung zugänglich zu machen. Dabei werden auch Fragen der Verknüpfung von Daten aus mehreren Registern und ggf. Umfragedaten gelöst werden müssen. Wie in der Vergangenheit auch wird es letztlich um die Erreichung des höchstmöglichen Analysepotentials für die Forschung bei strikter Einhaltung des Datenschutzes gehen.

Ein letzter hier zu nennender Punkt betrifft die Daten der für 2011 geplanten Volkszählung. Dass die Einzeldaten der letzten Volkszählung der Forschung bis heute nicht zugänglich sind, darf sich nicht wiederholen. Sowohl die Einzeldaten der Registerzählung als auch die Mikrodaten der ergänzenden Stichprobenerhebung müssen der Forschung umgehend als SUFs zur Verfügung gestellt werden.

Stärker als in der Vergangenheit wird es in Zukunft nicht nur um die Bereitstellung von Daten gehen. Vielmehr wird die Bereitstellung von Metadaten, die von den Servicezentren und der Forschung weiterverarbeitet werden können, eine wichtige Rolle spielen. Dazu erarbeitet eine gemeinsame Arbeitsgruppe zurzeit Vorschläge und prüft Möglichkeiten, wie die Metadatensysteme der verschiedenen Einrichtungen so weit harmonisiert werden können, dass ein automatisierter Datenaustausch möglich wird.

Bei all den aufgezeigten Entwicklungsmöglichkeiten für die Zukunft sollte nicht vergessen werden, dass der Zugang zu amtlichen Mikrodaten sich in Deutschland seit der KVI und durch das Engagement von Johann Hahlen und Hans-Jürgen Krupp sowie des Rates für Sozial- und Wirtschaftsdaten deutlich verbessert hat. Man kann die deutsche Situation inzwischen sogar als international vorbildlich bezeichnen. Beigetragen hat dazu auch die heute selbstverständliche Zusammenarbeit von Servicezentren und amtlicher Statistik bei der Konzeption und Erstellung neuer Datenprodukte sowie bei der Durchführung gemeinsamer Workshops und Konferenzen.

Literatur

Bohr, J. et al. (2007), Verbesserung des Zugangs der Wissenschaft zu Mikrodaten. Pilotprojekt zum Aufbau eines Servicezentrums für Mikrodaten der GESIS bei ZUMA. ZUMA-Methodenbericht 2007/05.

Granato, N., Schimpl-Neimanns, B., Schmidt, S. (2001), Zur Situation des Datenzugangs in ausgewählten Ländern. Eine Auswertung der KVI-Umfragen bei Statistischen Ämtern und Nutzern aus der Forschung. CD-Beilage in: KVI (Hg.), Wege zu einer besseren informationellen Infrastruktur, Baden-Baden: Nomos.

Hagen, S., Lüttinger, P., Urban, J. (2007), Dokumentation der Web-Statistik 2006 des German Microdata Lab. Gesis-Methodenbericht 2/2007.

Hauser, R., Wagner, G. G., Zimmermann, K. F. (1998), Erfolgsbedingungen empirischer Wirtschaftsforschung und empirisch gestützter wirtschafts- und sozialpolitischer Beratung. Ein Memorandum. In: Allgemeines Statistisches Archiv 82, S. 369-379.

Hubert, T., Wolf, C. (2007), Determinanten der beruflichen Weiterbildung Erwerbstätiger. Empirische Analysen auf der Basis des Mikrozensus. In: Zeitschrift für Soziologie 36, S. 473-493.

KVI – Kommission zur Verbesserung der informationellen Infrastruktur zwischen Wissenschaft und Statistik (2001), Wege zu einer besseren informationellen Infrastruktur, Wiesbaden: Nomos.

Lengerer, A., Klein, T. (2007), Der langfristige Wandel partnerschaftlicher Lebensformen im Spiegel des Mikrozensus. In: Wirtschaft und Statistik, Heft 4, S. 433-447.

Lengerer, A., Schroedter, J., Hubert, T., Wolf, C. (Hg.) (2007), Harmonisierung der Mikrozensen 1962 - 2004. ZUMA-Methodenbericht 2007/06.

Lüttinger, P., Wirth, H. (2004), Zur Weitergabe von älteren amtlichen Mikrodaten an die Wissenschaft. In: Allgemeines Statistisches Archiv 88, S. 473-486.

Lüttinger, P., Wolf, C. (2007), German Microdata Lab. Servicezentrum für Mikrodaten der GESIS beim Zentrum für Umfragen, Methoden und Analysen: Jahresbericht 2006. ZUMA-Methodenbericht 2007/07.

Lüttinger, P., Köhne-Finster, S., Urban, J. (2007), Ergebnisse der dritten Befragung von Nutzern der Mikrozensus Scientific Use Files. Gesis-Methodenbericht 1/2007.

Lüttinger, P., Schimpl-Neimanns, B., Wolf, C. (2008), Proxy-Interviews im deutschen Mikrozensus: Methodische Aspekte. Vortrag im Rahmen der Tagung »Grenzen und Herausforderungen der Umfrageforschung«, 29./30. Mai Salzburg.

Lüttinger, P., Schimpl-Neimanns, B., Wirth, H., Papastefanou, G. (2003), Mikrodaten (German Microdata Lab): Das Servicezentrum für amtliche Mikrodaten bei ZUMA. ZUMA Nachrichten 52, S. 153-172.

Müller, W. (1999), Der Mikrozensus als Datenquelle sozialwissenschaftlicher Forschung. In: Lüttinger, P. (Hg.), Sozialstrukturanalysen mit dem Mikrozensus. Mannheim: ZUMA, S. 7-27.

Rendtel, U., Schimpl-Neimanns, B. (2001), Die Berechnung der Varianz von Populationsschätzern im Scientific Use File des Mikrozensus ab 1996. ZUMA-Nachrichten 48, S. 85-116.

Schimpl-Neimanns, B. (2007), Bildungsverläufe und Stichprobenselektivität. Analysen zur Stichprobenselektivität des Mikrozensuspanels 1996-1999 am Beispiel bildungsstatistischer Fragestellungen. Gießen: Diss.

Schimpl-Neimanns, B., Kraus, F. (2001), Weitergabe von Mikrodaten der amtlichen Statistik im internationalen Überblick. CD-Beilage in: KVI (Hg.), Wege zu einer besseren informationellen Infrastruktur. Baden-Baden: Nomos.

Schroedter, J.H., Kalter, F. (2008), Binationale Ehen in Deutschland. Trends und Mechanismen der sozialen Assimilation. Sonderheft 48 der Kölner Zeitschrift für Soziologie und Sozialpsychologie (im Erscheinen).

Wirth, H. (1992), Die faktische Anonymität von Mikrodaten: Ergebnisse und Konsequenzen eines Forschungsprojektes. ZUMA-Nachrichten 30, S. 7-42.

Wirth, H. (2007), Kinderlosigkeit im Paarkontext von hochqualifizierten Frauen und Männern – Eine Folge von Bildungshomogamie? In: Konietzka, D., Kreyenfeld, M. (Hg.), Ein Leben ohne Kinder? Kinderlosigkeit in Deutschland. VS-Verlag, S. 167-199.

Wirth, H., Schimpl-Neimanns, B. (2004), Anregungen zur konzeptionellen Überarbeitung des Campus File Mikrozensus 1998. German Microdata Lab Arbeitspapier 2004/03.

Zapf, W. et al. (1996), Memorandum zur Verbesserung der Zugangsmöglichkeiten zu Mikrodaten der amtlichen Statistik. ZUMA-Nachrichten 39, S. 172-175.

Informationelle Forschungsinfrastruktur in Deutschland und Europa

Zum ESFRI-Prozess in den Sozial- und Geisteswissenschaften

Reinhold Friedrich und Frieder Meyer-Krahmer

Wissenschaftliche Arbeit ist heute ohne eine leistungsfähige Forschungsinfrastruktur kaum noch vorstellbar. Ziel der Politik des Bundesministeriums für Bildung und Forschung (BMBF) ist es daher, bestmögliche Bedingungen für exzellente Forschung zu schaffen. Eine weltweit konkurrenzfähige Forschungsinfrastruktur ist dafür von zentraler Bedeutung. Nur durch sie können wir die Attraktivität und die globale Wettbewerbsfähigkeit des europäischen Forschungsraums steigern, um damit die besten Köpfe nach Deutschland und Europa zu holen und auch den besten Nachwuchs anziehen und ausbilden zu können. Umfangreiche Forschungsinfrastrukturmaßnahmen können vielfach – aufgrund der international verteilten wissenschaftlichen Expertise einerseits, der erforderlichen Investitions- und Betriebsmittel andererseits sowie der erforderlichen langfristigen Bindungen – nicht länger allein von einem Staat getragen werden. Daher gehört die Frage der Förderung und Begutachtung solcher Maßnahmen auch in den Kontext der Gestaltung eines europäischen Forschungsraumes.

Längst verstehen wir unter dem Begriff der Forschungsinfrastruktur nicht mehr nur die klassischen Großgeräte der naturwissenschaftlichen Grundlagenforschung. So stellt beispielsweise der Wissenschaftsrat in seiner Stellungnahme zu zwei Großgeräten der naturwissenschaftlichen Grundlagenforschung[1] fest: »…, dass prinzipiell alle Disziplinen – einschließlich der Sozial- und Geisteswissenschaften – jeweils einen spezifischen Bedarf an Forschungsinfrastrukturmaßnahmen entwickelt haben. Diese müssen nicht unbedingt zentral vorgehaltene Geräte sein, sondern können auch dezentral organisiert sein. Daher erscheint es angemessener, den Begriff des Großgerätes durch den umfassenderen Begriff der Forschungsinfrastruktur zu ersetzen.« Der Wissenschaftsrat schließt sich in diesem Sinne der weiten Definition von Forschungsinfrastrukturen an, die das »European Strategy Forum on Research Infrastructures (ESFRI)« entwickelt hat:

> »Research Infrastructures are facilities, resources or services that are needed by the scientific community for development of leading-edge research, as well as for transmission, exchanges and preservation of knowledge.«[2]

1 Wissenschaftsrat (2006).

2 Siehe ebd.

Zu diesen Forschungsinfrastrukturen gehören eben auch Wissensressourcen der Forschung wie Sammlungen, Archive (auch biologische Archive), strukturierte Informationen (z.B. Datensammlungen in den Sozialwissenschaften) oder Datenbanken (z.B. in der Genomik), die auch dezentral errichtet werden können[3]. Wesentlich für eine erfolgreiche Servicefunktion für die Wissenschaft ist dabei, dass die Forschungsinfrastrukturen grundsätzlich allen Wissenschaftlern zur Verfügung stehen und dass interessierten Nutzern keine prohibitiven Nutzungsentgelte auferlegt werden.

1. Informationelle Infrastruktur in Deutschland

Die inzwischen als »KVI-Prozess« apostrophierten Verbesserungen der informationellen Infrastruktur in Deutschland gehen auf die im September 2001 in Berlin von der »Kommission zur Verbesserung der informationellen Infrastruktur zwischen Wissenschaft und Statistik« unter Leitung von Professor Dr. Hans-Jürgen Krupp und dem Präsidenten des Statistischen Bundesamtes Johann Hahlen vorgelegten Empfehlungen[4] zurück.

Der Einsetzung der Kommission durch das BMBF war ein Symposium zum Thema »Kooperation zwischen Wissenschaft und amtlicher Statistik – Praxis und Perspektiven« im Sommer 1999 in Wiesbaden vorangegangen[5]. Der »KVI-Prozess«, die Arbeiten des Gründungsausschusses für einen Rat für Sozial- und Wirtschaftsdaten und schließlich die Berufung des Rates für Sozial- und Wirtschaftsdaten[6] (RatSWD) werden in vielen Beiträgen dieser Festschrift angesprochen und beschrieben. Der sprachlich etwas ungewohnte Begriff der »informationellen Infrastruktur« weist darauf hin, dass es nicht nur um die wissenschaftsgetragene Forschungsinfrastruktur geht, sondern auch um die wichtigsten Anbieter statistischer Informationen in Deutschland[7].

Das BMBF hat auf der Basis der Empfehlungen der »KVI« seit 2001 Maßnahmen umgesetzt, um der Wissenschaft durch geeignete Dokumentation und Bereit-

3 Vgl. ebd.

4 Kommission zur Verbesserung der informationellen Infrastruktur zwischen Wissenschaft und Statistik (2001).

5 Vgl. zu dessen Vorgeschichte Hauser, Wagner, Zimmermann (1998) und Hauser, Wagner, Zimmermann (1999).

6 www.ratswd.de.

7 Die öffentlich finanzierte statistische Infrastruktur reicht weit über die amtliche Statistik des Statistischen Bundesamtes, der Statistischen Landeasämter und der kommunalstatistischen Ämter hinaus. Statistische Daten werden auch von Bundes- und Landesministerien im Rahmen der Ressortforschung und von anderen staatlichen Stellen sowie von parastaatlichen Einrichtungen (z.B. Sozialversicherungen) erhoben und ausgewertet (vgl. Kommission zur Verbesserung der informationellen Infrastruktur zwischen Wissenschaft und Statistik 2001, S. 16).

stellung wissenschaftlicher und statistischer Daten den Zugang zu anonymisierten Mikrodaten zu ermöglichen und den Dialog zwischen Datenanbietern und Datennutzern zu fördern. Wichtige Elemente sind Methodenprojekte, wie beispielsweise die Bereitstellung von Scientific Use Files (SUF), und so genannte Forschungsdatenzentren[8] (FDZ). Diese Zentren wurden beim Statistischen Bundesamt, der Bundesagentur für Arbeit, der Deutschen Rentenversicherung Bund und ein gemeinsames Forschungsdatenzentrum bei den Statistischen Ämtern der Länder eingerichtet. In erfreulichem Umfang beteiligen sich die jeweiligen Datengeber an den Zentren.

Wir möchten aus dieser Anschubphase einen sich selbst tragenden Prozess werden lassen, der andere Datenhalter einbezieht, weil die Forschungsdatenzentren Standards setzen, an denen man nicht mehr vorbei kann. Selbst tragend auch deshalb, weil die Angebote genutzt werden, wissenschaftlichen Fortschritt ermöglichen und damit unverzichtbar werden. Schließlich selbst tragend, weil die Datengeber die Bereitstellung von Daten als ihre ureigenste Aufgabe annehmen (und finanzieren).

Drei Beispiele können das bisher Erreichte verdeutlichen:

1. Methodenentwicklung

Die Bereitstellung der Mikrozensus-Daten als Scientific Use Files (SUF, Mikrodaten in faktisch anonymisierter Form) zum Preis der marginalen Datenweitergabekosten (während der Pilotförderung durch das BMBF 65 €) hat beispielsweise bei den Mikrozensus-Daten zu einem erheblichen Anstieg der Zahl der wissenschaftlichen Nutzer geführt. Seit 2004 wurden nahezu 600 standardisierte Scientific Use Files für rund 275 unterschiedliche Projekte allein vom Forschungsdatenzentrum des Statistischen Bundesamtes an die Wissenschaft weitergegeben. Bei der wissenschaftlichen Arbeit zählen natürlich Ergebnisse in Form von Publikationen. Aus den oben genannten Projekten sind inzwischen 170 nachgewiesene Publikationen (GESIS Datenbank) hervorgegangen. Darüber hinaus unterstützt der kostenfrei nutzbare »Campus-File« die Methodenausbildung bei Studierenden und richtet sich damit an einen Nutzerkreis, der in seiner wissenschaftlichen Laufbahn schließlich auf Scientific Use Files zugreifen wird. Mit dem Expertisenwettbewerb[9] »Bildung im Erwerbsleben« wurden insbesondere Nachwuchswissenschaftler motiviert, sich mit den Möglichkeiten der

8 Darüber hinaus gibt es zwei Datenservicezentren, eins beim Institut zur Zukunft der Arbeit (IZA) in Bonn und eins bei der Gesellschaft Sozialwissenschaftlicher Infrastruktureinrichtungen (GESIS) in Mannheim.

9 Einzelheiten hierzu siehe www.ratswd.de.

relevanten Datensätze zu beschäftigen. Es ist dem Rat für Sozial- und Wirtschaftsdaten, RatSWD, gelungen ein »Capacity building« zu initiieren.

2. *Prozesssteuerung*

Der Rat für Sozial- und Wirtschaftsdaten ist ein wichtiges strategisches Element, um die Verbesserung der Dateninfrastruktur auch künftig lebendig zu erhalten und die Forschungsbasierung der informationellen Infrastruktur zu stärken.

Der Rat ist durch seine Zusammensetzung (aus Datengebern und gewählten Mitgliedern der wissenschaftlichen Fach-Community) legitimiert, der Rat gibt Impulse, um den Prozess voran zu bringen. Dem Rat ist es gelungen, über die Ziele der KVI hinaus (der es vor allem um Zugang zu den Daten des Mikrozensus und der Arbeitsmarktverwaltung ging), einen Prozess anzustoßen, der heute beispielsweise Mediendaten, Kriminalitätsdaten und Bildungsdaten umfasst. Das heißt, es ist dem Rat gelungen, empirisch arbeitende Wissenschaft, ihre unterschiedlichen Fragestellungen und Datenanbieter auf breiter Basis einzubeziehen.

Die DFG hat im Frühjahr 2003 begonnen, komplementär zu der mit BMBF-Mitteln geschaffenen Infrastruktur, die Nutzung der Daten für wissenschaftliche Fragestellungen in einem Schwerpunktprogramm »Flexibilisierungspotenziale bei heterogenen Arbeitsmärkten« zu fördern. Im Juli 2006 fand die Begutachtung der zweiten Phase dieses DFG-Schwerpunktprogramms statt. Bei dieser Gelegenheit haben die Gutachter in ihrem Votum konstatiert, dass die überwiegende Zahl der Projekte große Mikrodatensätze verwendet hat, die über die Pilotförderung des BMBF für das FDZ der Bundesagentur für Arbeit erstmals überhaupt für die Wissenschaft zugänglich gemacht wurden.

Diese Wertschätzung ist besonders erfreulich, denn in seiner Stellungnahme[10] zur »Wirtschaftswissenschaftlichen Forschung in Deutschland« vom November 2002 stellte der Wissenschaftsrat seinerzeit fest, dass »besonders die empirische Wirtschaftsforschung, die auf die Analyse konkreter wirtschaftlicher Fragestellungen ausgerichtet ist und die sich dabei größerer Datensätze bedient, in Deutschland strukturell unterrepräsentiert« war.

3. *Institutionen-Bildung*

Die wissenschaftliche Arbeit mit Daten ist als Zuarbeit der Sozialwissenschaften im Politikberatungsprozess natürlich politisch bedeutsam. Erzielte Ergebnisse können politisch bewertet werden und Ausgangspunkt für poli-

10 Wissenschaftsrat (2002).

tisches Handeln sein. Insofern steht neben dem Analyseinteresse immer auch ein Gestaltungsinteresse. Politik braucht kompetente Politikberatung – und Politik ist im doppelten Sinn gut beraten, wenn sie der Wissenschaft angemessenen Datenzugang ermöglicht.

Wer beispielsweise wissen will, ob befristete Arbeitsverträge eher eine Rutschbahn in die Arbeitslosigkeit oder eine Brücke in Beschäftigung bilden, dem helfen veröffentlichte Statistiken über die Entwicklung der Zahl befristeter Arbeitsverhältnisse nicht weiter. Die Wissenschaftlerin oder der Wissenschaftler müssen individuelle Beschäftigungsverläufe über die Zeit ansehen können. Sie geben Aufschluss darüber, welche Entwicklungen Individuen nehmen und welche Merkmale der Individuen und ihrer Lebensumstände dafür Erklärungen liefern. Mit Mikrodaten sind theoriegeleitete eigene Kategoriebildungen möglich, und das Experimentieren mit ihnen ist Teil der Forschungsarbeit.

Die neuen Möglichkeiten werden von der Wissenschaft sehr gut angenommen. Die Bundesagentur für Arbeit führt deshalb ihr (mit BMBF-Förderung als Pilotprojekt eingerichtetes) Forschungsdatenzentrum seit dem 1. Dezember 2006 eigenständig weiter. Ende 2007 erreicht das Forschungsdatenzentrum des Statistischen Bundesamtes als nächstes Vorhaben das Ende der Pilotphase und wird weitergeführt.

Das BMBF hat für seine Methodenprojekte und die Erprobung der Forschungsdatenzentren seit 1999 insgesamt etwa 20,6 Mio. € aufgewendet, allein in 2007 waren es gut 3,2 Mio. €. Der bisherige Weg zeigt viel Engagement sowohl der Datenanbieter als auch der Wissenschaft.

Langfristig kann es natürlich nicht um Investitionen in »Häuser« gehen, sondern in Personen und Organisationen, die das Know-how erwerben, um auch den zukünftigen Anforderungen gewachsen zu sein. Electronic-Science, Standards der Datenerhebung und -dokumentation, internationale Vergleiche und Kooperation sind die neuen Entwicklungen, mit denen wir im besten Sinne innovativ umgehen müssen.

Texte, Bilder, Modelle und Messdaten werden digital gespeichert, verwahrt, bearbeitet und erschlossen. Bei dieser Zukunftsentwicklung ist es das Ziel, neue Netzanwendungen so zu gestalten, dass wissenschaftliche Nutzer dynamisch auf umfassende Datenbestände, Visualisierungen und wissenschaftliche Informationen aller Art zurückgreifen können. Sie wird als technische Struktur auch hohe Bedeutung für die Sozial- und Wirtschaftwissenschaften bekommen. Es wird daher darauf ankommen, dass sich die sozial- und wirtschaftswissenschaftlichen Institute und Datenanbieter rechtzeitig an der Entwicklung beteiligen. Weil die digitale Wissenschaft zunehmend auch eine globale Wissenschaft wird, ist der Zugang zu diesen Forschungsdaten und -werkzeugen heute eine wichtige Voraussetzung für die internationale Zusammenarbeit in der Forschung. Für nationale Regierungen, die die Attraktivität eines Forschungsstandortes im Blick haben, ist diese Entwicklung trotz – oder besser wegen – der Globalisierung immer wichtiger.

2. Die europäische Dimension von Forschungsinfrastrukturen

Eine europäische Diskussion von Forschungsinfrastrukturen ist sicher ohne Blick auf den Lissabon-Prozess unvollständig. Die Sondertagung[11] des Europäischen Rats in Lissabon: »Für ein Europa der Innovation und des Wissens« war von dem Wunsch getragen, der Gemeinschaftspolitik zu einem Zeitpunkt neue Dynamik zu verleihen, da die Konjunkturaussichten für die Mitgliedsstaaten der Europäischen Union vergleichsweise gut waren und die Herausforderungen der Globalisierung an einen Wandel in Wirtschaft und Gesellschaft sich klar abzeichneten[12]. Höhere (angestrebt werden 3% des BIP) und wirksamere (durch Bündelung der nationalen Ressourcen) Investitionen in die Forschung sind essentiell für die Förderung einer wettbewerbsfähigen europäischen Forschung. Die Halbzeitbilanz der Lissabon-Strategie[13] fiel insbesondere hinsichtlich der beschäftigungspolitischen Maßnahmen uneinheitlich aus, was zu einer Anpassung und Revitalisierung des Lissabon-Prozesses führte. Beibehalten wurde jedoch das Ziel, bis 2010 3% des BIP für Forschung und Entwicklung aufzuwenden[14].

Die Bundesregierung hat das 3%-Ziel in der Kabinettsklausur auf Schloss Meseberg (August 2007) bestätigt. Mit der Hightech-Strategie und dem 6 Milliarden-Euro-Programm leistet sie einen wesentlichen Beitrag auf dem Weg zum Erreichen dieses Ziels. Wirtschaft und Bundesregierung sind vielfach strategische Partnerschaften eingegangen, um komplexe Forschungsaufgaben gemeinsam zu lösen. In diesen Partnerschaften arbeiten Unternehmen und Wissenschaft Hand in Hand. Sie konzentrieren sich auf Technologiefelder, in denen die deutsche Wirtschaft Leitmärkte schaffen kann. Der Einsatz öffentlicher Mittel besitzt dabei eine starke Hebelwirkung für private FuE-Investitionen. Die deutsche Wirtschaft hat eine eigene »Initiative Innovationsstrategien und Wissensmanagement« gestartet. Die Initiative arbeitet an Vorschlägen für die Weiterentwicklung der Innovationsfelder in der Hightech-Strategie.

Die deutsche EU-Ratspräsidentschaft im ersten Halbjahr 2007 wurde in diesem Sinne dazu genutzt, zentrale Themen für die Wettbewerbsfähigkeit Europas voranzutreiben: das Europäische Technologieinstitut (EIT), der Europäische Forschungsrat (nach Vorbild der DFG), die zukünftige Ausgestaltung des Europäi-

11 23. / 24. März 2000.

12 http://europa.eu/scadplus/leg/de/cha/c10528.htm.

13 Bericht der Hochrangigen Sachverständigengruppe vom Nov. 2004: Die Herausforderung annehmen: die Lissabonstrategie für Wachstum und Beschäftigung.

14 Frühjahrstagung des Europäischen Rates 2. Feb. 2005, KOM (2005) 24.

schen Forschungsraums (»Green Paper[15]«), die Präsidentschaftsinitiative zur Etablierung eines europäischen Referenzrahmens für den Umgang mit geistigem Eigentum aus öffentlichen Forschungseinrichtungen und Hochschulen (IP-Charta). Mit diesen Themen wurden wichtige forschungspolitische Weichenstellungen für die Entwicklung des europäischen Forschungsraumes getroffen, die weit über die deutsche Präsidentschaft hinaus ihre Wirkung entfalten werden.

Im Rahmen der deutschen EU-Ratspräsidentschaft im Juni 2007 wurde die vierte europäische Konferenz für Forschungsinfrastruktur (ECRI 2007[16]) in Hamburg veranstaltet. In seinem Vortrag zu den Herausforderungen einer gemeinsamen europäischen Strategie für Forschungsinfrastruktur betonte John Wood, Vorsitzender des »European Strategy Forum on Research Infrastructures«, wie wichtig es ist, in Europa eine »weltweit konkurrenzfähige Forschungsinfrastruktur zu entwickeln«. Dies spiegelt sich im »Green Paper« der Europäischen Kommission, wo sie folgendermaßen beschrieben ist:

> »World-class research infrastructures, integrated, networked and accessible to research teams from across Europe and the world, notably thanks to new generations of electronic communication infrastructures«.

3. *Das European Strategy Forum on Research Infrastructures (ESFRI)*

Das »European Strategy Forum on Research Infrastructures (ESFRI)« ist eine Plattform, die informelle Gespräche und Diskussionen zur gemeinsamen Strategieentwicklung wie zur Implementierung neuer Forschungsinfrastrukturvorhaben ermöglicht. ESFRI wurde am 25. April 2002 gegründet. Es umfasst Vertreter der EU-Mitgliedsstaaten und der assoziierten Staaten, die von den jeweiligen Forschungsministern benannt werden, sowie einen Vertreter der EU-Kommission. Das wichtigste Ziel von ESFRI ist es, einen kohärenten Ansatz für die Forschungspolitik in Bezug auf Forschungsinfrastrukturen zu unterstützen. Daneben übernimmt es eine sog. »Inkubatorfunktion« für neue konkrete Initiativen, es soll dazu beitragen, abgestimmte Entscheidungen zum Bau neuer Forschungsinfrastrukturen treffen zu können.

Als Geburtsstunde von ESFRI gilt die so genannte »Strasbourg Conference«[17] im Jahr 2000. Die Mitgliedsstaaten konnten zu dieser Zeit einerseits auf zahlrei-

15 »The European Research Area: New Perspectives« vom April 2007 (COM(2007) 161 final).

16 http://www.ecri2007.de.

17 Access to Research Infrastructures, Conference on Research Infrastructures September 2000.

che »Erfolgsgeschichten« wie etwa CERN[18], ESA[19], ESO[20], EMBL[21], ESRF[22] und ILL[23] zurückblicken, die eine führende Rolle der europäischen Wissenschaft in ihren Themenfeldern begründen und ermöglichen, mussten andererseits jedoch anerkennen, dass es aus einer Reihe von Gründen zunehmend schwieriger wurde, diesen Weg weiter zu beschreiten. Im Arbeitspapier[24] der Kommission heißt es dazu: »The assessment of needs and priorities regarding new or enhanced research infrastructures has become very complex and uncertain. ... At the same time disciplinary fragmentation makes it extremely difficult to set priorities among infrastructures serving diverse research communities«.

Die zunehmende Komplexität von Initiativen für Forschungsinfrastrukturen hat seit dem jedenfalls nicht abgenommen, denn auch der Wissenschaftsrat[25] beschreibt in seiner Stellungnahme die komplexen Anforderungen. Sie bestehen aus seiner Sicht hinsichtlich:

- der Infrastrukturtypen (u. a. zentral/dezentral),
- der potenziellen Partner für die Finanzierung und den Betrieb der Forschungsinfrastrukturen (sowohl hinsichtlich der beteiligten Länder als auch mit Blick auf potenzielle Partner aus dem privaten Sektor),
- der möglichen Optionen für Investitionsplanungen (Weiterführung, Schließung, Ausbau und Schaffung neuer Strukturmaßnahmen) sowie
- der zunehmenden Zahl an beteiligten Disziplinen, die eine solche Infrastruktur nutzen können, so dass sich letztere zu Serviceeinrichtungen entwickeln müssen, die eine Vielzahl von wissenschaftlichen Bedürfnissen bedienen können.

Um die erkannten Schwierigkeiten beim europäischen Zugang zu Forschungsinfrastruktur anzugehen, wurde eine High Level Arbeitsgruppe aus Vertretern der Mitgliedsstaaten gebeten, Empfehlungen zu entwickeln. In ihrem Bericht vom im Februar 2002[26] skizzierte sie die »Blaupause« für das am 25. April 2002 von der EU-Kommission gegründete »European Strategy Forum on Research Infrastructures (ESFRI)«. Die High Level Arbeitsgruppe legte besonderen Wert auf die

18 European Organisation for Nuclear Research (www.cern.ch).

19 European Space Agency (www.esa.int).

20 European Southern Observatory (European Organisation for Astronomical Research in the Southern Hemisphere, www.eso.org).

21 The European Molecular Biology Laboratory (www.embl.de).

22 European Synchrotron Radiation Facility (www.esrf.eu).

23 Institut Laue-Langevin (Neutronenfroschung, www.ill.fr).

24 A European Research Area for Infrastructures, Working Document of the Commission Services, SEC (2001) 356, 27.02.2001.

25 Siehe Wissenschaftsrat (2006).

26 »Support for Policy-Making on Research Infrastructures in the European Research Area« ftp://ftp.cordis.europa.eu/pub/era/docs/era_infragroup_0202.pdf.

Beachtung der drei Elemente erstens transparenter gegenseitiger Informationen, zweitens unabhängiger wissenschaftlicher Beratung und drittens »variabler Geometrie« bei der Errichtung und Finanzierung von Forschungsinfrastrukturen.

4. Die ESFRI-Roadmap

Im vergangenen Jahr (Oktober 2006) hat ESFRI eine europäische Roadmap für Forschungsinfrastrukturen vorgelegt. Die ESFRI-Roadmap identifiziert neue Forschungsinfrastrukturen von gesamteuropäischem Interesse (unabhängig vom Standort), die den langfristigen Bedürfnissen der europäischen Wissenschaftler entsprechen. Dabei werden alle wissenschaftlichen Disziplinen (von der Physik über die Lebenswissenschaften bis zu den Sozial- und Geisteswissenschaften) abgedeckt. Die Liste umfasst 35 Projekte, die geschätzte Gesamtinvestitionssumme aller 35 Projekte auf der Roadmap beläuft sich auf mehr als 13 Mrd. €. Dabei gibt es natürlich erhebliche Unterschiede in den Finanzvolumina für die Errichtung der Infrastrukturen und ihren Betrieb. FAIR (Facility for Antiproton and Ion Research) markiert mit geschätzten knapp 1,2 Mrd. € Errichtungskosten in der letzten Ausbaustufe die Spitze, gegen die der »European Social Survey« (ESS) mit 9 Mio. € oder die »Digital Research Infrastructure for the Arts and Humanities« (DARIAH) mit 10 Mio. € schon fast wie »Sonderangebote« aussehen, jedenfalls augenscheinlich machen, dass die Unterschiede in den Bedürfnissen der einzelnen Forschungsfelder ganz enorm sein können. Erfreulich ist, dass im ESFRI-Prozess keine finanzielle »Tonnen-Ideologie« betrieben wird, d.h. auch finanzielle »Leichtgewichte« als europäische Infrastruktur akzeptiert werden, wenn die wissenschaftliche Begründung dies nahe legt.

Mit Blick auf den ESFRI-Prozess werden derzeit Design-Studien und Maßnahmen für die Vorbereitungsphase der Errichtung von neuen Forschungsinfrastrukturen durch die EU-Kommission unterstützt. Die Verantwortung für die Forschungsinfrastrukturen selbst und ihren Betrieb bleibt bei den Mitgliedsstaaten und den Assoziierten Staaten[27].

Zur Erarbeitung der Roadmap hat ESFRI im Sommer 2005 drei »Roadmap Working Groups (RWG)« eingesetzt (Physical Sciences and Engineering, Biomedical Sciences, Social Sciences and Humanities). Diese »Roadmap Working

27 Sowohl die Mitgliedsstaaten als auch die EU-Kommission sind hier in der Verantwortung. Die Mitgliedsstaaten müssen insbesondere im Blick auf das Drei-Prozent-Ziel der Lissabon-Strategie weitere finanzielle Mittel für Forschungsinfrastrukturen mobilisieren. Die EU-Kommission wird im 7. Forschungsrahmenprogramm, Spezifisches Programm Kapazitäten über die Laufzeit von 7 Jahren einen Betrag von 1,715 Mrd. € für Forschungsinfrastrukturen zur Verfügung stellen. Unterstützt werden sollen bereits bestehende Forschungsinfrastrukturen, neue Forschungsinfrastrukturen sowie Politikentwicklung und Programmdurchführung (www.forschungsrahmenprogramm.de/forschungsinfrastrukturen.htm).

Groups« konnten unabhängigen wissenschaftlich-technischen Rat einholen. Dazu haben sie sich teilweise existierender Gruppen bedient und teilweise neue »Expertengruppen« eingesetzt, welche die einzelnen Projektvorschläge bewertet und ggf. eine Aufnahme auf die Roadmap empfohlen haben.

Die ESFRI-Roadmap ist als fortlaufender Prozess zu verstehen, sie soll regelmäßig aktualisiert werden, während sich die verschiedenen Projekte weiterentwickeln. Die erste Revision (ESFRI review processs) wurde bereits im Juli 2007 beschlossen. Die nominierten Roadmap Working Groups haben sich im September / Oktober formiert, eine vierte Arbeitsgruppe für »Environment« ist hinzugekommen und für den Oktober 2008 ist bereits die Präsentation des »update of the ESFRI Roadmap« vorgesehen.

5. *Zur Weiterentwicklung des ESFRI-Prozesses – Erfahrungen und Anregungen*

Leistungsfähige europäische Forschungsinfrastrukturen belegen eine Praxis des erfolgreichen Zusammentreffens von forschungspolitischen Prozessen bei der Umsetzung prioritärer Vorschläge einerseits und von zielgerichteter Selbstorganisation über Ländergrenzen hinweg in der Wissenschaft andererseits, um den Bedarf für eine Forschungsinfrastruktur konsensfähig artikulieren und gemeinsam unterstützen zu können. Diesen Grad von Selbstorganisation können heute (noch) nicht alle Fachdisziplinen erzeugen. Je heterogener die Disziplin und je internationaler die Anforderungen an eine Konsensbildung über Prioritäten sind, desto deutlicher werden »Ungleichzeitigkeiten« im koordinierten Vorgehen. Die ESFRI-Roadmap zeigt in ihren doch sehr unterschiedlichen Vorschlägen daher nicht nur Unterschiede in den »Forschungsgegenständen« (etwa Gesellschaftsbeschreibung vs. Ursachen von Naturphänomenen), sondern auch – weil sie eben erstmals über alle Disziplinen hinweg Forschungsinfrastrukturbedarfe benennt – wie unterschiedlich Wissenschaft mit diesem Prozess umgeht. Die Sozial- und Geisteswissenschaften sind europaweit offenbar noch nicht effizient genug organisiert, wenn es um ihre Infrastrukturbedürfnisse geht. Mit dem Rat für Sozial- und Wirtschaftdaten sind die Sozialwissenschaften im Prinzip gut aufgestellt. Politik kann hier jedoch nur Hilfestellung geben, die Initiative für eine wirkungsvolle Vertretung der wissenschaftlichen Interessen muss aus den Fach-Communities selbst kommen.

Bei den »Forschungsgegenständen« fällt auf, dass der ESFRI Roadmap Prozess offenbar keine übergreifende Verbindung zwischen den Themen der »Social Sciences and Humanities« RWG und der »Biomedical and Life Science« RWG hergestellt hat. Themen aus den Lebens- und Verhaltenswissenschaften werden aber zunehmend für die Erklärung individueller und gesellschaftlicher Verhaltensmuster (Beispiel Epidemiologie) relevant.

Im Ergebnis bietet die ESFRI-Roadmap eine wertvolle Übersicht und Bestandsaufnahme zur Frage nach der aus wissenschaftlicher Sicht wünschenswerten heute noch nicht vorhandenen, europäischen Forschungsinfrastruktur. Aber in den Sozial- und Geisteswissenschaften dominieren in wesentlichen Elementen schon vorhandene, gerade in das Zeitfenster der ersten ESFRI-Roadmap passende, jedoch auch wissenschaftlich durchaus bonible Vorschläge. Die Frage nach »weißen Flecken« – die ja die Inkubatorfunktion von ESFRI anspricht – bleibt (zunächst) unbeantwortet. Dass ein Vorschlag wie EROHS (European Resource Observatory for the Humanities and the Social Sciences) als einziges Vorhaben der ESFRI-Roadmap die Vorbereitungsphase formal nicht begonnen hat, unterstreicht deutlich die Bedeutung, die einer europaweiten Mobilisierung der »Scientific Community« zur Flankierung eines Vorschlages zukommt.

Bei der im Herbst 2007 angelaufenen 2. Runde des ESFRI-Prozesses wurde von der deutschen Seite, unterstützt durch eine Empfehlung des Rates für Sozial- und Wirtschaftsdaten, über den deutschen Vertreter in der Social Sciences and Humanities (SSH) Roadmap Working Group als Diskussionsvorschlag zur grundsätzlichen Strukturierung des Prozesses eingebracht[28], dass man sich zunächst ausgehend von der Nutzerperspektive des Wissenschaftlers über Funktionen und Eigenschaften, die Forschungsinfrastruktur erbringen soll, verständigt. Dies würde eine Kategorienbildung erlauben, mit der man über eine Verortung des Bestehenden hin zu den noch nicht abgedeckten Bedarfen für Forschungsinfrastruktur kommen kann. Dies würde insbesondere die von ESFRI beanspruchte Funktion, eine allgemeine, dynamische Entwicklung zulassende Perspektive zu bieten, auch für die Sozial- und Geisteswissenschaften ermöglichen.

Schließlich hat das BMBF den Wissenschaftsrat (im Sommer 2007) gebeten, Empfehlungen über den Entwicklungsbedarf der wissenschaftlichen Infrastruktur in den Geistes- und Sozialwissenschaften (einschließlich der Wirtschaftswissenschaften) zu erarbeiten. Dies wird sicher ein Auftakt und eine Basis für eine nationale Roadmap (einschließlich ihrer Schnittstellen zum ESFRI-Prozess) sein und andererseits durch die damit verstärkte Mobilisierung der relevanten Wissenschaft eine Priorisierung der deutschen Position zu den Infrastrukturvorschlägen der ESFRI-Roadmap unterstützen.

Längerfristig muss es der Wissenschaft und den Forschungsförderern gelingen, die heute noch bestehenden »Ungleichzeitigkeiten« in der Bedarfsformulierung und der Unterstützung von Infrastrukturvorschlägen zu lösen. Parallel sollte man den ESFRI-Prozess in seinen Leistungen anerkennen und nutzen.

28 Mohler (2007).

6. *Ausblick: Innovatoren gesucht*

Die informationelle Forschungsinfrastruktur hat in den letzten zwei Dekaden in Deutschland große Fortschritte gemacht. In der letzten Dekade wurden in den Sozial- und Geisteswissenschaften erhebliche institutionelle, methodische und prozedurale Innovationen realisiert, die in diesem Beitrag beschrieben sind. Neue ambitionierte Forschungsmöglichkeiten mit großer Reichweite wurden damit eröffnet – und werden bereits genutzt.

Folgt man mit Joseph Schumpeter, einem der großen theoretischen und empirischen Innovationsforscher, so hängt der Erfolg solcher Innovationen ganz wesentlich von Pionieren ab. Hans-Jürgen Krupp ist ein solcher Pionier als einer der Begründer des Sozio-oekonomischen Panels[29], das heute zu den international sichtbaren Perlen einer sozialwissenschaftlichen Forschungsinfrastruktur in Deutschland gehört. Einen solchen Ansatz nicht nur zu konzipieren, sondern auch dauerhaft lebensfähig zu machen erfordert Weitblick, Hartnäckigkeit, Geschick und den Mut, sich gegen Widerstände und vielseitige Hemmnisse durchzusetzen. Einer der Autoren (Frieder Meyer-Krahmer) hatte das Vergnügen, einige Jahre im Deutschen Institut für Wirtschaftsforschung mit Hans-Jürgen Krupp eine mehrjährige berufliche Wegstrecke zu gehen und dessen Pionierfähigkeiten live zu erleben (und von ihm zu lernen); nicht ahnend, dass er Jahre später für die Förderung eben dieser forschungspolitschen Infrastruktur Verantwortung zu tragen haben würde.

Auch der zweite Adressat dieser Festschrift, Johann Hahlen, hat sich als »schöpferischer Unternehmer« in seinen gut zehn Jahren als Präsident des Statistischen Bundesamtes (StBA) bewährt. Mitte der neunziger Jahre war das StBA eine Behörde, die Statistiken hauptsächlich als gesetzlichen Auftrag verstand und darüber hinaus immer noch ein Stück weit »gezeichnet« war von den Auswirkungen der Diskussion um die Volkszählung 1987. Johann Hahlen setzte von Anfang an auf Transparenz der Ergebnisse und Verfahren sowie auf den Austausch sowohl mit Nutzern als auch mit den Auskunftgebenden. Auf Basis des gesetzlichen Auftrages, aber auch über ihn hinaus denkend war seine Perspektive eine informationelle Infrastruktur, die das StBA als bedeutender Informationsdienstleister produzieren und anbieten kann. Der gesetzeskonforme Zugang der Wissenschaft zu Mikrodaten der amtlichen Statistik war insofern eine logische Konsequenz in dieser grundsätzlichen Neuausrichtung.

29 Das Sozio-oekonomische Panel (SOEP) ist eine der sechs weltweit führenden Längsschnittstudien für Mikrodaten zu privaten Haushalten und Personen. Das SOEP stellt seine Daten hauptsächlich der sozial- und wirtschaftswissenschaftlichen Grundlagenforschung als Service bereit und betreibt darüber hinaus selbst grundlagen- sowie politikorientierte Forschung. Das SOEP geht auf den Sonderfoschungsbereich 3 »Mikroanalytische Grundlagen der Gesellschaftspolitik« zurück, den die DFG ab 1979 gefördert hat (vgl. Krupp 2007).

Die Verfügbarkeit statistischer Daten für die Sozial- und Wirtschaftswissenschaften hat sich in Deutschland durch den von Johann Hahlen entscheidend mit vorangetriebenen »KVI-Prozess« enorm verbessert. Aber auch die Statistik selbst war auf der Gewinnerseite. Die Statistikproduktion hat ihre Möglichkeiten mit der Aufbereitung von Mikrodaten als »prozessintegriertem Arbeitsschritt« ganz erheblich verbessert und erweitert. Schließlich wendet Statistik heute in erheblichem Umfang fortgeschrittenste wissenschaftliche Methoden selbst an und sucht den Dialog mit der Wissenschaft[30]. Statistik ist angekommen, wo man sie sich nur wünschen kann: Sie ist Dialogpartner der Wissenschaft auf Augenhöhe.

Dieser Beitrag legt dar, welche Chancen – und Herausforderungen – auf europäischer Ebene mit dem ESFRI-Prozess sich den Sozial- und Geisteswissenschaften bieten. Diese wissenschaftliche Zunft war bisher auf europäischer Ebene – was die Forschungsförderung betrifft – quasi marginalisiert. Im Bereich der Großgeräte geht nach wie vor der Löwenanteil in die Physik und zunehmend mehr in die Lebenswissenschaften. Nach wie vor ist der Anteil der Sozial- und Geisteswissenschaften kärglich. Dies ändert sich gerade, nicht nur durch ESFRI, auch durch das Förderprogramm für Sozial- und Geisteswissenschaften im Rahmen des 7. EU-Rahmenprogramms in Höhe von immerhin 600 Mio. € für 2007-2013. Es geht erneut darum, mit Weitblick ein neues, tragfähiges und zukunftweisendes Konzept von informationeller Infrastruktur in den Sozial- und Geisteswissenschaften zu entwerfen und umsetzbar im Rahmen des ESFRI-Prozesses zu machen. Deshalb: Innovatoren gesucht.

Literatur

Hauser, R., Wagner, G. G., Zimmermann, K. F. (1998), Erfolgsbedingungen empirischer Wirtschaftsforschung und empirisch gestützter wirtschafts- und sozialpolitischer Beratung – Ein Memorandum. In: Allgemeines Statistisches Archiv, Bd. 82, Heft 3-4, S. 369-379 (nachgedruckt in Jahrbuch für Wirtschaftsgeschichte, 1998/2, S. 221-228 und ZUMA-Nachrichten, 22. Jg., Nr. 43, 1998, S. 134-144).

Hauser, R., Wagner, G. G., Zimmermann, K. F. (1999), Replik: Statistische Infrastruktur im Spannungsfeld öffentlicher Finanzierung und dezentraler Analyse. In: Allgemeines Statistisches Archiv, Bd. 83, Heft 1, S. 161-169.

Kommission zur Verbesserung der informationellen Infrastruktur zwischen Wissenschaft und Statistik (2001), Wege zu einer besseren informationellen Infrastruktur, Baden-Baden: Nomos Verlagsgesellschaft.

Krupp, H.-J. (2007), Das Sozio-oekonomische Panel – Wie es dazu kam. In: Schwarze, J., Räbinger, J., Thiede, R. (Hrsg.), Arbeitsmarkt- und Sozialpolitikforschung im Wandel. Festschrift für Christof Helberger zum 65. Geburtstag. Hamburg 2007 (gekürzt nachgedruckt in: Vierteljahrshefte zur Wirtschaftsforschung, Bd. 77, Heft 3, 2008).

30 Beispielsweise in der Ausgestaltung der registergestützten Volkszählung 2010/2011 oder beim Erhebungsprogramm der amtlichen Haushaltsstichproben in Deutschland.

Mohler, P. Ph. (2007), Four Generic Types of Scientific Infrastructures – Guiding Cartographers of Future Infrastructure Roadmaps in the Social Sciences, Diskussionspapier.

Wissenschaftsrat (2002), Empfehlungen zur Stärkung wirtschaftswissenschaftlicher Forschung an den Hochschulen, Drs. 5455-02 vom 15. November 2002.

Wissenschaftsrat (2006), Stellungnahme zu zwei Großgeräten der naturwissenschaftlichen Grundlagenforschung: Freie-Elektronen-Laser für weiche Röntgenstrahlung (BESSY FEL) und eisbrechendes Forschungsbohrschiff (AURORA BOREALIS), Drs. 7269/06 vom 19.5.2006.

Mikrodaten für die Forschung in der Europäischen Union

Hervé Carré

In diesem Beitrag werden die Herausforderungen erörtert, die sich im Zusammenhang mit dem von der Forschung benötigten Zugang zu Mikrodaten für wissenschaftliche Zwecke ergeben. Dieser Datenbedarf ist in angemessener Weise mit den Rechtsvorschriften zum Schutz vertraulicher Daten abzugleichen. Dargestellt werden die in der Europäischen Union getroffenen Maßnahmen und vorhandenen Instrumente zur Verbesserung der Bereitstellung von Daten für die Forschung unter Beachtung der geltenden Rechtsvorschriften. Insbesondere wird in dem Beitrag auf den derzeitigen Umgang mit Forschungsprojekten und auf die Arbeiten des ESSnet-Projekts zur Sicherung statistischer Daten gegen Offenlegung eingegangen. Schließlich werden mögliche künftige Entwicklungen beschrieben, die derzeit in der Europäischen Union untersucht werden, speziell die Entwicklung von Fernzugriffsmöglichkeiten, der verstärkte Einsatz von Instrumenten zur Sicherung statistischer Daten gegen Offenlegung und die Entwicklung hin zu einem einheitlichen Vorgehen in den Mitgliedstaaten.

1. Einführung

Die Möglichkeit der Nutzung von amtlichen Mikrodaten durch die jeweiligen nationalen Wissenschaftlerinnen und Wissenschaftler hat seit Mitte der 90er Jahre in mehreren europäischen Staaten eine neue Dimension für die empirische wirtschafts- und sozialwissenschaftliche Forschung eröffnet.

Die von den statistischen Ämtern der europäischen Staaten angebotenen Einzeldaten werden jedoch vorwiegend von den jeweiligen nationalen Wissenschaftlerinnen und Wissenschaftlern genutzt. Eine verstärkte grenzüberschreitende Nutzung von statistischen Einzeldaten begann Ende der 90er Jahre mit der Nutzung der Mikrodaten der Gemeinschaftsstatistiken durch das Statistische Amt der Europäischen Gemeinschaften (Eurostat). Mit diesen Daten können Forschungseinrichtungen aus der ganzen Welt im Rahmen von wissenschaftlichen Projekten arbeiten.

Diese Internationalisierung ermöglicht nicht nur die grenzüberschreitende Datennutzung, sondern fördert auch die Bildung von internationalen Forschungsnetzwerken und die Durchführung von internationalen Studien, von deren Erkenntnissen sowohl die Wissenschaft als auch die Entscheidungsträger der europäischen Wirtschafts- und Sozialpolitik profitieren.

Die zentrale Aufgabe ist daher, einen möglichst hohen Informationswert der Einzeldaten zu realisieren und einen gleichzeitig umfassenden Datenschutz zu garantieren. Die Schaffung harmonisierter Regelungen für den Umgang mit vertraulichen europäischen Einzeldaten zur wissenschaftlichen Nutzung stellt eine zentrale Herausforderung des Europäischen Statistischen Systems (ESS) dar.

Die Wissenschaft kann seit Ende der 90er Jahre Zugang zu Einzeldaten der Gemeinschaftsstatistiken erhalten. Der erste für wissenschaftliche Forschungszwecke zugängliche europäische Einzeldatensatz war das Haushaltspanel der Europäischen Gemeinschaft – ECHP aus dem Jahr 1998. Gegenwärtig können Mikrodaten aus fünf Gemeinschaftsstatistiken für Forschungszwecke genutzt werden (siehe Abschnitt 3.b)).

Als erster Schritt wurde im Juni 1990 die Verordnung (EG) Nr. 1588/90 des Rates über die Übermittlung von unter die Geheimhaltungspflicht fallenden Informationen an das Statistische Amt der Europäischen Gemeinschaften erlassen und damit der Weg für den Aufbau eines Systems zum Austausch dieser Daten geöffnet. Der Begriff »vertrauliche Daten« wurde jedoch in dieser Verordnung noch als »vertraulich« im Sinne des jeweiligen nationalen Rechts definiert.

Im Februar 1997 trat die Verordnung (EG) Nr. 322/97 des Rates über die Gemeinschaftsstatistiken in Kraft. In dieser Verordnung sind die allgemeinen Grundsätze für Gemeinschaftsstatistiken, die Verfahren zu ihrer Erstellung und detailliert die Geheimhaltung geregelt. Insbesondere wurde hier eine gemeinsame Definition für »vertrauliche Daten« festgelegt.

Als wichtigste Grundlage der Mikrodatenbereitstellung für die Wissenschaft wurde im Mai 2002 schließlich die Verordnung (EG) Nr. 831/2002 der Kommission über den Zugang zu vertraulichen Daten für wissenschaftliche Zwecke erlassen. Diese enthält genaue Vorgaben für den Umgang mit vertraulichen Einzeldaten im Rahmen der Bereitstellung für die Wissenschaft.

Mit der Schaffung einer umfassenden, gemeinsamen rechtlichen Grundlage waren die Voraussetzungen für die Praxis der Mikrodatenbereitstellung gegeben. Aufgrund seiner Erfahrung war Deutschland einer der aktivsten Teilnehmer an dieser Diskussion, die schließlich zur Einführung der genannten Regelung führte.

2. *Der Informationsgehalt statistischer Daten*

a) *Was wird veröffentlicht und was könnte veröffentlicht werden?*

Statistische Daten enthalten viel mehr Informationen als die von den statistischen Ämtern in der Regel veröffentlichten Dokumente.

(1) Betrachten wir zunächst den Fall einer Stichprobenerhebung. Grundsätzlich können alle möglichen Kreuztabellierungen der erfassten kategorisierten

Variablen erstellt werden. Die Veröffentlichung von Daten mit einer solchen Detailtiefe unterliegt zwei Arten von Beschränkungen.

- Auf der einen Seite verhindert die Größe der Stichprobenfehler die Bestimmung von Indikatoren anhand von zu kleinen Bereichen, da ihre Genauigkeit gering wäre.
- Auf der anderen Seite ist das Risiko der Identifikation von Einzelpersonen umso höher, je geringer die Anzahl der statistischen Einheiten in der Stichprobe ist.

Eine sekundäre Nutzung der Mikrodaten ist daher mit einem zweifachen Risiko verbunden: die Identifikation von Einzelpersonen sowie falsche Schlussfolgerungen aufgrund fehlender Genauigkeit der produzierten Informationen.

(2) Der zweite Fall betrifft Daten, die anhand einer umfassenden Erhebung, beispielsweise einer Zählung oder eines Registers, gewonnen werden. Auch hier können die Möglichkeiten, aggregierte Daten zu produzieren, sehr umfassend sein. Ihre Anzahl kann als die Anzahl der Felder in allen möglichen Kreuztabellierungen der kategorisierten Variablen definiert werden. Theoretisch sind hier keine Probleme mit der Genauigkeit zu erwarten, auch wenn einige Antwortfehler auftreten können, die sich hauptsächlich auf die Felder auswirken, in denen nur wenige Personen erfasst wurden. Die Probleme mit der Identifizierung sind allerdings noch gravierender als im vorigen Fall, denn alle Übereinstimmungen beziehen sich mit Sicherheit auf eine bestimmte Einzelperson.

Eine weitere wichtige Informationseigenschaft statistischer Daten ist ihr durch die Verknüpfung verschiedener Datenquellen auf der Mikroebene unter Verwendung gemeinsamer identifizierender Variablen gegebenes Potential. In diesem besonderen Fall tritt zu den bereits erwähnten Risikofaktoren ein zusätzliches Risiko hinzu. Es ergibt sich aus der dem Datenabgleich zugrunde liegenden Hypothese sowie der möglicherweise fehlenden Kohärenz der Datenquellen. Es sei darauf hingewiesen, dass in manchen Fällen einige der für den Abgleich verwendeten Datenquellen nicht für statistische Zwecke geschaffen wurden, so dass ihre Qualität für den Zweck einer statistischen Untersuchung möglicherweise nicht ausreichend ist.

Die oben angeführten Fälle zeigen, dass die aus statistischen Daten herausziehbare Informationsmenge die Menge der von einem statistischen Amt normalerweise unter Einsatz aller Verbreitungsmittel veröffentlichten Informationen weit übersteigt. Unter Einhaltung entsprechender Sicherheitsvorkehrungen zur Vermeidung der dargestellten Risiken besteht eine der Aufgaben der statistischen Ämter darin, eine sekundäre Verwendung der Daten zu erleichtern, um ihren Nutzen zu optimieren.

b) Beispiele für die sekundäre Nutzung statistischer Informationen

Glücklicherweise ist die Verwendungspalette für statistische Daten sehr breit. Seit 2002 ermöglicht Eurostat den Zugriff auf eine Reihe von Datensätzen, denen wir eine Vielzahl von Beispielen entnehmen können.

Die nachfolgende Tabelle enthält eine Übersicht über die Projekte der Forschungsinstitute, die im Jahr 2006 bei Eurostat Mikrodaten angefordert haben.

Forschungsverträge 2006 – Hauptthemen	
Mikrodaten des ECHP (Europäisches Haushaltspanel), EU-SILC (EU-Statistik über Einkommen und Lebensbedingungen), AKE (Arbeitskräfteerhebung), CIS (Innovationserhebung der Gemeinschaft)	
Untersuchungen spezieller Teilgesamtheiten	*Untersuchungen spezieller Phänomene*
• Geringqualifizierte/ungelernte Arbeitskräfte • Schulabbrecher • Arme • Regionen/Europa • Langzeitarbeitslose • Verheiratete Frauen • Weibliche Arbeitskräfte • Geschiedene • Zeitarbeitskräfte • Personen am Ende des Berufslebens • Jugendliche • Ältere Menschen • Behinderte • Zuwanderer • Ältere Arbeitnehmer • KMU • Forscher	• Mobilität • Einkommensungleichheit und Einkommensverteilung • Übergang zwischen Beschäftigung und Arbeitslosigkeit • Steuer-, Subventions- und Versicherungspolitik • Transferleistungen innerhalb der Familie • Einkommens- und Ausbildungsungleichheiten • Änderungen der Arbeitsplatzstruktur (Selbständige, formelle/informelle Beschäftigung) • Lohnänderungen • Wahl des Bildungsweges/schulische und berufliche Bildung/lebenslanges Lernen • Übergang von der Schule zum Arbeitsleben • Teilnahme am Arbeitsmarkt und Geburtenrate • Kinderbetreuung • Diskriminierung • Immobilieninvestitionen • Staatliche Rentensysteme • Wachstum von Städten • Innovation

Der Zugang zu Mikrodaten bietet dreierlei Vorteile:

- Vorteile für die Gesellschaft, da es in ihrem Interesse ist, dass Entscheidungsträgern und der Öffentlichkeit Daten zur Verfügung gestellt werden. Komplexe Entscheidungsprozesse verlangen mehrdimensionales kausales Nachdenken über politische Alternativen, die wiederum komplexe mehrdimensionale Daten, häufig Längsschnittdaten, erfordern. Da die Wirtschaft immer komplexer wird und die Bevölkerung immer heterogener, werden für politische Maßnahmen mehr und mehr detaillierte Daten und Datenanalysen benötigt, die die wirtschaftlichen und demografischen Alternativen ausreichend abdecken.
- Vorteile für die Forschung, insbesondere durch die Möglichkeit der Durchführung von Analysen komplexer Fragen und von Marginaleffekten, ohne selbst Daten erheben zu müssen.
- Vorteile für die nationalen statistischen Ämter durch Erhöhung der Kostenwirksamkeit der Datenerhebung. Feedback durch die Forscher ermöglicht außerdem die Verbesserung der Qualität von Daten und Erhebungen und schafft zusätzliche Nutzungsmöglichkeiten für Erhebungsdaten.

c) Missbrauch statistischer Daten

Glücklicherweise gibt es nicht viele Beispiele für einen Missbrauch statistischer Daten. Soweit es die Vertraulichkeit von Daten betrifft, kann dies möglicherweise darauf zurückzuführen sein, dass die durch die statistischen Einrichtungen ergriffenen Schutzmaßnahmen ausreichend sind. Ein weiterer Grund könnte sein, dass persönliche Daten nicht leicht in ausreichendem Umfang aus statistischen Informationen abgeleitet werden können, um daraus ein lukratives Geschäft zu machen. Implizit scheint die derzeitige Praxis des Zugangs zu Mikrodaten in der Öffentlichkeit recht gut akzeptiert zu werden. Allgemeine Bedenken in der Gesellschaft hinsichtlich der Privatsphäre deuten jedoch darauf hin, dass es eine Grenze dessen gibt, was die Öffentlichkeit bereit ist zu akzeptieren. Ein bedauerlicher Zwischenfall könnte leicht eine Diskussion über die Landesgrenzen hinweg auslösen. Die Gefahr der Nichteinhaltung der Geheimhaltungspflicht muss dadurch gebannt werden, dass eine gesunde rechtliche und ethische Grundlage geschaffen wird (und entsprechende technische und methodische Instrumente verfügbar gemacht werden), um den Schutz vertraulicher Daten sicherzustellen. Diese rechtliche und ethische Grundlage erfordert ein gewissenhaftes Abwägen zwischen dem öffentlichen Gut des Schutzes vertraulicher Daten einerseits und dem Nutzen der Forschung für die Öffentlichkeit andererseits. Der Zugriff sollte nicht als automatisch erachtet werden.

3. *Bereitstellung von Daten für Forscher*

a) *Kompromisse*

In diesem Abschnitt wird das bisher Gesagte zusammengefasst. Bei der Bereitstellung von Daten für Forscher müssen einige Kompromisse berücksichtigt werden:

(a) *Das Risiko der Identifikation von Daten und die Datensensibilität.* Man kann zwei Typen von Identifikationsrisiken unterscheiden:
- Das oben dargestellte Szenario »Neugieriger Nachbar«: Mit wenigen bekannten Merkmalen einer Meldeeinheit kann man versuchen, die Informationen zu identifizieren und anschließend offenzulegen.
- Angriff auf ein Register: Ein Register oder eine kommerzielle Datenbank ist frei zugänglich. Dadurch wird die Identifizierung einer Meldeeinheit (Name, Adresse) anhand einiger Schlüsselvariablen, beispielsweise Geschlecht, Tätigkeit, Region usw. ermöglicht. Der Abgleich zwischen dem Register und der Mikrodatei erlaubt möglicherweise die Identifizierung einer signifikanten Anzahl von Datenlieferanten.

Gegenwärtig werden die Gefahren des zweiten Risikotyps als die gravierendsten eingeschätzt. Grund hierfür ist die Tatsache, dass die aktuellen Technologien die Entwicklung paralleler Datenbanken für nicht statistische Zwecke ermöglichen.

Der Schutz vertraulicher Daten wird mit Hilfe von Rechtsvorschriften sichergestellt, die Bestimmungen über die Sicherung statistischer Daten gegen Offenlegung beinhalten. In den Rechtsvorschriften sind jedoch nur allgemeine Regeln festgelegt. Die praktische Auslegung dieser Regeln fällt von Land zu Land sehr unterschiedlich aus, so dass das Schutzniveau entsprechend stark variiert.

(b) *Kapazitäten für die Datenanalyse.* Wie bereits unter Punkt 2.a) erwähnt, sind sich die statistischen Einrichtungen der Tatsache bewusst, dass sie lediglich einen kleinen Ausschnitt der in ihren Daten enthaltenen Informationen veröffentlichen. Eine statistische Einrichtung trägt eine große Verantwortung, wenn sie eine sekundäre Verwendung dieser umfassenden Informationen erleichtert, um damit einen speziellen Bedarf zu decken.

(c) *Wahrnehmung der Privatsphäre in der Gesellschaft.* Das tatsächliche Risiko der Identifizierung wird von der Beurteilung der bestehenden Risiken durch die Gesellschaft überlagert. Die rechtlichen Bestimmungen zur Sicherung statistischer Daten gegen Offenlegung mögen ausreichend oder sogar übertrieben sein, in der Wahrnehmung der Meldeeinheiten ist das Risiko eines

Datenmissbrauchs jedoch sehr hoch. Dies könnte sich nachteilig auf die Qualität der Antworten auswirken, da die Meldeeinheiten in Zukunft versuchen könnten, einige Merkmale, deren Identifizierung sie vermeiden möchten, nicht anzugeben oder zu verzerren.

(d) *Interesse der Gesellschaft an den Informationen.* In vielen Fällen sind detaillierte statistische Analysen in Bezug auf kleine Grundgesamtheiten oder Gebiete von sehr großem Interesse für politische Überlegungen. Wie in vielen anderen Fällen kann es auch hier zu einem Widerspruch kommen. Die Menschen sind über den Schutz ihrer Privatsphäre in Bezug auf ihre Antworten besorgt, gleichzeitig sind sie jedoch unzufrieden, wenn diese Informationen nicht vollständig genutzt werden, um den Bedarf der Gesellschaft zu decken und die ungleichmäßige Verteilung von Wohlstand und öffentlichen Dienstleistungen zu beheben.

b) *Zugang zu Mikrodaten für wissenschaftliche Zwecke in der Europäischen Union. Verordnung (EG) Nr. 831/2002 der Kommission*

Zur Berücksichtigung des Forschungsbedarfs in der Europäischen Union wurden im Rahmen der Grundverordnungen über den Schutz vertraulicher Daten (Verordnung 1588/90 und Verordnung 322/97) zwei Instrumente entwickelt. Es handelt sich zum einen um den Ausschuss für die statistische Geheimhaltung mit Durchführungsbefugnissen in allen Fragen der Geheimhaltung und zum Zweiten um die Verordnung Nr. 831/2002 der Kommission über die Regelung des Zugangs zu vertraulichen Daten für wissenschaftliche Zwecke.

Nach Artikel 17 der Verordnung (EG) Nr. 322/97 darf der Zugang für wissenschaftliche Zwecke zu Mikrodaten der Gemeinschaftsstatistiken gewährt werden. Die Verordnung (EG) Nr. 831/2002 sieht zwei Wege des Datenzugangs vor:

1. Zugang zu vertraulichen Mikrodaten in den Räumen Eurostats, in einem sogenannten Safe Centre »gesicherter Bereich« (Artikel 5)
2. Zugang zu anonymisierten Mikrodatenfiles in der nationalen Forschungseinrichtung (Artikel 6)

Auf der Sitzung des Ausschusses für die statistische Geheimhaltung im Jahr 2005 wurde ein »Aktionsplan Vertraulichkeit« verabschiedet, der unter anderem spezifische Maßnahmen zur Verbesserung und Vereinfachung der Durchführung der Verordnung Nr. 831/2002 der Kommission vorsieht. Der Zugriff auf Mikrodaten wurde durch drei Maßnahmen verbessert. Zunächst einmal wurden durch ein Eilverfahren für die Konsultation der Mitgliedstaaten über Forschungsprojekte einer bestimmten Kategorie (die Einstufungskriterien wurden im Einvernehmen mit den Mitgliedstaaten festgelegt) die administrativen Fristen für die Ausarbeitung des Vertrags mit den Forschern verkürzt. Ferner wurde die Zahl der für Forscher zur Verfügung gestellten Datensätze erhöht, und drittens wurde bei Eurostat ein gesicherter Bereich geschaffen.

Derzeit haben Forscher Zugriff auf Mikrodaten in Form anonymisierter Mikrodatensätze für das Europäische Haushaltspanel (ECHP), die Arbeitskräfteerhebung (AKE), die EU-Statistik über Einkommen und Lebensbedingungen (EU-SILC) und die Innovationserhebung der Gemeinschaft (CIS). Darüber hinaus erörtert die Arbeitsgruppe Statistik der allgemeinen und beruflichen Bildung zurzeit die Kriterien für eine Bereitstellung von Dateien mit Mikrodaten der Erhebung über Erwachsenenbildung, die für 2008 geplant ist. Ferner können Forscher über den gesicherten Bereich von Eurostat auf vertrauliche Mikrodatensätze der Verdienststrukturerhebung und der CIS zugreifen.

Die Bemühungen des Ausschusses für die statistische Geheimhaltung zur Straffung der mit der Bereitstellung von Mikrodaten für Forscher verbundenen Verwaltungsverfahren haben dazu geführt, dass die Zahl der Verträge mit Forschern in den letzten vier Jahren rapide angestiegen ist (von 18 Verträgen im Jahr 2003 auf geschätzte 130 Verträge im Jahr 2007).

4. *Überlegungen zum Zugang zu Mikrodaten auf internationaler Ebene*

Auf der Konferenz Europäischer Statistiker (CES) im Jahr 2003 herrschte Einigkeit unter den Delegierten, dass die Unterstützung der Forschungstätigkeit durch Zugang zu Mikrodaten eine wichtige Aufgabe der nationalen statistischen Ämter wäre. Die CES setzte eine Taskforce ein, die Leitlinien für die statistische Geheimhaltung ausarbeiten sollte, welche gleichzeitig den Zugang von Forschern zu Mikrodaten erleichtern sollten. Die Taskforce unter dem Vorsitz von Dennis Trewin hat Leitlinien erarbeitet, die von der CES auf ihrer Plenarsitzung im Juni 2006 verabschiedet wurden. Diese Leitlinien betonen die Notwendigkeit, die Vorgehensweise auf internationaler Ebene zu vereinheitlichen und eine Einigung über Kernprinzipien für den Zugang zu Mikrodaten zu erzielen. Ferner wurde vorgeschlagen, bei der Bereitstellung von Mikrodaten nicht strikte Risikovermeidung, sondern effizientes Risikomanagement als Basisansatz zu wählen. Die vereinbarten Grundsätze sind allgemein genug gehalten, um in Ländern mit unterschiedlichem Entwicklungsstand angewendet zu werden, und werden ergänzt durch Beispiele bewährter Verfahren.

Eurostat und das nationale statistische Amt des Vereinigten Königreichs veranstalteten im Oktober 2006 einen Workshop über den Zugang zu Mikrodaten mit folgenden Zielen: (1) die in den CES-Leitlinien genannten wichtigsten Grundsätze des Zugriffs auf Mikrodaten fördern; (2) Erfahrungen mit vorbildlichen Maßnahmen und Methoden in den Mitgliedstaaten austauschen, die auf dem

Gebiet des Zugangs der Forschung zu Mikrodaten als Avantgarde gelten; (3) die angemessene Kapazität und Unterstützung der nationalen statistischen Ämter in diesem Bereich gemeinsam abzusichern und (4) Maßnahmen zu erarbeiten, die in den nationalen statistischen Ämtern umgesetzt werden können.

Ein Follow-up des Workshops durch Eurostat ist für den Herbst 2008 geplant, um die Bemühungen um eine größere Übereinstimmung zwischen den Ländern zu fördern, den Zugang der Forschung zu Mikrodaten zu erleichtern und Verwaltungsverfahren zu verbessern.

5. Bisherige Errungenschaften

Es wurden gleichzeitig mehrere Methoden untersucht, mit deren Hilfe statistische Daten bei einer ausreichenden Garantie der Sicherung gegen Offenlegung in stärkerem Maße für die Forschung nutzbar gemacht werden können.

(1) Harmonisierte Kriterien für das Risiko der Offenlegung. Im Allgemeinen sind die auf nationaler und europäischer Ebene geltenden Rechtsvorschriften in Bezug auf die Definition vertraulicher Daten weitgehend harmonisiert. Die bei der Umsetzung der Rechtsvorschriften verwendeten Kriterien weisen jedoch von Land zu Land erhebliche Unterschiede auf. In manchen Fällen sind die Kriterien historisch bedingt oder sie verfügen nicht über eine solide wissenschaftliche Grundlage. In vielen Fällen führen sie zu konservativen Lösungen, die auf einer strikten Risikovermeidung beruhen.

Diese Vielfalt der Interpretationen ist eine Konsequenz der Tatsache, dass es keine harmonisierte Vorgehensweise in Bezug auf das Risiko der Datenoffenlegung gibt. Um hier einen gemeinsamen Ansatz zu finden, ist es zunächst notwendig, eine Einigung über die Sensibilität der Daten (wie »privat« sind die Variablen in der Datei) sowie über die Möglichkeit des Abgleichs dieser Daten mit externen Quellen, d. h. über das Vorhandensein von Schlüssel- oder Identifizierungsvariablen zu erzielen. Zweitens ist es notwendig, eine harmonisierte Methode zur Messung des Risikos zu erarbeiten. Daher werden gemeinsame Kernkriterien benötigt, die bei einer befriedigenden Stufe der Harmonisierung eine gewisse Flexibilität ermöglichen, damit eine Anpassung an die spezifische Wahrnehmung der Gesellschaft in den einzelnen Ländern gewährleistet ist. Das hätte auch den Vorteil, dass eine solidere international vereinbarte Grundlage zur Verfügung stünde, auf deren Basis die nationalen Entscheidungen über die Freigabe von Mikrodaten besser zu rechtfertigen wären. Eurostat hat – wie bereits im Falle der Haushaltsdaten mit der Taskforce EU-SILC-Anonymisierung – eine Reihe von Taskforce-Sitzungen organisiert, um in diesem Bereich weiterzukommen. Auch das CENEX-Handbuch, auf das weiter unten eingegangen wird, leistet einen wertvollen Beitrag zur Harmonisierung von Kriterien. Schließlich gibt es noch die

Taskforce Anonymisierung von Unternehmensdaten, die im März 2007 ihre Arbeit aufgenommen hat. Eines ihrer Ziele ist die Erstellung harmonisierter Leitlinien und Verfahren für diese speziellen Mikrodaten.

(2) Zulassungsverfahren für Forscher und Forschungsprojekte. Gegenwärtig sind die Kriterien für die Zulassung von Forschungsprojekten und Forschern in der Europäischen Union nicht homogen. Im Rahmen der Verordnung Nr. 831/2002 der Kommission wurden Zulassungskriterien erarbeitet und entsprechende Bewertungsfragebogen entworfen. Auf dieser Grundlage könnte eine Reihe von transparenten Kriterien entwickelt werden, die eine gleichberechtigte Behandlung der Wissenschaftler in der Europäischen Union insgesamt gewährleisten würden. Außerdem wurde die Verordnung Nr. 831/2002 dahingehend geändert, dass nicht nur europäische Universitäten und Forschungsinstitute als unmittelbar zuzulassende Stellen gelten, sondern auch die nationalen statistischen Ämter der Mitgliedstaaten, die Zentralbanken der Mitgliedstaaten und die Europäische Zentralbank (EZB). Derzeit wird mit den Mitgliedstaaten ein Eilverfahren zur Verkürzung der Fristen für die Zulassung von Organisationen erörtert, die keine Forschungs- oder EU-Einrichtungen sind.

(3) Rechtliche Bestimmungen für den Fall eines Datenmissbrauchs. Einen wichtigen Aspekt des Datenschutzes bildet das Bewusstsein des Nutzers dafür, dass er rechtlich die Verantwortung für seine Handlungen trägt und dass im Falle eines Missbrauchs rechtliche Schritte gegen ihn unternommen werden können. Es ist wichtig, einen Teil der Verantwortung der Forschung zu übertragen. Es sollte sichergestellt werden, dass die Forscher sich über die Konsequenzen etwaiger Verstöße für sie und ihre Einrichtung im Klaren sind und dass Verstöße angemessen bestraft werden.

(4) Die Rolle der CENEX bei der Sicherung statistischer Daten gegen Offenlegung. Die vom ASP eingesetzte Taskforce zum Thema Kompetenzzentren schlug vor, im Laufe des Jahres 2005 ein Pilotprojekt zum Konzept der Kompetenzzentren (CENEX) vorzulegen. Grob skizziert besteht das Konzept darin, ein Team aus Mitarbeitern der nationalen statistischen Einrichtungen zu bilden, die ihr Fachwissen für einen bestimmten Bereich zur Verfügung stellen und Instrumente entwickeln oder Wissen aufbauen, von denen nicht nur die teilnehmenden Einrichtungen profitieren, sondern auch der Rest des Europäischen Statistischen Systems. Deutschland spielte eine aktive Rolle in dieser Taskforce aufgrund seiner Erfahrung mit den Statistischen Landesämtern, die sich in verschiedenen methodischen Gebieten spezialisierten und somit Teil eines nationalen Netzwerkes methodischer Zusammenarbeit sind.

Um Missverständnisse zu vermeiden, werden die CENEX-Projekte in Zukunft unter der Bezeichnung »ESSnet« (European Statistical System network projects) laufen (s. Abschnitt 5(2)).

Die Sicherung statistischer Daten gegen Offenlegung (»statistical disclosure control«, abgekürzt SDC) gilt als eines der beiden Themen, die diese CENEX-Pilotphase vervollständigten. Zur Erstellung von Statistiken, die über die Landesgrenzen hinweg vergleichbar sind, muss gewährleistet sein, dass ähnliche Methoden und Instrumente eingesetzt werden, um die Vertraulichkeit der veröffentlichten Daten zu wahren. Solange die Mitgliedstaaten ihre Statistiken anhand unterschiedlicher SDC-Methoden erstellen, bleibt die Verfügbarkeit nützlicher europäischer Mikrodaten stark eingeschränkt.

Das CENEX »SDC« wurde Ende 2005 mit einer Laufzeit von einem Jahr in die Wege geleitet. Das Statistische Bundesamt (DESTATIS) war ein aktiver Teilnehmer in diesem Projekt. Der Erfolg dieses Pilotprojekts ist darauf zurückzuführen, dass die teilnehmenden nationalen statistischen Ämter bei verschiedenen SDC-Projekten kooperieren, ihre Erfahrungen mit ihren Verfahren austauschen und die erforderlichen Synergieeffekte erzielen konnten. Ein Ergebnis dieses Projekts war eine Bestandsaufnahme der SDC-Methoden und -Instrumente im Europäischen Statistischen System sowie des rechtlichen und administrativen Umfelds. Das Projekt kam auch nationalen statistischen Ämtern zugute, die nicht teilgenommen hatten, da sie ihre Erfahrungen austauschen, die Ergebnisse mit anderen nationalen statistischen Ämtern vergleichen und von den Kernaktivitäten der CENEX-Partner profitieren konnten. Wichtigste Ergebnisse dieses CENEX waren ein Handbuch, die Verbesserung der ARGUS-SDC-Software und verschiedene Fortbildungen und wissenschaftliche Aktionen.

(5) Der Verhaltenskodex für die europäische Statistik. Dieser Kodex wurde im Jahr 2005 vom Ausschuss für das Statistische Programm verabschiedet und beinhaltet einige Bestimmungen zur Verwendung statistischer Daten durch Forscher und zum Schutz vertraulicher Daten. Er bietet einen Rahmen für die Entwicklung eines harmonisierten Vorgehens in diesem Bereich. Die Einhaltung des Verhaltenskodex für die europäische Statistik wird heute durch Sachverständigenüberprüfungen überwacht, in deren Mittelpunkt unter anderem der Schutz vertraulicher Daten und die Verfügbarkeit von Mikrodaten für Forschungszwecke stehen.

6. Ausblick

(1) Der Rechtsrahmen der statistischen Geheimhaltung: Einige neuere Überlegungen

Nach über 10 Jahren musste der grundlegende Rechtsrahmen für die Statistik überarbeitet werden. Die Kommission hat ihren Entwurf dem Ministerrat und dem Europäischen Parlament zur Mitentscheidung vorgelegt. Auch wenn im Rahmen des Mitentscheidungsverfahrens Änderungen am Entwurf möglich sind, lassen sich doch einige allgemeine Aspekte zum Thema statistische Geheimhaltung herausarbeiten. Diese könnten folgende Aspekte betreffen:

- Ausschuss für die statistische Geheimhaltung: Die gegenwärtigen Überlegungen gehen dahin, den Ausschuss für die statistische Geheimhaltung als Teil des Ausschusses für das Europäische Statistische System zu definieren.
- Allgemeine Fragen und Definitionen: Die einschlägigen Bestimmungen der Verordnung (Euratom, EWG) Nr. 1588/90 des Rates über die Übermittlung von unter die Geheimhaltungspflicht fallenden Informationen an das Statistische Amt der Europäischen Gemeinschaften wurden in den neuen Basis-Rechtsakt aufgenommen. Eingegangen wird auch auf Maßnahmen zum physischen und logischen Schutz vertraulicher Daten. Diese Maßnahmen werden im Rahmen von Komitologieverfahren erlassen.
- Austausch vertraulicher Daten: Die gegenwärtigen Überlegungen gehen dahin, den Austausch von direkt identifizierbaren Daten zwischen den Mitgliedstaaten und Eurostat und unter den Mitgliedstaaten zu ermöglichen.
- Zugang für wissenschaftliche Zwecke: Der Basis-Rechtsakt enthält eine allgemeine Bestimmung, die den Zugang zu vertraulichen Daten für wissenschaftliche Zwecke ermöglicht. Alle Durchführungsbestimmungen zu den Modalitäten, Regeln und Bedingungen für diesen Zugang sind nach einem Komitologieverfahren zu erlassen.

(2) SDC-Follow-up im Rahmen von ESSnet

Die Arbeiten im Rahmen von CENEX SDC ließen sehr große Unterschiede bei der Behandlung vertraulicher Daten innerhalb des Europäischen Statistischen Systems erkennen. Sie machten auch deutlich, dass dem Wissenstransfer und dem Aufbau von Fachwissen in Ländern mit geringerer Erfahrung größere Bedeutung zukommen sollte. Die Analyse der Ergebnisse zeigte ferner, dass die vorhandenen SDC-Instrumente unbedingt verbessert und an die Umgebung des jeweiligen nationalen statistischen Amtes angepasst werden müssten. Da Umgebung und Bedürfnisse von Land zu Land variieren, wäre ein stärker auf die Anwender zugeschnittener Ansatz erforderlich, damit die Software im Europäischen Statistischen System eingesetzt werden kann. Und schließlich unterstrich das CENEX SDC die Notwendigkeit weiterer Forschungsarbeiten in verschiedenen SDC-Bereichen. Um diese ersten Ergebnisse auszuwerten, ihre Anwendung durch alle nationalen statistischen Ämter zu ermöglichen und weitere SDC-Methoden und -Instrumente zu verbessern, erging eine Aufforderung zur Einreichung von Vorschlägen für ein Follow-up-ESSnet zu SDC (ESSnet ist die neue Bezeichnung des ASP für CENEX-Projekte).

Diese Aufforderung hat eine Vielzahl von Zielen: Verbreitung der Ergebnisse der Arbeiten und Follow-up im Rahmen des CENEX SDC, insbesondere Fertigstellung des Handbuchs; weitere Untersuchung des Bedarfs der nationalen statistischen Ämter mittels Bestandsaufnahme und ggf. Besuchen vor Ort; Anpassung und Verbesserung der SDC-Software zur besseren Berücksichtigung des Bedarfs der nationalen statistischen Ämter; Vereinfachung und Erprobung der Anwendung in den verschiedenen Umgebungen der nationalen statistischen Ämter; Forschung in verschiedenen SDC-Bereichen, die für die nationalen statistischen Ämter von Interesse sind; aktive Einbeziehung aller (und nicht nur der teilnehmenden) nationalen statistischen Ämter in die ESSnet-Arbeiten durch Beiträge zu den Forumsdiskussionen; Teilnahme an Schulungsmaßnahmen …

(3) Fernzugriff und Auslagerung von gesicherten Bereichen

Die Mitgliedstaaten sind sich weitgehend darüber einig, dass dieser Ansatz vielversprechend ist. Um europaweite Überlegungen zu diesem Thema zu erleichtern, hat Eurostat eine Expertengruppe eingesetzt, die sich mit dem Fernzugriff befasst. Die erste Sitzung fand am 15. Juni 2007 statt, die zweite ist für den 23. November 2007 geplant. Folgende Ziele werden mit dieser Aktion verfolgt:

- Förderung eines integrierten europaweiten Zugangs zu und Einsatzes von Mikrodatensätzen aus amtlichen Statistiken zu wissenschaftlichen Zwecken;
- Entwicklung eines integrierten europäischen Ansatzes für Systeme, die den Fernzugriff auf Mikrodaten ermöglichen, und Festlegung einer Norm für den Datenfernzugriff.

Nach der ersten Sitzung wurde ein Plan für das weitere Vorgehen erarbeitet. Die vorgesehenen Maßnahmen sind weitgehend abhängig von der Art der verfügbaren Daten (entweder vertrauliche oder anonymisierte Daten) und von der Art des Zugriffs (Zugriff auf die vor Ort gespeicherten Daten in gesicherten Bereichen oder Fernzugriff auf die in einem gesicherten Server außerhalb gespeicherten Daten). Sie werden in verschiedenen Projekten mit gemeinsamer Zuständigkeit kombiniert, wobei jeweils eine andere beteiligte Stelle die Federführung innehat. Für diese Maßnahmen können verschiedene Finanzierungsinstrumente (7. Rahmenprogramm für die Forschung, ESSnet, Mittel der nationalen statistischen Ämter) kombiniert werden. Der Ansatz des Fernzugriffs wird schrittweise geplant; er umfasst fünf Phasen:

- In der ersten Phase werden zwei Möglichkeiten des Fernzugriffs bewertet:
  - Fernzugriffseinrichtungen: Die Daten sind auf dem Computerbildschirm sichtbar, nach Vorlage des Endergebnisses erfolgt eine manuelle Vertraulichkeitsprüfung.
  - Fernausführung: Die Daten sind auf dem Computerbildschirm nicht sichtbar, von Forschern wird eine Anfrage vorgelegt, es erfolgt eine erste Vertraulichkeitsprüfung zu der Anfrage, das Endergebnis wird automa-

tisch geprüft, es werden stichprobenartige manuelle Prüfungen durchgeführt.

Diese beiden Möglichkeiten werden eingehend untersucht, anschließend wird nach der Durchführbarkeit und nach dem Nutzen für die Forscher eine Rangfolge aufgestellt.

- In der zweiten Phase sollten zwei Pilotprojekte (ECHP und Datenarchiv) eingeleitet und getestet werden.
- In der dritten Phase könnte ein Fernzugriff auf Mikrodaten von einem Netz gesicherter Bereiche in den Mitgliedstaaten aus getestet werden. In diesem Falle muss die Identität des Forschers nicht überprüft werden. Für den Test könnten die in der Verordnung Nr. 831/2002 aufgeführten Mikrodaten verwendet werden.
- In der vierten Phase wird der Zugriff auf die auf nationaler Ebene erstellten und nicht an Eurostat übermittelten Mikrodaten ermöglicht.
- In der fünften Phase des Projekts wird der Fernzugriff vom Arbeitsplatz des Forschers aus entwickelt und getestet.

Eurostat plant, die erste und die zweite Phase durch ein Pilotprojekt im Rahmen des für 2008 vorgesehenen ESSnet einzuleiten. In den akkreditierten gesicherten Bereichen könnten europäische ECHP-Datensätze gespeichert werden, zu denen Forscher, die diese Bereiche besuchen, Zugang haben. Ferner soll 2008 geprüft werden, ob es möglich ist, Rahmenverträge mit Datenarchiven zu schließen, in denen anonymisierte ECHP-Datensätze gespeichert werden.

7. *Schlussfolgerungen*

(1) Wie ich oben (2.a)) ausgeführt habe, klafft eine große Lücke zwischen den in den statistischen Daten enthaltenen Informationen und den tatsächlich von den statistischen Ämtern veröffentlichten Informationen. Ein Weg, diese Lücke zu schließen, besteht darin, der Forschung Dateien mit Mikrodaten zur Verfügung zu stellen.

(2) Auf europäischer Ebene ist die Verordnung Nr. 831/2002 ein nützlicher rechtlicher Rahmen für die Bereitstellung von Mikrodaten für die Forschung. Nach einigen Anlaufschwierigkeiten verläuft die Umsetzung der Verordnung reibungslos.

(3) Der dezentralisierte Zugang zu Mikrodaten ist ein in Deutschland bereits seit Jahren funktionierendes System. Die Forschungsdatenzentren der Statisti-

schen Ämter des Bundes und der Länder haben mit ihrem Netzwerk an regionalen Standorten eine Lösung gefunden, die Bereitstellung der Daten serviceorientiert und gleichzeitig unter optimaler Nutzung von Ressourcen zu gestalten. Aufgrund seiner Erfahrungen in diesem Bereich, kann Deutschland an der Entwicklung von dezentralen Zugangswegen auf europäischer Ebene aktiv mitwirken. Weiterhin könnten die Forschungsdatenzentren der deutschen amtlichen Statistik in diesem Zusammenhang als dezentrale Anbieter europäischer Einzeldaten auftreten und so ihr nationales Dienstleistungsangebot um europäische Daten ergänzen und neu entwickelte, moderne Zugangswege testen.

(4) Die Bereitstellung statistischer Einzeldaten birgt Risiken, die wir zu meistern haben werden, wie zum Beispiel den gesetzlichen Schutz vor Identifizierung von Einzelpersonen, die Möglichkeit eines Datenmissbrauchs sowie die Wahrnehmung des manipulativen Missbrauchs ihrer Daten durch Einzelpersonen. Diese Risiken müssen sorgfältig analysiert werden, wobei anstelle der strikten Risikovermeidung ein effizientes Risikomanagement zum Tragen kommen sollte. Den genannten Risiken kann man in angemessener Weise durch rechtliche und technische Maßnahmen begegnen. Rechtliche Maßnahmen beziehen sich auf Zulassungsverfahren für Forscher und Forschungsprojekte, technische Maßnahmen beziehen sich auf verschiedene Methoden zum Schutz vertraulicher Daten.

(5) Überlegungen auf internationaler Ebene zeigen, dass trotz der bestehenden weitgehenden Übereinstimmung zugunsten der Bereitstellung von Mikrodaten für die Forschung in vielen Detailfragen weiterhin unterschiedliche Meinungen bestehen. Insbesondere wenn es darum geht, ob eine Datei für die Verbreitung ausreichend gesichert ist, sind die Unterschiede sehr groß. Verschiedene laufende Aktionen erleichtern die Harmonisierung von Methoden, Verfahren und Instrumenten und vereinfachen die Bereitstellung von Daten für die Forschung.

(6) Zur Verbesserung der Bereitstellung von Mikrodaten für Forscher werden verschiedene Methoden eingehender untersucht: erstens die Weiterentwicklung harmonisierter Kriterien für die Anonymisierung sowie für die Zulassung von Forschern/Forschungsprojekten, zweitens der Rechtsrahmen zur Vermeidung von Missbrauch, drittens die Anwendung eines Verhaltenskodex, viertens die Möglichkeit eines Fernzugriffs auf Mikrodaten.

Literatur

19. CEIES-Seminar (2003), Innovative Lösungen für einen Zugang zu Mikrodaten, Lissabon, 26. und 27. September 2002, Luxemburg: Amt für amtliche Veröffentlichungen der Europäischen Gemeinschaften.

Domingo-Ferrer, J., Franconi, L. (2007), Privacy in Statistical Databases – Cenex SDC Project Final Conference, PSD 2006, Rom, Italien, Dezember 2006, Proceedings, Springer-Verlag.

Domingo-Ferrer, J., Torra, V. (2004), Privacy in Statistical Databases – CASC Project Final Conference, PSD 2004, Barcelona, Katalonien, Spanien, Juni 2004, Proceedings, Springer-Verlag.

Harausz, A. (2007), Europäische Mikrodaten für die Wissenschaft. In: Wirtschaft und Statistik, Heft 9, Statistisches Bundesamt, Wiesbaden.

Managing Statistical Confidentiality and Microdata Access (2007), UN-Wirtschaftskommission für Europa, Konferenz der europäischen Statistiker.

Monographs of official statistics (2004), Work session on statistical data confidentiality, Luxembourg, 7 to 9 April 2003, Luxemburg: Amt für amtliche Veröffentlichungen der Europäischen Gemeinschaften.

Monographs of official statistics (2006), Work session on statistical data confidentiality, Geneva, 9 to 11 November 2005, Luxemburg: Amt für amtliche Veröffentlichungen der Europäischen Gemeinschaften.

Secrets, state secrets and statistics
How micro-data became available for external research purposes in the Netherlands

Willem de Vries[1]

1. Introduction

There is a saying that in the former centrally planned economies, statistical aggregates were state secrets, while data about individual enterprises were public knowledge. But that is history. Nowadays, confidentiality of individual data is an essential policy element in official statistics across the world.

In the Fundamental Principles for Official Statistics, endorsed by the United Nations Statistical Commission, this is explicitly mentioned. Principle 6 of the Fundamental Principles reads: »Individual data collected by statistical agencies for statistical compilation, whether they refer to natural or legal persons are to be strictly confidential and used exclusively for statistical purposes«. Apart from general philosophical issues and specific legal provisions, there is one overriding, practical reason for this strict adherence to confidentiality: the idea is that only if providers of data for official statistics can trust that the information they give is used for statistical purposes only will they be prepared to supply full and truthful information.

The previous version of the Dutch Statistics Law (1996) said it like this: »The data that the Central Bureau of Statistics receives in the framework of its legal task shall only be used for statistical purposes. These data shall not be given to others than those who are charged with carrying out CBS tasks«. A much older draft legal text about the confidentiality of statistical data in The Netherlands said it shorter: »In the statistical results based on the data that the CBS has processed, no names shall be mentioned« (1901). Clearly, there is a long and strong tradition in The Netherlands that information collected by the CBS shall only be used for statistical purposes and that no individual data whatsoever may be given to anyone (including other government services) outside the CBS, without explicit written permission from the data provider. However, statistical confidentiality philosophies and practices, as well as public and political sentiments about what is confidential or secret in statistics and what is not, have developed and changed a lot over time, as will be discussed in this article.

1 The article is a slightly amended version of an earlier article (1998), written jointly with Joris Nobel (†). The opinions expressed represent the author's personal views and do not necessarily coincide with Statistics Netherlands' (CBS) views or policies.

2. *The general philosophy of statistical confidentiality*

2.1 *Why confidentiality?*

Statistical confidentiality is the principle that no identifiable individual information is disclosed during the process of compilation of statistics, or in the dissemination of statistical results. As mentioned before, this is one of the foundations of official statistics, for reasons of principle and practice. The principal reason is the general legal principle of »goal binding« of government activities or in other words: the means the government uses must be compatible with the objectives it wants to achieve. Specifically: if data are supplied to a government institution for statistical purposes, so for aggregation into tables etc., it is not allowed to use them for other purposes.[2] The practical reason for confidentiality is: cooperation of data providers is essential for statistical work and the providers of basic data will only cooperate if they feel they can trust the statistical agency completely. They must therefore be sure that their individual data are not disclosed in publications, nor handed over or revealed to third parties, unless they have given the statistical agency their explicit or implicit permission to do so.[3] In a more general legal context: apart from the issue of the »secondary« use of individual statistical data for research purposes, conflicts of interest between the statistical confidentiality principle and other public interests may occasionally arise. In the Netherlands, for example, there have been a couple of incidents in which a public prosecutor, in the course of a criminal prosecution, believing that the CBS could provide certain documents which were considered to be relevant for the case, requested their delivery. The CBS has always refused to do this. So far, it has successfully argued that the general interest of official statistics outweighed the interests involved in that particular criminal case, and that there ought to be sufficient other possibilities to produce incriminating material.

2 Obviously, there are general ethical principles involved here as well: in the Declaration on Professional Ethics, adopted by the International Statistical Institute (1985), confidentiality of individual data is mentioned as one of the guiding principles for statistical work in general.

3 Implicit or silent permission relates to the issue of »informed consent«. If a statistical agency clearly explains to respondents (e.g. in an introductory letter) that the data they provide will be used by third parties as well, be it for research or for other purposes, and the respondent nevertheless agrees to provide information, this may be interpreted as the respondent's »informed consent«.

2.2 Administrative immunity

As mentioned before, the CBS, in principle, never publishes figures that may reveal information about individual persons, firms or institutions, without their consent. There are some cases of publications containing this kind of individual information, e.g. when a certain activity is exclusively carried out by one or a few large enterprises and these enterprises have agreed to the publication. However, there are also cases where the problem is of a more subtle nature. In particular, this happens when state-owned or state-financed entities or activities are involved. It could be argued that what these entities do can not be confidential, because they are »public«. In this respect, the ministries who supervise local or regional authorities tend to maintain that the CBS does not have to protect the confidentiality of certain details of the financial dealings of cities or provinces. Yet, the CBS has usually done so, arguing that if ministries need such details, they must ask the involved parties themselves. The principle underlying this is really an extension of the principle of confidentiality. It could be called the »principle of administrative immunity«. It is based on the reasoning that information supplied for statistical purposes must not have any *direct* consequences for the respondents. The aim here is to ensure, obviously, that the respondent need have no worry about supplying the information. The guarantee of »administrative immunity« may result in getting more accurate information at the level of the individual than would be the case were it to be collected as administrative information.

2.3 Potentially vulnerable entities

There is another concept that is more difficult to define and apply. It concerns the principle of protection of »potentially vulnerable entities«. It is an extension of the principle of administrative immunity. Sooner or later, statistical information may have consequences either for all or a subgroup of the respondents, or, possibly, for a third party. Since statistical information generally plays a part in governmental policy, many examples can be given of indirect consequences which can be linked to information supplied by respondents. In itself, this is not a problem. However, respondents may be wary in some cases. Resistance to population censuses can to some extent be seen as resistance to a government whose activities permeate the daily life of citizens. The situation is rather different where certain small groups (e.g. members of a certain profession or inhabitants of a distinct small area) oppose statistical surveys, because they feel that the statistical information may give rise to measures aimed particularly against them. Although no direct consequences result from the statistical information supplied, a certain group nevertheless could become the »target« of government officials. A comparable situation would exist if statistical research were to reveal that certain (small) subgroups (e.g. ethnic minorities) were especially liable to be involved in particular – for example criminal – actions. A real danger then exists that the statistical information concerned may result in discriminatory treatment based on the mere fact that someone belongs to such a subgroup (e.g. gypsies). In this case, too, statistics may »generate« a potentially censurable entity.

In some cases, a third party may, itself not being a respondent, nevertheless become vulnerable. As an example, a statistical survey of examination results of students may be given. The Ministry of Education will be inclined to think that the CBS is fully entitled to publish details about, for instance, study results of students in an individual faculty of one of the universities. The CBS, on the other hand, feels that this would make the faculty a vulnerable entity and as a rule would not lightly do so. Statistics on causes of deaths may be taken as another example. If such statistics are split up into small regions, differences between these regions can become apparent. Let us now assume that in one particular respect a certain region compares very badly and that only one doctor works in that region. In this case, this doctor is the »third party« and a potentially vulnerable entity.

2.4 Factors determining disclosure risks

Disclosure risks depend on a variety of factors. Two of the most important aspects are: the nature of the statistical units that the data relate to and secondly the aggregation level of the statistical results. As to the matter of statistical units, there is a distinction to be made between business data and data about persons or households.[4] From a confidentiality point of view, there are some important differences between these two types of statistical units. First of all the population of people is many times bigger than the population of businesses. Moreover, the variables that »indirectly identify« people (sex, age, municipality of residence) are usually less detailed and more evenly distributed than the equivalent business variables (activity code, size category, location of operations). Consequently, breakdown of variables in the case of enterprises more often leads to »uniqueness« and therefore disclosure risk. Disclosure protection is even more difficult because of the fact that larger enterprises are usually included in all statistical surveys and because general information about these companies is fairly widely known. Another important aspect is, of course, the level of aggregation of data. In simple terms, there is tabular information on the one hand, and individual records on the other. Tables have always been the most important product of statistical offices. In the past, it was necessary to define the tables to be produced before the statistical process was started and there was relatively little flexibility to change tabulations

4 It should be noted that some CBS statistics relate to other »units«, such as transactions, goods or locations, but these are not explicitly discussed in this article.

during the process. To prevent disclosure of individual information, tables were normally checked on the occurrence of recognisable data. Rules differ from country to country, but the standard rule is often that no information is released relating to three or less enterprises, or information about an industry group in which one company has a very dominant position. To prevent disclosure, information was suppressed (CBS used and still uses an »x« in cells to indicate that information is »secret«) or combined. However, modern computer technology has completely changed this situation. It is now much easier for statistical offices to produce »ad hoc« tabulations. At the same time, it has become much easier for the users of statistics to further process and to manipulate such tables, to combine different data sets etc. Obviously, this new situation has increased the disclosure risks considerably. Another and even more far-reaching aspect (from the confidentiality point of view) of modern computerisation has been that it has generated an increased demand from the users' side to have access to individual records, in order to do their own tabulations and analysis. To meet such a demand of course creates serious problems. Even if individual record are fully anonymised (i.e. if all direct identifiers such as names, addresses, telephone numbers and registration numbers have been removed), it is often relatively simple to trace rare or unique elements in a data set, particularly if the user of the file happens to have »response knowledge« (i.e. knows that a certain individual element is present in the data set).

2.5 Registers; a case in their own right?

From the confidentiality point of view, registers containing names and addresses are a special case. Such registers are an indispensable tool for statistical work. In the case of The Netherlands, the General Business Register is one of the most important instruments for economic statistics. For social statistics, the most important registers are the so-called Basic Geographic Register (postal addresses) and the Municipal Basic Personal Data Register. The General Business Register (to be discussed in more detail elsewhere in this article) is maintained by CBS itself and is used for statistical purposes only. The other two registers are maintained by third parties and serve primarily administrative, but also statistical purposes. Over time, the ideas about confidentiality of register information have changed. In the beginning of the century, the CBS published various lists of names and addresses, including labour unions and organisations who gave financial help to the poor. The aim was to keep the underlying registers complete and up to date and consequently to enhance the quality of the statistics that were based on them. It was thought that the mere existence of enterprises and institutions and their activities were public information. Later the CBS came to regard all such information as confidential and secret, including information that was extracted from public annual accounts of enterprises, municipalities etc. The idea was that the information was processed according to statistical criteria and that this processed information was not by definition exactly the same as the original information; therefore the data providers were entitled to confidentiality. Moreover, it was argued that anyone who was interested in the original information could get it elsewhere, either from the providers themselves, or from public archives.

2.6 The European dimension

A short note about the European dimension of the confidentiality issue is needed here. In the past, National Statistical Institutes of the Member States of the European Union have often used confidentiality rules as an argument not to supply certain detailed statistics to Eurostat. This situation, which sometimes made it impossible for Eurostat to compile aggregate data at the European level, was in principle ended with the adoption of a Regulation (known as 1588/90) of the European Council. The aim of the Regulation was to enable countries to supply data to Eurostat regardless of national confidentiality rules. Of course there were some strings attached: first of all the supply of the data had to be compulsory on the basis of a specific statistical Regulation, and secondly, Eurostat had to make sure it did have the necessary security measures in place. An official committee of representatives from Member States (Committee for Statistical Confidentiality) was established to oversee the implementation of these measures. At present, it may be said that security at Eurostat has now reached an advanced level. In addition, it should be mentioned here that Eurostat has long played a leading role in the methodological aspects of disclosure control. It organised various international conferences on the subject and the European Commission (Framework programs for Research and Development) has also subsidised a number of research projects in this area. In this framework Statistics Netherlands has developed its so-called Argus software for automated disclosure control. Meanwhile a new problem at the European level has cropped up: there is an increasing demand from researchers for access to micro-data that are available at Eurostat and a legal framework to make this possible has to be developed.

3. Confidentiality and business data

3.1 The first business census

Confidentiality became a real important issue when the CBS began collecting business data through business censuses. While the Business Census Act of 1930 was discussed in parliament, the Minister assured parliamentarians that: »It is not our intention to publish information about any individual enterprise, but to publish aggregated data for groups of enterprises only. Therefore, there is no need for fear that business secrets will in any way be revealed«. It is interesting to note that for once the statisticians, at least in those days, were less strict than the politicians. When the statistics were finally ready for publication (in 1933), the then CBS Director proposed to also publish information pertaining to just one or a small number of enterprises, because, he wrote: »These data could not be regarded as industrial secrets, even more so because they relate to the situation of nearly three years ago«. The responsible Minister, on the other hand, requested the CBS to strictly adhere to what he had once promised in parliament. The CBS, remarkably enough, was reluctant to adhere to this commitment. In an internal memorandum (1932) it was even suggested to start selling names and addresses of manufacturers of and traders in certain commodities. The reasoning was that this type of information was not seen as confidential. On the contrary, it was believed that the business community would be grateful for this kind of free publicity. Later on, when the Business Census of 1940 (which did not take place because of World War II) was being prepared, these arguments were repeated. It was mentioned that some other government institutions also published information about individual enterprises. In other words, the notion that a statistical office is different from other government agencies was not specifically recognised.

3.2 Later business censuses

When the Business Census Act of 1930 was being revised (1939), an article was included saying that the collected information could only be published with the consent of the responsible Minister (i.e. the Minister of Trade and Industry, later renamed Economic Affairs). Again, this was meant to prevent the publication of business secrets. It is interesting to note that obviously this responsibility had to be given to a Minister, not the CBS Director-General. When the Business Census Act was once more revised (1959), the then Director-General of the CBS tried to change the rules: his proposal was that the Minister would only have a say in the general format of tables that were to be published. This was accepted. When later on the tabulation programmes for the 1963 and 1978 Business Censuses were developed, it became clear that it would be impossible to prevent publication of data about single enterprises, without seriously damaging the usefulness of the statistical information, in particular as to regional detail. Considering the nature of the information to be published (regional distribution of number of establishments by type of activity and size-class), it was felt that this was acceptable. Publication of turnover indications for individual establishments, however, would be prevented.

3.3 Building up a General Business Register

In the sixties, the CBS began to build up a General Business Register (GBR). From the start it was underlined that this Register would be used for statistical purposes only. It would contain the names, addresses, activity code and size-class (number of staff) of all enterprises and institutions (excluding agriculture and the public sector). Oddly, confidentiality issues were not even mentioned when the GBR plans were officially proposed to the Central Commission for Statistics[5]. Soon outsiders (e.g. ministries, the postal authorities, regional administrations etc.) began to show a keen interest in obtaining information from the GBR. The CBS, however, was very restrictive in responding to such questions: only if enterprises explicitly gave their permission were data about individual units released to third parties. However, when »competing« business registers began to crop up and business surveys by others (resulting in an increased response burden and uncoordinated statistics and consequently adverse reactions of the business community) were planned to be held, the CBS had to reconsider this point of view. In 1974, e.g., the Dutch Central Bank wanted to obtain activity codes from the GBR in order to supply these to commercial banks, ultimately for statistical purposes mainly, the CBS – reluctantly – agreed. It was, however, recognised that this was not really consistent with confidentiality rules and that there was a need for a sound legal basis for the external release of individual business data from the GBR.

3.4 External release of business register data

The external release of GBR data turned out to be a complex issue. In 1978, the Ministry of Economic Affairs submitted a draft Bill about »Rules on the supply of data about enterprises, institutions and individual professionals by the Central Bureau of Statistics« for advice to the Central Commission for Statistics. An important role in the new structure was envisaged for the recently established so-called Databank of the Union of Chambers of Commerce.[6] The CBS would on the one hand be entitled to supply some basic data from its GBR to government insti-

5 The Central Commission for Statistics (CCS) is the »supervisory body« of the CBS. Among its legal tasks are: to decide about CBS work programmes, given the budget that the government provides, to advise the government on important issues concerning (the coordination and centralisation of) official statistics, to submit a proposal for the appointment of the Director-General and Deputy-Director-General of the CBS, to advise on the application of the 1936 Law to specific surveys and also (since 1996) to decide on issues concerning the supply of micro-data to external researchers.

6 By law, all enterprises in The Netherlands have to be registered with one of the regional Chambers of Commerce.

tutions, for statistical purposes only, and would on the other hand give data to the Databank, which would be responsible for the supply of data to the business community (regardless of the purpose for which the information would be used). In the Explanatory Memorandum to the Bill it was stated explicitly that »the Bill would lift the confidentiality rules of the CBS for a restricted number of enterprise data«, but that individual enterprises would be in a position to forbid the CBS to release data about them. Ultimately, it was not until 1988 that the »Law on the release of CBS data for statistical purposes« was adopted by parliament. However, for various reasons the Law never became effective. One reason was logistics: in order to be sure that enterprises agreed with the release of their individual data, the CBS had to ask them explicitly (a very heavy and costly procedure for more than half a million units). Another reason was lack of effective demand for data needed for statistical purposes. The third reason was developments in computerisation and registration initiatives and activities elsewhere. Early 1995 the CBS established a steering committee, jointly with three other parties that are responsible for the maintenance of registers of enterprises: the Tax Administration, the National Institute for Social Security and the Union of Chambers of Commerce. The mandate of this steering committee was to investigate the possibilities for closer cooperation and data exchange, in order to reduce the respondent load for the business community. However, one of the starting points of the exercise was that the statistical confidentiality of the CBS would not be touched. In other words, the CBS would only be allowed to give information from its GBR to others if the registered enterprise would give its explicit consent.

3.5 Production statistics

For the statistics about production and utilisation (make and use) of enterprises, as well as for trade statistics, the CBS needed a lot more detailed information from businesses than was necessary for the Business Census. The need for such statistics became first manifest during World War I. The »Law of 1917« enabled the CBS to collect information on the production and utilisation of commodities, including information on previous years. Enterprises were obliged to supply the information and on the other hand the CBS had a strict obligation to keep the individual data confidential: »CBS officials shall use the information they collect for their work only«. And the penalties for infringement were stiff: »He who willingly violates his confidentiality duties, shall be punished by imprisonment of a maximum of six months, or a financial penalty of a maximum of 600 guilders«, for those days a lot of money. Nevertheless, quite a few politicians were not convinced that things would be handled properly. In particular, the right of the CBS to look into the accounts of enterprises appeared to be a delicate issue. How can we be sure, they wondered, that CBS officials would not use »delicate and detailed information« for their own profit, for example by selling it to the competition? Or just be negligent and tell their relatives or friends? Who, they wondered, is »so unimpeachable and close-lipped«? The Minister, however, considered these objections as »theoretical«. Finally, the Law was adopted by a small margin. Now it was a matter of implementation. To that end, comprehensive and complex confidentiality measures were taken to ensure that CBS staff members who were processing the data could not know to which enterprises they related. A commission representing the Union of Manufacturers was invited to inspect the measures and they were impressed with the efforts the CBS had made to protect »business secrets«. A sceptic in the Central Commission for Statistics who dared ask what would happen if some »State Commission« were to visit the CBS and ask for information about particular enterprises and who believed it would not be possible to »set fire to the papers« in such a case, was rebutted by the then Director-General: »Of course that is possible!«. In very exceptional cases entrepreneurs were allowed not to supply information on certain products on the questionnaires, but to give this information either orally or in a sealed envelop, after which the CBS could decide to publish the information under the heading »other materials« or »other products«, or to put an * in cells that would have contained such highly sensitive information.

3.6 Law of 1936

After about twenty years, the Law of 1917 was ripe for replacement by something better. A need was felt to extend the obligation to supply data to the CBS to all economic statistics (in principle). Although there had never been real difficulties with respect to confidentiality, the Central Commission for Statistics deemed it necessary, taking into account that the CBS would have a broader mandate, to also more explicitly lay down the confidentiality rules. Therefore, it proposed wording saying that »statistics compiled by force of this law shall not be published in such form that information pertaining to individual persons, enterprises or institutions may be revealed, unless these persons, the head of an enterprise or the board of an institution has stated that he does not object against such publication«. In addition, to protect bank secrecy, the collection of data from banks became the prerogative of the Dutch Central Bank, which had to forward these to the CBS, in aggregated form. After World War II, most economic statistics were brought under the umbrella of the Law of 1936. As to confidentiality policies, the Law of 1936 has long been the model for all CBS statistics, including statistics that were not ruled by this law.

For industrial statistics, the interpretation of the rule of the Law was as follows: it was assumed that the Law was respected if

- published data or data that were supplied to others in different ways related to groups of at least 4 enterprises (for data on employees at least 3)
- in such groups of at least 4 (or 3) enterprises there was not one enterprise with a dominant position (which was interpreted as: representing 75-80% of the total).

About some sectors, no statistics were published, or only with the permission of the enterprises involved. This had to do with the very dominant (or even monopolistic) position of some enterprises in a number of industries (e.g. the National Railroad Company and the State Post, Telephone and Telegraph Company). What were also taken into account were existing forms of cooperation in certain sectors and industries. For example, there was a union of producers of a certain type of construction materials. It was known that most, but not all, of the enterprises in this sector were members of this union and that the union also collected statistics of their own. At a certain point in time, the publication of statistics about this industry was stopped in order to prevent that information about the non-members was revealed. Only when it became known that all enterprises had joined the union, the publication of statistics was resumed.

3.7 Trade statistics and »passive confidentiality«

In 1916, Statistics Netherlands took over external trade statistics from the Ministry of Finance. These statistics were based on copies of customs documents[7]. Both the nature and the enormous volume of these documents created special confidentiality problems: it was in fact impossible for the statistical agencies to apply an active confidentiality policy. The point was that hundreds of thousands of documents were processed each month, and that the people who completed the customs documents (and whose name was mentioned on them) were not necessarily the owners of the goods and therefore the subjects of protection against disclosure. On the other hand, the external trade statistics were published in great detail: thousands of commodity groups and a large number of countries. Therefore, a confidentiality approach was followed in which the initiative to ask for confidentiality (= non-publication) was left to the interested parties. This system is sometimes called »*passive confidentiality*«. The users of statistics were often not happy with this, because it could happen that the entire export of a certain commodity, which everyone knew or suspected had to be there, was not mentioned.

7 In fact, except for some specific developments in the Benelux Economic Union, this has remained so until 1993, when customs documents were abolished for intra-European Communities trade and the so-called Intrastat system was introduced, based largely on direct reporting by trading companies to either statistical offices or customs authorities.

A problem was that in the early years the number of parties who asked for non-publication of certain data was increasing steadily and that this led to serious deficiencies in the external trade statistics. In this context, it was felt that there was a need for objective rules about when to publish and when not. This was difficult. One of the solutions proposed was therefore to set up a committee to advice on individual cases of this kind, but this was rejected. In 1935, however, a new proposal in the same vein was made and accepted by the Minister of Economic Affairs. After World War II the rules were slightly changed. Uniqueness was no longer accepted as a ground for suppression of data: the interested party that asked for secrecy had to make clear that publication of information on his trade transactions was harmful. In the sixties, another criterion appeared: if the information to be suppressed could also be found in statistical publications of another country (in the case of exports from The Netherlands as imports in country X), it was thought to be ineffective to suppress the data in the Dutch publication only. However, in 1983 the rules were again made stricter and uniqueness once more became the dominant criterion. Suppression of data, on the other hand, was always only granted for a restricted period, mostly for one year, after which the interested party had to ask for renewal.[8]

4. Confidentiality and data about persons and households

4.1 Population censuses

Of course population censuses are the richest source of individual data on persons and households. In historic Dutch census legislation, confidentiality of data was not mentioned at all. The population censuses in those days were not only held for statistical purposes, but also to check and improve population registers. In fact, in the early 19th century the census was used to build up municipal population registers. The protection of privacy and confidentiality of personal data were not an issue in those days. In old census publications many data were published that must have been easy to relate to individuals. Later on, the census data were used for checking and correction of these registers. The Central Commission for Statistics and the Director-General of the CBS have long been active in promoting better population registration methods, and this contributed to improved quality of population registers. Consequently, the need to use population census data to check and correct these registers diminished. This in turn enabled the CBS to gradually emphasize confidentiality of individual census data. Among other things, it prohibited municipalities (who played an important role in the data col-

8 There were some exceptions made, one of these being that Eurostat – for checking purposes – was given information about trade codes for which the information had been wholly or partly suppressed.

lection process) to use »individual census data for the completion of population registers, in particular with regard to religious affiliation«. It should be noted that this was done with the full consent of the Government Chief Inspector of Population Registers. Especially after World War II confidentiality of census data became an important issue. The first post-war census was also a census of dwellings and there was fear that the government might use the individual data on dwellings for the redistribution of dwellings, which were very scarce. However, it was not until the 1960 population census that formal provisions about confidentiality were introduced and even then it was not entirely clear whether violation would constitute a criminal offence. In practice, however, the CBS was very active in trying to secure confidentiality. E.g. in 1960 large numbers of questionnaires were confiscated by the CBS when it became clear that regional social research services were using census questionnaires to quickly process and tabulate census data for their own purposes.

4.2 Was Big Brother really watching us?

Around 1970 the preparations for the population census to be held at the end of that year, created some public commotion. In that same period Parliament was discussing a plan to introduce a central, computerised population register, in combination with a uniform personal administration number. This fuelled fear for abuse of information. A »Population Census Vigilance Committee« was leading the extra-parliamentary opposition, which was at times fierce. The original ideas about the census, which the Central Commission for Statistics and the CBS had been discussing for years, had to be revised on a number of points. In Parliament several discussions about points of principle were held, such as penalties for infringements on confidentiality rules, the necessity for certain questions (such as disability and other private issues), the destruction rules for individual data etc. In a special meeting of the Central Commission for Statistics (17 December 1970) it was concluded that there were stronger adverse feelings towards the census than was anticipated and that this had much to do with plans to create a computerised central population register. It was also noted that the independence of the Central Bureau of Statistics and its complete separation from all registers was not generally recognised. It was also felt that action committees not only displayed a violent anti-establishment attitude, but that there was also genuine popular discomfort because there was no general privacy law in the Netherlands. In the meantime and quite on the other hand, representatives of the research community were active to promote the idea to use the population census data more intensively for social research purposes, including – for longitudinal analysis – linkage with future census data – at the individual level. This meant, of course, that among other things census data would have to be archived for longer periods. CBS, CCS and the government proposed a compromise: a 10% sample of the census data would be kept on an individual basis. Ultimately, two important concessions were made to take away privacy fears. First of all, it was agreed that names and addresses would be removed from the files as soon as the data would have been checked for completeness. In addition, there was a firm government promise that corrections in population registers that would take place on the basis of census data, were not to have any negative consequences for the people involved (e.g. illegal immigrants). Moreover, in practice it was decided that no legal steps were taken against those who had explicitly refused to cooperate (about 30.000 people, mostly concentrated in big cities).

4.3 The last Population Census

The 1971 Population Census experience led to some important changes of the rules for the Population Census of 1980. The new Law said that the target population for the census were no longer the people who *should* have been registered in population registers, but the population that was actually registered. In addition, no longer were individual data given to the municipalities. Clearly, the intention was to make sure that population census data were only meant for statistical purposes, and not for checking administrative systems, in this case the population registers. In parliament, the population census was described as a »closed statistical information system«. Finally, the obligation to respond was retained in the law, but the penalties for non-response were taken out. The general idea behind this was that cooperation and »propaganda« would be more effective than coercion in making the population comply. And to remove any remaining fears for Big Brother, there was a provision in the law that matching population census data with any other data was forbidden. However, all these good intentions were overtaken by the realities of life. During pilots for the 1980 census it became clear that the Dutch population did no longer accept the idea of having a census: there was an overall non-response rate of 26% (and considerably higher in certain urban areas) and consequently the then Director-General proposed to cancel the census. The costs were high and the risks of failure were big. Meanwhile, the necessary data (including those for Eurostat) were compiled by a combination of data from population registers and some sample surveys. Obviously, this did not produce all the detail that a population census would have produced, but for most purposes it appeared to be sufficient. After a while, the population census was also officially repealed (Law of 29 May 1991 to abolish the Law on Population Censuses).

4.4 General Privacy Law

In the political arena, including pressure groups, one of the arguments used against holding a population census (and various other data collection initiatives) had long been that there was no »General Privacy Law« in the Netherlands. It took quite some debate and time before such a Law was finally adopted. The General Privacy Law (Law on Registrations of Persons) did not become effective before 1988. An independent institution called Registration Chamber (»Privacy Commissioner«) was set up to oversee the implementation of the law. It is beyond the scope of this article to discuss the law in any detail, but some of its characteristics should be mentioned here. First of all, the scope of the law is fairly wide. For example, and this is very relevant in the area of statistics, registrations of businesses (e.g. the General Business Register of Statistics Netherlands, but also subsets of this register, as well as data-files about specific industries) which include a substantial number of »one-person-businesses« are considered to be »registrations of persons«. Secondly, the Law stipulates that there has to be a »regulation« for each individual registration, which must be submitted to the Registration Chamber and has to be accessible for the public. In the case of Statistics Netherlands, this means that a hundred or so such regulations are available in the (public) library. Regulations must describe the purpose of the registration, its content, which persons have access to the information, whether any matching with other data takes place etc. Fortunately, the law contains a few exceptions from the general rules for those registrations that are kept for statistical and research purposes. It should be noted here that it has taken considerable fights to get this done. In particular, the general right of registered persons to have access to their personal files and to correct data that they consider to be incorrect, does not apply to »statistical« registrations of persons.

5. Confidentiality and research

5.1 General considerations

It has been obvious for a long time that users of statistics and in particular researchers had serious problems with the confidentiality rules that Statistics Netherlands used. From time to time there have been intensive internal and external discussions about the subject. In the sixties, in CBS discussion papers on the subject, parts of a doctoral thesis were quoted extensively. A brief summary of what the author of the thesis said may be illustrative. »The way CBS publishes regional employment data, suppressing many details, is unhelpful and therefore regrettable. It is also quite unnecessary, because it is relatively easy to find out the number of employees for individual companies. Often, only meaningless aggregates are published and this will get even worse considering concentration trends«. And the CBS author of the discussion paper adds to this: »There is a lot of truth in what the author writes. A sensible policy in this regard should try to take both the interests of the data providers and the users into account«. There are various kinds of needs for detailed information that cannot be published under rigid confidentiality rules. Regional bodies obviously want a lot of regional detail. Business analysts want detailed information about industries or commodities. Academic researchers like to do their own kinds of analysis on sets of individual data. Holders of registrations (e.g. the Tax Authorities and the Chambers of Commerce) would like to use CBS information to improve the quality of their own registers. In conclusion: the CBS has been under some pressure for many years now to provide sets of individual survey records (about private persons and households) for research purposes. Universities and research institutes have argued persistently that it is a waste of public money not to make full use of the rich datasources the CBS has.

5.2 Microdata for research purposes

Ever since the sixties, the demands to make use of statistical microdata (individual records) for research purposes has been growing steadily. Of course this has a lot to do with the development of computing facilities. For some time the Royal Dutch Academy of Sciences (in particular the so-called Steinmetz Data Archive) has been acting as intermediary for the archiving of and providing access to CBS-micro sets. In the eighties, however, methodological and other difficulties began to arise. Advanced analysis techniques had shown that making individual records anonymous was as such insufficient to prevent disclosure. Consequently, while demand was growing, the CBS became more and more reluctant to give access to its microdata. However, it was impossible to stop supplying microdata completely. Therefore, different techniques were developed to reduce disclosure risks. Some of these techniques were data-intrinsic, in the sense that data were suppressed, scrambled, randomised or stripped. This resulted in the creation of so-called standard research files. They were supposed to contain sufficient information for relevant social research. However, researchers labelled these CBS policies with terms as »mutilation« and »patronising«. In addition to technical solutions, legal ways to circumvent the problems were sought and found. What it all boiled down to was that the CBS opened the possibility to obtain data-sets under protection of a contract between the CBS and the employer of the individual researcher, usually a university. These data sets were somewhat richer in detail than the ones mentioned before, but their structure nevertheless made the disclosure of individual data unlikely. The contract between the CBS and the research institution contained several safeguards for data protection, as well as serious penalties in case of infringements of the contract. Confidentiality, incidentally, was not the only issue in the conflicts between the CBS and the research community where it came to the supply of micro-data sets. Another point was that the government had imposed the obligation on the CBS to apply a kind of cost-retrieval; it had to generate one million guilders of annual income from this activity, which was meant to cover part of the data collection cost, but also to make the real cost of research more visible. Consequently, the price of a complete micro-set for the Labour Force Survey surged from 200 guilders in 1973 to 160.000 guilders in 1985. Not surprisingly, this was not appreciated by the research community and also it created higher demands as to quality, timelines and »after-sales service«. Various organisations and lobbyists' groups tried to make the CBS change its (pricing) policy.

5.3 Steps towards a solution

To find a way out, a committee was formed by the Central Commission for Statistics. In 1989 this committee produced a preliminary advice. It is interesting to note here that the committee and the CBS disagreed on one point of principle. While the committee thought (in agreement with the research community) that it was part of the »mission« of the CBS to supply microdata for research purposes, the CBS believed that this was not the case. It argued that its core task was the production of statistics, i.e. aggregates, and that microdata-sets were only an intermediary product and that it *could,* but was not obliged to make them available for outsiders. This argument may sound theoretical, but ultimately parliament, when it adopted the new Statistics Law (1996), chose the CBS-side in the issue, which had certain consequences for the relevant legal provisions. Before the matter was finally settled, the preliminary advice of the CCS committee led to new contacts between the CBS and the research community, aiming at finding a practical solution. After fairly long discussions, a memorandum was drafted entitled: »Towards an agency for statistical microdata-sets«. The idea was that the Netherlands Organisation for Scientific Research (NWO) would provide the necessary infrastructure to set up this »agency«. Among other things, an advice of the Registration Chamber was sought. Ultimately, an agreement (1994) between the CBS and NWO about a »Scientific Statistical Agency« (SSA) was concluded for a period of four years. The main points of this agreement were:

- CBS committed itself to supply (anonymised) micro sets of its surveys among households and persons to the SSA.
- NWO (which is financed by the Ministry of Education and Science) supplied the one million guilders income that the CBS had to generate.
- SSA would be the broker between the CBS and researchers.
- CBS would concentrate on the production and distribution of microdata-sets.

When the SSA construction was evaluated in 1998, all parties agreed that it had been successful and that the agreement was to be continued.

5.4 And the final (?) steps

As mentioned above, the SSA deals with micro sets about persons and households exclusively. Data sets about business surveys are excluded. In this regard, more strict confidentiality rules apply, also from a legal point of view (Law of 1936). Nevertheless, economic researchers have developed a growing interest in microdata as well. In recent years, several government advisory committees have been pointing out how unsatisfactory it was that CBS microdata could not be used for research purposes. Therefore, as a kind of extension of the SSA construction, and after long consultations with the Central Commission for Statistics, the Ministry of Economic Affairs and business associations, the CBS has decided to create CeReM (Centre for Economic Microdata Research), for a trial period of three years. CeReM is a facility for »on site« analysis of microdata relating to business surveys. Some of the most important CeReM rules are the following:

- The Central Commission for Statistics defines the general criteria for who (which categories of researchers) is allowed to work »on site«.
- Users must sign a confidentiality statement.
- Output can only be exported after a »disclosure protector« of the CBS has checked it.
- Users work on stand-alone machines only, so they cannot e-mail from their workstation.
- So far, CeReM functions satisfactorily and there is a growing interest to work »on site«.

6. To conclude

At the completion of its first centenary, the relations between the CBS and the research community appear to have been stabilised. The 1996 Statistics Law provides a sound legal basis for statistical confidentiality in The Netherlands. The Law regulates only two exceptions to the general confidentiality rule: controlled supply of microdata for research purposes and the supply of confidential data to Eurostat. Is this the end of the discussion? Not likely! There are quite a few outstanding issues and no doubt new issues will arise. First of all: one of the CBS strategies for the 21st century is making better use of administrative registers and matching data from various sources. This strategy applies to both social and economic statistics. The 1996 Statistics Law contains an article saying that the CBS is entitled to have access to in principle all government data files that may be used for statistical purposes. However, the law is one thing, but practice is another. There are still many barriers to be overcome, both in terms of public and political sentiments and in terms of cooperation of register-holders. Also, there are often legal thresholds to be crossed when it comes to the actual use of registers, exchange of information, etc. With some register-holders the CBS has had a long and fruitful cooperation, but many registers are still untapped. Secondly, it is felt that Geographical Information Systems will play a growing role in statistical processes. And if there is one lesson to be learnt from past experience, it is that precisely regional detail is a sensitive issue when it comes to disclosure. Thirdly: the very general current understanding of statistical confidentiality may be questioned. This point was also raised earlier in this article. Should confidentiality apply to certain kinds of »public« information as well (e.g. public accounts of municipalities)? In other words: how »public« is »public«? Fourthly: there is a continuous pressure from the side of the business community to reduce the respondent load, not only for statistics, but generally. This creates the necessity of increased »common use of information«. Statistical confidentiality presents barriers against such common use. Will the CBS be able to maintain its position that only »one-way-traffic« is acceptable in cooperation agreements with others (e.g. in making use of tax files, but not giving anything in return)? And finally: the users of statistics will continue to ask for more and more detailed data. The CBS will not be able to comply with such requests without the consent of and therefore an ongoing dialogue with its data providers.

Statistik und Datenschutz

Peter Schaar

Kurz nach der Wende – es muss im Sommer 1990 gewesen sein – hatte ich die Möglichkeit, ein Gebäude zu besichtigen, das zuvor vom statistischen Amt der DDR genutzt wurde. Die Gebäudesicherung ging über alles hinaus, was ich von den westlichen Statistikämtern kannte. Vor allem die Innentüren waren mit auffälligen, vor die Schlösser gesetzten Zugangssicherungseinrichtungen versehen. Auf meine Frage nach dem Sinn und Zweck dieser sehr aufwändigen Abschottungsmaßnahmen bekam ich eine überraschende Antwort: In den betreffenden Räumlichkeiten lagerten die Ergebnisse statistischer Erhebungen. Alle Informationen, die Einblick in die tatsächliche Lage des Landes hätten geben können, wurden als Staatsgeheimnisse behandelt und waren nur wenigen Stellen in Partei und Staat zugänglich. Dagegen galten die statistischen Einzelunterlagen, insbesondere die personenbezogenen Daten über die DDR-Bürger, als wesentlich weniger schützenswert.

Dieses kleine Erlebnis verdeutlicht einen wesentlichen Unterschied zwischen demokratischen Staaten und Diktaturen im Umgang mit der Statistik. In der Bundesrepublik und in anderen modernen Demokratien soll die Statistik dazu beitragen, die tatsächlichen Lebensumstände der Bevölkerung und andere Gegebenheiten in allen gesellschaftlichen Bereichen transparent zu machen. Sie soll objektive quantitative Informationen als Grundlage für hoffentlich rationale und verlässliche Entscheidungen für Politik und Wirtschaft liefern. Dementsprechend sind anonymisierte und aggregierte statistische Ergebnisse bestimmungsgemäß der Öffentlichkeit zugänglich und stehen nicht etwa exklusiv einer wie auch immer definierten Machtelite zur Verfügung.

Statistiken gibt es seit biblischen Zeiten. Nicht immer ging es dabei bloß um die Ermittlung demographischer Angaben, etwa für Zwecke der Steuererhebung. Bisweilen wurden Volkszählungen auch zur Vorbereitung von Unterdrückungsmaßnahmen genutzt, von der Volkszählung des Augustus[1] bis zur großdeutschen Volkszählung 1938/39. Die meisten Volkszählungen der Neuzeit waren jedoch rein statistische Erhebungen, die Staat und Wissenschaft mit verlässlichen statistischen Angaben versorgen sollten.

Auch das Erhebungsprogramm der für das Jahr 1983 geplanten Volkszählung ging im Wesentlichen nicht über frühere Volkszählungen hinaus. Trotzdem entwickelte sich in der Öffentlichkeit eine heftige Diskussion darüber, zu welchen

1 NT, Lukas 2,2.

Zwecken der Staat die Daten »wirklich« erheben wolle und wie er mit der gewaltigen Datenmenge umgehen würde. Bisweilen gingen die Vermutungen sogar so weit, dass man den Statistikern unterstellte, sie würden die erhobenen Daten nach Abschluss der Zählung direkt an den Verfassungsschutz weiterleiten, damit dieser sie für eine lückenlose Erfassung aller mutmaßlichen Verfassungsfeinde verwenden könne. Dieser »Durchleuchtung« stellten sich breite Teile der Öffentlichkeit entschieden entgegen.

In seinem »Volkszählungsurteil« vom 15. Dezember 1983[2] stellte das Bundesverfassungsgericht fest, dass das Volkszählungsgesetz teilweise nicht verfassungsgemäß war. Das Urteil stoppte nicht nur die Zählungsvorbereitungen, sondern es definierte gleichzeitig auch die datenschutzrechtlich unverzichtbaren Anforderungen für einen verfassungskonformen Umgang mit personenbezogenen Einzelangaben. Damit hatte dieses Urteil eine weit über den eigentlichen Entscheidungsgegenstand hinaus gehende Bedeutung für einen grundrechtskonformen Umgang mit personenbezogenen Daten, bis in die aktuelle Datenschutzdiskussion hinein.

Auch wenn die Statistiken der Erzeugung aggregierter oder anonymisierter Ergebnisse dienen, basieren sie auf – vielfach personenbezogenen – Einzelangaben. Das Statistikgeheimnis und auch der Datenschutz sollen die Einzelangaben vor einer zweckfremden Verwendung, etwa zu steuerlichen oder polizeilichen Zwecken schützen. Im Folgenden sollen die wesentlichen datenschutzrechtlichen Aspekte näher beleuchtet werden, die bei Statistiken zu beachten sind.

1. Persönlichkeitsrechtsschutz im Umgang mit für statistische Zwecke erhobenen personenbezogenen Daten

Es ist gemäß § 1 Bundesstatistikgesetz Aufgabe der amtlichen Statistik, die für ein modernes an den Prinzipien des Grundgesetzes orientiertes Gemeinwesen notwendige informationelle Infrastruktur zu produzieren durch die laufende Erhebung, Aufbereitung, Darstellung und Analyse von Daten über Massenerscheinungen. Auch wenn das Interesse der Statistik dabei eindeutig nicht dem Bürger als Individuum, sondern nur als »Merkmalsträger« innerhalb der statistischen Masse gilt, geht es bei der Erstellung einer Statistik zunächst in der Regel um die Erhebung und Verarbeitung personenbezogener Daten. Daher unterliegt der statistische Produktionsprozess aus der Sicht des Persönlichkeitsrechtsschutzes wesentlichen Rahmenbedingungen, nämlich den Anforderungen der statistischen Geheimhaltung und des Datenschutzes.

2 BVerfGE 65, 1.

1.1 Statistikgeheimnis

Unter Statistikgeheimnis versteht man die Verpflichtung der mit der Durchführung von Statistiken betrauten Personen, die für statistische Zwecke erhobenen Einzelangaben geheim zu halten und sie grundsätzlich nur für statistische Zwecke zu verwenden. Dabei geht das Statistikgeheimnis insofern über das Datenschutzrecht hinaus, als es auch den Schutz der Daten juristischer Personen umfasst.

Unbestritten ist die statistische Geheimhaltung von jeher das Fundament der amtlichen Statistik, lange bevor mit dem Vordringen der modernen Datenverarbeitung die Notwendigkeit von speziellen Datenschutzbestimmungen deutlich wurde. Der Sinn dieser Geheimhaltungsverpflichtung liegt auf der Hand: Niemand wäre bereit, auch nur halbwegs belastbare Auskünfte über seine persönlichen und sachlichen Verhältnisse zu geben, wenn er damit rechnen müsste, dass diese Daten außerhalb der Statistik bekannt würden oder gar zu Verwaltungsmaßnahmen gegen ihn verwendet würden. Selbst eine gesetzliche Auskunftsverpflichtung würde, wenn sie nicht mit der statistischen Geheimhaltung gekoppelt wäre, kaum weiterhelfen. Das Statistikgeheimnis wurde daher im Interesse der Funktionsfähigkeit der amtlichen Statistik stets sehr ernst genommen. Mir ist in den letzten 20 Jahren in der Bundesrepublik kein einziger Fall einer unzulässigen Weitergabe von Einzeldaten aus dem statistischen Bereich bekannt geworden. Das Statistikgeheimnis zählt zu den strengsten Geheimhaltungsregelungen, die unsere Rechtordnung kennt; sie ist amtshilfe- und polizeifest ausgestaltet. Seine Funktion lässt sich in drei Punkten zusammenfassen:

- Schutz des Bürgers vor Offenlegung seiner persönlichen und sachlichen Verhältnisse,
- Erhaltung des Vertrauens zwischen Bürgern und statistischen Behörden und dadurch
- Gewährleistung der Zuverlässigkeit der zu statistischen Zwecken gemachten Angaben und der Mitarbeitsbereitschaft der Befragten.

1.2 Grundsätze des Bundesverfassungsgerichts für die statistische Datenerhebung und -verarbeitung

Ungeachtet dieser von den mit Statistik befassten Stellen schon im wohlverstandenen Eigeninteresse stets sorgfältig beachteten speziellen statistischen Geheimhaltung hat das Bundesverfassungsgericht gerade im Zusammenhang mit statistischen Erhebungen für den Persönlichkeitsrechtsschutz grundlegende Urteile gefällt[3], deren Aussagen weit über den Bereich der Statistik hinausgehen und die

3 Neben dem Volkszählungsurteil (Fn. 2) insbesondere die Mikrozensusentscheidung vom 16.7.1969 (BVerfGE 27, 1).

ganz wesentlich zum Profil des Datenschutzes in Deutschland beigetragen haben. Dies ist nur dadurch zu erklären, dass es insbesondere bei statistischen Erhebungen über die Bevölkerung, wie Volkszählung und Mikrozensus, zunächst um die zwangsweise Erhebung und Verarbeitung detaillierter personenbezogener Angaben über das Alltagsleben der Betroffenen, die Struktur ihrer Familie, die Erwerbstätigkeit, Freizeitgewohnheiten etc. geht, also Angaben von zum Teil recht privatem Charakter. Verständlicherweise fühlten und fühlen sich daher immer wieder betroffene Bürger durch die Erhebungen in ihren durch die Verfassung garantierten Persönlichkeitsrechten beeinträchtigt.

1.2.1 Mikrozensusurteil

So hatte das Bundesverfassungsgericht im Jahre 1969 im so genannten Mikrozensusurteil über die Verfassungsmäßigkeit detaillierter Erhebungen über das Urlaubsreiseverhalten der Bevölkerung im Rahmen des Mikrozensus zu entscheiden. Schon damals machte das Gericht deutlich, dass dem Bürger statistische Auskunftspflichten auch durch Gesetz nicht schrankenlos auferlegt werden können. Es sei auch unter den Bedingungen der Anonymität statistischer Erhebungen nicht mit Art. 1 GG vereinbar, »den Menschen zwangsweise in seiner ganzen Persönlichkeit zu registrieren und zu katalogisieren«[4]. Zwar erkennt das Gericht die Notwendigkeit statistischer Erhebungen als »Vorbedingung für die Planmäßigkeit staatlichen Handelns«[5] an. Dennoch müsse ein unantastbarer Innenbereich privater Lebensgestaltung von jeder staatlichen Einsichtnahme verschont bleiben. Dem unantastbaren Kernbereich des Privaten stellt das Gericht dann allerdings den Gemeinschaftsbezug des Bürgers gegenüber, der ihn verpflichte, statistische Erhebungen im Rahmen der Grundsätze der Erforderlichkeit, Geeignetheit und Verhältnismäßigkeit, jedenfalls, soweit die Erhebung an ein Verhalten in der Außenwelt anknüpfe, zu dulden.

1.2.2 Volkszählungsurteil

Diese Grundsätze, Kernbereich des Privaten einerseits, Gemeinschaftsbezug andererseits, Erforderlichkeit und Verhältnismäßigkeit des Eingriffs erweiterte und vertiefte das Bundesverfassungsgericht im Volkszählungsurteil von 1983 zu grundlegenden Maßstäben des Persönlichkeitsrechtsschutzes »unter den Bedingungen der modernen Datenverarbeitung«.[6]

4 BVerfGE 27, 1, S. 6.
5 a.a.O., S. 7.
6 BVerfGE 65, 1, S. 1ff., Leitsatz 1.

Dem Volkszählungsurteil von 1983 war eine heftige und stark emotional aufgeladene öffentliche Diskussion um die für 1983 geplante Volkszählung vorausgegangen, in der sich offenbar die aufgestauten Vorbehalte und Ängste weiter Teile der Bevölkerung vor der kaum noch durchschaubaren modernen Informationstechnologie und deren scheinbar unabsehbaren Anwendungsmöglichkeiten in der öffentlichen Verwaltung entladen haben. In dieser Lage nahm das Bundesverfassungsgericht zahlreiche Verfassungsbeschwerden zum Anlass, in einer grundlegenden Auseinandersetzung mit den Gefahren der modernen Datenverarbeitung ausgehend von dem allgemeinen Persönlichkeitsgrundrecht des Art. 2 Abs. 1 GG das Grundrecht auf informationelle Selbstbestimmung herauszuarbeiten als »die Befugnis des Einzelnen, grundsätzlich selbst über die Preisgabe und Verwendung seiner persönlichen Daten zu bestimmen«[7]. Darüber hinaus ergänzte das Bundesverfassungsgericht die Positionen des Mikrozensusurteils dahingehend, dass es unter den Bedingungen der automatischen Datenverarbeitung grundsätzlich kein »belangloses« Datum mehr gebe wegen der vielfältigen Verarbeitungs- und Verknüpfungsmöglichkeiten. Es stellte damit klar, dass jede Verarbeitung personenbezogener Daten einen Grundrechtsbezug hat und am Maßstab des Grundrechtschutzes gemessen werden muss, was für das damals noch junge Datenschutzrecht einen wahren Meilenstein der Entwicklung bedeutete. Die Voraussage des ersten Bundesdatenschutzbeauftragten, Prof. Hans Peter Bull, dass die grundsätzlichen Ausführungen des Urteils über das informationelle Selbstbestimmungsrecht künftig zitiert würden, »wann immer über Sinn und Ausmaß des Datenschutzes gestritten wird«[8], hat sich in vollem Umfang bewahrheitet. Es gibt kaum ein datenschutzrechtliches Problem, bei dessen Diskussion nicht auf die Grundpositionen des Volkszählungsurteils Bezug genommen wird.

Von zentraler Bedeutung für den Datenschutz ist vor allem die vom Bundesverfassungsgericht betonte Notwendigkeit einer am jeweiligen Verwendungszusammenhang ausgerichteten gesetzlichen Zweckbindungsregelung für die Verarbeitung personenbezogener Daten. Der betroffene Bürger muss darauf vertrauen können, dass seine Daten nur für klar abgegrenzte Aufgaben der Verwaltung genutzt werden. Das Bundesverfassungsgericht hält deshalb einen »amtshilfefesten« Schutz gegen Zweckentfremdung durch Weitergabe- und Verwertungsverbote für notwendig und erklärt eine Vorhaltung personenbezogener Daten auf Vorrat für unzulässig.[9]

Speziell für die Datenverarbeitung im Bereich der Statistik stellte das Gericht klare Voraussetzungen der Verfassungsmäßigkeit von statistischen Erhebungen auf, die seither in alle statistischen Rechtsetzungsvorhaben eingeflossen sind. Ausgehend von der Tatsache, dass bei der Anordnung von Datenerhebungen zu statistischen Zwecken keine konkrete Zweckbestimmung der Datenverarbeitung

7 a.a.O., S. 1, Leitsatz 1 und S. 43.

8 Bull, H. P. (1984), Datenschutz oder Die Angst vor dem Computer, München, S. 308.

9 BVerfGE 65, 1, S. 46.

möglich ist – Statistik dient naturgemäß vielfältigen Zwecken –, forderte das Gericht die strenge Geheimhaltung der personenbezogenen Angaben, die möglichst frühzeitige Trennung von Erhebungs- und Hilfsmerkmalen, die möglichst frühzeitige Löschung identifizierender Merkmale, eine besondere räumliche und organisatorische Abschottung des statistischen Bereichs und vor allem die strikte Einhaltung der Zweckbindung für statistische Zwecke, also die strikte Trennung von Statistik und Verwaltungsvollzug.

Gerade dieses Trennungsgebot ist für den Persönlichkeitsrechtschutz des Bürgers und sein Vertrauen in die statistische Datenverarbeitung von erheblicher Bedeutung. Da statistische Erhebungen immer auch unter Zuhilfenahme von Verwaltungsregistern durchgeführt werden, insbesondere der Melderegister, liegt – aus der Sicht der Verwaltung – der Gedanke nahe, mit Hilfe der bei Durchführung der Erhebung gewonnenen Erkenntnisse auch die Verwaltungsregister zu bereinigen. Gerade der im Volkszählungsgesetz 1983 vorgesehene Melderegisterabgleich bot dem Gericht Gelegenheit, das Gebot der strengen Trennung von Statistik und Verwaltung herauszuarbeiten. Nach Auffassung des Gerichts sind Statistik und Verwaltungsvollzug tendenziell unvereinbare Zwecke, deren Kombination für den Bürger in höchstem Maße undurchschaubar sei. Gerade weil die statistische Datenverarbeitung einer kaum absehbaren Vielzahl von Zwecken diene, müsse die Begrenzung auf statistische Zwecke streng eingehalten werden. Die öffentliche Verwaltung dürfe dem Bürger keinesfalls als Informationseinheit entgegentreten, vielmehr gelte der Grundsatz der »informationellen Gewaltenteilung«.[10]

2. *Vorbereitung eines registergestützten Zensus*

Im Volkszählungsurteil hatte das Bundesverfassungsgericht den Gesetzgeber im Hinblick auf künftige Volkszählungen aufgerufen, sich bei der Entscheidung über eine derartige Erhebung »mit dem dann erreichten Stand der Methodendiskussion« auseinanderzusetzen, »um festzustellen, ob und in welchem Umfang die herkömmlichen Methoden der Informationserhebung und Informationsverarbeitung beibehalten werden können«.[11] Auf Grund dieses Auftrags haben die Statistischen Ämter des Bundes und der Länder ein Konzept für die Volkszählung entwickelt, das primär die Zusammenführung vorhandener Verwaltungsregisterdaten, in erster Linie der Melderegister und der Bundesagentur für Arbeit, vorsieht. Die Methode des registergestützten Zensus wurde auf Grund des Zensustestgesetzes vom 27. Juli 2001 (BGBl. I S. 1882) in den Jahren 2001 bis 2003 erfolgreich getestet. Auf dieser Grundlage hat sich die Bundesregierung für die Durchführung der Volkszählung 2011 mit der registergestützten Methode entschieden.

10 BVerfGE 65, 1, S. 69.
11 a.a.O., S. 55.

Die wesentlichen Gründe für diesen Methodenwechsel sind die Entlastung der Bevölkerung von Auskunftspflichten und eine erhebliche Kostenreduzierung auf etwa ein Drittel der Kosten der Totalerhebung.

Beim registergestützten Zensus sollen neben ergänzenden primärstatistischen Erhebungen (postalische Befragung der Wohnungs- und Gebäudeeigentümer und ergänzende Stichprobenbefragungen) im Wesentlichen Daten aus den Melderegistern, den Registern der Bundesagentur für Arbeit und Dateien zum Personalbestand der öffentlichen Hand (bezüglich der Beamten) ausgewertet werden. Gegen diese Zensusmethode bestehen keine grundsätzlichen datenschutzrechtlichen Bedenken, zumal sie gegenüber der Befragung aller Haushalte mit detailliertem Fragebogen und gegebenenfalls Interviewern eher weniger Risiken für die informationelle Selbstbestimmung der Bürger mit sich bringt. Zwar stellt die Verwendung von für bestimmte Verwaltungszwecke erhobenen personenbezogenen Daten für statistische Zwecke im datenschutzrechtlichen Sinne eine für den Betroffenen bei der ursprünglichen Erhebung so nicht vorhersehbare Zweckänderung der Verarbeitung seiner Daten dar und berührt damit das Recht auf informationelle Selbstbestimmung. Diese Zweckänderung vollzieht sich aber auf der Grundlage eines Gesetzes unter Wahrung des Verhältnismäßigkeitsgrundsatzes und unter Berücksichtigung der schutzwürdigen Belange der Bürger. Zudem werden die Daten nur in dem besonders gesicherten statistischen Bereich und nur zu statistischen Zwecken in anonymisierter Form verarbeitet.

Der Entwurf des Zensusvorbereitungsgesetzes 2011 (BT-Drs. 16/5525) ist der erste legislative Schritt zur Vorbereitung der Volkszählung 2011. Er regelt im Wesentlichen den Inhalt und Aufbau eines Anschriften- und Gebäuderegisters, das alle in Deutschland vorhandenen Gebäude, Wohnungen und Anschriften der Gebäudeeigentümer und -verwalter enthalten soll. Diese Datei wird in erster Linie für die vorgesehene briefliche Gebäude- und Wohnungszählung gebraucht. Darüber hinaus soll sie das zentrale Instrument für die Erhebungsorganisation und -unter-stützung bei der Volkszählung sein, auf das alle Verfahren, für die ein Adress- und Gebäudebezug besteht, zurückgreifen sollen.

2.1 Einhaltung des Trennungsgebots

Da beim registergestützten Zensus in erster Linie bereits in der Verwaltung vorhandene Daten verwendet werden, liegt die Gefahr eines Hin- und Herflusses der von der Verwaltung erhaltenen Daten zum Zwecke der Plausibilisierung und Bereinigung wieder aus der Statistik zurück in die Verwaltung nahe. Deshalb gilt es, gerade bei dieser Zensusmethode streng auf das verfassungsgerichtliche Gebot der strikten Trennung von Statistik und Verwaltung zu achten.

Zwar war das Bundesverfassungsgericht damals von der Erhebung statistischer Angaben bei den einzelnen Betroffenen ausgegangen. Das Gebot der Abschottung der Statistik gegenüber der Verwaltung hat aber auch für die registergestützte Volkszählung Gültigkeit. An die Stelle der bei der primärstatistischen Erhebung im Vordergrund der verfassungsrechtlichen Abwägung stehenden Auskunftsverpflichtung des Bürgers tritt beim registergestützten Verfahren die Durchbrechung der ursprünglichen Zweckbindung von personenbezogenen Verwaltungsdaten. Diese Durchbrechung zu Lasten des Bürgers führt zu einer vergleichbaren Schutzbedürftigkeit des Betroffenen wie die Auskunftsverpflichtung bei der Primärerhebung. Zudem sind die aus Verwaltungsregistern für statistische Zwecke erhobenen personenbezogenen Daten mit der Erhebung in den statistischen Bereich gelangt, also einen Bereich, der typischerweise unüberschaubar vielen Zwecken dient. Da das vom Bundesverfassungsgericht aufgestellte Trennungsgebot gerade auch dem Ausgleich dieser Zweckvielfalt dient, muss es auch bei der registergestützten Methode beachtet werden. Auch hier muss das Recht des Bürgers auf Überschaubarkeit der Datenverwendung geschützt werden.

Im Entwurf des Zensusvorbereitungsgesetzes spielt das Trennungsgebot bei der Vorschrift des § 7 Abs. 2 über die Plausibilisierung der für den Aufbau des Anschriften- und Gebäuderegisters zusammengeführten Datenbestände eine Rolle. Damit nun nicht Einzeldaten entgegen dem Trennungsgebot aus dem Bereich der statistischen Ämter wieder an die Meldebehörden gegeben werden, sieht der Entwurf vor, dass nur »Anschriftenbereiche« übermittelt werden. Für diese Bereiche sollen die Meldebehörden dann nochmals anhand des vorhandenen Bestandes prüfen, ob die ursprüngliche Datenübermittlung vollzählig und fehlerfrei war. Es findet also kein Abgleich statt und es sollen auch keine Nachforschungen der Meldebehörden vor Ort vorgenommen werden. Der aus dem statistischen Bereich übermittelte Datenbestand führt also nicht zu Maßnahmen im Verwaltungsvollzug. Damit wird dem Gebot der Trennung von Statistik und Verwaltung Rechnung getragen. Dagegen wäre eine einzelfallbezogene Verwendung der Adressangaben zur Korrektur der Melderegister, wie sie von Kommunalvertretern und im Gesetzgebungsverfahren vom Bundesrat[12] gefordert wurde, mit dem Trennungsverbot nicht vereinbar.

2.2 Georeferenzierung

Ein datenschutzrechtlich kritischer Punkt des Entwurfs eines Zensusvorbereitungsgesetzes und der geplanten Volkszählung insgesamt ist die Einführung eines Systems der Georeferenzierung unterhalb der Gemeinde- oder Stadtteilebene durch die erstmalige Erhebung von Gebäudekoordinaten für statistische Zwecke.

Die Gebäudekoordinaten sollen von den Landesvermessungsbehörden über das Bundesamt für Kartographie und Geodäsie an das Statistische Bundesamt

12 BT-Drs. 16/5525, S. 22 unter Nr. 5.

übermittelt und in das Anschriften- und Gebäuderegister aufgenommen werden. Damit soll die kleinräumige Aufbereitung und Darstellung statistischer Ergebnisse ermöglicht werden, ohne an vorgegebene Verwaltungsgrenzen gebunden zu sein. Nach Auffassung der Bundesregierung ist die Aufgabe der amtlichen Statistik, verlässliche Basisdaten für Politik und Wirtschaft bereit zu stellen, heute nur durch die Lieferung von statistischen Ergebnissen in kleinräumiger Aufschlüsselung befriedigend zu erfüllen. Dies entspreche internationalen Standards. In der Entwurfsbegründung wird dann allerdings ausgeführt, dass eine verlässliche Methode der Anonymisierung der georeferenzierten Angaben noch entwickelt werden muss. Gedacht ist dabei an eine räumliche »Gitterzelle« anstelle der adressscharfen Koordinate.

Mit der Methode der georeferenzierten statistischen Erhebung sind nicht unerhebliche Gefahren für die informationelle Selbstbestimmung des einzelnen Bürgers verbunden. Durch die vielfältige Nutzungsmöglichkeit von veröffentlichten statistischen Ergebnissen bieten sich unabsehbar viele Varianten, verschiedene Ergebnisse und Analysen für einen bestimmten geografischen Bezugspunkt zu kombinieren, sie quasi wie Folien übereinander zu legen. Es kommt hinzu, dass es heute außerhalb des Bereichs der Statistik zahllose Datensammlungen mit Raumbezug gibt und damit sehr weitgehende neue Möglichkeiten der Verknüpfung. Dies alles führt zu einem hohen Risiko der Reidentifizierung auch zunächst anonymer statistischer Ergebnisse. Darüber hinaus wächst auch die Gefahr der Verwendung der georeferenzierten statistischen Ergebnisse für Zwecke der individuellen Profilbildung und ihrer Nutzung zu Score- und Ratingverfahren.[13]

Letztlich stehen sich hier die durchaus berechtigten Interessen der Nutzer der amtlichen Statistik in Politik, Verwaltung und Wirtschaft an möglichst detaillierten statistischen Informationen und das grundrechtlich geschützte Recht des Einzelnen auf Privatheit und Anonymität gegenüber. Es wird im weiteren Verlauf der Zensusvorbereitung darum gehen, hier einen vernünftigen Ausgleich zu finden. Auf jeden Fall müssen Art und Größe der geografischen Gitterzelle, auf die bezogen die Erhebungsdaten im Bereich der statistischen Ämter vorgehalten werden sollen, im Zensusanordnungsgesetz klar geregelt werden. Andererseits muss sich der Gesetzgeber – über den eigentlichen Statistikbereich hinaus – mit den datenschutzrechtlichen Problemen der Georeferenzierung und Profilbildung auseinandersetzen.

13 Vgl. 21. Tätigkeitsbericht des BfDI, BT-Drs. 16/4950, S. 104 Nr. 9.1.

3. *Ausblick: Datenschutzrechtliche Aspekte zu einer angedachten Neustrukturierung der amtlichen Statistik*

Neue statistische Methoden und die ständig zunehmende Leistungsfähigkeit informationstechnischer Systeme machen es notwendig, über die datenschutzrechtlichen Konsequenzen nachzudenken.

Während der Volkszählungsdebatte der 1980er Jahre spielte die Frage eine bedeutende Rolle, wann Daten ihren Personenbezug verlieren und als anonym oder zumindest »faktisch anonym« anzusehen sind.[14] Bereits damals zeichnete es sich ab, dass es bisweilen nicht genügt, die Namen von den Erhebungsdaten zu trennen, um die Daten zu anonymisieren. Ob Daten als faktisch anonym anzusehen sind, hängt ganz wesentlich davon ab, ob und mit welchem Aufwand »Zusatzwissen« aktiviert werden kann, um die anonymisierten Angaben zu »de-anonymisieren«, also den Betroffenen wieder zuzuordnen. Die diesbezüglichen Möglichkeiten haben sich seitdem erheblich verbessert, nicht nur im Hinblick auf das bereits erwähnte Problem der Georeferenzierung. Dem entsprechend stellt sich die Frage, wie ein derartiger Missbrauch verhindert werden kann. Von wesentlicher Bedeutung sind dabei wirksame Abschottungsmechanismen, die den Zugang zu den Einzelangaben (und ggf. aggregierten Daten) auch im Hinblick auf das spezifische Risiko ihrer De-Anonymisierung begrenzen. Hier sehe ich fruchtbare Ansatzpunkte beim Forschungsdatenkonzept der statistischen Ämter,[15] die sich weiter ausbauen ließen.

Absehbar ist ein weiterer Ausbau der Anwendung registergestützter Verfahren. An und für sich sind derartige Ansätze nicht neu und werden seit langem unter dem Stichwort »Sekundärstatistik« diskutiert. Aus datenschutzrechtlicher Sicht stehen hier drei Problemfelder im Vordergrund:

- Aus dem verfassungsrechtlichen Trennungsgebot von Verwaltung und Statistik ergibt sich, dass die Daten nur in eine Richtung fließen dürfen: Zwar ist es datenschutzrechtlich unbedenklich, für Verwaltungszwecke erhobene Daten statistisch auszuwerten und zu diesem Zweck an die statistischen Ämter zu übermitteln. Einen Rückweg der Einzelangaben aus der Statistik in die Verwaltung darf es aber nicht geben.
- Die beabsichtigte statistische Verwendung von Daten darf nicht dazu führen, dass die Verwaltung zusätzliche Daten erhebt und verarbeitet, die für die primäre Aufgabenerfüllung nicht erforderlich sind. Andernfalls würde die Verwaltung Informationen über die Bürgerinnen und Bürger erhalten, die ihr entsprechend dem Erforderlichkeitsgrundsatz nicht zustehen.

14 Vgl. Fischer-Hübner, S. (1986), Zur Anonymität und Reidentifizierbarkeit statistischer Daten, Mitteilungen Nr. 143 des Fachbereichs Informatik der Universität Hamburg. Brunnstein, K. (1987), Über die Möglichkeit der Re-Identifikation von Personen aus Volkszählungsdaten. In: Appel, R. (Hrsg.), Vorsicht Volkszählung!, 2. Auflage, Köln.

15 Vgl. 21. Tätigkeitsbericht des BfDI, S. 99ff., Nr. 7.6.

- Sofern Einzelangaben aus mehreren Verwaltungsregistern für statistische Zwecke zusammengeführt werden sollen, muss die Zusammenführung in der Statistik erfolgen und nicht bei Verwaltungsstellen. Die beabsichtigte statistische Zusammenführung darf nicht dazu führen, dass in den Verwaltungsdateien einheitliche Personenkennzeichen gespeichert werden, die dann auch zur Verknüpfung der Datenbestände unterschiedlicher Verwaltungszweige außerhalb der Statistik verwendet werden könnten.[16]

Einen weiteren datenschutzrechtlichen Problembereich stellt die diskutierte Vorhaltung von dauerhaften Adress-Sammlungen oder adressscharfer Koordinaten zum Zwecke weiterer Auswertungen und Verknüpfungen der erhobenen Sachdaten dar. Das Bundesverfassungsgericht hat im Volkszählungsurteil auf die große Bedeutung hingewiesen, die der frühzeitigen Löschung der Hilfsmerkmale (insb. Name und Anschrift) zukommt.[17] Sicherlich gibt es gute Gründe dafür, die Entwicklung bestimmter statistischer Größen nicht nur im Rahmen von Querschnittsanalysen durch Vergleich von Aggregaten zu untersuchen, sondern auch den auf Mikroebene ablaufenden Veränderungen mittels Längsschnittanalysen auf den Grund zu gehen. Dauerhafte Adress- und Merkmalsregister bringen die für große Sammlungen personenbezogener Daten typischen Gefahren eines trotz aller Abschottungsregelungen möglichen staatlichen Zugriffs auch für nicht statistische Zwecke. An dieser Stelle möchte ich auf die Diskussion um eine Lockerung der strengen Zweckbindung für die nach dem Autobahnmautgesetz für Mautzwecke erhobenen Daten erinnern. Bundesinnenminister Schäuble sagte damals in einer Rede im Deutschen Bundestag: »Es kann nicht wahr sein, dass dieser Staat Daten erhebt, die wir nicht nutzen dürfen, um einen Mord aufzuklären«.[18] Es gibt keine Garantie, dass nicht eines Tages, etwa zur Bekämpfung des Terrorismus, auch Datenbestände des statistischen Bereichs, wenn und soweit sie personenbeziehbar sind, herangezogen werden. In dauerhaften Registern sollten personenbeziehbare Daten daher, wie bisher, allenfalls in Teilbereichen der amtlichen Statistik auf spezialgesetzlicher Grundlage vorgehalten werden. Man sollte in der amtlichen Statistik bedenken, dass der Zwang zu frühest möglicher Anonymisierung auch ein Schutz der Statistik vor Verwaltungszugriffen ist. Eine umfassende, auf Dauer fortgeschriebene Bevölkerungsdatenbank würde selbst unter den Bedingungen der statistischen Geheimhaltung die Gefahr einer verfassungsrechtlich unzulässigen Profilbildung mit sich bringen. Derartige Datensammlungen, die sich auf den Einzelnen zurückführen und u.U. mit anderen Datenbeständen verknüpfen lassen, müssen sich deshalb auch weiterhin auf definierte Stichproben und begrenzte Zeiträume beschränken und bedürfen einer ausdrücklichen gesetzlichen Grundlage.

16 BVerfGE 65, 1, S. 57.

17 BVerfGE 65, 1, S. 49.

18 Plenarprotokoll des Deutschen Bundestags vom 30.11.2005, BT-Plenarprotokoll 16/04, S. 141f.

Reformen, Prozesse und andere Schwierigkeiten

Amtliche Statistik auf dem Weg in die Wissensgesellschaft

Walter Radermacher und Mathias Zenke

1. Die ersten zwanzig Jahre auf dem Weg

Amtliche Statistik stellt eine Infrastruktur an Informationen für die Gesellschaft bereit. Eine solche Aussage wird für den Leser in Deutschland heute eher den Charakter einer Selbstverständlichkeit haben. Ein Rückblick auf die Einbindung der amtlichen Statistik in die jeweiligen gesellschaftlichen und politischen Gegebenheiten seit der Errichtung des Statistischen Reichsamtes im Jahre 1872 zeigt jedoch, wie sehr die empirische Beobachtung von Gesellschaft und Wirtschaft deren Zustand mitatmet. Wie könnte es auch anders sein, ist doch »Statistik« etymologisch eng an die Staatswissenschaften gebunden[1].

Wenn es einen Trend gibt, der die amtliche Statistik in den letzten Jahrzehnten geprägt hat und weiterhin prägen wird, so ist es der Übergang zur Informations- und Wissensgesellschaft. Dieser Übergang bedeutet für die Statistik erstens nicht weniger, als dass ihr Output an Bedeutung gewinnt: Wissen, Innovation und Evolution von Wirtschaft und Gesellschaft hängen mehr und mehr von qualitativ hochwertigen und gut zugänglichen Informationen ab[2]. Der Übergang ist zweitens verbunden mit einem Reengineering aller Prozesse der Statistik, also von

- Adäquation,
- Produktion und
- Kommunikation.

Drittens vollzieht sich ein solcher Übergang langsam über mehrere Jahrzehnte und mit z.T. erheblichen Konflikten, wie der zwischen den Möglichkeiten und den Risiken, die mit dem Sammeln und Speichern von Daten verbunden sind. Die Debatte um die geplante Volkszählung 1983 und die tatsächliche Zählung 1987 hat zum ersten Mal dieses Spannungsverhältnis sichtbar gemacht. Viele Kritikpunkte basierten zu dieser Zeit zwar auf mangelnden Informationen und diffusem Wissen über die Arbeitsweisen und Methoden der amtlichen Statistik. Gemeinsam mit der allgemeinen politischen Lage und einem Klima hoher Sensibilität für

1 Vgl. Desrosières (2005).
2 Vgl. Siemon (2007).

datenschutzrechtliche Probleme wurden die Vorbereitungen und die Grundlagen der Volkszählung von einer großen Öffentlichkeit sehr kritisch verfolgt. Das sogenannte »Volkszählungsurteil« des Bundesverfassungsgerichts[3] hat erstmals ein Grundrecht auf informationelle Selbstbestimmung festgeschrieben.

Damals stand die amtliche Statistik in Deutschland unter Schock. Ab diesem Zeitpunkt fand sie – insbesondere bei Haushalts- und Personenerhebungen – explizit im grundrechtsensiblen Bereich statt. Methodische Weiterentwicklungen der Datenverknüpfung, wie sie in unseren Nachbarstaaten mit positiver Wirkung für Kosten und Belastung durch Statistik einsetzten, wurden verdächtigt, dem Datenschutz zuwider zu laufen. Fazit: In Deutschland war der Auftakt des Übergangsprozesses zur Informations- und Wissensgesellschaft für die Statistik vergleichsweise stark durch eine datenschutzrechtliche Perspektive geprägt.

Hinzu kamen in den Folgejahren drei weitere Einflussfaktoren:

- Infolge der deutschen Vereinigung musste in den 1990er Jahren alle Kraft auf den Aufbau eines gesamtdeutschen Statistiksystems verwandt werden. Das Statistische Bundesamt hatte zudem noch die Herkulesaufgabe, eine Zweigstelle in Berlin ab- und eine in Bonn aufzubauen.
- Europa hat an Bedeutung für die Statistik erheblich zugenommen. Insbesondere die Krisen der europäischen Statistik in der ersten Hälfte der 2000er Jahre haben Spuren in den Managementprozessen der amtlichen Statistik hinterlassen.
- Haushaltskonsolidierung und Entlastung von Wirtschaft / Bürgern von Bürokratie haben die Rahmenbedingungen für amtliche Statistik im letzten Jahrzehnt wesentlich verändert.

Insgesamt gesehen und verglichen mit den Entwicklungen beispielsweise in Kanada, den Niederlanden oder der Schweiz waren die Konditionen für die deutsche Statistik nicht besonders günstig. Umso bemerkenswerter erscheint es, welche Wandlungen sie durchlaufen hat, welche Innovationen angestoßen wurden und wie es geschafft worden ist, Anschluss an die internationale Entwicklung zu halten.

Als Johann Hahlen im Oktober 1995 die Leitung des Statistischen Bundesamts übernahm, knüpfte er zunächst an die Anstrengungen seiner Amtsvorgänger im Bereich der Verbreitung von Ergebnissen der amtlichen Statistik und der Intensivierung der Öffentlichkeitsarbeit an.

3 BVerfGE 65, 1 – Volkszählung; Urteil des Ersten Senats vom 15. Dezember 1983 auf die mündliche Verhandlung vom 18. und 19. Oktober 1983 - 1 BvR 209, 269, 362, 420, 440, 484/83 in den Verfahren über die Verfassungsbeschwerden.

2. *Kommunikation und Verbreitung statistischer Informationen*

2.1 *Internet*

Im März 1996 konnte das Statistische Bundesamt ein eigenes Internet-Angebot[4] einer breiten Öffentlichkeit vorstellen. Zu dieser Zeit waren nur vereinzelt Behörden mit einem eigenen Informationsangebot im Internet zu finden. Zu dieser Zeit gab es auch relativ wenige Haushalte in Deutschland, die über einen privaten Zugang zum Internet verfügten. Mit dem enormen Zuwachs der Verbreitung des Internets in Privathaushalten und Unternehmen erschloss auch das Statistische Bundesamt neue Nutzerkreise und registrierte eine kontinuierliche Zunahme der Nutzung. Anfangs dominierten die professionellen Nutzer über die Firmen-, Behörden- und Hochschulanschlüsse, später kamen dann immer mehr auch private Haushalte hinzu. Im Ergebnis hat die Öffentlichkeitsarbeit und vor allem die Größe der erreichten Zielgruppen sich mit der fulminanten Entwicklung der Online-Zugänge synchron entwickelt[5]. Parallel zu dieser Entwicklung wurde auch der fachliche Umfang des Internet-Angebots ausgebaut und damit gingen die online verfügbaren Informationen weit über die Themen des Statistischen Jahrbuchs hinaus. Im Rahmen der Bundestags- und Europawahlen wurde erstmals online und in Echtzeit über die Ergebnisse der Wahlen berichtet. Der Eingang einzelner Wahlkreisergebnisse, die Aggregation zu Landes- und Bundesergebnissen konnten in Echtzeit über die Internet-Angebote des Statistischen Bundesamts verfolgt werden. Man musste den Ablauf und die Arbeitsschritte bei einer Bundestagswahl nicht mehr in sekundärem Material erklären, über das Internet wurden die einzelnen Schritte in Echtzeit für jeden sichtbar.

2.2 *Produkte und Angebote der Statistik*

Auf dem Weg in die Wissensgesellschaft wurde das Produktportfolio in den ersten Jahren erheblich erweitert. Es wurden große Anstrengungen unternommen, neben den herkömmlichen Produkten ein komplettes Angebot an neuen, vernetzten Online-Produkten anzubieten. Zunächst wurden allerdings die Online-Medien nicht als Substitut bestehender Informationsangebote angesehen, sondern als deren Ergänzung. Im Bereich der klassischen Produkte änderte sich im Wesentlichen die Vertriebsform. Neben den Verbreitungswegen über den Handel und den Verlag war es ein kleiner Schritt zur Einrichtung eines Buchladens im Internet. Die Vorteile für unsere Nutzer waren enorm: Neben den unhandlichen ehemals gedruckten Veröffentlichungsverzeichnissen gab es über die Online-Ver-

4 Rahm (1996).
5 Statistisches Bundesamt (2004).

marktung eine Steigerung der Transparenz des Produktangebots. Nutzer konnten sich zu jeder Zeit umfassend über das Angebot an klassischen Produkten des Statistischen Bundesamts informieren und direkt via Internet bestellen. Letztendlich war die Statistik damit im »Informationszeitalter« angekommen und auch breit akzeptiert. Die Präsenz der Ergebnisse der Statistik in allen wesentlichen Medien und in allen Verbreitungsformen war ein Ergebnis gewaltiger Umwälzungen und Anstrengungen auf der Seite der Produktentwicklung und Verbreitung[6].

Die Bedürfnisse der Nutzer verlangen zuehmend nach »schnelleren« und »elektronischen« Produkten. Neue Verbreitungsformen werden flankiert von neuen qualitativen Anforderungen an die Produkte. Im Bereich der Print-Publikationen oder der vorgefertigten Datenträger war es allgemein anerkannt, dass deren Erstellung eine gewisse Zeitspanne in Anspruch nimmt und damit der Zeitpunkt der Publikation nicht nur von der Schnelligkeit der Aufbereitung der Statistiken abhängt. Im Online-Bereich hingegen ist die Schnelligkeit einer Information, die Zeitspanne zwischen dem eigenen Erkenntnisgewinn und der Verbreitung dieser Ergebnisse, entscheidend.

2.3 Nutzen

Worin liegen die Vorteile der Online-Verbreitung für den Nutzer und wo ist das Interesse der Produzenten? Diese Fragestellung klingt einfach, sie zeigt aber deutlich den Kern der Problematik: Medien eröffnen Chancen und Möglichkeiten, erzeugen aber auch eine eigene Produktwelt und sind damit auch für die Verschiebung von Ansprüchen an Produkte verantwortlich.

Der offensichtliche Vorteil der Online-Verbreitung für den Nutzer liegt sicherlich in der uneingeschränkten Verfügbarkeit der Produkte. Rund um die Uhr und an allen Tagen des Jahres wird unser Internet-Angebot frequentiert. Schaut man genauer hin, so stellt man fest, dass die Präsentation der Ergebnisse eine gänzlich andere Struktur hat. Während klassische (auch elektronische) Publikationen eine lineare Form der Informationspräsentation pflegen, hat das WWW eher eine vernetzte Baumstruktur und kleinere Informationseinheiten. Es ist also mit großen Anstrengungen verbunden, ein lineares, konventionelles Produkt in eine baumstrukturierte, vernetzte »Informationswelt« zu verwandeln. Und in dieser Informationswelt, der Leichtigkeit der Navigation zwischen unterschiedlichen Angeboten und Themen werden Informationen auf andere Weise konsumiert. Konnte man in Publikationen die notwendigen Metadaten noch genau an die einzelnen Ergebnisse anheften und damit die Interpretation der Inhalte stützen, ist dies in Online-Informationen ungleich schwieriger. In einer linearen Publikation kann man mithilfe von methodischen Vorbemerkungen sicherstellen, dass grundle-

6 Knoche, Oppeln-Bronikowski, Kühn (1999).

gende Erkenntnisse für das Verständnis der nachfolgenden Inhalte bereits vermittelt sind. Im non-linearen Konsumbereich der baumstrukturierten, vernetzten Informationen gibt es keine einzuhaltende Reihenfolge, keine Gliederung, die eine »richtige« Reihenfolge der Informationen sicherstellt. Damit müssen Metadaten und ergänzende Informationen mit den unterschiedlichsten Ergebnissen vernetzt werden. Die Vorgehensweise der Nutzer im Netz ist schlicht auf den Kopf gestellt. Zuerst werden die Ergebnisse gesucht (»gegoogelt«) und dann werden semantische Informationen zur sachgerechten Interpretation der dargestellten Ergebnisse über die Vernetzung von Inhalten abgerufen. Je nach der Intensität der Nutzung und dem Vorwissen des Nutzers können das sehr viele miteinander vernetzte oder auch sehr wenige, gezielte Metadaten sein. Gute statistische Online-Präsenzen liefern beides. Ohne den Nutzer zu gängeln, werden ausgefeilte Informationswelten angeboten, inklusive der uneingeschränkten Bewegungsfreiheit des Nutzers in dieser »Welt«.

Datenproduzenten oder eigentlich Informationsdienstleister profitieren in anderer Weise von den Möglichkeiten des Internets. Zum einen ist natürlich der Vorgang des »Publizierens« auf elektronischen Medien mit enormen Anpassungen an die dahinterliegende, gleichfalls elektronische Produktionsstruktur verbunden. So werden Inhalte von den ersten Schritten der Produktion bis zum Abschluss der Ergebnispräsentation in einem Medium (zumeist elektronisch) in logisch kompatibler Form vorgehalten. Ist dieser Zustand erreicht, spricht man auch von »medienbruchfreier« Erstellung der Produkte. Dies ist sicher die erste wichtige Stufe der Vernetzung der Produktionsinfrastruktur mit den Produkten und deren Erstellungsprozessen. Allerdings bedeutet der Weg dahin die Lösung einer Vielzahl von Problemen, die – teils historisch bedingt – üblicherweise die reibungslose Zusammenarbeit elektronischer Datenverarbeitungssysteme behindern. Neben unterschiedlichen physikalischen und logischen Darstellungen der Information, die sich zumeist mit Konvertern lösen lassen, gibt es auch die Problematik der geschlossenen Systeme, die eigentlich nicht für die Vernetzung mit anderen Einheiten gedacht sind. Normalerweise werden daher in einem ersten Schritt die Produkte auf der Basis der vorhandenen Infrastruktur erstellt, indem man am Ende der Prozessabfolge weitere, neue Module einbaut, die z. B. elektronische Produkte fürs Internet oder als portable Datei ermöglichen. Auf diese Weise wirkt sich ein breites Produktportfolio damit eigentlich nicht auf die gesamte Prozesskette aus und Erweiterungen lassen sich schnell am Ende ergänzen. Problematisch dabei ist der enorme Anstieg der Konvertierungen von Informationen und das oftmals zusätzlich erforderliche redaktionelle Überarbeiten der Produkte. Hier werden viele Ressourcen gebunden, die gerade auch im Hinblick auf die Schnelligkeit der Ergebnisvermittlung nicht optimal eingesetzt sind. Manuelle Eingriffe sind – unter diesem Blickwinkel – eher eine Verzögerung der Produkterstellung und oftmals nur eine langjährige Zwischenlösung. Letztlich liegt die Herausforderung für die Produzenten von statistischen Informationen damit in einem – mit breiter werdendem Produktangebot steigenden – Druck zur Redefinition der Prozesse und Module der Produkterstellung.

2.4 Die nächsten Entwicklungen

Der Blick in die Zukunft wird durch die Abkürzung »Web 2.0« geprägt. Das sogenannte »Mitmachweb« eröffnet wiederum ein ganz neues Bündel von Chancen und Risiken, welche die amtliche Statistik nicht kalt lassen können. Die Diskussion in den Foren, welche die OECD in Palermo und in Istanbul veranstaltet hat[7], geben einen guten Überblick über die aktuellen Trends. Letztlich ist das Ziel, statistische Informationen so anzubieten und zugänglich zu machen, dass die anspruchsvollen jungen Nutzer, die mit PC und Playstation groß geworden sind, in die Lage versetzt werden, die Informationen selbst kompetent zu verwerten.

3. Qualität, Management und Statistik

3.1 TQM

Modernes Qualitätsmanagement ist das Ergebnis einer Entwicklung über die letzten sieben Jahrzehnte, deren Anfang im Bereich Qualitätstests mit der Bereitstellung von neuen statistischen Methoden einherging. Über die Jahre und Jahrzehnte hinweg verstand man jedoch, dass Qualitätssicherung der Ergebnisse alleine nicht ausreicht, sondern dass gute Prozesse entscheidend sind. Später wurde noch der Einfluss der Produktionsfaktoren erkannt und die Sicht auf die Erwartungen der Kunden gelenkt. Alle Komponenten zusammengefügt führten zum Total Quality Management (TQM) als Führungsinstrument.

Das Statistische Bundesamt hat sich frühzeitig für die Exzellenz-Initiative der Europäischen Kommission im Rahmen der europäischen Stiftung für Qualitätsmanagement (European Foundation for Quality Management (EFQM[8])) entschieden und Leitlinien und Qualitätsindikatoren nach diesen Vorgaben entwickelt[9]. Parallel dazu wurden auf europäischer Ebene erste gemeinsame Leitlinien erarbeitet und von den Generaldirektoren der Statistikämter verabschiedet[10].

7 Statistics, Knowledge and Policy, OECD World Forum on Key Indicators, 10 – 13 November 2004, Palermo, Italy. OECD Istanbul World Forum, Measuring and Fostering the Progress of Societies, 27 -30 June 2007, Istanbul, Turkey.

8 Weitere Informationen im Internet unter: http://www.deutsche-efqm.de/.

9 Körner (1999).

10 Ausschuss Statistisches Program (ASP) des Europäischen Statistischen Systems (ESS), Beschluss mit den 22 Empfehlungen, 42. Sitzung, September 2001, Luxemburg.

Neben der Sicherung der Qualität entsteht durch dieses neue Management Transparenz und damit eine gute Grundlage für die Feinsteuerung aller Abläufe. Kommuniziert werden die produktbezogenen Ergebnisse der Qualitätsinitiative durch statistikspezifische Qualitätsberichte, die auf die Besonderheiten sowie die Bezugs- und Messgrößen für Qualität im Kontext der Statistik bzw. der Erhebung eingehen. Die Qualitätsberichte stehen extern zur Verfügung und erfüllen damit Funktionen des statistischen Benchmarking. Ergebnisse der Qualitätsmessungen werden offengelegt und stützen damit auch eine kontinuierliche Produktkritik. Unsere Nutzer profitieren vom Qualitätsmanagement zum einen durch die Effekte des statistikinternen Wettbewerbs um qualitativ hochwertige Ergebnisse, zum anderen aber auch durch die gesteigerte Transparenz und die Bereitschaft zum Dialog über die Qualität statistischer Ergebnisse. Daneben ist leistungsfähiges Qualitätsmanagement auch ein Teil der modernen Führungs- und Steuerungsinstrumente und hilft objektive Maßstäbe zu entwickeln und damit auch über die einzelnen Sachthemen hinweg vergleichbare Benchmarks zu entwickeln. In der Gesamtbetrachtung ergibt sich eine Beurteilung der gesamten Organisation unter Qualitätsgesichtspunkten und eine gute Ausgangsbasis, um die Effektivität getroffener Maßnahmen und Verbesserungen im Zeitablauf zu messen.

3.2 Prozesse

Betrachtet man die Prozesse der Statistikproduktion, so fallen im Wesentlichen drei Besonderheiten auf:

- Die Prozesslandschaft wird am Ende (bei der Produkterstellung) immer »breiter« und spiegelt damit die Vielfalt der unterschiedlichen Ergebnispräsentationen wider.
- Viele Prozesse und Teilprozesse sind bislang sehr statistikspezifisch angelegt, d. h. grundlegende Arbeiten werden je nach Statistik in einer spezifischen Art und Weise durchgeführt.
- In der Zusammenarbeit mit unseren Partnern, den Statistischen Landesämtern, sind die Prozesslandschaften häufig – angepasst an die jeweiligen Bedingungen – ebenfalls unterschiedlich, außerhalb der Verbundanwendungen finden sich sogar Prozessvarianten innerhalb der Produktion einer einzelnen Statistik.

Dies sind sicher sehr grobe Betrachtungen der Prozesslandschaft einer Behördeninfrastruktur. Im Statistischen Bundesamt ging der intensiveren Beschäftigung mit den Prozessen und der Erstellung des Prozessmodells eine Phase der Ist-Aufnahme und Analyse voraus, die im Behördenumfeld sicher bemerkenswert ist.

Alle Bereiche wurden einer genauen Prozessanalyse[11] unterzogen, um ein aktuelles Gesamtbild zu erhalten. Wichtig dabei war, die Prozesse hausweit nach einheitlichen Definitionen und Vorgaben, mithin also fachübergreifend vergleichbar zu beschreiben und die für einzelne Prozesse oder Teilprozesse eingesetzten Ressourcen zu erfassen. Damit entstand neben der traditionellen Aufbauorganisation in Abteilungen, Gruppen und Referate eine zweite Betrachtungsebene mit Prozessen und Prozessbeteiligten als Grundlage für die Etablierung moderner Führungs- und Steuerungsinstrumente. Die intensive Analyse der vorhandenen Prozesslandschaft[12] bildete eine einheitliche Diskussionsgrundlage für die Verbesserung der Qualität und die Erhöhung der Effizienz der Statistikproduktion. Nebeneffekt dieser umfangreichen Untersuchungen war auch die Erkenntnis darüber, in welchen Prozessen durch Verbesserungsmaßnahmen Ressourcen freigesetzt werden konnten, um die neuen Anforderungen und geplanten Verbesserungen mit kontinuierlich von Einsparungen betroffenen Personalressourcen zu realisieren. Die Verbesserung der Effizienz sowie die intensive Diskussion des gesamten Produktportfolios halfen mit, viele neue Aufgaben aufwandsneutral anzugehen. In Zeiten angespannter Staatshaushalte und mit entsprechendem Konsolidierungsdruck durch die Politik ist die Verbesserung der Effizienz vorhandener Prozesse und deren Vernetzung eine gute Möglichkeit, Handlungsspielraum im Hinblick auf neue Herausforderungen zu erhalten. Flankiert von der Entwicklung neuer Werkzeuge und Methoden mit besserer Ergebniseffizienz werden die wichtigen Leistungsprozesse der Statistik gemeinsam mit den Statistischen Landesämtern neu definiert und gestaltet.

3.3 Partner

Durch den übergreifenden Ansatz ist es im gleichen Maße möglich, Schnittstellen auch zwischen externen Prozessbeteiligten mit einzubeziehen und zu optimieren. Ziel ist, eine weitgehende Vereinheitlichung der Prozesslandschaft über die Statistiken, aber auch über die verschiedenen beteiligten Stellen hinaus zu erreichen. Hier spielen Aspekte des Föderalismus eine große Rolle. Es macht Sinn, bei der Redefinition von Prozessen zu analysieren, ob eine große Durchdringung in der Fläche in jedem Fall notwendig und gewünscht ist oder ob es in bestimmten Fällen sinnvoller ist, wenn einzelne Prozessbeteiligte als Stellvertreter für andere komplexe, aufwendige Prozessschritte vornehmen. Dieses Prinzip »Einer für Alle« ermöglicht darüber hinaus auch eine bessere Verteilung der Auslastung zwischen den großen, leistungsfähigen Institutionen und den flexiblen, kleineren Einheiten. Ergänzt wird diese Vorgehensweise durch die Möglichkeit, große Verfahren auszuschreiben und damit allen Statistischen Ämtern die Chance zu bie-

11 Körner (2002).
12 Heiderich-Weingarten (2006).

ten, im Wettbewerb weitere Aufgabenbereiche zu übernehmen. Die Flexibilität dieser neuen Verfahrensweisen führt zu einer deutlich besseren und gleichmäßigeren Auslastung der Ressourcen in der Fläche und gleichzeitig zu einer Reduzierung der Durchlaufzeiten in einzelnen Statistiken. Standardisierte Prozesse und optimierte Schnittstellen ergänzen die neue Strategie und bieten zusätzliches Potential, gemeinsam mit den neu entwickelten Programmen auch zukünftigen Anforderungen besser gerecht zu werden.

Partnerschaftlicher Umgang mit den Auskunftgebenden für eine Statistik bedeutet auch, den Aufwand für die Erhebung, also die Gewinnung der Daten, möglichst gering zu halten und auch auf diesem Gebiet den technischen Fortschritt im Sinne einer Entlastung der Auskunftspflichtigen zu nutzen. Ursprünglich auf Papier erstellt, wird der moderne (maschienenlesbare) Fragebogen immer mehr durch elektronische Varianten ergänzt. Neben der Möglichkeit, Daten über strukturierten Datenversand (Datenträger oder online) zu erheben, gibt es auch die Möglichkeit, Fragebogen über einen sicheren Server im Internet elektronisch auszufüllen. Vorteile sind hier neben der Verkürzung der Zeit für die Datenerhebung hauptsächlich die Verbesserung der (Roh-)Datenqualität durch vorgelagerte Plausibilitäten. Zusätzlich können umfangreiche Hilfs- und Unterstützungsinformationen zum Fragebogen angeboten und damit direkt bei dessen Ausfüllung erläuternd genutzt werden. Eine größere Akzeptanz und eine bessere Datenqualität sind hier im Ergebnis zu beobachten. Am oberen Ende der Entwicklung finden wir heute die direkte Übernahme von Statistikdaten aus den Warenwirtschaftssystemen von Unternehmen und Betrieben. Die Statistischen Ämter stellen dazu geeignete Softwarewerkzeuge zur Verfügung und sorgen für den sicheren Transfer der Daten direkt aus den internen Prozessen der Wirtschaftseinheiten in den Aufbereitungsprozess der Statistischen Ämter. In diesem Bereich entsteht die Entlastung der auskunftspflichtigen Wirtschaftseinheiten durch deren eigene Infrastruktur und der Integration der Daten in die Abläufe der Statistik. Die jüngste Entwicklung geht allerdings noch einen Schritt weiter: Bei »eStatistik.core« dreht die Statistik den Spieß um, indem sie aus einer Bringschuld der Respondenten eine Holschuld der Statistik macht. Daten des betrieblichen Rechnungswesens werden direkt »angezapft« und – wenn es denn das meldende Unternehmen beabsichtigt – ohne weiteren Arbeitsschritt an einen einheitlichen Dateneingangsserver geliefert[13].

13 Ausführliche Informationen finden sich im Internet unter http://www.statspez.de/core/.

3.4 Die nächsten Entwicklungen

Für die kommenden Jahre stehen im Wesentlichen zwei Trends bevor:

- Zum einen wird in Deutschland ein Umbau der Statistikproduktion in der Weise erfolgen, dass für Cluster verwandter Statistiken (z. B. Unternehmensstatistik, Haushaltsstatistik) integrierte Statistiksysteme aufgebaut werden, die auf gemeinsamer Infrastruktur (Basisregister, Metadaten) basieren, die vorhandene Daten soweit wie möglich sinnvoll nutzen und die diese mit ergänzenden Erhebungen in einer Datawarehouse-Architektur verknüpfen. Erstes Beispiel für einen derartigen methodischen Ansatz repräsentiert der neue registergestützte Zensus 2011.
- Zum anderen wird es weitere Intensivierungen der Zusammenarbeit von Statistikproduzenten sowohl national als auch auf europäischer Ebene geben. Die europäischen Qualitätsvorgaben[14] werden auch in Deutschland an Bedeutung zunehmen.

4. Statistik und Wissenschaft

4.1 Informationelle Infrastruktur

Mit Abschluss der Konferenz zur Verbesserung der informationellen Infrastruktur[15] wurden Prozesse in Gang gesetzt, die zur Etablierung einer Infrastruktur für Mikrodaten, so auch den Forschungsdatenzentren (FDZ), führten. Auf dem Symposium »Kooperation zwischen Wissenschaft und amtlicher Statistik« vom 31. Mai bis zum 1. Juni 1999[16] wurden die verschiedenen Formen und Modelle zur Kooperation mit der Wissenschaft diskutiert. Bedürfnisse der Wissenschaft wie besserer Zugang zu amtlichen Mikrodaten für eigene Analysen und Aufbereitungen wurden angemeldet und eine Modernisierung der amtlichen Statistik zu einem modernen Informationsdienstleister in die Wege geleitet. Es gab verschiedene Gründe, das Prinzip der Veröffentlichung von Aggregaten und aufbereiteten Ergebnissen mit der Möglichkeit zu ergänzen, direkt auf Mikrodaten zuzugreifen und eigene Analysen durchzuführen. Zum einen ist sicher der Bedarf der Wissenschaft[17] zu nennen, der im KVI-Prozess klar benannt wurde. Zum anderen ist aber

14 Siehe auch: Europäische StatistikenVerhaltenskodex, im Internet unter http://epp.eurostat.ec.europa.eu/portal/page?_pageid=2273,1,2273_47141302&_dad=portal&_schema=PORTAL.

15 Kommission zur Verbesserung der informationellen Infrastruktur zwischen Wissenschaft und Statistik (2001).

16 Statistisches Bundesamt (1999).

17 Bechtold (2001).

auch die Möglichkeit für eigene Analysen erst durch die Verfügbarkeit entsprechend preiswerter und leistungsfähiger IT-Systeme im Bereich der Wissenschaft geschaffen worden. Durch die Projektförderung des Bundesministeriums für Bildung und Forschung (BMBF) sowie die Etablierung eines Gründungsausschusses des Rates für Sozial- und Wirtschaftsdaten (später dann der Rat für Sozial- und Wirtschaftsdaten[18]) haben sich die Statistischen Ämter bewusst den Regeln und Mechanismen der Wissenschaft unterworfen, um die Infrastruktur der Forschungsdatenzentren beim Bund und bei den Ländern aufzubauen. Für das Statistische Bundesamt hat Johann Hahlen sowohl in der Kommission zur Verbesserung der informationellen Infrastruktur zwischen Wissenschaft und Statistik (KVI) als auch im Gründungsausschuss sowie im Rat für Sozial- und Wirtschaftsdaten diese Entwicklung unterstützt und gefördert. Gemeinsam mit den Statistischen Landesämtern entstanden Forschungsdatenzentren bei den Statistischen Ämtern, die als direkte Servicestellen und Ansprechpartner für die Wissenschaft, aber auch für Fachstatistiker in den Häusern wirken. Neben der Bereitstellung von verschiedenen Zugangsmöglichkeiten zu bisher kaum erschlossenen Mikrodaten für Wissenschaftler wurden Methoden zur Anonymisierung weiterentwickelt und gemeinsam mit den Fachbereichen eine Vielzahl von Statistiken durch die Bereitstellung von Mikrodaten für die Wissenschaft erschlossen. Diese neuen »Produkte[19]« der amtlichen Statistik wurden sehr gut von der Wissenschaft aufgenommen und die Forschungsdatenzentren bis an ihre Kapazitätsgrenzen durch Nutzungsanfragen ausgelastet. Ergänzend wurden regelmäßig Konferenzen und Workshops durchgeführt, in denen der Dialog zwischen Datenproduzenten und Wissenschaft intensiviert und unsere Kenntnisse über die Bedürfnisse unserer Nutzer aus der Wissenschaft vertieft wurden. Schnell wurde klar, dass die Bereitstellung von Mikrodaten aus einer einzelnen Erhebung die Wissenschaft nicht dauerhaft zufrieden stellt. Die Verknüpfung von Mikrodaten über die Zeit (Panels) ermöglicht zusätzliche Analysen und intertemporale Vergleiche und bietet generell durch die stärkere Standardisierung der Variablen und deren Ausprägungen ein zusätzliches Analysepotential. Durch die Verknüpfung über die Zeit werden Abweichungen im Fragenprogramm oder in einzelnen Variablen im Datensatz normalisiert. Konsequenter nächster Schritt ist die Verbindung von Mikrodaten aus unterschiedlichen Datenquellen zu analysefähigeren Datensätzen mit Informationen über die Statistikgrenzen hinaus.

4.2 Die nächsten Entwicklungen

Im Fokus der Arbeiten der letzten Jahre stand zunächst der verbesserte Zugang zu Daten der amtlichen Statistik für wissenschaftliche Zwecke. Diesem Ziel ist

18 Siehe auch http://www.ratswd.de.

19 Scientific Use Files, Public Use Files, CAMPUS-Files.

man erfreulich nahe gekommen, jedenfalls von einer methodischen Seite betrachtet. Es muss jetzt allerdings gelingen, diese Infrastruktur in den Dauerbetrieb überzuleiten. Mikrodatenzugang muss auch in Deutschland zu einer Normalität werden; die Bereitstellung von Mikrodaten muss zum gesetzlich begründeten Informationsauftrag der amtlichen Statistik gehören. Um diesen zusätzlichen Nutzen zu erreichen, ist allerdings sicherzustellen, dass die entsprechenden Prozesse möglichst effizient organisiert sind[20]. Außerdem sind Lösungen für (gemischte) Formen der Finanzierung zu finden.

Dieser Ansatzpunkt am Ende der Produktion von Daten alleine reicht aber nicht aus: Wenn Wissenschaft von der Produktion amtlicher Statistiken profitieren soll, muss ihr Bedarf und Ratschlag systematisch bereits in der Designphase, der sogenannten »Adäquation« berücksichtigt werden. Dies zu organisieren, ist zweifellos eine wichtige, wenn auch nicht ganz einfache Aufgabe, welcher sich der Rat für Sozial- und Wirtschaftsdaten in Zukunft vermehrt annehmen sollte. Ein erstes gutes Beispiel liefert hierzu die Einbeziehung der Wissenschaft zur Vorbereitung des kommenden Zensus[21].

5. *Informationsdienstleister in der Wissensgesellschaft*

Auf dem Weg in die Wissensgesellschaft wird die amtliche Statistik konsequent die entwickelten Modelle und Lösungen weiterführen. Viele der grundlegenden Weichenstellungen von Johann Hahlen wirken heute und bilden damit ein verlässliches Fundament, auf dem die amtliche Statistik aufbauen kann. Der »Umbau« einer Behörde zum modernen Informationsdienstleister ist sicher noch nicht abgeschlossen. Anforderungen wie Qualität, Schnelligkeit und Kohärenz der Produkte, aber auch die immer stärkere Nachfrage nach individuellen Analysen und Mikrodaten bestimmen das Produktportfolio in der Zukunft. Moderne Informationstechnik bietet uns die Chance, zukünftig noch flexibler auf Nutzerwünsche zu reagieren und unsere Entwicklung vom Statistikproduzenten hin zum Informationsdienstleister weiterzuführen. Ein erster Schritt ist sicher, die Auflösung der »statistikzentrierten« Sichtweise und die Arbeiten an einem Data-Warehouse mit uniformen Materialien aus allen Statistiken und der Möglichkeit, diese »on-demand« zu komplexen Datenbeständen zu verknüpfen. Hierbei helfen uns die bereits geleisteten Arbeiten in der Vereinheitlichung unserer Leistungsprozesse genauso wie die methodischen Weiterentwicklungen auf dem Gebiet der Erstellung von Mikrodaten im Quer- und im Längsschnitt. Die Verknüpfung von verschiedenen Mikrodaten aus einem Pool an standardisierten Mikrodaten, in einzelnen Fällen sogar über institutionelle Grenzen hinweg, bildet die Basis der Produktentwicklung. Gespeist wird dieser Datenpool über standardisierte Prozesse

20 Radermacher (2007).
21 O. V. (2007).

und mit leistungsfähigen IT-Werkzeugen von den Statistischen Landesämtern und dem Statistischen Bundesamt gemeinsam. Durch die weiterentwickelten Fähigkeiten zur Verknüpfung von Daten werden die Auskunftspflichtigen weiter entlastet und die Effizienz des Gesamtsystems gesteigert. Ein immer größerer Teil unseres Informationsangebots wird elektronisch kommuniziert, herkömmliche Produkte (Print-Publikationen oder Datenträger) werden zunehmend ein Nischendasein führen. Wissenschaftler werden die Möglichkeit haben, online auf die Mikrodatenserver der Statistischen Ämter zuzugreifen und direkt umfangreiche Analysen im gesicherten System der Statistiker durchzuführen. Erst die den Geheimhaltungsvorschriften entsprechenden Ergebnisse werden dem Wissenschaftler physisch zur Verfügung gestellt. Diese »Wissenschaftsserver« ermöglichen den Zugang aus öffentlichen Netzen über eine nach aktuellem Wissenstand kryptografisch gesicherte Verbindung und bieten neben den eigentlichen Mikrodaten auch die notwendigen gängigen Analysesysteme. Die Mikrodaten verbleiben im geschützten Bereich der amtlichen Statistik und werden dort abgeschottet verarbeitet. Erst die Ergebnisse werden – nach der Anonymisierung im Statistischen Amt – dem Wissenschaftler übermittelt und stehen damit zur Veröffentlichung bereit. Aus den standardisierten Publikationen der einzelnen Fachstatistiken werden »Baukästen« mit Modulen, die stark individualisierte, an die Bedürfnisse der Nutzer angepasste Produkte und Ergebnisdarstellungen ermöglichen. Ergänzt wird das Produktportfolio durch schnelle Analysen »on-demand«, die die Statistik als Service für alle Kunden anbietet. Schließlich werden die geschulten Kunden im Web 2.0 selbst mit den verschiedenen Produkten arbeiten wollen, seien es Mikro-, Meso- oder Makrodaten.

Will man diesen Blick in die Zukunft zusammenfassend charakterisieren, so sind es sicher die Worte »Effizienz«, »Flexibilität« und »Service«, die die Rolle der Statistischen Ämter in der Wissensgesellschaft beschreiben. Attribute, die man vor 10 Jahren wohl kaum einer Behörde zugesprochen hätte. Johann Hahlen hat als Leiter des Statistischen Bundesamts, als Partner in der föderalen Diskussion und als Botschafter der Statistik in Gesellschaft und Wissenschaft die Grundlagen für eine Zukunft gelegt, welche die Entwicklung zum größten Informationsdienstleister in der deutschen Wissensgesellschaft nachhaltig befördert.

Literatur

Bechtold, S. (2001), Wege zu einer besseren informationellen Infrastruktur. In: WiSta 12/2001, S. 971 ff.

Desrosières, A. (2005), Die Politik der großen Zahlen. Eine Geschichte der statistischen Denkweise (Original: Frankreich 1993), Berlin.

Heiderich-Weingarten, D. (2006), Prozessanalysen im Statistischen Bundesamt – ein Erfolg. In: WiSta 1/2006, S. 26 ff.

Knoche, P., Oppeln-Bronikowski, S. von, Kühn, D. (1999), Marketingkonzept der Statistischen Ämter des Bundes und der Länder. In: WiSta 7/1999, S. 531 ff.

Kommission zur Verbesserung der informationellen Infrastruktur zwischen Wissenschaft und Statistik (Hrsg.) (2001), Wege zu einer besseren informationellen Infrastruktur. Gutachten der vom Bundesministerium für Bildung und Forschung eingesetzten Kommission zur Verbesserung der informationellen Infrastruktur zwischen Wissenschaft und Statistik. Baden-Baden.

Körner, T. (1999), Qualitätsoffensive Statistik – umfassendes Qualitätsmanagement im Statistischen Bundesamt. In: WiSta 12/1999, S. 923 ff.

Körner, T. (2002), Prozessanalysen: Das Werkzeug des Statistischen Bundesamtes zur Optimierung der Organisation. In: WiSta 8/2002, S. 660 ff.

O. V. (2007), Zensusvorbereitungsgesetz vom Deutschen Bundestag verabschiedet. In: WiSta 9/2007, S. 823 ff.

Radermacher, W. (2007), Vortrag am 24.4.2007, Sitzung des Statistischen Ausschusses des BDI, Haus der Deutschen Wirtschaft, Berlin.

Rahm, H. (1996), Statistik im Internet. In: WiSta 8/1996, S. 475 ff.

Siemon, C. (2007), Schumpeter + Humboldt = 6. Kondratieff? Wissen, Innovation und Evolution im Licht der unternehmerischen Universität. In: WiSt 12/2007, S. 570 ff.

Statistisches Bundesamt (1999), Forum der Bundesstatistik, Band 34, Dezember 1999, Stuttgart.

Statistisches Bundesamt (2004), Informations- und Kommunikationstechnologien (IKT) in Deutschland 1995 – 2003.

Internetquellen

Europäische StatistikenVerhaltenskodex: http://epp.eurostat.ec.europa.eu/portal/page?_pageid=2273,1,2273_47141302&_dad=portal&_schema=PORTAL.

European Foundation for Quality Management: http://www.deutsche-efqm.de/.

eSTATISTIK.core: http://www.statspez.de/core/.

Rat für Sozial- und Wirtschaftsdaten: http://www.ratswd.de.

Das schwierige Unterfangen von Doppelkarrieren in Akademikerpartnerschaften – Ergebnisse des Mikrozensus 2004

Heike Solga und Alessandra Rusconi

1. Fehlende Arbeitsmarktgleichheit trotz Bildungsgleichheit in Akademikerpartnerschaften

Lange Zeit wurden die ungleichen Karrierechancen von Männern und Frauen in Partnerschaften mit einer geschlechtstypischen Bildungsungleichheit erklärt. Die Bildungsexpansion hat in Deutschland – wie andernorts – hier jedoch zu einer starken Angleichung der Geschlechter geführt: So verfügten im Jahr 2004 beispielsweise ca. 20 Prozent der Männer und 15 Prozent der Frauen im Alter zwischen 30 bis 50 Jahren über einen akademischen Abschluss. Damit stieg auch die Anzahl von Paaren, in denen beide Partner über einen akademischen Abschluss verfügen (im Folgenden »Akademikerpartnerschaften« genannt). So lebt in Deutschland ein Drittel dieser männlichen Hochschulabsolventen mit einer Partnerin zusammen, die gleichfalls einen akademischen Ausbildung besitzt; von den Akademikerinnen dieser Altersgruppe lebt sogar fast die Hälfte in einer Akademikerpartnerschaft. Damit ist der Anteil der Akademikerpartnerschaften von 1 Prozent aller (westdeutschen) Paare im Jahr 1971 auf 9 Prozent (gesamtdeutsch) im Jahr 2004 gestiegen.[1] Doch ist damit parallel auch der Anteil an Doppelkarriere-Paaren gestiegen – Paaren, in denen es beiden Partnern gelingt, eine professionelle Karriere zu verfolgen und gleichzeitig Partnerschaft und ggf. Elternschaft zu pflegen?

Gerade in Akademikerpartnerschaften gibt es ein großes Ausgangspotenzial für die Realisierung von Doppelkarrieren, da beide Partner hohe Bildungsinvestitionen getätigt haben und oft ein ausgeprägtes Interesse an einer professionellen Karriere zeigen. Dennoch sind Doppelkarrieren in Deutschland relativ selten. Selbst bei Akademikerpaaren ist das (männliche) Ein-Karriere- sowie Ein-Verdiener-Modell – wie unsere Analysen mit dem Mikrozensus zeigen – immer noch weit verbreitet: Im Jahr 2004 war in etwa jeder siebten Akademikerpartnerschaft die Frau nicht erwerbstätig, und in jeder achten Partnerschaft ging sie trotz ihres akademischen Abschlusses einer nicht-professionellen Tätigkeit nach (zusammen knapp 30 Prozent). Doppelkarrieren stellen also nach wie vor eine große Herausforderung dar. Ihre Realisierung scheitert oft an Behinderungen der professionellen Karriere von Frauen.

1 Eigene Berechnungen basierend auf den Mikrozensen 1971 und 2004.

Ziel dieses Beitrags ist es, Realisierungsbedingungen von und Hemmnisse für Doppelkarrieren in Deutschland aufzuzeigen. Der Fokus auf Akademikerpaare ermöglicht dabei, Erklärungen für den geschlechtstypischen Karriereunterschied aufzuzeigen, die über das Argument von ungleichen Bildungsressourcen für professionelle Karrieren hinausgehen.

2. *Paarkonstellationen als Determinanten für Doppelkarrieren*

Die vorliegenden, inzwischen vielfältigen Studien zu Karriereunterschieden zwischen Frauen und Männern untersuchen, wie individuelle Merkmale (z. B. Alter, Geschlecht, Bildungsniveau, Berufsbereich und Berufserfahrung) die Beschäftigungs- und Karrierechancen geschlechtstypisch beeinflussen (z. B. Lauterbach 1994, Stroh, Reilly 1999, Blossfeld, Drobnic 2001, Born, Krüger 2001, Baecker 2003). Sehr viel weniger Aufmerksamkeit wird jedoch dem *Paar* als Analyseeinheit und damit Faktoren, die mit einer Partnerschaft verbunden sind, gewidmet. Wir wollen im Folgenden daher kurz umreißen, wie bestimmte *Paarkonstellationen* die Chancen für Doppelkarrieren beeinflussen können.

In der Literatur wird der *Altersunterschied* zwischen den Partnern oft als geschlechtsneutrale Determinante der Karrierechancen der beiden Partner gesehen. Auf den ersten Blick scheint diese Erklärung einleuchtend: Karrieren und Karriereschritte benötigen Zeit. Bei ungleichem Alter der beiden Partner standen ihnen hierfür unterschiedliche Zeiträume zur Verfügung, so dass der ältere Partner oft einen (altersbedingten) »Karrierevorsprung« hat. Gemäß der Neuen Haushaltsökonomie liegt es daher im gemeinsamen Interesse des Haushalts, dem älteren Partner über einen signifikanten Zeitraum die »primäre« Karriere zu gewähren (z. B. Hawkes, Nicola, Fish 1980, Kalter 1998, Becker, Moen 1999). Ähnlich argumentiert die Ressourcen- und Austauschtheorie. Auch hier hat der ältere Partner bereits mehr Ressourcen angesammelt und kann so seine/ihre Karriereinteressen besser durchsetzen (z. B. Blood, Wolfe 1960). Als Resultat sollte der ältere Partner – unabhängig vom Geschlecht – einen Karrierevorsprung und im Vergleich zum jüngeren Partner die »führende« Karriere genießen. Da Frauen typischerweise jünger sind als ihre männlichen Partner (im Durchschnitt drei Jahre), haben Männer – so die gängige Erklärung – auch häufiger die »primäre« und Frauen die »sekundäre« Karriere. Bei alters*un*typischen Paaren, d. h. bei Paaren, in denen die Frau die Ältere ist, sollte dementsprechend die Frau einen Vorsprung und damit die primäre Karriere haben. *Doppelkarrieren* sollten daher eigentlich häufiger bei etwa *gleichaltrigen* Partnern zu finden sein als bei Paaren mit einem deutlichen Altersunterschied.[2]

Aus der Forschung ist auch bekannt, dass *Berufsbereiche* eine wichtige Karrieredeterminante sind. Ihr Einfluss ergibt sich aus berufsspezifischen Karrieremustern sowie Angebot-Nachfrage-Relationen auf dem Arbeitsmarkt. Von besonderer Bedeutung ist zudem, ob beide Partner im gleichen Berufsbereich tätig sind, da berufshomogame Paare auf kleinen lokalen Arbeitsmärkten möglicherweise beim gleichen Arbeitgeber Beschäftigung finden müssen. Wenn (in-)offizielle Anti-Nepotismus Regelungen existieren, könnte Berufshomogamie die Karriere von (zumindest) einem der beiden Partner und damit auch Doppelkarrieren behindern. Ferner könnte Berufshomogamie – folgt man Parsons' Idee (1959) von Stabilität und Konkurrenz in Partnerschaften – zu einer größeren Konkurrenz zwischen den Partnern führen und die Stabilität von Partnerschaften schwächen. Um dies zu vermeiden, könnten berufshomogame Partnerschaften veranlasst sein, die Realisierung von Doppelkarrieren um der »Beziehung« willen einzuschränken. Andererseits könnte Berufshomogamie, verstanden als ein geteiltes soziales Kapital, auch vorteilhafte Kooperationen sowie ein gegenseitiges Verständnis für die erforderlichen Karriereschritte und -anforderungen und damit Doppelkarrieren unterstützen (für eine Diskussion hierzu siehe Bernasco, de Graaf, Ultee 1998, Sonnert 2005). Für eine größere Konkurrenz in berufshomogamen Partnerschaften oder eine größere Einschränkung der Arbeitsplatzsuche auf lokalen Arbeitsmärkten würde sprechen, dass sich empirisch zeigt, dass Partner, die im selben Berufsbereich arbeiten, eine geringere Wahrscheinlichkeit für Doppelkarrieren haben als heterogame Partnerschaften. Dagegen wäre eine stärkere Kooperation bzw. ein geteiltes soziales Kapital dadurch signalisiert, dass Doppelkarrieren bei homogamen Paaren häufiger zu finden sind.

Schließlich ist bekannt, dass das *Vorhandensein von Kindern* professionelle Karrieren von Frauen beeinflusst und damit die Realisierungschancen von Doppelkarrieren. Paare mit Kindern stehen vor der Herausforderung der Vereinbarung von zwei Karrieren und den elterlichen Pflichten. Mehrere Studien haben festgestellt, dass Paare oft auf einer egalitären Basis beginnen, nach der Geburt eines Kindes jedoch zu einer traditionelleren innerfamilialen Arbeitsteilung wechseln (Gilbert 1985, Hensel 1991, Levy, Ernst 2002). Dieser Wechsel spiegelt die immer noch vorherrschenden Geschlechterrollen wider, denen zufolge Frauen nach der Kindergeburt die Hauptlast bei der Kindererziehung tragen und größere Flexibilität bei der Erfüllung der familiären Pflichten zeigen sollten. Dagegen

2 Im Mikrozensus 2004 sind in etwa der Hälfte der Akademikerpaare (in denen die Frau zwischen 30 und 49 Jahren alt ist) die beiden Partner gleich alt (d. h. der Mann ist bis zu 2 Jahre älter/jünger als die Frau). Bei einem Drittel der Paare ist der Mann zwischen 3 und 7 Jahre älter als die Frau; bei jedem 10. Paar ist der Mann 8 Jahre oder mehr älter. Nur rund 6 Prozent der Akademikerpaare haben eine untypische Alterskonstellation, d. h. die Frau ist mindestens 3 Jahre älter als ihr Partner.

wird von Männern erwartet, dass sie die finanziellen Ressourcen der Familie gewährleisten. Diese zumeist als »temporärer« Kompromiss gedachte Arbeitsteilung hat jedoch oft lang anhaltende negative Konsequenzen für die professionelle Karriere.[3] Eine mögliche Strategie, um eine derartige Kollision von Familie und Beruf zu vermeiden, ist der Verzicht auf Kinder oder die Verschiebung der Geburt – und zwar so lange, bis sie in die weibliche – und nicht wie traditionell nur in die männliche – Karriere »passen« (vgl. Swiss, Walker 1993, Hoff et al. 2002).

3. Empirische Befunde zu förderlichen und hemmenden Faktoren von Doppelkarrieren

Auf Basis des deutschen Mikrozensus 2004 untersuchen wir nun empirisch, inwieweit die Alters- und Berufskonstellationen von Paaren sowie das Vorhandensein von Kindern die Verwirklichung von Doppelkarrieren beeinflussen.[4] Unsere Untersuchungseinheit stellen heterosexuelle *Akademikerpartnerschaften* (siehe Anhang) dar. Es handelt sich dabei um Paare, in denen beide Partner über einen akademischen Abschluss verfügen und die Frau zwischen 30 und 49 Jahre alt war. Aufgrund der eingeschränkten Informationen des Mikrozensus definieren wir *Doppelkarrierepaare* als jene Paare, bei denen beide Partner zum Befragungszeitpunkt (2004) einer professionellen Tätigkeit nachgingen. Auf Basis des dreistelligen Klassifikationskodes der Berufe des Statistischen Bundesamtes Deutschlands wurden als *professionelle Tätigkeiten* all jene klassifiziert, die einen akademischen Abschluss als Zugangsvoraussetzung verlangen oder die normalerweise von Personen mit einem solchen Abschluss ausgeübt werden.

Gemäß dieser (relativ weit gefassten) Definition besaß jedes zweite Akademikerpaar eine Doppelkarriere. Fast die Hälfte dieser Doppelkarrierepaare folgte jedoch dem »traditionellen« Arbeitszeitmuster, d. h., die Frau arbeitete Teilzeit und der Mann Vollzeit (siehe Abbildung 1). Bei mehr als einem Viertel der Paare trafen wir das männliche Ein-Karriere-Modell an: Der Mann ging Vollzeit einer professionellen Tätigkeit nach, während die Frau nicht erwerbstätig war (14 Prozent) oder keine professionelle Tätigkeit ausübte (13 Prozent).

3 Einige Studien zeigen jedoch, dass Berufe auf Grund unterschiedlicher Berufskulturen und des Vorhandenseins alternativer Karrieremuster diesbezüglich ein unterschiedliches Potenzial für eine »work-life-balance« haben (für Medizin und Psychologie in Deutschland siehe Hoff et al. 2002, Dettmer, Hoff 2005).

4 Mit dieser Querschnittserhebung können Doppelkarrieren nicht als Rekonstruktion innerpartnerschaftlicher Entscheidungssituationen, Aushandlungsprozesse und Entscheidungsresultate erfasst werden. Derzeit gibt es jedoch keine alternative Datenquelle für die Untersuchung von Akademikerpartnerschaften. In vorhandenen Längsschnittstudien, wie dem Sozio-ökonomischen Panel des Deutschen Instituts für Wirtschaftsforschung und der Deutschen Lebensverlaufsstudie des Max-Planck-Instituts für Bildungsforschung, ist die Fallanzahl der Akademikerpartnerschaften zu gering.

Abbildung 1: Erwerbskonstellationen in Akademikerpartnerschaften, 2004

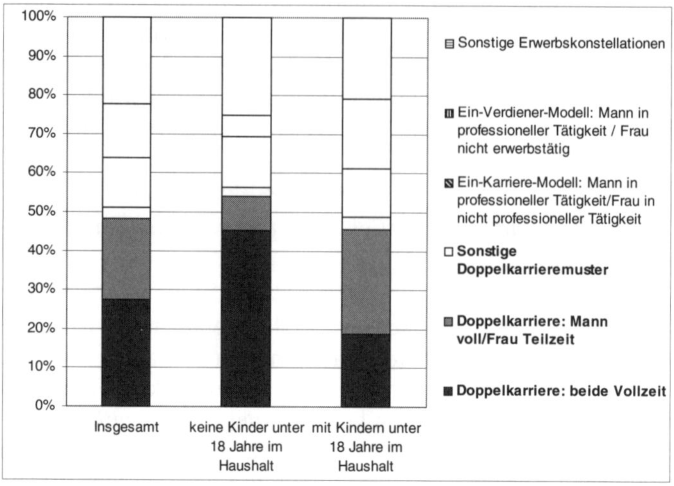

Legende: Deutsche 30- bis 49-jährige Hochschulabsolventen.
Quelle: Gewichtete Berechnungen mit dem Mikrozensus 2004.

Das Karrierearrangement eines Paares variiert jedoch stark in Abhängigkeit vom Vorhandensein minderjähriger Kinder im Haushalt.[5] Kinderlose Akademikerpaare hatten zum einen deutlich häufiger *Vollzeit*-Doppelkarrieren als Paare mit Kindern. Die Mehrheit der Doppelkarrierepaare mit Kindern folgte einem »traditionellen« Arbeitszeitmuster; hier ging die Frau ihrer professionellen Tätigkeit in Teilzeit nach. Zum anderen folgten ca. 20 Prozent der Akademikerpaare mit Kindern dem Ein-Karriere-Modell, da nur der Mann eine professionelle Tätigkeit ausübte, während die Frau *nicht* erwerbstätig war. Bei kinderlosen Paaren waren es hingegen nur fünf Prozent.

Als *Voraussetzung* für Doppelkarrieren untersuchen wir im nächsten Schritt, wovon es abhängig war, ob *beide* Partner erwerbstätig waren – und zwar unabhängig vom Qualifikationsniveau der Tätigkeiten. Anschließend analysieren wir den Einfluss der Paarkonstellationen darauf, inwieweit es den beiden erwerbstätigen Partnern gelang, auch eine professionelle Tätigkeit auszuüben und damit eine Doppelkarriere zu bewerkstelligen. Für beide Analyseschritte wurden multinominale logistische Regressionen geschätzt. Präsentiert werden exponierte

5 Die Mikrozensus-Kategorie »Kinder« umfasst biologische Kinder, Adoptiv-, Pflege- sowie Stiefkinder, die mit mindestens einem Elternteil im gemeinsamen Haushalt leben. In unserem Sample lebten bei einem Drittel der Akademikerpaare keine minderjährigen Kinder im Haushalt. Bei einem weiteren Fünftel gehörten Kinder unter 3 Jahren zum Haushalt.

Koeffizienten (*Odds ratios*): Werte größer als 1 signalisieren eine größere Wahrscheinlichkeit einer (professionellen) Erwerbstätigkeit, Werte kleiner als 1 eine geringere Wahrscheinlichkeit im Vergleich zur jeweiligen Referenzkategorie.

Hinsichtlich der *Erwerbstätigkeit beider Partner* können wir deskriptiv zunächst feststellen, dass die große Mehrheit der Akademikerpaare Doppel-Verdiener-Arrangements verwirklicht haben (79 Prozent). Dem männlichen Ein-Verdiener-Modell folgten im Jahr 2004 nur 17 Prozent der Paare. Wenn Kinder im Haushalt vorhanden waren, so waren auch in Akademikerpartnerschaften die Teilzeittätigkeit der Frau (40 Prozent) oder ihr kompletter Rückzug vom Arbeitsmarkt (22 Prozent) weit verbreitet. Sobald Kinder vorhanden sind, folgen also auch Paare, in denen beide Partner erhebliche Bildungsinvestitionen getätigt haben, einer geschlechtstypischen Arbeitsteilung.

Mit Hilfe multivariater Analysen bestimmen wir nun die (Netto-)Einflüsse der Alterskonstellation sowie des Vorhandenseins von Kindern auf die Realisierungschancen von *Doppel-Verdiener-Arrangements* (Tabelle 1). Die Befunde bestätigen, dass für die geschlechtstypische Arbeitsteilung Kinder und insbesondere kleine Kinder (jünger als drei Jahre) von Bedeutung sind. Im Unterschied zu kinderlosen Paaren war in Familien mit kleinen Kindern die Erwerbskonstellation, bei der nur der Mann erwerbstätig ist, mehr als doppelt so wahrscheinlich wie eine Vollzeit-Teilzeit- oder auch Doppel-Verdienerkonstellation.

Tabelle 1: Multinominale logistische Regressionen für die Erwerbskonstellationen in Akademikerpartnerschaften (Referenzkategorie: Mann Vollzeit – Frau Teilzeit) ***(Odds ratios, N = 4.308 Paare)***

	Beide sind Vollzeit erwerbstätig		**Nur der Mann ist erwerbstätig**		**Unübliche Konstellation+**	
	Modell 1	*Modell 2*	*Modell 1*	*Modell 2*	*Modell 1*	*Modell 2*
Alterskonstellation (Ref.: Altersunterschied max. 2 Jahre)	1	1	1	1	1	1
Mann ist 3 bis 7 Jahre älter	1,00	1,06	1,05	1,23	1,05	1,37*
Mann ist 8 und mehr Jahre älter	1,07	1,43**	1,04	0,98	1,10	1,31
Frau ist 3 und mehr Jahre älter	1,20	1,21	1,33	1,18	1,07	0,88
Alter der Frau (Ref.: 40 bis 49 Jahre alt)	1	1	1	1	1	1
30 bis 39 Jahre alt	1,49***	1,68***	1,44***	1,58***	0,97	1,20
Zahl der Kinder (Ref.: Keine Kinder unter 18 Jahren im Haushalt)	1	1	1	1	1	1
1 Kind	0,30***	0,30***	0,71*	0,71*	0,36***	0,36***
2 Kinder	0,18***	0,18***	0,66**	0,66**	0,25***	0,25***
3 und mehr Kinder	0,14***	0,14***	1,37	1,36	0,25***	0,25***
Alter des jüngsten Kindes (Ref.: Kein Kind unter 11 Jahren im Haushalt)	1	1	1	1		
unter 3 Jahren	1,09	1,08	2,15***	2,17***	1,77**	1,80**
3 bis10 Jahre	0,60***	0,60***	1,46***	1,49***	1,07	1,10
*Interaktion: Alter der Frau * Alterskonstellation*						
30 bis 39 Jahre alt * Mann ist 3 bis 7 Jahre älter		0,85		0,70*		0,54**
30 bis 39 Jahre alt * Mann ist 8 und mehr Jahre älter		0,49**		1,03		0,64
30 bis 39 Jahre alt * Frau ist 3 und mehr Jahre älter		1,18		1,62		1,95
Improvement of fit (df):	1249,84 (42) *** (Modell 1)					
	1267,65 (51) *** (Modell 2)					

\+ Ungewöhnliche Erwerbskonstellation: Beide Partner arbeiten Teilzeit; Frau Vollzeit/Mann Teilzeit; nur die Frau ist erwerbstätig; beide Partner sind nicht erwerbstätig.

Kontrolliert für Ortsgröße und Wohnort in Ost- bzw. Westdeutschland, verheiratet/nichteheliche Lebensgemeinschaft.

Koeffizienten sind signifikant: p<0.01***; p<0.05**; p<0.1*

Fallauswahl: heterosexuelle Paare, beide Partner mit deutscher Staatsangehörigkeit, Frauen zwischen 30 und 49 Jahre alt, Männer nach 1943 geboren.

Quelle: Eigene Berechnungen, Mikrozensus 2004, ungewichtete Angaben.

Ferner weisen die Befunde zunächst aus, dass sich altersuntypische Paare in ihren Erwerbskonstellationen kaum von Paaren unterschieden, in denen die Frau gleichaltrig oder jünger war als ihr Partner. Ein Blick auf die Interaktionseffekte zeigt allerdings, dass es hier Unterschiede in Abhängigkeit von der Geburtskohorte der Frau gab (vgl. Modell 2 in Tabelle 1). Für die *jüngere Kohorte* (d. h. Paare mit Frauen im Alter von 30 bis 39 Jahren) war es bei gleichaltrigen Paaren eher eine Frage von »ganz oder gar nicht«: Entweder waren beide Partner Vollzeit erwerbstätig oder die Frau war überhaupt nicht erwerbstätig; eine Teilzeit Erwerbstätigkeit der Frau war hier offensichtlich keine bevorzugte Strategie. Alters*un*typische Paare (bei denen der Mann acht und mehr Jahre älter war als die Frau) hatten eine *geringere* Chance für Vollzeit-Doppelverdienerarrangements – jedoch nicht, wie erwartet, aufgrund einer höheren Erwerbsbeteiligung der Frau. Eher unerwartet zeigt sich ferner bei alterstypischen Paaren (in denen der Mann zwischen drei und sieben Jahre älter war als die Frau) ein geringeres Risiko für das Ein-Verdiener-Modell. In der *älteren Kohorte* (d. h. bei Frauen im Alter von 40 bis 49 Jahren) ist die Alterskonstellation von geringerer Bedeutung – und wenn, dann in anderer Richtung: Für die 40- bis 49-jährigen Frauen, deren Partner 8 und mehr Jahre älter war, war die Wahrscheinlichkeit für ein Doppel-Vollzeit-Arrangement – im Unterschied zur jüngeren Kohorte – größer als für ein Teilzeit-Vollzeit-Verdienerarrangement. Diese Befunde zeigen, dass – entgegen den oben genannten theoretischen Begründungen – ein typischer Altersunterschied in der Partnerschaft nicht zwangsläufig zu traditionellen Erwerbskonstellationen führt, in denen Frauen auf eine Arbeit verzichten oder diese zeitlich reduzieren, und umgekehrt, dass in alters*un*typischen Paaren der Mann keine Einschränkungen seiner Erwerbstätigkeit erfährt.

Im zweiten Analyseschritt untersuchen wir nun die Bedeutung von Alterskonstellation, Berufshomogamie und dem Vorhandensein von Kindern für die *Realisierung von Doppelkarrieren*, unter der Voraussetzung, dass die Hürde der Erwerbstätigkeit durch beide Partner bereits erfolgreich genommen wurde. Dementsprechend berücksichtigt unsere Analyse nur Doppelverdiener-Paare (Tabelle 2). Kinder und Berufshomogamie sind hier die Haupteinflussfaktoren für die Realisierungschancen von Doppelkarrieren in Akademikerpartnerschaften.

Tabelle 2: Multinominale logistische Regressionen für die Verwirklichung von Doppelkarrieren in Akademikerpartnerschaften (Referenzkategorie: keine Doppelkarriere) ***(Odds ratios, N = 3.284 Paare, in denen beide Partner erwerbstätig sind)***

	Doppelkarriere: beide Partner Vollzeit		**Doppelkarriere: Mann Vollzeit – Frau Teilzeit**	
	Modell 1	*Modell 2*	*Modell 1*	*Modell 2*
Alterskonstellation (Ref.: Altersunterschied max. 2 Jahre)	1	1	1	1
Mann ist 3 bis 7 Jahre älter	1,16	1,22	1,14	1,08
Mann ist 8 und mehr Jahre älter	1,29	1,55**	1,36*	1,34
Frau ist 3 und mehr Jahre älter	1,02	0,98	0,94	0,99
Alter der Frau (Ref.: 40 bis 49 Jahre alt)	1	1	1	1
30 bis 39 Jahre alt	1,32***	1,74***	0,91	0,73
Berufshomogamie (Ref.: Berufsheterogame Paare)	1	1	1	1
Berufshomogame Paare	5,52***	5,59***	3,97***	3,94***
Alter des jüngsten Kindes (Ref.: Keine Kinder unter 18 Jahren im Haushalt)	1	1	1	1
unter 3 Jahren	0,63***	0,80	3,40***	3,82***
3 bis 10 Jahre	0,42***	0,63***	4,17***	3,72***
11 bis 17 Jahre	0,56***	0,59***	2,68***	2,57***
*Interaktion: Alter der Frau * Alter des jüngsten Kindes*				
30 bis 39 Jahre alt * Kind unter 3 Jahren		0,68		0,96
30 bis 39 Jahre alt * Kind 3 bis 10 Jahre		0,40***		1,33
30 bis 39 Jahre alt * Kind 11 bis 17 Jahre		1,17		0,50
*Interaktion: Alter der Frau * Alterskonstellation*				
30 bis 39 Jahre alt * Mann ist 3 bis 7 Jahre älter		0,92		1,12
30 bis 39 Jahre alt * Mann ist 8 und mehr Jahre älter		0,67		1,03
30 bis 39 Jahre alt * Frau ist 3 und mehr Jahre älter		1,05		0,69
Improvement of fit (df):	1002,63 (28) *** (Modell 1)			
	1034,74 (40) *** (Modell 2)			

Kontrolliert für Ortsgröße und Wohnort in Ost- bzw. Westdeutschland, verheiratet/nichteheliche Lebensgemeinschaft.

Koeffizienten sind signifikant: p<0.01***; p<0.05**; p<0.1*

Fallauswahl: Beide Partner sind erwerbstätig; heterosexuelle Paare, beide Partner mit deutscher Staatsangehörigkeit, Frauen zwischen 30 und 49 Jahre alt, Männer nach 1943 geboren. Paare mit unüblichen Erwerbskonstellationen wurden wegen der geringen Fallzahl nicht berücksichtigt.

Quelle: Eigene Berechnungen, Mikrozensus 2004, ungewichtete Angaben.

In Paaren, in denen beide Partner erwerbstätig sind, reduzierten Kinder die Wahrscheinlichkeit von Vollzeit-Doppelkarrieren – insbesondere bei den Paaren, in denen die Frau zwischen 30 und 39 Jahre alt war (Modell 2 in Tabelle 2). Akademikerpaare mit Kindern verfolgten jedoch mit einer größeren Wahrscheinlichkeit als kinderlose Paare »zumindest« ein Doppel-Karriere-Arrangement mit einem traditionellen Arbeitszeitmodell (bei dem der Mann Vollzeit und die Frau Teilzeit einer professionellen Tätigkeit nachging). Gleichwohl sind hier jedoch unsere vorhergehenden Befunde in Rechnung zu stellen, nämlich dass Kinder die Wahrscheinlichkeit eines Doppel-*Verdiener*-Arrangements verringern. Gelingt es Paaren mit Kindern jedoch, dass beide erwerbstätig bleiben, so hatten sie häufiger – und nicht seltener – als kinderlose Paare ein Doppel-*Karriere*-Arrangement. Folglich gibt es bei *kinderlosen* Paaren mit zwei erwerbstätigen Partnern eine stärkere Polarisierung zwischen egalitären bzw. Vollzeit-Doppelkarrierepaaren und eher traditionellen Ein-Karrierepaaren, während bei erwerbstätigen Paaren mit Kindern ein größerer Anteil an partiell egalitären Paaren (vor allem Doppelkarrierepaare mit traditionellem Arbeitszeitmodell) zu finden war.

Bei rund 29 Prozent der Doppelverdienerpaare waren die beiden Partner im gleichen Berufsfeld tätig. Diese Berufshomogamie förderte sowohl Vollzeit-Doppelkarrieren als auch Doppelkarrieren mit einem traditionellen Arbeitszeitmuster.[6] Insgesamt sprechen diese Befunde eher für kooperative als konkurrierende Beziehungsstrukturen zwischen berufshomogenen Partnern, die der Realisierung von Doppelkarrieren förderlich sind. Mögliche Erklärungen für diesen positiven Effekt sind bessere Kooperationsmöglichkeiten oder auch »nur« ein besseres Verständnis für die Karriereanforderungen des Partners mit einer Tätigkeit im gleichen Berufsfeld.

Hinsichtlich der Alterskonstellation zeigen die Haupteffekte in Modell 2, dass Paare, in denen der Mann erheblich älter war als die Frau (d. h. mindestens 8 Jahre), eine höhere Wahrscheinlichkeit für Vollzeit-Doppelkarrieren hatten – insbesondere in der älteren Kohorte. Diese Befunde weisen darauf hin, dass – unter der Voraussetzung, dass beide Partner erwerbstätig sind – ein vorübergehender, altersbedingter Karrierevorsprung des Mannes nicht notwendigerweise einen Nachteil für die Frau darstellen muss. Vielmehr kann bei einem »ausreichend großen« Altersunterschied, bei dem die Partner sich dementsprechend auf sehr unterschiedlichen Stufen ihrer Karriere befinden, ein egalitäres Doppelkarrierearrangement bewerkstelligt werden. Der Unterschied zwischen Paaren der »jüngeren« und »älteren« Kohorte könnte zum einen auf einen *Alterseffekt* hinweisen: Paare,

6 Weitere Analysen (vgl. Rusconi, Solga 2007) zeigen, dass – im Vergleich zu berufsheterogamen Paaren – in berufshomogenen Paaren erwerbstätige Akademikerinnen in technischen Berufen eine höhere Chance hatten, eine professionelle statt eine nicht-professionelle Tätigkeit (sowohl in Vollzeit als auch in Teilzeit) auszuüben. Im Gesundheits- und Bildungsbereich übten Frauen in berufshomogenen Paaren gleichfalls häufiger eine professionelle Tätigkeit aus, allerdings zahlreicher in Teilzeit.

in denen die Frau deutlich jünger ist als der Mann, geben häufiger zunächst der Berufskarriere des schon etablierteren (älteren) Partners die Priorität; mit zunehmendem Alter der Paare und damit der Frauen könnten sie dann allerdings besser in der Lage sein, egalitärere Arrangements zu entwickeln und durchzusetzen. Im Gegensatz zu dieser Alters-Erklärung könnte zum anderen ein *Kohorteneffekt* für den Unterschied verantwortlich sein. So könnten Frauen und Männer der Geburtskohorte 1955 bis 1964 in stärkerem Maße egalitäreren Geschlechterrollen folgen oder zu Beginn ihrer professionellen Karrieren (d. h. in den 1980er Jahren) bessere Karriere- und Arbeitsmarktbedingungen vorgefunden haben als Akademiker/innen der Geburtskohorten 1965 bis 1974. Angesichts der hier nur verfügbaren Querschnittsdaten ist nicht möglich, zwischen diesen beiden Erklärungen zu differenzieren.

4. *Schlussfolgerungen: Auch in Akademikerpartnerschaften ist es oft »traditionell«*

Selbst bei Akademikerpaaren herrschen in Deutschland immer noch recht traditionelle Erwerbs- und Karrierearrangements vor. Es ist insbesondere die inner- und außerpartnerschaftliche Behinderung der professionellen Karriere von Frauen – vor allem dann, wenn Kinder vorhanden sind –, die der Verwirklichung von Doppelkarrieren entgegenstehen. Bei jedem Aspekt von Doppelkarrieren (Erwerbstätigkeit, Arbeitszeit und Niveau der beruflichen Tätigkeit der beiden Partner) erhöhen Kinder das Risiko eines männlichen Ein-Karriere-Modells. Eine (erfolgreiche) Strategie deutscher Akademikerpartnerschaften, um dieses Risiko zu verringern, ist das Ein-Einhalb-Karrierearrangement, bei dem die Frau (zumindest) Teilzeit einer professionellen Tätigkeit nachgeht. Dieses Arrangement ist bei den (im Jahr 2004) 40 bis 49 Jahre alten Frauen stärker akzeptiert als bei den 30- bis 39-jährigen Frauen. Es kann jedoch auch längerfristig Doppelkarrieren behindern, da – zumindest derzeit noch – professionelle Karrieren langfristig durch eine Teilzeitberufstätigkeit sowie (zeitweilige) Unterbrechungen der Erwerbstätigkeit in Frage gestellt werden. Da hier nur im Haushalt lebende Kinder betrachtet werden konnten, verdeutlicht zudem die Tatsache, dass weibliche professionelle Vollzeitkarrieren mit Kindern in der jüngeren Kohorte seltener anzutreffen sind als in der älteren Kohorte, dass die Karrierechancen für Akademikerinnen in Deutschland (im Unterschied z. B. zu den USA, vgl. Reichart, Chesley, Moen 2007) umso stärker behindert werden, je jünger die Frauen bei der Geburt von Kindern sind.

Berufshomogenität innerhalb der Partnerschaft ist offenbar für die professionellen Karrieren von Frauen und Männern und damit Doppelkarrieren förderlich. Berufliche Homogenität forciert demzufolge nicht eine hierarchische Konkurrenz zwischen den Partnern, sondern stellt eher ein geteiltes soziales Kapital für diese

Paare dar – im Sinne einer besseren Unterstützung und einem höheren Verständnis für die Karriereanforderungen sowie besserer Karrieremöglichkeiten aufgrund gemeinsamer sozialer Netzwerke.

Und schließlich spielt die Alterskonstellation der Paare für die Realisierungschancen von Doppelkarrieren nur eine untergeordnete Rolle. Das heißt jedoch zugleich, dass das Ein-Karriere- und Ein-Verdiener-Modell, welches auch in Akademikerpartnerschaften häufig vorfindbar ist, *nicht geschlechtsneutral* dem typischen Altersunterschied in Partnerschaften geschuldet ist, sondern vielmehr auf Geschlechterungleichheiten auf dem Arbeitsmarkt, in der Familienpolitik sowie der innerfamilialen Arbeitsteilungen zurückzuführen ist. Das »Ausbrechen« aus traditionellen Erwerbs- und Karrierekonstellation scheint Paaren, in denen die Frau deutlich jünger ist als ihr Partner, häufiger zu gelingen als Paaren mit anderen Alterskonstellationen.

Anhang

Der deutsche Mikrozensus ist die amtliche Repräsentativstatistik über die in Deutschland lebende Bevölkerung, an der ein Prozent aller Haushalte beteiligt ist. Jährlich werden Daten von rund 370.000 Haushalten mit 820.000 Personen erhoben. Für die Analysen wurde der Mikrozensus von 2004 verwendet. Aus dem vorhandenen Datenpool wurden als Untersuchungseinheit *Akademikerpartnerschaften* ausgewählt, definiert als Paare, in denen beide Partner über einen akademischen Abschluss verfügen und die in einer gemeinsamen Wohnung zusammenleben (in einer Ehe oder Lebensgemeinschaft). Paare, die getrennte Haushalte führen (*living-apart-together*) können mit dem Mikrozensus nicht identifiziert werden. Es wurden nur *heterosexuelle* Akademikerpartnerschaften, in denen beide Partner die *deutsche Staatsangehörigkeit* besitzen, berücksichtigt. Diese Auswahl war erforderlich, da die Fallzahlen für gleichgeschlechtliche und binationale Paare für die notwendige Berücksichtigung in unseren Analysen zu gering sind. Darüber hinaus wurden nur Partnerschaften analysiert, in denen die Frauen im Jahr 2004 zwischen 30 und 49 Jahren alt waren. Damit konzentrieren wir uns im Hinblick auf die Untersuchung professioneller Karrieren auf das »prime age« in der Karriere, in dem der Einstieg in den Arbeitsmarkt bereits erfolgt sein sollte. Schließlich haben wir von diesen all jene Paare ausgeschlossen, in denen der Mann vor 1943 geboren wurde (um Prozesse des Ausstiegs aus dem Arbeitsmarkt auszuschließen).

Fallauswahl aus dem Mikrozensus 2004

	Anzahl ungewichtet	*Anzahl gewichtet**
Akademikerpartnerschaften im Mikrozensus 2004 *insgesamt*	8.528 (100%)	1.418.422 (100%)
Davon		
– nur deutsch-deutsche Paare	7.783 (91.3%)	1.270.060 (89.5%)
– nur heterosexuelle Paare	7.748 (90.8%)	1.264.321 (89.1%)
– nur Paare, in denen die Frau zwischen 30 und 49 Jahre alt war (2004)	4.377 (51.3%)	713.706 (50.3%)
– nur Paare, in denen die Männer nach 1943 geboren wurden	**4.308** (50.5%)	702.462 (49.5%)

* Gewichtete Angaben mit Familien-Hochrechnungsfaktor

Literatur

Adler, P. A., Adler, P., Ahrons, C. R., Perlmutter, M. S., Staples, W. G., Warren, C. A. B. (1989), Dual-Careerism and the Conjoint-Career Couple. In: The American Sociologist 20, S. 207-226.

Baecker, D. (2003), Männer und Frauen im Netzwerk der Hierarchie. In: Pasero, U., Weinbach, C. (Hrsg.), Frauen, Männer, Gender Trouble. Systemtheoretische Essays. Frankfurt a. M., S. 125-143.

Becker, P. E., Moen, P. (1999), Scaling Back: Dual-Earner Couples' Work-Family Strategies. In: Journal of Marriage and the Family 61, S. 995-1007.

Bernasco, W., de Graaf, P. M., Ultee, W. C. (1998), Coupled Careers. Effects of Spouse's Resources on Occupational Attainment in the Netherlands. In: European Sociological Review 14, S. 15-31.

Blood, R. O. J., Wolfe, D. M. (1960), Husbands and Wives: The Dynamics of Married Living. Illinois.

Blossfeld, H.-P., Drobnic, S. (Hrsg.) (2001), Careers of couples in contemporary societies: From male breadwinner to dual earner families. Oxford.

Born, C., Krüger, H. (Hrsg.) (2001), Individualisierung und Verflechtung: Geschlecht und Generation im deutschen Lebenslaufregime. Weinheim.

Dettmer, S., Hoff, E.-H. (2005), Berufs- und Karrierekonstellationen in Paarbeziehungen: Segmentation, Integration, Entgrenzung. In: Solga, H., Wimbauer, C. (Hrsg.), Wenn zwei das Gleiche tun... Ideal und Realität sozialer (Un-)Gleichheit in Dual Career Couples. Opladen, S. 53-75.

Gilbert, L. A. (1985), Men in Dual-career Families: Current Realities and Future Prospects. Hillsdale, N. J.: Erlbaum.

Hawkes, G. R., Nicola, J., Fish, M. (1980), Young Marrieds: Wives' Employment and Family Role Structure. In: Pepitone-Rockwell, F. (Hrsg.), Dual-Career Couples. London: Sage, S. 75-89.

Hensel, N. (1991), Realizing Gender Equality in Higher Education: The Need to Integrate Work/Family Issues. Washington, D. C.: Clearinghouse on Higher Education. The George Washington University. ASHE-ERIC Higher Education Report 2.

Hoff, E.-H., Dettmer, S., Grote, S., Hohner, H.-U. (2002), Formen der beruflichen und privaten Lebensgestaltung. Ergebnisse aus den Interviews im Projekt PROFIL. Bericht Nr. 17 aus dem Bereich Arbeit und Entwicklung am Institut für Arbeits-, Organisations- und Gesundheitspsychologie. Berlin: Freie Universität Berlin.

Kalter, F. (1998), Partnerschaft und Migration. In: Kölner Zeitschrift für Soziologie und Sozialpsychologie 50, S. 283-309.

Klein, T. (2000), Partnerwahl zwischen sozialstrukturellen Vorgaben und individueller Entscheidungsautonomie. In: Zeitschrift für Soziologie 20, S. 229-243.

Lauterbach, W. (1994), Berufsverläufe von Frauen: Erwerbstätigkeit, Unterbrechung und Wiedereintritt, Frankfurt a.M.

Levy, R., Ernst, M. (2002), Lebenslauf und Regulation in Paarbeziehungen: Bestimmungsgründe der Ungleichheit familialer Arbeitsteilung. In: Zeitschrift für Familienforschung 14, S. 103-131.

Moen, P., Wethington, E. (1992), The Concept of Family Adaptive Strategies. In: Annual Review of Sociology 18, S. 233-251.

Nock, S. L. (1998), Turn-Taking as Rational Behavior. In: Social Science Research 27, S. 235-244.

Parsons, T. (1959), The Social Structure of the Family. In: Anshen, R. N. (Hrsg.), The Family: Its Function and Destiny. New York, S. 173-201.

Reichart, E., Chesley, N., Moen, P. (2007), The end of the career mystique? Policy and cultural frameworks that structure the work-family interface in the United States and Germany. In: Zeitschrift für Familienforschung 19, S. 337-370.

Rusconi, A., Solga, H. (2007), Determinants of and Obstacles to Dual Careers in Germany. In: Zeitschrift für Familienforschung 19, S. 311-336.

Solga, H., Rusconi, A., Krüger, H. (2005), Gibt der ältere Partner den Ton an? Die Alterskonstellation in Akademikerpartnerschaften und ihre Bedeutung für Doppelkarrieren. In: Solga, H., Wimbauer, C. (Hrsg.), Wenn zwei das Gleiche tun ... Ideal und Realität sozialer (Un-)Gleichheit in Dual Career Couples. Opladen, S. 27-52.

Sonnert, G. (2005), Geteiltes soziales Kapital oder innerpartnerschaftliche Konkurrenz in Dual Career Couples? In: Solga, H., Wimbauer, C. (Hrsg.), Wenn zwei das Gleiche tun ... Ideal und Realität sozialer (Un-)Gleichheit in Dual Career Couples. Opladen, S. 101-122.

Stroh, L. K., Reilly, A. H. (1999), Gender and Careers. Present Experiences and Emerging Trends. In: Powell, G. N. (Hrsg.), Handbook of Gender & Work. London: Sage, S. 307-324.

Swiss, D. J., Walker, J. P. (1993), Women and the Work/Family Dilemma. How Today's Professional Women Are Finding Solutions. New York.

Einkommens- und Verteilungsanalysen mit dem Taxpayer-Panel

Neue Möglichkeiten und erste Ergebnisse für Selbständige als Freiberufler und Unternehmer und abhängig Beschäftigte sowie für hohe Einkommen

Joachim Merz und Markus Zwick[1]

1. Einleitung

Mit einem Beitrag, die Überzeugungen und Arbeiten von Hans-Jürgen Krupp und Johann Hahlen in einer Festschrift zu würdigen, ist eigentlich vermessen, zumal beide Wesentliches – jeweils einzeln und gemeinsam – angestoßen und bewegt haben. Da jedoch beide neben ihren eigenen Bereichen in zentralen Anliegen und Anstößen Gemeinsames bewegt haben, und dieses Gemeinsame auch unser Anliegen ist, sei ein bescheidener Beitrag gewagt. Mit Gemeinsamen sind die unter dem Dach der Mikroanalyse erfolgten Bestrebungen gemeint: Bei Hans-Jürgen Krupp sind es die mit der personellen Einkommensverteilung begonnenen und mit dem als Begründer und Aktivator des SPES-Projekts und des Sonderforschungsbereichs 3 »Mikroanalytische Grundlagen der Gesellschaftspolitik« (Sfb 3) mit seinem Sozio-ökonomischen Panel in den Universitäten Frankfurt und Mannheim bis zur Kommission zur Verbesserung der informationellen Infrastruktur zwischen Wissenschaft und Statistik (KVI) weitergeführten Anliegen, der Mikroanalyse, der Analyse des Einzelnen und von Politik direkt Betroffenen, zum Erfolg zu verhelfen. Spätestens mit den gemeinsamen Arbeiten zur KVI hat Johann Hahlen als Präsident des Statistischen Bundesamtes u.a. erfolgreich bewirkt, dass die für Mikroanalysen notwendigen Mikrodaten aus amtlichen Quellen heute wesentlich besser über die Forschungsdatenzentren der Statistischen Ämter des Bundes und der Länder für die Wissenschaft zugänglich sind.

Mit unserem Festschriftbeitrag greifen wir inhaltlich wie auch persönlich die von beiden betriebenen Perspektiven auf: inhaltlich, indem wir zur personellen Einkommensverteilung erstmals die neu vorhandenen und über die Forschungsdatenzentren der Statistischen Ämter des Bundes und der Länder zugänglichen Paneldaten der Einkommensteuerstatistik nutzen. Persönlich, da Joachim Merz als ehemaliger Mitarbeiter des SPES-Projektes und des Sfb 3 und seinerzeit Doktorand von Hans-Jürgen Krupp vor allem von ihm mit dem Mikrobazillus infilt-

1 Wir danken Dipl. Vw. Paul Böhm vom Forschungsinstitut Freie Berufe (FFB) der Leuphana Universität Lüneburg für seine wertvolle Unterstützung.

riert wurde und die Mikroanalyse im Forschungsinstitut Freie Berufe der Leuphana Universität Lüneburg weiter betrieben hat. Markus Zwick, zuerst in den Steuerstatistiken und nun als Leiter des Forschungsdatenzentrums des Statistischen Bundesamtes, war den Mikrodaten auch immer mit eigenen Analysen verbunden und hat den stetig anwachsenden Mikroanalysen mit den Weg bereitet.

Mit der Änderung des Steuerstatistikgesetzes im Jahre 1996 begann für die empirische Einkommensanalyse eine neue Zeitrechnung. Das Gesetz sah vor, dass erstmals die einzelnen Veranlagungsdaten der verschiedenen Steuerstatistiken zentral im Statistischen Bundesamt, insbesondere für Zusatzaufbereitungen für das Bundesministerium der Finanzen (BMF), vorgehalten werden müssen. Die bis dahin nur dezentral in den Statistischen Ämtern der Länder vorhandenen Einzeldaten standen damit erstmals als zentraler individueller Bundesdatensatz zu Verfügung.

Die Daten, die in der Anfangsphase vornehmlich im Rahmen der Quantifizierung von Steuerrechtsänderungen genutzt wurden, standen auch bald der Wissenschaft zur Verfügung.[2] Mit der wissenschaftlichen Nutzung verbreitete sich auch das Anwendungsfeld der Steuerdaten. Hier war es gerade die Einkommensteuerstatistik, die mit ihren detaillierten Angaben zur Einkommensentstehung von Anfang an von besonderem Interesse war. Probleme, die Einkommen von Selbständigen und auch hohe Einkommen aus den vorhandenen Umfragedaten zu gewinnen, konnten mit der Totalerhebung der Steuerstatistik weitgehend reduziert werden. In der Einkommensanalyse waren es bis dahin insbesondere die hohen Einkommen sowie die Einkommen von Selbständigen, die mit den vorhandenen Haushaltsstichproben nur schwer zu analysieren waren. Mit den Mikrodaten der Einkommensteuerstatistik ließen sich diese Bereiche nun empirisch erschließen. Eine erste breitere Anwendung fand diese Möglichkeit im ersten und zweiten Armuts- und Reichtumsbericht der Bundesregierung. In der Folge wurden die Mikrodaten der Einkommensteuerstatistik für Einkommensanalysen und Politikwirkungen auf die Einkommensverteilung eingesetzt.[3] Auch die weiteren Einzeldaten der Steuerstatistiken fanden Eingang in die empirische Wirtschaftsforschung, wie auch generell die Mikrodaten der amtlichen Statistik aktuell vermehrt für Mikroanalysen und Mikrosimulationen verwendet werden.[4]

Aus den Erfahrungen des ersten Armuts- und Reichtumsberichts der Bundesregierung ergaben sich vielfältige neue Anregungen. Eine Empfehlung unter vielen anderen war es, die Einkommensteuerstatistik, die sich zur Beschreibung der hohen Einkommen in vorzüglicher Weise eignet, nicht mehr wie bisher nur alle drei Jahre durchzuführen, sondern die Daten der Einkommensteuerveranlagun-

2 Vgl. Zwick (2001).

3 Für einen Überblick vgl. Merz, Zwick (2007).

4 Siehe hierzu den Tagungsband der Veranstaltung »Mikroanalysen und Steuerpolitik – MITAX« (Zwick, Merz 2007) sowie den Tagungsband zur Konferenz »MIKAS – Mikroanalysen und amtliche Statistik« (Merz, Zwick 2004).

gen jährlich zu erfassen. Das BMF griff diesen Vorschlag auf und stellt seit dem Veranlagungsjahr 2001 die Geschäftsstatistik zur Einkommensteuer als Mikrodaten nun jährlich dem Statistischen Bundesamtes zur Verfügung.[5]

Die nun seit 2001 jährlich vorliegenden Daten ermöglichen es erstmals auch, die einzelnen Steuerpflichtigen sinnvoll über die Zeit zu analysieren. Damit liegen Paneldaten der Einkommensteuerstatistik für die wissenschaftliche Analyse vor und eröffnen ganz neue Analysepotenziale, die sich bereits mit anderen Paneldaten, wie bspw. dem Sozio-ökonomischen Panel, gezeigt haben.[6]

Mit dem folgenden Beitrag analysieren wir die personelle Einkommensverteilung mit den aktuellsten vorliegenden Mikrodaten der Einkommensteuerstatistik, mit einem besonderen Fokus hinsichtlich hoher Einkommen. Neben Ergebnissen für alle Steuerpflichtigen interessieren natürlich einzelne Bevölkerungsgruppen. Wir analysieren die für den Arbeitsmarkt zentralen Gruppen nach beruflicher Stellung: Selbständige als Freiberufler und Unternehmer sowie abhängig Beschäftigte, für die die Datenbasis besonders valide Informationen bereitstellt. Die Brauchbarkeit und besondere Aussagekraft der Einkommensteuerstatistik für die Einkommensanalyse von Selbständigen und hohen Einkommen – wobei beides nicht gleichzusetzen ist – wurden im Rahmen der beiden ersten Armuts- und Reichtumsberichte und diversen anderen Beiträgen von den Autoren bereits dargelegt.[7]

Unsere erstmaligen und ersten Längsschnittergebnisse aus den drei Wellen 2001, 2002 und 2003 des Taxpayer-Panels können naturgemäß nur allererste Eindrücke zur Einkommensmobilität gerade auch hinsichtlich hoher Einkommen vermitteln und aufzeigen, welch ein neues Potenzial an Forschungsfragen mit diesem, wohl auch weltweit einmaligen, individuellen Steuerdatensatz angegangen werden können.

2. *Der Mikrodatensatz – Das Taxpayer-Panel*

Das Taxpayer-Panel beruht auf der Einkommensteuerstatistik (EStSt). Die EStSt ist eine Totalerhebung mit knapp 30 Millionen Datensätzen, in denen regelmäßig über 1.000 Merkmale für knapp 40 Millionen Einkommensbezieher erfasst werden. Grundlage der EStSt sind die Angaben der Steuerpflichtigen, die diese in ihren Einkommensteuererklärungen abgeben. Die EStSt ist – bezogen auf den originären gesetzlichen Auftrag der Steuerstatistik – umfassend und gibt für die Steuerpflichtigen in Deutschland mit ihrem steuerrechtlich abgegrenzten Datenkatalog eine vollständige Einkommensverteilung wieder. Die Steuerpflichtigen sind grundsätzlich vollzählig erfasst; ihre Veranlagungsdaten werden in einer

5 Vgl. Lietmeyer et al. (2005).
6 Vgl. Vorgrimler et al. (2006).
7 Vgl. Merz (2001), Merz, Hirschel, Zwick (2005), Merz, Zwick (2005) .

Vielzahl von Detailangaben nahezu erschöpfend nachgewiesen und auch zur Klärung anderer nicht primär steuerrechtlicher bzw. -politischer Fragen und Problemlösungen[8] herangezogen.

Die EStSt wird gemäß des Gesetzes über Steuerstatistiken[9] alle drei Jahre durchgeführt. Sie ist als Sekundärstatistik abhängig von der Finanzverwaltung, genauer von der Vollzähligkeit und Vollständigkeit der Ergebnisse der jeweiligen Einkommensteuerveranlagungen.[10] Das bedeutet in der Praxis, dass 2 3/4 Jahre vergehen, bis die letzten Unterlagen in die Statistischen Landesämter gelangt sind. In der Regel liegen damit erst im vierten Jahr nach Ende des Veranlagungsjahres Ergebnisse vor, die aufgrund des 3-Jahres-Turnus zum Teil bis in das siebte Jahr die »aktuellsten« bleiben. Die Ergebnisse der EStSt stehen als Fachserie[11] der interessierten Öffentlichkeit sowie erstmals als anonymisiertes Mikrodatenfile[12] der Wissenschaft zur Verfügung.

Ein Ergebnis des ersten Armuts- und Reichtumsberichtes der Bundesregierung war die Empfehlung, die EStSt jährlich durchzuführen. Die Steuerpflichtigen erklären jährlich ihre Einkommen, so dass die Daten in den Finanzverwaltungen vorliegen. Aus diesen Angaben wird auch seit den neunziger Jahren eine Geschäftsstatistik der Finanzverwaltung für das BMF erstellt. Diese Statistik war in der Vergangenheit aber eher ein »Datenfriedhof« von gut 25 Millionen Datensätzen jährlich, aus denen nur einige wenige Tabellen für das BMF erstellt wurden. Der Mikrodatensatz der Geschäftsstatistik wird seit dem Veranlagungsjahr 2001 von den Finanzverwaltungen auch dem Statistischen Bundesamt zur weiteren statistischen Aufbereitung übermittelt.[13] Diese Daten sind bis auf die so genannten manuellen Fälle[14] deckungsgleich zu der dreijährlichen EStSt.

Grundlage des folgenden Beitrags ist das Taxpayer-Panel aus den Lohn- und Einkommensteuerstatistiken der Wellen 2001, 2002 und 2003, das die individuellen Steuerdatensätze über drei Jahre verknüpft. Die Welle 2004 wird ab Mitte des Jahres 2008 verfügbar sein. Insgesamt umfasst das Taxpayer-Panel rund 21 Mio. Datensätze. Für diese Steuerpflichtigen liegen für alle drei Wellen Angaben

8 So liefert diese Statistik z. B. auch Beiträge zur Anpassung von Gebührenordnungen für verschiedene Gruppen Freier Berufe.

9 Gesetz über Steuerstatistiken vom 11. Oktober 1995 (BGBl. I S. 1250, zuletzt geändert durch Artikel 18 des Gesetzes vom 20.12.2007 BGBl. I S. 3150 (Nr. 69)).

10 Siehe hierzu Statistisches Bundesamt (2005).

11 Siehe https://www-ec.destatis.de/csp/shop/sfg/bpm.html.cms.cBroker.cls?cmspath=struktur, sfgsuchergebnis.csp &action =newsearch&op_EVASNr=startswith&search_EVASNr =7311.

12 Siehe http://www.forschungsdatenzentrum.de/bestand/lest/suf/2001/index.asp.

13 Zu den Details siehe Statistisches Bundesamt (2006).

14 Manuelle Fälle sind Steuerpflichtige, die ihre Lohnsteuerkarte an die Finanzverwaltungen zurückgegeben haben, ohne dass sie ihre Einkommen erklärt haben. In diesem Fall entspricht die im Quellensteuerverfahren eingezogene Lohnsteuer der veranlagten Einkommensteuer. In der dreijährlichen Statistik werden die Angaben aus der Lohnsteuerkarte manuell aufbereitet in den Daten erfasst.

vor. Die Analysen beruhen auf einer geschichteten 10 Prozent-Zufallsstichprobe mit 2.013.572 Steuerpflichtigen. Schichtungsmerkmale der Stichprobe waren das Bundesland, Grund-/Splittingtabelle, Anzahl der Kinder, überwiegende Einkunftsart und der klassierte Gesamtbetrag der Einkünfte mit acht Gruppen. Steuerpflichtige mit einem Gesamtbetrag der Einkünfte größer als 100.000 € im Jahr wurden vollständig in die Stichprobe übernommen, so dass bei der Analyse hoher Einkommen kein stichprobenbedingter Fehler vorliegt.

3. *Querschnittsanalyse: Die aktuelle Einkommenssituation 2003*

Eine Analyse der Einkommenssituation und Einkommensverteilung mit Daten der Steuerstatistik hat sich gleich zu Beginn mit der Situation positiver wie auch negativer Einkünfte zu befassen. Die Lohn- und Einkommensteuerstatistik umfasst als Basisinformation bekanntlich nicht nur positive Einkünfte, sondern auch negative Einkünfte, die aus realisierten Verlusten, aber auch aus steuerrechtlichen Vergünstigungen resultieren.[15] Eine Gegenüberstellung positiver wie negativer Einkünfte des Taxpayer-Panels führt dazu, dass von den mehr als 20,74 Mio. Steuerpflichtigen in Deutschland der Jahre 2001 bis 2003 etwa 500.000 Steuerpflichtige überwiegend negative (bzw. keine) Einkünfte ausgewiesen haben (vgl. Abbildung 1). Der Anteil der Steuerpflichtigen mit nicht-positiven – also negativen oder keinen – Einkünften nahm dabei leicht von 2,35 Prozent im Jahr 2001 auf 2,94 Prozent 2003 zu. Da dieser Prozentsatz jedoch relativ klein ist und die Einbeziehung negativer Einkünfte für die Analyse erheblicher Annahmen bedarf, werden wir uns im Folgenden auf die Analyse der Einkünfte konzentrieren, die in der Summe positiv sind.

15 Vgl. Bork, Müller (1997).

Abbildung 1:
Steuerpflichtige mit positiver und nicht-positiver Summe der Einkünfte 2001, 2002 und 2003 (in Mio.)

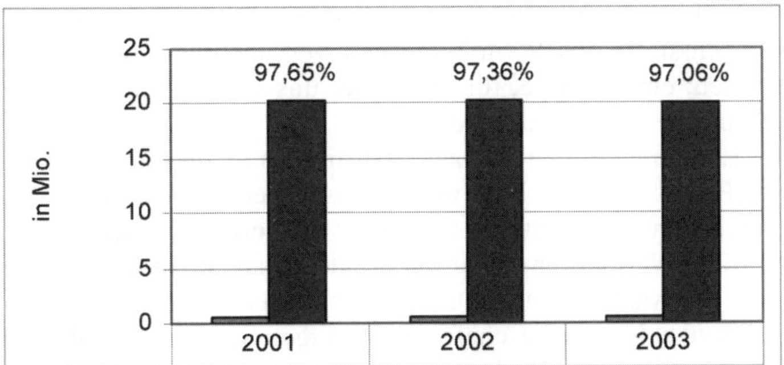

	2001	2002	2003
N (-;0)	0,48	0,53	0,59
N (+)	20,26	20,21	20,15

Quelle: Taxpayer-Panel, eigene Berechnungen.

a. *Lage und Verteilung der Einkommen 2003*

Als Basis auch für spätere tiefer gegliederte Einkommensanalysen konzentrieren wir uns mit unserem Beitrag auf die Analyse des Markteinkommens der Steuerpflichtigen. Dieses Basiseinkommen ist die Summe unterschiedlicher Einkunftsarten, also die Summe der Einkünfte, die wir vereinfachend synonym als Einkommen bezeichnen wollen.

Neben einer Einkommensanalyse aller Steuerpflichtigen insgesamt interessiert vor allem die Situation einzelner Gruppen der Bevölkerung. Wie angesprochen, ist von besonderem Interesse dabei, wie sich die Einkommen von Selbständigen und abhängig Beschäftigten unterscheiden. Bei der folgenden Analyse betrachten wir explizit zwei Gruppen von Selbständigen: die Freiberufler und die Unternehmer (Gewerbetreibende)[16] – Gruppen, für die die verwendeten Mikrodaten aus einer Totalerhebung von besonderer Aussagekraft und Validität sind.

Bekanntlich können Einkünfte aus unterschiedlicher Tätigkeit, wie bspw. aus selbständiger oder nicht selbständiger Arbeit sowie aus Vermietung und Verpach-

16 Vgl. dazu die diversen Mikroanalysen zu Freien Berufen des Forschungsinstituts Freie Berufe (FFB) der Leuphana Universität Lüneburg in http://ffb.uni-lueneburg.de.

tung etc. (erfasst in sieben Einkunftsarten) stammen. Für die Untersuchung und Zuordnung der Einkommenssituation von einzelnen Berufsgruppen wird auf das Konzept zurückgegriffen, welches einen Steuerpflichtigen der Berufsgruppe zuordnet, in der er die höchsten Einkünfte hat. Neben Freiberufler, Unternehmer und abhängig Beschäftigte fassen wir unter der Rubrik »Sonstige« die Steuerpflichtigen zusammen, deren Einkünfte überwiegend aus »Einkünfte aus Kapitalvermögen«, »Einkünfte aus Vermietung und Verpachtung« und »Sonstige Einkünfte« bestehen; eine Gruppe, für die bisher unseres Wissens nach so gut wie keine Einkommensanalysen vorliegen.

Da bei der Einkommensanalyse nach beruflichem Status alle Steuerpflichtigen des Taxpayer-Panels berücksichtigt werden – also neben den einzeln Veranlagten auch die gemeinsam Veranlagten – liegen die mittleren Jahreseinkünfte im Jahr 2003 mit 37.926 € vermutlich höher als bei der Analyse, in der nur die einzeln Veranlagten in die Analyse eingehen (vgl. Tabelle 1).

Im Vergleich zu abhängig Beschäftigten verfügen Selbständige über bedeutend höhere Einkünfte. So verdienten Unternehmer 2003 im Mittel 55.728 € und damit 48,2 Prozent mehr als abhängig Beschäftigte. Freiberufler verfügten 2003 im Schnitt sogar über Einkünfte in Höhe von 65.892 €, was etwa 75 Prozent über den Einkünften von abhängig Beschäftigten liegt.

Auffällig ist in diesem Zusammenhang das Medianeinkommen der Unternehmer, das mit 26.697 € im Jahr erheblich unter dem Medianeinkommen der abhängig Beschäftigten von 31.546 € liegt. Dass die Hälfte der Unternehmer weniger verdienen als die Hälfte der abhängig Beschäftigten weist darauf hin, dass die Einkommen von Unternehmern sehr heterogen sind und viele Unternehmer - entgegen der landläufigen Meinung – über weit unterdurchschnittliche Einkommen verfügen. Dies zeigt sich auch bei der Analyse der Verteilung der Einkommen: Alle in Tabelle 1 ausgewiesenen Maße weisen die Gruppe der Unternehmer als die Gruppe mit der ungleichsten Einkommensverteilung aus (Gini-Koeffizient: 0,63). Zudem ist auch die Ungleichheit der Einkommen von Freiberuflern mit einem Gini-Koeffizienten von 0,55 überdurchschnittlich und deutlich höher als die Ungleichheit der Einkommen der abhängig Beschäftigten mit einem Gini-Koeffizienten von 0,35. Dieses Ergebnis wird auch durch die Atkinson Verteilungsmaße mit unterschiedlicher Ungleichheitsaversion unterstrichen.

Der aus der Dekomposition nach Shorrocks (1984) ersichtliche höchste Ungleichheitsbeitrag an der gesamten Ungleichheit durch die abhängig Beschäftigten ist auf den Umstand zurückzuführen, dass abhängig Beschäftigte mehr als 4/5 aller Steuerpflichtigen ausmachen. Relativ aber gesehen, tragen Freiberufler und Unternehmer, also die Selbständigen, überproportional zur gesamten Ungleichheit der Einkommensverteilung bei.

Tabelle 1:
Einkommen, Lage und Verteilung 2003 – Summe der Einkünfte nach beruflicher Stellung

	Alle		*Freiberufler*		*Unternehmer*		*Abhängig Beschäftigte*		*Sonstige*	
Steuerpflichtigen-anteil %	100,0		2,0		8,0		81,5		8,6	
Einkommens-anteil %	100,0		3,4		11,7		80,7		4,2	
Lagemaße										
Mittelwert €	37.926		65.897		55.724		37.595		18.256	
Median €	29.714		39.534		26.697		31.546		9.257	
Verteilungsmaße										
Gini	0,42309		0,54983		0,62711		0,35379		0,59181	
Atkinson ε = 1	0,30893		0,49164		0,55011		0,22356		0,48858	
Atkinson ε = 2	0,80635		0,92868		0,94707		0,68359		0,87062	
Einkommensanteile % | Einkommensgrenzen €										
1. Dezil	1,23	8.387	0,48	6.299	0,56	6.000	1,87	12.240	0,88	2.953
2. Dezil	3,08	14.849	1,39	12.000	1,53	10.943	4,15	18.537	2,13	4.766
3. Dezil	4,66	20.393	2,34	19.088	2,38	15.665	5,58	23.268	3,02	6.215
4. Dezil	6,02	25.125	3,54	27.969	3,28	20.904	6,73	27.324	3,80	7.662
5. Dezil	7,22	29.714	5,11	39.534	4,26	26.697	7,82	31.546	4,62	9.257
6. Dezil	8,49	34.932	7,09	54.561	5,46	34.485	9,03	36.577	5,60	11.263
7. Dezil	10,07	41.779	9,69	74.568	7,08	45.053	10,55	43.001	6,93	14.178
8. Dezil	12,20	51.408	13,34	102.981	9,47	62.019	12,55	51.911	9,04	19.461
9. Dezil	15,51	68.492	18,79	150.911	13,96	100.194	15,59	67.153	13,67	32.855
10. Dezil	31,51		38,23		52,03		26,12		50,31	
Einkommensrelation										
90/10 Relation	25,6		79,6		92,9		14,0		57,2	
Dekomposition										
Theil	0,40714		0,55252		1,16158		0,23072		0,95692	
Ungleichheits-anteil %	100,0		4,9		35,7		48,9		10,4	
Innerhalb Gruppenanteil (in %)	93,5		-		-		-		-	
Zwischen Gruppenanteil (in %)	6,5		-		-		-		-	
n	1.933.986		141.491		412.702		1.077.504		302.289	
N	20.148.821		395.367		1.603.938		16.411.736		1.737.781	

Quelle: Taxpayer-Panel, eigene Berechnungen.

b. *Einkommensreichtum: Hohe Einkommen 2003*

Reichtum gerät nicht erst seit der aktuellen Diskussion um hohe Managergehälter zunehmend in den Fokus sowohl der gesellschaftlichen als auch der wissenschaftlichen Diskussion.[17] Die Gründe, die für eine intensivere Beschäftigung mit dem Thema Reichtum sprechen, sind zahlreich[18]: So hängen die unterschiedlichen Gruppen der Gesellschaft voneinander ab, so dass beispielsweise das Problem der Armut nur im Kontext und in Relation mit dem des Reichtums gesehen werden kann. Zudem zeigen neue empirische Analysen, dass der Anteil der Reichen in fast allen entwickelten Ländern in den vergangenen Jahrzehnten zugenommen hat.[19] Dies hat u.a. zur Folge, dass die Gruppe der Reichen sowohl im Wirtschaftsprozess als auch im politischen Entscheidungsprozess immer wichtiger wird.

Die Analyse des Reichtums einer Gesellschaft ist ähnlich wie die Analyse der Armut von mehreren zu treffenden Annahmen abhängig. Im Folgenden wird Reichtum rein pekuniär betrachtet. Damit bleiben Ansätze, bei denen die individuelle Wohlfahrt nicht nur vom Einkommen abhängt, unberücksichtigt.[20]

Dass Reichtum in Deutschland kein Ausnahmephänomen ist und in hohem Maße von der zugrunde liegenden Definition abhängt, zeigt Tabelle 2. Für einen adäquaten Vergleich beziehen sich alle Reichtumsgrenzen auf die Informationen aller Steuerpflichtigen; diese allgemeinen Reichtumsgrenzen gelten also – im Unterschied zur obigen Verteilungsanalyse – auch für die jeweiligen untersuchten Gruppen. So gelten nach dem Kriterium »200 Prozent des Mittelwertes« etwa 1,5 Mio. Steuerpflichtige (7,54 Prozent) mit einer monatlichen Reichtumsgrenze von 6.321 € als reich.[21] Die »reichsten 10 Prozent« mit etwas mehr als 2 Mio. Steuerpflichtigen beginnen bereits bei monatlich 5.708 €. Bei »schärferen« Reichtumsgrenzen wachsen die damit verbundenen Reichtumsgrenzen deutlich. So verdienen die reichsten 1 Prozent (ca. 200.000 Steuerpflichtige) monatlich mehr als 13.924 € und die reichsten 0,01 Prozent (ca. 2.000 Steuerpflichtige) monatlich mehr als 178.054 €.

17 Siehe auch den ersten und zweiten Armuts- und Reichtumsbericht der Bundesregierung.

18 Vgl. Atkinson (2007).

19 Vgl. Dell (2007) für internationale Steuerdatenanalysen bis Anfang des 20. Jahrhunderts. Für Reichtumsanalysen seit den 90er Jahren in Deutschland vgl. z. B. die zwei Armuts- und Reichtumsberichte mit hohen Einkommen von Merz (2001) und Merz, Hirschel, Zwick (2005) oder Merz, Zwick (2005), Merz (2007, 2008).

20 Hier ist insbesondere das Konzept der Verwirklichungschancen von Sen zu erwähnen; vgl. hierzu Sen (1999).

21 Alle Reichtumsgrenzen beziehen sich auf die Informationen aller Steuerpflichtigen; diese allgemeinen Reichtumsgrenzen gelten auch für die jeweiligen untersuchten Gruppen.

Tabelle 2:
Einkommensreichtum 2003 – Summe der Einkünfte nach beruflicher Stellung

Reichtums-definition	*Reichtums-grenze*	*Steuerpflichtigenanteil (in %)*					*Einkommensanteil (in %)*				
	(monatlich in €)	*Alle*	*FB**	*UN*	*AB*	*SO*	*Alle*	*FB*	*UN*	*AB*	*SO*
200% des Mittelwertes	6.321	7,54	29,50	15,06	6,76	3,01	26,84	69,79	59,92	19,97	31,95
300% des Mittelwertes	9.481	2,49	17,07	8,13	1,70	1,51	14,86	52,20	48,44	7,93	24,46
1-Millionen-€	83.333	0,03	0,07	0,29	0,01	0,04	2,51	1,73	16,77	0,30	5,95
Reichste 10%	5.708						31,51	73,22	63,01	25,05	34,11
Reichste 5%	7.333						21,39	63,98	55,68	14,23	29,00
Reichste 1%	13.924						9,58	33,56	39,32	3,77	19,17
Reichste 0,1%	42.307						3,72	5,11	22,25	0,68	9,38
Reichste 0,01%	178.054						1,66	0,53	11,95	0,12	3,54

* FB=Freie Berufe, UN= Unternehmer, AB= Abhängig Beschäftigte, SO=Sonstige
Quelle: Taxpayer-Panel, eigene Berechnungen.

In Deutschland gab es auf der Grundlage des Taxpayer-Panels 2003 6.707 (0,03 Prozent) Steuerpflichtige, deren Einkünfte die Millionengrenze überschritten. Dabei erzielten die Einkommensmillionäre 2,51 Prozent aller Einkommen. Auffällig ist der hohe Anteil der Millionäre bei Unternehmern. In dieser Gruppe gab es 2003 4.664 (0,29 Prozent) Einkommensmillionäre, die 16,8 Prozent aller unternehmerischen Einkünfte verdienten. Betrachten wir noch die reichsten 10 Prozent, dann entfallen auf sie insgesamt 32 Prozent aller Einkommen und auf die reichsten 1 Prozent insgesamt fast 10 Prozent aller Einkommen. Damit steigt das Verhältnis von Einkommensanteil zu Bevölkerungsanteil (Reichtumsintensität) – und damit die Spanne dazwischen – von 32:10=3,2 auf 9,6:1=9,6 auf das Dreifache an und verweist auf eine besonders hohe Reichtumsintensität der besonders hohen Einkommen.

Reichtum ist ein Phänomen, das insbesondere innerhalb der Gruppe der Selbständigen auftritt. Allerdings sind erhebliche Unterschiede zwischen Freiberuflern und Unternehmern festzustellen. Bis zu einer Reichtumsgrenze der reichsten 1 Prozent ist der Einkommensanteil der reichen Freiberufler deutlich größer als der der Unternehmer. Ab dieser Grenze jedoch, also für die besonders Reichen, kehrt sich das Verhältnis um: Die Reichtumsintensität der »superreichen« Unternehmer ist größer als die der »superreichen« Freiberufler.

Nicht zuletzt durch die aktuelle Diskussion über Managementbezüge wird die Frage auch nach reichen abhängig Beschäftigten gestellt. Dafür kann festgehalten werden: Bei den absoluten Reichtumsgrenzen sind die Steuerpflichtigen- und Einkommensanteile insgesamt deutlich geringer als bei den Selbständigen. Auch bei den relativen Reichtumsgrenzen sind die Einkommensanteile der reichen abhängig Beschäftigten deutlich geringer. Allerdings verdienen die abhängig Beschäftigten immerhin 25 Prozent aller Einkommen ihrer Gruppe (Reichtumsgrenze 10 Prozent). Gegenüber den Selbständigen jedoch vereinigen die »superreichen« abhängig Beschäftigten (0,1 Prozentgrenze, 42.307 € monatlich) einen wesentlich geringeren Einkommensanteil von 0,68 Prozent.

4. *Längsschnittanalyse: Einkommensmobilität 2001 bis 2003*

Einer der besonderen Vorteile des Taxpayer-Panels besteht darin, dass mit diesen Informationen die Einkommensmobilität – d.h. die Veränderungen der individuellen Einkommen – analysiert werden kann. Dies dürfte gerade für die Einkommen von Selbständigen interessant sein, wird doch dieser Gruppe eine hohe Fluktuation der Einkommen nachgesagt. Hierzu können wir erstmals Ergebnisse aus dem Taxpayer-Panel vorstellen.[22]

Auch bei der folgenden Darstellung der Einkommensmobilität wird auf eine erweiterte Analyse von Steuerpflichtigen mit negativen Gesamteinkünften verzichtet. Insgesamt lagen die Einkünfte von 1,1 Mio. Steuerpflichtigen mindestens einmal in den Jahren von 2001 bis 2003 im negativen Bereich, so dass der Datensatz, der um diese Fälle bereinigt ist, dann noch über die Einkommensangaben von 19,64 Mio. Steuerpflichtigen verfügt (vgl. Abbildung 2).

22 Zur Mobilität hoher Einkommen mit dem Sozio-ökonomischen Panel vgl. z. B. Hirschel (2004) und Merz, Hirschel (2004).

Abbildung 2:
Anzahl der Steuerpflichtigen mit positiver Summe der Einkünfte über 0, 1, 2, 3 Jahre für den Zeitraum 2001 bis 2003 (in Mio.)

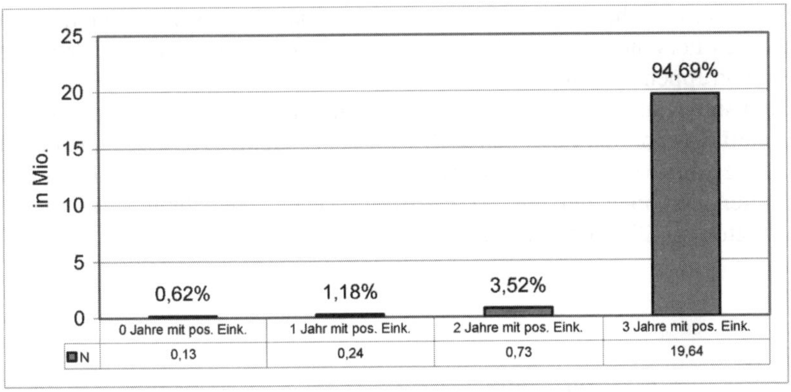

Quelle: Taxpayer-Panel, Panelpopulation eigene Berechnungen.

a. Einkommensmobilität 2001 bis 2003

Das Ausmaß der Einkommensmobilität ist erwartungsgemäß in hohem Maße von der zugrunde liegenden Definition abhängig. Im Folgenden wird in erster Linie die Quintilsdarstellung – also eine Aufteilung der nach dem Einkommen aufsteigend sortierten Steuerpflichtigen in 20 Prozentschritten – gewählt, bei der ein Steuerpflichtiger dann als einkommensmobil identifiziert wird, wenn sein Einkommen von einer Periode zu einer zweiten Periode einem anderen Quintil zugeordnet wird. Die Mobilität der Einkommen hängt somit zudem von dem zeitlichen Abstand zwischen den beiden Untersuchungsperioden ab. Unsere Analyseergebnisse konzentrieren sich auf den Beginn und das Ende des untersuchbaren Zeitraums, also auf die individuelle Entwicklung von 2001 bis 2003, ohne den Stand für 2002 explizit zu diskutieren.

Von den 19,64 Mio. Steuerpflichtigen, die in allen drei Wellen vorhanden sind, haben sich von etwa einem Drittel die Einkommen nach der oben genannten Definition (Quintilswechsel) verändert; sie haben also »mobile« Einkommen (vgl. Tabelle 3). 18,4 Prozent der Steuerpflichtigen konnten in der untersuchten Periode ihre relative Einkommenssituation verbessern, wohingegen sich die Einkommenssituation von 16 Prozent aller Steuerpflichtigen verschlechterte, was darauf hinweist, dass die mittlere Sprungweite[23] nach unten in der Einkommensverteilung im Mittel absolut größer ist als die mittlere Sprungweite nach oben in der Einkommensverteilung.

Bei der differenzierenden Betrachtung der Einkommensmobilität nach einzelnen Subgruppen wurden nur Fälle berücksichtigt, die 2001 und 2003 die gleiche berufliche Stellung hatten. Dies hat zur Folge, dass die Anzahl der insgesamt untersuchten Personen von der Summe der untersuchten Personen in den einzelnen Berufsgruppen abweicht.

Es lässt sich feststellen, dass die Einkommen von Unternehmern am mobilsten sind (Anteil der mobilen Personen = 40,7 Prozent). Demgegenüber haben Freiberufler die geringste Einkommensmobilität. In dieser Berufsgruppe liegt der Anteil der mobilen Personen bei nur 30,9 Prozent. Dazwischen liegen die abhängig Beschäftigten mit 33,6 Prozent.

Tabelle 3:
Einkommensmobilität 2001-2003 – Quintilswechsel nach beruflicher Stellung

	Gesamt	*Aufstiege*		*Abstiege*		*Ohne Änderung*	
	N	*N*	*(in %)*	*N*	*(in %)*	*N*	*(in %)*
Freiberufler	294.194	45.013	15,3	45.796	15,6	203.385	15,6
Unternehmer	1.238.925	242.381	19,6	261.279	21,1	735.265	21,1
Abhängig Beschäftigte	15.875.486	3.060.029	19,3	2.275.766	14,3	10.539.691	14,3
Gesamt	19.639.043	3.608.253	18,4	3.134.751	16,0	12.896.039	16,0

Quelle: Taxpayer-Panel, eigene Berechnungen.

Entgegen manchen Erwartungen ist festzuhalten, dass bei den abhängig Beschäftigten der Anteil der Aufstiege mit 19,3 Prozent höher ist als der der Abstiege mit 14,3 Prozent. Dagegen überwiegen die Abstiege bei den Unternehmern mit 21,1 Prozent vs. 19,6 Prozent und – allerdings nur geringfügig – auch bei den Freiberuflern (15,6 Prozent vs. 15,3 Prozent).

Eine vertiefende Analyse gelingt mit einer Transitionsmatrix. Die Transitionsmatrix, die den Anteil der Steuerpflichtigen angibt, welche von einer Periode zur

23 Die Sprungweite ist die absolute Differenz aus dem Quintil in Periode 1 und dem Quintil in Periode 2.

nächsten aus einem bestimmten Einkommensquintil in ein bestimmtes anderes Einkommensquintil wechseln, ist für den Zeitraum 2001-2003 in Tabelle 4 dargestellt. Auf der Hauptdiagonalen findet sich der Anteil der immobilen Steuerpflichtigen im jeweiligen Einkommensquintil.[24]

Es zeigt sich, dass insbesondere im oberen Bereich der Einkommensverteilung wenig Mobilität vorliegt, die Verharrungstendenzen also überdurchschnittlich ausgeprägt sind. So sind 81,26 Prozent aller Steuerpflichtigen, die 2001 zu den reichsten 20 Prozent gehörten, auch 2003 noch Teil dieser Gruppe. Dies bedeutet aber gleichzeitig, dass immerhin fast jeder Fünfte, der noch 2001 zu den reichsten 20 Prozent gehörte, 2003 eine schlechtere relative Einkommenssituation besaß und einem niedrigeren Quintil zugeordnet wurde. Bei 1,66 Prozent dieser Gruppe reduzierte sich das Einkommen sogar derart, dass sie 2003 zu den ärmsten 20 Prozent zu zählen waren.

In den unteren Einkommensklassen ist die Einkommensmobilität stärker ausgeprägt als bei den reichsten 20 Prozent. Hier bewegt sich der Anteil der mobilen Personen – also der Personen, bei denen ein Quintilswechsel beobachtet werden konnte – zwischen 30,37 Prozent im 1. Quintil und 43,30 Prozent im zweiten Quintil.

Tabelle 4:
Einkommensmobilität 2001-2003 (%) – Transitionsmatrix, Alle Personen

	Quintil 2003					
Quintil 2001	*1*	*2*	*3*	*4*	*5*	
1	69,63	21,97	5,66	2,11	0,63	20,00
2	18,37	56,70	20,15	3,91	0,87	20,00
3	7,03	13,90	57,80	19,31	1,95	20,00
4	3,31	5,53	12,93	62,94	15,29	20,00
5	1,66	1,90	3,46	11,72	81,26	20,00
	20,00	20,00	20,00	20,00	20,00	100,00

Quelle: Taxpayer-Panel, eigene Berechnungen.

In Tabelle 5 sind vertiefend diverse Kennzahlen dargestellt, mittels derer die Mobilitätsintensität der Einkommen komprimiert dargestellt werden kann. Dabei wird zwischen Maßen unterschieden, die auf der Transitionsmatrix und damit auf

24 Die Quintilsgrenzen hier sind jahresabhängig.

der Quintilseinteilung basieren, und Maßen, die ohne eine Klasseneinteilung berechnet werden.[25]

Der Anteil der mobilen Einkommen – definiert als Sprung über mindestens eine Quintilsgrenze – liegt insgesamt bei 34,3 Prozent (Mobilitätsanteil [1]). Wird eine schärfere Definition von Mobilität zugrunde gelegt, die Einkommensmobilität erst dann feststellt, wenn das Einkommen über mindestens zwei Quintilsgrenzen springt, so verringert sich allerdings dieser Anteil auf 7,6 Prozent (Mobilitätsanteil [2]) und verweist auf weniger weit reichende Einkommensänderungen.[26]

Tabelle 5:
Einkommensmobilität 2001-2003 – Mobilitätsmaße

Mobilitätsmaße	*Freiberufler*	*Unternehmer*	*Abhängig Beschäftigte*	*Alle*
Mobilitätsanteil [1]	0,3087	0,4065	0,3361	0,3434
Mobilitätsanteil [2]	0,0878	0,1078	0,0641	0,0761
Prais	0,5630	0,5712	0,4221	0,4292
Bartholomew	0,1074	0,1376	0,1043	0,1112
$1\text{-}r_{BP}$	0,1341	0,3467	0,2541	0,5217
Fields&Ok	0,2709	0,3721	0,2008	0,2558

Quelle: Taxpayer-Panel, eigene Berechnungen.

Betrachtet man allerdings die Unterschiede zwischen den Berufsgruppen, so bestätigt sich das Ergebnis, dass Unternehmer – mit unterschiedlicher Dimension – die mobilsten Einkommen haben. Neben den beiden Mobilitätsanteilen unterstreichen auch die Indizes nach Prais, Fields und Ok sowie Bartholomew, ein Index, der als mittlere Sprungweite interpretiert werden kann, sowie das auf Basis des Bravais-Pearson-Korrelationskoeffizienten gebildete Mobilitätsmaß ($1\text{-}r_{BP}$)

25 Zu den Maßen, die ohne Klasseneinteilung berechnet werden, gehören zum einen das Maß ($1\text{-}r_{BP}$), das auf dem Korrelationskoeffizienten nach Bravais-Pearson basiert, und zum anderen das Maß von Fields und Ok (1999), welches als relative betragsmäßige Einkommensänderung interpretiert werden kann.

26 Vgl. zu den Maßen Atkinson et al. (1992), S. 30.

das in Tabelle 4 dargestellte Ergebnis: Die Einkommen von Unternehmern fluktuieren am stärksten.

Die Einkommen von Freiberuflern und abhängig Beschäftigten sind demgegenüber relativ immobil und belegen mit diesen unterschiedlichen Intensitätsdimensionen eine vergleichsweise ausgeprägte Konstanz der Einkommen.

b. Reichtumsmobilität: Hohe Einkommen und Mobilität hoher Einkommen

Wird in der öffentlichen Diskussion Armut und Reichtum problematisiert, so wird häufig auf die Schwierigkeiten hingewiesen, die Bezieher niedriger Einkommen haben, ihre Einkommenssituation zu verbessern. Eine Verschlechterung der Einkommenssituation der Reichen allerdings ist kein Thema in der öffentlichen Diskussion. Vielmehr wird auf eine Polarisierungstendenz hingewiesen: Die Armen bleiben arm und werden zudem ärmer, die Reichen bleiben reich und werden reicher.

Betrachten wir hierzu den einen Pol, die Einkommensmobilität hoher Einkommen, zu dem die EStSt besonders aussagekräftig ist, und fragen, wie die Mobilität zwischen den Reichen und Nicht-Reichen in Deutschland für Freiberufler, Unternehmer und abhängig Beschäftigte zu charakterisieren ist.

Dafür ziehen wir mit Tabelle 6 die Übergänge für die Reichtumsgrenze »Reichste 10 Prozent« zwischen den Nicht-Reichen und Reichen von 2001 bis 2003 heran. Ein markantes Ergebnis: Die größte Mobilität bezüglich dieser Reichtumsgrenze haben die Freiberufler (10,2 Prozent) und die Unternehmer (knapp 8 Prozent), also die Selbständigen. Dagegen überwinden nur knapp 4 Prozent der abhängig Beschäftigten diese Reichtumsgrenze mit etwas über 632.000 Beschäftigten.

Tabelle 6:
Reichtumsmobilität 2001-2003 – 10 Prozent Reichtumsgrenze

2001				*Nicht-Reich (100%)*		*Reich (100%)*	
2003		*Mobile Personen*		*Nicht-Reich*	*Reich (Aufstiege)*	*Nicht-Reich (Abstiege)*	*Reich*
	N	*N*	*(in %)*	*(in %)*	*(in %)*	*(in %)*	*(in %)*
Freiberufler	294.189	30.020	10,2	92,07	7,93	13,94	86,06
Unternehmer	1.238.927	98.587	7,96	95,37	4,63	21,72	78,28
Abhängig Beschäftigte	15.875.486	632.399	3,98	97,65	2,35	20,46	79,54
Gesamt	19.639.045	875.067	4,46	97,52	2,48	22,28	77,72

Quelle: Taxpayer-Panel, eigene Berechnungen.

In dieser Reihenfolge ist auch der Aufstieg in die Gruppe der Reichen gegeben: Von den in 2001 Nicht-Reichen steigen Freiberufler am relativ häufigsten auf (7,9 Prozent) gefolgt von Unternehmern (4,6 Prozent) und schließlich abhängig Beschäftigten (2,4 Prozent).

Zwar gelingt es der einen Gruppe der Selbständigen, nämlich den reichen Freiberuflern am relativ häufigsten reich zu bleiben (86 Prozent), der anderen Gruppe der Selbständigen, nämlich den Unternehmern gelingt es mit 78 Prozent weit weniger. Die reichen abhängig Beschäftigten liegen mit knapp 80 Prozent jedoch noch über der Gruppe der Unternehmer.

Festzuhalten ist mit dieser ersten Analyse der Reichtumsmobilität damit zweierlei: Erstens, die Selbständigen sind auch in Bezug auf die Reichtumsmobilität keine homogene Gruppe, die Freiberufler unter ihnen werden relativ häufiger reich und können andererseits häufiger reich bleiben als die übrigen Selbständigen, die wir als Unternehmer benannt haben. Zweitens: Nur relativ wenigen abhängig Beschäftigten gelingt es in der Zeitspanne von 2001 bis 2003 reich zu werden, zudem sind (mit den Unternehmern gemeinsam) die abhängig Beschäftigten am häufigsten von einem Abstieg aus der Gruppe der Reichen betroffen.

5. *Zusammenfassung*

Unsere Analyse zur Situation und zur Mobilität der Markteinkommen aus der Summe der Einkünfte hat mit dem Taxpayer-Panel aus der Totalerhebung der Lohn- und Einkommensteuerstatistik spannende erstmalige und erste Ergebnisse erbracht.

Die Analyse der *Einkommenssituation* mit den neuesten vorhandenen Mikrodaten der EStSt von 2003 ergab, dass Selbständige – und insbesondere die Freiberufler – im Durchschnitt über ein deutlich höheres Markteinkommen als abhängig Beschäftigte verfügen. Allerdings ist zugleich festzuhalten, dass die Hälfte der Unternehmer ein geringeres Einkommen als die Hälfte der abhängig Beschäftigten hat. Die Einkommen der Selbständigen sind sehr heterogen und zudem wesentlich ungleicher verteilt als die Einkommen von abhängig Beschäftigten. So haben die Unternehmer die ungleichste Einkommensverteilung (Gini-Koeffizient: 0,63). Die Ungleichheit der Einkommen von Freiberuflern mit einem Gini-Koeffizienten von 0,55 Prozent ist ebenso überdurchschnittlich und deutlich höher als die Ungleichheit der Einkommen der abhängig Beschäftigten (Gini-Koeffizient: 0,35). Dieses Ergebnis wird auch durch die Atkinson Verteilungsmaße mit unterschiedlicher Ungleichheitsaversion unterstrichen.

Einkommensreichtum: Bezogen auf eine aus allen Steuerpflichtigen berechnete Reichtumsgrenze entfallen auf die reichsten 10 Prozent fast ein Drittel aller Einkommen (32 Prozent) und auf die reichsten 1 Prozent insgesamt noch fast 10 Prozent aller Einkommen. Reichtum ist ein Phänomen, das insbesondere innerhalb der Gruppe der Selbständigen auftritt. Allerdings sind deutliche Unterschiede zwischen Freiberuflern und Unternehmern festzuhalten: So liegt z. B. der Einkommensanteil der reichsten 10 Prozent bei den Freiberuflern bei 73 und bei den Unternehmern bei 63 Prozent ihrer jeweiligen Gruppeneinkommen. Für die besonders Reichen allerdings gilt: Der Einkommensanteil der »superreichen« Unternehmer (0,1 Prozentgrenze, 42.307 € monatlich: 22,3 Prozent) ist größer als der der »superreichen« Freiberufler (5,1 Prozent).

In der Diskussion über Managementbezüge wird die Frage auch nach reichen abhängig Beschäftigten gestellt. Hier kann festgehalten werden: Bei den absoluten Reichtumsgrenzen (200 und 300 Prozent Grenze) sind die Steuerpflichtigen- und Einkommensanteile insgesamt deutlich geringer als bei den Selbständigen. Bei den relativen Reichtumsgrenzen sind die Einkommensanteile der reichen abhängig Beschäftigten deutlich geringer. Auf der anderen Seite verdienen die reichen abhängig Beschäftigten 25 Prozent aller Einkommen ihrer Gruppe (Reichtumsgrenze 10 Prozent). Gegenüber den Selbständigen vereinigen die »superreichen« abhängig Beschäftigten (0,1 Prozentgrenze, 42.307 € monatlich) jedoch einen wesentlich geringeren Einkommensanteil von 0,68 Prozent auf sich.

Einkommensmobilität: Dank der Panelstruktur des Taxpayer-Panels konnten – neben der Querschnittsbetrachtung für 2002 – erste empirisch fundierte und wegen der Daten aus der Totalerhebung besonders valide Ergebnisse zur Einkommensmobilität auch hoher Einkommen 2001 bis 2003 vorgelegt werden.

Die Einkommen der Unternehmer fluktuieren stark (Anteil der mobilen Personen = 40,7 Prozent). Demgegenüber haben hat die Gruppe der Freiberufler die geringste Einkommensmobilität. In dieser Berufsgruppe liegt der Anteil der mobilen Personen bei nur 30,9 Prozent. Zwischen den beiden Gruppen der Selbständigen liegen die abhängig Beschäftigten mit 33,6 Prozent.

Entgegen manchen Erwartungen ist festzuhalten, dass bei den abhängig Beschäftigten der Anteil der generellen Quintil-Aufstiege mit 19,3 Prozent höher ist als der der Abstiege mit 14,3 Prozent. Dagegen überwiegen die Abstiege bei den Unternehmern mit 21,1 Prozent vs. 19,6 Prozent und – allerdings nur geringfügig – auch bei den Freiberuflern (15,6 Prozent vs. 15,3 Prozent).

Reichtumsmobilität: Die erste Analyse des Taxpayer-Panel zur Reichtumsmobilität zwischen 2001 und 2003 zeigt zum einen, dass die Selbständigen, wie in anderen Bereichen auch, ebenfalls in Bezug auf die Reichtumsmobilität keine homogene Gruppe sind. Die Freiberufler unter ihnen werden relativ häufiger reich und können andererseits häufiger reich bleiben als die übrigen Selbständigen, die wir in dieser Arbeit als Unternehmer benannt haben. Zum anderen gelingt es nur relativ wenigen abhängig Beschäftigten in der Zeitspanne von 2001 bis 2003 reich zu werden. Zudem sind (mit den Unternehmern gemeinsam) die abhängig Beschäftigten am häufigsten von einem Abstieg aus der Gruppe der Reichen betroffen.

Wenn auch mit diesem Beitrag mit den Taxpayer-Paneldaten erste spannende Ergebnisse vorgestellt werden konnten, so ist doch noch vieles zu tun. So interessant und notwendig deskriptive Ergebnisse für die Erfassung einer Situation sind, so suchen sie doch nach Erklärung. Zwar sind mit dem Taxpayer-Panel auch ein paar weitere sozio-demographische Informationen für eine Erklärung gegeben. Die Reichhaltigkeit und Fülle der Informationen wie bspw. des Sozio-ökonomischen Panels wird dabei aber mit Abstand nicht erreicht.[27] So liegt eine Verknüpfung beider Mikrodatensätze auf der Hand und verspräche tiefergehende Erklärungsversuche. Dabei wäre auch das Problem der unterschiedlichen Mikroeinheiten Steuerpflichtige vs. Haushalte und Personen anzugehen, zumal Verteilungsanalysen – vor allem mit dem Armutsschwerpunkt – entsprechende Personen- und Haushaltsdaten gerade für den unteren Bereich der Einkommensskala heranziehen, eine Situation, die durch die Steuerdaten so nicht gegeben ist.

Um den Festschriftbezug noch einmal aufzugreifen: Nicht zuletzt ist es das Verdienst von Hans-Jürgen Krupp und Johann Hahlen, dass heute fast selbstverständlich Mikroanalysen mit umfangreichen Mikrodaten der nichtamtlichen und insbesondere der amtlichen Statistik – wie diese – vorgenommen werden können, eine Situation, von der man vor zehn und mehr Jahren noch geträumt hat. Danke.

27 Vgl. hier bspw. die ökonometrische Längsschnittanalyse hoher Arbeitseinkommen mit Daten des Sozio-ökonomischen Panels von Hirschel (2004) und Merz, Hirschel (2004).

Literatur

Atkinson, A. B. (2007), Measuring Top Incomes: Methodological Issues. In: Atkinson, A. B., Piketty, T. (Hrsg.), Top Incomes over the Twentieth Century, Oxford University Press.

Atkinson, A. B., Bourguignon, F., Morrison, C. (1992), Empirical Studies of Earnings Mobility, Harwood.

Bork, C., Müller, K. (1997), Effekte der Verrechnungsmöglichkeit negativer Einkünfte im deutschen Einkommensteuerrecht, Diskussionsbeitrag Nr. 19, Universität Potsdam.

Dell, F. (2007), Top Incomes in Germany throughout the Twentieth Century, 1891-1998. In: Atkinson, A. B., Piketty, T. (Hrsg.), Top Incomes over the Twentieth Century, Oxford University Press.

Fields, G. S., Ok, E. A. (1999), The Measurement of Income Mobility: An Introduction to the Literature. In: Silber, J. (Hrsg.), Handbook on Income Inequality Measurement, Kluwer Academic Publisher Group, S. 557-598.

Forschungsinstitut Freie Berufe (FFB) der Leuphana Universität Lüneburg, http://ffb.uni-lueneburg.de.

Hirschel, D. (2004), Einkommensreichtum und seine Ursachen – Die Bestimmungsfaktoren hoher Arbeitseinkommen, Hochschulschriften Band 82, Marburg.

Lietmeyer, V., Kordsmeyer, V., Gräb, C., Vorgrimler, D. (2005), Jährliche Einkommensteuerstatistik auf Basis der bisherigen Geschäftsstatistik der Finanzverwaltung. In: Wirtschaft und Statistik, Heft 7, S. 671-681.

Merz, J. (2001), Hohe Einkommen, ihre Struktur und Verteilung. Lebenslagen in Deutschland. Der erste Armuts- und Reichtumsbericht der Bundesregierung, Bundesministerium für Arbeit und Sozialordnung, Bonn.

Merz, J. (2007), Polarisierung der Einkommen von Selbständigen? – Zur Dynamik der Einkommensverteilung von Freiberuflern und Unternehmern. In: Merz, J. (Hrsg.), Fortschritte der MittelstandsForschung, Merz, J., Schulte, R., Wagner, J. (Series Eds.), Entrepreneurship, Professions, Small Business Economics, CREPS-Schriftenreihe Vol. 3, Münster, S. 395-415.

Merz, J. (2008), Hohe und niedrige Einkommen – Neue Ergebnisse zu Freien und anderen Berufen mit den Mikrodaten der Einkommensteuerstatistik. In: Merz, J. (Hrsg.), Freie Berufe – Einkommen und Steuern (FB_St) – Beiträge aus Wissenschaft und Praxis, Schriftenreihe Band 16, Baden-Baden, S. 69-92.

Merz, J., Hirschel, D. (2004), Was erklärt hohe Arbeitseinkommen Selbständiger – Eine Mikroanalyse mit Daten des Sozioökonomischen Panels. In: Merz, J., Wagner, J. (Eds.), Perspektiven der Mittelstands-Forschung – Ökonomische Analysen zu Selbständigkeit, Freien Berufen und KMU, Merz, J., Schulte, R., Wagner, J. (Series Eds.), Entrepreneurship, Professions, Small Business Economics, CREPS-Schriftenreihe Vol. 1, Münster, S. 265-285.

Merz, J., Zwick, M. (Hrsg.) (2004), MIKAS – Mikroanalysen und amtliche Statistik, Statistisches Bundesamt, Statistik und Wissenschaft, Vol. 1, Wiesbaden.

Merz, J., Zwick, M. (2005), Hohe Einkommen: Eine Verteilungsanalyse für Freie Berufe, Unternehmen und abhängig Beschäftigte. Eine Mikroanalyse auf der Basis der Einkommensteuerstatistik. In: Journal of Applied Social Science Studies – Schmollers Jahrbuch, 125. Jg., Heft 2, S. 269-298.

Merz, J., Zwick, M. (2007), Einkommensanalysen mit Steuerdaten – Mikroanalysen zu hohen Einkommen und Selbständigkeit und Mikrosimulation zu Politikalternativen der Einkommen-, Körperschaft- und Gewerbesteuer. In: Zwick, M., Merz, J. (Eds.), Mikroanalysen und Steuerpolitik (MITAX), Statistik und Wissenschaft, Bd. 7, Wiesbaden.

Merz, J., Hirschel, D., Zwick, M. (2005), Struktur und Verteilung hoher Einkommen – Mikroanalysen auf der Basis der Einkommensteuerstatistik. Gutachten zum zweiten Armuts- und Reichtumsbericht der Bundesregierung. Lebenslagen in Deutschland. Der zweite Armuts- und Reichtumsbericht der Bundesregierung, Bundesministerium für Gesundheit und Soziale Sicherung, Berlin (http://www.bmgs.bund.de/download/broschueren/A341.pdf).

Sen, A. (1999), Development as Freedom, Oxford (UK).

Shorrocks, A. F. (1984), Inequality Decomposition by Population Subgroups. In: Econometrica, Vol. 52, No. 6, S. 1369-1385.

Statistisches Bundesamt (2005), Qualitätsbericht Lohn- und Einkommensteuer, http://www.destatis.de/jetspeed/portal/cms/Sites/destatis/Internet/DE/Content/Publikationen/Qualitaetsberichte/Finanzen-Steuern/Lohnundeinkommensteuer,property=file.pdf.

Statistisches Bundesamt (2006), Qualitätsbericht Jährliche Einkommensteuerstatistik, http://www.destatis.de/jetspeed/portal/cms/Sites/destatis/Internet/DE/Content/Publikationen/Qualitaetsberichte/FinanzenSteuern/JaehrlicheESt,property=file.pdf.

Vorgrimler, D., Gräb, C., Kriete-Dodds, S. (2006), Zur Konzeption eines Taxpayer-Panels für Deutschland, FDZ-Arbeitspapiere Nr. 14, Wiesbaden.

Zwick, M. (2001), Individual tax statistics data and their evaluation possibilities for the scientific community. In: Journal of Applied Social Science Studies – Schmollers Jahrbuch, 121. Jg., Heft 4, S. 639ff.

Zwick, M., Merz, J. (Hrsg.) (2007), Mikroanalysen und Steuerpolitik (MITAX), Statistik und Wissenschaft, Band 7, Wiesbaden.

Mindestsicherungsleistungen in Deutschland – ein Plädoyer für eine harmonisierte Gesamtstatistik

Richard Hauser

1. Einführung

»Wege zu einer besseren informationellen Infrastruktur« heißt das Gutachten, das unter dem gemeinsamen Vorsitz von Hans-Jürgen Krupp und Johann Hahlen von einer Kommission im Jahr 2001 vorgelegt wurde[1]. Der Kommission gehörten Vertreter der Wissenschaft und wichtiger Datenproduzenten an. Der Anlass für die Erstellung des Gutachtens war die weitgehende Unzugänglichkeit von Einzeldaten der amtlichen Statistik, die auch als eine der Ursachen für den internationalen Rückstand der deutschen empirischen Wirtschafts- und Sozialforschung angesehen wurde.[2] Auch der Wissenschaftsrat unterstützte diese Sicht.[3] Dank der dynamischen Kommissionsleitung durch die beiden Vorsitzenden und ihr überzeugendes Wirken im politischen Raum wurden die Empfehlungen des Gutachtens in der Zwischenzeit weitgehend umgesetzt.

In ihrem Vorwort schrieb die Bundesministerin für Bildung und Forschung, Edelgard Bulmahn, in deren Auftrag das Gutachten erstellt wurde: »Gute politische Entscheidungen brauchen als Grundlage aussagekräftige statistische Informationen zur Situation und Entwicklung von Wirtschaft und Gesellschaft. Nur dann können die Sozial- und Wirtschaftswissenschaften treffsichere Analysen erstellen und damit die Handlungsgrundlage für die Politik verbessern.« Nimmt man diese Aussage ernst, dann folgt hieraus nicht nur die Aufgabe einer kritischen Bestandsaufnahme des statistischen Informationssystems – dies hat die Kommission geleistet -, sondern auch die Notwendigkeit einer ständigen Überprüfung dahingehend, ob die vorhandenen statistischen Erhebungen der gesellschaftlichen und institutionellen Entwicklung gefolgt sind und ob sie weiterhin verlässliche Aussagen zulassen. Nachfolgend wird die These vertreten, dass als Konsequenz aus den institutionellen Reformen des Systems der sozialen Sicherung auch dringend eine Reform der statistischen Datengrundlagen erforderlich ist.

1 Kommission zur Verbesserung der informationellen Infrastruktur zwischen Wissenschaft und Statistik (2001).

2 Vgl. Hauser, Wagner, Zimmermann (1998), S. 369-379.

3 Vgl. Wissenschaftsrat (2002).

2. *Wichtige institutionelle Änderungen*

Eine der institutionellen Veränderungen im Bereich der sozialen Sicherung, die sich seit der Arbeit der Kommission ergeben hat, ist die starke Ausweitung und Harmonisierung der Regelungen zur Mindestsicherung. An vorderster Stelle stehen dabei die Einführung der Bedarfsorientierten Grundsicherung im Alter und bei Erwerbsminderung (nunmehr im SGB XII[4]) im Jahr 2003 sowie des Arbeitslosengeldes II (SBG II) im Jahr 2005. Hierdurch wurden der größte Teil der ehemaligen Empfänger von Hilfe zum Lebensunterhalt im Rahmen der Sozialhilfe sowie alle Bezieher von Arbeitslosenhilfe und deren Familien in diese neuen Mindestsicherungsregelungen überführt. Auch Bezieher von Arbeitslosengeld I können bei zu niedrigem Familieneinkommen eine Aufstockungsleistung aus dem Arbeitslosengeld II bekommen. Überdies kann das Arbeitslosengeld II – entgegen seiner Bezeichnung – auch als Aufstockungsleistung von Erwerbstätigen mit zu niedrigem Familieneinkommen in Anspruch genommen werden. Gleichzeitig wurde die Leistungsperiode für das Arbeitslosengeld I (SGB III) auf ein Jahr bzw. 18 Monate verkürzt, so dass auch Arbeitslose, die bisher durch diese Sozialleistung abgesichert waren, schneller in den Arbeitslosengeld II-Bezug absinken, sofern sie keine Arbeit finden. Dieser Reformprozess soll nach dem »Prinzip des Fördern und Forderns« einerseits von verschiedenen Maßnahmen der Bundesagentur für Arbeit zur Beratung und zur Eingliederung bzw. Wiedereingliederung in den Arbeitsmarkt begleitet werden;[5] andererseits werden bei mangelnder Kooperationsbereitschaft der Leistungsempfänger auch Sanktionen verhängt.

Durch diese Umgestaltung erhält vermutlich auch ein beachtlicher Teil derjenigen Erwerbstätigen und Arbeitslosengeldempfänger eine Aufstockungsleistung, die einen vorher im Rahmen der Sozialhilfe bestehenden Aufstockungsanspruch nicht wahrgenommen haben und daher in verdeckter Armut lebten. Ebenso dürfte die verdeckte Armut unter alten Menschen durch die Einführung der Bedarfsorientierten Grundsicherung im Alter und bei Erwerbsminderung reduziert worden sein, da hierdurch die Informationen von Kleinrentnern mit Hilfe der Gesetzlichen Rentenversicherung verbessert und die Kostenerstattung durch Kinder weitgehend beseitigt wurden.[6]

Neben diesen im Hinblick auf den Finanzaufwand und die Anzahl der Begünstigten dominierenden Sozialleistungen gibt es weitere Regelungen, die einer minimalen Existenzsicherung dienen: die Kriegsopferfürsorge, die Ausbildungsförderung im Rahmen des Bundesausbildungsförderungsgesetzes und die Berufsausbildungsbeihilfe im Rahmen des SGB III sowie die Leistungen nach dem

4 SGB dient als Abkürzung für die entsprechenden Bücher des Sozialgesetzbuchs.

5 Die Wirksamkeit dieser Maßnahmen wird inzwischen in umfangreichen Forschungsvorhaben untersucht.

6 Vgl. Strengmann-Kuhn (2003) sowie Becker, Hauser (2005).

Asylbewerberleistungsgesetz[7]. Schließlich wurden aufgrund eines Urteils des Bundesverfassungsgerichts auch die Grundfreibeträge im Einkommensteuertarif erhöht und in pauschaler Form an die Höhe der Mindestsicherungsleistungen angeglichen.

Man kann die sozialpolitische Tendenz, die sich in diesen Reformen ausdrückt, als Bestreben zum Ausbau einer flächendeckenden und harmonisierten, bedarfsorientierten und steuerfinanzierten Absicherung des sozio-kulturellen Existenzminimums bei gleichzeitigem Abbau großzügigerer, am früheren Einkommen bzw. am sozialen Status orientierter Leistungen interpretieren. Dabei werden diese Mindestsicherungsleistungen nur unter Berücksichtigung der privaten Unterhaltsverpflichtungen im Familienzusammenhang und des Vermögensbesitzes gewährt.

Da nunmehr die weitgehend harmonisierte Sicherung eines sozio-kulturellen Existenzminimums als unterstes Auffangnetz des Sozialstaats und als wesentlicher Bestandteil des Systems der sozialen Sicherung viel stärker in den Vordergrund getreten ist, stellt sich die Frage, inwieweit die bisherigen statistischen Erhebungen und Verfahren zur Ermittlung und Aufbereitung administrativ erhobener Einzeldaten ausreichen, um die Basis für konsistente sozialpolitische Entscheidungen und für die wissenschaftliche Sozialstaatsforschung zu bilden.

3. Träger der relevanten Statistiken

Blickt man zunächst in das Einheitliche Verzeichnis aller Statistiken der Statistischen Ämter des Bundes und der Länder (EVAS), so findet man hierin alle für unser Problem relevanten Statistikgebiete genannt: Die Arbeitsmarktstatistik (132 11), die Sozialhilfestatistik (einschließlich der Statistik der Bedarfsorientierten Grundsicherung im Alter und bei Erwerbsminderung) (221), die Statistik der Asylbewerberleistungen (222), die Statistik der Kriegsopferfürsorge (227 13), die Statistik der Bundesausbildungsförderung (214 11) und die Statistik der Berufsausbildungsförderung (132 11).[8] Diese administrativen Statistiken beruhen auf unterschiedlichen Gesetzesgrundlagen, und sie werden von unterschiedlichen Institutionen erfasst. Die meisten Statistiken werden als Teil- oder Vollerhebungen im Jahres- oder Zwei-Jahres-Abstand von den Statistischen Landesämtern bei den auskunftspflichtigen Stellen erhoben. Die Weiterleitung an das Statistische Bundesamt erfolgt meist nur in summarischer Form. Die bedeutendste Ausnahme stellen die Arbeitsmarktstatistiken dar, die von der Bundesagentur für Arbeit im Rahmen ihrer Tätigkeit erhoben werden.[9] Auch hiervon werden nur summarische Angaben an das Statistische Bundesamt weitergegeben. Differenzierte Auswer-

7 Vgl. für einen Überblick Bundesministerium für Arbeit und Soziales (2007).
8 Vgl. Kopsch (2000).
9 Vgl. Bundesanstalt für Arbeit, Unterabteilung IIIa (2000).

tungen nach einheitlichen Kriterien oder gar übergreifende Auswertungen unter Einbeziehung aller Mindestsicherungsleistungen sind daher nicht möglich. Die Bedeutung derartiger übergreifender Analysen wird aber sichtbar, wenn man sich vergegenwärtigt, wie groß die Anzahl der von Mindestsicherungsleistungen Begünstigten ist und wie hoch der hierfür erforderliche, aus Steuereinnahmen finanzierte Aufwand ist.

4. *Die Größenordnung des von Mindestsicherungsleistungen abhängigen Bevölkerungsteils und des erforderlichen Finanzaufwands*

Die Größenordnung des betroffenen Bevölkerungsteils geht aus der folgenden Übersicht 1 hervor.

Übersicht 1:
Zusammenstellung der Anzahl der Begünstigten von Mindestsicherungsleistungen und des hierfür erforderlichen Finanzaufwandes zum Jahresende 2006 oder früher

Regelung	*Datenquelle*	*Anzahl der Begünstigten*	*Finanzaufwand pro Jahr in Mio. Euro*
Leistungsempfänger des Arbeitslosengeldes II Arbeitslosengeld II Sozialgeld	Bundesagentur für Arbeit, Statistik, (Angaben für Dezember 2006)[1]	 5.310.821 1.972.672	) 39.251)
Sozialhilfe (Hilfe zum Lebensunterhalt außerhalb von Einrichtungen)	Statistisches Bundesamt (Angaben Stand Dezember 2005)[2]	81.000	615,5
Bedarfsorientierte Grundsicherung im Alter und bei Erwerbsminderung	Statistisches Bundesamt (Angaben für Dezember 2005)[3]	630.296	2.800
Kriegsopferfürsorge (ergänzende Hilfe zum Lebensunterhalt)	Statistisches Bundesamt (Angaben für Ende 2002)[4]	9.928	36,4
Bundesausbildungsförderungsgesetz	Statistisches Bundesamt (Angaben für Ende 2005)[5]	828.331	2.280
Berufsausbildungs-Beihilfe	Bundesagentur für Arbeit (Angaben für Ende 2004)[6]	205.580	n.v.
Leistungen für Asylbewerber	Statistisches Bundesamt (Angaben für Ende 2004)[7]	230.148	1.308

1) Statistik der Bundesagentur für Arbeit, Zeitreihe zu Anzahl der Leistungsempfänger in SGB II, Daten mit Wartezeit von 3 Monaten; die Jahresausgaben wurden aus den Ausgaben für Dezember mal 12 errechnet.
2) Statistisches Bundesamt, Pressemitteilung von 19.1.2007; Nettoausgaben.

3) Statistisches Bundesamt, Faxmitteilung; Nettoausgaben.
4) Statistisches Bundesamt, Statistisches Jahrbuch 2005; die Angaben beziehen sich auf laufende ergänzende Hilfen zum Lebensunterhalt für das Jahr 2002.
5) Statistisches Bundesamt, Internet destatis.de.
6) Statistik der Bundesagentur für Arbeit; telefonische Auskunft.
7) Statistisches Bundesamt; Internet destatis.de.

Da es hier nur um die Größenordnung des Problems geht, sind die Unterschiede in den Bezugsjahren der Zahlenangaben vernachlässigbar. Nimmt man alle in Übersicht 1 aufgeführten Mindestsicherungsleistungen zusammen in den Blick, so kann man feststellen, dass in Deutschland auf dem bescheidenem Niveau des staatlich festgesetzten Existenzminimums ca. 9,3 Millionen Menschen leben müssen; dies sind etwa 11,2 % der Bevölkerung. Beschränkt man sich auf die drei Kernsysteme des Arbeitslosengeldes II, der Bedarfsorientierten Grundsicherung im Alter und bei Erwerbsminderung sowie die Hilfe zum Lebensunterhalt außerhalb von Einrichtungen im Rahmen der Sozialhilfe, so sind dies noch etwa 8 Millionen Personen oder 9,7 % der Bevölkerung. Da der Anteil der Berechtigten, die ihre Ansprüche nicht geltend machen, mit administrativen Statistiken der Leistungsempfänger nicht erfasst werden kann, sollte in Erinnerung behalten werden, dass diese latente Empfängergruppe prinzipiell noch hinzukommt, sofern sich ihr Informationsstand weiter verbessert oder andere Hemmnisse für eine Inanspruchnahme wegfallen.[10] Als grobe Schätzung des für alle Mindestsicherungsleistungen erforderlichen Steueraufkommens kann man von mindestens 46 Mrd. Euro ausgehen; das sind etwa 6,4 % des Sozialbudgets 2005 (in deutscher Abgrenzung) oder 2 % des Bruttoinlandsprodukts 2005.

Wenn auch zusammenfassende Übersichten über die Anzahl der Begünstigten dieser Mindestsicherungsleistungen und über den dafür aufzubringenden Finanzaufwand erstellt werden können, so sind doch differenziertere, über die institutionellen Grenzen der einzelnen Regelungen hinausreichende Analysen unter übergreifenden Fragestellungen zur »Mindestsicherung in Deutschland« extrem erschwert oder sogar unmöglich. Dies gilt umso mehr, wenn die den Forscher oder die Politik interessierenden Fragestellungen nur mit Hilfe von anonymisierten Einzeldaten bearbeitet werden können.[11] Als die Hilfe zum Lebensunterhalt im Rahmen der Sozialhilfe noch die dominierende Mindestsicherungsleis-

10 Vgl. Becker (2006), S. 35. Irene Becker schätzt auf Basis des Sozio-ökonomischen Panels, dass im Jahr 2004 etwa 11,7 Millionen Personen an oder unterhalb der Grenze für das ALG II bzw. den Grenzen anderer Mindestsicherungsleistungen lagen; dies ist ein Bevölkerungsanteil von 14,2 %.

11 Beispiele für derartige von der Politik geforderte Untersuchungen sind die Kinder- und Jugendberichte, die Familienberichte, die Altenberichte und der einmal in jeder Legislaturperiode zu erstellende Armuts- und Reichtumsbericht.

tung darstellte, war dieses Problem wesentlich geringer; denn das Statistische Bundesamt eröffnete mit einem Public Use File der Sozialhilfe weitreichende Analysemöglichkeiten.[12] Künftig werden diese Fragestellungen im Rahmen der Offenen Methode der Koordinierung der Europäischen Union noch größeres Gewicht gewinnen, da das Einkommen der Empfänger von Mindestsicherungsleistungen im Verhältnis zur so genannten EU-Armutsrisikogrenze[13] für alle Mitgliedsländer verglichen werden soll.[14] Hieran werden sich differenziertere Analysen der administrativ erfassten Einzeldaten über die Möglichkeiten der Vermeidung und der Bekämpfung von Armutsrisiken anschließen müssen.

5. *Ein Stufenprogramm zur Erstellung eines Scientific Use Files der Mindestsicherungsempfänger und der Mindestsicherungsleistungen*

Die von der »Kommission zur Verbesserung der informationellen Infrastruktur zwischen Wissenschaft und Statistik« (KVI) empfohlene Errichtung von Forschungsdatenzentren (FDZ) bei allen wichtigen amtlichen Datenproduzenten, die der Wissenschaft einen besseren Zugang zu Einzeldaten ermöglichen sollen, ist inzwischen geschehen.[15] Aber jedes Forschungsdatenzentrum ist nur für die Bereitstellung der in seiner eigenen Institution anfallenden Einzeldaten in Form von Scientific Use Files und Public Use Files zuständig. Selbst wenn alle administrativen Daten zu den einzelnen Mindestsicherungsleistungen als Scientific Use Files bereits zur Verfügung stünden, wären übergreifende wissenschaftliche Analysen angesichts der Aufsplitterung der Mindestsicherungsleistungen nur mit extremem Aufwand möglich. Dies hängt nicht nur mit der Notwendigkeit der Vertragsabschlüsse mit mehreren FDZ, sondern auch mit unterschiedlichen Variablenkatalogen, Definitionen und Übermittlungsmedien zusammen. Aus diesem Grund wird im Folgenden eine Strategie zur stufenweisen Verbesserung der Situation skizziert.

12 Vgl. z. B. Burmester (2003).

13 Die EU-Armutsrisikogrenze ist definiert als 60 % des Medians des äquivalenzgewichteten Nettoeinkommens der Personen. Dabei wird die modifizierte OECD-Äquivalenzskala verwendet, die dem ersten Erwachsenen im Haushalt ein Gewicht von 1,0, weiteren Personen über 13 Jahren Gewichte von 0,5 und jüngeren Kindern Gewichte von 0,3 verleiht.

14 Vgl. European Commission, Employment, Social Affairs and Equal Opportunities DG (2006).

15 Es gibt nunmehr Forschungsdatenzentren beim Statistischen Bundesamt, bei den Statistischen Landesämtern, bei der Deutschen Rentenversicherung Bund und bei der Bundesagentur für Arbeit. Außerdem wurden Datenservicezentren beim Institut zur Zukunft der Arbeit (IZA), Bonn, und beim Zentrum für Umfragen, Methoden und Analysen (ZUMA), Mannheim, eingerichtet.

Erste Stufe: Es wird zunächst aus drei Datenquellen ein kombiniertes Scientific Use File erstellt. Dies geschieht in einer der Struktur nach einheitlichen Datenbank mit einer geschichteten Zufallsstichprobe der Originaldateien, aber mit getrennten und nur nach ihren eigenen Regeln gebildeten Datenblöcken.[16] Angesichts der aufgezeigten Dominanz einiger Regelungen und ihrer Ähnlichkeit untereinander könnte sich diese erste Stufe auf folgende Datensätze beschränken: Erstens, eine 1 %-Zufallsstichprobe aus der Statistik des Arbeitslosengeldes II; zweitens, eine 5 %-Zufallsstichprobe aus der Statistik der Bedarfsorientierten Grundsicherung im Alter und bei Erwerbsminderung; drittens, eine 20 %-Zufallsstichprobe aus der Statistik der Hilfe zum Lebensunterhalt außerhalb von Einrichtungen. Auf dieser Stufe sollen lediglich die bereits vorhandenen Variablen in höchstmöglicher Differenziertheit in das einheitliche Scientific Use File eingebracht werden. Außerdem sollten die Variablendefinitionen und -listen sowie erforderliche Warnhinweise auf Schwächen des jeweiligen Datensatzes aufgenommen werden. Angesichts der niedrigen Auswahlsätze dürften für ein Scientific Use File – wenn überhaupt – nur geringe Anonymisierungsmaßnahmen erforderlich sein.

Zweite Stufe: Es wird eine Standarddemographie aus den drei getrennten Datensätzen entwickelt, so dass ein einheitliches Grundgerüst für alle im Scientific Use File enthaltenen Personen entsteht. Dies müsste möglich sein, da es sich um überschneidungsfreie Mindestsicherungsleistungen handelt. Im Prinzip sollte es sich also um eine Personenstichprobe mit Angabe der Zugehörigkeit zu einer bestimmten Bedarfsgemeinschaft handeln, so dass sowohl Auswertungen auf der Ebene der Personen als auch der Bedarfsgemeinschaften ermöglicht werden. Je mehr gemeinsame Variablen und Variablenunterteilungen in den Datensätzen enthalten sind, desto aufschlussreicher wären bereits Auswertungen dieser Standarddemographie. Aus diesem Prozess könnten sich auch bereits Hinweise auf andersartige Untergliederungen bei einzelnen Variablen in den Originalerhebungen und damit Harmonisierungsmöglichkeiten ergeben, soweit hierfür ein gesetzlicher Spielraum besteht (z. B. gleichartige Altersgrenzen, gleichartige Bezeichnungen für Verwandtschaftsverhältnisse, gleichartige Kategorien für angerechnete Einkommen und Vermögen, gleichartige Kategorien für gezahlte Leistungen, gleichartige Kategorien für Erwerbstätigkeit etc.). Auf dieser zweiten Stufe können zusätzlich die Spezifika der einzelnen Datensätze bzw. der ihnen zugrunde liegenden Regelungen als Zusatzvariablen zu jeder Person aufgenommen werden.

Dritte Stufe: Die dritte Stufe könnte darin bestehen, weitere Statistiken über Mindestsicherungsleistungen in dieses gemeinsame Scientific Use File zu integrieren. Hierfür kämen je eine 10 %-Stichprobe der Statistik der Empfänger von BaföG-Leistungen und der Empfänger von Berufsausbildungsbeihilfe in Frage. Auf die Integration der Empfänger von Kriegsopferfürsorgeleistungen könnte

16 In Frage kommen die Datenbanken der Routinen SPSS, SAS und STATA, so dass die Auswertung durch Wissenschaftler sehr einfach möglich wird.

angesichts ihrer geringen und weiter abnehmenden Zahl verzichtet werden. Bei den Empfängern von Leistungen nach dem Asylbewerberleistungsgesetz handelt es sich um Personen mit einem besonderen Status, so dass eine gemeinsame Untersuchung mit den anderen Mindestleistungsempfängern nicht sinnvoll ist; sie brauchen daher ebenfalls nicht in das gemeinsame Scientific Use File aufgenommen werden. Offen bleibt die Frage, ob für diese Gruppe ein eigenes Scientific Use File erstellt werden sollte.

Vierte Stufe: Auf dieser Stufe sollte eine Überprüfung der Variablen im Hinblick auf die analytischen Anforderungen vorgenommen werden. Hierfür lassen sich einerseits Anregungen aus der umfangreichen Liste der Variablen der Sozialhilfestatistik gewinnen, die parallel auch in den anderen Datenquellen zur Verfügung stehen sollten; wichtig wäre in diesem Zusammenhang, dass die bisherige Dauer des Leistungsbezugs auch auf der Personenebene und nicht nur auf der Ebene der Bedarfsgemeinschaft erhoben wird. Für weitere Anregungen kann auf ein ebenfalls für die KVI erstelltes Gutachten von Pfaff und Langer[17] zurückgegriffen werden. Außerdem sollte auf eine möglichst große Übereinstimmung der Variablendefinitionen mit den Variablen geachtet werden, die in der jährlich in allen EU-Mitgliedsländern durchgeführten Umfrage enthalten sind (Survey on Income and Living Conditions (EU-SILC); in Deutschland: Leben in Europa). Dies dürfte für Vergleichszwecke und auch für kombinierte Auswertungen beider Datenquellen auf Basis eines statistischen Matching von großem Vorteil sein. Vermutlich sind zu dieser Harmonisierung der Variablenstruktur Gesetzesänderungen erforderlich, so dass es sich um ein nur auf längere Sicht anzugehendes Ziel handelt.

Fünfte Stufe: Die Verfügbarkeit von Scientific Use Files für die wichtigsten Mindestsicherungsleistungen auf der Basis von jährlichen Querschnittserhebungen wäre bereits ein wesentlicher Schritt, um die Analyse dieses großen Bevölkerungssegments der Mindestleistungsempfänger voranzubringen. Dies würde auch die Arbeit an dem in der kommenden Legislaturperiode zu erstellenden Vierten Armuts- und Reichtumsbericht der Bundesregierung wesentlich erleichtern. Die »Krönung« der Entwicklung zu einer weiteren Verbesserung der informationellen Infrastruktur bestünde in der Entwicklung eines Panels für eine Kohorte von neu in den Bezug von Mindestsicherungsleistungen eintretenden Bedarfsgemeinschaften. Auf dieser Basis könnten dann ohne Linkszensierung der Stichprobenpopulation die Dauer des Leistungsbezugs und die Lebensverläufe der Empfänger in Abhängigkeit von anderen Variablen und externen Faktoren (z. B. Arbeitslosenraten etc.) untersucht werden. Untersuchungen in Bremen[18] und Halle, die auf derartigen Panels von dortigen Sozialhilfebeziehern beruhten, zeigten, wie stark hierdurch die Kenntnisse über diese Bevölkerungsgruppe verbessert können; denn nur mit einer solchen Datenbasis ist es möglich, die Ereig-

17 Pfaff, Langer (2001).

18 Vgl. Leibfried, Leisering (1995).

nisse und Ursachen, die zu einem Eintritt in den Mindestleistungsbezug und die zu einer Beendigung des Mindestleistungsbezugs führen, auf individueller Ebene zu untersuchen.

6. Der nächste Schritt

Zu den Aufgaben des auf Empfehlung der KVI eingerichteten Rates für Sozial- und Wirtschaftsdaten gehört die laufende Beobachtung der Entwicklungen, die die informationelle Infrastruktur in Deutschland berühren. Der Rat kann auch Empfehlungen für Verbesserungen aussprechen. Als nächster Schritt zu einer Harmonisierung der administrativen Statistiken über die Empfänger von Mindestsicherungsleistungen bietet sich daher eine entsprechende Empfehlung des Rates an. Angesichts des Engagements, das die beiden ehemaligen Vorsitzenden der KVI, Hans-Jürgen Krupp und Johann Hahlen, im Hinblick auf die Verbesserung der informationellen Infrastruktur gezeigt haben, darf man sich hierbei auch ihrer Zustimmung gewiss sein.

Literatur

Becker, I. (2006), Armut in Deutschland: Bevölkerungsgruppen unterhalb der Alg II-Grenze, Arbeitspapier Nr. 3 des Projekts »Soziale Gerechtigkeit« am Fachbereich Wirtschaftswissenschaften der J. W. Goethe-Universität Frankfurt a. M.

Becker, I., Hauser, R. (2005), Dunkelziffer der Armut. Ausmaß und Ursachen der Nicht-Inanspruchnahme zustehender Sozialhilfeleistungen, Berlin.

Bundesanstalt für Arbeit, Unterabteilung IIIa (2000), Prozessproduzierte Daten – Arbeitsmarkt. Gutachten im Auftrag der KVI. In: Kommission zur Verbesserung der informationellen Infrastruktur zwischen Wissenschaft und Statistik (Hrsg.) (2001), Wege zu einer besseren informationellen Infrastruktur. Gutachten der vom Bundesministerium für Bildung und Forschung eingesetzten Kommission zur Verbesserung der informationellen Infrastruktur zwischen Wissenschaft und Statistik, Baden-Baden (Anhang).

Bundesministerium für Arbeit und Soziales (Hrsg.) (2007), Übersicht über das Sozialrecht, 4. Aufl., Nürnberg.

Burmester, M. (2003), Disparitäten im Sozialhilfebezug. Auswertung der Sozialhilfestatistik unter Berücksichtigung des Haushaltskontexts und regionaler Aspekte, Frankfurt a. M. u.a.

European Commission, Employment, Social Affairs and Equal Opportunities DG (2006), Proposal for a Portfolio of Overarching Indicators and for the Streamlined Social Inclusion, Pension, and Health Portfolios, Brussels (version adopted at 22 May SPC).

Hauser, R., Wagner, G. G., Zimmermann, K. F. (1998), Erfolgsbedingungen empirischer Wirtschaftsforschung und empirisch gestützter wirtschafts- und sozialpolitischer Beratung. Ein Memorandum. In: Allgemeines Statistisches Archiv, 82. Jg., H. 3-4, S. 369-379.

Kommission zur Verbesserung der informationellen Infrastruktur zwischen Wissenschaft und Statistik (Hrsg.) (2001), Wege zu einer besseren informationellen Infrastruktur. Gutachten der vom Bundesministerium für Bildung und Forschung eingesetzten Kommission zur Verbesserung der informationellen Infrastruktur zwischen Wissenschaft und Statistik, Baden-Baden.

Kopsch, G. (2000), Informationelle Infrastruktur in Deutschland – Die Bundesstatistik. Gutachten im Auftrag der KVI, Wiesbaden. In: Kommission zur Verbesserung der informationellen Infrastruktur zwischen Wissenschaft und Statistik (Hrsg.) (2001), Wege zu einer besseren informationellen Infrastruktur. Gutachten der vom Bundesministerium für Bildung und Forschung eingesetzten Kommission zur Verbesserung der informationellen Infrastruktur zwischen Wissenschaft und Statistik, Baden-Baden (Anhang).

Leibfried, S., Leisering, L. (1995), Zeit der Armut, Frankfurt a.M.

Pfaff, A. B., Langer, B. P. (2001), Gesundheits- und Sozialwesen. In: Kommission zur Verbesserung der informationellen Infrastruktur zwischen Wissenschaft und Statistik (KVI) (Hrsg.) (2001), Wege zu einer besseren informationellen Infrastruktur. Gutachten der vom Bundesministerium für Bildung und Forschung eingesetzten Kommission zur Verbesserung der informationellen Infrastruktur zwischen Wissenschaft und Statistik, Baden-Baden (Anhang).

Strengmann-Kuhn, W. (2003), Armut trotz Erwerbstätigkeit. Analysen und sozialpolitische Konsequenzen, Frankfurt/New York.

Wissenschaftsrat (2002), Empfehlungen zur Stärkung wirtschaftswissenschaftlicher Forschung an den Hochschulen, Köln.

FiDASt Reloaded

Joachim Wagner

1. Einleitung

»Blöder Aufsatztitel«, murmelt jetzt sicherlich mancher Leser, »und noch nicht mal sehr originell«. Der zweite Einwand stimmt[1] – der erste nicht, und um dies zu belegen, schauen wir zurück. Die Älteren unter den Lesern werden sich erinnern, dass das, was wir heute als Kern der informationellen Infrastruktur in Deutschland kennen – Forschungsdatenzentren (FDZ) bei allen großen Datenproduzenten mit komfortablen Zugangsmöglichkeiten zu vertraulichen Mikrodaten für Wissenschaftler (vgl. Kaiser, Wagner 2007) – noch vor wenigen Jahren nicht existierte. Wenn man heute erneut die Dokumentation des Workshops »Möglichkeiten einer wissenschaftlichen Nutzung von Unternehmensdaten aus der amtlichen Statistik« vom Februar 1999 (Statistisches Bundesamt 1999) und das im September 2001 vorgelegte KVI-Gutachten (Kommission zur Verbesserung der informationellen Infrastruktur zwischen Wissenschaft und Statistik 2001) liest, dann wird deutlich, wie weit wir verglichen mit damals inzwischen voran gekommen sind. Johann Hahlen als Präsident des Statistischen Bundesamtes und Hans-Jürgen Krupp als Vorsitzender der KVI-Kommission gehörten zu den bedeutendsten Architekten beim Aufbau dieses Teils der informationellen Infrastruktur in Deutschland, der entscheidend ist für den Zugang von Wissenschaftlern zu amtlichen Mikrodaten.

Johann Hahlen schloss seine Begrüßung zum Workshop vom Februar 1999 mit einem Dante-Zitat: »Der eine wartet, daß die Zeit sich wandelt, der andere packt sie kräftig an und handelt.« Ich erinnere mich, dass ich damals in der Diskussion darauf hinwies, dass noch wenige Jahre zuvor ein anderes Dante-Zitat aus der Göttlichen Komödie – und zwar aus der Inschrift über dem Eingang zur Hölle – für Wissenschaftler treffend das Gefühl beim Eintritt in die geschützten Hallen der amtlichen Statistik beschrieben hatte: »Lasciate ogne speranza, voi ch'intrate« – »Laßt, die ihr eingeht jede Hoffnung fahren.« Aber schon 1999 – und auch dies belegen zahlreiche Beiträge in dem genannten Band – war ein Wandel deutlich spürbar. Externe Wissenschaftler hatten auf der Basis von bilateralen

1 Meine Inspirationsquelle war weniger der Film Matrix Reloaded als Blanchflower und Oswald (2005) – die Eingabe von »reloaded« in Google brachte am 13.07.2007 rund 21.400.000 Einträge in 0,04 Sekunden, darunter so hübsche Sachen wie »Kapitalismus Reloaded« und »Tango Reloaded«.

Vereinbarungen mit Statistischen Landesämtern Zugangsmöglichkeiten zu vertraulichen Einzeldaten für Betriebe erhalten. Sie arbeiteten mit diesen Daten entweder in der Form, die wir heute als KDFV – Kontrollierte Datenfernverarbeitung – kennen, oder im Amt direkt – heute heißt dies Gastwissenschaftler-Arbeitsplatz. Und damit gab es dann auch die ersten Vorläufer der Forschungsdatenzentren in den Statistischen Ämtern – auch wenn es sich dabei nur um einen isolierten PC im Raum eines Mitarbeiters des Amtes handelte.

Begonnen hatte diese Form der Zusammenarbeit von universitären Wissenschaftlern und Amtlicher Statistik am 9. Mai 1990 auf einem Workshop des Niedersächsischen Instituts für Wirtschaftsforschung (NIW) in Hannover, wo in einer Diskussion über ein Projekt zur Erhebung eines Betriebspanels plötzlich deutlich wurde, dass es Betriebspaneldaten bereits zumindest potenziell gibt – weil sich die Daten aus den Erhebungen der Amtlichen Statistik anhand der unveränderlichen Betriebsnummer über die Wellen verknüpfen lassen. Aus dieser Idee erwuchs ein seitdem sehr fruchtbares Kooperationsprojekt zwischen Wissenschaftlern der Universitäten Hannover und (nach meinem Wechsel 1993) Lüneburg mit dem Niedersächsischen Landesamt für Statistik (NLS).[2] Seit 1997 haben dann – auch angeregt durch meinen Vortrag auf dem Wissenschaftlichen Kolloquium »Statistische Informationen zum Arbeitsmarkt – Konzepte und Kritik, Anwendungen und Auslegung« im Statistischen Bundesamt im November 1996 (Wagner 1997) – ähnliche Projekte in anderen Bundesländern begonnen. Im Lauf der Zeit arbeiteten Forscherteams in fast allen alten und allen neuen Bundesländern in diesen Kooperationsprojekten. Die Beteiligten haben sich zum Netzwerk *FiDASt – Firmendaten aus der Amtlichen Statistik* zusammengeschlossen; die Tagungsbände zu den drei Workshops (Schasse, Wagner 1999, 2001, Pohl et al. 2003) dokumentieren die Arbeit dieses Netzwerks.

Die zentrale im FiDASt-Netzwerk genutzte Statistik ist der »Monatsbericht für Betriebe des Verarbeitenden Gewerbes sowie des Bergbaus und der Gewinnung von Steinen und Erden«. Berichtspflichtig hierzu sind alle Industriebetriebe von Unternehmen mit 20 und mehr tätigen Personen.[3] Erhoben werden u.a. Informationen über Betriebsort, Wirtschaftszweig, geleistete Stunden, Bruttolohn- und -gehaltssumme, Anzahl tätiger Personen, Inlands- und Auslandsumsatz. Aus den Monatsmeldungen lassen sich Jahressummen bzw. Durchschnittswerte für ein Jahr bilden. Anhand der unveränderlichen Betriebsnummer können die Angaben eines Betriebes über die Zeit hinweg zu einem Paneldatensatz verknüpft werden. Ergänzt man dieses Panel um die entsprechend aufbereiteten Daten aus der jähr-

2 Mein herzlicher Dank an dieser Stelle gilt Rainer Geumann und Eckhard Methner, die dieses Projekt im NLS initiiert haben, und insbesondere Uwe Rode, der seit 1990 mein FDZ im NLS ist.

3 Ab Berichtsmonat Januar 2007 sind nur noch Betriebe mit 50 und mehr tätigen Personen einbezogen; Betriebe mit 20 bis 49 tätigen Personen sind zum neu eingeführten Jahresbericht für Betriebe im Verarbeitenden Gewerbe meldepflichtig (Pressemitteilung des Statistischen Bundesamtes Nr. 91 vom 6. März 2007).

lichen Erhebung in industriellen Kleinbetrieben, die unter den Schwellenwert von 20 tätigen Personen liegen, so erhält man für den Bereich der Industrie einen Paneldatensatz aller Industriebetriebe.[4] Die untersuchten Fragestellungen betrafen z.B. Aspekte der Arbeitsplatzdynamik wie Zusammenhänge zwischen Betriebsgröße und Betriebswachstum, interindustrielle und interregionale Unterschiede bei Gründungen und Schließungen sowie deren kurz- und langfristige Beschäftigungseffekte, Bestimmungsgründe des Überlebens von Gründungen, Exporte und ihre Determinanten sowie das Investitionsverhalten von Betrieben. In den Studien wurden zahlreiche bisher nicht bekannte empirische Fakten herausgearbeitet, modelltheoretisch hergeleitete Hypothesen getestet und die sich daraus ergebenden wirtschaftspolitischen Konsequenzen diskutiert.[5]

Die Auswertungen waren dabei in der Regel auf Daten für einzelne Bundesländer beschränkt, da die Datensätze nur innerhalb des jeweils zuständigen Statistischen Landesamtes ausgewertet und nicht über Bundesländergrenzen hinweg kombiniert werden konnten. Interregionale Vergleiche waren nur möglich, wenn eine Fragestellung mit identischen Programmen in unterschiedlichen Ämtern von den jeweils dort arbeitenden Wissenschaftlern untersucht wurde. Dies schränkte den Aussagewert der so gewonnenen Ergebnisse ein, denn auf die berechtigte Frage, ob sich Befunde für Niedersachsen z.B. auf ganz Deutschland übertragen lassen, war keine fundierte Antwort möglich.

Seit Ende 2006 hat sich diese Situation grundlegend gewandelt, denn das Datenmaterial aus dem Monatsbericht für Industriebetriebe liegt jetzt, aufbereitet als Panel und ergänzt um Informationen aus der industriellen Kleinbetriebserhebung und aus der jährlichen Investitionserhebung, für die Jahre ab 1995 für ganz Deutschland vor.[6] Diese Daten sind über die Forschungsdatenzentren des Statistischen Bundesamtes und der Statistischen Ämter der Länder für Wissenschaftler mit geringem bürokratischen Aufwand zugänglich und können auf dem Weg der kontrollierten Datenfernverarbeitung oder auf Gastwissenschaftlerarbeitsplätzen in den Forschungsdatenzentren genutzt werden.[7] Damit ist ein Quantensprung bei den Möglichkeiten für mikroökonometrische Analysen des Verhaltens deutscher Industriebetriebe realisiert, der Untersuchungen wie in den FiDASt-Projekten für alle Betriebe aus allen Bundesländern ermöglicht – *FiDASt Reloaded.*

4 Aus der Kleinbetriebserhebung liegen allerdings nur Informationen zu Ort, Wirtschaftszweig, Anzahl tätige Personen und Umsatz vor; ferner wurde diese Erhebung 2002 letztmals durchgeführt.

5 Vgl. die Arbeiten in Schasse, Wagner (1999 und 2001) sowie in Pohl et al. (2003); Wagner (2006a) ist ein Überblick über Ergebnisse zahlreicher dieser Studien mit einem Schwerpunkt auf die sich daraus ergebenden politikrelevanten Folgerungen.

6 Eine Beschreibung dieses Datensatzes findet man bei Konold (2007).

7 Zu den Forschungsdatenzentren der Amtlichen Statistik vgl. Zühlke et al. (2004); Kaiser, Wagner (2007) geben einen Überblick über dort und in weiteren Forschungsdatenzentren neu verfügbare vertrauliche amtliche Firmen- und Personendaten.

In diesem Beitrag sollen exemplarisch Ergebnisse empirischer Studien mit diesen neu verfügbaren Betriebspaneldaten vorgestellt werden. Die Beispiele betreffen die These vom »Jobmotor Mittelstand« (Abschnitt 2) und die Rolle der Produktivität für Markteintritte und Marktaustritte von Betrieben (Abschnitt 3). Der Beitrag schließt mit einer zusammenfassenden Einschätzung der schon heute verfügbaren hohen und der für die nahe Zukunft zu erwartenden gesteigerten Analysepotenziale der Betriebspaneldaten aus dem Monatsbericht (Abschnitt 4).

2. *Jobmotor Mittelstand?*[8]

Der Mittelstand gilt als Jobmotor der deutschen Wirtschaft. »Die neue Regierung wird sich ... in ganz besonderer Weise für den Mittelstand einsetzen .... Dort ist der Jobmotor am wirkungsvollsten ...« – so Bundeskanzlerin Angela Merkel in ihrer Regierungserklärung vom 30. November 2005 vor dem Deutschen Bundestag. Entsprechende Äußerungen finden sich seit langer Zeit in zahllosen öffentlichen Verlautbarungen von Wirtschaftspolitikern, Verbandsvertretern und Journalisten. Die Eingabe »Jobmotor Mittelstand« in Google erbrachte am 3. April 2007 rund 42.600 Treffer in 0,11 Sekunden.

Ganz offensichtlich wird breit akzeptiert, dass in Deutschland ein Zusammenhang zwischen der Firmengröße und der Arbeitsplatzdynamik besteht, der sich durch den stilisierten Fakt beschreiben lässt, dass kleine und mittlere Firmen vorwiegend Arbeitsplätze schaffen, während in großen Firmen vor allem Arbeitsplätze abgebaut werden. Anders als Wissenschaftler sind Politiker, Verbandsvertreter und Journalisten nicht gezwungen, die Quellen ihrer Aussagen offen zu legen und die Methoden, mit denen diese arbeiten, kritisch zu hinterfragen. Dies ist bedauerlich, denn in der wissenschaftlichen Diskussion wird seit vielen Jahren argumentiert, dass diese These eines negativen Zusammenhangs zwischen Arbeitsplatzdynamik und Firmengröße so nicht haltbar ist (vgl. Davis, Haltiwanger, Schuh 1996 und Wagner 1995).

In einer Studie mit den neu verfügbaren Paneldaten aus dem Monatsbericht für Industriebetriebe wird die empirische Gültigkeit der These vom »Jobmotor Mittelstand« erstmals mit Daten für sämtliche (westdeutschen) Industriebetriebe überprüft (Wagner 2007a). Hierbei werden die Betriebe – alternativ nach der Anzahl der in ihnen tätigen Personen im ersten von jeweils zwei betrachteten auf einander folgenden Jahren oder im Durchschnitt dieser beiden Jahre – in sechs Größenklassen eingeteilt: GK1 mit weniger als 20 Personen; GK2 mit 20 bis 49 Personen, GK3 mit 50 bis 99 Personen, GK4 mit 100 bis 249 Personen, GK5 mit

8 Dieser Abschnitt fasst ausgewählte Ergebnisse von Wagner (2007a) zusammen; vgl. auch Wagner (2007c).

250 bis 499 Personen und GK6 mit 500 und mehr Personen.[9] Nach einer gängigen Abgrenzung umfassen damit die Größenklassen 1 bis 4 den Mittelstand (wobei die Betriebe aus GK1 und GK2 als Kleinbetriebe und die aus GK2 und GK3 als Mittelbetriebe gelten) und die Größenklassen 5 und 6 die Großbetriebe.[10]

Für die Betriebe jeder Größenklasse wird für einen Zeitraum von zwei auf einander folgenden Jahren t_0 und t_1 (z. B. 1995 und 1996) ermittelt, ob ein Betrieb gewachsen ist (also in t_1 mehr tätige Personen gemeldet hat als in t_0) oder geschrumpft ist. Neue Betriebe, die in t_1, aber nicht in t_0 im Datensatz enthalten sind, zählen hierbei zur ersten Gruppe; da es sich hierbei auch um Verlagerungen aus anderen Teilen der Wirtschaft wie etwa dem Dienstleistungssektor oder aus dem Ausland handeln kann, werden diese im Datensatz neuen Betriebe hier nicht als Gründungen, sondern als Zugänge bezeichnet. Ebenso kann es sich bei den Abgängen, die in t_0, aber nicht in t_1 im Datensatz enthalten sind, sowohl um Schließungen als auch um Verlagerungen in andere Teile der Wirtschaft oder ins Ausland handeln. Aggregiert man die Zuwächse an tätigen Personen bei den gewachsenen Betrieben und den Zugängen und setzt man diese in Beziehung zur Anzahl der tätigen Personen im Anfangsjahr, dann erhält man die *Bruttowachstumsrate der Beschäftigung*. Aggregiert man die Arbeitsplatzverluste in geschrumpften Betrieben und in den Abgängen und teilt diese durch die Anzahl tätiger Personen im Anfangsjahr, dann erhält man die *Bruttoabbaurate der Beschäftigung*. Die Differenz beider Raten ist dann die (positive oder negative) *Nettowachstumsrate der Beschäftigung* in allen Betrieben aus einer Größenklasse.

Aus den Publikationen der amtlichen Statistik lassen sich nur die jeweiligen Nettowachstumsraten der Beschäftigung entnehmen. Diese Angaben bilden die Basis von evidenzbasierten Aussagen zum Zusammenhang von Betriebsgröße und Arbeitsplatzdynamik. Die hinter dieser Nettoveränderung stehenden gegenläufigen positiven bzw. negativen Bruttoveränderungen bleiben dabei ebenso verborgen wie die Netto- und Bruttoveränderungen bei einer Einteilung in Größenklassen nach der Durchschnittsgröße der Betriebe im jeweiligen Betrachtungszeitraum. Hat man die Möglichkeit des Zugriffs auf die Betriebspaneldaten, dann lässt sich ein deutlich schärferes Bild von der Arbeitsplatzdynamik in den Größenklassen zeichnen, indem folgende Fragen beantwortet werden: Wie groß war

9 Die Analysen müssen sich hierbei auf Westdeutschland beschränken, da für Ostdeutschland bereits in der Größenklasse 5 (und verstärkt dann in der Größenklasse 6) Geheimhaltungsfälle auftraten. (Wissenschaftler, die mit vertraulichen Betriebsdaten arbeiten, kennen dics Problem nur zu gut … ihr Blues hat wegen der bei der Geheimschutzprüfung die Ziffern ersetzenden Sterne die Melodie »Weißt du wie viel Sternlein stehen«.) Wegen der im betrachteten Zeitraum gegebenen strukturellen Unterschiede zwischen West- und Ostdeutschland ist eine Analyse für Gesamtdeutschland nicht angebracht.

10 Die Abgrenzung mittelständischer Firmen ist nicht unstrittig, denn neben der Anzahl der Beschäftigten werden oft auch noch der Umsatz oder die Bilanzsumme pro Jahr sowie die Besitzverhältnisse (vom Eigentümer geführtes Unternehmen) herangezogen.

der Anteil der Betriebe in den einzelnen Betriebsgrößenklassen an den insgesamt in einer Periode geschaffenen Arbeitsplätzen bzw. an den im jeweils betrachteten Zeitraum abgebauten Arbeitsplätzen? Wie sehen diese Anteilswerte am Arbeitsplatzaufbau und Arbeitsplatzabbau verglichen mit den Anteilen an allen Beschäftigten aus?

Die Studie zeigt, dass neue Arbeitsplätze in Betrieben aus allen Größenklassen in jeweils erheblichem Umfang entstehen. Ferner wird deutlich, dass die »kleinen Mittelständler« aus den Größenklassen 1 und 2 verglichen mit ihrem Anteil an der Gesamtbeschäftigung in allen betrachteten Zwei-Jahres-Zeiträumen überproportional viele Arbeitsplätze geschaffen haben – gleichzeitig waren sie aber auch überproportional am Abbau von Arbeitsplätzen beteiligt. Bei den »großen Mittelständlern« aus den Größenklassen 3 und 4 entsprechen die Anteile am Arbeitsplatzaufbau und -abbau in etwa den Anteilen an der Gesamtbeschäftigung. Die Großbetriebe mit 250 und mehr Beschäftigten weisen sowohl bei der Arbeitsplatzschaffung als auch beim Arbeitsplatzabbau verglichen mit ihrem Anteil an allen Beschäftigten unterproportionale Werte auf. Zwischen rund einem Viertel und einem Drittel aller neuen Industriearbeitsplätze insgesamt entstanden hierbei in den Großbetrieben, die etwas mehr als die Hälfte aller Arbeitsplätze bereitstellten.

Die hier vorgelegten empirischen Befunde belegen einmal mehr, dass die These vom »Jobmotor Mittelstand« viel zu undifferenziert ist.[11] In mittelständischen Betrieben entstehen viele Arbeitsplätze, aber es werden auch viele abgebaut, und dasselbe gilt für Großbetriebe. Diese Ergebnisse zeigen in dieselbe Richtung wie die, die wir aus Überprüfungen der Gültigkeit des Gibrat-Gesetzes – wonach Firmengröße und Firmenwachstum unabhängig voneinander sind – für Deutschland mit Daten aus Erhebungen der amtlichen Statistik erhalten haben (vgl. Wagner 1992, Schmidt 1995, Strotmann 2002). Ferner zeigen Komponentenzerlegungen der Arbeitsplatzdynamik, dass wachsende und schrumpfende, neu gegründete und geschlossene Betriebe in jeweils erheblichem Umfang in jedem Jahr in allen Größenklassen anzutreffen sind (vgl. z. B. für Berlin: Fischer, Pohl, Semlinger 2004, für Mecklenburg-Vorpommern: Wagner 2002, für Niedersachsen: Gerlach, Wagner 1992).

Wirtschaftspolitische Maßnahmen mit einer spezifischen Ausrichtung auf bestimmte Firmengrößenklassen lassen sich daher nicht mit einem besonders ausgeprägten Beitrag dieser Firmen zur Beschäftigungsdynamik rechtfertigen. Hier gilt die von Brown, Hamilton und Medoff (1990, S. 91) auf der Basis umfangreicher Studien mit US-amerikanischen Daten gezogene Schlussfolgerung: »Sen-

11 Dies gilt zumindest für den hier betrachteten Sektor Industrie. Da vergleichbare Betriebspaneldaten für die Dienstleistungssektoren aus Erhebungen der amtlichen Statistik nicht vorliegen, ist die Übertragbarkeit der Aussage auf diesen immer wichtigeren Teil der Wirtschaft eine offene Frage.

timents aside, the results of our research suggest a clear message for policies affecting large and small firms: do not judge employers by their size alone«.

3. *Markteintritte, Marktaustritte und Produktivität*[12]

Die im vorigen Abschnitt zusammenfassend vorgestellte Studie zum (fehlenden) Zusammenhang zwischen Betriebsgröße und Beschäftigungsdynamik hat gezeigt, dass es innerhalb jeder Größenklasse in jedem Zeitraum und in erheblichem Ausmaß gleichzeitig sowohl wachsende als auch schrumpfende Betriebe gibt. Diese Form einer ausgeprägten Heterogenität von Betrieben lässt sich auch feststellen, wenn man Betriebe nicht nach ihrer Größe, sondern nach anderen Kriterien klassiert (z.B. nach ihrer Zugehörigkeit zu Industriezweigen oder zu Regionen), oder wenn man statt der Arbeitsplatzdynamik die Investitionen oder das Exportverhalten betrachtet. Produktivitätsunterschiede zwischen Betrieben sind hierfür geradezu ein Paradebeispiel. »Of the basic findings related to productivity and productivity growth uncovered by recent research using microdata, perhaps most significant is the degree of heterogeneity across establishments and firms in productivity in nearly all industries examined.« (Bartelsman, Doms 2000, S. 578).

Parallel zu diesen empirischen Befunden aus mikroökonometrischen Studien entstanden mikroökonomische Modelle zur formalen Modellierung der Dynamik in Industrien mit heterogenen Firmen; zentrale Beiträge hierzu stammen von Jovanovic (1982), Hopenhayn (1992) und Ericson, Pakes (1995). In diesen Modellen spielen Produktivitätsunterschiede eine entscheidende Rolle als Triebkraft für Markteintritte, Wachstum und Marktaustritte von Betrieben. Im Gleichgewicht findet man hier innerhalb einer Industrie wachsende und schrumpfende, schließende und neu eintretende Betriebe, die sich in ihrer jeweiligen Produktivität unterscheiden.

Aus diesen theoretischen Modellen lassen sich Hypothesen ableiten, deren Tragfähigkeit empirisch überprüft werden kann. Im Modell von Hopenhayn (1992) wird ein langfristiges Gleichgewicht einer Industrie betrachtet, in der zahlreiche Firmen, die alle Preisnehmer sind, ein homogenes Gut produzieren. Der Output ist eine Funktion der Inputs und einer Zufallsvariable, die als firmenspezifischer Produktivitätsschock interpretiert werden kann. Diese zwischen den Firmen unabhängigen Zufallsschocks sind die Ursache für die Heterogenität der Firmen. Markteintritte sind mit Sunk Costs verbunden, und neu eintretende Firmen kennen ihren spezifischen Schock vor dem Markteintritt nicht. Im Markt bereits aktive Firmen haben die Wahl zwischen Marktaustritt und Verbleib im Markt. Nachdem Firmen ihren jeweiligen Schock beobachtet haben, wählen sie die gewinnmaximierende Produktionshöhe. Das Modell unterstellt, dass ein

12 Vgl. zu diesem Abschnitt Wagner (2006b, 2007b und 2007c).

höherer Schock in der Folgeperiode umso wahrscheinlicher ist, je höher der Schock in der laufenden Periode ausfällt. Im Gleichgewicht werden Firmen schließen, wenn bei gegebenen Preisen für Output und Inputs der Produktivitätsschock einen kritischen Wert unterschreitet und die Produktion dann nicht mehr rentabel ist.

Aus diesem Modell lassen sich u.a. folgende Hypothesen ableiten (vgl. Farinas, Ruano 2005, S. 507f.):

(H1) Firmen, die in der Periode t aus dem Markt ausscheiden, waren in der Periode t-1 weniger produktiv als Firmen, die in t im Markt verbleiben. Da Firmen mit einer niedrigen Produktivität zu jedem Zeitpunkt eine höhere Wahrscheinlichkeit eines Marktaustritts aufweisen, werden sich schließende Firmen in der Gruppe der am wenigsten produktiven Einheiten konzentrieren. Es ist hierbei wichtig zu sehen, dass sich hier und bei den folgenden Hypothesen Aussagen über Produktivitätsunterschiede immer auf Unterschiede in der Verteilung der Produktivität zwischen zwei Gruppen von Firmen beziehen; »Firmen der Gruppe A sind weniger produktiv als Firmen der Gruppe B« meint dabei, dass die Produktivitätsverteilung der Firmen aus der Gruppe A stochastisch von der der Gruppe B dominiert wird.

(H2) Firmen, die in der Periode t in den Markt eintreten, weisen eine geringere Produktivität auf als Firmen, die in der Periode t bereits im Markt aktiv sind. Dies folgt aus dem beschriebenen Selektionsprozess, der dazu führt, dass die Produktivitätsverteilung der weiter im Markt aktiven Firmen sich über die Zeit verbessert, weil jeweils die »schwächsten« dieser älteren Firmen »aussortiert« werden.

(H3) Firmen aus einer Gründungskohorte, die am Markt überleben, weisen zum Zeitpunkt der Gründung eine höhere Produktivität auf als Firmen, die bereits nach wenigen Jahren wieder ausscheiden. Dies folgt aus der firmenspezifischen Stärke des anfänglichen Produktivitätsschocks, der Persistenz dieser Schocks, und der Selektion überlebender Firmen nach der Höhe der Produktivität. Firmen mit einer geringen Produktivität zum Startzeitpunkt haben in den Folgeperioden ebenfalls eine geringe Produktivität und damit eine höhere Wahrscheinlichkeit, den kritischen Wert zu unterschreiten, der einen Verbleib im Markt ökonomisch sinnvoll macht; das Gegenteil gilt für Firmen mit einer hohen Anfangsproduktivität.

Farinas und Ruano (2005) testen diese Hypothesen des Hopenhayn-Modells erstmals mit Paneldaten für spanische Firmen und finden sie bestätigt. Wagner (2006b) repliziert diese Studie mit Betriebspaneldaten für die niedersächsische Industrie und findet identische Ergebnisse. Ob dies auch für Deutschland insgesamt gilt, wird mit den neu verfügbaren Betriebspaneldaten aus dem Monatsbericht im Verarbeitenden Gewerbe in einer Untersuchung von Wagner (2007b) getrennt für west- und ostdeutsche Betriebe und die Jahre 1995 bis 2002 überprüft. Die Ergebnisse stimmen mit denen aus den Studien mit Daten für spanische und niedersächsische Industriebetriebe überein. Ergebnisse aus Regressionsanalysen mit anderen deutschen Daten stützen diese Befunde.

Dies verdeutlicht die zentrale Rolle der Produktivität der Betriebe für die Dynamik von Industrien. In den theoretischen Modellen zur Industriedynamik bei heterogenen Firmen ist das Produktivitätsniveau in einer Firma und seine Veränderung über die Zeit das Ergebnis von Zufallsprozessen. Die Frage, was in der Realität Unterschiede der Produktivität zwischen Betrieben erklärt, ist Gegenstand einer umfangreichen Literatur. Zu den Faktoren, die hierbei als wichtig herausgearbeitet wurden, zählen die Qualifikation der Mitarbeiter, die eingesetzten Technologien und die Einbindung in internationale Märkte. Unter dem Strich ist aber festzustellen, dass es bisher nicht gelungen ist, eine umfassende Antwort auf diese Frage zu geben: »Although these factors all are important and significant, unfortunately they do not explain a significant portion of the heterogeneity... At the micro level, productivity remains very much a measure of our ignorance.« (Bartelsman, Doms (2000), S. 586).

Auch wenn wir über die Bestimmungsgründe von Produktivitätsunterschieden zwischen Betrieben wenig wissen, so bleibt doch festzuhalten, dass Selektionseffekte, bei denen die produktivsten Betriebe überleben, und damit Prozesse der »schöpferischen Zerstörung« im Schumpeterschen Sinne die Dynamik von Industrien kennzeichnen. Bedenkt man, dass hierdurch die Produktivität der Industrien insgesamt gestärkt wird, so wird deutlich, dass wirtschaftspolitische Maßnahmen, die Markteintritte und Marktaustritte oder Reallokationsprozesse von Produktionsfaktoren zwischen bereits bestehenden Betrieben behindern, das Wachstum der Produktivität und damit das Wirtschaftswachstum insgesamt bremsen (vgl. Bartelsman, Doms 2000, S. 571). Die wirtschaftspolitische Botschaft der empirischen Befunde ist damit deutlich – die Hoffnung, dass die wirtschaftspolitischen Entscheidungsträger sie zur Kenntnis nehmen und umsetzen, ist allerdings kleiner als die Fehlerwahrscheinlichkeit der Schätzungen, auf denen sie beruht.

4. Schlussbemerkungen

Die in diesem Beitrag zusammenfassend vorgestellten Arbeiten mit den neu verfügbaren Betriebspaneldaten aus dem Monatsbericht für Industriebetriebe machen ihre hohen Analysepotenziale deutlich. Mit diesen Daten können erstmals für ganz Deutschland wichtige empirische Fakten (wie z. B. das Fehlen eines systematischen Zusammenhangs von Betriebsgröße und Beschäftigungswachstum) herausgearbeitet und modelltheoretisch hergeleitete Hypothesen (wie die zur Rolle der Produktivität bei Markteintritten und Marktaustritten) ökonometrisch überprüft werden. Die so erhaltenen Ergebnisse können, wenn sie von den verantwortlichen Entscheidungsträgern zur Kenntnis genommen und geglaubt[13] werden, zu empirisch besser fundiertem wirtschaftspolitischen Handeln beitragen. Immer wieder zeigt sich hier, dass sich wirtschaftspolitische Maßnahmen nicht an Kategorien wie Wirtschaftszweig oder Firmengröße orientieren sollten, denn diese Einteilungen sind nicht trennscharf im Hinblick auf Eigenschaften von Betrieben wie Wachstum, Exporterfolg oder Effizienz. James Heckman (2001, S. 673) hat dies in seiner Nobelpreisrede so auf den Punkt gebracht: »The most important discovery (from microeconometric investigations, J.W.) was the evidence on the pervasiveness of heterogeneity and diversity in economic life.« Anders formuliert: Firmen sind sehr heterogene Individuen, sie lassen sich nicht – zumindest nicht gut fundiert – einfach in Kästchen sortieren und so Zielgruppen wirtschaftspolitischer Eingriffe zuordnen. Deshalb sollte auf entsprechende Maßnahmen und Programme verzichtet werden.

Das Analysepotenzial dieser Daten wird in Zukunft noch ansteigen, wenn es gelingt, ihnen Informationen aus weiteren amtlichen und nicht amtlichen Erhebungen zuzuspielen. Genau dies ist das Ziel des im Sommer 2007 gestarteten Projekts *KombiFiD – Kombinierte Firmendaten in Deutschland*, in dem erstmals Firmendaten auch über die Grenzen der Datenproduzenten zu Paneldaten zusammengeführt werden. Es ist zu hoffen, dass damit eine informationsreiche Datenbasis entsteht, die für wissenschaftliche Analysen und für wissenschaftliche Politikberatung gleichermaßen wertvoll sein wird, denn es gilt: »Knowledge of facts and how they are statistically processed is the best defense against autosuggestion and demagogic speechifying« (Cahuc, Zylberberg 2006, S. 3).

13 Beides – und insbesondere Letzteres – ist nach meiner eigenen Erfahrung allerdings nur sehr selten der Fall, wenn diese Befunde einer weit verbreiteten Alltagsmeinung widersprechen. Psychologen kennen diese Situation gut; Weaver et al. (2007) haben z. B. kürzlich in Experimenten nachgewiesen, dass eine beliebige Aussage als umso glaubwürdiger gilt, je häufiger sie wiederholt wird, wobei es weder auf den Inhalt ankommt noch darauf, ob sie nur von einer einzigen Person oder von vielen verbreitet wird. Angesichts der in Abschnitt 2 angeführten über 40.000 »Treffer« zur These vom Jobmotor Mittelstand kann man hier als empirischer Wirtschaftsforscher schon melancholisch werden… .

Literatur

Bartelsman, E. J., Doms, M. (2000), Understanding Productivity: Lessons from Longitudinal Microdata. In: Journal of Economic Literature XXXVIII(3), S. 569-594.

Blanchflower, D. G., Oswald A. J. (2005), The Wage Curve Reloaded. NBER Working Paper No. 11338, May.

Brown, C., Hamilton, J., Medoff, J. (1990), Employers Large and Small, Cambridge und London.

Cahuc, P., Zylberberg, A. (2006), The Natural Survival of Work. Job Creation and Destruction in a Growing Economy. Cambridge, Massachusetts and London, England.

Davis, S. J., Haltiwanger, J., Schuh, S. (1996), Small Business and Job Creation: Dissecting the Myth and Reassessing the Facts. Small Business Economics 8(4), S. 297-315.

Ericson, R., Pakes, A. (1995), Markov-perfect industry dynamics: a framework for empirical work. In: Review of Economic Studies 62, S. 53-82.

Farinas, J. C., Ruano, S. (2005), Firm productivity, heterogeneity, sunk costs and market selection. In: International Journal of Industrial Organization 23, S. 505-534.

Fischer, J., Pohl, R., Semlinger, K. (2004), Berlins Industrie nach der Wiedervereinigung. Was bringt die neue Gründerzeit? Berlin.

Gerlach, K., Wagner, J. (1992), Die Beschäftigungsdynamik im Bergbau und Verarbeitenden Gewerbe in Niedersachsen: Eine Komponentenanalyse für den Zeitraum 1978 bis 1990. In: Statistische Monatshefte Niedersachsen 46(1), S. 5-10.

Heckmann, J. J. (2001), Micro Data, Heterogeneity, and the Evaluation of Public Policy: Nobel Lecture. In: Journal of Political Economy 109, S. 673-748.

Hopenhayn, H. (1992), Entry, exit, and firm dynamics in long run equilibrium. In: Econometrica 60(5), S. 1127-1150.

Jovanovic, B. (1982), Selection and the evolution of industry. In: Econometrica 50, S. 649-670.

Kaiser, U., Wagner, J. (2007), Neue Möglichkeiten zur Nutzung vertraulicher amtlicher Personen- und Firmendaten. University of Lüneburg Working Paper Series in Economics No. 48, April (erscheint in: Perspektiven der Wirtschaftspolitik).

Kommission zur Verbesserung der informationellen Infrastruktur zwischen Wissenschaft und Statistik (Hrsg.) (2001), Wege zu einer besseren informationellen Infrastruktur. Baden-Baden.

Konold, M. (2007), New possibilities for economic research through integration of establishment-level panel data of German official statistics. In: Schmollers Jahrbuch 127 (im Druck).

Pohl, R., Fischer, J., Rockmann, U., Semlinger, K. (Hrsg.) (2003), Analysen zur regionalen Industrieentwicklung – Sonderauswertungen einzelbetrieblicher Daten der Amtlichen Statistik. Berlin: Statistisches Landesamt Berlin.

Schasse, U., Wagner, J. (Hrsg.) (1999), Entwicklung von Arbeitsplätzen, Exporten und Produktivität im interregionalen Vergleich – Empirische Untersuchungen mit Betriebspaneldaten. Hannover: Niedersächsisches Institut für Wirtschaftsforschung.

Schasse, U., Wagner, J. (Hrsg.) (2001), Regionale Wirtschaftsanalysen mit Betriebspaneldaten – Ansätze und Ergebnisse. Hannover: Niedersächsisches Institut für Wirtschaftsforschung.

Schmidt, E. M. (1995), Betriebsgröße, Beschäftigtenentwicklung und Entlohnung. Eine ökonometrische Analyse für die Bundesrepublik Deutschland, Frankfurt/New York.

Statistisches Bundesamt (Hrsg.) (1999), Möglichkeiten einer wissenschaftlichen Nutzung von Unternehmensdaten aus der amtlichen Statistik. Wiesbaden: Statistisches Bundesamt.

Strotmann, H. (2002), Arbeitsplatzdynamik in der baden-württembergischen Industrie. Eine Analyse mit amtlichen Betriebsdaten, Frankfurt/M. u.a.

Wagner, J. (1992), Firm Size, Firm Growth, and Persistence of Chance: Testing GIBRAT's Law with Establishment Data from Lower Saxony, 1978-1989. Small Business Economics 4(2), S. 125-131.

Wagner, J. (1995), Firm Size and Job Creation in Germany. Small Business Economics 7(4), S. 469-474.

Wagner, J. (1997), Analysen zur Arbeitsplatzdynamik mit Betriebspaneldaten aus Erhebungen der amtlichen Industrieberichterstattung: Möglichkeiten und Grenzen. In: Statistisches Bundesamt (Hrsg.), Statistische Informationen zum Arbeitsmarkt – Konzepte und Kritik, Anwendung und Auslegung. Stuttgart, S. 102-122.

Wagner, J. (2002), Arbeitsplatzdynamik in den Industriebetrieben der Raumordnungsregionen Mecklenburg-Vorpommern (1995-1999). In: Statistische Monatshefte Mecklenburg-Vorpommern 12(2), S. 38-55.

Wagner, J. (2006a), Politikrelevante Folgerungen aus Analysen mit Firmendaten der Amtlichen Statistik. In: Schmollers Jahrbuch 126, S. 359-374.

Wagner, J. (2006b), Markteintritte, Marktaustritte und Produktivität – Empirische Befunde zur Dynamik in der Industrie. University of Lüneburg Working Paper Series in Economics No. 27, März (erscheint in: Wirtschafts- und Sozialstatistisches Archiv 3/2007).

Wagner, J. (2007a), Jobmotor Mittelstand? Arbeitsplatzdynamik und Betriebsgröße in der westdeutschen Industrie. University of Lüneburg Working Paper Series in Economics No. 47, April (erscheint in: Vierteljahrshefte zur Wirtschaftsforschung 3/2007).

Wagner, J. (2007b), Entry, Exit and Productivity – Empirical Results for German Manufacturing Industries. University of Lüneburg Working Paper Series in Economics No. 44, March.

Wagner, J. (2007c), Die Forschungspotenziale der Betriebspaneldaten des Monatsberichts im Verarbeitenden Gewerbe. University of Lüneburg Working Paper Series in Economics No. 51, Mai.

Weaver, K., Garcia, S. M., Schwarz, N., Miller, D. T. (2007), Inferring the Popularity of an Opinion From Its Familiarity: A Repetitive Voice Can Sound Like a Chorus. In: Journal of Personality and Social Psychology 92, S. 821-833.

Zühlke, S., Zwick, M., Scharnhorst, S., Wende, T. (2004), The research data centres of the Federal Statistics Office and the statistical offices of the Länder. In: Schmollers Jahrbuch 124, S. 567-578.

Die Bedeutung von Wissenschaft und Forschung in einer sich wandelnden Welt als Herausforderungen an die deutsche Bildungs- und Forschungspolitik

Edelgard Bulmahn

Unsere Gegenwart wird durch drei Megatrends geprägt, die sich mit den Stichworten Globalisierung, Wissensgesellschaft und ökologische Gefährdung charakterisieren lassen. Hinter diesen Stichworten verbergen sich vielschichtige Prozesse, die sich überlappen und gegenseitig beeinflussen. Dieser Beitrag arbeitet diese Entwicklungen im Hinblick auf die informationelle Infrastruktur, die notwendig ist, auf.

1. Globalisierung in vielen Dimensionen

Spätestens seit Mitte der 80er Jahre nimmt die weltweite ökonomische Verflechtung der Güter-, Finanz-, Dienstleistungs- und Arbeitsmärkte rapide zu. Angetrieben von den modernen IuK-Technologien und befördert durch niedrige Transportkosten hat die internationale Arbeitsteilung dramatisch zugenommen. Informationen und Wissen stehen mit dem Internet weltweit zur Verfügung. Sie spitzen den Kostenwettbewerb zu und führen unter Ausnutzung der massiven Arbeitskostenunterschiede zwischen den einzelnen Regionen zu Produktionsverlagerungen an die jeweils günstigsten Standorte.

Finanztransaktionen sind in Sekundenschnelle möglich und erlauben eine immense Flexibilisierung der Finanzströme und völlig neu gestaltete internationale Kapitalmärkte. Die ständige Suche nach möglichst rentablen Anlagemöglichkeiten an Standorten mit dem günstigsten Ertrags- und Risikoprofil lässt dabei ein dauerhaftes wirtschaftliches Engagement und soziale Aspekte vielfach in den Hintergrund treten. Die Globalisierung beschränkt sich allerdings nicht auf den ökonomischen Bereich, sondern sie führt auch zu einer kulturellen Globalisierung mit einer Ausbreitung westlicher Wertvorstellungen und Lebensstile.

Wissen wird in wachsendem Maße zu einem konstitutiven Moment moderner Volkswirtschaften und Gesellschaften. Wissen und Kreativität sind zu Schlüsselfaktoren bei der Gestaltung von Produktion, Warenverkehr und Dienstleistungen geworden. Entscheidend ist nicht abstraktes, formelles Wissen, sondern die unmittelbare, gestaltende Einbeziehung in Produktions- und Organisationsprozesse. Sie führen letztlich nicht zu einer Ablösung der Industriegesellschaft durch die Dienstleistungsgesellschaft, sondern zu einer Industrialisierung des Dienstleistungssektors. Angesichts des rasch anwachsenden, weltweit verfügbaren Wissens und der sich ungeheuer beschleunigenden Erneuerung des Wissens wachsen die Anforderungen an die Steuerungsfähigkeit von Politik und Gesellschaft, aber auch an die individuelle Bereitschaft und Fähigkeit zu Veränderung und Weiterbildung.

Vor dem Eindruck des 11. September und der konjunkturellen Einschnitte in der ersten Hälfte dieses Jahrzehnts waren ökologische Fragen vielfach in den Hintergrund getreten. Der jüngste UN-Klimabericht hat jedoch unmissverständlich deutlich werden lassen, dass das Erdklima sich deutlich rascher und bedrohlicher zu verändern scheint, als von vielen angenommen oder gehofft. Die ökologische Krise ist nicht überwunden. Das ökologische Gleichgewicht auf unserem Globus ist nicht zuletzt durch den zusätzlichen, massiv ansteigenden Ressourcenverbrauch der Schwellenländer mehr denn je gefährdet.

2. *Irrwege der Diskussion*

Im Ergebnis haben diese Megatrends das nach 1945 entwickelte (west-)europäische Entwicklungsmodell mit hohen Wachstumsraten, weitgehender Vollbeschäftigung und hohem sozialen Standard in Frage gestellt. Insbesondere in Deutschland hat sich als Antwort auf die veränderten Rahmenbedingungen und die verschärften Wettbewerbsbedingungen dabei ein neo-liberal geprägter Diskurs herausgebildet, der das Allheilmittel in Kostensenkungen sieht. Kernpunkte dieser Strategie sind moderate unterhalb des Produktivitätsfortschritts liegende Lohnzuwächse, die Senkung der Lohnnebenkosten verbunden mit Einschnitten ins soziale Netz sowie regelmäßige Steuersenkungsrunden.

Begleitet wird die Kostensenkungsdebatte von weit reichenden Deregulierungsforderungen. Im Mittelpunkt stehen dabei neben der Forderung nach der Einschränkung oder gar Auflösung der Flächentarifverträge und einer weitgehenden Deregulierung des Arbeitsrechts einschließlich des Kündigungsschutzes vor allem solche nach Lockerungen im Umweltrecht.

Eine derartige, reine Kostensenkungsstrategie führt letztlich in eine soziale, ökonomische und ökologische Sackgasse. Sinkende Einkommen und wachsende Einkommensdifferenzierungen verstärken das Armutsrisiko, grenzen wachsende Teile der Bevölkerung aus und gefährden den sozialen Zusammenhalt der Gesellschaft. Betroffen sind vor allem Kinder und Jugendliche in sozioökonomisch benachteiligten Familien. Bereits jetzt wachsen rund 2 Mio. Kinder, das sind fast 20% der unter 15-jährigen, in Hartz IV-Haushalten auf. In Großstädten wie Berlin liegt der Anteil sogar bei über einem Drittel.

Bloße Kostensenkungs- und Deregulierungsstrategien sind ökonomisch kontraproduktiv, da sinkende nominale Arbeitseinkommen und geringere Steueraufkommen negative makroökonomische Effekte bedingen. Sie schwächen die Binnennachfrage, bremsen das wirtschaftliche Wachstum und führen zu einem weiteren Anstieg von Arbeitslosigkeit und Armut. Sie führen schließlich zu einer Vernachlässigung und zum Verschleppen struktureller Reformen zur Bewältigung der ökologischen Herausforderung und zur Anpassung an die Anforderungen wissensbasierter Ökonomien.

3. Bildung und Forschung als eine Lösung

Die Antwort auf die Herausforderungen von Globalisierung, Wissenschaftsgesellschaft und ökologischer Gefährdung erfordert statt einseitiger Kostensenkungs- und Deregulierungsstrategien grundlegende Strukturreformen und eine Politik, die klar auf Bildung, Wissenschaft und Innovationen setzt. Einen Kostenwettbewerb können wir nicht gewinnen. Wir müssen vielmehr besser sein als die anderen. Wir müssen mit Gütern und Dienstleistungen konkurrieren, die hohe Löhne und Beschäftigung in Deutschland ermöglichen. Wir müssen unser Wissen einsetzen und vorantreiben, um den Ressourcenverbrauch deutlich zu senken und eine Antwort auf die ökologischen Herausforderungen zu finden. Investitionen in Bildung und Qualifizierung, Vorsprung durch Wissenschaft und Innovation sind nach meiner festen Überzeugung langfristig die beste Antwort auf die genannten Herausforderungen und die wirkungsvollste Strategie, um unser Land zukunftsfähig zu machen.

Untersuchungen zeigen seit Jahren einen klaren Strukturwandel zur Wissenswirtschaft. Hierzu zählen nach der NIW/ISI-Liste jene Industriebranchen, in denen überdurchschnittlich forschungsintensiv produziert wird, sowie jene Dienstleistungsbereiche, die einen überdurchschnittlichen Anteil von Akademikern aufweisen. 2004 entfielen knapp 39% der gesamten Wertschöpfung in Deutschland auf diese Bereiche, wobei sich der Dienstleistungsbereich besonders dynamisch entwickelt hat. Sein Beitrag zur Wertschöpfung stieg seit 1981 von 19% auf über 25%.

Innerhalb des Industriesektors ist der Befund ebenfalls eindeutig. Während die reale Produktion von 1995 bis 2005 in den wissensintensiven Industriezweigen um 43%, im Bereich der Spitzentechnologien gar um 70% stieg, waren es durchschnittlich nur 6%. Angesichts deutlicher Produktivitätszuwächse ist die Beschäftigung im gleichen Zeitraum zwar auch in den FuE-intensiven Industriezweigen um 7% gesunken, in der nicht FuE-intensiven Industrie waren es aber 20%.

Nimmt man den gesamten Bereich der wissensintensiven Industrie- und Dienstleistungsbranchen, zeigt sich, dass diese weniger konjunkturanfällig sind und somit krisenfestere Arbeitsplätze bieten. So lag die Beschäftigtenzahl dieses

Bereichs 2005 auf dem Niveau von 1999, in den nichtwissensintensiven Branchen war demgegenüber ein Rückgang um ein Fünftel zu verzeichnen.

Im internationalen Wettbewerb ist die technologische Leistungsfähigkeit Deutschlands nach wie vor hoch. 2005 war die Bundesrepublik mit einem Exportvolumen von 428 Mrd. € der größte Technologieexporteur im Bereich der FuE-intensiven Güter und konnte in diesem Bereich zugleich einen Exportüberschuss von rd. 164 Mrd. € erwirtschaften. Rechnet man diesen Überschuss auf die Bevölkerung um, so entstammten 8% des Pro-Kopf-Einkommens aus dem Export FuE-intensiver Güter. Im Unterschied zu den meisten anderen etablierten Industrieländern konnte Deutschland seinen Welthandelsanteil im vergangenen Jahrzehnt mit 14,0% in etwa halten.

Richtig ist aber auch, andere Länder werden immer besser und sie investieren massiv in Forschung und Entwicklung. Im vergangenen Jahr investierten Staat und Wirtschaft in der Bundesrepublik mit 2,5% des BIP relativ gesehen nicht einmal so viel in FuE wie vor 25 Jahren. Bemerkenswert ist demgegenüber das Tempo, das die skandinavischen Länder Schweden und Finnland vorgelegt haben. Sie haben die FuE-Intensität seit Anfang der 90er Jahre von 2,7% auf 3,9% bzw. von 2,0% auf 3,5% gesteigert. Auch die großen Volkswirtschaften USA und Japan gaben mit 2,7% bzw. 3,2% deutlich mehr für Forschung und Entwicklung aus als die Bundesrepublik.

Es sind jedoch nicht nur die Industriestaaten, die die deutsche Position in Frage stellen, sondern auch die Schwellenländer haben die Bedeutung von Wissenschaft und Forschung für die Entwicklung ihrer Volkswirtschaften erkannt. Waren es zunächst vor allem Südkorea und Taiwan, die zur Aufholjagd gestartet sind und inzwischen hinsichtlich der FuE-Intensität auf Augenhöhe liegen bzw. wie Südkorea mit 3% sogar deutlich übertreffen, so ist es jetzt die Volksrepublik China, die ein atemberaubendes Tempo vorlegt. Sie steigert ihre FuE-Ausgaben jährlich um bis zu 20%. Mit einer FuE-Intensität von 1,3% liegt sie 2005 zwar noch weit hinter der Bundesrepublik zurück. In absoluten Beträgen wendet sie mit 115 Mrd. US $ inzwischen jedoch mehr als doppelt so viel für FuE auf wie die Bundesrepublik. Zehn Jahre zuvor erreichten die chinesischen FuE-Ausgaben gerade 44% der deutschen Ausgaben.

4. Herausforderungen bei der Förderung von Wissenschaft und Forschung

Vor dem Hintergrund der weltweit wachsenden Wissensbasierung der Volkswirtschaften und sich verstärkender weltweiter Konkurrenz müssen wir in Deutschland alles daran setzen, unsere FuE-Ausgaben nachhaltig und dynamisch zu steigern. Die Vereinbarung der Staats- und Regierungschefs der EU-Staaten von 2000, die Ausgaben für FuE bis 2010 auf 3% des Bruttoinlandprodukts zu steigern, war richtungweisend und überfällig. Die bisherigen Anstrengungen reichen aber bei weitem nicht aus, das gesteckte Ziel zu erreichen. Insbesondere die Länder, aber auch die Unternehmen, sollten das günstigere konjunkturelle Umfeld für verstärkte FuE-Investitionen nutzen.

Investitionen in Innovationen rechnen sich. Sie steigern die Wettbewerbsfähigkeit der Unternehmen. Innovationen sind das Lebenselixier einer Gesellschaft. Innovationen, das sind neue Technologien, Produkte und technische Verfahren, mit denen wir neue Märkte erschließen und zukunftssichere Arbeitsplätze schaffen können. Innovationen schaffen Chancen für ein gutes, ja, ein besseres Leben: wirksame Medikamente, bessere Arbeitsbedingungen, eine intakte Umwelt und wirtschaftliches Wachstum, das den Menschen nicht aus dem Blick verliert.

Mehr Geld allein bedeutet aber noch nicht automatisch bessere Forschung und ein Mehr an Innovationen. Die Forschungsförderung, aber auch das Wissenschafts- und Forschungssystem selbst müssen sich den neuen Herausforderungen und Gegebenheiten der Wissensproduktion anpassen, um ihre Leistungs- und Wettbewerbsfähigkeit nicht zu verlieren.

International erfolgreiche Wissenschaft und Forschung zeichnen sich heute durch wachsende Inter- und schließlich sogar Transdisziplinarität aus. Rasche Erkenntnisfortschritte und eine hohe Dynamik weisen vor allem die Grenz- und Überschneidungsbereiche traditioneller Wissenschaftszweige auf. Die Technikentwicklung erfolgt verstärkt problem- und anwendungsbezogen, woraus sich eine engere Verknüpfung der Grundlagenforschung mit Anwendung und gesellschaftlicher Nachfrage ergibt. Kennzeichnend sind schließlich ein hoher Grad an internationaler Vernetzung, langfristig angelegte Vorhaben und eine verstärkte Kooperation mit Unternehmen und anderen Forschungseinrichtungen.

Dies stellt die deutsche Forschungslandschaft vor besondere Herausforderungen. Wie die in der zweiten Hälfte der 90er Jahre durchgeführte Systemevaluation zeigt, liegt in der großen organisatorischen Vielfalt und Dezentralität die Stärke des deutschen FuE-Systems. Hierin ist andererseits aber auch seine Schwäche begründet. Es fehlt an ausreichenden Möglichkeiten einer systematischen Abstimmung der Förderaktivitäten, der Identifizierung von systematischen Lücken im Förderangebot, der organisationsübergreifenden Vernetzung und gezielten Konzentration auf einzelne strategisch angelegte Vorhaben.

Der 2005 geschlossene »Pakt für Forschung und Innovation« von Bund und Ländern mit den Forschungs- und den Förderorganisationen bietet deshalb nicht nur Planungssicherheit durch einen mittelfristig berechenbaren Anstieg der Mittel. Er zielt vielmehr auch auf eine engere Vernetzung der Organisationen untereinander, mit den Hochschulen und mit der Wirtschaft. Er soll die Mobilität von Wissenschaftler/innen und Ideen fördern und jungen Wissenschaftler/innen mehr Möglichkeiten zu eigenständiger wissenschaftlicher Forschung geben. Weiterhin sollen die Bedingungen für neue unkonventionelle Forschungsansätze verbessert werden.

Flankiert werden diese Bemühungen zur Steigerung der Leistungs- und Wettbewerbsfähigkeit des deutschen FuE-Systems durch die gleichfalls 2005 gestartete Exzellenzinitiative, den nunmehr aufgelegten Clusterwettbewerb und die seit Ende der 90er Jahre stärker strategisch ausgerichtete Projektförderung des Bundes. Die Modernisierung des öffentlichen Forschungssektors wird allerdings nur dann vom Erfolg gekrönt sein, wenn sich nicht nur die einschlägigen Forschungseinrichtungen stärker den Unternehmen öffnen, sondern diese sich gegenüber der Forschung und mehr Risiko bei der Implementierung von Spitzentechnologien zeigen.

Innovations- und Forschungspolitik ist eine Querschnittsaufgabe, deren Erfolg maßgeblich davon abhängt, dass zwischen den verschiedenen Politikfeldern eine konsistente Vernetzung und Abstimmung gelingt. Rahmenbedingungen wie konkrete Gesetzgebungsvorhaben können innovationsfördernd aber auch -hemmend sein. Generell geht es hierbei jedoch weniger um Entbürokratisierung und Deregulierung als um eine gezielte Reregulierung, die langfristige, stabile Signale für Investitionsentscheidungen setzt und zugleich eine innovationsfreundliche Nachfrage stimuliert.

Gerade im Bereich der Umweltpolitik und der ökologischen Erneuerung kann ein intelligenter Mix an gezielter Forschungsförderung und gesetzlichen Anforderungen zu wesentlichen Fortschritten führen. Erwähnt sei hier nur die gesetzliche Einspeisevergütung für erneuerbare Energieträger. Deutliche Verbesserungen könnten auch in anderen Bereichen wie etwa dem Kraftverkehr erzielt werden, wenn man anspruchsvolle, ergebnisorientierte und sich im Zeitverlauf verschärfende Normen vorgibt, so einen Wettbewerb in der Suche nach der besten Lösung in Gang setzt und zugleich die Märkte für innovative Lösungen und Produkte öffnet.

Alle Orientierung an den Erfordernissen von Globalisierung, wachsender Wissensintensität der Wirtschaft und anhaltender ökologischer Gefährdung darf aber nicht dazu führen, dass man die Grundbedingungen wissenschaftlicher Forschung missachtet. Wissenschaft und Forschung müssen sich frei entfalten können, auch wenn nicht unmittelbar erkennbar ist, wozu ihre Ergebnisse einmal wichtig sein könnten.

5. Globalisierung der Bildung

Globalisierung und der Übergang zur Wissensgesellschaft stellen wachsende Anforderungen an die Qualifikation der Beschäftigten. Bildung ist für den Einzelnen die beste Versicherung gegen Arbeitslosigkeit. Für die Volkswirtschaft ist sie die Grundlage wirtschaftlicher Wettbewerbs- und Innovationsfähigkeit.

In seiner gegenwärtigen Verfassung trägt das deutsche Bildungssystem allerdings den Herausforderungen von Globalisierung und wachsender Wissensorientierung der Volkswirtschaft nicht Rechnung. Die Bildungsausgaben sind nur durchschnittlich. Insbesondere in der Frühförderung versagt das deutsche System nahezu vollständig. Die Qualität des Systems ist unterdurchschnittlich. Es ist Weltmeister in der sozialen Auslese und bringt relativ zu wenige Absolventen mit einem Hochschulabschluss hervor.

Die Schlussfolgerungen liegen auf der Hand. Es muss wieder deutlich mehr im Bildungsbereich investiert werden. Die Korrelation zwischen sozialer Herkunft und Bildungserfolg muss aufgebrochen und abgebaut werden. Die frühkindliche Förderung, ausreichende pädagogische Betreuungsangebote und das Ganztagsschulsystem müssen Regelangebot werden.

Die auf Auslese und Zuweisung auf die vermeintlich richtige Schulform ausgerichtete Bildungsphilosophie muss verändert werden. Es gilt nicht die Geeigneten zu finden, sondern den Einzelnen bestmöglich zu fördern und die Begabungen jedes einzelnen Kindes optimal zu entwickeln. Dies wird ohne Aufgabe des dreigliedrigen Schulsystems und einer längeren gemeinsamen Schulzeit aller Kinder nicht gelingen.

Die Bildungswege müssen noch viel stärker zueinander geöffnet werden. Sie dürfen nicht Tunneln gleichen, sondern einem Fußballfeld, wo man ohne Probleme von der einen Seite auf die andere wechseln kann. Wir brauchen mehr Übergänge und Schnittstellen zwischen Schule, beruflicher Ausbildung und Hochschule. Und wir müssen unser Potential besser ausschöpfen. Der Anteil derjenigen, die mit einer Hochschulzugangsberechtigung ein Studium aufnehmen, ist zu niedrig, die Studienabbrecherquote bei weitem zu hoch.

Es bedarf einer gezielten Qualitätsentwicklung und -steigerung, um das Bildungssystem wieder an die Spitze der Bildungsnationen heranzuführen. Die Curricula müssen sich stärker an internationalen Standards orientieren und hinsichtlich der vermittelten Kompetenzprofile den Anforderungen des wirtschaftlich-technischen Wandels Rechnung tragen. Von besonderer Bedeutung sind dabei die Entwicklung der kommunikativen Fähigkeiten, die Schulung von Kooperationsfähigkeit und eigenständigem Denken, die Herausbildung von Abstraktionsfähigkeit und analytischen Kompetenzen. Es gilt eine ganzheitliche Erziehung zu Kreativität und kultureller Kompetenz zu fördern und zu ermöglichen. Menschen denken, fühlen, handeln, streiten, kooperieren, urteilen und werten. Bildungsprozesse müssen deshalb den ganzen Menschen in seiner Komplexität erfassen und kognitives Wissen mit kreativen, kulturellen und sozialen Kompetenzen verbinden.

In den vergangen Jahren sind mit der Vereinbarung und Entwicklung von Bildungsstandards, dem Ganztagsschulprogramm, der nunmehr in Angriff genommenen frühkindlichen Betreuung und der in einigen Ländern offener geführten Debatte um die Ausgestaltung des Schulsystems wesentliche Schritte eingeleitet worden. Sie reichen aber nicht aus. Abgeschreckt durch Studiengebühren und ferngehalten durch örtliche Aufnahmebeschränkungen sind bei der Studienanfängerquote sogar Rückschritte zu verzeichnen.

6. *Wissenschaftsdialoge*

Die Entwicklung der Wissensgesellschaft, die Verstärkung der Beziehungen von Wissenschaft und Gesellschaft hat Folgen. Denn sie bedeutet ja auch, dass die Menschen mitreden möchten, dass sie verstehen möchten, was die Wissenschaftler da tun und was möglicherweise gravierende Auswirkungen auf ihr eigenes Leben hat.

Gerade wenn es um Zukunftsfragen geht – um Entscheidungen über künftige Innovationen oder um Fragen von ethischen Grenzen der Forschung –, müssen Menschen in einer demokratischen Gesellschaft die Chance haben, sich ihr eigenes Urteil zu bilden und sich an der gesellschaftlichen Debatte zu beteiligen. Es darf keine unüberbrückbare Kluft entstehen zwischen Wissenden und Nichtwissenden.

Die Wissenschaft ist deshalb aufgefordert, sich verständlich zu machen und ihr Handeln gegenüber einer breiten Öffentlichkeit zu erklären und zu rechtfertigen. Wissenschaftlerinnen und Wissenschaftler dürfen sich dabei nicht darauf beschränken, nur ihre Themen, Ergebnisse und Vorhaben anschaulich und interessant darzustellen.

Sie müssen sich gerade bei strittigen Fragen der öffentlichen Diskussion stellen, auch wirtschaftliche Interessen klar benennen, Risiken nachvollziehbar abwägen und Lösungen anbieten, die solche Risiken wenn möglich ausschließen oder auf ein tolerierbares Maß minimieren.

Dazu kommt ein weiterer Punkt: Nur wenn die Menschen verstehen, wie stark Bildung und Forschung ihren Alltag prägen, wie viel Wissenschaft mit der Sicherung von Lebensqualität und gesellschaftlichem Fortschritt zu tun hat, nur dann kann es eine breite Unterstützung und Verständnis für die Umsetzung visionärer Ziele in der Forschung und die notwendigen Reformen in unserem Bildungssystem geben.

Um genau diese Ziele zu erreichen, haben 1999 die großen Wissenschaftsorganisationen, der Stifterverband und das BMBF die Initiative »Wissenschaft im Dialog« ins Leben gerufen und mit den »Wissenschaftsjahren« eine Veranstaltungsreihe konzipiert, die sich außerordentlich erfolgreich entwickelt hat.

Inzwischen hat sich einiges bewegt: Heute stehen die Menschen in unserem Land der Wissenschaft und dem technologischen Fortschritt viel aufgeschlossener gegenüber als noch in den 90er Jahren. Das bestätigen uns Umfragen und Studien immer wieder.

Eine positive Entwicklung ist aber auch bei der Wissenschaft selbst erkennbar. In einen Dialog mit der Gesellschaft treten, den Austausch auf gleicher Augenhöhe ermöglichen, über Verantwortung und Legitimation der Wissenschaft reflektieren, Menschen zum Nachfragen und Mitmachen anregen und zeigen, wie stark unser Leben von wissenschaftlichen Erkenntnissen durchdrungen ist, all diese gewiss nicht immer einfachen Aufgaben wurden angenommen und in vielen

Fällen mit hohem Engagement wahrgenommen. Heute kommt es darauf an, diesen Prozess zu stärken und weiter voranzutreiben.

7. *Forschungsinfrastruktur*

Der Übergang zur Wissensgesellschaft stellt schließlich und endlich auch erhöhte Anforderungen an Politik und Verwaltungshandeln. Bürger/innen und Unternehmen erwarten, dass politische Entscheidungen mit Bedacht gefällt werden, mögliche Wirkungen vorher abgeschätzt und negative Auswirkungen von vornherein vermieden werden. Dies ist in wachsendem Umfang nur auf der Grundlage wissenschaftlicher Expertise möglich und erfordert eben auch solide statistische Daten.

Die amtliche Statistik Deutschlands weist ein hohes Niveau auf und gilt auch im internationalen Vergleich als außerordentlich leistungsfähig und zuverlässig. Sie liefert traditionell allerdings in erster Linie Inputdaten. So lassen sich etwa die Bildungs- oder die Forschungsausgaben ermitteln und zu anderen Größen wie der Bevölkerung oder dem Bruttoinlandsprodukt in Beziehung setzen.

Für politische Entscheidungen reicht dies jedoch nicht aus. Benötigt wird ein Frühwarnsystem, das rechtzeitig auf gesellschaftliche und ökonomische Entwicklungstendenzen und Fehlentwicklungen aufmerksam macht. Hierzu ist die Entwicklung aussagekräftiger Indikatoren nötig. In wachsendem Umfang sind zudem so genannte Output-Daten gefragt, also Daten, die etwas über den Erfolg oder Misserfolg politischer Entscheidungen und damit über deren Effizienz und Effektivität aussagen. Schließlich geht es nicht nur um die Bereitstellung von Daten, sondern auch um deren wissenschaftliche Aufbereitung, Analyse und Interpretation.

Unabhängig von den Inhalten statistischer Erhebungen gab es ein weiteres Problem. Die wissenschaftliche Nutzung und Aufbereitung wertvoller Datenbestände der amtlichen Statistik scheiterte bis vor kurzem allzu oft an fehlenden Datenschutz konformen Zugangswegen oder für die Wissenschaft zu hohen Kosten für die Datenüberlassung. Es ist nicht zuletzt dem Engagement und der Beharrlichkeit von Johann Hahlen und Hans-Jürgen Krupp zu verdanken, dass diese Situation in nur wenigen Jahren überwunden wurde. Mit dem Rat für Sozial- und Wirtschaftsdaten (RatSWD) sowie den neu eingerichteten Forschungsdatenzentren hat Deutschland eine deutliche Verbesserung der informationellen Infrastruktur erreicht. Der RatSWD gibt auch zunehmend Rat zu den Inhalten, die die amtlichen wie nicht-amtlichen wissenschaftsgetragenen Statistiken erheben sollten. Wirtschafts- und Sozialwissenschaften haben einen verlässlichen Zugang zu den amtlichen Daten erhalten. Dies hat nicht nur zu einer Qualitätssteigerung der wissenschaftlichen Analysen geführt, sondern auch zu einem produktiven Dialog von Datenproduzenten und Wissenschaft und einer erfolgreichen gemeinsamen Gestaltung der Datenerhebung – wie bei der anstehenden Volkszählung, für die erstmals ein wissenschaftlicher Beirat berufen wurde. Es wird jetzt darauf ankommen, diesen Geist der Zusammenarbeit und seine Strukturen dauerhaft institutionell abzusichern. Politische Entscheidungen können damit auf einer deutlich solideren und besseren Daten- und Informationsbasis getroffen werden.

Das Ende der Pfadabhängigkeit? Probleme des deutschen Wissenschaftssystems

Karl Ulrich Mayer

1. Einleitung

Hans-Jürgen Krupp hat als Mitbegründer des Sonderforschungsbereichs 3 der Deutschen Forschungsgemeinschaft (DFG), als Präsident der Johann Wolfgang Goethe-Universität Frankfurt am Main und des Deutschen Instituts für Wirtschaftsforschung (DIW Berlin) sowie nicht zuletzt als Begründer des Sozio-oekonomischen Panels (SOEP) und als Ko-Vorsitzender der »Kommission zur Verbesserung der informationellen Infrastruktur zwischen Wissenschaft und Statistik (KVI)« die deutsche Hochschul- und Forschungspolitik über viele Jahrzehnte wesentlich mitgestaltet. Johann Hahlen hat als langjähriger Präsident des Statistischen Bundesamtes, als Ko-Vorsitzender der KVI und als Staatssekretär im Bundesministerium des Innern durch seine ganz persönlichen Initiativen das Verhältnis zwischen der akademischen Forschung und der amtlichen Statistik auf eine neue institutionelle Basis gestellt und damit die empirischen Grundlagen der wissenschaftlichen Politikberatung nachhaltig gefördert.

Es ist auf diesem Hintergrund nicht unangemessen, Johann Hahlen und Hans-Jürgen Krupp mit einem Beitrag zu ehren, der sich mit den Entwicklungstendenzen des deutschen Wissenschaftssystems befasst. Dieser Beitrag stützt sich auf meine Erfahrungen als Hochschullehrer seit 1968 und als Leiter von außeruniversitären Forschungsinstituten seit 1979, nicht zuletzt aber auf Einsichten, die ich als Mitglied im Wissenschaftsrat von 1993 bis 1999 und als Vorsitzender seiner Wissenschaftlichen Kommission von 1996 bis 1999 gewonnen habe. Nichts schärft die Wahrnehmung und Beurteilung institutioneller Systeme freilich mehr als der Blick aus der Distanz und der Vergleich zwischen Gesellschaften. Daher sollte mein Wechsel an die Yale University, wo ich zum Zeitpunkt der Abfassung dieses Beitrags als Chairperson des Departments für Soziologie tätig bin, einer solchen Analyse eher nutzen als schaden. Dieser Beitrag ist aber zugleich eine soziologische Reflexion der jüngsten Entwicklungen der deutschen Hochschulen, die sich in Folge der Exzellenzinitiative mit der Neustrukturierung der Studiengänge nach den Bologna-Kriterien und mit der internen Differenzierung in einer Weise reformfähig gezeigt haben, die viele Beobachter, einschliesslich des Verfassers, bis vor kurzem für undenkbar gehalten hatten. Insofern dient dieser Beitrag auch dazu, frühere Analysen des Verfassers (Mayer 2003, 2006) neu zu überdenken und zu revidieren.

2. *Zur Theorie der Pfadabhängigkeit*

Das analytische Instrumentarium, auf das ich mich im Folgenden stützen will, ist die Theorie der Pfadabhängigkeit (Arthur 1994, Pierson 1997, Ebbinghaus 2005). Pfadabhängigkeit bedeutet, dass Entscheidungen oder Entwicklungen in der Vergangenheit die Bahn der weiteren Entwicklung bestimmen oder zumindest eng begrenzen, obgleich es sich keineswegs um den besten Lösungsweg handeln muss. Die populärsten Beispiele für negative, suboptimale Pfadabhängigkeit sind die Anordnung der Buchstaben auf den Schreibmaschinen (QWERTY) (David 1985), der Sieg von VHS über Betamax und von Microsoft-DOS über Macintosh-Apple. Tatsächlich eignet sich die Theorie der Pfadabhängigkeit, wie Douglass North gezeigt hat, eher noch besser für die Abschätzung des Wandels in institutionell und politisch regulierten Systemen als für Märkte (North 1990a, 1990b und 1993, North, Weingast 1989, Pierson 1997).

Die Theorie der Pfadabhängigkeit macht einerseits Aussagen über die Entstehungsbedingungen sozio-ökonomischer Entwicklungen (z. B. die hohe Unbestimmtheit möglicher Entwicklungen, die Weichenstellung langfristiger Entwicklungspfade durch scheinbar kleine und zufällige Ereignisse, die Bedeutung von Zeit- und Sequenzabhängigkeit), andererseits macht sie Aussagen über die Hartnäckigkeit und Unumkehrbarkeit einmal eingeschlagener Wege, weil bestimmte regelhafte Voraussetzungen – in unserem Fall ist dies eine Kombination von institutionellen Grundentscheidungen und Interessen – über hohe Fixkosten, Feedback-Prozesse, verminderte Koordinationskosten, Anpassungserwartungen und positive Anreize nur noch die Reproduktion des gegenwärtigen Zustandes zulassen. Solche Feedback-Prozesse können entweder mit zunehmenden Erträgen verknüpft sein oder mit abnehmenden oder gar zunehmend negativen Erträgen.

Ich möchte mich im Folgenden mit der These auseinandersetzen, dass das deutsche Wissenschaftssystem in einer verhängnisvollen Pfadabhängigkeit eingemauert sei, also einer Pfadabhängigkeit mit zunehmend abnehmenden und zum Teil negativen Erträgen. Das heißt nicht zuletzt – und dies macht die Akzeptanz einer solchen Analyse so schwierig –, dass die zunehmend negativen Erträge vor allem als Folgen früherer Erfolge zu erklären sind: Ein »vicious circle« kann einem »virtuous cycle« folgen.

Die alternative These würde besagen, dass mit den jüngsten Reformen eine vorgängige negative Pfadabhängigkeit wirksam unterbrochen und umgekehrt worden sei.

Eine dritte Variante deutet die neuesten Entwicklungen als eine wesentliche Verschlechterung des Status quo ante und fordert eine Rückkehr zu den Grundlinien des deutschen Wissenschaftssystems im 19. Jahrhundert (Münch 2007).

Die formalen Eigenschaften der Pfadabhängigkeit entsprechen dem, was Mathematiker einen Polya-Urnenprozess nennen. Nehmen wir an, wir hätten 100 große Urnen, in denen je eine schwarze und eine rote Kugel lägen. Für jede Urne greifen wir eine Kugel heraus und legen diese und eine der gleichen Farbe wieder hinein und wiederholen diesen Prozess, bis die Urnen voll sind. Es schält sich dann folgendes Resultat heraus:

- Für jede einzelne Urne ist die schließliche Verteilung unbekannt, und über die Urnen hinweg ist die Varianz der Verteilungen sehr hoch;
- für jede einzelne Urne stabilisiert sich der Prozeß relativ rasch und geht in eine bestimmte Verteilungsrichtung;
- die ersten Kugelgriffe sind ganz entscheidend, und spätere Kugelgriffe haben ganz geringe Auswirkungen auf die endgültige Verteilung.

Vier Eigenschaften kennzeichnen diese Prozesse (Arthur 1994):

- Geringe Prognostizierbarkeit. Frühe Ereignisse haben einen großen Einfluss; viele Endresultate sind möglich.
- Inflexibilität. Je länger der Prozess anhält, desto unumkehrbarer wird er.
- Nicht-Ergodizität. Zufällige Ereignisse verhalten sich nicht wie Zufallsfehler und neutralisieren sich nicht gegenseitig, sondern haben einen großen Einfluss auf die Zukunft.
- Potentielle Pfadineffizienz. Das resultierende Gleichgewicht kann supoptimal sein im Vergleich zu anderen denkbaren Entwicklungen. Negative feedbacks führen nicht zu Gegenreaktionen.

Man kann sich nun vorstellen, die Kugeln seien Max-Planck-Institute, Sonderforschungsbereiche (SFBs), Fachhochschulen, Universitäten oder Graduiertenkollegs und wir hätten nur wenige verschiedene Urnen wie z. B. die Max-Planck-Gesellschaft (MPG), die Wissenschaftsgemeinschaft Gottfried Wilhelm Leibniz (WGL), die DFG sowie die beiden institutionellen Formen der deutschen Fachhochschulen und Universitäten.

Meine folgenden Ausführungen werde ich in drei Teile gliedern. Im ersten Teil möchte ich die positiven Selbstbeschreibungen des Wissenschaftssystems aufgreifen. Obwohl sie einem fast wie ein »Om mani padme hum« ins Ohr klingen, wäre es ganz falsch, die Fortschreibung des gegenwärtigen Systems als bloßen Strukturkonservatismus abzuqualifizieren. Sie ist nicht nur die wahrscheinlichste Entwicklungsvariante in einem föderalen System mit hoher Verrechtlichung, profilierten Institutionen und vielen »vested interests«. Die Kosten des gegenwärtigen Gleichgewichts sind auch immer gegen die Kosten des Wandels abzuwägen.

Dies ist die Hypothese positiver Pfadabhängigkeit mit der Annahme fortdauernder positiver Erträge. Im zweiten Teil werde ich dann eine Reihe bereits offensichtlicher und antizipierbarer Strukturprobleme und Leistungsdefizite auflisten. Sie sollen die Evidenz für die These einer verhängnisvollen Pfadabhängigkeit mit zunehmend negativen und abnehmenden Erträgen beschreiben. Im dritten Teil werde ich die Chancen von zwei zentralen neuen Entwicklungen abschätzen, die aus dieser negativen Pfadabhängigkeit herausführen könnten: die Einführung gestufter Studiengänge und die Versuche, »Elite«universitäten zu »kreieren«.

3. *Die Stärken des deutschen Wissenschaftssystems*

Die Nullhypothese besagt, dass das deutsche Wissenschaftssystem institutionell sinnvoll geordnet ist und dass eine Reihe bereits eingeleiteter und begrenzter Korrekturen zur Optimierung des Systems ausreiche. Die Stärken des deutschen Hochschul- und Forschungssystems kann man in folgenden Punkten sehen:

- in der institutionellen Differenzierung und Arbeitsteilung der Ausbildungs- und Forschungsaufgaben zwischen den Hochschulen, außeruniversitären Forschungseinrichtungen und Akademien sowie unter den großen Forschungsorganisationen;
- in dem hohen Grad an Selbstorganisation bei klar definierter staatlicher Mitwirkung in den großen Forschungsorganisationen mit dem Resultat starker kollektiver Akteure;
- in einem hohen Ausmaß an Forschungsautonomie nach dem »bottom-up« Prinzip, z. B. in den Forschungsförderungsinstrumenten der DFG oder in der Art und Weise, wie die MPG und insbesondere ihre Direktoren in den einzelnen Instituten ihre eigenen Forschungsfelder, aber auch weitgehend die Nachfolge anderer Direktoren selbständig auswählen;
- in dem qualitätsorientierten und mitteleffizienten Wettbewerb um Forschungsmittel im Rahmen der DFG, nicht zuletzt beruhend auf einem durch Wahlen legitimierten Gutachtersystem;
- in der mittelfristigen Institutionalisierung von Forschungsthemen und entsprechender Mittelkonzentration, etwa im Bereich der SFBs oder durch die Steuerung von Nachfolgerekrutierungen in der MPG;
- nicht zuletzt in der erheblichen finanziellen Beteiligung des Bundes, unter anderem über die Institutionen der gemeinsamen Bund-Länder-Forschungsförderung;
- in der überwiegend staatlichen Regulierung und staatlichen Verfasstheit der Hochschulen.

Die laufenden Korrekturbemühungen sind wohlbekannt: Profilbildung und Differenzierung der Hochschulen, nicht zuletzt im Rahmen der Exzellenzinitiative, die Einführung von gestuften Studiengängen mit BA- und MA-Abschlüssen, Evaluation von Lehre und Forschung, mehr Wettbewerb um Drittmittel, starke Dekane und noch stärkere Universitätsleitungen, Globalhaushalte, eine stärkere personelle Mobilität und eine bessere Kooperation zwischen Hochschulen und außeruniversitären Forschungsinstituten, eine Umleitung der Studentenströme in die Fachhochschulen, eine stärkere Rolle der Hochschulen bei der Auswahl der Studenten, die Förderung der angewandten und produktnahen Forschung z. B. über Forschungsverbünde und DFG-Transferbereiche, sowie die Einrichtung einzelner Stiftungsuniversitäten und privater Hochschulen.

Trotz der anhaltenden und weitgehend berechtigten Kritik am Zustand der Hochschulen (Mayer 2003) sollten auch deren strukturelle Stärken und ihre Leistungsfähigkeit auch im internationalen Vergleich (Mayer 2005) nicht gering veranschlagt werden. Dazu kann man zählen:

- eine abgestufte und abgewogene Systemdifferenzierung zwischen allgemeinbildenden Schulen, beruflicher Ausbildung, Fachhochschulen und Universitäten und die daraus resultierende nationale Ausbildungsleistung;
- die Bewältigung hoher und steigender Studentenzahlen bei stagnierenden Ressourcen;
- die bislang noch weithin gelingende quantitative und qualitative Qualifizierung des wissenschaftlichen Nachwuchses;
- die zum Teil bereits erreichte Profilbildung und Qualitätsdifferenzierung innerhalb und zwischen Universitäten mit Hilfe von SFBs, Graduiertenkollegs, Exzellenzclustern und Sondermitteln durch »Elite«zuschreibung;
- die ansatzweise gelungene Differenzierung zwischen berufs- und anwendungsbezogener Ausbildung in den Berufsakademien und Fachhochschulen einerseits und den Universitäten andererseits.

4. Strukturprobleme und Leistungsdefizite

Um Strukturprobleme und Leistungsdefizite identifizieren zu können, muss man sich Orientierungspunkte aussuchen. Ich schlage drei solcher Orientierungspunkte vor: den gesellschaftlichen Bedarf an Forschung und Wissenschaft, institutionelle Erfolgsmodelle für Hochschule und Forschung und absehbare neuere Entwicklungen.

Wieviel Wissenschaft und Forschung braucht unsere Gesellschaft? Ich habe dafür eine relativ einfache Antwort. Zur Wissenschaft als wichtigem Selbstzweck, als Mittel der Erhaltung und Entwicklung der Kultur und als Instrument für die Lösung praktischer Probleme braucht die Gesellschaft so viel wie Opern und Symphonieorchester, nämlich so viele und nur so viele, wie es sehr gute Opern und sehr gute Symphonieorchester gibt. Schlechte Opern und schlechte Symphonieorchester sind grauenvoll. Schlechte Universitäten und schlechte Forschung sind noch grauenvoller, weil sie nach Gresham's Law auch das noch Gute bedrohen. Wir brauchen keine mittelmäßigen Forschungsinstitute und keine mittelmäßigen Universitäten.

Erfolgreiche institutionelle Modelle. Die erfolgreichsten Wissenschaftssysteme – z. B. die deutsche Universität und Wissenschaft im 19. Jahrhundert und das Wissenschaftssystem der USA nach dem Zweiten Weltkrieg – sind durch fünf Merkmale gekennzeichnet: 1) eine hohe Ungleichheit zwischen und zum Teil auch innerhalb der einzelnen Institutionen, 2) ein starker Wettbewerb um Ressourcen, aber vor allem um Personen, 3) eine hohe Mobilität auf allen Ebenen, 4) eine ausgeprägte internationale Orientierung und 5) effektive Mechanismen des Interessenausgleichs und wechselseitiger Einflusschancen zwischen Politik,

Wirtschaft, Gesellschaft einerseits und der Wissenschaft andererseits (Mayer 1992, Mittelstraß 1994, Sorensen 1992).

Neuere Entwicklungen. Das oben Ausgeführte gilt m. E. unverändert. Es gibt allerdings drei neuere Entwicklungen, die man unschwer in die Zukunft extrapolieren kann:

- In Zukunft wird die Mehrheit der Bevölkerung eine wissenschaftlich fundierte Ausbildung brauchen.
- Wissenschaft wird zum dominanten, fast ausschließlichen Legitimationswissen.
- Wissenschaftliche und praktische Ausbildung nähern sich immer stärker einander an und überlappen sich.

Auf diesem Hintergrund lassen sich eine Reihe von Strukturproblemen und Leistungsdefiziten ausmachen:

1. Der deutsche Großplan der Neuaufteilung der Fächer und Studentenströme zwischen Universitäten und Fachhochschulen ist in eine Sackgasse geraten. Die beabsichtigte Entlastung und Qualitätssteigerung der Universitäten wird auf dem gegenwärtigen Entwicklungspfad nicht eintreten. Die Fachhochschulen haben ihr Fächerspektrum noch kaum wirksam über die Sozialpädagogik, Betriebswirtschaftslehre und Ingenieurfächer hinaus erweitern können. Dies macht sie nicht nur besonders konjunkturanfällig und schwächt sie in der beabsichtigten Praxisanbindung, sie sind damit auch in der Zusammensetzung ihrer Studenten unbeabsichtigt zu einer geschlechts- und sozialschichtspezifischen Einrichtung geworden. Das alte Klassensystem der deutschen Schulen droht sich auf der Hochschulebene zu reproduzieren (Mayer, Müller, Pollack 2007).

Anstatt die Gleichwertigkeit der Abschlüsse durchzusetzen, haben die Fachhochschulen zu einer Aufholjagd auf die Hochschulen angesetzt: in dem hohen Alter bei Studienbeginn, in den Studiendauern, im akademischen Selbstverständnis, in der Lockerheit der Organisation des Studiums. Um die Eigenständigkeit der Fachhochschulen zu sichern, bedarf es aber auch einer besseren Übergangsmöglichkeit zur Universität (und eventuell auch in die umgekehrte Richtung) – auf der Ebene des Vordiploms bzw. nach dem BA-Abschluss. Die Promotionsmöglichkeit für FH-Absolventen ist dafür wenig tauglich. Wer bis vor kurzem nach einem erfolgreichen Fachhochschulstudium weiterstudieren wollte, musste ins Ausland gehen oder erneut ein volles Studium absolvieren. Ob die Einführung von BA- und MA-Abschlüssen an Fachhochschulen und Universitäten Wechsel zwischen diesen Hochschultypen erleichtern wird, ist noch völlig offen.

Dass jeder Landkreis mit einer leerstehenden Kaserne seine Mini-Fachhochschule – öffentlich oder zunehmend privat finanziert – beansprucht, ist dabei ebenso wenig hilfreich wie die mangelnde Fähigkeit zur regionalen Abstimmung zwischen Bundesländern.

Aus diesen Entwicklungen ergibt sich nicht nur die Notwendigkeit, die Gleichwertigkeit der Fachhochschul- und Universitätsabschlüsse (auch im öffentlichen Dienst, wo die Federführung beim Bund liegt) durchzusetzen und das Profil der

Fachhochschulen zu erhalten und sie im Fächerspektrum zu ergänzen, sondern ist es auch unvermeidbar, einen erheblichen Anteil der Massenhochschulausbildung an den Universitäten anzusiedeln und dort entsprechend zu organisieren (z. B. durch einen echt berufsqualifizierenden Bachelor-Abschluss).

2. Die angestammte scharfe Trennung zwischen der beruflichen Ausbildung an Berufsfachschulen und im dualen System der Lehrlingsausbildung einerseits und der Ausbildung an Hochschulen andererseits funktioniert nicht mehr: Der Anteil der Mehrfachausbildungen, und damit die Ausbildungsdauer, nehmen zu, die Anforderungen an die berufliche Ausbildung steigen, die Betriebe wollen ihre qualifiziertesten Mitarbeiter im frühen Alter gewinnen und stärker praxisorientiert ausgebildet sehen, das betriebliche Angebot an Ausbildungsplätzen im dualen System nimmt ab (unter anderem wegen der Abwanderung der Absolventen in die Hochschulen) (Baethge 2003, Mayer 1996, Mayer, Solga 2008). Berufsakademien und berufsintegrierte Studiengänge sind eine Entwicklung in die richtige Richtung (Wissenschaftsrat 1994 und 1996a). Dies reicht aber nicht aus. Die Curricula in diesen Einrichtungen zeigen deutlich, dass graduelle, aufeinander aufbauende Ausbildungsgänge sachlich ohne weiteres möglich wären. Die Trennung zwischen Berufsakademien und Fachhochschulen erweist sich als eine Fehlentwicklung. Die Fachhochschulen müssen sich so organisieren, dass sie berufsintegrierende Studiengänge verstärkt aufnehmen können, damit sie ihren Praxisbezug nicht verlieren oder auf ein inhaltlich relativ unverbindliches Praxissemester beschränken. In diesen Zusammenhang gehört auch die Dauer der gymnasialen Ausbildung. Eine sinnvolle Neuordnung der Schnittstellen und Übergänge zwischen der beruflichen Bildung und den Hochschulen wird durch ein Abitur nach zwölf Klassen erleichtert werden, legt den Hochschulen aber neue Aufgaben sowohl der Auslese der Studierenden als auch der Studienvorbereitung auf.

3. Die bis vor kurzem prästabilisierte Harmonie einer relativ klar definierten Aufgabenteilung und Ressourcendifferenzierung unter den außeruniversitären Forschungsorganisationen – MPG, Großforschungseinrichtungen, Blaue Liste bzw. WGL, Fraunhofer-Gesellschaft – hat sich in den letzten Jahren zu einem wettbewerbslosen Nebeneinander ohne systematische Struktur entwickelt (Mayntz 1997). Von der Fraunhofer-Gesellschaft zum Teil abgesehen, scheinen Helmholtz-Gemeinschaft und WGL quasi Max-Planck-Gesellschaften in dem Sinne werden zu wollen, dass sie mittelfristige Forschungsprogramme der Grundlagenforschung mit Hilfe des Instruments von Instituten organisieren. Aber brauchen wir drei davon? Und in welchem Verhältnis sollten sie zueinander stehen?

Die Helmholtz-Gemeinschaft ist eine vor allem für die Programmforschung des Bundes potentiell wichtige Forschungsorganisation. Sie hat aber ihre Steuerbarkeit und Ausrichtung als Arbeitsgemeinschaft der Großforschungseinrichtungen der Programmforschung zumindest in großen Teilen eingebüßt, hat sich in Einzelinstitute fragmentiert und damit ihre spezifische Aufgabe verloren. Eine zunehmende Selbstorganisation und ein interner Wettbewerb um einen Teil der Forschungsmittel könnte zwar der Mitteleffizienz dienen und qualitätssteigernd wirken, dürfte aber für die Ausrichtung an den Aufgaben der Programmforschung eher kontraproduktiv sein. Im Übrigen bleiben auch die Kriterien für die Auswahl und Dauerhaftigkeit der Forschungsschwerpunkte eher unbestimmt. In der Vergangenheit hat sich die Bundesseite (ebenso wie die Länder) als leistungsstark in der Einrichtung und dauerhaften Unterstützung von Programmforschungseinrichtungen erwiesen, aber als leistungsschwach im Qualitätsmonitoring (dies gilt noch viel mehr im Bereich der Ressortforschung). Es gibt hier eine viel zu starke Input-Orientierung.

Die WGL ist für den Bund, aber vor allem für die Länder, eine enorm wichtige Forschungsorganisation. Für die Länder, weil sie aus Landes- und Universitätsinitiativen hervorragende Forschungsinstitute auf Dauer stellen und über die Gemeinschaftsförderung finanzieren kann. Was aber soll die spezifische Aufgabe der WGL sein? Wenn es primär erkenntnisorientierte, eigenbestimmte Spitzenforschung sein soll – unbeschadet ob Grundlagenforschung oder angewandte Forschung – ist die Differenz zur MPG unklar. Schlechtere Forschung soll es ja sicher nicht sein.

Die Befunde der Evaluation der Blauen Liste-Institute durch den Wissenschaftsrat und der Selbstevaluation innerhalb der WGL haben jedenfalls eine Reihe von unbeabsichtigten Strukturschwächen dieses Typs der Forschungsorganisationen deutlich belegt: eine unzureichende Einbettung in qualitätsorientierte Wissenschaftskontexte, Probleme bei der Beendigung und Neuorientierung von Instituten, eine unzureichende Qualitätskontrolle durch die federführenden Ministerien, eine zum Teil wenig forschungsförderliche Selbstorganisation der Mitarbeiter, ungelöste interne Karriereprobleme. Die Herausbildung einer gemeinsamen Leitung der WGL insgesamt wird möglicherweise dazu beitragen können, die Verteilung der Gesamtmittel, die längerfristige Organisation der Evaluation und ähnliche Dinge besser zu lösen, ändert aber im Grundsatz nichts an den Problemen dieses Organisationstyps. Nicht nur ist das Zentrum der WGL etwa im Vergleich mit Präsidium und Generalverwaltung der MPG schwach und kläglich ausgestattet. Es hat sich auch bereits gezeigt, dass die interne Heterogenität des Aufgabenselbstverständnisses auch jenseits der Gruppen der eher angewandten Institute, der Serviceeinrichtungen und der Museen eine MPG-ähnliche Struktur schwierig machen dürfte.

Es scheint offensichtlich zu sein, dass die Kategorie der WGL-Institute Bestand haben wird und soll, gerade weil sie nach Aufgabenstellung und Entstehungsgeschichte ein besonders flexibles Instrument der Forschungsförderung darstellt. Dies hat der Prozess der deutschen Einigung wiederum unter Beweis gestellt. Damit verschärft sich aber zwangsläufig das Problem der Lösung der oben genannten Strukturschwächen. Der gemeinsame im Wettbewerb auf Antrag zu verteilende Forschungsfonds ist dazu ein wichtiger, aber sicher nicht ausreichender Ansatz. Es bleibt aber die Frage nach der relativen Größe dieses Sektors.

Im Hinblick auf die MPG stellt sich im Ensemble der anderen Forschungsorganisationen nach der Neukonstitution der Helmholtz- und Leibniz-Gemeinschaft die Frage, a) ob sie ihre Sonderstellung verlieren und in Zukunft im Wettbewerb mit den anderen beiden Gesellschaften agieren soll, b) ob sie wachsen soll und die gesamte erkenntnisorientierte, eigenbestimmte Grundlagenforschung ihr Terrain werden soll, oder c) ob sie ihre Sonderstellung in Bezug auf Qualität, Autonomie und Ressourcen behalten und wieder kleiner werden soll.

Für die Helmholtz-Gemeinschaft und die WGL kann keine sinnvolle Option sein, dass die MPG sich um den deutschen Beitrag zur internationalen Spitzenforschung kümmert und die anderen nicht: also andere systematisch weniger gute Forschung betreiben können oder betreiben sollen.

Für die MPG würde es naheliegen, dass sie ihre Sonderstellung behalten und dass sie – bei noch forcierteren Qualitätsansprüchen – in der Anzahl der Institute eher schrumpfen als wachsen sollte.

Es stellt sich allerdings die Frage, ob das Institutsprinzip mit der dazugehörigen hohen Konzentration an Finanzen und relativ starren Infrastrukturen in Zukunft eine sinnvolle Beschränkung der MPG Aktivitäten darstellen und ob die Auswahl, Festlegung und Dauer der Forschungsprogramme über das Harnack-Prinzip, gebunden an die Amtszeit der Direktoren, als einziges Instrument erhalten bleiben sollte. Wenn es die Aufgabe der MPG ist, internationale und international anerkannte Spitzenforschung in Deutschland zu organisieren, warum dann nicht auch mit anderen, weniger teuren und weniger langfristigen Instrumenten wie z. B. Forschergruppen, Projekten, Arbeitsgruppen, die dann auch an Hochschulen angesiedelt werden könnten. Dies würde den Wettbewerb stärken.

Es hat sich im Übrigen bei der Debatte um die Schließung von Max-Planck-Instituten gezeigt, dass sich das Subsidiaritätsprinzip als technisches Kriterium zur Abgrenzung zwischen MPG und den Hochschulen wenig eignet. Was wir brauchen, ist Wettbewerb und keine sorgfältig abgegrenzten Vorgärten. Ohne ein striktes Subsidiaritätsprinzip unterliegt aber die Auswahl der Forschungsprogramme und Ausrichtungen der Max-Planck-Institute leicht der Beliebigkeit von Direktorenvorlieben ohne wirksame checks and balances auf Sektions- oder Gesellschaftsebene.

Da es sich bei den Max-Planck-Instituten unbestritten um nationale Aufgaben handelt, wäre eine höhere prozentuale Finanzierungsbeteiligung des Bundes offensichtlich gut begründet. Ein gefährlicher Rückfall in provinzielles Denken halte ich jedenfalls die Erhöhung der Sitzländerquote auf 50 %. Gäbe es diese höhere Sitzlandquote bereits heute, so wäre die Finanzierung der Berliner MPG-Institute ebenso in Gefahr wie die der anderen Berliner außeruniversitären Forschungseinrichtungen.

Das Verhältnis der Forschungsorganisationen untereinander und zu den Hochschulen sollte nicht durch starre Abgrenzungen und Monopolbildungen gekennzeichnet sein, sondern durch Überlappung und Wettbewerb. Querevaluationen halte ich in diesem Zusammenhang für unverzichtbar. Ich halte es für unerträglich, dass nur gute oder sogar schlechte WGL-Institute weitergefördert werden sollen und exzellente Max-Planck-Institute von Schließung bedroht sind. Dies gilt natürlich auch umgekehrt. Das Beispiel des früheren Gmelin-Instituts der MPG zeigt einerseits deutlich, dass es als Service-Institut nicht in die MPG passte und, umgekehrt, dass es sich dort zu lange ungeschoren halten konnte.

4. Die gegenwärtige Abgrenzung zwischen der Hochschulforschung und den außeruniversitären Forschungseinrichtungen schadet beiden und ist dringend revisionsbedürftig. Sie erklärt sich, erstens, aus zufälligen historischen Entstehungsbedingungen, zweitens aus der vermeintlichen Befürchtung der Länder, eine Rückverlagerung von Teilen der außeruniversitären Forschung an die Hochschulen führe zwangsläufig zum Verlust von Bundesmitteln und, drittens, aus gegenwärtigen Struktur- und Organisationsdefiziten der Hochschulen (Wissenschaftsrat 1996c).

Diese Abgrenzung schadet den Universitäten, weil sie zunehmend auf Lehraufgaben eingeengt werden, weil die Einheit von Forschung und Lehre gefährdet ist, weil ihr Forschungsressourcen fehlen, weil ihre befähigsten Forscher abwandern und für die Lehre und zum Teil für die Ausbildung des wissenschaftlichen Nachwuchses verloren gehen. Sie schadet der außeruniversitären Forschung, weil der intellektuelle Spannungsbogen vieler Forschungsprogramme mit der Amtszeit von Direktoren nicht identisch ist, weil sich Karriereverläufe innerhalb der Universität zum Teil leichter lösen lassen als an Forschungsinstituten und weil sich einige Probleme von Überspezialisierung für den wissenschaftlichen Nachwuchs so besser vermeiden ließen.

Die gegenwärtig allseits empfohlene engere Verzahnung zwischen den Hochschulen und außeruniversitären Forschungseinrichtungen – Stichworte: gemeinsame Berufungen, befristete Verträge für Mitarbeiter von außeruniversitären Instituten, Rückkehr der Habilitierten an die Universität, verstärkte Beteiligung außeruniversitärer Forscher an der Hochschullehre, gemeinsame Graduiertenkollegs und Betreuung von Doktoranden – verschärft die Konkurrenzprobleme sogar noch. Die Einführung von Juniorprofessuren mit tenure track verringert jedenfalls die Chancen von Mitarbeitern außeruniversitärer Einrichtungen, in Professuren an Hochschulen überzuwechseln.

5. Bis zu dem Zeitpunkt vor dem Versuch, so etwas wie Eliteuniversitäten in Gang zu bringen, gab es kein Gespräch mit einem deutschen Hochschullehrer, das nicht nach kurzer Zeit in dem Bekenntnis mündete, eine Ressourcen- und Qualitätsbinnendifferenzierung der deutschen Universitäten sei nicht nur zwischen Fächern, sondern auch zwischen Hochschulen dringend erforderlich. Jetzt werden allerdings auch die Kosten einer solchen Differenzierung immer sichtbarer (Münch 2007).

Es gibt eine Reihe gewichtiger Argumente für eine solche profilierte Ungleichheit zwischen Universitäten:

- Es gibt sie bereits, und jeder weiß es. Man traut sich nur nicht, dies nicht nur hinter vorgehaltener Hand, sondern offen zu sagen und auch Konsequenzen daraus zu ziehen.

- Eine stärkere Differenzierung würde den Wettbewerb um die besten Studenten, die besten Professoren und die besten Arbeitsbedingungen erst richtig in Gang bringen und würde auch die Gymnasien unter einen heilsamen Druck setzen, ihre Absolventen für diese Universitäten zu qualifizieren. Diese Mobilisierung würde auch allen anderen Hochschulen zugute kommen, weil Maßstäbe und Ziele gesetzt werden.
- Wir tun viel zu wenig für die allerbesten Studenten, die z. B. sehr früh in die Forschung einbezogen werden könnten.
- Universitäten sind nur dann für gute Forschung gerüstet, wenn sie sich organisatorisch und institutionell in die Lage versetzen, Ressourcen ungleich nach Forschungsleistung zu verteilen. Dies kann aber nur gelingen, wenn der überwiegende Teil einer Universität ähnlichen Qualitätsmerkmalen entspricht. Andernfalls unterliegen sehr gute Fachbereiche oder Einzelforscher immer dem Gleichverteilungsdiktat mittelmäßiger Kollegen. Ohne eine solche Differenzierung läuft die Idee zentraler Forschungsfonds ins Leere.
- Die gegenwärtig vorhandenen Ressourcen reichen nicht aus, um alle Universitäten für die Forschung in ähnlicher Weise mit Grundausstattung zu versehen. Eine Ungleichbehandlung ist unausweichlich, aber sie muss nach expliziten Leistungskriterien erfolgen, die die Gesamtinstitution betreffen.
- Eine Differenzierung zwischen Universitäten würde die Identifikation der Professoren und Studenten mit ihrer Hochschule erheblich stärken.
- Das entscheidendste Argument für die Profilierung einiger weniger »Forschungs«universitäten ist allerdings, dass nur wenige solcher Institutionen die internationale Sichtbarkeit und Attraktivtät erreichen können, um in einem weltweiten akademischen »Markt« mithalten zu können. An dem gerade gegründeten lockeren Verbund von zehn Forschungsuniversitäten weltweit ist bezeichnenderweise keine einzige deutsche Hochschule beteiligt.

Keine noch so zahlreichen ambulanten Wissenschaftskollegs und geisteswissenschaftlichen Zentren können ein Substitut sein für die dauerhafte, wechselseitige Herausforderung für Studenten und Professoren an Forschungsuniversitäten.

6. Die DFG ist ohne Zweifel eine der segensreichsten Einrichtungen des deutschen Wissenschaftssystems. Sie verteilt ihre finanziellen Mittel nicht nur überwiegend nach Qualitätskriterien, sondern auch relativ effizient.

Aus der Notgemeinschaft der Hochschulen hat sich aber inzwischen eine neue Art Notgemeinschaft entwickelt. Alles, was das Hochschul- und Forschungssystem sonst nicht leisten kann, wird der DFG aufgebürdet. Weil die Grundausstattung an den Hochschulen nicht ausreicht, werden immer mehr Grundausstattungsmittel im selektiven Wettbewerb über die DFG verteilt: Habilitandenstipendien, Promotionsstipendien, Graduiertenkollegs, sogar kleinteilige Reisemittel etc. Vieles davon könnte und sollte aus der von den Ländern finanzierten Grundausstattung kommen. Dies geschieht nicht, weil die DFG in gewisser Weise ein bequemes Verteilungsinstrument ist und weil man auf diese Weise den Bund mit in das Finanzierungsboot bekommt.

Wer nachfragt, bekommt ganz unverhohlen die Antwort, dass viele der DFG-Anträge im Normalverfahren und bei den Sonderforschungsbereichen eine Reaktion auf unzureichende Grundausstattungen sind. Dieses führt partiell zu einem Qualitätsverlust der DFG-Forschung.

Nehmen wir z. B. die SFBs. Es besteht – auf Grund der Strukturevaluationen im Forschungsausschuss des Wissenschaftsrates – kein Zweifel, dass die Qualität der Hochschulforschung in Deutschland ohne die Ressourcenkonzentration in den SFBs nachhaltig bedroht wäre. Es kann auch gar nicht genug hervorgehoben werden, dass die SFBs im Vergleich mit den außeruniversitären Forschungseinrichtungen sehr viel billigere, effizientere und flexiblere Forschungsförderungsinstrumente sind. Es ist freilich aber auch kaum übersehbar, dass – im Gegensatz zu den selbstgesetzten Zielen – international führende Spitzenforschung mit den SFBs eher selten erreicht wird. Teilweise wird bei den Erstanträgen nicht einmal das Qualitätsniveau des Normalverfahrens erreicht. Es gibt hier eine deutliche Diskrepanz zwischen der Eigenphilosophie und der Realität bzw. dem Mangel an Überprüfung der tatsächlich erbrachten Leistungen.

Dies bringt mich zum Gutachtersystem der DFG. Das Gutachtersystem wird zu Recht gelobt und nach meinen langjährigen Beobachtungen und einschlägigen Forschungen (Neidhardt 1988, Hornbostel 2006) ist an der Objektivität der Urteile wenig auszusetzen. Dennoch sind sie häufig zu milde und in den thematischen Orientierungen zwangsläufig eingeengt. Überspitzt ausgedrückt, bilden die Gutachter ein relativ provinzielles Kartell, weil sie selbst in der Regel von DFG-Mitteln und Begutachtungen abhängig sind und weil kollegiale Rücksichten eine zu große Rolle spielen.

DFG-Fachgutachter sind auch viel zu lange im Amt. Internationale Gutachter – ausgenommen die Schweiz und Österreich – spielen für die SFBs keine Rolle. Dann darf man sich über die Beurteilungskriterien und die nicht besonders hohe Höhe der Messlatten auch nicht wundern. Unterstellen wir einmal, dass die USA zu den führenden Wissenschaftsnationen gehört, dann muss es schon verwundern, dass aus den USA eben gerade so viel Gastwissenschaftler in die SFBs kommen wie aus Osteuropa. Wenn man nachfragt, wie viele auswärtige Gastwissenschaftler mit eigenen Mitteln an einen SFB kommen wollen, so trifft man auf eine reine Fehlanzeige. Das heißt im Klartext: Kaum ein auswärtiger Wissenschaftler findet die SFB-Forschung so interessant, dass er dort mit mitgebrachten Ressourcen arbeiten möchte. Ganz ähnliche Befunde gibt es z. B. im Hinblick auf die Nachfrage nach Postdoc-Positionen durch Ausländer.

In der Chemie – in der ja Deutschland eine international überdurchschnittliche Rolle spielt[1] – raten US-Wissenschaftler ihren jungen Nachwuchswissenschaftlern gleichwohl ab, für ein Postdoc nach Deutschland zu gehen – wohl aber in die Schweiz (ETH Zürich).

1 Vgl. http://www.wissenschaftsrat.de/texte/pilot_ergeb_chemie.pdf.

Wir brauchen sicherlich einen höheren Anteil von Drittmitteln, insbesondere in den außeruniversitären Forschungseinrichtungen, und einen stärkeren Wettbewerb um Drittmittel. Ich habe aber erhebliche Zweifel, ob es der DFG gut bekommt, wenn sie auch noch diese Aufgabe erfüllen soll. Die Forschungsförderung an Instituten und an Hochschulen sind zwei Paar Stiefel, und es ist für Gutachter in der Regel nicht möglich, die Voraussetzungen in beiden Bereichen hinreichend zu überblicken. Im Übrigen zeigt sich bereits jetzt der abwegige Effekt, dass außeruniversitäre Institute, die bereits in der Vergangenheit in der grauen Zone erhebliche Drittmittel von der DFG erhalten haben, nun tendenziell auf die WGL-Quote herabgedrückt werden.

Die Drittmittel haben inzwischen auch einen Umfang erreicht, der die Frage provozieren muss, ob wir es uns eigentlich im Hinblick auf die Innovativität von Forschung überhaupt leisten können, diese Mittel im Wesentlichen über eine einzige Agentur zu verteilen, die notwendig homogenisierende und damit selektive und innovationshemmende Effekte haben muss. Ich halte daher die Entwicklung bzw. verbesserte Finanzausstattung alternativer, paralleler Agenturen für die Vergabe von Drittmitteln für eine wichtige Zukunftsaufgabe des deutschen Wissenschaftssystems.

7. Unser gegenwärtiges Wissenschaftssystem erfüllt den Forschungsbedarf von Gesellschaft, Politik und Wirtschaft nicht ausreichend. Deutschland schneidet hier im internationalen Vergleich schlecht ab, wie am Beispiel der Gesundheitsforschung belegt worden ist (Mayntz 1997). Ausnahmen in der Chemie und den Ingenieurwissenschaften bestätigen die Regel. Der Programmforschung mangelt es an effizienten und qualitätsnormierten Instrumenten für »top down«-initiierte befristete Forschungsgruppen. Das Wissenschaftssystem ist zu unflexibel, um sich auf neue Erfordernisse einzustellen, und zu oft sind es zweitrangige Wissenschaftler, die auf Programmforschungsgebieten als Anbieter auftreten.

Ein besonders anschauliches Beispiel ist die gegenwärtige Debatte um die Finanzierung der zukünftigen Renten und Gesundheitskosten. Die politische Debatte, sei es die der Regierung oder alternativer Positionen, stützt sich auf außerordentlich schwache wissenschaftliche Prognosegrundlagen, nämlich fast ausschließlich auf einfache aggregierte Gruppenmodelle. Es ist schwer zu verstehen, warum die Forschung, die das alles viel besser kann, der Politik nicht bessere Entscheidungsgrundlagen liefert. Die notwendigen Instrumente waren beim Auslaufen des Sonderforschungsbereiches 3 »Mikroanalytische Grundlagen der Gesellschaftspolitik« fast alle bereits entwickelt oder zumindest absehbar lösbar, aber Grundlagenforschung hat sich hier nicht in wirksame Programmforschung transformiert. Hans-Jürgen Krupp (2007, Abschnitt 5) macht für dieses spezifische Problem die ideologisch aufgeladene wirtschaftswissenschaftliche Politikberatung verantwortlich.

8. Internationalität. Trotz der guten Finanzausstattung und einer guten institutionellen Infrastruktur der Forschungsfinanzierung und Forschungsträger ist der Beitrag Deutschlands zur internationalen Forschung eher gering, wie der

15. Rang in Zitationsanteilen in den Naturwissenschaften belegt. Zusammen mit Frankreich und Italien weist Deutschland das schlechteste Preis-Leistungs-Verhältnis auf. Es ist bemerkenswert, dass der Verfasser des »Science«-Berichts zur weltweiten Forschungslandschaft die geringe Integration der deutschen Forschung in die Universitäten als wichtigen Grund für deren schlechtes Abschneiden sieht (May 1997).

Gänzlich ungelöst sind noch andere Aspekte der Internationalität: das Einüben in den selbstverständlichen Gebrauch der dominanten Wissenschaftssprache (Montada et al. 1995) und die Ausbildung wirklich internationaler Hochschulen und Forschungseinrichtungen. Es gibt ja noch nicht einmal brauchbare Förderungsinstrumente für international kooperative Forschung.

9. Patronage und wissenschaftlicher Nachwuchs. Auswahl und Betreuung junger deutscher Nachwuchswissenschaftler sind nicht in einem System von Mobilität und Wettbewerb organisiert, sondern weitgehend als ein Patronage-Klientele-System. Dies behindert frühe Selbständigkeit und Innovation. Die institutionelle Lösung liegt wiederum in der Differenzierung zwischen den Universitäten unter Rückverlagerung außeruniversitärer Forschung sowie in einer strikten Mobilitätsnorm nach dem Diplom und nach der Promotion.

Unter diesen Bedingungen und einem ausgeweiteten peer-review System wäre auch ein völliger Verzicht auf die Habilitation sinnvoll (Wissenschaftsrat 1996b). Da die Abschaffung der Habilitation nach dem Urteil des Verfassungsgerichtes aber politisch gescheitert ist, wird die Einführung von Juniorprofessuren eine halbherzige Sache bleiben müssen. Schon jetzt ist absehbar, dass die minimalen Mobilitätsbedingungen Pseudohausberufungen zur Folge haben.

Wir haben im Endeffekt ein System, mit dem die allermeisten zu Recht unzufrieden sind und das trotzdem nicht grundlegend verändert wird, also: negative Pfadabhängigkeit:

- Die Politik bekommt nicht die für gesellschaftliche und wirtschaftliche Entwicklung notwendige Programmforschung mit Spitzenqualität.
- Die Studenten bekommen nicht das für ihre jeweiligen Bedürfnisse optimale Ausbildungsangebot.
- Die besten Studenten werden unterfordert und vergeuden ihre Zeit.
- Die besten Professoren sind von mittelmäßigen Kollegen eingekeilt.
- Die Nachwuchswissenschaftler leiden unter zu großer Abhängigkeit und einem weitgehend geschlossenen Kooptationssystem.

Welche Gründe kann man für diese negative Pfadabhängigkeit angeben und wie kommt man aus dem »vicious circle« heraus? Ich benenne vier Gründe für negative Pfadabhängigkeit, die man dem neueren Stand der Theorie direkt entnehmen kann: frühe Erfolge, d. h. Phasen von zunehmenden Erträgen; festgefügte Institutionen und damit starke Akteure mit ausgeprägten Eigeninteressen und beschränkten Teilrationalitäten; schwer definierbare und wenig sichtbare Erfolgskriterien für den output; eingefahrene Legitimierungsprinzipien und hohe befürchtete Kosten – vor allem Verhandlungs- und Anfangsinvestitionskosten – bei alternativen Lösungen.

Negative Pfadabhängigkeit im deutschen Wissenschaftssystem besteht also unter anderem deshalb, weil wir sehr starke kollektive Akteure haben – den Föderalismus, die Hochschulen und die Forschungsorganisationen – und weil die Leistungs- und Erfolgskriterien nicht nur schwer definierbar und wenig sichtbar sind, sondern weil sie in der Regel auch noch nicht hinreichend eingefordert werden. Starke kollektive Akteure haben viele Möglichkeiten, sich und anderen Erfolg einzureden. Ein weiterer Grund für negative Pfadabhängigkeit ist die deutsche Finanzverfassung der Gemeinschaftsfinanzierung. Es sind nur Lösungen wahrscheinlich, die durch dieses Nadelöhr passen.

Wie kommt man aus negativer Pfadabhängigkeit heraus? Die Theorie spricht von »remedial« und »non-remedial path dependencies« (Williamson 1993, Liebowitz, Margolis 1995). Non-remedial path dependencies sind entweder solche, in denen das Fortwirken früherer Entscheidungen ohne eine spezifische Attribution von Pfadineffizienz unterstellt wird (first degree), oder solche, in denen zwar im Nachhinein Nachteile kumulieren, dies aber bei den ursprünglichen Pfadverzweigungen schlechterdings nicht vorhersehbar war: Der beste Weg wurde unter den gegebenen Informationen gewählt (second degree). »Remedial path dependencies« (third degree) setzen voraus, dass zuallererst Pfadabhängigkeit erkannt und gegen alternative, bessere Entwicklungs*möglichkeiten* abgewogen werden.

5. Wege aus der negativen Pfadabhängigkeit

Das deutsche Forschungs- und Hochschulsystem stand zu Beginn des 21. Jahrhunderts nicht nur unter einem hohen Anpassungsdruck, sondern es gelang der Regierung Schröder auch – völlig überraschend und wahrscheinlich im Grunde ungeplant –, einige entscheidende – jedenfalls im Hochschulsektor – institutionelle Innovationen auf den Gang zu bringen, bevor das Bundesverfassungsgericht und die Föderalismusreform solchen Bundesinitiativen einen schwer zu bewegenden Riegel vorschoben. Diese institutionellen Innovationen waren 1) die Versuche der Abschaffung der Habilitation und der Einführung der Juniorprofessur, 2) die Einführung gestufter Studiengänge mit BA- und MA-Abschlüssen, sowie 3) die sogenannte Exzellenzinitiative mit der Förderung der Qualitätsdifferenzierung zwischen Universitäten. Es ist freilich anzumerken, dass keines dieser Reformvorhaben die außeruniversitären Forschungseinrichtungen und deren Verhältnis zu den Hochschulen grundlegend berührt.

Ich will im Folgenden die Chancen abschätzen, ob diese Maßnahmen geeignet sein werden, die oben beschriebenen negativen Pfadabhängigkeiten aufzuheben oder zumindest erheblich zu modifizieren.

1) Abschaffung der Habilitation und Einführung der Juniorprofessur

Eine flächendeckende Einführung der Juniorprofessur mit »tenure track« hätte die deutsche Hochschulstruktur insofern massiv verändert, als in weiten Teilen die Rolle des Lehrstuhlinhabers (und in manchen Bereichen sogar noch die Rolle des Einzelinstitutsdirektors) abgelöst worden wäre durch eine breitere Basis einzel agierender Hochschullehrer, die sich nur durch Drittmittel persönlich zugeordnetes Personal hätten verschaffen können. Die bislang vorherrschende Rolle ist ja funktional vor allem dadurch gekennzeichnet, dass die Aufgaben in Lehre, Forschung und Selbstverwaltung häufig nur mit Hilfe von Mitarbeitern bewältigt werden können und der Übergang eines Nachwuchswissenschaftlers auf eine C4-/W3-Professur tatsächlich den Übergang von einer individuellen Wissenschaftlerrolle zu einer Wissenschaftsmanagerrolle impliziert. Nicht zuletzt die Juristen und Ingenieurwissenschaftler (die sich ein Hochschullehrer-Leben ohne Mitarbeiter nicht vorstellen können) haben verhindert, dass bei der dann gescheiterten Hochschulrahmengesetznovelle eine flächendeckende Regelung verankert wurde. Schon diese Halbherzigkeit erhöhte den Druck, die Habilitation als Weg zur Professur für wissenschaftliche Mitarbeiter offen zu halten. Dies entsprach auch den Interessen der außeruniversitären Forschung, hätte doch der Normalweg zu einer Professur über eine Juniorprofessur die Aufstiegskanäle für deren wissenschaftliche Mitarbeiter versperrt und in erhöhtem Maße Dauerstellen im mittleren Bereich erzwungen.

Das juristische Scheitern der Abschaffung der Habilitation macht die Einführung der Juniorprofessur zur institutionellen Sackgasse. Sie schafft eine neue Kategorie relativ billigen Lehrpersonals. Es war von vorneherein unwahrscheinlich, dass damit der Weg zur Vollprofessur lebenszeitlich beschleunigt würde. Die Übergänge von einer Juniorprofessur zu einer Vollprofessur sind ungeklärt, weil mit der Einrichtung von Juniorprofessuren fast nirgendwo W3-Planstellen eingeplant wurden. Die mindere korporationsrechtliche Stellung und mehrfache Evaluierung lässt zudem zweifeln, ob mit der Juniorprofessur ein größerer Autonomiegrad und eine geringere Abhängigkeit erreicht werden können. Dort, wo Universitäten tatsächlich um Bewerber auf Juniorprofessuren konkurrieren, besteht jedoch die Chance, dass sich diese Webfehler des Juniorprofessorenmodells durch Marktmechanismen auflösen oder zumindest abfedern lassen. An den großen staatlichen Universitäten in den USA hat sich gezeigt, dass eine Stelle als Assistant Professor nur dann gute Bewerber bindet, wenn eine faire und realistische Aussicht auf tenure, das heißt auf Entfristung mit Beförderung, besteht. Die Strenge der Evaluationskriterien für tenure variieren und reflektieren den Status der jeweiligen Hochschule. Dadurch bleibt eine akademische Karriere wenig riskant, solange ein unterdurchschnittlich produktiver Jungwissenschaftler bereit ist, an eine weniger renommierte Universität mit höherer Lehrverpflichtung und weniger Gehalt zu gehen – und dort zu bleiben.

2) Die Einführung gestufter Studiengänge mit BA- und MA-Abschlüssen

Nachdem die Einführung von Kurzstudiengängen in den sechziger Jahren kläglich gescheitert war, ist die gegen vielfachen Widerstand der Hochschullehrer durchgesetzte Einführung von BA- und MA-Studiengängen *die* große Überraschung der Entwicklung des deutschen Hochschulwesens. Ende 2007 entsprachen nach Feststellungen der HRK etwa die Hälfte aller Studiengänge dem neuen Strukturmuster. Es ist absehbar, dass in vielen Fächern, mit Ausnahme der Ingenieurwissenschaften und der Jurisprudenz, die politische Vorgabe einer völligen Umstellung in absehbarer Zeit erreicht sein wird. Die beteiligten Professoren haben dabei eine enorme kollektive Reformleistung erbracht, die in vielen Bereichen zu einer echten Studienreform (an die niemand mehr geglaubt hat) und zur teilweisen Abkehr alter disziplinär verfestigter Studiengänge geführt hat.

Mit der Einführung von gestuften Studiengängen wurde einmal mehr unter Beweis gestellt, dass scheinbar auf Dauer verkrustete Strukturen über den Umweg europäischer Regelungen aufgebrochen werden können.

Der eigentliche Test steht dieser Reform allerdings noch bevor. Sie ist nämlich nur dann erfolgreich, wenn a) 60 bis 40 % nach dem B.A. die Hochschule verlassen und eine hochqualifizierte Tätigkeit finden, b) die Regelstudienzeit von 3 Jahren für den B.A. und 2 Jahren für den M.A. weitgehend eingehalten wird, c) das Weiterstudium in sehr vielen Fächern durch Probleme des Übergangs in den Arbeitsmarkt verstärkt wird, und d) damit das Studium für einen deutlich höheren Anteil eines Abiturientenjahrgangs geöffnet wird. Meine Prognose ist in beiderlei Hinsicht skeptisch. Ich vermute, dass eher 70 bis 80 % nach einem B.A. weiterstudieren werden, weil der öffentliche Dienst BA-Absolventen minder einstuft und auch der private Sektor Einstiegsgehälter nach akademischen Graden differenziert, also lebenszeitlich frühere Übergänge ins Erwerbsleben eher bestraft als fördert. Ich vermute ferner, dass zwar die durchschnittlichen Studienzeiten aller Studierenden sinken werden, aber sich die BA-Studienzeiten tendenziell den alten Langzeitregelstudienzeiten annähern werden und die Gesamtstudiendauer bis zum Master sich eher verlängert als verkürzt. Das BA-Studium wird erst dann attraktiv werden, wenn auch das Verhältnis zu Lehrlingsausbildungen im Sinne einfacherer Übergänge und modularer Ausbildungssequenzen geklärt ist. Selbst unter diesen negativen Vorzeichen macht diese Reform allerdings Sinn, weil die kumulative Erbringung von Studienleistungen ein effizienteres und effektiveres Studienverhalten fördert und mehr Flexibilität im Wechsel zwischen Studienrichtungen erlaubt, die sich heute vor allem im häufigen und unproduktiveren Wechsel zwischen Fachstudiengängen niederschlägt.

3) Die Exzellenzinitiative mit der Förderung einer Qualitätsdifferenzierung zwischen Universitäten

Ausgerechnet eine sozialdemokratische Bundesregierung hatte einen Vorstoß unternommen, in Deutschland Eliteuniversitäten nach dem Muster der USA oder Großbritanniens herauszudifferenzieren. Nach Vorbereitung in einem Innovationszirkel hat Bundeskanzler Schröder diesen Plan verkündet. Seine Fachministerin Edelgard Bulmahn hat diese Politik gegen ihre eigenen politischen Überzeugungen dann tapfer vertreten und hat am Ende jedenfalls einen Teilerfolg erreicht. Dieser war allerdings mit dem Phyrrussieg des Rückzugs der Bundesregierung aus der Hochschulpolitik im Zuge der Föderalismusreform verknüpft. Nach monatelangem Patt zwischen den CDU/CSU-geführten Bundesländern und der rotgrünen Koalition eröffnete die Große Koalition die Verabschiedung eines schon im April 2005 erreichten Kompromisses: die Exzellenzinitiative als Kombination eines Programms von Graduiertenkollegs, Exzellenzclustern und »Spitzenforschungsuniversitäten« mit einem Volumen von 1,9 Milliarden Euro, von denen der Bund 75% trägt. Auf 5 Jahre angelegt, sollen für die Graduiertenschulen 40 Millionen jährlich, für die Exzellenzcluster 195 Millionen jährlich und für die Spitzenuniversitäten 210 Millionen jährlich aufgewandt werden.

Dieses Programm hat die Universitäten in einem völlig unerwarteten Maße mobilisiert. In einem föderalen System wie der Bundesrepublik ist es bereits ein kleines Wunder, dass nach der Anzahl weniger »Eliteuniversitäten« ausgewählt und in einem besonderen Maße mit Mitteln ausgestattet werden als es Bundesländer gibt. Es gab 400 Anfragen für die drei Programme und in den Sommersemesterferien (sic!) 2005 und 2006 waren Tausende von Hochschullehrern damit beschäftigt, mit heißer Nadel Anträge zu formulieren, die ihre Exzellenz unter Beweis stellen sollten.

Dass am Ende weniger »Eliteuniversitäten« ausgewählt werden als es Bundesländer gibt bedeutet allerdings, dass die ohnehin schon reichen Bundesländer wie Bayern und Baden-Württemberg mit den ohnehin schon viel besser ausgestatteten Universitäten noch zusätzliche Mittel erhalten. Umgekehrt werden die mit großem Erfolg reformierten Universitäten in den neuen Bundesländern wahrscheinlich am meisten leiden, weil sie mit nachteiligen Startchancen in den Wettbewerb gingen und weil sie am nachteiligsten von dem Rückzug des Bundes aus der normalen Hochschulbauförderung betroffen sein werden. Mit Sicherheit wird die Ungleichheit zwischen den Universitäten damit weiter erhöht und deren Attraktivität für Professoren (über Berufungsmittel) und Studierende (über das öffentlich akzentuierte Prestige der ausgezeichneten Hochschulen) weiter steigen.

Aus einem 5-Jahresprogramm auf diesem Innovationsniveau entstehen aber noch keine echte, im internationalen Vergleich wahrnehmbare »Forschungsuniversitäten«. Die 210 Millionen Euro, die in der Exzellenzinitiative für die »Spitzenuniversitäten« insgesamt aufgewandt werden, muss man mit den 750 Millionen $ vergleichen, die z. B. Yale allein jährlich für neue Gebäude ausgibt. Die Exzellenzinitiative scheint daher eher ein kosmetisches Instrument, mit dem die chronische Unterfinanzierung der deutschen Hochschulen nur notdürftig kaschiert wird. Unter dem Mantel einer leistungsbasierten Elite-Masse Differenzierung wird nur ein Teil der Hochschulen angemessen mit einer Grundfinanzierung ausgestattet und nur ein Teil aller Doktoranden erhalten adäquate Ausbildungschancen. Ob damit ein echter Struktureffekt erreicht wird, der die Universitäten auf Dauer in eine echte Qualitätskonkurrenz bringt, bleibt fraglich. Die Kosten der Differenzierung sind aber schon greifbar: zahllose demotivierte Professoren und Studierende, denen nun offiziell bescheinigt wird, nicht an Spitzenuniversitäten oder in Exzellenzclustern zu arbeiten. Und die außeruniversitäre Forschung ist nach wie vor außen vor. Ob die Exzellenzcluster, die das ändern sollen, daran tatsächlich etwas ändern, ist fraglich.

Literatur

Arthur, W. B. (1990), Positive Feedbacks in the Economy. In: Scientific American, February 1990, S. 92-98.

Arthur, W. B. (1994), Increasing returns and Path Dependence in the Economy. Ann Arbor.

Baethge, M. (2003), Das berufliche Bildungswesen in Deutschland am Beginn des 21. Jahrhunderts. In: Cortina, K.S., Leschinsky, A., Mayer, K. U., Trommer, L. (Hrsg.), Das Bildungswesen in der Bundesrepublik Deutschland. Strukturen und Entwicklungen im Überblick. Hamburg, S. 525-580.

David, P. (1985), Clio and the Economics of QWERTY. In: American Economic Review, 75, S. 332-337.

David, P. (1993), Historical Economics in the Long Run: Some Implications of Path Dependence. In: Snooks, G. D. (ed.), Historical Analysis in Economics. London.

Ebbinghaus, B. (2005), Can Path Dependence Explain Institutional Change? Two Appraoches to Welfare State Reform. Max-Planck-Institut für Gesellschaftsforschung, Discussion Paper 05/2.

Hornbostel, S. (2006), Leistungsmessung in der Forschung: Von der Qualitätssicherung der Lehre zur Qualitätsentwicklung als Prinzip der Hochschulsteuerung. Beiträge zur Hochschulpolitik 1, S. 219-228.

Kohler, H. P. (1996), The Quest for Historical Economics – Looking Beyond Path Dependence. University of California at Berkeley: Department of Economics.

Krugman, P. M. (1990), Endogenous Technological Change. In: Journal of Political Economy, 08 (5, pt. 2), S. 71-102.

Krugman, P. M. (1991), Geography and Trade. Cambridge.

Krupp, H.-J. (2007), Das Sozio-oekonomische Panel (SOEP): Genese und Implementation. SOEPpaper Nr. 25. Berlin. (http://www.diw.de/documents/publikationen/73/57396/diw_sp0025.pdf).

Liebowitz, S. J., Margolis, S. E. (1995), Path Dependence, Lock-In, and History. In: Journal of Law, Economics and Organization, 11-1, S. 205-226.

May, R. M. (1997), The Scientific Wealth of Nations. In: Science, 275, S. 793-795.

Mayer, K. U. (Hrsg.) (1992), Generationsdynamik in der Forschung. Frankfurt.

Mayer, K. U. (1996), Ausbildungswege und Berufskarrieren. In: Forschung im Dienst von Praxis und Politik: Festveranstaltung zum 25jährigen Bestehen des Bundesinstituts für Berufsbildung am 7. und 8. September 1995. Bielefeld.

Mayer, K. U. (2003), Das Hochschulwesen. In: Cortina, K. S., Leschinsky, A., Mayer, K. U., Trommer, L. (Hrsg.), Das Bildungswesen in der Bundesrepublik Deutschland. Strukturen und Entwicklungen im Überblick. Hamburg.

Mayer, K. U. (2005), Yale, Harvard und Co: Mythos oder Modell für Deutschland? In: Strasser, H., Nollmann, G. (eds.), Endstation Amerika? Wiesbaden.

Mayer, K. U. (2007), Verhängnisvolle Pfadabhängigkeit? Probleme des Deutschen Wissenschaftssystems. In: Genov, N., Kreckel, R. (Hrsg.), Soziologische Zeitgeschichte. Helmut Steiner zum 70. Geburtstag. Berlin, S. 233-253.

Mayer, K. U. (2008), Das Hochschulwesen. In: Cortina, K. S., Leschinsky, A., Mayer, K. U., Trommer, L. (Hrsg.), Das Bildungswesen in der Bundesrepublik Deutschland. Strukturen und Entwicklungen im Überblick. 2. revidierte Auflage. Hamburg.

Mayer, K. U., Solga, H. (Hrsg.) (2008), Skill Formation. Interdisciplinary and Cross-National Perspectives. New York.

Mayer, K. U., Müller, W., Pollack, R. (2007), Institutional Change and Inequalities of Access in German Higher Education. In: Shavit, Y., Arum, R., Gamoran, A., Menahem, G. (Eds.), Expansion and Institutional Differentiation in Higher Education. Palo Alto.

Mayntz, R. (1997), Forschung als Dienstleistung? Zur gesellschaftlichen Einbettung der Wissenschaft. In: Berlin-Brandenburgische Akademie der Wissenschaften (Hrsg.), Berichte und Abhandlungen. Bd. 3. Berlin, S. 135-154.

Mittelstraß, J. (1994), Die unzeitgemäße Universität. Frankfurt.

Montada, L., Becker, J. H., Schöpflin, U., Baltes, P. B. (1995), Die internationale Rezeption der deutschsprachigen Psychologie. Psychologische Rundschau 46, S. 186-199.

Münch, R. (2007), Die akademische Elite. Zur sozialen Konstruktion wissenschaftlicher Exzellenz. Frankfurt.

Neidhardt, F. (1988), Selbststeuerung in der Forschungsförderung: Das Gutachterwesen der Deutschen Forschungsgemeinschaft. Opladen.

North, D. C. (1990a), Institutions, Institutional Change and Economic Performance. Cambridge.

North, D. C. (1990b), A Transaction Cost Theory of Politics. In: Journal of Theoretical Politics, 2, 4, S. 355-367.

North, D. C. (1993), Institutions and Credible Commitment. In: Journal of Institutional and Theoretical Economics, 149, 1, S. 11-23.

North, D. C., Weingast, B. R. (1989), Constitutions and Commitment: The Evolution of Institutions Governing Public Choice in Seventeenth Century England. In: Journal of Economic History, 49, S. 803-832.

Pierson, P. (1997), Path Dependency and the Study of Politics. European University Institute, Robert Schuman Centre.

Romer, P. M. (1986), Increasing Returns and Long-Run Growth. In: Journal of Political Economy, 94, S. 1002-1037.

Sorensen, A. B. (1992), Wissenschaftliche Werdegänge und akademische Arbeitsmärkte. In: Mayer, K. U. (Hrsg.), Generationsdynamik in der Forschung. Frankfurt.

Williamson, O. E. (1993), Transaction Cost Economics and Organization Theory. In: Industrial and Corporate Change, 2.

Wissenschaftsrat (1994), Stellungnahme zu den Berufsakademien in Baden-Württemberg. Köln.

Wissenschaftsrat (1996a), Empfehlungen zur weiteren Differenzierung des tertiären Bereichs durch duale Fachhochschulstudiengänge. Köln.

Wissenschaftsrat (1996b), Empfehlungen zur Förderung des Hochschullehrernachwuchses. Köln.

Wissenschaftsrat (1996c), Thesen zur Forschung an den Hochschulen. Köln.

Evaluation der Wirtschaftsforschung durch den Wissenschaftsrat

Friedrich Tegelbekkers

1. *Vorbemerkung*

Es ist in der Geschichte der wissenschaftspolitischen Beratung, die der Wissenschaftsrat seit nunmehr einem halben Jahrhundert für Bund und Länder leistet, eher selten, dass er sich vergleichbar intensiv mit der Situation der Forschung eines einzelnen Faches innerhalb und außerhalb der Hochschulen beschäftigt. Seinem Auftrag gemäß wird er in aller Regel eher mit dem Blick auf das Gesamtsystem von Wissenschaft und Forschung und aus übergreifender Perspektive tätig. Die intensive Beschäftigung des Wissenschaftsrates mit der Wirtschaftsforschung hat sich historisch ergeben aus der Evaluation der gemeinsam von Bund und Ländern außerhalb der Hochschulen geförderten Wirtschaftsforschungsinstitute (»Blaue Liste«, später Leibniz-Institute) in den 80er und 90er Jahren, die es wissenschaftspolitisch unumgänglich machte, dass der Wissenschaftsrat zu Beginn des 21. Jahrhunderts auch die Wirtschaftsforschung an den Hochschulen in den Blick nahm. Diese Entwicklung ist besonderen Strukturbedingungen der Wirtschaftswissenschaften geschuldet, die vergleichbar in anderen Fächern nicht oder nicht in der gleichen Konstellation und mit den gleichen Auswirkungen bestehen. Die nachfolgende Darstellung zeichnet die Entwicklung und die hierfür maßgeblichen Gründe nach und geht dabei auch auf die Bedeutung der »statistischen Infrastruktur« ein.

2. *Evaluation der Wirtschaftsforschungsinstitute in der Blauen Liste 1980 bis 1982*

Angestoßen wurde die in der Rückschau über zwei Jahrzehnte reichende Beschäftigung des Wissenschaftsrates mit der Wirtschaftsforschung in Deutschland durch die Bitte der Bund-Länder-Kommission für Bildungsplanung und Forschungsförderung (BLK) vom März 1980 an den Wissenschaftsrat, zu der Frage Stellung zu nehmen, ob die von Bund und Ländern nach der Rahmenvereinbarung Forschungsförderung (Blaue Liste) geförderten fünf Wirtschaftsforschungsinstitute[1] auch weiterhin die Voraussetzungen für die gemeinsame Förderung erfüllen. Neben den eher formalen Kriterien (selbständige Forschungseinrichtung oder

Serviceeinrichtung für die Forschung mit Mindestzuwendungsbedarf von seinerzeit jährlich 1,8 bzw. 1,2 Mio. DM) erforderte die Prüfung des für die gemeinsame Bund-Länder-Förderung zentralen Kriteriums der überregionalen Bedeutung und des gesamtstaatlichen wissenschaftspolitischen Interesses eine Bewertung der wissenschaftlichen Leistungen der Institute. Der Wissenschaftsrat organisierte die Evaluation durch Einsetzung jeweils einer Bewertungsgruppe, deren Stellungnahmen einschließlich eines übergreifenden Kapitels nach Verabschiedung im Wissenschaftsrat 1982 veröffentlicht wurden[2]. Er griff hierbei vor allem auf die in seinen »Empfehlungen zu Organisation, Planung und Förderung der Forschung« (1975) entwickelten Kriterien und Verfahren für die Forschungsbewertung zurück.

Die Stellungnahmen zu den fünf Einzelinstituten empfahlen im Ergebnis – allerdings mit zum Teil sehr deutlichen Abstufungen – die Weiterförderung in der Blauen Liste; sie gingen dabei vor allem auf die Qualität der wissenschaftlichen Leistungen und auf wünschenswerte Entwicklungen, die Zusammenarbeit mit wissenschaftlichen Einrichtungen innerhalb und außerhalb der Hochschulen, die Ausstattung mit wissenschaftlichem Personal und dessen Qualifikation sowie auf Fragen zu Struktur und Organisation ein. Im Vordergrund stand die Absicht, zur Verbesserung der Effektivität beizutragen und vor diesem Hintergrund wurden zum Teil erhebliche Änderungen in Akzentsetzung und Thematik der wissenschaftlichen Arbeit der Institute empfohlen.

Bereits in dieser ersten Runde der Evaluation der Wirtschaftsforschungsinstitute in der Blauen Liste gab es eine Reihe von Hinweisen auf besondere Strukturbedingungen des Faches, die es notwendig machten, in der Diskussion über Stärken und Schwächen der deutschen Wirtschaftsforschung die außeruniversitäre Institutsforschung und die Wirtschaftsforschung an Universitäten gemeinsam und vergleichend in den Blick zu nehmen und der Sicherung der Qualität der wissenschaftlichen Arbeit besonderes Augenmerk zu schenken.

Deutlich war nach der ersten Evaluationsrunde vor allem geworden, dass in den deutschen Wirtschaftswissenschaften ein deutlich arbeitsteiliges System zwischen einigen wenigen, vergleichsweise großen außeruniversitären Instituten auf der einen und den vielen, eher kleinteilig strukturierten wirtschaftswissenschaftlichen Einheiten an Hochschulen auf der anderen Seite bestand – ein System aber, das aus einer Reihe von Gründen die Vorteile von Arbeitsteiligkeit kaum zur Geltung kommen ließ und eher auf Koexistenz denn auf Kooperation hinauslief. Kennzeichnend für dieses System war (und ist es zum Teil wohl bis heute), dass

1 Ifo-Institut für Wirtschaftsforschung, München; Deutsches Institut für Wirtschaftsforschung, Berlin; HWWA-Institut für Wirtschaftsforschung, Hamburg; Rheinisch-Westfälisches Institut für Wirtschaftsforschung, Essen; Institut für Weltwirtschaft an der Universität Kiel.

2 Wissenschaftsrat (1982), Stellungnahmen zu den Wirtschaftsforschungsinstituten und zum Forschungsinstitut für Rationalisierung, Köln.

die Wirtschaftswissenschaften an den Hochschulen sich schwerpunktmäßig neben Studium und Lehre sowie der Ausbildung des wissenschaftlichen Nachwuchses in der Forschung vor allem auf Grundlagen, Entwicklung neuer Fragestellungen und die Methoden des Faches konzentrierten. Die großen außeruniversitären Institute in der Blauen Liste sahen dagegen ihre Aufgaben primär in der angewandten empirischen Wirtschaftsforschung, die überwiegend wirtschaftspolitisch begründet und an der wirtschaftspolitischen Beratung orientiert war. Die Auftragvergabe durch die Wirtschaftsministerien des Bundes und der Länder, die – vor allem in der jährlichen Gemeinschaftsdiagnose zur Konjunkturlage, aber auch zur Strukturberichterstattung – ganz überwiegend den fünf großen außeruniversitären Wirtschaftsforschungsinstituten in der Blauen Liste zugute kam, trug zur Entstehung einer kartellartigen Struktur in der wirtschaftspolitischen Beratung bei, die wegen der damit verbundenen quasi Monopolisierung der volkswirtschaftlichen Politikberatung und der hohen, zusätzlich zur Grundausstattung verlässlich fließenden Einnahmen von der Wirtschaftsforschung in den Hochschulen je länger je mehr mit Argusaugen betrachtet wurden.

Der Wissenschaftsrat hat in der ersten Evaluationsrunde in den 80er Jahren die Gefahren dieser deutschen Systemvariante von universitärer und außeruniversitärer Wirtschaftsforschung deutlich gesehen. Sie sind vor allem in zu geringer Kooperation und tendenzieller Auseinanderentwicklung zu sehen – ein Prozess, der in den 80er Jahren bereits deutlich erkennbar war und vom Wissenschaftsrat auch diagnostiziert wurde. Er führte dazu, dass tendenziell die wachsende Distanz zwischen Institutsforschung und universitärer Wirtschaftsforschung die rasche Umsetzung neuen Grundlagenwissens in die empirische Anwendung behinderte und umgekehrt empirische Fundierung und Anwendungsbezug im Lehr- und Forschungsprogramm der Hochschulen zu kurz kommen ließ. Der Wissenschaftsrat setzte in seinen übergreifenden Empfehlungen darauf, dass dieser Prozess des Auseinanderdriftens von Instituts- und Hochschulforschung umkehrbar sei und dass hiervon beide Seite profitieren würden. Die Empfehlungen im Einzelnen waren an diesem Ziel orientiert, nämlich die Zusammenarbeit von Instituts- und Hochschulforschung zu stärken und so die Anschlussfähigkeit der empirischen und anwendungsbezogenen Wirtschaftsforschung der Institute zu erhalten und zu steigern.

3. Zweite Evaluationsrunde 1995 – 1998

Die erneute Evaluation der außeruniversitären Wirtschaftsforschungsinstitute durch den Wissenschaftsrat in den 90er Jahren im Rahmen der von Bund und Ländern seinerzeit erbetenen Evaluation aller Institute der Blauen Liste bestätigte, dass die Diagnose zum Verhältnis von außeruniversitärer und universitärer Wirtschaftsforschung in Deutschland aus den 80er Jahren grundsätzlich zutreffend gewesen war. Der Prozess des Auseinanderdriftens hatte sich sogar eher weiter verstärkt und übergreifende, systembezogene Empfehlungen wie auch in einer Reihe von Fällen wichtige Einzelempfehlungen waren nicht oder nur unzureichend umgesetzt worden. Vor dem Hintergrund dieser Entwicklung kam der Wissenschaftsrat nunmehr nur noch bei drei Instituten zu einer positiven Förderempfehlung, während er bei zwei Instituten die Beendigung der Förderung als selbständige Forschungsinstitute und die Weiterförderung als forschungsbasierte Serviceeinrichtung für die Forschung in der Blauen Liste empfahl[3].

Die deutlich größer gewordene Distanz zwischen Instituts- und Hochschulforschung in den Wirtschaftswissenschaften fand bis in die Beratungen im Wissenschaftsrat einen ungewöhnlich konflikthaften Ausdruck – und dies nicht nur zwischen Vertretern von Instituts- und Hochschulforschung, sondern auch zwischen Wissenschaft und Politik. Ein Teil der politischen Seite sah in den kritischen Passagen der Einzelbewertungen und der übergreifenden Stellungnahme den Versuch der universitären Wirtschaftsforschung, die für die aktuelle wirtschaftspolitische Beratung aus ihrer Sicht unabdingbaren Institute zurückzudrängen und die universitäre Wirtschaftsforschung im Wettbewerb um lukrative Auftragsforschung stärker ins Spiel zu bringen.

Während in den Beratungen im Wissenschaftsrat im Januar 1997 die Einzelstellungnahmen im Grundsatz noch mehrheitsfähig erschienen, kam bei der Beratung der übergreifenden Stellungnahme die für eine Verabschiedung erforderliche Zwei-Drittel-Mehrheit nicht zustande. Einigen konnte sich schließlich der Wissenschaftsrat nur darauf, dass »...vor einer endgültigen Beschlussfassung eine grundsätzlichere Erörterung der Situation der empirischen Wirtschaftsforschung in Deutschland und der darauf basierenden Politikberatung...«[4] für erforderlich gehalten wurde.

Für diese Aufgabe setzte der Wissenschaftsrat eine neue Arbeitsgruppe ein, die (a) übergreifende Empfehlungen zu Stärken und Schwächen der empirischen Wirtschaftsforschung in Deutschland, (b) zur Arbeitsteilung zwischen universitärer und außeruniversitärer Wirtschaftsforschung, (c) zur Sicherung der Qualität empirischer Wirtschaftsforschung und wirtschaftspolitischer Beratung sowie (d) zur internationalen Einbindung der Wirtschaftsforschungsinstitute erarbeiten sollte. Zusätzlich zur Mitwirkung ausländischer Experten in der Arbeitsgruppe holte diese schriftliche und in einer Anhörung per Videokonferenz auch mündliche Stellungnahmen von renommierten Wirtschaftswissenschaftlern im Ausland zur vergleichenden Beurteilung der deutschen Situation und der Organisation und Arbeitsweise in den USA, in Großbritannien, Frankreich sowie in Belgien und in den Niederlanden ein. In diesem Zusammenhang zeigte sich, dass im Ausland die deutschen außeruniversitären Wirtschaftsforschungsinstitute vergleichsweise

3 Wissenschaftsrat (1998), Stellungnahmen zu Instituten der Blauen Liste, Wirtschaftsforschungsinstitute in den alten Ländern – Band III –, Köln.

4 Wissenschaftsrat (1998), S. 8.

wenig bekannt waren und die Qualität ihrer wissenschaftlichen Arbeit – mit Abstufungen – eher zurückhaltend eingeschätzt wurde. Vor allem in den angelsächsischen Ländern wurde keine Notwendigkeit gesehen, leistungsfähige wirtschaftswissenschaftliche Forschung in großen außeruniversitären Einrichtungen zu organisieren, da sich dort universitätsnahe empirische Forschung weitgehend durchgesetzt hatte.

Im Zusammenhang mit dem von der Arbeitsgruppe durchgeführten internationalen Vergleich wurde u. a. auch deutlich, dass – anders als in vielen anderen Ländern – in der deutschen empirischen Wirtschaftsforschung eine effektive Nutzung großer Datenbestände der amtlichen Statistik durch die Wissenschaft kaum möglich war, da entsprechende Aufbereitungen und Möglichkeiten des Zugangs (mit Ausnahme des wissenschaftsgetragenen Sozio-oekonomischen Panels SOEP) über »Scientific Use Files« noch weitgehend fehlten.[5]

Mit der von der Arbeitsgruppe erarbeiteten neuen übergreifenden Stellungnahme konnte die zweite Evaluationsrunde ein Jahr später, im Januar 1998, im Wissenschaftsrat abgeschlossen werden. Dies war nur dadurch zu erreichen gewesen, dass parallel zur Kritik an der Institutsforschung auch die Wirtschaftsforschung an den Hochschulen von kritischen Bemerkungen nicht verschont blieb: zu wenig praxisrelevante Fragestellungen würden aufgegriffen, tendenziell Rückzug auf für wissenschaftliche Reputation wichtige theoretische und methodische Forschung, zu geringe Beteiligung an Ausschreibungen empirischer Forschungsthemen und Auftragsforschung sowie zu geringe Beteiligung an Politikberatung. Die Bemühungen um Ausgewogenheit in der Verteilung von Kritik und um Herstellung von Konsens mündeten in dem Satz: »Zusammenfassend lässt sich feststellen, dass empirische Wirtschaftsforschung und wirtschaftspolitische Beratung in den Wirtschaftsforschungsinstituten und an Universitäten sowie das Zusammenwirken beider verbesserungsbedürftig ist.«[6]

Damit aber nicht genug; mit der nachfolgenden Empfehlung wurde eine weitere, die dritte Evaluationsrunde eingeläutet: » Im Zuge der Erarbeitung der vorliegenden Stellungnahme haben sich Hinweise darauf ergeben, dass der Status der empirischen Wirtschaftsforschung in Deutschland – auch im internationalen Vergleich – Anlass zu einer Reihe von Fragen gibt und daher eine breit angelegte Untersuchung zur Struktur, Organisation und Leistungsfähigkeit der empirischen wirtschaftswissenschaftlichen Forschung in Deutschland notwendig und förderlich ist. Der Wissenschaftsrat empfiehlt nachdrücklich, diese Untersuchung möglichst bald durchzuführen und Fragen der theoretischen Wirtschaftsforschung mit einzubeziehen, soweit dies für den Untersuchungszweck angebracht ist.«[7]

Der Wissenschaftsrat empfahl in seiner übergreifenden Stellungnahme u. a. auch, den für viele Forscher in den Universitäten unzureichenden Zugang zu und

5 Wissenschaftsrat (1998), S. 20.
6 Wissenschaftsrat (1998), S. 22.
7 Wissenschaftsrat (1998), S. 23.

weitgehend fehlende Einflussmöglichkeiten auf die Erstellung wichtiger wirtschaftswissenschaftlicher Datenbasen der amtlichen Statistik und der Institute zu verbessern.[8] Diese Empfehlung wurde sehr rasch von Vertretern aus der Wissenschaft, der Politik und von datenproduzierenden Einrichtungen aufgegriffen und es wurde ein Prozess mit dem Ziel der Verbesserung der informationellen Infrastruktur zwischen Wissenschaft und Statistik eingeleitet, der nachhaltige Wirkungen entfaltete.

4. Strukturuntersuchung der wirtschaftswissenschaftlichen Forschung an den Hochschulen 2002

Da eine Evaluation aller wirtschaftswissenschaftlichen Fakultäten/Fachbereiche an deutschen Universitäten innerhalb eines vernünftig bemessenen Zeitrahmens nicht durchführbar war, legte die mit der zitierten Untersuchung beauftragte Arbeitsgruppe ihren Arbeitsauftrag als Strukturuntersuchung an. Zur Bestandsaufnahme setzte sie ein breites Spektrum an Methoden und Instrumenten ein: So wurde eine bibliometrische Analyse zu den Publikations- und Zitationsraten universitärer und außeruniversitärer Einrichtungen in Auftrag gegeben, eine Fragebogenerhebung bei den Wirtschaftswissenschaftlichen Fakultäten/Fachbereichen durchgeführt, renommierte deutsche Fachvertreter ebenfalls per Fragebogen um Stellungnahme gebeten sowie vier Referenz-Fakultäten in Großbritannien, Frankreich, Spanien und Schweden jeweils von kleinen Untergruppen besucht. Schließlich wurde durch überschneidende personelle Mitgliedschaft sichergestellt, dass die Beratungen in der Arbeitsgruppe des Wissenschaftsrates und in der parallel vom BMBF eingesetzten »Kommission zur Verbesserung der informationellen Infrastruktur zwischen Wissenschaft und Statistik« in wechselseitiger Information und zum Teil auch Abstimmung verliefen. Die Ergebnisse der Strukturuntersuchung des Wissenschaftsrates wurden im November 2002 unter dem Titel »Empfehlungen zur Stärkung wirtschaftswissenschaftlicher Forschung an den Hochschulen« veröffentlicht.

Die Empfehlungen gingen von dem Befund aus, dass die deutsche wirtschaftswissenschaftliche Forschung insgesamt international kaum sichtbar war und bei den Veröffentlichungen in referierten internationalen Zeitschriften deutlich unter dem EU-Durchschnitt lag. Besonders die empirische Wirtschaftsforschung mit Bezug zur Analyse konkreter wirtschaftlicher Fragestellungen mit Hilfe großer Datensätze war strukturell unterrepräsentiert. Der Beitrag der Hochschulen zur angewandten ökonomischen Forschung war eher gering und die wirtschaftspolitische Beratung nach wie vor weitgehend das zentrale Arbeitsfeld der großen außeruniversitären Wirtschaftsforschungsinstitute.

8 Wissenschaftsrat (1998), S. 24.

Mit dem Ziel, die Bedingungen für die Wirtschaftsforschung an den Hochschulen zu verbessern sowie die Zusammenarbeit von Hochschulen und außeruniversitärer Forschung nachhaltig zu stärken, empfahl der Wissenschaftsrat unter anderem:

- Einführung der angewandten Ökonometrie als Pflichtbestandteil im Hauptstudium bzw. in Masterstudiengängen; Englisch als gleichberechtigte Wissenschaftssprache in der Graduiertenausbildung; Einführung von strukturierten Promotionskollegs;
- Bei der Berufung zum Professor sollte künftig vor allem stärker Wert gelegt werden auf eine Mindestanzahl von Aufsätzen in referierten internationalen Zeitschriften, Forschung an einer Institution im Ausland sowie Durchführung mindestens einer empirisch angelegten Forschungsarbeit;
- Gemeinsame Berufungen leitender Wissenschaftler von Forschungsinstituten mit Universitäten und Durchführung gemeinsamer Forschungsprojekte;
- Weitergabe in Europa vorhandener und für die Mitgliedsländer der EU harmonisierter Datenbasen an die Wissenschaft.

Besondere Bedeutung maß der Wissenschaftsrat der Verbesserung der informationellen Infrastruktur zu[9] und unterstützte Vorschläge, Forschungsdaten- und Servicezentren einzurichten, um datenschutzrechtlich sensible Daten kontrolliert der Wissenschaft zugänglich zu machen. Der Bundesregierung wurde empfohlen, einen Rat für Sozial- und Wirtschaftsdaten einzurichten und ein Gesetz über ein Forschungsdatengeheimnis mit dem Ziel der Erleichterung des Zugangs zu Daten der amtlichen Statistik für die Forschung zu verabschieden.

Mit Blick auf wünschenswerte Änderungen bei der wirtschaftspolitischen Beratung empfahl der Wissenschaftsrat generell größere Transparenz; konkret sollte eine Ausschreibungspflicht für öffentliche Auftragsforschung sowie eine Veröffentlichungspflicht für mit öffentlichen Mitteln finanzierte Gutachten vorgesehen werden. In den Kreis der Berater sollten zunehmend auch Hochschuleinrichtungen eingebunden werden, die sich hierauf durch die Gründung universitärer Beratungsnetze einstellen sollten.

5. *Zusammenfassung und Ausblick*

Die vom Wissenschaftsrat vorgefundenen Strukturen der wirtschaftswissenschaftlichen Forschung und wirtschaftspolitischen Beratung in Deutschland waren durch ein hochgradig »versäultes« System mit mehreren, parallel verlaufenden Trennungs-, zum Teil auch Konfliktlinien gekennzeichnet: außeruniversi-

9 Wissenschaftsrat (2002), Empfehlungen zur Stärkung wirtschaftswissenschaftlicher Forschung an den Hochschulen, Saarbrücken, S. 52 ff. und 68 ff., abgedruckt auch in Wissenschaftsrat (2003), Empfehlungen und Stellungnahmen 2002, Band I, Köln, S. 273 ff. und 283 ff.

tär vs. universitär; wenige große Institute vs. atomistische Struktur von Einrichtungen in Universitäten; angewandte empirische Wirtschaftsforschung vs. Grundlagen-/Methoden-Forschung; Konzentration auf Forschung vs. Forschung/Lehre/ Ausbildung des wissenschaftlichen Nachwuchses; wirtschaftspolitische Beratung und Auftragforschung als Arbeitsschwerpunkt vs. typische akademische Arbeitsschwerpunkte und geringe Beteiligung am Beratungsgeschäft. Hinzu kam, dass beide »Säulen« systematisch nicht miteinander kooperierten und die wissenschaftliche Leistungsfähigkeit wechselseitig eher gering schätzten.

Dieses System der Wirtschaftsforschung erwies sich nach den Befunden des Wissenschaftsrates je länger je mehr als wenig effektiv; führte es doch dazu, dass die großen Wirtschaftsforschungsinstitute sich zunehmend von der Theorie- und Methodenforschung abkoppelten und abhängiger von der Auftragsforschung mit all den damit verbundenen strukturellen Nachteilen (z. B. eingeschränkte Flexibilität) wurden, während die Wirtschaftsforschung an den Hochschulen tendenziell die für die Reputation im Fach wichtige Theorie- und Methodenforschung in den Mittelpunkt stellte sowie die Bearbeitung aktueller wirtschaftlicher Fragestellungen und die wirtschaftpolitische Beratung einschließlich der Auftragsforschung mehr und mehr der Institutsforschung überließ. Das dieser Struktur latent inhärente Konfliktpotenzial wurde bei den Evaluationen des Wissenschaftsrates manifest.

Die vom Wissenschaftsrat bereits in den 80er Jahren entwickelte Strategie, den Prozess der Auseinanderentwicklung von Instituts- und Hochschulforschung umzukehren und Synergien durch Förderung der Zusammenarbeit zu erzielen, erwies sich grundsätzlich als richtig, benötigte aber offensichtlich viel Zeit. Mittlerweile ist, wie im gesamten deutschen Wissenschafts- und Forschungssystem, viel Bewegung in verfestigte Strukturen gekommen. So machen die Wirtschaftswissenschaften an den Hochschulen derzeit einen Prozess der Verjüngung beim wissenschaftlichen Personal durch, der dazu führt, dass die traditionelle staatswissenschaftliche Orientierung in den Wirtschaftswissenschaften tendenziell an Bedeutung verliert und die Orientierung an weltweit im Zentrum stehenden empirischen Ansätzen zunimmt. Auch der vom Wissenschaftsrat und der »Kommission zur Verbesserung der informationellen Infrastruktur zwischen Wissenschaft und Statistik« empfohlene Aufbau geeigneter institutioneller Strukturen (Rat für Sozial- und Wirtschaftsdaten, Daten- und Servicezentren) zur Verbesserung des Zugangs zu und der analytischen Erschließung von bestehenden Datenbasen für die Wissenschaft ist gut vorangekommen, bedarf aber noch der institutionellen Absicherung und gegebenenfalls einer Weiterentwicklung.

Bei den großen außeruniversitären Wirtschaftsforschungsinstituten ist eines der vom Wissenschaftsrat kritisch bewerteten Institute nach erneuter Evaluation diesmal innerhalb des internen Evaluationsverfahrens der Leibniz-Gemeinschaft (WGL) aus der gemeinsamen Forschungsförderung von Bund und Ländern ausgeschieden und privatisiert worden, das zweite wurde zwischenzeitlich neu strukturiert und strebt eine erneute Förderung als Forschungsinstitut an. Hinzugetreten in den Kreis der Institute sind das vom Wissenschaftsrat seinerzeit im deutschen Einigungsprozess empfohlene Institut für Wirtschaftsforschung Halle und das vom Wissenschaftsrat positiv evaluierte Zentrum für Europäische Wirtschaftsforschung, Mannheim, das sich von vornherein durch eine engere Verzahnung von empirischer Wirtschaftsforschung und universitärer Wirtschaftswissenschaft auszeichnete.

Deutliche Bewegung ist auch in die Strukturen wirtschaftpolitischer Beratung für das Bundesministerium für Wirtschaft und Technologie gekommen. Die Gutachten werden mittlerweile ausgeschrieben und in einem wettbewerblichen Verfahren vergeben, wobei der Kreis der am Verfahren teilnehmenden Institute geöffnet wurde. Zurzeit sind bis Frühjahr 2010 vier Leibniz-Institute an der Erstellung der Gemeinschaftsdiagnose zur wirtschaftlichen Lage in Deutschland, der Eurozone und in der Welt beteiligt, zum Teil in konsortionaler Verbindung mit anderen Wirtschaftsforschungsinstituten in Deutschland und im Ausland.

Daten zum Lebenslauf von Johann Hahlen

13. Dezember 1942	Geburt in Trier; verheiratet, zwei Kinder, römisch-katholisch
1961	Abitur Schiller-Gymnasium Offenburg/Baden-Württemberg
1961–1965	Studium der Rechtswissenschaften in Freiburg i.Br.
1966–1967	Grundwehrdienst Panzergrenadierbataillon 193 in Handorf bei Münster
1967–1970	Juristischer Vorbereitungsdienst in Baden-Württemberg
Juni 1970	Zweites juristisches Staatsexamen in Stuttgart
1970–1972	Angestellter Rechtsanwalt in Köln
seit 1972	Im Bundesministerium des Innern in verschiedenen Verwendungen und Abteilungen: Referent in den Abteilungen: öffentlicher Dienst, Verfassung, Staatsrecht und Verwaltung, Außenprobezeit im Bundesverwaltungsamt, Abteilung für Sport und Medien, Referat für die Grenzkommission, Transitkommission und Berlinfragen, Abteilung für Polizeiangelegenheiten
1983–1988	Beurlaubt zur innenpolitischen Arbeitsgruppe der CDU/CSU-Bundestagsfraktion
1988–1992	Leiter Haushaltsreferat im Bundesministerium des Innern
1992–1995	Leiter Unterabteilung Verfassung, Staatsrecht im Bundesministerium des Innern
1995–1997	Mitglied der »Reformkommission zur Größe des Deutschen Bundestages«
1995–2006	Präsident des Statistischen Bundesamtes bis 18. Januar 2007 Bundeswahlleiter (Bundestagswahlen 1998, 2002, 2005)
1995–2006	Mitglied und Vorsitzender der ständigen Wahlkreiskommission (§ 3 Abs. 2 S. 2 BWG)
1995–2006	Vorsitzender des Bundeswahlausschusses (§ 9 Abs. 2 S. 1 BWG)
1995–2006	Ausschuss EUROSTAT für das Statistische Programm (ASP); darunter Vorsitz der ASP Partnerschaftsgruppe
1999–2001	Ko-Vorsitzender der Kommission zur Verbesserung der informationellen Infrastruktur zwischen Wissenschaft und Statistik
2001–2004	Mitglied des Gründungsausschusses des Rates für Sozial- und Wirtschaftsdaten

2003	Mitveranstalter Weltkongress des Internationalen Statistischen Instituts (ISI) in Berlin
2004–2006	Mitglied des Rates für Sozial- und Wirtschaftsdaten
2005	Gründungsmitglied der IZA Policy Fellows
2005–2006	Konferenz der Leiter der Statistischen Ämter der EU (DGINS)
2006–2007	Staatssekretär im Bundesministerium des Innern
2006–2007	Als Staatssekretär Mitglied der Verwaltungskommission des Wissenschaftsrates
2007	Mitglied der Jury und Schirmherr »Shared Services Wettbewerb, die besten Dienstleistungszentren in der öffentlichen Verwaltung«
1. Januar 2008	Eintritt in den Ruhestand

Publikationsverzeichnis von Johann Hahlen

Handbuch des Wahlrechts zum Deutschen Bundestag. Vorbereitung und Durchführung der Wahl zum Deutschen Bundestag. Band 2 1976.

Das neue Europa-Wahlrecht. In: Verwaltungsrundschau, Nr. 1 1978, S. 229-235.

Handbuch des Wahlrechts zum Deutschen Bundestag. Vorbereitung und Durchführung der Wahl. Band 2, völlig überarb. Aufl. 1980.

Geleitwort. In: Statistisches Bundesamt (Hg.), Verbesserung der statistischen Erfassung der Unternehmensgewinne zur Berechnung des Bruttosozialproduktes, Wiesbaden 1996 (zusammen mit T. Luh).

Begrüßung. In: Statistisches Bundesamt (Hg.), Wohlfahrtsmessung – Aufgabe der Statistik im gesellschaftlichen Wandel: Beiträge zum wissenschaftlichen Kolloquium am 16. / 17. November 1995 in Wiesbaden, Wiesbaden 1996, S. 5-7.

Vorwort. In: Schmidt, B., Der Preisindex für die Lebenshaltung aller privaten Haushalte in Gestalt eines Kettenindex: Beurteilung aus praktischer, empirischer und theoretischer Sicht. Hrsg. vom Statistischen Bundesamt, Wiesbaden 1997, S. 3.

Herausforderungen und Perspektiven der europäischen Statistik, Saarbrücken 1997 (Hg.).

Vorwort. In: Statistisches Bundesamt (Hg.), Internationale bildungsstatistische Grundlagen: Vergleich der Bildungssysteme ausgewählter europäischer Länder unter besonderer Berücksichtigung der beruflichen Bildung und Hochschulbildung, Wiesbaden 1997.

Vorwort. In: Statistisches Bundesamt (Hg.), Umweltökonomische Gesamtrechnungen. Trends und Branchenprofile: Ergebnisse der Pressekonferenz im Juli 1997 in Frankfurt am Main, Wiesbaden 1997.

Begrüßung. In: Statistisches Bundesamt (Hg.), Einkommen und Vermögen in Deutschland: Messung und Analyse. Beiträge zum wissenschaftlichen Kolloquium am 13. / 14. November 1997 in Wiesbaden, Stuttgart 1998, S. 6-8.

Amtliche Statistik als zentraler Teil der statistischen Infrastruktur. Anmerkungen zum Memorandum. In: Allgemeines Statistisches Archiv, Band 82 1998, S. 387-390.

Amtliche Statistik zwischen »Schlankem Staat« und »Informationsgesellschaft«. In: Wirtschaft und Statistik, Nr. 2 1998, S. 93 ff.

Vorwort. In: Statistisches Bundesamt (Hg.), Gesundheitsbericht für Deutschland: Ergebnis eines Forschungsvorhabens, Wiesbaden 1998.

Vorwort. In: Wiegand, E., Noelle-Neumann, E., Niehoff, R., Interviewereinsatz und -qualifikation. Hrsg. vom Statistischen Bundesamt, Wiesbaden 1998.

Repräsentative Wahlstatistik bei Bundestagswahlen, 1998.

Vorwort. In: Glaab, H., Schlagheck, H., Agrarstatistik auf neuen Wegen: Beiträge zum Forum der Agrarstatistik am 23. Juni 1998 in Berlin anläßlich der 50. Sitzung des Fachausschusses Landwirtschaftsstatistik des Statistischen Beirats. Hrsg. vom Statistischen Bundesamt, Wiesbaden 1999.

Vorwort. In: Statistisches Bundesamt (Hg.), 50 Jahre Wohnen in Deutschland. Ergebnisse aus Gebäude- und Wohnungszählungen, -stichproben, Mikrozensus-Ergänzungserhebungen und Bautätigkeitsstatistiken, Wiesbaden 2000.

Begrüßungsworte. In: Franchet, Y., Knoche, P., Schuck, G., Conference on Policies and Statistics in the European Union. Challenges and Responses. Hrsg. vom Statistischen Bundesamt, Wiesbaden 2000.

Vorwort. In: Wiegert, R., Chlumsky, J., Knoche, P., Schuck, G., Familien und Haushalte in Deutschland. Statistische Grundlagen, wissenschaftliche Erkenntnisse. Hrsg. vom Statistischen Bundesamt, Wiesbaden 2001.

Wege zu einer besseren informationellen Infrastruktur. Gutachten der vom Bundesministerium für Bildung und Forschung eingesetzten Kommission zur Verbesserung der informationellen Infrastruktur zwischen Wissenschaft und Statistik, Baden-Baden 2001 (zusammen mit anderen Mitgliedern der Kommission zur Verbesserung der informationellen Infrastruktur zwischen Wissenschaft und Statistik).

Towards an Improved Statistical Infrastructure – Summary Report of the Commission set up by the Federal Ministry of Education and Research (Germany) to improve the Statistical Infrastructure in Cooperation with the Scientific Community and Official Statistics. In: Schmollers Jahrbuch, 121. Jg., Heft 3 2001, S. 443-468 (zusammen mit anderen Mitgliedern der Kommission zur Verbesserung der informationellen Infrastruktur zwischen Wissenschaft und Statistik).

Vorwort. In: Bechtold, S., Haushaltsstichproben in der amtlichen Statistik. Bewährte Praxis – neue Perspektiven. Zur Reform der Koordinierung der Sozialpolitik, 2001.

Haushaltsstichproben in der amtlichen Statistik: Bewährte Praxis – neue Perspektiven. In: Becker, I., Ott, N., Rolf, G. (Hg.), Soziale Sicherung in einer dynamischen Gesellschaft. Festschrift für Richard Hauser zum 65. Geburtstag, Frankfurt/New York 2001, S. 252-277 (zusammen mit S. Bechtold).

Vorwort zu „Bruttoinlandsprodukt 2001 für Deutschland“. In: Internationale Wissenschaftliche Vereinigung Weltwirtschaft und Weltpolitik. Band 12 2002.

Vorwort. In: Statistisches Bundesamt (Hg.), Im Blickpunkt: Jugend in Deutschland, Wiesbaden 2002.

Vorwort. In: Chlumsky, J., Wiegert, R., Wilrich, P. T., Statistische Informationen zum Arbeitsmarkt. Konzepte und Kritik, Anwendung und Auslegung. Hrsg. vom Statistischen Bundesamt, Wiesbaden 2002.

Vorwort. In: Wiegert, R., Rall, W., Unternehmen in der Statistik: Konzepte. Strukturen. Dynamik. Hrsg. vom Statistischen Bundesamt, Wiesbaden 2002.

Die internationale Vergleichbarkeit von Statistiken – Allgemeine Aspekte und Beispiele aus dem Bereich der Haushaltsstichproben. In: Glatzer, W., Habich, R., Mayer, K. U. (Hg.), Sozialer Wandel und gesellschaftliche Dauerbeobachtung, Opladen 2002, S. 353-374.

Entwicklungen des deutschen Sozialstaates – Daten der amtlichen Statistik. In: Wirtschaft und Statistik, Nr.12 2002, S. 1044-1055.

Thema 2: Neue Ideen für die Entwicklung des ESS – Die Meinung eines großen Landes. In: Die Zukunft des Europäischen Statistischen Systems, 8. DGINS-Konferenz, 2002.

Zur Entwicklung der Altersstruktur in Deutschland. Speyerer Sozialgespräche der Landesversicherungsanstalt Rheinland-Pfalz. Sozialpolitische Schriften Band 8, 2002.

Vorwort. In: Statistisches Bundesamt (Hg.), Zur Fortentwicklung des Systems der Erwerbstätigenstatistiken. Spektrum Bundesstatistik, Wiesbaden 2002 (zusammen mit P. Knoche, G. Schuck und S. Lüken).

Die Teuerungsrate im Zeichen des Euro. In: Vermögensverwaltung 2003 – Die richtige Mandatsvergabe. Leitfaden für Privatanleger, 2002.

Zeitbudgeterhebung 2001/02 – Neue Wege der Zusammenarbeit mit der Wissenschaft. In: Statistisches Bundesamt (Hg.), Alltag in Deutschland. Analysen zur Zeitverwendung. Beiträge zur Ergebniskonferenz der Zeitbudgeterhebung 2001/02. Forum der Bundesstatistik Band 43, Wiesbaden 2004.

Begrüßung durch das Statistische Bundesamt. In: Statistisches Bundesamt (Hg.), Statistik und Wissenschaft – MIKAS – Mikroanalysen und amtliche Statistik. Band 1, Wiesbaden 2004.

Vorwort. In: Statistisches Bundesamt (Hg.), Statistisch gesehen, Wiesbaden 2005.

Zur Lage der deutschen und europäischen Statistik. In: Wirtschaft und Statistik, Nr. 7 2005, S. 665 ff.

Vorwort zu »Handbuch der Anonymisierung wirtschaftsstatistischer Mikrodaten«. In: Statistisches Bundesamt (Hg.), Statistik und Wissenschaft. Band 4, Wiesbaden 2005.

Vorwort. In: Statistisches Bundesamt (Hg.), Im Blickpunkt: Landwirtschaft 2006, Wiesbaden 2006.

Vorwort. In: Statistisches Bundesamt (Hg.), Im Blickpunkt: Verkehr in Deutschland 2006, Wiesbaden 2006.

Vorwort zu »Leben in Deutschland. Ergebnisse des Mikrozensus Teil I und II«. In: Internationale Wissenschaftliche Vereinigung Weltwirtschaft und Weltpolitik. Band 16 2006.

Was kostet Arbeit in Deutschland? In: Internationale Wissenschaftliche Vereinigung Weltwirtschaft und Weltpolitik. Band 16 2006.

Zum makroökonomischen Umfeld des deutschen Exportbooms: empirische Befunde der amtlichen Statistik. Der pathologische Exportboom. Thesen und Stellungnahmen. Ifo-Institut für Wirtschaftsforschung Band 59, München 2006.

Zuwanderung nach Deutschland – wie zuverlässig ist die Statistik? In: Ifo-Schnelldienst, Nr. 14 2006, S. 3-12 (zusammen mit T. Straubhaar und B. Dietz).

2008 wird ein wichtiges Jahr für das deutsche E-Government. D21. Jahresband 2007.

E-Government als integraler Bestandteil und Motor staatlicher Modernisierung. Handbuch E-Government. Strategien, Lösungen und Wirtschaftlichkeit, 2007.

Bessere Rechtsetzung – eine Aufgabe für Deutschland und Europa. Bürokratiekostenmessung als wichtiges Projekt der Bundesregierung. In: Innovative Verwaltung, Band 29 2007.

Daten zum Lebenslauf von Hans-Jürgen Krupp

15. April 1933	Geburt in Elbing, Ostpreußen, als Sohn von Pfarrer Gerhard Krupp und Hella Krupp, geb. Liederwald; 1954 Hochzeit mit Ilse Krupp, geb. Weißkopf, vier Kinder
1952	Abitur in Essen
1952–1957	Studium des Wirtschaftsingenieurwesens an der Technischen Hochschule Darmstadt
1957	Diplom-Wirtschaftsingenieur, Technische Hochschule Darmstadt
1957–1958	Verwalter einer Wissenschaftlichen Assistentenstelle an der Technischen Hochschule Darmstadt
1958–1967	Wissenschaftlicher Assistent an der Technischen Hochschule Darmstadt
1961	Promotion (Dr. rer. pol.) an der TH Darmstadt
1962–1963	Forschungsaufenthalt an der University of Wisconsin, Madison, USA
1963–1964	DFG-Habilitationsstipendium
1967	Habilitation für Volkswirtschaftlehre und Ökonometrie
1967–1969	Dozent an der Technischen Hochschule Darmstadt
1968	Lehrstuhlvertretung an der Ruprecht-Karls-Universität Heidelberg, Sommersemester 1968
1968–1969	Lehrstuhlvertretung an der Albert-Ludwig-Universität Freiburg, Wintersemester 1968/69
1968–1973	Mitglied der Synode der Evangelischen Kirche in Hessen und Nassau, Mitglied des Finanzausschusses
1969	Ruf an die Albert-Ludwig-Universität Freiburg (abgelehnt)
1969–1975	Ordentlicher Professor für Wirtschafts- und Sozialpolitik, Johann Wolfgang Goethe-Universität Frankfurt am Main
1970–1971	Dekan der Wirtschafts- und Sozialwissenschaftlichen Fakultät, Johann Wolfgang Goethe-Universität Frankfurt am Main
1971–1973	Mitglied des Ständigen Ausschusses für Haushaltsangelegenheiten und Hochschulentwicklung der Johann Wolfgang Goethe-Universität Frankfurt am Main
1971–1975	Mitglied des Konvents der Johann Wolfgang Goethe-Universität Frankfurt am Main
1971–1977	Mitglied der Arbeitsgesetzbuchkommission der Bundesregierung
1972	Ruf an die Rheinische Friedrich-Wilhelms-Universität Bonn (abgelehnt)
1972–1973	Mitglied des Senatsgründungsgremiums Wirtschafts- und Sozialwissenschaften der Universität Dortmund

1972–1978	Federführung des DFG-geförderten Projekts »Sozialpolitisches Entscheidungs- und Indikatorensystem für die Bundesrepublik Deutschland (SPES-Projekt)«
1973–1975	Vizepräsident der Johann Wolfgang Goethe-Universität Frankfurt am Main
1974–1976	Sachverständiges Mitglied der Enquete-Kommission »Frau und Gesellschaft« des Deutschen Bundestages
1974–1976	Mitglied des Gründungsausschusses der Fernuniversität Hagen (Vorsitzender bis 1975)
1975–1979	Präsident der Johann Wolfgang Goethe-Universität Frankfurt am Main
1975	Verleihung einer Honorarprofessur durch den Fachbereich Wirtschaftswissenschaften der Johann Wolfgang Goethe-Universität Frankfurt am Main
1977–1979	Vorsitzender der Konferenz hessischer Universitätspräsidenten
1977–1979	Mitglied des Rundfunkrates des Hessischen Rundfunks
1977–1981	Vorsitzender der Transfer-Enquete-Kommission der Bundesregierung
1979–1988	Mitglied und Projektleiter im DFG-Sonderforschungsbereich 3 »Mikroanalytische Grundlagen der Gesellschaftspolitik«
1979–1988	Präsident des Deutschen Instituts für Wirtschaftsforschung (DIW), Berlin
1979–1988	Mitglied des Kuratoriums des Wissenschaftszentrums Berlin für Sozialforschung, Berlin
1979–1981	Mitglied der Wissenschaftlergruppe des Sozialbeirats
seit 1980	Gründungsmitglied des »Kocheler Kreises« der Friedrich-Ebert-Stiftung
1981–1983	Stellvertretender Vorsitzender der Sachverständigenkommission »Alterssicherungssysteme«
1981	Gastprofessur an der Universität Wien (Sommersemester)
1982–1984	Mitglied des Sachverständigenrates zur Begutachtung der gesamtwirtschaftlichen Entwicklung, Wiesbaden
seit 1984	Mitglied des Kuratoriums der Friedrich-Ebert-Stiftung
1984–1988	Mitglied der Regionalen Synode der Evangelischen Kirche in Berlin-Brandenburg
1984–1988	Mitglied des Beirats des Statistischen Bundesamtes, Wiesbaden
1986–1992	Mitglied des Senats der Fraunhofer-Gesellschaft
seit 1986	Mitglied der Kammer der Evangelischen Kirche in Deutschland für soziale Ordnung
seit 1986	Mitglied der unabhängigen wissenschaftlichen Kommission für Beschäftigungsfragen in Europa (Kreisky-Kommission), seit 1990 Präsident
1987–1990	Mitglied der Akademie der Wissenschaften zu Berlin

1987–1993	Universitätsprofessor für Volkswirtschaftslehre, insbesondere Empirische Wirtschaftsforschung, Technische Universität Berlin
1988–1991	Senator für Finanzen, Freie und Hansestadt Hamburg
1988–1991	Mitglied des Wissenschaftsrates (Verwaltungskommission)
1991–1993	Zweiter Bürgermeister und Senator für Wirtschaft, Freie und Hansestadt Hamburg
1993–2001	Präsident der Landeszentralbank in der Freien und Hansestadt Hamburg, in Mecklenburg-Vorpommern und Schleswig-Holstein und Mitglied des Zentralbankrats der Deutschen Bundesbank
1998–2004	Vorsitzender der Sozialkammer der Evangelischen Kirche (EKD)
1999–2001	Ko-Vorsitzender der Kommission zur Verbesserung der informationellen Infrastruktur zwischen Wissenschaft und Statistik
2001	Eintritt in den Ruhestand
2001–2004	Stellvertretender Vorsitzender des Gründungsausschusses des Rates für Sozial- und Wirtschaftsdaten
2003	Mitbegründer der Keynes-Gesellschaft

Publikationsverzeichnis von Hans-Jürgen Krupp 1998 bis 2007[1]

Mehr Arbeitsplätze in sozialen Diensten? Die Bedeutung des Strukturwandels zu den Humandiensten für die Diakonie. In: Götzelmann, A., Herrmann, V., Stein, J. (Hg.), Diakonie der Versöhnung. Ethische Reflexion und soziale Arbeit in ökumenischer Verantwortung. Festschrift für Prof. Theodor Strohm zum 65. Geburtstag, Stuttgart 1998, S. 492-511 (zusammen mit Joachim Weeber).

Deutschland und Europa brauchen die gemeinsame Währung und die Zusammenarbeit in der Wirtschaftspolitik. In: Lafontaine, O., Schröder, G. (Hg.), Innovationen für Deutschland, Göttingen 1998, S. 95-104.

Resignatives Denken, radikal gewendet. In: Blätter für deutsche und internationale Politik, Nr. 3 1998, S. 306-311.

Die Liberalisierung des Telekommunikationsmarktes. In: Pfähler, W., Tiedemann, B. (Hg.), Häfen, Transrapid, Telekommunikation – Wachstumsmotoren für die Hamburger Metropole? Frankfurt am Main 1998, S. 177-189.

Die Aufgaben der Geldpolitik in der Interimsphase bis zum Beginn der EWU. In: Wirtschaftsdienst, Nr. 6 1998, S. 331-337 (zusammen mit Karen Cabos).

Das Pro und Kontra der doppelten Preisauszeichnung bei der Einführung des Euro. In: Woratschek, H. (Hg.), Perspektiven ökonomischen Denkens – Klassische und neue Aufgaben des Managements. Festschrift für Herrn Univ.-Prof. Dr. Dr. h.c. Rudolf Gümbel, Frankfurt 1998, S. 115-125 (zusammen mit Gerhard Schweppe).

Langfristige Perspektiven der Alterssicherung. In: Wirtschaftsdienst, Nr. 10 1998, S. 582-590.

Globalisierung und Sozialversicherung. In: Deutsche Rentenversicherung, Nr. 11 1998, S. 723-743 (zusammen mit Joachim Weeber).

Wie sicher und rentabel kann Alterssicherung sein. Private oder gesetzliche Rentenversicherung, Umlage- oder Kapitaldeckungsverfahren? In: Sozialer Fortschritt, Nr. 12 1998, S. 293-300.

Alternative Organisationsformen für die amtliche Statistik. In: Statistisches Bundesamt (Hg.), Kooperation zwischen Wissenschaft und amtlicher Statistik – Praxis und Perspektiven –. Schriftenreihe Forum der Bundesstatistik Band 34, Stuttgart 1999, S. 72-74.

Zukunftschancen des teils beitrags-, teils steuerfinanzierten Sozialstaats. In: Wenig, A. (Hg.), Globalisierung und die Zukunft der sozialen Marktwirtschaft, Berlin 2000, S. 95-108.

Eigenständige Sicherung der Frau als Alternative zum Hinterbliebenenrecht. In: Rust, U. (Hg.), Eigenständige Alterssicherung von Frauen. Sozialpolitik in Europa Band 5, Wiesbaden 2000, S. 851-856.

Alterssicherung – umfassende Strukturreform erforderlich. In: Wirtschaftsdienst, Nr. 8 2000, S. 460-464.

Wege zu einer besseren informationellen Infrastruktur. Gutachten der vom Bundesministerium für Bildung und Forschung eingesetzten Kommission, Baden-Baden 2001 (zusammen mit anderen Mitgliedern der Kommission zur Verbesserung der informationellen Infrastruktur zwischen Wissenschaft und Statistik).

1 Die Liste der Veröffentlichungen von Hans-Jürgen Krupp aus den Jahren 1960 bis 1997 kann in der Festschrift zum 65. Geburtstag von Hans-Jürgen Krupp nachgelesen werden. Vgl. hierzu Galler, H. P., Wagner, G. G. (Hg.) (1998), Empirische Forschung und wirtschaftspolitische Beratung. Festschrift für Hans-Jürgen Krupp zum 65. Geburtstag, Frankfurt/New York, S. 553-567. Ein integriertes Gesamtverzeichnis ist auf der Homepage des Rates für Sozial- und Wirtschaftsdaten zu finden (http://www.ratswd.de).

Towards an Improved Statistical Infrastructure – Summary Report of the Commission set up by the Federal Ministry of Education and Research (Germany) to improve the Statistical Infrastructure in Cooperation with the Scientific Community and Official Statistics. In: Schmollers Jahrbuch, 121. Jg., Heft 3 2001, S. 443-468 (zusammen mit anderen Mitgliedern der Kommission zur Verbesserung der informationellen Infrastruktur zwischen Wissenschaft und Statistik).

Alternativen der Mindestsicherung im Alter. In: Becker, I., Ott, N., Rolf, G. (Hg.), Soziale Sicherung in einer dynamischen Gesellschaft. Festschrift für Richard Hauser zum 65. Geburtstag, Frankfurt/New York 2001, S. 672-695 (zusammen mit Joachim Weeber).

Artikel: Renten, Rentenformel, Rentenreform. In: Honecker, M., Dahlhaus, H., Hübner, J., Jähnichen, T., Tempel, H. (Hg.), Evangelisches Soziallexikon – Neuausgabe, Stuttgart, Berlin, Köln 2001, S. 1334-1341.

Was bedeutet das Pflegeurteil für die Rentenversicherung? In: Wirtschaftsdienst, Nr. 4 2001, S. 203-205.

Wirtschaftsordnung: Markt und Staat. In: Franz, W., Hesse, H., Ramser, H.-J., Stadler, M. (Hg.), Wirtschaftspolitische Herausforderungen an der Jahrhundertwende. Wirtschaftswissenschaftliches Seminar Ottobeuren Band 30, Tübingen 2001, S. 453-480.

Verteilungsimplikationen kapitalgedeckter Alterssicherungssysteme. In: Menkhoff, L., Sell, F. L. (Hg.), Zur Theorie, Empirie und Politik der Einkommensverteilung. Festschrift für Gerold Blümle, Berlin u.a. 2002, S. 207-228 (zusammen mit Christiane Schäper und Joachim Weeber).

Die Einheit von Wirtschafts- und Sozialpolitik am Beispiel der Alterssicherung. In: Fachinger, U., Rothgang, H., Viebrock, H. (Hg.), Die Konzeption sozialer Sicherung. Festschrift für Prof. Dr. Winfried Schmähl zum 60. Geburtstag, Baden-Baden 2002, S. 55-70 (zusammen mit Joachim Weeber).

Sozialberichterstattung und informationelle Infrastruktur. In: Glatzer, W., Habich, R., Mayer, K. U. (Hg.), Sozialer Wandel und gesellschaftliche Dauerbeobachtung. Für Wolfgang Zapf, Opladen 2002, S. 391-403.

Anforderungen an eine gerechte und funktionsfähige Alterssicherung. In: Zeitschrift für die gesamte Versicherungswissenschaft, Nr. 4 2002, S. 499-512.

Measurement Problems and Uncertainty in Monetary Policy. In: Klein, I., Mittnik, S. (Hg.), Contributions to Modern Econometrics – From Data Analysis to Economic Policy. In Honour of Gerd Hansen, Boston 2002, S. 9-22 (zusammen mit Karen Cabos).

Zur Rolle der Statistik in der Informationsgesellschaft. In: Wirtschaft und Statistik, Nr. 1 2003, S. 75-79.

Zu den Risiken einer Nullinflation als geldpolitisches Ziel. In: Köhler, C., Rohde, A. (Hg.), Geldpolitik ohne Grenzen. Veröffentlichungen des Instituts für Empirische Wirtschaftsforschung Nr. 39 2003, S. 105-120 (zusammen mit Karen Cabos).

Was kann die (National-)Ökonomie zur Wirtschaftspolitik beitragen? In: Wirtschaftsdienst, Nr. 2 2004, S. 84-90.

Volkswirtschaftliche Aspekte eines Grundrentensystems. In: Opielka, M. (Hg.), Grundrente in Deutschland – sozialpolitische Analysen, Wiesbaden 2004, S. 147-165 (zusammen mit Joachim Weeber).

Mikroanalysen und amtliche Statistik – gestern, heute, morgen. In: Merz, J., Zwick, M. u.a., MIKAS – Mikroanalysen und amtliche Statistik. Statistisches Bundesamt, Statistik und Wissenschaft Band 1 2004, S. 27-35.

Das sozialpolitische Entscheidungs- und Indikatorensystem (SPES) und der darauf aufbauende Sonderforschungsbereich »Mikroanalytische Grundlagen der Gesellschaftspolitik«. In: Schefold, B. (Hg.), Wirtschafts- und Sozialwissenschaftler in Frankfurt am Main. 2. erweiterte Auflage, Marburg 2004, S. 525-535.

Bürgerversicherung für das Alter. In: Strengmann-Kuhn, W. (Hg.), Das Prinzip Bürgerversicherung – Die Zukunft im Sozialstaat, Wiesbaden 2005, S. 141-156 (zusammen mit Gabriele Rolf).

Zur Reform des Europäischen Stabilitäts- und Wachstumspakts. In: Neumann, L. F., Rohmann, H. (Hg.), Wirtschaftspolitik in offenen Demokratien. Festschrift für Uwe Jens, Marburg 2005, S. 279-289.

Einführung in die erste »Von-Schmoller-Vorlesung«. In: Schmollers Jahrbuch, 126. Jg., Heft 3 2006, S. 339-341.

Bürgerversicherung für das Alter – Gesetzliche Rentenversicherung als Bürgerversicherung. In: Wirtschaftsdienst, Nr. 1 2007, S. 23-30.

Das Sozio-oekonomische Panel – Wie es dazu kam. In: Schwarze, J., Räbinger, J., Thiede, R. (Hg.), Arbeitsmarkt- und Sozialpolitikforschung im Wandel. Festschrift für Christof Helberger zum 65. Geburtstag, Hamburg 2007 (gekürzt nachgedruckt in: Vierteljahrshefte zur Wirtschaftsforschung, Bd. 77, Heft 3, 2008).

The German Socio-Economic Panel: How It All Began. SOEPpaper No. 75, Berlin 2008 (http://www.diw.de/documents/publikationen/73/77389/diw_sp0075.pdf).

Zu den Autorinnen und Autoren

Peter Bauer, geb. 1943, Dr. rer. pol., ist Präsident des Bayerischen Landesamts für Statistik und Datenverarbeitung und war in der Zeit von 2002 bis 2006 Vorsitzender des Lenkungsausschusses des Forschungsdatenzentrums der Statistischen Landesämter.

Stefan Bender, geb. 1964, Studium der Soziologie und Statistik in Mannheim, Abschluss 1990 als Diplom-Soziologe; wissenschaftlicher Mitarbeiter an der Universität Mannheim (1990 bis 1992). Seit 1992 als wissenschaftlicher Mitarbeiter im IAB; seit 2005 Leiter des Forschungsdatenzentrums der Bundesagentur für Arbeit im Institut für Arbeitsmarkt- und Berufsforschung. Forschungsgebiete: Verknüpfungsmöglichkeiten von Prozess- und / oder Umfragedaten; Anonymisierung von Betriebsdaten; Weiterbildung; Kohorteneffekte und betriebliche Effekte der aktiven Arbeitsmarktpolitik.

Edelgard Bulmahn, MdB, Studienrätin, Bundesministerin a.D. und Mitglied des Bundestages (seit 1987). 1995 bis 1996 Vorsitzende des Ausschusses für Bildung, Wissenschaft, Forschung, Technologie und Technikfolgenabschätzung, 1996 bis 1998 Sprecherin für Bildung und Forschung. 1998 bis 2005 Bundesministerin für Bildung und Forschung, seit 2005 Vorsitzende des Ausschusses Wirtschaft und Technologie.

Hervé Carré, geb. 1944, ist seit Mai 2006 Generaldirektor von Eurostat. Er trat 1973 in den Dienst der Europäischen Kommission als Experte für Währungsfragen. Im Laufe seiner Karriere hat er Abteilungen geleitet, die für Geld-, Währungs- und Finanzfragen zuständig waren. 1992 wurde er an das Federal Reserve Board in Washington abgeordnet und 1992 als Berater an das Portugiesische Finanzministerium. 1994 kehrte er als Direktor für Fragen der Geld- und Währungspolitik zur Europäischen Kommission zurück. 1999 übernahm er die Direktion für die Wirtschaftspolitik des Euroraums und der Europäischen Union. Als Mitglied des Wirtschafts- und Finanzausschusses war er an allen Verhandlungen zur Schaffung des Euro beteiligt. Von 2002 bis 2005 war er für Wirtschafts-, Finanz- und Entwicklungsfragen in der Delegation der Europäischen Kommission in Washington zuständig. Von September 2005 bis April 2006 war er Stellvertretender Generaldirektor der Generaldirektion für Wirtschaft und Finanzen.

Jürgen Chlumsky, geb. 1955, Statistisches Bundesamt, Leiter der Abteilung I »Grundsatzfragen der Bundes- und internationalen Statistik, Informationsverbreitung«. In den Jahren 1991 bis 2001 Leiter des Instituts für Forschung und Entwicklung in der Bundesstatistik; von 2001 bis 2004 Leiter der Preisstatistik.

Reinhold Friedrich, geb. 1958, Regierungsdirektor im BMBF. 1985 bis 1989 Mitarbeiter am Fraunhofer-Institut für Arbeitswirtschaft und Organisation (IAO), Stuttgart. Seit Mai 1989 im Bundesministerium für Bildung und Forschung Referent für Sozialwissenschaften.

Heinz Grohmann, geb. 1921, Dr. rer. pol., emeritierter Professor des Fachbereichs Wirtschaftswissenschaften der Johann Wolfgang Goethe-Universität Frankfurt am Main. Studium der Wirtschaftswissenschaften an der Universität Frankfurt am Main, Diplom, Promotion, Habilitation, Wissenschaftlicher Mitarbeiter an der Wirtschafts- und Sozialwissenschaftlichen Fakultät der Universität Frankfurt am Main. Lehrstuhlvertretung an der Universität des Saarlandes und Ablehnung eines Rufes; Berufung zum Ordentlichen Professor am Fachbereich Wirtschaftswissenschaften der Universität Frankfurt am Main, Emeritierung 1987. Schriftleiter des Allgemeinen Statistischen Archivs, Vorstandsmitglied der Deutschen Statistischen Gesellschaft (zeitweise Vorsitzender), Sachverständiger für den Sozialbeirat beim BMA, Projektleiter im Sonderforschungsbereich 3 »Mikroanalytische Grundlagen der Gesellschaftspolitik« der Universitäten Frankfurt und Mannheim, Mitglied des Wissenschaftlichen Beirats beim Institut für Bevölkerungsforschung und Sozialpolitik der Universität Bielefeld (zeitweise Vorsitzender), Wissenschaftlicher Berater des Instituts für Medizinische Statistik (IMS), Mitglied der Wissenschaftlergruppe beim Sozialbeirat, Mitglied des Wissenschaftlichen Beirats für Mikrozensus und Volkszählung (zeitweise Vorsitzender), Mitglied des Kuratoriums des Bundesinstituts für Bevölkerungsforschung. Arbeitsgebiete: Bevölkerungs-, Wirtschafts- und Sozialstatistik, Demographie und Altersicherung, Stichproben, Amtliche Statistik.

Ute Hanefeld, Dr. rer. pol., Referatsleiterin im Statistischen Bundesamt im »Institut für Forschung und Entwicklung in der Bundesstatistik«. 1979 bis 1989 Mitglied im Sonderforschungsbereich 3 »Mikroanalytische Grundlagen der Gesellschaftspolitik«, davon 1979 bis 1980 Wissenschaftliche Mitarbeiterin im Teilprojekt »Familiale Gesundheitsstrukturen und deren Auswirkungen im Gesundheitssystem«, 1981 bis 1989 Vorbereitung, Aufbau und Weiterentwicklung des Sozio-oekonomischen Panels (SOEP); bis 1982 an der Johann Wolfgang Goethe-Universität Frankfurt am Main, ab 1983 am Deutschen Institut für Wirtschaftsforschung (DIW) in Berlin. Promotion bei Hans-Jürgen Krupp und Reinhard Hujer an der Universität Frankfurt am Main.

Richard Hauser, geb. 1936, Dr. oec. publ., war von 1974 bis 1977 o. Professor an der Technischen Universität Berlin und anschließend bis zu seiner Emeritierung 2002 Professor für Volkswirtschaftslehre, insbesondere Verteilungs- und Sozialpolitik an der Johann Wolfgang Goethe-Universität Frankfurt am Main. Von 1979 bis 1990 fungierte er als stellvertretender Sprecher bzw. Sprecher des Sonderforschungsbereichs 3 der Universitäten Frankfurt und Mannheim. Von 1986 bis 1988 amtierte er als Vizepräsident der Universität Frankfurt. Er war u. a. Mitglied der Kommission zur Verbesserung der informationellen Infrastruktur zwischen Wissenschaft und Statistik (KVI) und des Gründungsausschusses des Rates für Sozial- und Wirtschaftsdaten. Seine Forschungsgebiete sind Systeme der sozialen Sicherung im internationalen Vergleich, Einkommens- und Vermögensverteilung und Armutsforschung. Vielfältige Veröffentlichungen und Forschungsprojekte im Auftrag von Bundesministerien und der EU-Kommission zeigten die Anwendungsorientierung seiner Arbeiten.

Ralf K. Himmelreicher, geb. 1962, Dr. rer. pol., Elektriker, studierte Soziologie, Volkswirtschaftslehre und Statistik an der FU Berlin. Promotion am Fachbereich Wirtschaftswissenschaft der Universität Bremen. Er war wissenschaftlicher Mitarbeiter bei der Arbeitnehmerkammer Bremen und in der wirtschaftswissenschaftlichen Abteilung des Zentrums für Sozialpolitik (ZeS) an der Universität Bremen. Danach war er als Referent im Bereich Statistik beim Verband Deutscher Rentenversicherungsträger (VDR) in Frankfurt beschäftigt. Aktuell leitet er das Forschungsdatenzentrum der Rentenversicherung (FDZ-RV) am Standort Berlin und ist Lehrbeauftragter im Institut für Soziologie der Freien Universität Berlin und an der Wirtschaftswissenschaftlichen Fakultät der Humboldt-Universität zu Berlin.

Karl Ulrich Mayer, geb. 1945, Dr. rer. soc., ist Professor für Soziologie und Chairperson des Department of Sociology an der Yale University, ferner Ko-Direktor des dortigen Center for Research on Inequalities and the Life Course (CIQLE) sowie Direktor Emeritus des Max-Planck-Instituts für Bildungsforschung Berlin. Er leitet die Deutsche Lebensverlaufsstudie, in deren Rahmen über 12.000 Ost- und Westdeutsche aus 8 Geburtskohorten in 7 Retrospektiv- und 2 Panelstudien untersucht wurden. Von 1993 bis 1999 war er Mitglied des Wissenschaftsrates, u.a. als Vorsitzender der Wissenschaftlichen Kommission. Er gehörte der Kommission zur Verbesserung der informationellen Infrastruktur zwischen Wissenschaft und Statistik (KVI) an und war bis zu seinem Wechsel an die Yale University Vorsitzender des Gründungsausschusses des Rates für Sozial- und Wirtschaftsdaten. Er ist Fellow bzw. Mitglied der Academia Europea, der British Academy of Sciences, der Berlin-Brandenburgischen Akademie der Wissenschaften, der Leopoldina, der American Academy of Arts and Sciences und der American Association for the Advancement of Science.

Frieder Meyer-Krahmer, geb. 1949, Dr. rer. pol, Staatssekretär im BMBF. 1986 bis 1990 Leiter der Abteilung Industrie und Technologie am Deutschen Institut für Wirtschaftsforschung (DIW Berlin). 1990 bis 2005 Leiter des Fraunhofer-Instituts für System- und Innovationsforschung (ISI) Karlsruhe und seit 1995 Professor für Volkswirtschaftslehre mit Schwerpunkt Innovationsökonomik an der Universität Louis Pasteur in Strassburg/Frankreich. Seit Februar 2005 Staatssekretär im Bundesministerium für Bildung und Forschung.

Joachim Merz, geb. 1948, Dr. rer. pol.; seit 1991 Lehrstuhlinhaber für »Statistik und Freie Berufe«. Er bekleidet auch das Amt des Direktors des Forschungsinstituts Freie Berufe (FFB) der Leuphana Universität Lüneburg (http://ffb.uni-lueneburg.de) und ist Sprecher des Forschungszentrums für Unternehmertum, Freie Berufe und Ökonomie kleiner und mittlerer Unternehmen (CREPS: www.uni-lueneburg.de/creps). Seine Forschungsgebiete konzentrieren sich auf die Mikroanalyse mit Mikroökonometrie und Mikrosimulation zu den Gebieten Einkommensverteilung (Fokus: hohe Einkommen), Zeitverwendung, Arbeitsmarkt und Wirtschafts- und Sozialpolitik für Freie Berufe, Selbständigkeit und abhängig Beschäftigte. Neben zahlreichen Refereetätigkeiten und Mitgliedschaften in wissenschaftlichen Beiräten ist er Herausgeber des »electronic International Journal of Time Use Research« (www.eIJTUR.org) und Co-Editor der Zeitschrift »The Review of Income and Wealth«. Er gehört zu den Gründungsmitgliedern des Sonderforschungsbereichs 3 »Mikroanalytische Grundlagen der Gesellschaftspolitik« der Universitäten Frankfurt am Main und Mannheim und war vorher Mitarbeiter im SPES-Projekt (Sozialpolitisches Entscheidungs- und Indikatorensystem) der Universität Frankfurt am Main.

Joachim Möller, geb. 1953, Dr. rer. soc., Studium der Philosophie und Volkswirtschaftslehre an den Universitäten Tübingen, Straßburg und Konstanz. Promotion (1982) und Habilitation (1990) an der Universität Konstanz. 1991 Ruf auf eine Professur für Volkswirtschaftslehre an der Universität Regensburg. Seit Oktober 2007 auch Leiter des Instituts für Arbeitsmarkt- und Berufsforschung der Bundesagentur für Arbeit (IAB) in Nürnberg.

Walter Müller, geb. 1942, Dr. rer. soc., Dres h.c., ist emeritierter Professor für Soziologie an der Universität Mannheim und Forscher am Mannheimer Zentrum für Europäische Sozialforschung (MZES), das er mitbegründet und von 2002 bis 2005 geleitet hat. 1997 bis 2003 war er Vorsitzender des European Consortium for Sociological Research (ECSR). Zurzeit ist er Mitkoordinator des EU-Network of Excellence »Economic Change, Quality of Life and Social Cohesion (EQUALSOC)«. Zur Intensivierung der Kooperation zwischen Wissenschaft und amtlicher Statistik hat er Forschungen zur faktischen Anonymität von Mikrodaten initiiert und geleitet sowie in verschiedenen Gremien mit diesem Ziel mitgewirkt, u.a. im wissenschaftlichen Beirat für Mikrozensus und Volkszählung, in der

Kommission zur Verbesserung der informationellen Infrastruktur zwischen Wissenschaft und Statistik (KVI), im Gründungsausschuss des Rates für Sozial- und Wirtschaftsdaten sowie im Statistischen Beirat. Zu seinen Forschungsschwerpunkten gehört die vergleichende Analyse der Sozialstruktur fortgeschrittener Gesellschaften, insbesondere die Entwicklung von Bildungssystem, Beschäftigungssystem und sozialer Ungleichheit.

Walter Radermacher, geb. 1952. Seit 2006 Präsident des Statistischen Bundesamtes. Studium der Betriebswirtschaftslehre in Aachen und Münster; 1975 bis 1978 wissenschaftlicher Mitarbeiter an der Westfälischen Wilhelms-Universität Münster (Wirtschaftsmathematik, Operations Research). Von 1982 bis 1998 Lehrbeauftragter in Statistik und Umweltökonomie an der Fachhochschule Wiesbaden und der Universität Lüneburg. Seit 1978 Mitarbeiter im Statistischen Bundesamt, unter anderem bis 1990 in den Statistiken des Handels- und Gastgewerbes sowie in der Bodennutzungsstatistik, bis 1998 »Aufbau der Umweltökonomischen Gesamtrechnungen«, bis 2000 Leiter der Gruppe »Organisation«, bis 2003 Leiter der Abteilungen »Verwaltung«. Von Juni 2003 bis November 2006 Vizepräsident des Statistischen Bundesamtes. Seit Dezember 2006 Präsident des Statistischen Bundesamtes und seit Januar 2007 Bundeswahlleiter.

Uwe G. Rehfeld, geb. 1945, Leiter des Geschäftsbereichs Forschung, Entwicklung, Statistik bei der Deutschen Rentenversicherung Bund. Studium der Volkswirtschaftslehre an der Johann Wolfgang Goethe-Universität. Nach dem Examen als Diplom-Volkswirt war er Tutor am Statistischen Seminar und zeitweilig Dozent für Volkswirtschaft und Statistik in Darmstadt, später an der FH in Würzburg für Sozialpolitik. Seit 1975 war er beim Verband Deutscher Rentenversicherungsträger beschäftigt, ab 1979 Referatsleiter Statistik in Würzburg; 1986 wurde er Leiter der neu eingerichteten Abteilung Volkswirtschaft und Statistik in Frankfurt. Hier waren seine Arbeitsschwerpunkte die Reformen der Alterssicherung, spezielle Themen der Rentenversicherung u.a.: Sterblichkeit von Rentnern, Kohortenanalysen, versicherungsfremde Leistungen, Ausländer. Seit der Organisationsreform der Rentenversicherung im Jahr 2005 leitet er den Geschäftsbereich Forschung, Entwicklung, Statistik. Hier werden ebenfalls das Forschungsnetzwerk Alterssicherung, die Datenbank INGA (INformation zur zusätzlich Geförderten Altersvorsorge) und das Forschungsdatenzentrum der Rentenversicherung (FDZ-RV) betreut. Uwe G. Rehfeld vertritt die Deutsche Rentenversicherung in mehreren nationalen und internationalen wissenschaftlichen und interessenpolitischen Gremien, u.a. bei der amtlichen Statistik und im Rat für Sozial- und Wirtschaftsdaten.

Gabriele Rolf, Dr. rer. pol., arbeitet in der Geschäftsstelle des Rates für Sozial- und Wirtschaftsdaten und ist Lehrbeauftragte der Johann Wolfgang Goethe-Universität in Frankfurt am Main und anderer Institutionen. Sie war Geschäftsführerin der Kommission zur Verbesserung der informationellen Infrastruktur zwischen Wissenschaft und Statistik (KVI) und des Gründungsausschusses des Rates für Sozial- und Wirtschaftsdaten. Früher war sie u. a. Assistentin des Vorsitzenden des Sozialbeirats und Mitglied des Sonderforschungsbereichs 3 »Mikroanalytische Grundlagen der Gesellschaftspolitik«.

Bernhard von Rosenbladt, geb. 1943, Diplom-Soziologe (Universität Münster 1968). Berufliche Stationen: Sozialforschungsstelle Dortmund, Mitarbeiter im International Time-Budget Project, 1965 bis 1968; Institut für Internationale Politik und Sicherheit der Stiftung Wissenschaft und Politik, Ebenhausen, 1968 bis 1973; Infratest Sozialforschung, 1973 bis 2008: 1975 bis 2003 Bereichsleiter Bildungs- und Arbeitsmarktforschung, 1984 bis 2007 Geschäftsführer und zugleich Bereichsleiter Sozio-oekonomisches Panel (SOEP), seit 2008 Senior Consultant. Mitgliedschaften: Methodensektion der Deutschen Gesellschaft für Soziologie; Expertengruppe der Deutschen Forschungsgemeinschaft (DFG) für die Denkschrift »Qualitätskriterien der Umfrageforschung«, 1998 bis 1999; Gesellschaft für Programmforschung (GfP) (und deren Geschäftsführer 1999 bis 2007); »Pilotstudie Forschungsrating« des Wissenschaftsrates, Mitglied der Bewertungsgruppe Soziologie (2006 bis 2008).

Alessandra Rusconi, geb. in Trento (Italien), Dr. phil., studierte Politikwissenschaft an der Universität zu Florenz (Italien) und der Freien Universität zu Berlin. 2003 promovierte sie in Soziologie an der Freien Universität zu Berlin. Von 2001 bis 2003 war sie wissenschaftliche Mitarbeiterin in der Arbeitsgruppe »Wissenschaftspolitik« der Jungen Akademie sowie in der selbständigen Nachwuchsgruppe »Ausbildungslosigkeit: Bedingungen und Folgen mangelnder Berufsausbildung«. Von 2004 bis 2007 war sie wissenschaftliche Mitarbeiterin im Institut für Empirische und Angewandte Soziologie (EMPAS) und am Sonderforschungsbereich 597 »Staatlichkeit im Wandel« der Universität Bremen. Seit Herbst 2007 ist sie wissenschaftliche Mitarbeiterin in der Abteilung »Ausbildung und Arbeitsmarkt« am WZB im Projekt »Gemeinsam Karriere machen – Realisierungsbedingungen von Doppelkarrieren in Akademikerpartnerschaften« (finanziert durch BMBF und ESF). Ihre Forschungsschwerpunkte sind Lebensverlaufsforschung, Doppelkarrieren in Akademikerpartnerschaften und vergleichende Sozialforschung.

Peter Schaar, geb. 1954 in Berlin, ist Bundesbeauftragter für den Datenschutz, seit dem 1. Januar 2006 ist ihm auch die Aufgabe des Bundesbeauftragten für die Informationsfreiheit übertragen. Er leitet die Gruppe der Europäischen Datenschutzbeauftragten nach Art. 29 der EU Datenschutzrichtlinie. Von 1980 bis 1983 war der diplomierte Volkswirt Referent im Senatsamt für den Verwaltungsdienst und Mitglied im Basisdaten-Ausschuss der Freien und Hansestadt Hamburg. Nach seiner Tätigkeit als Referatsleiter Datenverarbeitung und Statistik in der

Behörde für Schule und Berufsausbildung der Freien und Hansestadt Hamburg arbeitete er von 1986 bis 1994 als Referatsleiter beim Hamburgischen Datenschutzbeauftragten und war unter anderem für Datenverarbeitung und Statistik zuständig. Von 1994 bis 2002 bekleidete er dort das Amt des stellvertretenden Dienststellenleiters. In den Jahren 2001/2002 engagierte er sich als Mitglied in der Begleitkommission zur Modernisierung des Datenschutzrechts. Am 1. November 2002 wechselte er in die Privatwirtschaft und gründete ein Datenschutzberatungsunternehmen, das er bis Oktober 2003 als Geschäftsführer leitete. Sein weiteres Engagement gilt der Gesellschaft für Informatik, der International Working Group on Data Protection in Telecommunications (IWGDPT), der Hamburger Datenschutzgesellschaft (HDG) sowie der Humanistischen Union.

Hilmar Schneider, geb. 1957, Dr. rer. pol., Studium der Sozialwissenschaften und Volkswirtschaftslehre an der Johann Wolfgang Goethe-Universität Frankfurt am Main; 1987 Promotion; 2007 Habilitation an der TU Darmstadt und dortselbst Privatdozent; Gastforschungsaufenthalte am Wissenschaftszentrum Berlin (1989), dem Europäischen Hochschulinstitut Florenz (1990), dem Massachussetts Institute of Technology (1998) und dem Institut für Arbeitsmarkt- und Berufsforschung (1999); diverse Lehraufträge an der Universität Halle und der Universität zu Köln; seit 2002 Research Affiliate des DIW Berlin. Schneider war von 1983 bis 1987 wissenschaftlicher Mitarbeiter am Sonderforschungsbereich 3 »Mikroanalytische Grundlagen der Gesellschaftspolitik«; von 1987 bis 1993 Hochschulassistent am Fachbereich Wirtschaftswissenschaften der Universität Frankfurt am Main; von 1994 bis 2001 Leiter der Abteilung Arbeitsmarkt am Institut für Wirtschaftsforschung Halle und ist seither Direktor für Arbeitsmarktpolitik am Forschungsinstitut zur Zukunft der Arbeit (IZA), Bonn; seit 2005 Mitglied im Rat für Sozial- und Wirtschaftsdaten; 2007 Berufung in die Zensuskommission. Seine Forschungsschwerpunkte sind Arbeitsmarktpolitik (Evaluation von Maßnahmen der aktiven Arbeitsmarktpolitik), Wechselwirkungen zwischen Arbeitsmarkt und Sozialer Sicherung (Kombilohnmodelle, Wirkungsanalyse von Lohnersatzleistungen), Demografie (Erwerbsverhalten, demografischer Wandel und Arbeitsmarkt).

Jürgen Schupp, geb. 1956, Dr. rer. soc., Survey Manager der Längsschnittstudie Sozio-oekonomisches Panel (SOEP) und Stellvertretender Leiter der SOEP-Abteilung im Deutschen Institut für Wirtschaftsforschung (DIW Berlin) sowie Honorarprofessor für Soziologie am Institut für Soziologie der Freien Universität Berlin. Er studierte in Mainz und Frankfurt am Main Volkswirtschaftslehre und Soziologie. 1983 schloss er sein Studium an der Johann Wolfgang Goethe-Universität in Frankfurt als Diplom-Soziologe ab. Ende 1984 wechselte er im Anschluss an seine Tätigkeit im Teilprojekt »Integrierte Mikrodatenfiles« des Sonderforschungsbereichs 3 »Mikroanalytische Grundlagen der Gesellschaftspolitik« zum Teilprojekt »Sozio-ökonomisches Panel«, welches beim damaligen

Präsidenten des DIW, Hans-Jürgen Krupp, in Berlin angesiedelt war. Es folgten verschiedene Forschungsaufenthalte in den USA und Großbritannien. 1994 wurde er an der Ruhr-Universität Bochum zum Thema Teilzeitbeschäftigung im sozialen Wandel promoviert. Im Jahr 2006 weilte er für einen sechsmonatigen Forschungsaufenthalt als Fellow am Hanse-Wissenschaftskolleg, Delmenhorst.

Heike Solga, geb. in Berlin, Dr. phil., studierte Soziologie an der Humboldt-Universität zu Berlin und Stanford University (USA); sie promovierte und habilitierte an der Freien Universität Berlin. Von 1999 bis 2004 war sie Leiterin der selbständigen Nachwuchsgruppe »Ausbildungslosigkeit: Bedingungen und Folgen mangelnder Berufsausbildung« am Max-Planck-Institut für Bildungsforschung, Berlin, anschließend Professorin für Soziologie an der Universität Leipzig; von 2005 bis 2007 war sie Professorin für Soziologie mit Schwerpunkt empirische Sozialstrukturanalyse am Institut für Soziologie der Georg-August-Universität Göttingen. Derzeit ist sie Direktorin der Abteilung »Ausbildung und Arbeitsmarkt« am WZB sowie Direktorin des Soziologischen Forschungsinstituts Göttingen (SOFI). Sie ist u.a. Mitherausgeberin der Kölner Zeitschrift für Soziologie und Sozialpsychologie und seit Dezember 2007 Vorsitzende des Rates für Sozial- und Wirtschaftsdaten (dessen stellvertretende Vorsitzende sie von 2004 bis 2007 war). Ihre Forschungsschwerpunkte sind Sozialstrukturanalyse, Lebensverlaufsforschung, Bildungssoziologie und Arbeitsmarktforschung.

Friedrich Tegelbekkers, geb. 1943, Dr. rer. pol., Diplom-Volkswirt, wurde 1974 an der Wirtschafts- und Sozialwissenschaftlichen Fakultät der Universität zu Köln promoviert. Er arbeitet seit 1973 in der Geschäftsstelle des Wissenschaftsrates, seit 1988 als Referatsleiter. Zurzeit leitet er das Referat Evaluation und Quantitative Analysen.

Willem de Vries, born 1942 in Dordrecht/Holland, has a degree in socio-economic geography of the University of Utrecht (The Netherlands). From 1968-1999 (with a brief interruption) he worked at the Dutch Central Bureau of Statistics, where he was Chief of R&D Statistics, Head of the Department for Statistical Development, Director of Economic Statistics and Deputy Director-General, respectively. From 1999-2004 he was Deputy and Acting Director of the United Nations Statistics Division in New York. He was a member of the Kommission zur Verbesserung der informationellen Infrastruktur zwischen Wissenschaft und Statistik (KVI).

Gert G. Wagner, geb. 1953 in Kelsterbach am Main, Dr. rer. oec., ist Lehrstuhlinhaber für Empirische Wirtschaftsforschung und Wirtschaftspolitik an der TU Berlin; im akademischen Jahr 2008/2009 lehrt er als Fellow am Max-Weber-Kolleg für kultur- und sozialwissenschaftliche Studien in Erfurt. Wagner ist seit 1989 Leiter der Längsschnittstudie Sozio-oekonomisches Panel SOEP am DIW Berlin und zudem ab September 2008 Max Planck Fellow am MPI für Bildungsforschung in Berlin. Er ist Mitglied der »Akademiegruppe Altern in Deutschland« (der Deutschen Akademie der Naturforscher Leopoldina und acatech) und gibt die Fachzeitschrift »Schmollers Jahrbuch« heraus. Seine Forschungsgebiete sind gegenwärtig hauptsächlich verhaltenswissenschaftliche Grundlagen ökonomischer und sozialer Dynamik, Survey Methoden sowie Arbeitsmarkt- und Sozialpolitik. Wagner war 1978 Mitglied des SPES-Projektes in Frankfurt am Main und von 1979 bis 1991 Mitglied im Sonderforschungsbereich 3 »Mikroanalytische Grundlagen der Gesellschaftspolitik« in Frankfurt am Main und Berlin. Er war Lehrstuhlinhaber an der Ruhr-Universität Bochum (1992 bis 1997) und an der Europa-Universität Viadrina Frankfurt (Oder) (1997 bis 2002); 1997 lehnte er einen Ruf an die Universität Göttingen ab. Wagner war auch Gastprofessor an der Cornell University, Syracuse University und American University/Washington, DC. Wagner ist Vorsitzender der Zensuskommission der Bundesregierung, Mitglied des Statistischen Beirats und des Rates für Sozial- und Wirtschaftsdaten, dessen Gründungsvorsitzender er von 2004 bis 2007 war. Er ist zudem Mitglied der »Roadmap Working Group on Social Sciences and Humanities« des European Strategy Forum for Research Infrastructures (ESFRI), Mitglied des Gründungsausschusses für ein International Data Forum (IDF) sowie Mitglied im Research Ressources Board des britischen Economic and Social Research Council (ESRC). Von 2002 bis 2008 war Wagner Mitglied des Wissenschaftsrates; zudem war er u.a. gewählter Fachgutachter für Wirtschafts- und Sozialpolitik der Deutschen Forschungsgemeinschaft, Mitglied der Kommission zur Verbesserung der informationellen Infrastruktur zwischen Wissenschaft und Statistik (KVI), des Beirats des Schweizerischen Haushaltspanels (SHP) und der British Household Panel Study (BHPS) sowie Schatzmeister der Society for the Study of Economic Inequality (ECINEQ). Wagner ist Vorsitzender der Kammer für Soziale Ordnung der Evangelischen Kirche in Deutschland (EKD) und Vertrauensdozent der Friedrich-Ebert-Stiftung. Er war u.a. Mitglied in der »Wissenschaftlichen Begleitgruppe des Kompetenzzentrums für Familienleistungen« des Bundesministeriums für Familie, Senioren, Frauen und Jugend, Mitglied des Sachverständigenrats für Zuwanderung und Integration (Zuwanderungsrat), der Sachverständigenkommission für den Kinder- und Jugendbericht, der Kommission für die Nachhaltigkeit in der Finanzierung der Sozialen Sicherungssysteme, des Wissenschaftlichen Beirats des Bundesministeriums für Verbraucherschutz und Landwirtschaft, der Professorenrunde im BMA zur Vorbereitung einer Strukturreform der Gesetzlichen Rentenversicherung (GRV) und der Enquete Kommission Demographischer Wandel des Deutschen Bundestags. Im September 2007 hat Bundespräsident Horst Köhler das Verdienstkreuz am Bande des Verdienstordens der Bundesrepublik Deutschland an Gert G. Wagner verliehen.

Joachim Wagner, geb. 1954, Dr. rer. pol.; Studium der Wirtschaftswissenschaften an der Universität Hannover; 1984 Promotion und 1990 Habilitation an der Universität Hannover (Volkswirtschaftslehre); wissenschaftlicher Mitarbeiter, Hochschulassistent und Hochschuldozent an der Universität Hannover; seit 1993 Professor für Volkswirtschaftslehre mit dem Schwerpunkt Empirische Wirtschaftsforschung an der Universität Lüneburg. Seit 1990 kooperiert er eng mit dem Statistischen Landesamt Niedersachsen bei der Nutzung von Mikrodaten der amtlichen Statistik durch externe Wissenschaftler. Er hat das »FirmenDaten aus der Amtlichen Statistik«-Netzwerk (FiDASt) gegründet und koordiniert, in dem inzwischen Wissenschaftler aus zahlreichen Bundesländern mit dem jeweiligen Statistischen Amt zusammen arbeiten. Als Mitherausgeber von »Schmollers Jahrbuch« ist er für die von ihm initiierte Rubrik »European Data Watch« verantwortlich, in der Mikrodatensätze von Experten vorgestellt und so interessierten Wissenschaftlern besser erschlossen werden. Er war Mitglied des Gründungsausschusses des Rates für Sozial- und Wirtschaftsdaten und des Rates für Sozial- und Wirtschaftsdaten und arbeitet als Mitglied des Wissenschaftlichen Begleitkreises im Projekt »Anonymisierung wirtschaftsstatistischer Einzeldaten« mit. Des Weiteren ist Joachim Wagner Forschungsprofessor am Max-Planck-Institut für Ökonomie (Jena) und Fellow des IZA Bonn sowie des Hamburgischen Welt-Wirtschafts-Archivs (HWWA). Arbeitsgebiete: Internationale Firmentätigkeit, Arbeitsplatzdynamik, ökonomische Analyse kleiner und mittlerer Firmen, angewandte Mikroökonomie/Paneldaten.

Heike Wirth, Dr. phil., arbeitet im German Microdata Lab bei GESIS-ZUMA, Mannheim. Sie war Mitarbeiterin im Projekt zur faktischen Anonymisierung von Mikrozensus und EVS und hat seitdem in verschiedenen Gremien zur faktischen Anonymisierung von amtlichen Mikrodaten, mit dem Ziel den Zugang der Forschung zu amtlichen Mikrodaten zu verbessern, mitgewirkt. Seit 2007 ist sie Mitglied der wissenschaftlichen Kommission zur Begleitung und Mitgestaltung der Volkszählung (Zensuskommission). Zu ihren Forschungsgebieten gehört die Sozialstruktur-, Familien- und Bildungsforschung.

Christof Wolf, geb. 1963, Dr. rer. pol., studierte Soziologie, Volkswirtschaftslehre, Wirtschafts- und Sozialgeschichte sowie Statistik an der Universität Hamburg. Er promovierte 1996 an der Universität zu Köln und erhielt dort 2003 die Lehrbefähigung für Soziologie. Seit 2004 ist Christof Wolf Wissenschaftlicher Leiter bei der Gesellschaft für Sozialwissenschaftliche Infrastruktureinrichtungen (GESIS), wo er für den Arbeitsbereich Dauerbeobachtung der Gesellschaft verantwortlich ist. Seine Forschungsinteressen richten sich auf die interkulturell vergleichende Sozialforschung insbesondere in den Bereichen soziale Ungleichheit, Gesundheit und Religion.

Joachim Wolff, geb. 1964, Dr. rer. pol., Studium der Volkswirtschaftslehre an der Universität Heidelberg. Promotion (1998) am Europäischen Hochschulinstitut in Florenz, Habilitation (2004) an der Ludwig-Maximilians-Universität (LMU) in München und dortselbst Privatdozent. Seit Juli 2005 Bereichsleiter am IAB; seit 2006: weitere Lehrtätigkeit (LMU und Graduiertenkolleg des IAB und der WISO-Fakultät der Universität Erlangen-Nürnberg). Forschungsgebiete: Wirkungen aktiver und passiver Arbeitsmarktpolitik, Arbeitsmärkte in Transformationsländern, Dauer von Arbeitslosigkeit und von Beschäftigungsverhältnissen.

Mathias Zenke, geb. 1960, seit 1984 im Statistischen Bundesamt und seit 2002 im Forschungsdatenzentrum des Statistischen Bundesamtes. 1984 Abschluss als Diplom-Verwaltungswirt an der Fachhochschule des Bundes in Köln. Von 1996 bis 2001 im Bereich »Online-Dienste«, davor im Bereich »Publikationen« und »Statistisches Informationssystem« des Statistischen Bundesamtes tätig.

Klaus F. Zimmermann, geb. 1952, Dr. rer. pol. habil., ist seit 1998 Professor für Wirtschaftliche Staatswissenschaften an der Universität Bonn und Direktor des Instituts zur Zukunft der Arbeit (IZA), Bonn. Gleichzeitig leitet er seit 2000 als Präsident das Deutsche Institut für Wirtschaftsforschung (DIW Berlin) und nimmt seit 2001 eine Position als Honorarprofessor an der Freien Universität Berlin wahr. Außerdem ernannte ihn die Renmin University of China im Dezember 2006 zum Honorarprofessor. Klaus F. Zimmermann wurde 2008 in den Wissenschaftlichen Beirat der Landesregierung von Nordrhein-Westfalen berufen. Neben seiner Beratungstätigkeit in der deutschen Politik ist Klaus F. Zimmermann auch Mitglied des Beratungsgremiums des Präsidenten der EU (2001 bis 2003 und seit 2005). Gastprofessuren führten ihn u. a. an die University of Pennsylvania, Philadelphia (USA, 1987), die Universität Kyoto (Japan, 1995), die Université Catholique de Louvain (Belgien, 1996) und das Dartmouth College, Hanover (USA, 1997). Im Jahr 1998 erhielt Klaus F. Zimmermann den Distinguished John G. Diefenbaker Award des Canada Council for the Arts. Er ist Autor oder Herausgeber von mehr als 30 Fachbüchern und über 190 Aufsätzen in Fachzeitschriften und Sammelbänden. Zu seinen Forschungsinteressen zählen Arbeitsökonomie, Migration, Bevölkerungsökonomie, Ethnizität, Industrieökonomie und Ökonometrie.

Sylvia Zühlke, Dr. phil., Leiterin der Geschäftsstelle des Forschungsdatenzentrums der Statistischen Landesämter und Koordinatorin des Referats »Forschungsdatenzentrum/Forschung und Entwicklung« im Landesamt für Datenverarbeitung und Statistik Nordrhein-Westfalen. Studium und Promotion an der Freien Universität Berlin in den Fächern Politikwissenschaft und Soziologie und von 1995 bis 1999 wissenschaftliche Tätigkeit an der Humboldt-Universität zu Berlin und am Max-Planck-Institut für Bildungsforschung Berlin; seit 1999 Referentin im Landesamt für Datenverarbeitung und Statistik Nordrhein-Westfalen.

Markus Zwick, geb. 1963, Dr. rer. pol., Diplom-Volkswirt, seit 1996 im Statistischen Bundesamt. Seit 2002 Leiter des Forschungsdatenzentrums des Statistischen Bundesamtes. Eigene Forschungsschwerpunkte liegen im Bereich der Mikrosimulation und -analyse von Verteilungswirkungen des Steuersystems und Verteilungsanalysen im Bereich von hohen Einkommen.